Historia Natural – Una edición condensada

Plinio el viejo

Historia Natural
Una edición condensada

Plinio el viejo

Historia Natural – Una edición condensada
© 2022 by Daniel Bernardo

ANTIQUA SAPIENTIA

Basado en la traducción de:
J. Bostock y *H.T. Riley*
Londres – 1855-57

Todos los derechos reservados bajos las convenciones
Internacional y Pan-Americana de Copyright.

ISBN: 978-1-989586-70-9

Índice

La vida y los escritos de Plinio 1

Libro I
Dedicatoria 11
Plinio Segundo a su amigo Tito Vespasiano 11

Libro II
Un relato del mundo y los elementos 15
Si el Mundo es finito, y si hay más de un mundo 15
Forma y naturaleza del mundo; de donde se deriva su nombre 16
De los elementos y los planetas 17
De Dios 17
De la naturaleza de las estrellas y del movimiento de los planetas 19
De los Eclipses de la Luna y del Sol 22
De la magnitud de las estrellas 23
Sobre la recurrencia de los eclipses del Sol y de la Luna 24
Sobre el movimiento de la Luna 24
De los movimientos de los planetas y de las leyes generales
    de estos aspectos 24
Por qué las mismas estrellas aparecen en algunos momentos
    más elevadas y en otros más cercanas 25

Por qué las mismas estrellas tienen movimientos diferentes 27
Leyes generales de los planetas. 28
La razón por la que los planetas son de diferente color 29
Del movimiento del Sol y la causa de la irregularidad de los días... 29
Por qué se atribuye el trueno a Júpiter. 29
De las distancias de las estrellas 30
De la armonía de las estrellas 30
Sobre las dimensiones del mundo 30
De las estrellas que aparecen repentinamente o de los cometas 31
Su naturaleza, situación y especies................................. 32
Del aire y de la causa de las lluvias de piedras 32
De las estaciones declaradas 33
De la influencia regular de las diferentes estaciones............... 34
De los truenos y los relámpagos..................................... 34
El origen de los vientos.. 35
Invocación del trueno 35
El arco iris 36
Naturaleza de la Tierra 36
De la forma de la Tierra. 36
Si el océano rodea la Tierra.. 37
Qué parte de la Tierra está habitada 38
La Tierra está en medio del mundo. 38
De los terremotos 38
Circunstancias maravillosas que acompañan a los terremotos 39
En qué lugares el mar ha retrocedido................................ 39
El modo en que se forman las islas 39
Tierras que se han transformado totalmente en mares. 40
De ciertas tierras que siempre tiemblan, y de las islas flotantes... 40
Las maravillas de varios países reunidas............................ 40
El de la Luna sobre la tierra y el mar 40
Las dimensiones de la Tierra 41
La armónica del universo.. 42

Libro III

Europa (I) 43

Introducción 43
Las fronteras y los golfos de Europa................................ 44
De España en general... 44
De Italia 44
La región de Italia, el Tíber – Roma................................ 45
Sesenta y cuatro islas, entre las que se encuentran las Baleares ... 46

Libro IV

Europa (II) 47

El Peloponeso (Grecia) 47
Ática 48
El Helesponto – La laguna Meocia 49
Alemania 50
Britania 51
Galia 52

Libro V

África y Asia 53

Las dos Mauritanias 53
Monte Atlas 54
Numidia 54
África 55
El Syrtes 55
Cirenaica 55
Países del interior de África 55
Egipto y Tebas 56
El río Nilo 57
Las ciudades de Egipto 58
Las costas de Arabia, situadas en el mar de Egipto ... 59
Siria 59
Judea 59
El Éufrates 60
Las islas que están delante de Asia 60
Rodas 61

Libro VI

El Mar Negro, la India y el Lejano Oriente 63

El Ponto Euxino 63
El Bósforo de Cimeria 64
Los ríos Ciro y Araxes 64
Albania, Hiberia y las naciones adyacentes 64
Los pasos del Cáucaso 64
Naciones en las cercanías del Océano Escita 65
El mar Caspio e Hircano 65
Media y las Puertas del Caspio 66
Los Seres 66
Las naciones de la India 67
El Ganges 67
El Indo 68

Taprobane	68
Viajes a la India	69
El Golfo Pérsico y el Golfo de Arabia	69
Mesopotamia	70
El Tigris	70
Arabia	71
El golfo del Mar Rojo	71
Troglodítica	72
Etiopía	72

Libro VII
El hombre, su nacimiento, su organización y la invención de las artes ... 75

Las maravillosas formas de las diferentes naciones	76
Nacimientos prodigiosos	78
La generación del hombre	78
Casos sorprendentes de semejanza	79
Circunstancias notables relacionadas con el flujo menstrual	80
Algunos relatos sobre los dientes y ciertos hechos relativos a los niños	80
Ejemplos de tamaño inusual	81
Casos de fuerza, agilidad, vista y memoria extraordinarias	81
Vigor mental	82
Hazañas heroicas	82
Ejemplos de valor extremo	83
Hombres de notable genio y sabiduría	84
Hombres que han sido notables por su sabiduría	84
Ejemplos del más alto grado de afecto	85
Diez circunstancias muy afortunadas que han ocurrido a la misma persona	85
La mayor duración de la vida	86
La variedad de destinos en el nacimiento del hombre	87
La muerte	87
Personas que han vuelto a la vida después de ser enterradas	88
El entierro	88
Los Manes – El alma	88
Los inventores de las diversas cosas	89
Cuando se hicieron los primeros relojes	91

Libro VIII
La naturaleza de los animales terrestres ... 93

Los elefantes	93
El instinto de los animales salvajes para percibir el peligro	94
Los combates de los elefantes	95
La forma de capturar a los elefantes	95

En qué países se encuentra el elefante–Antipatía entre el elefante y el dragón	96
Dragones y serpientes	97
El león	97
Combates de leones en Roma	98
Maravillosas hazañas realizadas por los leones	98
El tigre	99
Bestias salvajes que matan con sus ojos	99
El camello	100
El Rinoceronte	100
El hombre lobo	100
El lince, la esfinge, la hiena y el mono	101
Sobre las serpientes	102
El hipopótamo	102
Pronósticos de peligro derivados de los animales	102
Animales anfibios	103
Los ciervos	103
El camaleón	104
El oso	104
El erizo	105
El perro	105
La naturaleza del caballo	106
La reproducción del caballo	107
Los bueyes – Su reproducción	107
El Apis egipcio	108
Las ovejas y su crianza	109
Las diferentes clases de lana	109
Las cabras y su reproducción	109
El jabalí	110
El mono	110
Animales que se domestican sólo en parte	110

Libro IX
La historia natural de los peces

La historia natural de los peces	111
Los monstruos marinos de los océanos	112
Tritones y nereidas	112
Si los peces respiran y duermen	113
Los delfines	113
Las tortugas y su captura	114
Distribución de los animales acuáticos en varias especies	115
Los peces de mayor tamaño	115
Por qué los peces saltan por encima de la superficie del agua	115
Augurios derivados de los peces	116
Branquias y escamas	116

Las aletas de los peces, y su modo de nadar 116
Anguilas 116
La rémora, y sus usos en encantamientos 117
Peces que emergen y vuelan por encima del agua 117
Los pulpos 118
El nauplio navegante 118
Las perlas 119
Los múrices y las púrpuras 119
La sensibilidad de los animales acuáticos 120
Las esponjas 121
El pez-perro 121
La reproducción de los peces 122
Peces terrestres 123
Los ratones del Nilo 123

Libro X
La historia natural de las aves 125

El avestruz 125
El fénix 125
El águila 126
Los halcones 127
Los cuervos – Aves de mal agüero 127
El pájaro carpintero 128
Aves que tienen garras 128
El gallo 128
El ganso 129
La grulla 129
El ruiseñor 130
Los tiempos de incubación de las aves 130
El halcón 130
La paloma 131
Diferentes modos de vuelo en las aves 131
Revuelta del pueblo romano a consecuencia de un cuervo que hablaba 132
Aves Fabulosas 133
El murciélago 133

Libro XI
Las diversas clases de insectos y los órganos de los animales 135

Las abejas 136
Cómo trabajan las abejas 137
Las avispas y los avispones 138
El gusano de seda 138
Las arañas 139

Los escorpiones...	139
Las langostas ...	139
Insectos que son parásitos del hombre ...	140
El insecto del fuego, pyrallis o pyrausta ..	140
Diferentes tipos de cuernos...	140
El cerebro. ...	141
Los ojos ...	142
Los dientes...	142
El corazón; la sangre; el espíritu vital...	143
La vesícula ...	143
Semejanza del mono con el hombre ...	144
Partes del cuerpo humano a las que se vinculan las ideas religiosas...	144
Las partes sexuales – Los hermafroditas. ...	145
Signos de vitalidad y disposición moral del hombre, a partir de sus miembros ...	145

Libro XII
La historia natural de los árboles ... 147

Árboles exóticos	148
Los árboles de la India ...	149
Los árboles de Persia.. ...	150
El incienso ...	150
La mirra ...	151
Canela y casia.. ...	151
El bálsamo, opobálsamo y xilobálsamo...	152

Libro XIII
Historia natural de los árboles exóticos y los perfumes. ... 155

La palmera...	156
Nueve tipos de goma.. ...	157
El papiro – El uso del papel...	157
El loto ...	159

Libro XIV
Historia natural de la vid y la viticultura.. ... 161

La naturaleza de la uva, y el cultivo de la vid..	162
Variedades de la vid ...	162
La naturaleza de los vinos .	163
Vinos que bebían los antiguos romanos..	163
Vinos con propiedades milagrosas...	163
Recipientes para el vino – Bodegas..	164

Libro XV
El olivo y otros árboles frutales ... 165

La naturaleza del aceite de oliva ... 166
El cultivo del olivo según Catón ... 166
Otros tipos de árboles frutales ... 167
El melocotón ... 168
Diversos métodos de injertar árboles ... 168
Cómo conservar diversas frutas y uvas ... 169
Los higos ... 169
Anécdotas históricas relacionadas con el higo ... 170
El serbal ... 171
El nogal ... 171
El mirto ... 171
El laurel ... 173

Libro XVI
La historia natural de los árboles silvestres ... 175

La bellota ... 177
Usos de la corteza y la madera de los árboles ... 177
La picea, el abeto, el alerce ... 178
Métodos de fabricación del alquitrán y la brea ... 179
Brotación y florecimiento de los árboles ... 180
Árboles que no dan fruto, considerados de mal agüero ... 181
Los troncos y las ramas de los árboles ... 181
El ciprés ... 182
La hiedra ... 182
Plantas acuáticas ... 182
La savia de los árboles ... 183
Las venas y fibras de los árboles ... 184
La tala de los árboles ... 184
La edad de los árboles ... 185
El muérdago ... 185

Libro XVII
La historia natural de los árboles cultivados ... 187

La influencia del clima sobre los árboles ... 187
Qué suelos pueden considerarse los mejores ... 188
Métodos para enriquecer la tierra ... 189
Cenizas y estiércol ... 189
Propagación de los árboles ... 190

ÍNDICE xiii

Parcelas de siembra 192
Los agujeros para el trasplante.. 192
Árboles Propagados por acodos 192
Injertos. 193
Las enfermedades de los árboles 193
Portentos relacionados con los árboles 195

Libro XVIII
Historia natural de la agricultura. 197

El jugerum 198
Los arreglos adecuados para una casa de campo 199
Máximas de los antiguos sobre la agricultura 199
Las diferentes clases de grano 200
Espelta.. 201
Trigo. 201
Cebada – Arroz... 201
Cebada perlada 201
Ptisan 202
La naturaleza de la cebada. 202
Trigo. 202
El modo de moler el maíz 203
Mijo – Levadura 203
Cuando se introdujeron los panaderos en Roma... 204
Alica 204
Las plantas leguminosas – La judía.. 204
El altramuz... 205
Las enfermedades de los cereales – La avena... 206
Diferentes sistemas de cultivo empleados por varias naciones ... 207
Disposición de los astros según los días y las noches terrestres... 208
Las épocas de las estaciones.. 208
Causas de esterilidad.. 209
Remedios contra estas influencias nocivas 211
La cosecha 212
Los métodos de almacenamiento del maíz. 212
Las revoluciones de la Luna. 213
La teoría de los vientos 214
Pronósticos meteorológicos.. 215
Pronósticos derivados de la Luna. 215
Pronósticos derivados de las estrellas.. 216
Pronósticos derivados del trueno. 217
Pronósticos derivados de las nubes.. 217
Pronósticos derivados de los animales acuáticos y las aves.. ... 217

Libro XIX
La naturaleza y el cultivo del lino, y una descripción de varias plantas de jardín 219

Cómo se siembra el lino; sus variedades. 219
El modo de preparar el lino 220
El esparto. 221
Las trufas. 221
Los placeres del jardín 222
Diferentes tipos de plantas que crecen en los jardines 222
Hortalizas de naturaleza cartilaginosa – Los pepinos 223
Las calabazas 223
Los rábanos. 223
Las chirivías. 224
La cebolla. 225
El ajo. 225
La naturaleza de las distintas semillas. 226
La lechuga 226
La remolacha 227
Las coles 227
Espárragos silvestres y cultivados 227
Los cardos 228
La ruda. 228
El perejil 228
La menta 229
La amapola 229
Las enfermedades de las plantas de jardín 229
Remedios para las enfermedades de las plantas
 y contra los insectos que las atacan 230

Libro XX
Remedios derivados de las plantas de jardín 231

El pepino silvestre 232
La calabaza 232
La colza 233
El rábano cultivado 233
Las cebollas 234
El ajo. 235
La col 235
Los espárragos. 236
El perejil 237
La ruda. 237
La menta 238
Menta poleo 238

La amapola	239
Tomillo silvestre	239
La composición de la teriaca	240

Libro XXI
Flores – Guirnaldas – Abejas – Plantas silvestres ... 241

Las guirnaldas	241
La Rosa	243
El Lirio	243
La violeta	243
El iris	243
Los arbustos	244
El trébol	244
El tomillo	244
La duración de la vida de distintas flores	245
Abejas y colmenas	245
Miel envenenada	246
Miel endiablada	246
Las colmenas	246
El método de preparación de la cera	247
Plantas silvestres	247
La colocasia	248
Plantas espinosas	248
Los cactos	248
El cyperus	249
Usos medicinales del lirio y el narciso	249
La violeta	250
Usos medicinales del iris	250
El tomillo	251

Libro XXII
Las propiedades de las plantas y los frutos ... 253

Tintes vegetales	253
La corona de hierba	254
El tribulus	254
La ortiga	255
La anchusa	256
El heliotropio	256
El asfódelo	257
Los hongos	257
Laser	258
Propóleo	259
Hidromel	259

Cera	260
Alica	260
Ptisan	261
Pan	261

Libro XXIII
Usos y propiedades medicinales de los árboles cultivados ... 263

La vid	263
Las hojas y los sarmientos de la vid	264
Las uvas	265
La vid blanca	265
Observaciones relativas al vino	266
Vinagre	267
Las hojas del olivo	267
Omphacium	268
Aceite de ricino	268
Aceite de Chipre	269
Aceite de bálsamo	269
La palma	269
Las peras	270
Los higos	270
Las moras	271
Stomatice	271
Conos de pino	272
El laurel	272
Mirto	273

Libro XXIV
Medicamentos derivados de los árboles del bosque ... 275

Las antipatías y simpatías que existen entre los árboles y las plantas	275
El loto de Italia	276
Las agallas	276
El ciprés	277
El árbol de la brea y el alerce	277
Resinas	278
El lentisco	278
El álamo	279
El enebro	279
La retama de olor	279
La hiedra	280
La caña	280
El papiro	281
El romero	281

Goma … .	281
La zarza … … … … … … … … … … … … … … … … … … … .	282
La zamarrilla de los muros … … … … … … … … … … … .	282
La nogueruela . … … … … … … … … … … … … … … … … .	283
La Clematis echites. … … … … … … … … … … … … … … .	283
El milenrama… … … … … … … … … … … … … … … … … .	283
El aproxis . … … … … … … … … … … … … … … … … … … .	284
Plantas que crecen en la cabeza de una estatua.. … … … … … … …	284
Plantas que crecen en las orillas de un río … … … … … … … …	284
Plantas que arraigan en un cedazo… … … … … … … … … … …	284
Plantas que crecen sobre los estercoleros … … … … … … … … …	284
Plantas que se han humedecido con la orina de un perro … … … …	284
Grama .. …	284

Libro XXV
Uso medicinal de las plantas (I) … … … … … … … … … … … … . 287

Mitrídates … … … … … … … … … … … … … … … … … … …	287
Escritores griegos … … … … … … … … … … … … … … … … …	288
Las hierbas medicinales en los tiempos modernos … … … … … …	289
Moly . …	291
Peonía… …	291
Panaces asclepion … … … … … … … … … … … … … … … … …	292
Hyoscyamos … … … … … … … … … … … … … … … … … … …	292
Linozostis, parthenion, hermupoa, o mercurialis.. … … … … … …	292
Aquilea . …	293
Melampodium, hellebore o veratrum.. … … … … … … … … … …	293
Centaurion o chironion. … … … … … … … … … … … … … … …	294
Artemisia . … … … … … … … … … … … … … … … … … … …	295
Nymphæa o heracleon… … … … … … … … … … … … … … …	295
El Iberis …	295
Plantas descubiertas por los animales . … … … … … … … … … …	296
La aristoloquia … … … … … … … … … … … … … … … … …	296
Hierabotana o verbenaca… … … … … … … … … … … … … …	297
El thelyphonon o escorpión.. … … … … … … … … … … … … …	298
El xiphion o phasganion … … … … … … … … … … … … … …	298
Medicamentos para las enfermedades de los ojos . … … … … … …	298
Cicuta… …	299
Preparaciones para tratar el aliento ofensivo.. … … … … … … …	300

Libro XXVI
Uso medicinal de las plantas (II) .. … … … … … … … … … … … … . 301

Nuevas enfermedades de la piel … … … … … … … … … … … …	301
Lichen… …	301

Elefantiasis	302
El antiguo sistema de medicina	303
El nuevo sistema de medicina – Asclepiades	303
Observaciones contra las supersticiones	304
Tos	305
Chalcetum	305
Medicamentos para las enfermedades del vientre	305
Escamonea	306
Tithymalos characias	307
Remedios para los dolores agudos en los intestinos	307
Silaus	308
Scordotis	308
Afrodisíacos y anti-afrodisíacos	309
Las orquídeas o serapes	309
Satyrion	309
Enfermedades que atacan a todo el cuerpo	310
Onotheras u onear	310
Medicamentos para la ictericia	310
Remedios para abscesos e inflamaciones	311
Medicamentos para las hemorragias	311
Medicamentos para roturas y esguinces	312
Medicamentos para las verrugas y aplicaciones para eliminar las cicatrices	312
Remedios para las enfermedades femeninas	312

Libro XXVII
Uso medicinal de las plantas (III)

Uso medicinal de las plantas (III)	315
El acónito	316
El áloe	316
Alsine	317
Aparine	318
Alcibium	318
Absinthium o ajenjo	318
Dos variedades de helecho	320
El lithospermum	320
Lapidis muscus o musgo de piedra	321
El natrix	321
El peplis	322
El poterion	322
La Rhacoma	322
Las edades de las plantas	323
Cómo se puede asegurar la mayor eficacia en las plantas	323
Enfermedades particulares de varias naciones	323

Libro XXVIII
Medicamentos derivados de las criaturas vivas (I) – Magia y embrujos. 325

Remedios derivados del hombre 326
Si las palabras poseen alguna eficacia curativa 326
Prodigios y portentos. 327
Personas con poderes mágicos 328
Propiedades de la saliva humana 329
Remedios derivados de la sangre humana 329
Remedios derivados de los muertos 330
Remedios varios 330
Remedios derivados de la orina 331
Remedios derivados del sexo femenino 332
Remedios derivados de la leche de mujer 332
Hechos relacionados con el flujo menstrual 332
Remedios derivados de animales extranjeros: elefante, león, camello, hiena . 333
Remedios derivados del cocodrilo 335
Remedios derivados del hipopótamo 335
Usos medicinales de la leche. 336
Los diversos usos de la grasa. 336
Hiel 337
La sangre 337
Remedios peculiares derivados de varios animales 337
Remedios contra los encantamientos 338
Remedios para las afecciones de los ojos 338
Remedios para el dolor de dientes 339
Remedios para la tos y escupidas sanguinolentas 339
Remedios para las dolencias intestinales. 339
Remedios para la gota y para las enfermedades de los pies 340
Remedios para las fiebres 340
Remedios para esguinces, induraciones y forúnculos 341
Remedios para la picazón 341
Remedios para las enfermedades femeninas 341
Estimulantes de las pasiones sexuales 342

Libro XXIX
Historia de la medicina. Medicamentos derivados de las criaturas vivas (II). 343

El origen del arte médico 343
Las opiniones sostenidas por los romanos sobre los antiguos médicos 345
Remedios derivados de la lana 345
Remedios derivados de los huevos 346

Remedios derivados del perro.. 346
Remedios derivados de las chinches 347
Remedios derivados de la salamandra 348
Remedios para la mordedura del perro rabioso. 348
Remedios para el dolor de cabeza y para las heridas en la cabeza... 349
Remedios para las enfermedades de los ojos.. 349
Remedios para los dolores y enfermedades de las orejas.. 350

Libro XXX
El arte mágico. Medicamentos derivados
de las criaturas vivas (III). 351

Las diversas ramas de la magia. 353
Medicamentos derivados de la criaturas vivas – Dolor de muelas.. 353
Remedios para la angina y la escrófula 354
Remedios para los dolores de estómago.. 354
Remedios para la disentería.. 355
Remedios para los cálculos urinarios y las afecciones de la vejiga.. 355
Remedios para los escalofríos... 356
Remedios para la ictericia. 356
Remedios para las fiebres 356
Remedios para el carbunco... 357
Remedios para las quemaduras 357
Métodos para detener la hemorragia... 357
Remedios para los huesos rotos 357
Remedios para las dolencias femeninas.. 358
Diversos tipos de depilatorios... 358
Afrodisíacos y anti-afrodisíacos 359
Otros hechos maravillosos relacionados con los animales... 359

Libro XXXI
El agua. Medicamentos derivados de los animales acuáticos (I). 361

Las diferentes propiedades del agua. 362
Remedios derivados del agua 362
Aguas mortales – Peces venenosos 363
La salubridad de las aguas. 363
Las impurezas del agua.. 364
Búsqueda de agua... 364
Las cualidades del agua en las diferentes estaciones del año 365
Aguas que han aparecido o cesado repentinamente.. 366
El método de conducción del agua.. 366
Cómo deben utilizarse las aguas minerales 367
Los usos del agua de mar – Las ventajas de un viaje por mar.. 367
Las diversas clases de sal 368

Flor de sal	368
La naturaleza de la sal	369
Los distintos tipos de nitrum	370
Esponjas	371

Libro XXXII
Medicamentos derivados de los animales acuáticos (II) ... 373

El Echeneis	373
El torpedo	374
Los instintos de los peces	374
Coral	375
Animales anfibios – El castor	376
La tortuga	377
Distintas variedades de ranas	378
Las ostras	379
Las algas marinas	380
Remedios para las enfermedades de los ojos	380
Remedios para el dolor de muelas	380
Remedios para la escrófula	381
Remedios para los dolores de hígado y del costado	381
Remedios para la hernia intestinal y para las enfermedades del recto	382
Remedios para la gota y el dolor de pies	382
Remedios para las fiebres	382
Remedios para las úlceras, carcinomas y carbuncos	383
Remedios para las enfermedades femeninas	383
Otras criaturas acuáticas	384

Libro XXXIII
La historia natural de los metales (I) ... 385

El oro	385
Cuánto oro poseían los antiguos	386
El derecho a llevar anillos de oro	386
Los decurios de los jueces	387
La orden ecuestre	388
Monedas de oro y otros metales	388
Consideraciones sobre la codicia del hombre por el oro	389
Plata en la arena y en el escenario	390
Por qué razones se le da el mayor valor al oro	390
Cómo se encuentra el oro	391
Electrum	391
Ocho remedios derivados del oro	392
La plata	392
El azogue	393

El minio 393
Las diferentes clases de plata y los modos de probarla.. 393
Espejos. 394
Cæruleum 394

Libro XXXIV
La historia natural de los metales (II) 397

Los minerales del latón.. 397
Los diferentes tipos de cobre. 397
Candelabros de latón y la historia de Gegania 398
La primera estatua de latón de un Dios, hecha en Roma.. 398
Diferentes tipos y formas de estatuas... 398
Las estatuas colosales más famosas.. 399
Los diferentes tipos de cobre. 399
Cadmia. 400
Verdín... 401
Mena de hierro 401
Siete remedios derivados del hierro. 402
Las menas de plomo... 402
Plomo negro 403
Remedios derivados del plomo 403

Libro XXXV
Descripción de las pinturas, los colores, la plástica y las tierras . 405

Retratos 405
La historia de la pintura. 406
Pintores romanos 407
Cuando la pintura fue estimada por primera vez en Roma.. 407
El Arte de la Pintura – Los colores... 407
Colores utilizados por los antiguos.. 408
Pintura encáustica 408
La coloración de los tejidos.. 408
El arte plástico. 408
Trabajos en cerámica.. 409
Variados tipos de tierra.. 410
Ladrillos... 410
El azufre... 411
El betún 411
El alumbre 412

Libro XXXVI
La historia natural de las piedras 413

El mármol y sus escultores 414
Fidias 414
Praxíteles.. 415
Scopas.. 416
Cuando el mármol se utilizó por primera vez en los edificios. 417
El método de cortar el mármol en losas...................................... 417
Variedades de mármoles 417
El ónix y la alabastrita 418
Distintas piedras. 418
Obeliscos.. 419
Las pirámides.. 420
La esfinge... 420
Laberintos 421
Los jardines Colgantes – Una Ciudad Colgante............................. 421
El templo de Diana en Éfeso. 422
La piedra imán 422
La piedra sarcófago 423
Chernites 423
Piedra pómez 424
Piedras especulares... 424
Cal viva 425
Distintos tipos de arena... 425
Defectos en edificios – Estuco... 425
Maltha... 426
Yeso.. 426
Pavimentos 426
Techos pavimentados.. 426
Vidrio.. 427
Hechos maravillosos relacionados con el fuego............................. 428

Libro XXXVII
La historia natural de las piedras preciosas. 431

Anillos y joyas famosos de la leyenda... 431
Perlas y piedras preciosas 432
Cristal de roca... 432
Historias maravillosas sobre el ámbar. 433
Distintos tipos de ámbar 434
Piedras preciosas 434
Adamas 435
Esmeraldas... 436
Berilos... 436

Ópalos	437
Ónix	437
Topazos	437
Iaspis	438
Las amatistas	439
Ceraunia	439
Galaxias	440
Heliotropo	440
Los métodos para probar las piedras preciosas	440

Índice Analítico 443

Unidades de medida 453

La vida y los escritos de Plinio

Cayo Plinio Segundo nació en Verona o en Novum Comum,[1] ahora Como, en la Galia Cisalpina, en el año A.U.C. 776,[2] o 23 d.C. Se supone que sus primeros años los pasó en su provincia natal; y que aún era joven cuando se trasladó a Roma, y asistió a las clases del gramático Apión.

A los veintidós años, Plinio visitó África, Egipto y Grecia, y al año siguiente sirvió en Alemania a las órdenes del legatus[3] Pomponius Secundus, cuya amistad pronto adquirió, y en consecuencia fue promovido al mando de una *ala*, o tropa de caballería. Durante su carrera militar escribió un tratado (ahora perdido) "Sobre el uso de la jabalina por parte de la caballería", y viajó por ese país hasta las orillas del océano alemán, además de visitar la Galia belga. A los veintinueve años regresó a Roma y se dedicó durante un tiempo a la actividad forense, que sin embargo parece haber abandonado pronto. En esta época escribió la vida de su amigo Pomponius y un relato de las "Guerras de Alemania" en veinte libros, ninguno de los cuales se conserva. Aunque se dedicó a escribir una continuación de la "Historia Romana" de Aufidius Bassus, desde la época de Tiberio, suspendió juiciosamente su publicación durante el reinado de Nerón, quien lo nombró su procurador en la España más cercana, y no es improbable que lo honrara con el rango ecuestre. Durante su estancia en España, la muerte de su cuñado, C. Cæcilius, dejó huérfano a su sobrino C. Plinius Cæcilius Secundus (el autor de las "Cartas"), a quien inme-

---

1 El peso de los testimonios se inclina por este último lugar. Los meros títulos de las obras que se han escrito sobre el tema llenarían un volumen.

2 *Ab urbe condita*, 'desde la fundación de la Ciudad', abreviado como AUC, expresa una fecha en años desde el 753 a.C., la fundación tradicional de Roma.

3 Oficial o comandante de una legión (N. del T.).

diatamente después de su regreso a Roma, en el año 70, adoptó, acogiéndolo a él y a su madre viuda bajo su techo.

Habiendo sido conocido por Vespasiano en las guerras alemanas, fue admitido en el número de sus amigos más íntimos, y obtuvo un nombramiento en la corte, cuya naturaleza no se conoce, pero Rezzonico conjetura que estaba en relación con el tesoro imperial. Aunque Plinio mantuvo también relaciones íntimas con Tito, a quien dedicó su *Historia Natural*, no hay mucho fundamento para la afirmación, a veces hecha, de que sirvió bajo su mando en las guerras judías. Su relato sobre Palestina muestra claramente que nunca había visitado ese país. Fue en esta época cuando publicó su Continuación de la *Historia* de Aufidius Bassus.

Por los títulos que da a Tito en el prefacio de la dedicatoria, está bastante claro que su *Historia Natural* fue publicada en el año 77, dos años antes de su muerte.

En el año 73 o 74 d.C., fue nombrado por Vespasiano prefecto de la flota romana en Misenum, en la costa occidental de Italia. A este nombramiento se debe su romántica muerte, similar a la de Empédocles, que pereció en el cráter del monte Etna. La escena final de su vida activa, simultáneamente con la destrucción de Herculano y Pompeya, no puede describirse mejor que en el lenguaje empleado por su sobrino en una epístola a su amigo Tácito, el historiador: "Mi tío estaba en Misenum, donde estaba al mando de la flota. El noveno día antes de las calendas[4] de septiembre, alrededor de la hora séptima, la 1 de la tarde, mi madre, observando la aparición de una nube de tamaño y forma inusuales, se lo mencionó. Después de haberse tumbado al Sol, había tomado su baño frío; luego se había vuelto a acostar y, tras un ligero refrigerio, se aplicó a sus estudios. Inmediatamente después de oír esto, pidió sus zapatos, y subió a un lugar desde el cual podía observar más fácilmente este notable fenómeno. La nube se elevaba gradualmente hacia arriba, aunque, debido a la gran distancia, no se sabía con certeza de qué montaña provenía; sin embargo, más tarde se comprobó que era el Vesubio. Por su aspecto y forma, se asemejaba mucho a un árbol; tal vez se parecía más a un pino que a cualquier otra cosa, con un tallo de enorme longitud que llegaba hasta el cielo, y que luego se extendía en un número de ramas en todas direcciones. No me cabe duda de que, o bien había sido arrastrada hacia arriba por una violenta ráfaga de viento, y que al desaparecer éste, había perdido su compacidad, o bien, que vencida por su propio peso, había disminuido su densidad y se había extendido sobre una gran superficie; en un momento era blanco, en otro sucio y manchado, así como estaba más o menos cargada de tierra o de cenizas.

"A un hombre tan ávido de conocimiento le pareció un fenómeno muy singular que merecía ser observado más de cerca, por lo que ordenó que se preparara una li-

---

4   En el calendario romano, el primer día del mes. A partir de él, los días del mes anterior se contaban hacia atrás hasta los idus, que en marzo, mayo, julio y octubre correspondían al día 15, y en todos los demás meses al día 13 del mes. Así, el día 16 de marzo, según nuestro cálculo, era en el calendario romano el día 17 antes de las calendas de abril (incluido el primero de abril), o más brevemente, las 17 calendas; el día 14 de enero era el día 19 antes de las calendas de febrero; el día 14 de cualquier mes con treinta días era el día 18 antes de las calendas del mes siguiente.

burna[5] ligera y dejó a mi elección que le acompañara. A esto, sin embargo, respondí que prefería continuar con mis estudios; ya que, por casualidad, él mismo acababa de darme algo para escribir. Tomando sus tabletas, salió de la casa. Los marineros estacionados en Retina, alarmados por la inminencia del peligro –pues la aldea estaba al pie de la montaña y la única forma de escapar era por mar– enviaron a solicitar su ayuda para rescatarlos de este espantoso peligro. Al oír esto, cambió inmediatamente sus planes, y lo que ya había empezado por el deseo de saber, decidió llevarlo a cabo como una cuestión de deber. Hizo que las galeras se hicieran a la mar de inmediato, y se embarcó él mismo, con la intención de prestar ayuda, no sólo a Retina, sino también a muchos otros lugares, pues toda esta encantadora costa estaba densamente poblada. En consecuencia, se apresuró a dirigirse hacia el lugar del que huían los demás, y se dirigió directamente hacia el centro del peligro; tan lejos estaba de toda sensación de temor, que observó y anotó cada movimiento y cada cambio que se observaba en el aspecto de esta ominosa erupción. En ese momento las cenizas caían rápidamente sobre las embarcaciones, más calientes y más densas cuanto más se acercaban a la orilla; lluvias de piedra pómez también, entremezcladas con piedras negras, calcinadas y rotas por la acción de las llamas; el mar se retiró repentinamente de la orilla, donde los escombros de la montaña hacían imposible el desembarco. Después de dudar por un momento si dar o no la vuelta, el piloto le aconsejó encarecidamente que lo hiciera: 'La fortuna favorece a los audaces', dijo, 'condúceme a Pomponianus'. Pomponianus estaba entonces en Stabiæ, un lugar que se encontraba al otro lado de la bahía, ya que en esas partes las costas son sinuosas, y a medida que se alejan, el mar forma una serie de pequeñas calas. En este lugar el peligro no era inminente, pero aún así se podía ver, y como parecía que se acercaba cada vez más, Pomponianus ordenó subir su equipaje a bordo de los barcos, decidido a huir, si el viento, que soplaba en sentido contrario, se calmaba. El viento, que soplaba en esta dirección, era extremadamente favorable a su paso, y mi tío, al llegar a Stabise, abrazó a su ansioso amigo, e hizo todo lo posible por devolverle el valor; y para tranquilizarlo mejor con la evidencia de su propia sensación de seguridad, pidió a los sirvientes que lo condujeran al baño. Después de bañarse, se sentó a la mesa y cenó, y eso también con mucho ánimo, o en todo caso, lo que demuestra igualmente su fortaleza de ánimo, que su apariencia evidenciaba claramente. Entretanto, se veían vastas llamas y grandes cuerpos de fuego que surgían del monte Vesubio, cuyo resplandor y brillantez se veían con mayor relieve a medida que se acercaban las sombras de la noche. Mi tío, sin embargo, para calmar los temores de sus acompañantes, insistió en decir que aquello no era más que la luz que daban algunas aldeas que habían sido abandonadas por los rústicos en su alarma ante las llamas; después de lo cual se retiró a descansar, y pronto se quedó profundamente dormido, pues su respiración, que en él era pesada y ruidosa, a consecuencia de su corpulencia, era oída claramente por los criados que vigilaban a la puerta del apartamento. El patio que conducía a su apartamento se había llenado de cenizas y piedras pómez, hasta tal punto, que si hubiera per-

---

5 Un barco de guerra ligero y rápido (N. del T.).

manecido más tiempo en la habitación, le habría sido imposible salir de ella. Al despertarse, se levantó inmediatamente y se reunió con Pomponianus y los demás, que entretanto habían estado sentados. Entonces consultaron juntos si sería mejor permanecer en la casa o arriesgarse al aire libre, ya que el edificio se balanceaba ahora de un lado a otro debido a las violentas y repetidas sacudidas, mientras que las paredes parecían ser llevadas en un momento a una dirección y en otro a otra, como si estuvieran siendo arrancadas de sus propios cimientos. Habiendo adoptado esta última alternativa, ahora estaban alarmados por las lluvias de piedras calcinadas que caían densamente a su alrededor, un riesgo al que, sin embargo, debían someterse como el mal menor. Al dar este paso debo señalar que, mientras que en el caso de mi tío la razón triunfaba sobre la razón, en el caso de los demás era sólo un temor que se imponía sobre el otro. Tomando la precaución de colocar almohadas sobre sus cabezas, las ataron con toallas, a modo de protección contra la caída de piedras y cenizas. Ahora era de día en otros lugares, aunque allí seguía siendo de noche, más oscura y más profunda que cualquier noche ordinaria; sin embargo, las antorchas y varias luces servían en cierta medida para disipar la oscuridad. Decidieron entonces dirigirse a la orilla y comprobar si el mar admitía ya el embarque; pero encontraron que seguía siendo demasiado tormentoso y bullicioso para permitir el intento. En ese momento, mi tío se tumbó en una vela que le habían tendido, y más de una vez pidió un poco de agua fría, que bebió; sin embargo, muy pronto se vieron alarmados por las llamas y el olor sulfuroso que anunciaban su aproximación, por lo que los demás huyeron de inmediato, mientras mi tío se levantó apoyándose en dos de los criados para sostenerse. Al hacer este esfuerzo, cayó instantáneamente al suelo; el denso vapor, supongo, le impidió respirar y lo asfixió, pues su pecho era naturalmente débil y contraído, y a menudo le producía violentas palpitaciones. Cuando por fin se restableció el día, el tercero después del cierre de su existencia, su cuerpo se encontró intacto y sin ninguna herida; no se percibía ningún cambio en sus ropas, y su aspecto era más bien el de una persona dormida que el de un cadáver. Mientras tanto, mi madre y yo nos encontrábamos en Misenum –lo cual, sin embargo, no tiene nada que ver con este relato, ya que lo único que deseabas era conocer los detalles relacionados con su muerte. Por lo tanto, voy a llegar a una conclusión. Lo único que añadiré es la seguridad de que he relatado con veracidad todos estos hechos, de los que fui testigo presencial o los oí poco después que ocurrieron, un período en el que era más probable que fueran relatados correctamente. Por supuesto, tú seleccionarás los puntos que consideres más importantes. Porque una cosa es escribir una carta y otra la historia; una cosa es escribir para un amigo y otra para el público. Hasta la vista".

Del modo de vida seguido por Plinio, y del resto de sus obras, un relato igualmente interesante ha sido conservado por su sobrino, en una epístola dirigida a Macer. No podemos concluir más apropiadamente que presentando esta epístola al lector: "Me complace mucho saber que lees las obras de mi tío con tanta atención como para sentir el deseo de poseerlas todas, y que con este fin preguntas. ¿Cuáles son sus nombres? Cumpliré, pues, con las funciones de un índice; y no contento con eso, diré en qué orden fueron escritas; porque incluso eso es una clase de información que no es en absoluto indeseable para quienes se dedican a las actividades literarias. Su primera composición fue un tratado 'sobre el uso de la jabalina por la caballería', en un solo libro. Lo compuso, con igual diligencia e ingenio, mientras estaba al mando de una tropa de caballos. Su segunda obra fue la 'Vida de Q. Pomponius Secundus', en dos libros, una persona por la que había sido especialmente querido. Estos libros los compuso como un tributo que se debía a la memoria de su amigo fallecido. Su siguiente obra fueron veinte libros sobre 'las guerras en Alemania', en los que recopiló una relación de todas las guerras en las que nos hemos visto envueltos con el pueblo de ese país. Porque en su sueño pensó que la figura de Druso Nerón,[6] estaba a su lado –el mismo Druso, que después de las más extensas conquistas en ese país, encontró allí su muerte. Encomendando su memoria al atento cuidado de Plinio, Druso le conjuró a que la rescatara del efecto decadente del olvido. A estos libros les siguieron los tres titulados 'El estudiante', divididos, debido a su gran tamaño, en seis volúmenes. En ellos dio instrucciones para la formación del orador, desde la cuna hasta su entrada en la vida pública. En los últimos años del reinado de Nerón, escribió ocho libros, 'Sobre las dificultades de la lengua latina'; ese fue un período en el que todo tipo de estudio, de cualquier manera libre o incluso de estilo elevado, se habría vuelto peligroso por la tiranía que se ejercía. Su siguiente obra fue su 'Continuación de la Historia de Aufidius Bassus', en treinta y un libros; después vino su 'Historia Natural', en treinta y siete libros, una obra notable por su amplitud y erudición, y no menos variada que la propia naturaleza. Te preguntarás cómo es posible que un hombre tan ocupado en los negocios pudo encontrar tiempo para escribir tal cantidad de volúmenes, muchos de ellos sobre temas de naturaleza tan difícil de tratar. Te asombrarás aún más cuando sepas que durante algún tiempo ejerció la abogacía, que sólo tenía cincuenta y seis años en el momento de su muerte, y que el tiempo transcurrido se vio igualmente truncado y desperdiciado por las más pesadas obligaciones de los negocios y por las muestras de favor que le otorgaron los príncipes. Su genio, sin embargo, era realmente increíble, su celo infatigable y su poder de aplicación, maravilloso en extremo. En la fiesta de la Vulcanalia[7] comenzó a sentarse a la luz de las velas hasta altas horas de la noche, no para consultar las estrellas, sino con el fin de proseguir sus estudios; mientras que, en invierno, se ponía a trabajar a la séptima hora de la noche, o a la octava como muy tarde, a menudo incluso a la sexta.[8] Por naturaleza, tenía la facultad de poder dormirse en un momento; de hecho, el sueño le alcanzaba a veces en sus estudios, y luego le abandonaba igual de repentinamente. Antes de que amaneciera, tenía la costumbre de asistir al emperador Vespasiano –pues también él aprovechaba muy bien las noches–, y luego se dedicaba a las tareas que se le encomendaban. Al volver a casa, dedicaba todo el tiempo que le quedaba al estudio. Tomando una comida temprana, a la antigua usanza, ligera y de fácil digestión, en verano, si tenía algún tiempo libre, se

---

6   Nerón Claudio Druso, hijo de Livia, después esposa de Augusto. Fue el padre del emperador Claudio, y murió en Alemania por los efectos de un accidente.

7   23 de agosto.

8   En la mitad del invierno, esta hora equivaldría a nuestra medianoche.

tumbaba al Sol, mientras le leían algún libro, haciendo él mismo notas y extractos mientras tanto, pues tenía la costumbre de no leer nunca nada sin hacer extractos, siendo una máxima suya que no hay libro tan malo del que no se pueda sacar nada bueno de él. Después de disfrutar así del Sol, solía darse un baño frío, tras el cual se sentaba a comer algo, y luego echaba una pequeña siesta. Al despertarse, como si hubiera comenzado otro día, estudiaba hasta la hora de la cena, durante la cual generalmente se le leía algún libro, que comentaba someramente. Recuerdo que, en una ocasión, un amigo suyo interrumpió al lector, que había pronunciado mal algunas palabras, y le hizo repetirlas. 'Le entendiste, ¿verdad?', dijo mi tío. 'Sí', dijo el otro. '¿Por qué, entonces, le hiciste repetirse? Por esta interrupción tuya, hemos perdido más de diez líneas'. Era un administrador del tiempo tan ahorrativo. En verano se levantaba de la cena con la luz del día y, en invierno, durante la primera hora de la noche,[9] como si hubiera habido alguna ley que le obligara a hacerlo. Así es como vivía en medio de sus trabajos y del bullicio de la ciudad. Cuando estaba retirado en el campo, el tiempo que pasaba en el baño era la única parte del día que no dedicaba al estudio. Cuando digo en el baño, quiero decir mientras estaba en el agua; pues mientras le raspaban el cuerpo con el estrigil[10] y lo frotaban, se hacía leer algún libro o dictaría algo. Cuando estaba de viaje, como si estuviera liberado de cualquier otra preocupación, se dedicaba al estudio y a nada más. A su lado estaba su secretario, con un libro y tabletas; y, en invierno, las manos del secretario estaban protegidas por guantes, para que la severidad del clima no privara a su amo ni un solo momento de sus servicios. También por esta razón, cuando estaba en Roma, nunca se movía si no era en una litera. Recuerdo que en una ocasión me reprochó que caminara: 'Podrías haber evitado perder todas esas horas', dijo, pues consideraba perdido todo momento que no se dedicara al estudio. Gracias a esta incansable labor, completó tantas obras y me dejó 160 volúmenes de notas, escritas en tamaño muy reducido por ambas caras, lo que hace que la colección sea doblemente voluminosa. Él mismo contaba que, cuando era procurador en España, podría haber entregado su libro de lugares comunes a Largius Licinius por 400.000 sestercios; y en aquella época la colección no era tan extensa como después. Cuando se piensa en lo mucho que debe haber leído, en lo mucho que ha escrito, ¿no se supondría realmente que nunca se había dedicado a los negocios, y que nunca había gozado del favor de los príncipes? Y, por otra parte, cuando oís el trabajo que ha dedicado a sus estudios, ¿no os parece que no ha escrito ni leído lo suficiente? Porque, de hecho, ¿qué actividades son las que no se habrían visto interrumpidas por ocupaciones como las suyas? Por otra parte, ¿qué hay que no haya podido realizar una perseverancia tan incesante como la suya? Por lo tanto, tengo la costumbre de reírme cuando la gente me llama estudioso, a mí que, en comparación con él, soy un auténtico holgazán; y, sin embargo, dedico al estudio todo el tiempo que me permiten mis compromisos públicos, por un lado, y mis deberes para con mis amigos, por otro. ¿Quién, pues, de todos los que han dedicado su vida

---

9   En pleno invierno, esto sería entre las seis y las siete de la tarde.
10 Instrumento de metal, marfil o cuerno, utilizado por los antiguos para raspar la piel en el baño y en el gimnasio; un raspador de carne.

a la literatura, no debería, al compararse con él, sonrojarse de una vida que casi parecería dedicada a la pereza y a la inactividad? Pero mi carta ya ha sobrepasado los límites que le corresponden, ya que originalmente tenía la intención de escribir sólo sobre el tema del que me habías preguntado, los libros de su composición que dejó. Confío, sin embargo, en que estos detalles no te resulten menos agradables que los propios escritos, y que no sólo te induzcan a leerlos, sino que te inciten, por un sentimiento de generosa emulación, a producir alguna obra de naturaleza similar. – Adiós".

De todas las obras escritas por Plinio, sólo una, la *Naturalis Historiæ*, ha sobrevivido hasta nuestros días. Esta obra, sin embargo, no es una "Historia Natural" en la acepción moderna del término, sino más bien una vasta Enciclopedia de conocimientos y creencias antiguas sobre casi todos los temas conocidos "no menos variados que la propia Naturaleza", como dice su sobrino. Comprende, en el marco de treinta y siete libros, 20.000 asuntos de importancia, recogidos en unos 2.000 volúmenes (casi todos ellos ya desaparecidos), las obras, como el propio Plinio afirma, de 100 escritores de autoridad; junto con un gran número de asuntos adicionales desconocidos por esas autoridades, y muchos de ellos resultados de su propia experiencia y observación. Hardouin ha elaborado un catálogo de los autores citados por Plinio, cuyo número oscila entre 400 y 500.

A continuación se presenta un breve esbozo del plan de este maravilloso monumento de la industria humana. Tras una epístola dedicada a Tito, seguida de un índice de los demás libros, que forman el Libro Primero, el autor procede a dar cuenta de las nociones predominantes sobre el universo, la tierra, el Sol, la Luna, las estrellas y las propiedades más notables de los elementos (*partes naturæ*). Luego pasa a una descripción geográfica de la faz de la tierra tal como la conocían los antiguos. Después de la geografía viene lo que puede llamarse con toda propiedad "historia natural", que incluye una historia del hombre, repleta de maravillas, pero muy interesante. Después de haber mencionado ampliamente la tierra, los animales, los peces, las aves y los insectos, pasa a la Botánica, que en sus diversos aspectos ocupa la mayor parte de la obra. Al mismo tiempo, de acuerdo con su plan integral, esta parte incluye una gran cantidad de información sobre numerosos temas, el cultivo de los cereales y la fabricación de aceite, vino, papel (*papyrus*), y numerosos otros artículos de uso diario. Después de tratar extensamente la Botánica Médica, procede a hablar de los medicamentos derivados del cuerpo humano, desde donde se ramifica en discusiones sobre la historia de la medicina, y la magia, que considera como una rama del arte médico; y aprovecha esta oportunidad para tocar muchas de las supersticiones y nociones actuales sobre la astrología. Concluye esta parte de su obra con una relación de las propiedades medicinales de diversas aguas, y de las de los peces y otros animales acuáticos. A continuación, nos presenta un tratado de mineralogía, en el que ha acumulado todo tipo de información posible relativa al uso del oro, la plata, el bronce y otros metales; un tema que no deja de llevarle a repetidas digresiones relativas al dinero, las joyas, las estatuas y las estatuillas. A continuación, los pigmentos minerales ocupan su atención, con muchas notas interesantes de los grandes pintores de Grecia; de lo cual pasa a los diversos tipos de piedra y materiales empleados en la construcción, y el uso del mármol para los fines de la escultura, incluyendo una nota de ese arte y de los escultores más eminentes. El último libro está dedicado a la descripción de las gemas y las piedras preciosas, y concluye con un elogio de su país natal, que se distingue tanto por su fertilidad como por sus bellezas pintorescas, y por las dotes naturales y los altos destinos de su gente.

De los escritos de Plinio obtenemos, por supuesto, una gran cantidad de información sobre sus opiniones y la constitución de su mente. Hay que admitir que su credulidad es grande en extremo; aunque, singularmente, acusa a los griegos del mismo defecto. Si no tuviéramos la certeza, por otras fuentes, de que tuvo un gran éxito en la vida, disfrutó de la opulencia y fue honrado con el favor y la confianza de los príncipes, las observaciones que hace con frecuencia sobre la vida humana, especialmente en el Libro Séptimo, nos habrían llevado a la conclusión de que era un hombre decepcionado, amargado contra sus semejantes y descontento con los términos en que se nos concede la tenencia de la vida. Abre ese Libro con un prefacio repleto de insatisfacción quejumbrosa y de lamentos por la suerte del hombre –el único animal "llorón"– dice.[11] Se lamenta de la condición indefensa y miserable del niño en el momento en que entra en la vida, y de los numerosos dolores y vicios a los que está condenado. La propensión del hombre a la enfermedad es para él una mancha en la economía de la naturaleza; "la vida", dice, "este don de la naturaleza, por muy largo que sea, es demasiado incierto y demasiado frágil; incluso para aquellos a los que se les concede en mayor medida, se reparte con una mano parca y mezquina, si sólo pensamos en la eternidad". Como no podemos tener la vida en nuestros propios términos, no la considera digna de nuestra aceptación, y más de una vez expresa su opinión de que cuanto antes nos libremos de ella, mejor. La muerte súbita la considera como un fenómeno notable, pero, al mismo tiempo, como la mayor bendición que se nos puede conceder; y cuando menciona casos de resucitación, es sólo para permitirse la queja quejosa de que, "expuesto como está por su nacimiento a los caprichos de la fortuna, el hombre no puede estar seguro de nada; no, ni siquiera de su propia muerte". Aunque no era un epicúreo, en la acepción moderna de la palabra, parece haber mantenido al menos algunos de los principios de Epicuro, en referencia a la inmortalidad del alma. No nos dice si suponía que el alma, en el momento de la muerte, se dividía en sus átomos o elementos constitutivos anteriores, pero afirma que después de la muerte el alma no tiene más existencia que la que tenía antes de nacer; que todas las nociones de inmortalidad son un mero engaño; y que la idea misma de una existencia futura es ridícula, y estropea la mayor bendición de la naturaleza: la muerte. Ciertamente habla de fantasmas o apariciones, vistos después de la muerte; pero estos probablemente los consideraba como casos excepcionales, si es que creía en las historias que cita, de las cuales no tenemos pruebas, o más bien, presuntas pruebas de lo contrario; porque algunas de ellas las llama *magna fabulosetas*, "los cuentos más fabulosos".

---

11   Incluso en ese punto se contradice en el siguiente Libro, en referencia al león y al caballo.

En relación con las invenciones humanas, es digno de mención que afirma que la primera cosa en la que la humanidad estuvo de acuerdo, fue el uso del alfabeto jónico; la segunda, la práctica de afeitarse la barba, y el empleo de barberos; y la tercera, la división del tiempo en horas,

No podemos concluir más adecuadamente esta reseña de la Vida y Obras de Plinio, que citando las opiniones de dos de los más eminentes filósofos de los tiempos modernos, Buffon y Cuvier; aunque el primero, hay que admitirlo, ha hablado de él en términos demasiado elogiosos, y al instituir una comparación entre la obra de Plinio y la de Aristóteles, ha puesto en yuxtaposición los nombres de dos hombres que, más allá de una ardiente sed de conocimiento, no tenían ninguna característica en común.

"Plinio", dice Buffon, "ha trabajado sobre un plan que es mucho más extenso que el de Aristóteles, y no improbablemente demasiado extenso. Se ha propuesto abarcar todos los temas; en efecto, parece haber tomado la medida de la naturaleza y haberla encontrado demasiado contraída para su genio expansivo. Su 'Historia Natural', independientemente de la de los animales, las plantas y los minerales, incluye una relación de los cielos y la tierra, de la medicina, el comercio, la navegación, las artes liberales y mecánicas, el origen de los usos y costumbres, en una palabra, la historia de todas las ciencias naturales y todas las artes de la invención humana. Y lo que es aún más sorprendente, en cada uno de estos departamentos Plinio se muestra igualmente grande. La grandeza de sus ideas y la dignidad de su estilo confieren un brillo adicional a la profundidad de su erudición; no sólo conocía todo lo que se sabía en su época, sino que estaba dotado de esa amplitud de miras que en cierta medida multiplica el conocimiento. Tenía toda esa delicadeza de percepción de la que dependen tan materialmente la elegancia y el gusto, y comunica a sus lectores esa libertad de pensamiento y esa audacia de sentimientos, que constituyen el verdadero germen de la filosofía. Su obra, tan variada como la propia naturaleza, la pinta siempre con sus colores más atractivos. Es, por así decirlo, una compilación de todo lo que se había escrito antes de su tiempo; un registro de todo lo que era excelente o útil; pero este registro tiene en él características tan grandiosas, esta compilación contiene materia agrupada de una manera tan novedosa, que es preferible a la mayoría de las obras originales que tratan sobre temas similares."

El juicio pronunciado por Cuvier sobre la obra de Plinio, aunque algo menos coloreado, le otorga un alto rango entre las producciones más valiosas de la antigüedad. "La obra de Plinio –dice– es uno de los monumentos más preciosos que nos han llegado de la antigüedad, y ofrece la prueba de una asombrosa cantidad de erudición en alguien que fue guerrero y estadista. Para apreciar con justicia esta vasta y célebre composición, es necesario considerarla desde varios puntos de vista; con referencia al plan propuesto, los hechos expuestos y el estilo empleado. El plan propuesto por el escritor es de inmensa extensión; su objeto es escribir no sólo una Historia Natural en nuestro restringido sentido del término, no una mera relación, más o menos detallada, de animales, plantas y minerales, sino una obra que abarque la astronomía, la física, la geografía, la agricultura, el comercio, la medicina y las bellas artes; y todo ello además de la historia natural propiamente dicha; mientras que al mismo tiempo entreteje continuamente con su narrativa información sobre las artes que tienen relación con el hombre considerado metafísicamente, y la historia de las naciones; tanto es así que en muchos aspectos esta obra fue la Enciclopedia de su época. No era posible que, al tratar, aunque sea de forma superficial, un número tan prodigioso de temas, el escritor no nos diera a conocer una multitud de hechos que, aunque son notables en sí mismos, son más valiosos por la circunstancia de que en la actualidad es el único autor que los relata. Es de lamentar, sin embargo, que la forma en que ha recogido y agrupado esta masa de materia, le haya hecho perder parte de su valor, por su mezcla de fábula con verdad, y más especialmente por la dificultad, y en algunos casos, la imposibilidad, de descubrir exactamente de qué objeto está hablando. Pero si Plinio posee poco mérito como crítico, es muy diferente con su talento como escritor, y el inmenso tesoro que nos abre de términos y formas de expresión en latín; éstos, desde la misma abundancia de los temas que trata, hacen de su obra uno de los más ricos repositorios de la lengua romana. Siempre que le es posible expresar ideas generales o puntos de vista filosóficos, su lenguaje adquiere considerable energía y vivacidad, y sus pensamientos nos presentan una cierta novedad y audacia que tienden en gran medida a aliviar la sequedad de sus enumeraciones y, con la mayoría de sus lectores, a excusar la insuficiencia de sus indicaciones científicas. Es siempre noble y serio, lleno de amor a la justicia y a la virtud, detesta la crueldad y la bajeza, de las que tuvo ante sus ojos tan espantosos ejemplos, y desprecia ese lujo desenfrenado que en su tiempo había corrompido tan profundamente al pueblo romano. Por estos grandes méritos Plinio no puede ser alabado demasiado, y a pesar de los defectos que estamos obligados a admitir en él cuando se le considera como naturalista, estamos obligados a considerarlo como uno de los más meritorios de los escritores romanos, y entre los más dignos de ser contados en el número de los clásicos que escribieron después del reinado de Augusto".

Libro I
Dedicatoria

PLINIO SEGUNDO A SU AMIGO TITO VESPASIANO

Este tratado de Historia Natural, obra novedosa en la literatura romana, que acabo de terminar, me he tomado la libertad de dedicarlo a vos, amabilísimo Emperador.

He incluido en treinta y seis libros 20.000 temas, todos ellos dignos de atención (pues, como dice Domitius Piso, debemos hacer no sólo libros, sino colecciones valiosas), obtenidos por la lectura de unos 2.000 volúmenes, de los cuales sólo unos pocos están en manos de los estudiosos, a causa de la oscuridad de los temas, obtenidos por la lectura cuidadosa de 100 autores selectos; y a éstos he hecho considerables adiciones de cosas, que o bien no eran conocidas por mis predecesores, o que han sido descubiertas recientemente. No puedo dudar de que todavía quedan muchas cosas que he omitido, porque soy un simple mortal, y uno que tiene muchas ocupaciones. Por lo tanto, me he visto obligado a componer esta obra a intervalos interrumpidos, incluso durante la noche, por lo que veréis que no he estado ocioso ni siquiera durante este período. El día lo dedico a vosotros, repartiendo exactamente mi sueño a la necesidad de mi salud, y contentándome con esta recompensa, que mientras estamos reflexionando sobre estos temas (según la observación de Varro), estamos añadiendo a la duración de nuestras vidas; porque la vida consiste propiamente en estar despierto.

Teniendo en cuenta estas circunstancias y estas dificultades, no me atrevo a prometer nada; pero me habéis hecho el servicio más esencial al permitirme dedicaros mi trabajo. Esto no sólo le da una sanción, sino que determina su valor; ya que a menudo se considera que las cosas tienen un gran valor, sólo porque están consagradas en los templos.

Y porque el bien público exige que se os ahorre en lo posible toda molestia, he adjuntado a esta epístola el contenido de cada uno de los libros siguientes y he hecho todo lo posible para evitar que os veáis obligados a leerlos todos. Y esto, que se ha hecho en tu beneficio, servirá también para otros, de modo que cualquiera pueda buscar lo que desee y sepa dónde encontrarlo. Esto ya fue hecho entre nosotros por Valerius Soranus, en su obra que tituló "Sobre los Misterios".

El 1º libro es el Prefacio de la Obra, dedicado a Tito Vespasiano César.

El 2º es sobre el Mundo, los Elementos y los Cuerpos Celestes.

Los libros 3º, 4º, 5º y 6º son sobre la Geografía, en los que se recoge la situación de los distintos países, los habitantes, los mares, las ciudades, los puertos, las montañas, los ríos y las dimensiones, así como las distintas tribus, algunas de las cuales aún existen y otras han desaparecido.

El 7º es sobre el Hombre, y las Invenciones del Hombre.

El 8º sobre las diversas clases de animales terrestres.

El 9º sobre los animales acuáticos.

El 10º sobre las distintas clases de aves.

El 11º sobre los insectos,

El 12º sobre las plantas odoríferas.

La 13º sobre los árboles exóticos.

El 14º sobre las vides.

El 15º sobre los árboles frutales.

El 16º sobre los árboles forestales.

El 17º sobre las plantas cultivadas en viveros o jardines.

El 18º sobre la naturaleza de los frutos y los cereales, y las actividades del agricultor.

El 19º sobre el lino, la retama,[1] y la jardinería.

El 20º sobre las Plantas Cultivadas que son propias para la alimentación y para la medicina.

El 21º sobre las Flores y Plantas que se usan para hacer Guirnaldas.

El 22º sobre las guirnaldas y las medicinas hechas con plantas.

El 23º sobre las medicinas hechas de vino y de árboles cultivados.

El 24º sobre las medicinas hechas de los árboles del bosque.

El 25º sobre las medicinas hechas de plantas silvestres.

El 26º sobre las nuevas enfermedades y las medicinas elaboradas a partir de plantas para ciertas enfermedades.

El 27º sobre algunas otras plantas y medicinas.

---

1 *Spartum*; esta planta se utilizaba para hacer cintas para las vides y cables para los barcos.

El 28º sobre las medicinas obtenidas del hombre y de los grandes animales.
El 29º sobre los autores médicos y las medicinas de otros animales.
El 30º sobre la magia y las medicinas para ciertas partes del cuerpo.
El 31º sobre las medicinas de los animales acuáticos.
El 32º sobre las otras propiedades de los animales acuáticos.
El 33º sobre el Oro y la Plata.
El 34º sobre el Cobre y el Plomo, y los trabajadores del Cobre.
El 35º sobre la pintura, los colores y los pintores,
El 36º sobre Mármoles y Piedras,
El 37º sobre las gemas.

Libro II
Un relato del mundo y los elementos

SI EL MUNDO[1] ES FINITO, Y SI HAY MÁS DE UN MUNDO

El mundo y cualquier otro nombre utilizado para llamar a los cielos, en la bóveda de los cuales todas las cosas están encerradas, debemos concebir que es una Deidad, que es eterna, sin límites, ni creada, ni sujeta, en ningún momento, a la destrucción. Preguntar qué hay más allá no es asunto del hombre, ni la mente humana puede formarse ninguna conjetura al respecto. Es sagrado, eterno y sin límites, todo en todo; de hecho, incluye todo en sí mismo; es finito, pero es como lo que es infinito; es la más cierta de todas las cosas, pero parece ser incierto, externa e internamente abarcando todas las cosas en sí mismo; es la obra de la naturaleza, y él mismo constituye la naturaleza.

Es una locura acosar la mente, como han hecho algunos, con intentos de medir el mundo, y publicar estos intentos; o, como otros, argumentar a partir de lo que han elaborado, que hay innumerables otros mundos, y que debemos creer que hay otras tantas naturalezas, o que, si una sola naturaleza produjo el todo, habrá tantos soles y tantas lunas, y que cada uno de ellos tendrá inmensos trenes de otros

---

1 "Mundus". En la traducción de una lengua a otra, es conveniente, como principio general, traducir la misma palabra en el original por la misma palabra en la traducción. Pero esta regla tiene dos excepciones: cuando los idiomas no tienen palabras que se correspondan exactamente, y cuando el autor original no usa siempre la misma palabra en el mismo sentido. Ambas circunstancias, entiendo, se aplican al caso que nos ocupa. El término *Mundus* es utilizado por Plinio, a veces para significar la tierra y sus apéndices inmediatos, el sistema solar visible; y otras veces el universo; mientras que creo que podemos aventurarnos a afirmar, que en algunos casos se utiliza de manera bastante vaga, sin ninguna referencia clara a una u otra de las designaciones anteriores. En casi todos los casos, lo he traducido por el término mundo, por acercarse más al sentido del original.

cuerpos celestes. Como si la misma cuestión no se repitiera a cada paso de nuestra investigación, ansiosos como debemos estar de llegar a alguna conclusión; o, como si esta infinidad, que atribuimos a la naturaleza, la primera de todas las cosas, no pudiera ser más fácilmente comprendida por una sola formación, especialmente cuando ésta es tan extensa. Es una locura, una perfecta locura, salir de este mundo y buscar lo que está más allá de él, como si alguien que ignora sus propias dimensiones pudiera averiguar la medida de cualquier otra cosa, o como si la mente humana pudiera ver lo que el mundo mismo no puede contener.

FORMA Y NATURALEZA DEL MUNDO; DE DONDE SE DERIVA SU NOMBRE

Que tiene la forma de un globo perfecto lo sabemos por el nombre que se le ha dado uniformemente, así como por numerosos argumentos naturales. Porque una figura de este tipo no sólo vuelve por todas partes a sí misma y se sostiene a sí misma, incluyéndose a sí misma, sin requerir ajustes, sin percibir ni el final ni el principio en ninguna de sus partes, y es la más adecuada para ese movimiento, con el que, como aparecerá más adelante, está girando continuamente; sino que, además, porque percibimos, por la evidencia de la vista, que es, en cada parte, convexa y central, lo que no podría ser el caso si fuera de cualquier otra figura.

La salida y la puesta del Sol demuestran claramente que este globo da vueltas en el espacio, cada veinticuatro horas, en un circuito eterno e incesante, y con una rapidez increíble. No puedo decir si el sonido causado por el giro de una masa tan grande es excesivo, y, por lo tanto, mucho más allá de lo que nuestros oídos pueden percibir, ni tampoco si el sonido de tantas estrellas, todas llevadas al mismo tiempo y girando en sus órbitas, no puede producir una especie de deliciosa armonía de increíble dulzura. Para nosotros, que estamos en el interior, el mundo parece deslizarse silenciosamente, tanto de día como de noche.

Diversas circunstancias de la naturaleza nos demuestran que hay impresas en el cielo innumerables figuras de animales y de todo tipo de objetos, y que su superficie no está perfectamente pulida como los huevos de las aves, como afirman algunos autores célebres. Porque encontramos que las semillas de todos los cuerpos caen de él, principalmente en el océano, y, al mezclarse, que una variedad de formas monstruosas se producen de esta manera con frecuencia. Y, en efecto, esto es evidente para el ojo; pues, en una parte, tenemos la figura de un carro, en otra la de un oso, la de un toro y la de una letra; mientras que, en medio de ellas, sobre nuestras cabezas, hay un círculo blanco.

Con respecto al nombre, acepto la opinión unánime de todas las naciones. Porque lo que los griegos, por estar ornamentado, han denominado κόσμος, nosotros, por su perfecta y completa elegancia, lo hemos denominado *mundus*. El nombre *coelum*,[2] sin duda, se refiere a que está grabado, por así decirlo, con las estrellas, como sugiere Varro. En confirmación de esta idea podemos aducir el Zodíaco, en el que hay doce figuras de animales; a través de ellas es que el Sol ha continuado su curso durante tantas edades.

---

2   Plinio confunde la palabra *coelum* con *caelum*: grabado.

DE LOS ELEMENTOS Y LOS PLANETAS

No encuentro que nadie haya dudado de que existen cuatro elementos. El más alto de ellos se supone que es el fuego, y de ahí proceden los ojos de tantas estrellas brillantes. El siguiente es ese espíritu, que tanto los griegos como nosotros llamamos con el mismo nombre, el aire. Es por la fuerza de este principio vital, que impregna todas las cosas y se mezcla con todas, que la tierra, junto con el cuarto elemento, el agua, se equilibra en medio del espacio. Estos están mutuamente ligados, el más ligero es retenido por el más pesado, de modo que no pueden volar; mientras que, por el contrario, desde el más ligero que tiende hacia arriba, el más pesado está tan suspendido, que no puede caer. Así, por una tendencia igual en una dirección opuesta, cada uno de ellos permanece en su lugar adecuado, unidos por la revolución incesante del mundo, que siempre gira sobre sí mismo, la tierra cae a la parte más baja y está en el medio del todo, mientras que permanece suspendida en el centro, y, por así decirlo, equilibrando este centro, en el que está suspendida. De modo que sólo ella permanece inmóvil, mientras que todas las cosas giran a su alrededor, estando conectadas con todas las demás partes, mientras que todas ellas descansan sobre ella.

Entre este cuerpo y los cielos hay suspendidas, en este espíritu aéreo, siete estrellas, separadas por espacios determinados, que, a causa de su movimiento, llamamos errantes, aunque, en realidad, ninguna lo es menos. En medio de ellas se mueve el Sol, un cuerpo de gran tamaño y poder, el gobernante, no sólo de las estaciones y de los diferentes climas, sino también de las propias estrellas y de los cielos. Cuando consideramos sus operaciones, debemos considerarlo como la vida, o más bien la mente del universo, el principal regulador y el Dios de la naturaleza; también presta su luz a las otras estrellas. Es el más ilustre y excelente, que todo lo ve y todo lo oye, lo cual, según percibo, le es atribuido exclusivamente por el príncipe de los poetas, Homero.

DE DIOS

Considero, por lo tanto, que es una indicación de la debilidad humana indagar sobre la figura y la forma de Dios. Pues sea Dios lo que sea, si es que hay otro Dios, y dondequiera que exista, es todo sentido, toda vista, todo oído, toda vida, toda mente, y todo en sí mismo. Creer que hay varios Dioses, derivados de las virtudes y vicios del hombre, como la Castidad, la Concordia, el Entendimiento, la Esperanza, el Honor, la Clemencia y la Fidelidad; o, según la opinión de Demócrito, que sólo hay dos. El castigo y la recompensa, indica una locura aún mayor. La naturaleza humana, débil y frágil como es, consciente de su propia debilidad, ha hecho estas divisiones, para que cada uno pueda recurrir a lo que supone que necesita más particularmente. De ahí que encontremos diferentes nombres empleados por las distintas naciones; las deidades inferiores están organizadas en clases, y las enfermedades y plagas son divinizadas, como consecuencia de nuestro ansioso deseo de propiciarlas. Por esta causa se dedicó un templo a la Fiebre, a expensas del público, en la colina del Palatino, y a Orbona, cerca del templo de los Lares, y se eligió un altar a la Buena Fortuna en el Esquilino. De este modo, podemos entender cómo es que hay una mayor población de seres Celestiales que de seres humanos, ya que cada individuo hace un Dios separado para sí mismo, adoptando su propia Juno y su propio Genio. Y hay naciones que hacen dioses a ciertos animales, e incluso a ciertas cosas obscenas, de las que no se debe hablar, jurando por carnes apestosas y cosas semejantes. Suponer que se contraen matrimonios entre los Dioses, y que, durante un período tan largo, no haya habido descendencia de ellos, que unos sean viejos y siempre de cabeza gris y otros jóvenes y como niños, algunos de tez oscura, alados, cojos, producidos a partir de huevos, que viven y mueren en días alternos, es suficientemente pueril y necio. Pero es el colmo de la impudicia imaginar que el adulterio tiene lugar entre ellos, que tienen contiendas y peleas, y que hay Dioses del robo y de varios crímenes. Asistir al hombre es ser un Dios; éste es el camino de la gloria eterna. Este es el camino que los nobles romanos persiguieron antiguamente, y este es el camino que ahora persigue el mayor gobernante de nuestra época, Vespasiano Augusto, el que ha venido a socorrer a un imperio agotado, así como sus hijos. Este era el antiguo modo de remunerar a los que lo merecían, para considerarlos como dioses. Pues los nombres de todos los dioses, así como de las estrellas que he mencionado anteriormente, se han derivado de sus servicios a la humanidad. Y con respecto a Júpiter y Mercurio, y el resto de la nomenclatura celeste, ¿quién no admite que tienen referencia a ciertos fenómenos naturales?

Pero es ridículo suponer que la gran cabeza de todas las cosas, cualquiera que sea, preste alguna atención a los asuntos humanos. ¿Podemos creer, o más bien puede haber alguna duda, de que no está contaminado por un oficio tan desagradable y complicado? No es fácil determinar qué opinión sería más ventajosa para la humanidad, pues observamos a algunos que no tienen ningún respeto por los dioses, y a otros que lo llevan a un exceso escandaloso. Son esclavos de ceremonias extranjeras; llevan en sus dedos a los dioses y a los monstruos que adoran; condenan y ponen gran énfasis en ciertas clases de alimentos; se imponen espantosas ordenanzas, ni siquiera duermen tranquilamente. No se casan ni adoptan niños, ni hacen nada más, sin la sanción de sus ritos sagrados. Hay otros, por el contrario, que engañan en el mismísimo Capitolio, y se juramentan hasta por Júpiter Tonans,[3] y mientras éstos prosperan en sus crímenes, los otros se atormentan con sus supersticiones sin ningún propósito.

Entre estas opiniones discordantes la humanidad ha descubierto para sí misma una especie de deidad intermedia, por la que nuestro escepticismo respecto a Dios sigue aumentando. Porque en todo el mundo, en todos los lugares y en todos los tiempos. La fortuna es el único dios al que todos invocan; sólo de ella se habla, sólo a ella se acusa y se le supone culpable; sólo ella está en nuestros pensamientos, es alabada y culpada, y está cargada de reproches; vacilante como es, concebida por la generalidad de la humanidad como ciega, errante, inconstante, incierta, variable, y a menudo favoreciendo a los indignos. A ella se refieren todas nuestras pérdidas y todas nuestras ganancias, y en el balance de las cuentas de los mortales sólo ella equilibra las dos páginas de nuestra hoja. Estamos tan en poder del azar, que el

---

3   Su oficio específico era ejecutar la venganza sobre los impíos.

cambio mismo es considerado como un Dios, y la existencia de Dios se vuelve dudosa.

Pero hay otros que rechazan este principio y atribuyen los acontecimientos a la influencia de los astros y a las leyes de nuestra natividad; suponen que Dios, de una vez por todas, emite sus decretos y no interfiere nunca después. Esta opinión empieza a ganar terreno, y tanto los doctos como el vulgo inculto caen en ella. De ahí que tengamos las amonestaciones de los truenos, las advertencias de los oráculos, las predicciones de los adivinos, y cosas demasiado insignificantes para ser mencionadas, como estornudar y tropezar con los pies, consideradas como presagios. El difunto emperador Augusto cuenta que se puso el zapato izquierdo en el pie equivocado el día que estuvo a punto de ser asaltado por sus soldados. Y cosas como éstas avergüenzan tanto a los mortales improvistos, que entre todos ellos sólo esto es cierto, que no hay nada seguro, y que no hay nada más orgulloso ni más desdichado que el hombre. Porque los demás animales no tienen más cuidado que el de procurar su subsistencia, para lo cual la bondad espontánea de la naturaleza es suficiente; y esta circunstancia hace su suerte más especialmente preferible, que nunca piensan en la gloria, ni en el dinero, ni en la ambición, y, sobre todo, que nunca reflexionan sobre la muerte.

La creencia, sin embargo, de que en estos puntos los Dioses supervisan los asuntos humanos es útil para nosotros, así como que el castigo de los crímenes, aunque a veces tarda, por estar la Deidad ocupada con tal cantidad de asuntos, nunca es remitido del todo, y que la raza humana no fue hecha la siguiente en rango a él, para que pudiera ser degradada como los brutos. Y, en efecto, esto constituye el gran consuelo en este estado imperfecto del hombre, que incluso la Deidad no puede hacerlo todo. Pues no puede procurarse a sí misma la muerte, aunque la desee, la cual, siendo tan numerosos los males de la vida, ha sido concedida al hombre como nuestro principal bien. Tampoco puede hacer inmortales a los mortales, ni devolver a la vida a los que están muertos; ni puede hacer que quien ha vivido una vez no haya vivido, ni que quien ha gozado de honores no los haya disfrutado; ni tiene otra influencia sobre los acontecimientos pasados que la de hacerlos olvidar. Y, si ilustramos la naturaleza de nuestra relación con Dios con un argumento menos serio, él no puede hacer que dos veces diez no sean veinte, y muchas otras cosas de este tipo. Por estas consideraciones el poder de la Naturaleza queda claramente probado, y se demuestra que es lo que llamamos Dios. No es ajeno al tema el haber divagado en estas cuestiones, conocidas por todos, por las continuas discusiones que tienen lugar respecto a Dios.

DE LA NATURALEZA DE LAS ESTRELLAS Y DEL MOVIMIENTO DE LOS PLANETAS

Volvamos de esta digresión a las otras partes de la naturaleza. Las estrellas que se describen como fijas en los cielos, no están, como el vulgo supone, unidas cada una de ellas a diferentes individuos, las más brillantes a los ricos, las que lo son menos a los pobres, y las más tenues a los ancianos, brillando según la suerte del individuo, y asignadas separadamente a los mortales; porque ni han llegado a existir, ni perecen en conexión con personas particulares, ni una estrella que cae indica que

alguien ha muerto. No estamos tan estrechamente relacionados con los cielos como para que el brillo de las estrellas se vea afectado por nuestra muerte. Cuando se supone que se disparan o caen, arrojan, por la fuerza de su fuego, como por un exceso de nutrimento, la superabundancia del humor que han absorbido, como observamos que ocurre con el aceite de nuestras lámparas, cuando están encendidas. La naturaleza de los cuerpos celestes es eterna, estando entrelazados, por así decirlo, con el mundo, y, por esta unión, haciéndolo sólido; pero ejercen su más poderosa influencia sobre la tierra. Esto, a pesar de su sutileza, puede conocerse por la claridad y la magnitud del efecto, como señalaremos en el lugar apropiado. El relato de los círculos de los cielos se entenderá mejor cuando hablemos de la tierra, ya que todos tienen una referencia a ella; excepto lo que se ha descubierto con respecto al Zodíaco, que ahora detallaré.

Se dice que Anaximandro el Milesio, en la 58ª olimpíada, fue el primero que comprendió su oblicuidad, abriendo así el camino a un correcto conocimiento del tema. Después Cleostrato hizo los signos en ella, marcando primero los de Aries y Sagitario; Atlas había formado la esfera mucho antes de esta época. Pero ahora, dejando este tema para una consideración posterior, debemos tratar de los cuerpos que están situados entre la tierra y los cielos.

Es cierto que el astro llamado Saturno es el más alto, y por lo tanto parece el más pequeño, que recorre el mayor circuito, y que tarda por lo menos treinta años en completarlo. El curso de todos los planetas, y entre otros del Sol, y de la Luna, está en la dirección contraria al de los cielos, es decir hacia la izquierda, mientras que los cielos son llevados rápidamente hacia la derecha. Y aunque las estrellas, que giran constantemente con inmensa velocidad, se elevan y se apresuran hacia la parte donde se ponen, sin embargo, todas son forzadas, por un movimiento propio, en una dirección opuesta; y esto está ordenado así, para que el aire, siendo siempre movido en la misma dirección, por el constante torbellino de los cielos, se acumule en una masa, mientras que ahora está dividido y separado y golpeado en pequeños pedazos, por el movimiento opuesto de las diferentes estrellas. Saturno es una estrella de naturaleza fría y rígida, mientras que la órbita de Júpiter es mucho más baja, y se lleva a cabo en doce años. El siguiente astro, Marte, al que algunos llaman Hércules, es de naturaleza ardiente y quemante, y por su cercanía al Sol da vueltas en poco menos de dos años. Como consecuencia del excesivo calor de este astro y de la rigidez de Saturno, Júpiter, que se interpone entre los dos, es atemperado por ambos, y se convierte así en saludable. La trayectoria del Sol consta de 360 grados; pero, para que la sombra pueda volver al mismo punto del cuadrante, estamos obligados a añadir, en cada año, cinco días y la cuarta parte de un día. Por este motivo, se da un día intercalado cada cinco años, para que el período de las estaciones coincida con el del Sol.

Debajo del Sol gira la gran estrella llamada Venus, que se desplaza con un movimiento alternativo y, hasta en sus apelativos, rivaliza con el Sol y la Luna. Pues cuando precede al día y se levanta por la mañana, recibe el nombre de Lucifer, como si fuera otro Sol, que se apresura en el día. Por el contrario, cuando brilla en el oeste, recibe el nombre de Vesper, como si prolongara la luz y realizara el oficio de la Luna. Pitágoras, el samio, fue el primero que descubrió su naturaleza, alrededor de la 62ª olimpiada, en el 222º año de la Ciudad. Supera a todas las demás estrellas en tamaño, y su brillo es tan considerable, que es la única estrella que produce una sombra con sus rayos. En consecuencia, su nombre ha suscitado un gran interés; algunos la han llamado estrella de Juno, otros de Isis y otros la Madre de los Dioses. Pues, al elevarse en cualquier dirección, lo rocía todo con su genial rocío, y no sólo madura las producciones de la tierra, sino que estimula a todos los seres vivos. Completa el circuito del zodiaco en 348 días, y nunca se aleja del Sol más de 46 grados, según Timæus.

De manera similar, pero de ninguna manera igual en tamaño y en poder, junto a ella, está la estrella Mercurio, por algunos llamada Apolo; es llevada en una órbita más baja, y se mueve en un curso que es más rápido por nueve días, brillando a veces antes de la salida del Sol, y en otras ocasiones después de su puesta, pero nunca alejándose de él más de 23 grados, como aprendemos de Timæus y Sosigenes. La naturaleza de estas dos estrellas es peculiar, y no es la misma que la de las mencionadas anteriormente, ya que vemos que aquellas se alejan del Sol a través de un tercio o un cuarto del cielo, y a menudo se ven frente a él. También tienen otros circuitos más grandes, en los que hacen sus revoluciones completas, como se describirá en el relato del gran año.

Pero la Luna, que es la última de las estrellas, y la más conectada con la tierra, el remedio proporcionado por la naturaleza para la oscuridad, supera a todas las demás en sus admirables cualidades. Por la variedad de apariencias que asume, desconcierta a los observadores, mortificados por ser los más ignorantes respecto a esa estrella que es la más cercana a ellos. Siempre está en aumento o en disminución; a veces su disco se curva en cuernos, a veces se divide en dos porciones iguales, y otras veces se hincha en un orbe completo; a veces aparece manchada y de repente se vuelve muy brillante; aparece muy grande con su orbe completo y de repente se vuelve invisible; a veces continúa durante toda la noche, a veces se levanta tarde y a veces ayuda a la luz del Sol durante una parte del día; se eclipsa y sin embargo es visible mientras está eclipsada; se oculta al final del mes y sin embargo no se supone que esté eclipsada. A veces está baja, a veces está alta, y eso no según un curso uniforme, estando en un momento elevado hacia los cielos, en otras ocasiones casi contiguo a las montañas; ahora elevado en el norte, ahora deprimido en el sur; todas estas circunstancias habiendo sido notadas por Endymion, se difundió un informe de que él estaba enamorado de la Luna. No somos, en efecto, lo suficientemente fatídicos para aquellos que, con tanto trabajo y cuidado, nos han iluminado con esta luz; mientras que, tan enferma está la mente humana, que se complace en escribir los anales de la sangre y la matanza, para que los crímenes de los hombres sean conocidos por aquellos que ignoran la constitución del mundo mismo.

Siendo la más cercana al eje de rotación, y por lo tanto teniendo la órbita más pequeña, la Luna pasa en veintisiete días y la tercera parte de un día a través del mismo espacio para el que Saturno, el más alto de los planetas, como se dijo anteriormente, requiere treinta años. Después de permanecer dos días en conjunción con el Sol, en el trigésimo día vuelve a salir muy lentamente para seguir su curso acostumbrado. No sé si no debería ser considerada como nuestra instructora en todo lo que se puede saber con respecto a los cielos; como que el año está dividido en las doce divisiones de los meses, ya que sigue al Sol durante el mismo número de veces, hasta que vuelve al principio de su curso; y que su brillo, así como el de las otras estrellas, está regulado por el del Sol, si es que todos ellos brillan por la luz prestada por él, como la que vemos flotando, cuando se refleja en la superficie del agua. Por esta razón es que ella disuelve tanta humedad, por una fuerza suave y menos perfecta, y se añade a la cantidad de la que consumen los rayos del Sol.[4] Por este motivo, aparece con una luz desigual, porque al estar llena sólo cuando está en oposición, en todos los días restantes sólo muestra a la tierra la parte de sí misma que recibe la luz del Sol. No se la ve en conjunción, porque, en ese momento, devuelve toda la corriente de luz a la fuente de la que la ha obtenido. Que las estrellas se nutren generalmente de la humedad terrestre es evidente, porque, cuando la Luna es sólo parcialmente visible, a veces se la ve manchada, ya que su poder de absorción de la humedad no ha sido lo suficientemente poderoso; porque las manchas no son otra cosa que las heces de la tierra arrastradas junto con la humedad. Pero sus eclipses y los del Sol, los más maravillosos de todos los fenómenos de la naturaleza, que son como prodigios, sirven para indicar la magnitud de estos cuerpos y la sombra que proyectan.

DE LOS ECLIPSES DE LA LUNA Y DEL SOL

Porque es evidente que el Sol se oculta por la intervención de la Luna, y la Luna por la oposición de la tierra, y que estos cambios son mutuos, la Luna, por su interposición, toma los rayos del Sol de la tierra, y la tierra de la Luna. A medida que ella avanza se producen repentinamente las tinieblas, y de nuevo el Sol es oscurecido por su sombra; pues la noche no es más que la sombra de la tierra. La figura de esta sombra es como la de una pirámide o una cima invertida; y la Luna entra en ella sólo cerca de su punta, y no excede la altura de la Luna, pues no hay ningún otro astro que se oscurezca de la misma manera, mientras que una figura de este tipo siempre termina en un punto. El vuelo de los pájaros, cuando es muy

---

4 Era una opinión general entre los antiguos, que fue sostenida hasta hace poco por muchos de los modernos, que la Luna poseía el poder de evaporar el agua del océano. Esta opinión parece haberse derivado, al menos en parte, del efecto que la Luna produce en las mareas.

elevado, muestra que las sombras no se extienden más allá de una cierta distancia; su límite parece ser la terminación del aire y el comienzo del éter. Por encima de la Luna todo es puro y lleno de una luz eterna. Las estrellas son visibles para nosotros en la noche, del mismo modo que otros cuerpos luminosos se ven en la oscuridad. Es por estas causas que la Luna se eclipsa durante la noche. Sin embargo, los dos tipos de eclipses no se producen en los períodos mensuales establecidos, debido a la oblicuidad del zodiaco y al curso irregular de la Luna, como se ha dicho anteriormente; además de que los movimientos de estas estrellas no siempre se producen exactamente en los mismos puntos.

DE LA MAGNITUD DE LAS ESTRELLAS

Este tipo de razonamiento lleva a la mente humana a los cielos, y al contemplar el mundo como si fuera desde allí, nos revela la magnitud de los tres cuerpos más grandes de la naturaleza. Pues el Sol no podría quedar totalmente oculto de la tierra, por la intervención de la Luna, si la tierra fuera más grande que la Luna. Y el vasto tamaño del tercer cuerpo, el Sol, se desprende del de los otros dos, de modo que no es necesario escudriñar su tamaño, argumentando a partir de su apariencia visible, o de cualquier conjetura de la mente; debe ser inmenso, porque las sombras de las hileras de árboles, que se extienden por cualquier número de millas, están dispuestas en líneas rectas, como si el Sol estuviera en medio del espacio. También, porque, en el equinoccio, es vertical para todos los habitantes de los distritos del sur al mismo tiempo; también, porque las sombras de todas las personas que viven en este lado del trópico caen, al mediodía, hacia el norte, y, al amanecer, apuntan hacia el oeste. Pero esto no podría ser el caso a menos que el Sol fuera mucho más grande que la tierra; ni, a menos que excediera mucho al Monte Ida en anchura, podría ser visto cuando sale, pasando considerablemente más allá de él a la derecha y a la izquierda, especialmente, considerando que está separado por un intervalo tan grande.

El eclipse de Luna ofrece un argumento indudable de la magnitud del Sol, como también lo hace del pequeño tamaño de la tierra. Porque hay sombras de tres figuras, y es evidente que si el cuerpo que produce la sombra es igual a la luz, entonces se desprenderá en forma de pilar y no tendrá terminación. Si el cuerpo es mayor que la luz, la sombra tendrá la forma de un cono invertido, siendo la parte inferior la más estrecha, y siendo, al mismo tiempo, de una longitud infinita. Si el cuerpo es menor que la luz, entonces tendremos la figura de una pirámide, que termina en un punto. Ahora bien, de esta última clase es la sombra que produce el eclipse de la Luna, y esto es tan manifiesto que no puede quedar ninguna duda, de que la tierra es superada en magnitud por el Sol, circunstancia que en efecto está indicada por la declaración silenciosa de la propia naturaleza. Pues ¿por qué se aleja de nosotros en la mitad del año, en el invierno? Para que con la oscuridad de las noches se refresque la tierra, que de otro modo se quemaría, como de hecho ocurre en ciertas partes; tan grande es su tamaño.

SOBRE LA RECURRENCIA DE LOS ECLIPSES DEL SOL Y DE LA LUNA

Se ha comprobado que los eclipses completan toda su revolución en el espacio de 223 meses, que el eclipse de Sol sólo tiene lugar al final o al principio de una lunación, lo que se denomina conjunción, mientras que el eclipse de Luna sólo tiene lugar cuando está llena, y siempre está un poco más avanzado que el eclipse precedente. Ahora bien, hay eclipses de estos dos astros en cada año, que tienen lugar por debajo de la tierra, en días y horas determinadas; y cuando están por encima de ella no siempre son visibles, a veces a causa de las nubes, pero más frecuentemente, por estar el globo de la tierra opuesto a la bóveda celeste. Se descubrió hace doscientos años, por la sagacidad de Hiparco, que la Luna se eclipsa a veces después de un intervalo de cinco meses, y el Sol después de un intervalo de siete; también, que se vuelve invisible, mientras está sobre el horizonte, dos veces en cada treinta días, pero que esto se ve en diferentes lugares en diferentes momentos. Pero la circunstancia más maravillosa es que, aunque se admite que la Luna se oscurece por la sombra de la tierra, esto ocurre en un momento en su lado occidental y en otro en su lado oriental. Y además, que aunque, después de la salida del Sol, esa sombra que se oscurece debería estar por debajo de la tierra, sin embargo, una vez ha sucedido que la Luna se ha eclipsado en el oeste, mientras ambas luminarias han estado por encima del horizonte. Y en cuanto a que ambas fueron invisibles en el espacio de quince días, esto mismo ocurrió mientras los Vespasianos eran emperadores, siendo el padre cónsul por tercera vez, y el hijo por segunda.

SOBRE EL MOVIMIENTO DE LA LUNA

Es cierto que la Luna, teniendo sus cuernos siempre vueltos hacia el Sol, cuando está creciente, mira hacia el este; cuando está menguante, hacia el oeste. También, que, a partir del segundo día después del cambio, añade 47½ minutos cada día, hasta que está llena, y de nuevo disminuye al mismo ritmo, y que siempre se vuelve invisible cuando está dentro de los 14 grados del Sol. Este es un argumento del mayor tamaño de los planetas que de la Luna, ya que estos emergen cuando están a la distancia de 7 grados solamente. Pero su altitud hace que parezcan mucho más pequeños, ya que observamos que, durante el día, el brillo del Sol impide que se vean los cuerpos que están fijos en el firmamento, aunque brillan entonces tan bien como por la noche: que esto es así se demuestra por los eclipses, y por el descenso a pozos muy profundos.

DE LOS MOVIMIENTOS DE LOS PLANETAS Y DE LAS LEYES GENERALES DE ESTOS ASPECTOS

Los tres planetas que, como hemos dicho, están situados por encima del Sol son visibles cuando entran en conjunción con él. Se elevan visiblemente por la mañana, cuando no están a más de 11 grados del Sol; después son dirigidos por el contacto de sus rayos y cuando alcanzan el aspecto de trígono, a la distancia de 120 grados, toman sus posiciones estacionarias matutinas, que se denominan primarias; después, cuando están en oposición al Sol, se elevan a la distancia de 180 grados de él. Y avanzando de nuevo por el otro lado hasta el grado 120, alcanzan sus posiciones vespertinas, que se denominan secundarias, hasta que el Sol llega a menos de 12 grados de ellos, lo que se llama su puesta de Sol ya no es visible. Marte, por estar más cerca del Sol, siente la influencia de sus rayos en la cuadratura, a la distancia de 90 grados, de donde ese movimiento recibe su nombre, denominándose, por las dos salidas, respectivamente el primero y el segundo nonagenario. Este planeta pasa de una estación a otra en seis meses, o sea dos meses en cada signo; los otros dos planetas no pasan más de cuatro meses en el paso de estación a estación.

Los dos planetas inferiores están, igualmente, ocultos en su conjunción vespertina, y, cuando han dejado el Sol, salen por la mañana a igual número de grados de distancia de él. Después de haber llegado a su punto de mayor elongación, siguen al Sol, y habiéndolo alcanzado en su puesta de la mañana, se vuelven invisibles y pasan más allá de él. A continuación, salen por la tarde, a las distancias mencionadas anteriormente. A continuación, regresan al Sol y se ocultan en su puesta de Sol. La estrella Venus se vuelve estacionaria cuando se encuentra en sus dos puntos de mayor elongación, el de la mañana y el de la tarde, según sus respectivas salidas. Los puntos estacionarios de Mercurio son tan breves, que no pueden ser observados correctamente.

POR QUÉ LAS MISMAS ESTRELLAS APARECEN EN ALGUNOS MOMENTOS MÁS ELEVADAS Y EN OTROS MÁS CERCANAS

Lo anterior es un relato de los aspectos y las ocultaciones de los planetas, un tema que se complica mucho por sus movimientos, y está rodeado de maravillas; especialmente, cuando observamos que cambian su tamaño y color, y que las mismas estrellas en un momento se acercan al norte, y luego van al sur, y ahora se ven cerca de la tierra, y luego de repente se acercan a los cielos. Si en este tema emito opiniones diferentes a las de mis predecesores, reconozco que estoy en deuda con aquellos individuos que nos señalaron por primera vez el modo adecuado de indagación; que nadie desespere entonces de beneficiar a las edades futuras.

Pero estas cosas dependen de muchas causas diferentes. La primera causa es la naturaleza de los círculos descritos por los astros, que los griegos denominan "lados", ya que estamos obligados a utilizar términos griegos. Ahora bien, cada uno de los planetas tiene su propio círculo, y éste es diferente de aquel del mundo; porque la tierra está colocada en el centro de los cielos, con respecto a las dos extremidades, que se llaman los polos, y también en el del zodíaco, que está situado oblicuamente entre ellos. Y todas estas cosas se hacen evidentes por los resultados infalibles que obtenemos por el uso de las brújulas. Por lo tanto, los ábsides de los planetas tienen cada uno de ellos diferentes centros, y en consecuencia tienen diferentes órbitas y movimientos, ya que se deduce necesariamente que los ábsides interiores son los más cortos.

Los ápsides que están más altos desde el centro de la tierra son, para Saturno, cuando está en Escorpio, para Júpiter en Virgo, para Marte en Leo, para el Sol en Géminis, para Venus en Sagitario, y para Mercurio en Capricornio, cada uno de ellos en el medio de estos signos; mientras que en los signos opuestos, son los más bajos y más cercanos al centro de la tierra. De ahí que parezca que se mueven más lentamente cuando son llevados a lo largo del circuito más alto; no es que sus movimientos reales sean acelerados o retardados, siendo éstos fijos y determinados para cada uno de ellos; sino porque se sigue necesariamente, que las líneas trazadas desde el ábside más alto deben acercarse unas a otras al centro, como los radios de una rueda; y que el mismo movimiento parece ser en un momento mayor, y en otro menor, según la distancia al centro.

Otra causa de las altitudes de los planetas es que sus ápices más altos, con relación a sus propios centros, están en signos diferentes de los mencionados anteriormente. Saturno está en el 20º grado de Libra, Júpiter en el 15º de Cáncer, Marte en el 28º de Capricornio, el Sol en el 19º de Aries, Venus en el 27º de Piscis, Mercurio en el 15º de Virgo y la Luna en el 3º de Tauro.

La tercera causa de la altitud depende de la forma de los cielos, no de la de las órbitas; para el ojo, las estrellas parecen subir y bajar por la profundidad del aire. Con esta causa está conectada la que depende de la latitud de los planetas y de la oblicuidad del zodiaco. Es a través de este cinturón que las estrellas de las que he hablado son llevadas, y no hay ninguna parte del mundo habitable, excepto la que se encuentra debajo de él;[5] el resto, que se encuentra en los polos, está en un estado de desierto salvaje. Sólo el planeta Venus lo supera en 2 grados, lo que podemos suponer que es la causa de que se produzcan algunos animales incluso en estas regiones desérticas de la Tierra. La Luna también recorre toda la anchura del zodiaco, pero nunca la sobrepasa. Junto a éstos, el planeta Mercurio es el que más espacio recorre; sin embargo, de los 12 grados (pues hay tantos grados de latitud en el zodíaco), no pasa por más de 8, ni los recorre por igual, estando 2 de ellos en el centro del zodíaco, 4 en la parte superior y 2 en la inferior. Junto a éstas, el Sol es llevado por el medio del zodíaco, recorriendo de forma desigual las dos partes de su tortuoso circuito. La estrella Marte ocupa los cuatro grados medios; Júpiter el grado medio y los dos superiores; Saturno, al igual que el Sol, ocupa dos.[6] Lo anterior es un relato de las latitudes según desciendan hacia el sur o asciendan hacia el norte. Por lo tanto, es evidente que la mayoría de las personas se equivocan al suponer que la tercera causa de la altitud aparente depende de que las estrellas salgan de la tierra y suban a los cielos. Pero para refutar esta opinión es necesario considerar el tema con mucha minuciosidad y abarcar todas las causas.

Se admite generalmente que las estrellas, en el momento de su puesta en el atardecer, están más cerca de la tierra, tanto en lo que se refiere a la latitud como a la altitud, que están al principio en sus salidas matinales, y que se vuelven estacionarias en los puntos medios de sus latitudes, las que se llaman las eclípticas. Por otra parte, se reconoce que su movimiento aumenta cuando se encuentran en la proximidad de la Tierra, y disminuye cuando se alejan a una mayor altitud; un punto que se demuestra muy claramente por las diferentes altitudes de la Luna.

---

5   *Quam quod illi subjace*; bajo esta designación el autor obviamente quiso incluir las zonas templadas, aunque técnicamente se aplica sólo a la parte entre los trópicos. Apenas es necesario señalar que los descubrimientos modernos han demostrado que esta opinión respecto a la zona ártica no es estrictamente correcta.

6   Como esta observación parece contradecir lo dicho en la última frase respecto al Sol, podemos sospechar algún error en el texto.

No hay duda de que también aumenta en las madrugadas, y que los tres planetas superiores se retrasan, a medida que avanzan de la primera estación a la segunda. Y como esto es así, es evidente que las latitudes aumentan desde el momento de sus salidas matutinas, ya que los movimientos posteriores parecen recibir menos adición; pero ganan su altitud en la primera estación, ya que el ritmo de su movimiento comienza entonces a disminuir, y las estrellas a retroceder.

Y la razón de esto debe ser particularmente expuesta. Cuando los planetas son golpeados por los rayos del Sol, en la situación que he descrito, es decir, en su cuadratura, se les impide mantener su curso recto hacia adelante, y son elevados en lo alto por la fuerza del fuego. Esto no puede ser percibido inmediatamente por el ojo, y por lo tanto parecen estar inmóviles, y de ahí se deriva el término estación. Posteriormente, la violencia de los rayos aumenta y el vapor, al ser rechazado, los obliga a retroceder.

Esto existe en mayor grado en sus salidas vespertinas, ya que el Sol se aparta totalmente de ellas, cuando son atraídas hacia los ábsides más altos; y entonces son las menos visibles, ya que se encuentran a su mayor altitud y son arrastradas con el menor movimiento, tanto menos como el que tiene lugar en los signos más altos de los ábsides. En el momento de la salida de la tarde, la latitud disminuye y se reduce a medida que disminuye el movimiento, y no vuelve a aumentar hasta que llegan a la segunda estación, cuando la altitud también disminuye; los rayos del Sol vienen entonces del otro lado, la misma fuerza que antes los elevaba en los cielos ahora los impulsa hacia la tierra, desde su antiguo aspecto triangular. Tan diferente es el efecto si los rayos golpean los planetas desde abajo o vienen a ellos desde arriba. Y todas estas circunstancias producen mucho más efecto cuando se producen en la puesta de Sol. Esta es la doctrina de los planetas superiores; la de los otros es más difícil, y nunca ha sido expuesta por nadie antes que yo.

POR QUÉ LAS MISMAS ESTRELLAS TIENEN MOVIMIENTOS DIFERENTES

En primer lugar debo exponer la causa por la que la estrella Venus nunca se aleja del Sol más de 46 grados, ni Mercurio más de 23, mientras que con frecuencia regresan al Sol dentro de esta distancia. Como están situadas por debajo del Sol, ambas tienen sus ápices girados en dirección contraria; sus órbitas están tan por debajo de la tierra como las de las estrellas antes mencionadas están por encima de ella, y por lo tanto no pueden retroceder más, ya que la curva de sus ápices no tiene mayor longitud. Las partes extremas de sus ápsides asignan, pues, los límites a cada una de ellas de la misma manera, y compensan, por así decirlo, la pequeña extensión de sus longitudes, por la gran divergencia de sus latitudes. Cabe preguntarse por qué no llegan siempre hasta los 46 y 23 grados respectivamente. En realidad lo hacen, pero la teoría nos falla aquí. Pues parece que los propios ápsides se mueven, ya que nunca pasan por encima del Sol. Por lo tanto, cuando han llegado a los extremos de sus órbitas en ambos lados, se supone que las estrellas han procedido a su mayor distancia; cuando han estado un cierto número de grados dentro de sus órbitas, se supone que entonces regresan más rápidamente, ya que el punto extremo en cada una es el mismo. Y por esta razón la dirección de su movimiento parece ser cambiada. Porque los planetas superiores son llevados más rápidamente en su puesta de Sol, mientras que éstos se mueven más lentamente; los primeros están a su mayor distancia de la tierra cuando se mueven más lentamente, los últimos cuando se mueven más rápidamente. Las primeras se aceleran cuando están más cerca de la Tierra, las segundas cuando están en el extremo del círculo; en las primeras la rapidez del movimiento empieza a disminuir en sus amaneceres, en las segundas empieza a aumentar; las primeras son retrógradas desde su estación matutina a la vespertina, mientras que Venus es retrógrada desde la estación vespertina a la matutina. Comienza a aumentar su latitud desde su salida matutina, su altitud sigue al Sol desde su estación matutina, siendo su movimiento el más rápido y su altitud la mayor en su puesta matutina. Su latitud disminuye y su altitud disminuye desde su salida de la tarde, se vuelve retrógrada, y al mismo tiempo disminuye su altitud desde su estación de la tarde.

Asimismo, la estrella Mercurio, de la misma manera, se eleva en ambas direcciones desde su salida matutina, y habiendo seguido al Sol por un espacio de 15 grados, se vuelve casi estacionaria durante cuatro días. Luego disminuye su altitud y retrocede desde su puesta de la tarde hasta su salida de la mañana. Mercurio y la Luna son los únicos planetas que descienden durante el mismo número de días que ascienden. Venus asciende durante quince días y algo más; Saturno y Júpiter descienden en el doble de ese número de días, y Marte en cuatro veces. ¡Tan grande es la variedad de la naturaleza! La razón de ello es, sin embargo, evidente; pues aquellos planetas que son forzados a subir por el vapor del Sol descienden igualmente con dificultad.

LEYES GENERALES DE LOS PLANETAS

Hay muchos otros secretos de la naturaleza en estos puntos, así como las leyes a las que están sujetos, que podrían mencionarse. Por ejemplo, el planeta Marte, cuyo curso es el más difícil de observar, nunca se pone estacionario cuando Júpiter está en el aspecto de trígono, muy raramente cuando está a 60 grados del Sol, cuyo número es una sexta parte del circuito de los cielos; tampoco sale nunca en el mismo signo con Júpiter, excepto en Cáncer y Leo. El astro Mercurio rara vez tiene sus salidas vespertinas en Piscis, pero muy frecuentemente en Virgo, y sus salidas matutinas en Libra; también tiene su salida matutina en Acuario, muy raramente en Leo. Nunca se vuelve retrógrado ni en Tauro ni en Géminis, ni hasta el grado 25 de Cáncer. La Luna no hace su doble conjunción con el Sol en ningún otro signo excepto en Géminis, mientras que Sagitario es el único signo en el que a veces no tiene ninguna conjunción. La Luna vieja y la Luna nueva no son visibles en el mismo día o en la misma noche en ningún otro signo, excepto en Aries, y de hecho ha sucedido muy pocas veces que alguien lo haya presenciado. De esta circunstancia fue que se originó el cuento de la rapidez de la visión de Lynceus. Saturno y Marte son invisibles a lo sumo durante 170 días; Júpiter durante 36, o, al menos, durante 10 días menos que esto; Venus durante 69, o, al menos, durante 52; Mercurio durante 13, o, al máximo, durante 18.

Libro II - Un relato del mundo y los elementos

LA RAZÓN POR LA QUE LOS PLANETAS SON DE DIFERENTE COLOR

La diferencia del color de los planetas depende de la diferencia de sus altitudes; porque adquieren una semejanza con aquellos planetas en cuyo vapor son llevados, la órbita de cada uno tiñe a los que se acercan a él en cada dirección. Un planeta más frío hace más pálido al que se le acerca, uno más caliente lo hace más rojo, un planeta ventoso le da un aspecto más bajo, mientras que el Sol, en la unión de sus ápices, o en el extremo de sus órbitas, los oscurece completamente. Cada uno de los planetas tiene su color peculiar; Saturno es blanco, Júpiter brillante, Marte ardiente, Lucifer resplandeciente, Vesper refulgente, Mercurio chispeante, la Luna suave; el Sol, cuando sale, es abrasador, después se vuelve radiante. La apariencia de las estrellas, que están fijas en el firmamento, también se ve afectada por estas causas. En un momento dado vemos un denso cúmulo de estrellas alrededor de la Luna, cuando sólo está medio iluminada, y cuando se ven en un atardecer sereno; mientras que, en otro momento, cuando la Luna está llena, se ven tan pocas, que nos preguntamos a dónde han huido; y esto también ocurre cuando los rayos del Sol, o de cualquiera de los cuerpos mencionados, han deslumbrado nuestra vista. Y, en efecto, la Luna misma es, sin duda, afectada de manera diferente en distintos momentos por los rayos del Sol; cuando está entrando en ellos, la convexidad de los cielos los hace más débiles que cuando caen sobre ella más directamente. Por lo tanto, cuando está en ángulo recto con el Sol, está medio iluminada; cuando está en aspecto de trígono, presenta un orbe imperfecto, mientras que, en oposición, está llena. Además, cuando está menguando, pasa por las mismas gradaciones y en el mismo orden que las tres estrellas superiores al Sol.

DEL MOVIMIENTO DEL SOL Y LA CAUSA DE LA IRREGULARIDAD DE LOS DÍAS

El Sol mismo está en cuatro estados diferentes; el día es igual al doble de la duración de la noche, en la primavera y en el otoño, cuando se opone al centro de la tierra en el 8º grado de Aries y Libra. La duración del día y de la noche se modifica entonces dos veces, cuando el día aumenta su duración, a partir del solsticio de invierno en el 8º grado de Capricornio, y después, cuando la noche aumenta su duración a partir del solsticio de verano en el 8º grado de Cáncer. La causa de esta desigualdad es la oblicuidad del zodíaco, ya que hay, en cada momento del tiempo, una porción igual del firmamento por encima y por debajo del horizonte. Pero los signos que montan directamente hacia arriba, cuando se elevan, retienen la luz durante un espacio más largo, mientras que los que son más oblicuos pasan más rápidamente.

POR QUÉ SE ATRIBUYE EL TRUENO A JÚPITER

Generalmente no se conoce lo que han descubierto los hombres más eminentes por su saber, como consecuencia de sus asiduas observaciones del cielo, que los fuegos que caen sobre la tierra, y que reciben el nombre de rayos de trueno, proceden de las tres estrellas superiores, pero principalmente de la que está situada en el centro. Pueden depender de la superabundancia de humedad de la órbita superior que se comunica con el calor de la inferior, que son expulsados de esta manera; y por lo tanto se comúnmente se dice que los rayos del trueno son lanzados por Júpiter. Y como en la quema de la madera, la parte quemada se expulsa con un ruido crepitante, así la estrella expulsa este fuego celestial, que lleva los presagios de los acontecimientos futuros, incluso la parte que se expulsa no pierde su operación divina. Y esto tiene lugar más particularmente cuando el aire está en un estado inestable, ya sea porque la humedad que se recoge entonces excita la mayor cantidad de fuego, o porque el aire está perturbado, como por el parto de la estrella embarazada.

DE LAS DISTANCIAS DE LAS ESTRELLAS

Muchas personas han intentado descubrir la distancia de las estrellas a la tierra, y han publicado como resultado que el Sol está diecinueve veces más lejos de la Luna, que la propia Luna de la tierra. Pitágoras, que era un hombre de mente muy sagaz, calculó que la distancia de la tierra a la Luna era de 126.000 estadios,[7] que de ella al Sol hay el doble de esta distancia, y que es tres veces esta distancia a los doce signos; y esta fue también la opinión de nuestro compatriota, Gallus Sulpicius.

DE LA ARMONÍA DE LAS ESTRELLAS

Pitágoras, empleando los términos que se usan en la música, a veces nombra la distancia entre la Tierra y la Luna como un tono; de ella a Mercurio supone que es la mitad de este espacio, y aproximadamente lo mismo de él a Venus. De ella al Sol hay un tono y medio; del Sol a Marte hay un tono, lo mismo que de la Tierra a la Luna; de él hay medio tono a Júpiter, de Júpiter a Saturno también medio tono, y de ahí un tono y medio al zodiaco. De ahí que haya siete tonos, que él denomina armonía de diapasón, es decir, todo el compás de las notas. En esto, se dice que Saturno se mueve en el tiempo dórico, Júpiter en el frigio, y así sucesivamente del resto; pero esto es un refinamiento más bien divertido que útil.

SOBRE LAS DIMENSIONES DEL MUNDO

El estadio es igual a 125 de nuestros pasos romanos, o 625 pies.[8] Posidonio supone que hay un espacio de no menos de 40 estadios alrededor de la tierra, de donde proceden las nieblas, los vientos y las nubes; más allá de esto supone que el aire es puro y líquido, consistente en una luz ininterrumpida; desde la región nublada hasta la Luna hay un espacio de 2.000.000 de estadios, y desde allí hasta el Sol de 500.000.000. Es a consecuencia de este espacio que el Sol, a pesar de su inmensa magnitud, no quema la tierra. Muchas personas han imaginado que las nubes se elevan hasta la altura de 900 estadios. Estos puntos no están completamente aclarados, y son difíciles de explicar; pero hemos dado la mejor relación de ellos que se ha publicado, y si se nos permite, en algún grado, continuar estas investigaciones, hay un principio geométrico infalible, que no podemos rechazar. No es que podamos determinar las dimensiones exactas (porque profesar esto sería casi el acto de un loco), sino que la mente puede tener alguna estimación para dirigir sus conjeturas. Ahora bien, es evidente que la órbita por la que pasa el Sol

---

7   Una medida de longitud igual a la octava parte de una milla, 40 varas, bastones o perchas, 220 yardas o 201,17 metros.

8   190 metros (N. del T.).

consta de casi 366 grados, y que el diámetro es siempre la tercera parte y un poco menos de la séptima parte de la circunferencia. Entonces, tomando la mitad de ésta (ya que la tierra está colocada en el centro) se seguirá que casi una sexta parte del inmenso espacio, que la mente concibe como constituyendo la órbita del Sol alrededor de la tierra, compondrá su altitud. El de la Luna será una duodécima parte, ya que su curso es mucho más corto que el del Sol; por lo tanto, es llevada a medio camino entre el Sol y la tierra. Es sorprendente hasta qué punto llega la debilidad de la mente, impulsada por un pequeño éxito, como en el caso mencionado, para dar rienda suelta a su insolencia. Así, habiéndonos aventurado a adivinar el espacio entre el Sol y la tierra, hacemos lo mismo con respecto a los cielos, porque él está situado a medio camino entre ellos; de modo que podemos llegar a conocer la medida del mundo entero en pulgadas. Pues si el diámetro consta de siete partes, habrá veintidós partes iguales en la circunferencia; ¡como si pudiéramos medir los cielos con una plomada!

El cálculo egipcio, realizado por Petosiris y Necepsos, supone que cada grado de la órbita lunar (que, como he dicho, es el menor) consta de poco más de 33 estadios; en la órbita de Saturno, que es muy grande, el número es doble; en la del Sol, que, como hemos dicho, está en el centro, tenemos la mitad de la suma de estos números. Y esto es, en efecto, un cálculo muy modesto, ya que si añadimos a la órbita de Saturno la distancia de él al zodiaco, tendremos un número infinito de grados.

DE LAS ESTRELLAS QUE APARECEN REPENTINAMENTE O DE LOS COMETAS

Quedan aún por decir algunas cosas sobre el mundo; porque las estrellas se forman súbitamente en los cielos mismos; de ellas hay varias clases.

Los griegos llaman a estas estrellas *cometas*; nosotros las llamamos *Crinitæ*, como si estuvieran desgreñadas con mechones sangrientos, y rodeadas de cerdas como el pelo. Aquellas estrellas que tienen una melena que cuelga de su parte inferior, como una larga barba, se llaman *Pogoniæ*. Las que se llaman *Acontiæ* vibran como un dardo con un movimiento muy rápido. Fue una de este tipo el que el emperador Tito describió en su excelente poema, como visto en su quinto consulado; y ésta fue la última de estos cuerpos que se ha observado. Cuando son cortas y puntiagudas se denominan *Xiphiæ*; éstas son del tipo pálido; brillan como una espada y no tienen rayos; mientras que llamamos *Discei*, a las que, siendo de color ámbar, en conformidad con su nombre, emiten unos pocos rayos desde su margen solamente. Una especie llamada *Pitheus* exhibe la figura de un tonel, apareciendo convexa y emitiendo una luz ahumada. El tipo llamado *Cerastias* tiene la apariencia de un cuerno; es como el que se veía cuando los griegos luchaban en Salamina. *Lampadias* es como una antorcha encendida; *Hippias* es como la crin de un caballo; tiene un movimiento muy rápido, como un círculo que gira sobre sí mismo. Hay también un cometa blanco, con pelo plateado, tan brillante que apenas se puede mirar, exhibiendo, por así decirlo, el aspecto de la Deidad en forma humana. También hay algunos que son desgreñados, con la apariencia de un vellón, rodeado de una especie de corona. Hubo uno en el que la apariencia de una melena se transformó en la de una lanza; ocurrió en la 109ª olimpiada, en el 398º año de la

Ciudad. El tiempo más corto durante el cual se ha observado que alguno de ellos es visible es de 7 días, el más largo de 180 días.

SU NATURALEZA, SITUACIÓN Y ESPECIES

Algunos de ellos se mueven a la manera de los planetas, otros permanecen inmóviles. Se ven casi todos hacia el norte, no en ninguna parte en particular, sino generalmente en esa parte blanca que ha obtenido el nombre de Vía Láctea. Aristóteles nos informa que varios de ellos se ven al mismo tiempo, pero esto, que yo sepa, no ha sido observado por nadie más; también que pronostican vientos fuertes y mucho calor. También son visibles en los meses de invierno, y alrededor del polo sur, pero no tienen rayos que procedan de ellos. Hubo una espantosa observada por los etíopes y los egipcios, a la que Tifón, un rey de esa época, dio su propio nombre; tenía una apariencia ardiente, y estaba retorcido como una espiral; su aspecto era horrible, ni era como una estrella, sino más bien como un nudo de fuego. A veces. hay pelos pegados a los planetas y a las otras estrellas. Los cometas nunca se ven en la parte occidental del cielo. Generalmente se le considera un astro terrible, y que no es fácil de expiar; como fue el caso de las conmociones civiles en el consulado de Octavio, y también en la guerra de Pompeyo y César. Y en nuestra propia época, alrededor del tiempo en que Claudio César fue envenenado y dejó el Imperio a Domicio Nerón, y después, mientras éste era emperador, hubo uno que se veía casi constantemente y era muy espantoso. Se considera importante observar hacia qué parte lanza sus rayos, o de qué estrella recibe su influencia, a qué se parece y en qué lugares brilla. Si se parece a una flauta, presagia algo desfavorable respecto a la música; si aparece en las partes de los signos referidas a los miembros secretos, algo respecto a la lascivia de los modales; algo respecto al ingenio y la erudición, si forman una figura triangular o cuadrangular con la posición de algunas de las estrellas fijas; y que alguien será envenenado, si aparecen en la cabeza de la serpiente del norte o del sur.

Algunas personas suponen que estas estrellas son permanentes, y que se mueven a través de sus propias órbitas, pero que sólo son visibles cuando se alejan del Sol. Otros suponen que son producidas por un vapor accidental junto con la fuerza del fuego, y que, por esta circunstancia, son susceptibles de ser disipadas.

DEL AIRE Y DE LA CAUSA DE LAS LLUVIAS DE PIEDRAS

Hasta ahora he hablado del mundo mismo y de las estrellas. Ahora debo dar cuenta de los otros fenómenos notables de los cielos. Pues nuestros antepasados han dado el nombre de cielo, o, a veces, otro nombre, aire, a todo el espacio aparentemente vacío, que difunde a nuestro alrededor este espíritu vital. Está situado debajo de la Luna, en realidad mucho más abajo, como lo admite todo aquel que ha hecho observaciones sobre él, y está compuesto por una gran cantidad de aire de las regiones superiores, mezclado con una gran cantidad de vapor terrestre, formando ambos un compuesto. De ahí proceden las nubes, los truenos y los relámpagos de todo tipo; de ahí también el granizo, la escarcha, los chubascos, las tormentas y los torbellinos; de ahí proceden muchos de los males que afectan a los mortales, y las contiendas mutuas de las diversas partes de la naturaleza. La fuerza de los astros retiene todas las cosas terrestres que tienden hacia el cielo, y la misma fuerza atrae hacia sí las cosas que no van allí espontáneamente. Los chubascos caen, las nieblas se levantan, los ríos se secan, las tormentas se precipitan, los rayos del Sol abrasan la tierra y la impulsan desde todas partes hacia el centro. Los mismos rayos, todavía intactos, vuelven a lanzarse y se llevan consigo todo lo que pueden recoger. El vapor cae desde lo alto y vuelve al mismo lugar. Surgen vientos que no contienen nada, pero que regresan cargados de despojos. La respiración de tantos animales atrae el espíritu de las regiones superiores; pero éste tiende a ir en dirección contraria, y la tierra vierte su espíritu en el espacio vacío de los cielos. Así la naturaleza se mueve de un lado a otro, como si fuera impedida por alguna máquina, la discordia se enciende por el rápido movimiento del mundo. Tampoco se permite que la contienda cese, ya que ella se arremolina continuamente y pone al descubierto las causas de todas las cosas, formando un inmenso globo alrededor de la tierra, mientras que ella de nuevo, de vez en cuando, cubre este otro firmamento con nubes. Esta es la región de los vientos. Aquí se origina principalmente su naturaleza, así como las causas de casi todas las demás cosas, ya que la mayoría de las personas atribuyen a su violencia el lanzamiento de truenos y relámpagos. Y a la misma causa se atribuyen las lluvias de piedras, ya que éstas han sido llevadas previamente por el viento, así como muchos otros cuerpos de la misma manera. Por esta razón debemos entrar más ampliamente en este tema.

DE LAS ESTACIONES DECLARADAS

Es obvio que hay causas de las estaciones y de otras cosas que han sido declaradas, mientras que hay algunas cosas que son casuales, o de las que aún no se ha descubierto la razón. Pues, ¿quién puede dudar que el verano y el invierno, y la revolución anual de las estaciones son causados por el movimiento de los astros? Así como se entiende que la naturaleza del Sol influye en la temperatura del año, cada uno de los otros astros tiene su poder específico, que produce sus efectos apropiados. Algunos abundan en un fluido que conserva su estado líquido, otros, en el mismo fluido concretado en escarcha, comprimido en nieve, o congelado en granizo; algunos son prolíficos en vientos, otros en calor, otros en vapores, otros en rocío, otros en frío. Pero no hay que suponer que estos cuerpos sean realmente del tamaño que parecen, ya que la consideración de su inmensa altura demuestra claramente que ninguno de ellos es menor que la Luna. Cada uno de ellos ejerce su influencia sobre nosotros por sus propios movimientos; esto es particularmente observable con respecto a Saturno, que produce una gran cantidad de lluvia en sus tránsitos. Este poder no se limita a las estrellas que cambian de situación, sino que se encuentra en muchas de las estrellas fijas, siempre que son impulsadas por la fuerza de cualquiera de los planetas, o excitadas por el impulso de sus rayos; como encontramos que es el caso con respecto a las Suculæ que los griegos, en referencia a su naturaleza lluviosa, han denominado las Hyades.[9] También hay ciertos acontecimientos que ocurren espontáneamente, y en períodos determinados, como la

---

9   En la mitología griega, las Híades son las cinco "ninfas hacedoras de la lluvia", o al menos eso es lo que parece que significa su nombre (N. del T.).

salida de las Cabritillas. La estrella Arcturus casi nunca sale sin que se produzcan tormentas de granizo.

DE LA INFLUENCIA REGULAR DE LAS DIFERENTES ESTACIONES

Hay además una influencia peculiar en los diferentes grados de ciertos signos, como en el equinoccio de otoño, y también en el solsticio de invierno, cuando encontramos que una estrella particular está conectada con el estado del tiempo. No se trata tanto de la recurrencia de lluvias y tormentas, como de diversas circunstancias, que actúan tanto sobre los animales como sobre los vegetales. Algunos son golpeados por los planetas, y otros, en momentos determinados, son afectados en los intestinos, los tendones, la cabeza o el intelecto.

El olivo, el álamo blanco y el sauce giran sus hojas en el solsticio de verano. El poleo, cuando se seca y se cuelga en una casa, florece el mismo día del solsticio de invierno, y las vejigas estallan como consecuencia de su distensión con el aire. Uno podría asombrarse de esto, si no observáramos todos los días, que la planta llamada heliotropo mira siempre hacia el Sol poniente, y está, a todas horas, vuelta hacia él, incluso cuando está oscurecido por las nubes. Es cierto que los cuerpos de las ostras y de los moluscos, y de los mariscos en general, aumentan de tamaño y vuelven a disminuir por la influencia de la Luna. Ciertos observadores precisos han descubierto que las entrañas del ratón de campo corresponden en número a la edad de la Luna, y que el animal muy pequeño, la hormiga, siente el poder de esta luminaria, descansando siempre de sus trabajos en el cambio de Luna. Y tanto más vergonzosa es nuestra ignorancia, cuanto que todos reconocen que las enfermedades de los ojos de ciertas bestias de carga aumentan y disminuyen según la edad de la Luna. Pero la inmensidad de los cielos, divididos como están en setenta y dos constelaciones, puede servir de excusa. Estas son las semejanzas de ciertas cosas, animadas e inanimadas, en las que los sabios han dividido los cielos. En ellas han anunciado 1600 estrellas, por ser notables ya sea por sus efectos o por su apariencia; por ejemplo, en la cola del Toro hay siete estrellas, que se llaman *Pléyades*; en su frente están las *Híades*; también está *Bootes*, que sigue a las siete estrellas del norte.

DE LOS TRUENOS Y LOS RELÁMPAGOS

Por lo tanto, no se puede negar que el fuego procedente de las estrellas que están por encima de las nubes, puede caer sobre ellas, como observamos frecuentemente en las tardes serenas, y que el aire se agita por el impulso, como los dardos cuando se lanzan silban por el aire. Y cuando llega a la nube, se produce una especie de vapor discordante, como cuando se sumerge el hierro caliente en el agua, y se produce una corona de humo. De ahí surgen las borrascas. Y si el viento o el vapor luchan en la nube, se produce un trueno; si estalla con una llama, se produce un rayo; si tarda en abrirse camino, es simplemente un relámpago. Con este último, la nube simplemente se desgarra, con el primero se destroza. El trueno se produce por el golpe dado al aire condensado, y de ahí que el fuego se lance desde los resquicios de las nubes. Es posible también que el vapor que ha subido de la tierra, al ser repelido por las estrellas, produzca el trueno, cuando está reprimido en una nube; la naturaleza refrena el sonido mientras el vapor lucha por escapar, pero cuando se escapa, el sonido estalla, como sucede con las vejigas que están distendidas de aire. Es posible también que el espíritu, cualquiera que sea, se encienda por la fricción, cuando se proyecta tan violentamente. Es posible que, por el choque de las dos nubes, el relámpago se encienda, como es el caso cuando dos piedras se golpean entre sí. Pero todas estas cosas parecen ser casuales. Por lo tanto, hay rayos que no producen ningún efecto y que no proceden de ninguna causa real inmediata; que golpean las montañas y los mares, y no se produce ningún daño. Los que pronostican acontecimientos futuros proceden de lo alto y de causas declaradas, y provienen de sus estrellas peculiares.

EL ORIGEN DE LOS VIENTOS

Del mismo modo, no niego que los vientos, o más bien las ráfagas repentinas, sean producidas por los vapores áridos y secos de la tierra; que el aire también puede ser exhalado por el agua, que no puede condensarse en una niebla, ni comprimirse en una nube; que también puede ser impulsado por el impulso del Sol, ya que por el término "viento" no entendemos nada más que una corriente de aire, por cualquier medio que se produzca. Pues observamos que los vientos proceden de los ríos y bahías, y del mar, incluso cuando éste está tranquilo; mientras que otros, que se denominan Altani, surgen de la tierra; cuando vuelven del mar se denominan Tropœi, pero si van de frente, Apogœi.

Las sinuosidades y los numerosos picos de las montañas, sus crestas, dobladas en ángulos o rotas en desfiladeros, con los valles huecos, por sus formas irregulares, hendiendo el aire que rebota de ellos (que es también la causa por la que las voces se repiten, en muchos casos, varias veces seguidas), dan lugar a los vientos.

Hay ciertas cuevas, como la de la costa de Dalmacia, con una inmensa sima perpendicular, en la que, si se deja caer un ligero peso, y aunque el día esté tranquilo, sale de ella una borrasca como un torbellino. El nombre del lugar es Senta. Y también, en la provincia de Cirenaica, hay una cierta roca, que se dice que es sagrada para el viento del sur, que es profano que una mano humana toque, ya que el viento del sur inmediatamente hace rodar hacia adelante nubes de arena. También hay, en muchas casas, cavidades artificiales, formadas en las paredes, que producen corrientes de aire; ninguna de ellas carece de su causa apropiada.

INVOCACIÓN DEL TRUENO

Se cuenta en nuestros Anales que, mediante ciertos ritos sagrados e imprecaciones, se puede obligar o invocar a las tormentas de truenos. Hay un antiguo informe en Etruria, que el trueno fue invocado cuando la ciudad de Volsinium tuvo su territorio asolado por un monstruo llamado Volta. El trueno también fue invocado por el rey Porsenna. Y L. Piso, un autor muy respetable, afirma en el primer libro de sus Anales, que esto había sido hecho frecuentemente antes de su tiempo por Numa, y que Tullus Hostilius, imitándolo, pero no habiendo realizado adecuadamente las ceremonias, fue golpeado con el rayo. Tenemos también arboledas, y altares, y lugares sagrados, y, entre los títulos de Júpiter, como Stator, Tonans, y Feretrius, tenemos un Júpiter Elicius. Las opiniones sostenidas sobre este punto son muy variadas, y dependen mucho de las disposiciones de los diferentes individuos.

EL ARCO IRIS

Lo que llamamos arco iris ocurre con frecuencia, y no se considera ni maravilloso ni ominoso; porque no predice, con certeza, ni la lluvia ni el buen tiempo. Es obvio que los rayos del Sol, al ser proyectados sobre una nube hueca, la luz es devuelta al Sol y es refractada y que la variedad de colores es producida por una mezcla de nubes, aire y fuego. Ciertamente, el arco iris no se produce nunca más que en la parte opuesta al Sol, ni siquiera en otra forma que no sea la de un semicírculo. Tampoco se forman nunca de noche, aunque Aristóteles afirma que a veces se ven a esa hora; reconoce, sin embargo, que sólo puede ser en el día 14 de la Luna. Se ven con mayor frecuencia en invierno, cuando los días se acortan, después del equinoccio de otoño. No se ven cuando los días vuelven a aumentar, después del equinoccio de primavera, ni en los días más largos, alrededor del solsticio de verano, pero sí con frecuencia en el solsticio de invierno, cuando los días son más cortos. Cuando el Sol está bajo son altos, y cuando el Sol está alto son bajos; son más pequeños cuando están en el este o en el oeste, pero se extienden más; en el sur son pequeños, pero de mayor envergadura. En verano no se ven al mediodía, sino después del equinoccio de otoño a cualquier hora; nunca se ven más de dos a la vez.

NATURALEZA DE LA TIERRA

A continuación viene la tierra, a la que sólo de entre todas las partes de la naturaleza hemos otorgado el nombre que implica veneración maternal. Es apropiada para el hombre como los cielos lo son para Dios. Nos recibe al nacer, nos alimenta cuando nacemos y nos sostiene siempre; por último, nos abraza en su seno cuando somos rechazados por el resto de la naturaleza, y nos cubre con especial ternura; como una madre, que es sagrada sobre todo por el don de hacernos a nosotros también sagrados, llevando nuestros monumentos y títulos, continuando nuestros nombres y extendiendo nuestra memoria, en oposición a la brevedad de la vida. En nuestra cólera la imprecamos sobre los que ya no están, como si ignoráramos que ella es el único ser que nunca puede enojarse con el hombre. El agua se convierte en chubascos, se concreta en granizo, se hincha en ríos, se precipita en torrentes; el aire se condensa en nubes, se enfurece en borrascas; pero la tierra, bondadosa, suave e indulgente como es, siempre atendiendo a las necesidades de los mortales, ¡cuántas cosas la obligamos a producir espontáneamente! ¡Qué olores y flores, jugos nutritivos, formas y colores! ¡Con qué buena fe rinde todo lo que se le ha confiado!

DE LA FORMA DE LA TIERRA

Todo el mundo está de acuerdo en que tiene la figura más perfecta. Siempre se habla de la bola de la tierra, y se admite que es un globo limitado por los polos. No tiene, en efecto, la forma de una esfera absoluta, por el número de montañas elevadas y de llanuras planas; pero si la terminación de las líneas estuviera limitada por una curva, ésta compondría una esfera perfecta. Y esto lo aprendemos de los argumentos extraídos de la naturaleza de las cosas, aunque no de las mismas consideraciones de las que nos servimos con respecto a los cielos. Pues en ellos la convexidad hueca se dobla por todas partes sobre sí misma y se apoya en la tierra como centro. Mientras que la tierra se eleva sólida y densa, como algo que se hincha y sobresale hacia afuera. Los cielos se inclinan hacia el centro, mientras que la tierra se aleja del centro, el continuo rodar de los cielos a su alrededor obliga a su inmenso globo a tomar la forma de una esfera.

SI EL OCÉANO RODEA LA TIERRA

Todo el océano occidental se navega ahora, desde Gades y las Columnas de Hércules, alrededor de España y la Galia. La mayor parte del océano septentrional también ha sido navegada, bajo los auspicios del emperador Augusto, ya que su flota fue llevada alrededor de Alemania hasta el promontorio de los Cimbrios; desde este lugar divisaron un inmenso mar, o lo conocieron por informes, que se extiende hasta el país de los escitas, y los distritos que se enfrían por la excesiva humedad. Por ello, no es nada probable que el océano sea deficiente en una región donde abunda tanto la humedad. Del mismo modo, hacia el este, desde el mar de la India, toda la parte que se encuentra en la misma latitud, y que se dobla hacia el Caspio, ha sido explorada por las armas macedonias, en los reinados de Seleuco y Antíoco, que querían que se llamara en su honor, el Mar de Seleuco o de Antioquía. Alrededor del Caspio, también, se han explorado muchas partes de las costas del océano, de modo que casi todo el norte ha sido navegado en una u otra dirección. Tampoco puede afectar mucho a nuestro argumento el punto que tanto se ha discutido, respecto al Palus Mæotis,[10] si es una bahía del mismo océano, como es, según tengo entendido, la opinión de algunas personas, o si es el desbordamiento de un canal estrecho conectado con un océano diferente. Al otro lado del Gades, partiendo del mismo punto occidental, se ha navegado ya una gran parte del océano meridional, a lo largo de Mauritania. De hecho, la mayor parte de esta región, así como la del este, hasta el Golfo de Arabia, fue explorada como consecuencia de las victorias de Alejandro. Cuando Cayo César, hijo de Augusto, tenía la dirección de los asuntos en ese país, se dice que se encontraron restos de barcos españoles que habían naufragado allí. Mientras el poder de Cartago estaba en su apogeo, Hanno publicó un relato de un viaje que hizo desde Gades hasta el extremo de Arabia; Himilco también fue enviado, por la misma época, a explorar las partes remotas de Europa. Además, sabemos por Cornelio Nepote que un tal Eudoxo, contemporáneo suyo, cuando huía del rey Látiro, partió del Golfo de Arabia y fue llevado hasta Gades. Y mucho antes que él, Cælius Antipater nos informa de que había visto a una persona que había navegado desde España hasta Etiopía con fines comerciales. El mismo Cornelio Neptuno, al hablar de la circunnavegación del norte, nos dice que Q. Metelo Celer, colega de L. Afranio en el consulado, pero entonces procónsul en la Galia, le hizo un regalo el rey de los suevos, de ciertos indios, que navegando desde la India con fines de comercio, habían sido conducidos por las tempestades a Alemania. Así parece que los mares que fluyen completamente alrededor del globo, y lo dividen, por así decirlo, en dos partes, nos excluyen de una parte de él, ya que no un hay camino abierto por ningún lado. Y como la contemplación de estas cosas es adecuada para detectar la vanidad de los mortales, parece que me corres-

---

10   Mar de Azov (N. del T.).

ponde mostrar, y poner al alcance de nuestros ojos, la totalidad de ella, sea cual sea, en la que no hay nada que pueda satisfacer los deseos de ciertos individuos.

QUÉ PARTE DE LA TIERRA ESTÁ HABITADA

En primer lugar, entonces, parece que esto debe ser estimado en la mitad del globo, como si ninguna porción de esta mitad fuera invadida por el océano. Pero rodeando como lo hace toda la tierra, vertiendo y recibiendo todas las otras aguas, proporcionando lo que va a las nubes, y alimentando las estrellas mismas, tan numerosas y de tan gran tamaño como son, ¡qué gran espacio no debemos suponer que ocupa! Esta vasta masa debe llenar y ocupar una extensión infinita. A esto hay que añadir la parte del resto que nos quita el cielo. Porque el globo está dividido en cinco partes, denominadas zonas, y toda aquella porción sujeta a un frío intenso y a una helada perpetua que se encuentra bajo los dos extremos, alrededor de cada uno de los polos, el más cercano de los cuales se llama el norte, y el opuesto el polo sur. En todas estas regiones hay una oscuridad perpetua, y, como el aspecto de las estrellas más suaves se aleja de ellas, la luz es maligna, y sólo se parece a la blancura que produce la escarcha. El centro de la tierra, sobre el cual está la órbita del Sol, está reseco y quemado por la llama, y se consume por estar tan cerca del calor. Sólo hay dos zonas templadas, las que se encuentran entre la zona tórrida y la frígida, y éstas están separadas entre sí, como consecuencia del calor abrasador de los cuerpos celestes. Parece, por tanto, que los cielos nos quitan tres partes de la tierra; no se sabe cuánto nos roba el océano.

LA TIERRA ESTÁ EN MEDIO DEL MUNDO

Es evidente, por argumentos indudables, que la Tierra está en el centro del universo, pero lo demuestra más claramente la igualdad de los días y las noches en el equinoccio. Lo demuestra el cuadrante, que proporciona la confirmación más decisiva del hecho de que, a menos que la Tierra estuviera en el centro, los días y las noches no podrían ser iguales; porque, en el momento del equinoccio, la salida y la puesta del Sol se ven en la misma línea, y la salida del Sol, en el solsticio de verano, está en la misma línea con su puesta en el solsticio de invierno; pero esto no podría suceder si la Tierra no estuviera situada en el centro

DE LOS TERREMOTOS

Según la doctrina de los babilonios, se supone que los terremotos y las hendiduras de la tierra, y los sucesos de este tipo, son producidos por la influencia de las estrellas, especialmente de las tres a las que atribuyen el trueno; y que son causados por las estrellas que se mueven con el Sol, o que están en conjunción con él, y, más particularmente, cuando están en cuadratura. Si hemos de dar crédito al informe, un espíritu más admirable e inmortal, como si fuera de naturaleza divina, debería atribuirse a Anaximandro el Milesio, quien, según dicen, advirtió a los lacedemonios que tuvieran cuidado con su ciudad y sus casas. Porque predijo que un terremoto estaba cerca, cuando toda su ciudad fue destruida y una gran parte del Monte Taygetus, que se proyectó en forma de barco, se rompió, y añadió más ruina a la destrucción anterior. Otra predicción se atribuye a Phcrecydes, el maestro de

Pitágoras, y esta fue divina; por una corriente de agua de un pozo, previó y predijo que habría un terremoto en ese lugar. Y si estas cosas son ciertas, ¡cuánto se acercan estos individuos a la Deidad, incluso durante su vida! Pero dejo que cada uno juzgue estos asuntos como quiera. Ciertamente, creo que los vientos son la causa de los terremotos, porque la tierra nunca tiembla, excepto cuando el mar está en calma, y cuando los cielos están tan tranquilos que los pájaros no pueden mantener su vuelo, ya que todo el aire que debería sostenerlos se ha retirado; tampoco ocurre nunca hasta después de grandes vientos, ya que la ráfaga está reprimida, por así decirlo, en las fisuras y huecos ocultos. Porque el temblor de la tierra se asemeja al trueno en las nubes; ni el bostezo de la tierra difiere del estallido del rayo; el aire encerrado lucha y se esfuerza por escapar.

CIRCUNSTANCIAS MARAVILLOSAS QUE ACOMPAÑAN A LOS TERREMOTOS

Las inundaciones del mar tienen lugar al mismo tiempo que los terremotos; el agua está impregnada del mismo espíritu, y es recibida en el seno de la tierra que se hunde. El mayor terremoto que se recuerda fue en el reinado de Tiberio, por el que doce ciudades de Asia quedaron postradas en una noche. Los terremotos más frecuentes se produjeron durante la guerra púnica, cuando se informó a Roma de cincuenta y siete terremotos en el espacio de un solo año. Fue durante este año que los cartagineses y los romanos, que estaban luchando en el lago Thrasimenus; pero ninguno de ellos percibió un choque muy grande durante la batalla. Tampoco es un mal que consista únicamente en el peligro que produce el movimiento; es un mal igual o mayor cuando se considera como un prodigio. La ciudad de Roma nunca experimentó una conmoción que no fuera precursora de alguna gran calamidad.

EN QUÉ LUGARES EL MAR HA RETROCEDIDO

La misma causa produce un aumento de la tierra; el vapor, cuando no puede estallar forzosamente levanta la superficie. Pues la tierra no sólo se produce por lo que bajan los ríos, como las islas llamadas Echinades, formadas por el río Aquelo, y la mayor parte de Egipto por el Nilo, donde, según Homero, había un día y una noche de viaje desde la tierra firme hasta la isla de Faros; sino, en algunos casos, por el retroceso del mar, como, según el mismo autor, ocurrió con las islas de Circe. Lo mismo ocurrió en el puerto de Ambracia, por un espacio de 10.000 pasos, y también se dice que tuvo lugar por 5.000 en el Pireo de Atenas, e igualmente en Éfeso, donde antiguamente el mar lavó las paredes del templo de Diana. De hecho, si creemos a Heródoto, el mar llegaba más allá de Menfis, hasta las montañas de Etiopía, y también desde las llanuras de Arabia. El mar también rodeaba Ilión y toda Teutania, y cubría la llanura por la que fluye el Meandro.

EL MODO EN QUE SE FORMAN LAS ISLAS

La tierra se forma a veces de manera diferente, surgiendo repentinamente del mar, como si la naturaleza compensara a la tierra por sus pérdidas, devolviendo en un lugar lo que se había tragado en otro.

TIERRAS QUE SE HAN TRANSFORMADO TOTALMENTE EN MARES

El mar se ha llevado totalmente ciertas tierras, y en primer lugar, si hemos de creer a Platón, por un inmenso espacio donde ahora se extiende el océano Atlántico. Más recientemente vemos lo que ha producido nuestro mar interior; Acarnania ha sido arrollada por el golfo de Ambracia, Acaya por el de Corinto, Europa y Asia por el Propontis y el Ponto. Y además de estos, el mar ha desgarrado Leucas, Antirrhium, el Helesponto y los dos Bósforos.

DE CIERTAS TIERRAS QUE SIEMPRE TIEMBLAN, Y DE LAS ISLAS FLOTANTES

Hay ciertas tierras que tiemblan cuando alguien pasa sobre ellas; como en el territorio de los Gabios, no lejos de la ciudad de Roma, hay unos 200 acres que tiemblan cuando la caballería pasa sobre ellos; lo mismo ocurre en Reate.

Hay ciertas islas que siempre están flotando, como en el territorio del Cécubo, y de la mencionada Reate, de Módena, y de Estatonia. En el lago de Vadimonis y en las aguas de Cutiliæ hay un bosque oscuro, que nunca se ve en el mismo lugar durante un día y una noche juntos. En Lidia, las islas llamadas Calaminæ no sólo son impulsadas por el viento, sino que pueden ser empujadas a placer de un lugar a otro, por medio de pértigas; muchos ciudadanos se salvaron por este medio en la guerra Mitrídica. Hay unas pequeñas islas en el Nymphæus, llamadas las Danzantes, porque, cuando se cantan coros, son movidas por los movimientos de los que baten el tiempo. En el gran lago italiano de Tarquinii, hay dos islas con arboledas en ellas, que son movidas por el viento, de modo que en un momento muestran la figura de un triángulo y en otro la de un círculo; pero nunca forman un cuadrado.

LAS MARAVILLAS DE VARIOS PAÍSES REUNIDAS

Cerca de Harpasa, una ciudad de Asia, se levanta una roca terrible, que puede ser movida por un solo dedo; pero si se la empuja con la fuerza de todo el cuerpo, se resiste. En la península táurica, en el estado de Parasini, hay una especie de tierra que cura todos los males. Alrededor de Assos, en Troas, se encuentra una piedra por la que se consumen todos los cuerpos; se llama Sareophagus. Hay dos montañas cerca del río Indo; la naturaleza de una es atraer el hierro, de la otra repelerlo; por lo tanto, si hay clavos en los zapatos, los pies no pueden ser sacados de la una, o puestos en la otra. Se ha observado que en Loeris y Crotona nunca ha habido una peste, ni han sufrido nunca un terremoto; en Licia siempre hay cuarenta días de calma antes de un terremoto. En el territorio de Argyripa el maíz que se siembra nunca brota. En los altares de Mucio, en el país de los Veios, y en los alrededores de Tusculum, y en el bosque de Cimeria, hay lugares en los que las cosas que se introducen en la tierra no pueden volver a salir. El heno que se cultiva en Crustuminio es nocivo en el lugar, pero en otros lugares es saludable.

EL DE LA LUNA SOBRE LA TIERRA Y EL MAR

De ahí que podamos conjeturar ciertamente que la Luna no es considerada injustamente como la estrella de nuestra vida. Ésta es la que repone la tierra; cuando se acerca, llena todos los cuerpos, mientras que, cuando se aleja, los vacía. Por esta causa es que los mariscos crecen con su aumento, y que los animales que no tienen sangre experimentan más particularmente su influencia; también, que la sangre del hombre aumenta o disminuye en proporción a la cantidad de su luz; también que las hojas y los vegetales en general, como describiré en el lugar apropiado, sienten su influencia, su poder penetra todas las cosas.

LAS DIMENSIONES DE LA TIERRA

Nuestra parte de la tierra, de la que me propongo dar cuenta, flotando por así decirlo en el océano que la rodea (como he mencionado anteriormente), se extiende en su mayor extensión de este a oeste, es decir, desde la India hasta las Columnas consagradas a Hércules en Gades, siendo una distancia de 8568 millas, según la declaración de Artemidoro, o según la de Isidoro, 9818 millas. Artemidoro añade a esto 491 millas, desde Gades, dando la vuelta por el Promontorio Sagrado, hasta el promontorio de Artabrum, que es la parte más saliente de España.

Esta medida puede tomarse en dos direcciones. Desde el Ganges, en su desembocadura, donde desemboca en el océano oriental, pasando por la India y Parthyene, hasta Myriandrus, ciudad de Siria, en la bahía de Issus, hay una distancia de 5215 millas. De ahí, yendo directamente por mar, por la isla de Chipre, Patara en Licia, Rodas y Astypalæa, islas en el mar de los Cárpatos, por Tænarum en Laconia, Lilybæum en Sicilia y Calaris en Cerdeña, hay 2103 millas. De ahí a Gades hay 1250 millas, por lo que la distancia total desde el océano oriental es de 8568 millas.

El otro camino, más seguro, es principalmente por tierra. Desde el Ganges hasta el Éufrates hay 5169 millas; desde allí hasta Mazaca, una ciudad en Capadocia, hay 319 millas; desde allí, a través de Frigia y Caria, hasta Éfeso hay 415 millas; desde Éfeso, a través del mar Egeo hasta Delos, hay 200 millas; hasta el Istmo hay 212 millas; desde allí, primero por tierra y después por el mar de Lechseum y el golfo de Corinto, hasta Patræe en el Peloponeso, 90 millas; hasta el promontorio de Leucate 87½ millas; otras tantas hasta Corcyra; hasta los montes Acroceraunos 132½, hasta Brundisium 87½, y hasta Roma 360 millas. Hasta los Alpes, en la aldea de Scingomagum, hay 519 millas; a través de la Galia, hasta Illiberis en los Pirineos, 927; hasta el océano y la costa de España, 331 millas; a través del paso de Gades 7½ millas; estas distancias, según la estimación de Artemidoro, hacen un total de 8945 millas.

La anchura de la tierra, de sur a norte, se supone comúnmente que es sólo la mitad de su longitud, es decir, 4.490 millas; por lo tanto, es evidente cuánto le ha robado el calor por un lado y el frío por el otro; pues no supongo que la tierra falte realmente, o que la tierra no tenga la forma de un globo; sino que, en cada lado, las partes inhabitables no han sido descubiertas. Esta medida se extiende, pues, desde la costa del océano de Etiopía, la parte más distante que es habitable, hasta Meroë, 1000 millas; de ahí a Alejandría 1250; a Rodas 562; a Cnidos 87½; a Cos 25; a Samos 100; a Quíos 94; a Mitilene 65; a Ténedos 44; al promontorio de Sigæeum 12½; a la entrada del Euxino 312½; al promontorio de Carambis 350; a la entrada del Palus Mæeotis 312½; y a la desembocadura del Tanais 275 millas, distancia que, si fuéramos por mar, podría acortarse 89 millas. Más allá del Tanais los autores más diligentes no han podido obtener ninguna medida exacta. Artemidoro supone que todo lo que hay más allá está por descubrir, ya que confiesa que, alrededor de Tanais, habitan las tribus de los Sarmatæe, que se extienden hacia el polo norte. Isidoro añade 1250 millas, como la distancia a Thule; pero esto es mera conjetura. Por mi parte, creo que los límites de Sarmacia se extienden realmente hasta una distancia tan grande como la mencionada anteriormente; pues si no fuera muy extensa, ¿cómo podría contener a las innumerables tribus que siempre están cambiando de residencia? Y, en efecto, considero que la porción inhabitable del mundo es aún mayor, pues es bien sabido que hay innumerables islas frente a la costa de Alemania, que sólo han sido descubiertas recientemente.

Lo anterior es todo lo que considero que vale la pena relatar sobre la longitud y la anchura de la tierra. Pero Eratóstenes, un hombre que era particularmente experto en todas las partes más sutiles del conocimiento, y en esto sobre todo, y una persona a la que percibo que todos aprueban, ha declarado que todo este circuito es de 252.000 estadios, lo que, según la estimación romana, hace 31.500 millas. El intento es presuntuoso, pero se apoya en argumentos tan sutiles que no podemos negar nuestro asentimiento. Hiparco, a quien debemos admirar, tanto por la habilidad con que controvierte a Eratóstenes, como por su diligencia en todo lo demás, ha añadido a la cifra anterior no mucho menos de 25.000 estadios.

Dionisodoro es ciertamente menos digno de confianza; pero no puedo omitir este ejemplo tan notable de la vanidad griega. Era nativo de Melos, y era célebre por sus conocimientos de geometría; murió de viejo en su país natal. Sus parientes femeninos, que heredaron su propiedad, asistieron a su funeral, y cuando habían realizado durante varios días sucesivos los ritos habituales, se dice que encontraron en su tumba una epístola escrita en su propio nombre para los que quedaban arriba; en ella se decía que había descendido desde su tumba hasta la parte más baja de la tierra, y que era una distancia de 42.000 estadios. No faltaron algunos geómetras que interpretaron esta epístola como si hubiera sido enviada desde la mitad del globo, el punto que se encuentra a mayor distancia de la superficie, y que debe ser necesariamente el centro de la esfera. De ahí que se haya estimado que tiene 252.000 estadios de circunferencia.

LA ARMÓNICA DEL UNIVERSO

La proporción armónica, que obliga a la naturaleza a ser siempre coherente consigo misma, nos obliga a añadir a la medida anterior 12.000 estadios, lo que convierte a la Tierra en una noventa y seisava parte de todo el universo.

Libro III
Europa (I)

INTRODUCCIÓN

Hasta ahora he tratado de la posición y las maravillas de la tierra, de las aguas, de las estrellas y de la proporción del universo y sus dimensiones. Procederé ahora a describir sus partes individuales; aunque, ciertamente, podemos considerar con razón que la tarea es de naturaleza infinita, y que no se puede comenzar precipitadamente sin incurrir en censura. Pero, por otra parte, no hay nada que deba exigir menos una disculpa, si sólo se considera lo lejos que está de sorprender que un simple mortal no pueda conocerlo todo. Por lo tanto, no seguiré a un solo autor, sino que emplearé, en relación con cada tema, a los escritores que considere más dignos de crédito. Porque, en efecto, la característica de casi todos ellos es que muestran el mayor cuidado y precisión en la descripción de los países en los que florecieron respectivamente; de modo que al hacer esto, no tendré que culpar ni contradecir a ninguno.

Todo el globo está dividido en tres partes: Europa, Asia y África. Nuestra descripción comienza donde el Sol se pone y en el Estrecho de Gades,[1] donde el océano Atlántico, irrumpiendo, se vierte en los mares interiores. Al hacer su entrada por ese lado, África está a la derecha y Europa a la izquierda; Asia se encuentra entre ellos; los límites son los ríos Tanais[2] y el Nilo.

---

1   Ahora el Estrecho de Gibraltar.
2   Este río hoy se conoce como Don. En la antigüedad, este río se consideraba la frontera entre Europa y Asia.

LAS FRONTERAS Y LOS GOLFOS DE EUROPA

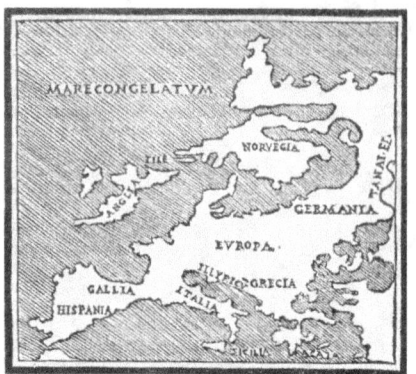

Hablaré primero de Europa, la madre adoptiva de ese pueblo que ha conquistado todas las demás naciones; siendo ella misma, con mucho, la porción más hermosa de la tierra. En efecto, muchas personas la han considerado, no sin razón, no sólo como una tercera parte de la tierra, sino como igual a todas las demás, considerando el conjunto de nuestro globo como dividido en dos partes solamente, por una línea trazada desde el río Tanais hasta el estrecho de Gades.

DE ESPAÑA EN GENERAL

La primera tierra situada sobre este Golfo es la que se llama la España más lejana o Bætica. La Bætica, llamada así por el río que la divide por la mitad, sobresale de todas las demás provincias por la riqueza de sus cultivos y la peculiar fertilidad y belleza de su vegetación.

M. Agrippa también ha declarado que la longitud total de esta provincia es de 475 millas, y su anchura de 257; pero esto fue en un momento en que sus límites se extendían hasta Cartago, una circunstancia que a menudo ha causado grandes errores en los cálculos.

La forma antigua de la España más cercana, como la de muchas otras provincias, está algo cambiada, desde el tiempo en que Pompeyo el Grande, en los trofeos que erigió en los Pirineos, atestiguó que 877 ciudades, desde los Alpes hasta las fronteras de la España más lejana, habían sido reducidas a la sujeción por él.

La longitud de la España más cercana, desde los Pirineos hasta la frontera de Castulo, es de 607 millas, y un poco más si seguimos la línea de la costa; mientras que su anchura, desde Tarraco hasta la orilla de Olarson, es de 307 millas. Al pie de los Pirineos, donde se encuentra encajonada por la proximidad de los dos mares, se expande gradualmente hasta tocar la España más lejana, adquiriendo así una anchura de más del doble.

Casi toda España abunda en minas de plomo, hierro, cobre, plata y oro; en la España más cercana se encuentra también *lapis specularis*; en la Bætica hay cinabrio. También hay canteras de mármol.

DE ITALIA

A continuación viene Italia, y comenzamos con los Ligures, después de los cuales tenemos Etruria, Umbría, Lacio, donde están las bocas del Tíber, y Roma, la Capital del mundo, a dieciséis millas de distancia del mar. Luego llegamos a las costas de Volscos y de la Campania, y a los distritos de Ricenum, Lucania y Bruttium, donde Italia se extiende más lejos en dirección sur, y se proyecta hacia los (dos) mares con la cadena de los Alpes, que allí forma casi la forma de una media Luna. Dejando Bruttium, llegamos a la costa de la Magna Grecia, luego a Salentini,

Pediculi, Apuli, Peligni, Frentani, Marrucini, Vestini, Sabini, Picentes, Galli, Umbri, Tusci, Veneti, Carni, Iapydes, Ilistri, y Liburni.

Puedo comenzar observando que esta tierra se asemeja mucho a una hoja de roble, siendo mucho más larga que ancha; hacia la parte superior se inclina hacia la izquierda, mientras que termina en la forma de una hebilla amazónica, en la que el punto en la proyección central es el lugar llamado Cocinthos, mientras que envía dos cuernos en el extremo de sus bahías en forma de media Luna.

LA REGIÓN DE ITALIA, EL TÍBER – ROMA

El Tíber desciende desde casi la parte central de la cadena de los Apeninos, en el territorio de Arretini. Al principio es pequeño, y sólo es navegable por medio de esclusas, en las que el agua se embalsa y luego se descarga, para lo cual se considera necesario recoger el agua durante nueve días, a menos que caiga una lluvia. E incluso entonces, el Tíber, a causa de su cauce accidentado y desigual, es realmente más adecuado para la navegación en balsas que en barcos, para cualquier gran distancia. El río serpentea a lo largo de 150 millas, pasando cerca de Tifernum, Perusia y Ocriculum, y dividiendo Etruria de Umbri y Sabini.

Por debajo de su unión con el Glanis desde Arretinum, el Tíber se hincha cuarenta y dos arroyos; también se ve incrementado por los numerosos acueductos y manantiales que son conducidos a la Ciudad. Aquí se hace navegable por los barcos de cualquier peso que puedan venir del mar italiano; un dispensador muy tranquilo de los productos de todas las partes de la tierra, poblado y embellecido a lo largo de sus orillas con más villas que casi todos los otros ríos del mundo juntos. Y, sin embargo, no hay río más circunscrito que él, ya que sus riberas están tan cerradas a ambos lados; pero, aun así, no ofrece ninguna resistencia, aunque sus aguas suben con frecuencia con gran brusquedad, y ninguna parte es más susceptible de hincharse que la que atraviesa la propia ciudad. En este caso, sin embargo, el Tíber debe ser visto más bien como preñado de advertencias proféticas para nosotros, y en su aumento debe ser considerado más como un promotor de la religión que como una fuente de devastación.

Tal vez no sea del todo ajeno a nuestro propósito, si aquí hago mención de una institución peculiar de nuestros antepasados que tiene especial referencia a la inculcación del silencio en asuntos religiosos. La diosa Angerona, a la que se ofrece un sacrificio el duodécimo día antes de las calendas de enero,[3] se representa en su estatua con la boca atada con una banda sellado.

Rómulo dejó la ciudad de Roma, si hemos de creer a los que afirman el mayor número, con tres puertas y no más. Cuando los Vespasianos eran emperadores y censores, en el año 826 de su construcción, la circunferencia de las murallas que la rodeaban era de trece millas y dos quintos. Rodeando las Siete Colinas, la ciudad está dividida en catorce distritos, con 265 cruces bajo la tutela de los Lares. Si se

---

3   21 de diciembre.

traza una línea recta desde la columna de las millas[4] colocada a la entrada del Foro hasta cada una de las puertas, que en la actualidad son treinta y siete (teniendo cuidado de contar una sola vez las doce puertas dobles y de omitir las siete antiguas, que ya no existen), el resultado será (tomándolas en conjunto) una línea recta de veinte millas y 765 pasos. Pero si trazamos una línea recta desde la misma columna de las millas hasta la última de las casas, incluyendo en ella el campamento pretoriano, y seguimos a lo largo de la línea de todas las calles, el resultado será entonces algo más de setenta millas. Añádase a estos cálculos la altura de las casas, y entonces una persona podrá formarse una idea justa de esta ciudad, y ciertamente se verá obligada a admitir que no hay un lugar en todo el mundo que por su tamaño pueda compararse con ella.

SESENTA Y CUATRO ISLAS, ENTRE LAS QUE SE ENCUENTRAN LAS BALEARES

Las primeras islas que encontramos en todos estos mares son las dos a las que los griegos han dado el nombre de Pityussæe[5] por el pino que producen. Están separados por un estrecho del mar, y tienen una extensión de cuarenta y seis millas. Se encuentran a 700 estadios de Dianium,[6] estando Dianium por tierra a la misma distancia de Nueva Cartago. A la misma distancia de las Pitiusas se encuentran, en mar abierto, las dos Baleares y, frente al río Sucre, Colubraria.

La isla mayor tiene 100 millas de longitud y 475 de circunferencia.

En el mar de Liguria, pero cerca de la Toscana, se encuentra Córcega, llamada por los griegos Cyrnos, que se extiende, de norte a sur, 150 millas, y en su mayor parte 50 millas de ancho, siendo su circunferencia de 325.

Leucothea viene a continuación, y después de ella, pero fuera de la vista, ya que se encuentra en el borde del Mar de África, Cerdeña. Está situada a algo menos de ocho millas del punto más cercano de Córcega, y el estrecho que las separa es aún más reducido por las pequeñas islas que allí se encuentran, llamadas Cuniculariæ. Cerdeña se extiende, por el lado este, una distancia de 188 millas, por el oeste 175, por el sur 77, y por el norte 125, siendo 565 millas de circunferencia.

Pero más célebre que todas es Sicilia, llamada Sicania por Tucídides, y por muchos escritores Trinaeria o Trinacia, por su aspecto triangular. Según Agripa tiene 618 millas de circunferencia. Antiguamente era una continuación del territorio de Bruttium, pero, como consecuencia del desbordamiento del mar, se separó de él; formando así un estrecho de 15 millas de longitud y una milla y media de anchura en las proximidades de la Columna de Rhegium.

En este estrecho se encuentra la roca de Escila, así como Caribdis, un remolino del mar, ambos conocidos por sus peligros.

---

4   Se trata de una columna dorada erigida por Augusto en el Foro, y llamada milliarium aureum; en ella estaban inscritas las distancias de los principales puntos a los que conducían las "viæ" o vías altas.
5   Las modernas Ibiza y Formentera.
6   La actual Denia.

Libro IV
Europa (II)

EL PELOPONESO (GRECIA)

El Peloponeso, que antiguamente se llamaba Apia y Pelasgia, es una península, inferior en fama a ninguna tierra sobre la faz de la tierra. Situada entre los dos mares, el Egeo y el Jónico, tiene la forma de la hoja de un árbol plano, como consecuencia de las hendiduras angulares hechas en sus costas. Según Isidoro, tiene 563 millas de circunferencia; y casi otras tantas, si se tiene en cuenta la línea de mar en el margen de sus golfos. El estrecho paso en el que comienza se conoce con el nombre de Istmo. En este punto, los dos mares que hemos mencionado anteriormente, que corren desde el norte y el este, invaden la tierra desde lados opuestos, y se tragan toda su anchura, el resultado es que a través de estas incursiones en direcciones opuestas de tan vastas masas de agua, los lados de la tierra se comen hasta tal punto, que Hellas (Grecia) sólo se mantiene en el Peloponeso por el estrecho cuello intermedio, de cinco millas de ancho. Los golfos así formados, uno de un lado y el otro del otro, se conocen como Golfo Corintio y Golfo Sarónico. Los puertos de Lecheæ, por un lado, y de Cenchreæ, por el otro, forman las

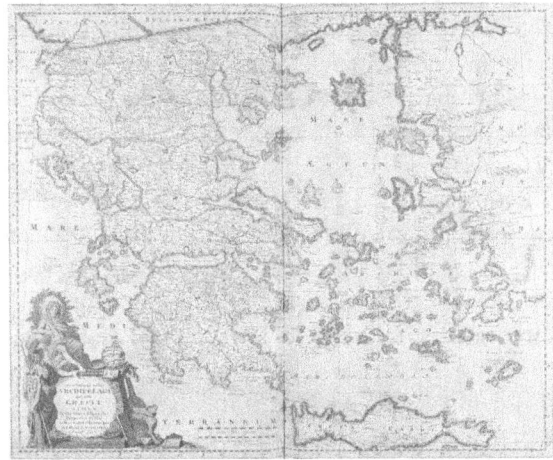

fronteras de este estrecho paso, que obliga a una tediosa y peligrosa circunnavegación a los barcos que, por su magnitud, no pueden ser transportados por tierra en vehículos. Por esta razón, tanto el rey Demetrio, como César el Dictador, el príncipe Cayo y Domicio Nerón, han intentado en diferentes ocasiones cortar este cuello formando un canal navegable; un diseño profano, como puede verse claramente por el resultado en cada uno de estos casos.

En el centro de este cuello intermedio que hemos llamado el Istmo, se encuentra la colonia de Corinto, antiguamente conocida con el nombre de Éfira, situada en la cima de una colina, a una distancia de sesenta estadios de la orilla de ambos mares. Desde las alturas de su ciudadela, que se llama Acrocorinthos, o las "Alturas de Corinto", y en la que se encuentra la Fuente de Pirene, mira hacia abajo sobre los dos mares que se encuentran en direcciones opuestas. Desde Leucas hasta Patræ, en el golfo de Corinto, hay una distancia de ochenta y ocho millas. La colonia de Patrae está fundada sobre el promontorio más extenso del Peloponeso, frente a Ætolia y el río Evenus, siendo el Golfo Corintio, como hemos dicho anteriormente, menos de una milla de ancho en la entrada allí, aunque se extiende en longitud hasta el istmo, una distancia de ochenta y cinco millas.

ÁTICA

En el estrecho cuello del istmo comienza la Hélade, conocida por nuestro pueblo como Græcia (Grecia). El primer estado que se presenta es el Ática, antiguamente llamado Acte. Toca el istmo en la parte que se llama Megaris, por la colonia de Megara, situada en el lado opuesto a Pagæ.

Estas dos ciudades están situadas en el punto en el que el Peloponeso se proyecta a la mayor distancia; están situadas, una a cada lado, sobre los mismos hombros de la Hélade, por así decirlo. Los Pagæans, así como el pueblo de Ægosthena, pertenecen a la jurisdicción de Megara.

Las otras islas son Myconos, con la montaña de Dimastus, distante de Delos quince millas; Siphnus, antiguamente llamada Meropia y Acis, de veintiocho millas de circunferencia; Seriphus, de doce millas de circunferencia; Prepesinthus; Cythnos; y luego, con mucho, la más famosa entre las Cícladas, y que se encuentra en el mismo centro de ellas, Delos, tan famosa por su templo de Apolo, y su extenso comercio. Esta isla flotó durante mucho tiempo sobre las olas y, como dice la tradición, fue la única que nunca experimentó un terremoto hasta la época de Varrón; sin embargo, Muciano nos ha informado de que ha sido visitada dos veces. Aristóteles afirma que esta isla recibió su nombre por el hecho de haber aparecido tan repentinamente al emerger del mar; Aglaóstenes, sin embargo, le da el nombre de Cynthia, y otros de Ortygia, Asteria, Lagia, Chlamydia, Cynthus, y, por la circunstancia de haberse descubierto el fuego por primera vez aquí, Pyrpile. Su circunferencia es de sólo cinco millas; Moint Cynthus levanta la cabeza aquí.

Junto a esta isla se encuentra Rhene, a la que Anticlides llama Celadussa, y Calidemo, Artemita; Scyros, que según los escritores antiguos tiene veinte millas de circunferencia, pero según Mucianus 160; Oliaros; y Paros, con una ciudad del mismo nombre, distante de Delos treinta y ocho millas, y famosa por su mármol;

primero se llamó Platea, y después, Minois. A una distancia de siete millas de esta última isla está Naxos, con una ciudad del mismo nombre; está a dieciocho millas de Delos. Esta isla se llamaba antiguamente Strongyle, luego Dia, y después Dionysias, a consecuencia de la fecundidad de sus viñedos; otros la han llamado de nuevo la Sicilia menor, o Callipolis. Tiene setenta y cinco millas de circunferencia; la mitad de lo que mide Paros.

EL HELESPONTO – LA LAGUNA MEOCIA

El cuarto gran golfo de Europa comienza en el Helesponto y termina en la entrada de la laguna Meocia.[1] Pero para que las diversas porciones del Euxino y sus costas sean mejor conocidas, debemos abarcar brevemente su forma en una vista general. Este vasto mar, que se encuentra frente a Asia, está aislado de Europa por la proyección de las costas del Chersonesus, y efectúa una entrada en esos países por un estrecho canal, de la anchura, como ya se ha mencionado, de siete estadios, separando así Europa de Asia. La entrada de estos estrechos se llama el Helesponto; sobre él Jerjes, el rey de los persas, construyó un puente de barcos, a través del cual condujo a su ejército. Un estrecho canal se extiende desde allí una distancia de ochenta y seis millas, hasta Príapo, una ciudad de Asia, por la que pasó Alejandro Magno. En este punto el mar se ensancha, y después de una cierta distancia vuelve a tomar la forma de un estrecho. La parte más ancha se conoce como el Propontis, el estrecho como el Bósforo tracio, siendo de sólo media milla de ancho, en el lugar donde Darío, el padre de Jerjes, condujo a sus tropas a través de un puente. La extremidad de éste dista del Helesponto 239 millas.

Luego llegamos al vasto mar llamado Euxino (Mar Negro), que invade la tierra al retirarse a lo lejos. A medida que las costas se inclinan hacia el interior, este mar, se extiende a lo lejos en su vasta extensión, curvándose a ambos lados a la manera de un par de cuernos, hasta el punto de que su forma se asemeja a la de un arco escita. En el centro de la curva se une con la boca de la laguna Meocia, que se llama el Bósforo Cimerio, y tiene dos millas y media de ancho. Entre los dos Bósporos, el tracio y el cimerio, hay una distancia en línea recta de 500 millas, como nos informa Polibio. De Varrón y de la mayoría de los escritores antiguos sabemos que la circunferencia del Euxino es en total de 2.150 millas; pero a esta cifra Cornelio Nepote añade 350 más; mientras que Artemidoro la hace de 2.919 millas, Agripa de 2.360 y Muciano de 2.425. De manera similar, algunos escritores han fijado la longitud de las costas europeas de este mar en 1478 millas, otros en 1172. M. Varro da la medida como sigue: desde la desembocadura del Euxino hasta Apolonia 187 millas, y hasta Callatis la misma distancia; desde allí hasta la desembocadura del Ister 125 millas; hasta el Borysthenes 250; hasta Chersonesus, una ciudad de los Heracleotæ, 325; hasta Panticapæum por algunos llamado Bosporus, en la misma extremidad de las costas de Europa, 212 millas; todo lo cual sumado, hace 1337 millas. Agrippa hace que la distancia desde Bizancio hasta el río Ister sea de 560 millas, y desde allí hasta Panticapæum, de 635.

---

1 Ahora conocida generalmente como el Palus Mæotis o Mar de Azof.

Al salir del lago Buges, por encima de la laguna Meocia llegamos a Sauromatae y Essedones. A lo largo de la costa, hasta el río Tanais,[2] están los Mæotae, de los que el lago deriva su nombre, y el último de todos, en la parte posterior de ellos, Arimaspi. A continuación, llegamos a las montañas de Riphæan, y a la región conocida con el nombre de Pterophoros, debido a la caída perpetua de nieve, cuyos copos se asemejan a plumas; una parte del mundo que ha sido condenada por el decreto de la naturaleza a permanecer inmersa en una espesa oscuridad; no apta para nada más que para la generación de frío, y para ser el asilo de las heladas ráfagas de los vientos del norte.

Detrás de estas montañas, y más allá de la región de los vientos del norte, habita, si queremos creerlo, una raza feliz, conocida como los hiperbóreos,[3] una raza que vive hasta una edad extrema, y que ha sido objeto de muchas historias maravillosas. Se supone que en este lugar están las bisagras sobre las que gira el mundo, y los límites extremos de las revoluciones de las estrellas. Aquí encontramos luz durante seis meses corridos, dada por el Sol en un día continuo, que sin embargo no se oculta, como algunos ignorantes han afirmado, desde el equinoccio de primavera hasta el otoño. Por el contrario, para esta gente sólo hay una salida del Sol en el año, en el solsticio de verano, y una puesta, en el solsticio de invierno. Esta región, calentada por los rayos del Sol, tiene una temperatura muy agradable, y está exenta de todo tipo de ráfagas nocivas. Las moradas de los nativos son los bosques y las arboledas; los dioses reciben su culto individualmente y en grupos, mientras que toda discordia y todo tipo de enfermedad son cosas totalmente desconocidas. La muerte les sobreviene sólo cuando están saciados de vida; después de una carrera de festines, en una vejez saciada de todos los lujos, saltan al mar desde cierta roca; y esto lo consideran el modo más deseable de terminar la existencia. Algunos escritores han situado a este pueblo, no en Europa, sino al borde mismo de las costas de Asia, porque allí encontramos un pueblo llamado Attacori, que se parece mucho a ellos y ocupa una localidad muy similar. Otros escritores los han colocado a mitad de camino entre los dos soles, en el lugar donde se pone en las Antípodas y sale hacia nosotros; algo que, sin embargo, no puede ser posible, a consecuencia de la vasta extensión de mar que allí interviene. Los escritores que no los sitúan en ningún lugar sino bajo un día que dura seis meses, afirman que siembran por la mañana, cosechan al mediodía, recogen los frutos de los árboles al atardecer, y durante la noche se ocultan en cuevas.

ALEMANIA

Toda la orilla de este mar hasta el Scaldis, un río de Alemania, está habitada por naciones, pero es imposible de indicar las dimensiones de sus respectivos territo-

---

2   Ahora el Don.
3   Habitantes de la región más septentrional de la tierra. En las primeras leyendas griegas, los hiperbóreos eran un pueblo que vivía más allá del viento del norte y no estaba expuesto a sus ráfagas, sino que disfrutaba de una tierra de Sol perpetuo y frutos abundantes. No tenían enfermedades, ni violencia, ni guerras. Su vida natural duraba 1.000 años y se dedicaban al culto de Apolo. En épocas posteriores los griegos dieron el nombre a los habitantes de los países del norte en general.

rios, tanto difieren los autores que han tocado este tema. Los escritores griegos y algunos de nuestros propios compatriotas han afirmado que la costa de Alemania tiene una extensión de 2.500 millas, mientras que Agripa, incluyendo a Rocia y Noricum en su estimación, hace que la longitud sea de 686 millas y la anchura de 148.

Hay cinco razas alemanas: los vándalos, de los que forman parte los burgundios, los varinos, los carinos y los gutones; los ingaevones, que forman una segunda raza, de la que forman parte los cimbrios, los teutones y las tribus de los chauci. Los Istaevones, que se unen al Rin, y a los que pertenecen los Cimhri, son la tercera raza; los Hermiones, que forman una cuarta, habitan en el interior, e incluyen a los Suevi, los Hermunduri, los Chatti y los Cherusci; la quinta raza es la de los Peucini, que son también los Basternæ, contiguos a los Daci antes mencionados. Los ríos más famosos que desembocan en el océano son Guttalus, Vistillus o Vístula, Albis, Visurgis, Amisius, Rin y Mosa. En el interior se encuentra la larga extensión de la cordillera herciniana, que en grandeza no es inferior a ninguna.

BRITANIA

Frente a esta costa se encuentra la isla llamada Britania, tan célebre en los registros de Grecia y de nuestro propio país. Está situada al noroeste y, con una gran extensión de mar intermedio, se encuentra frente a Alemania, Galia y España, con mucho la mayor parte de Europa. Su nombre previo era Albión; pero en un período posterior, todas las islas, de las que ahora haremos una breve mención, fueron incluidas bajo el nombre de "Britanniæ". Esta isla está distante de Gesoriacum, en la costa de la nación de los Morinos, en el punto donde el paso a través es el más corto, cincuenta millas. Piteas e Isidoro dicen que su circunferencia es de 4875 millas. Apenas hace treinta años que los éxitos de las armas romanas han conseguido un conocimiento amplio de ella, y aún no han penetrado más allá de las cercanías del bosque caledonio. Agripa cree que su longitud es de 800 millas y su anchura de 300; también piensa que la anchura de Hibernia es la misma, pero que su longitud es menor en 200 millas. Esta última isla está situada más allá de Britania, siendo el paso más corto desde el territorio de los Silures, una distancia de treinta millas. De las restantes islas, se dice que ninguna tiene una circunferencia mayor de 125 millas. Entre ellas están las Orcades, cuarenta en número, y situadas a poca distancia unas de otras, las siete islas llamadas Acmodæ, las Haebudes, treinta en número, y, entre Hibernia y Britania, las islas de Mona, Monapia, Kicina, Vectis, Limnus y Andros. Debajo de ella están las islas llamadas Samnis y Axantos, y enfrente, dispersas en el Mar de Alemania, están las conocidas como Glaesariæ, pero que los griegos han llamado más recientemente las Electrides, por la circunstancia de que producen electrum o ámbar. La más remota de todas las que encontramos mencionadas es Thule, en la que no hay noche en el solsticio de verano, cuando el Sol está pasando por el signo de Cáncer, mientras que por otro lado en el solsticio de invierno no hay día. Algunos escritores opinan que este estado de cosas dura seis meses enteros juntos

GALIA

Toda la Galia (Francia) que está comprendida bajo el único nombre general de Comata, está dividida en tres razas de personas, que se mantienen especialmente diferenciadas entre sí por los siguientes ríos. Desde el Scaldis hasta el Sequana es la Galia Belga; desde el Sequana hasta el Garumna se encuentra la Galia Celta o Lugdunensis; y desde el Garumna hasta el promontorio de la cordillera pirenaica la Galia Aquitana, antiguamente llamada Aremórica. Agripa calcula que la longitud total de la costa de la Galia es de 1.800 millas, medidas desde el Rin hasta los Pirineos; y su longitud, desde el océano hasta las montañas de la Gehenna y el Jura, excluyendo la Galia Narbonense, la calcula en 420 millas, siendo la anchura de 318.

Libro V
África y Asia

LAS DOS MAURITANIAS

Los griegos han dado el nombre de Libia[1] a África, y han llamado al mar que se encuentra frente a ella el Mar de Libia. Tiene a Egipto como límite, y no hay parte de la tierra que tenga menos golfos o ensenadas, sus costas se extienden en una línea alargada desde el oeste en dirección oblicua. Los nombres de sus pueblos, y de sus ciudades en especial, no pueden pronunciarse con exactitud, si no es con la ayuda de sus propias lenguas nativas. Además, la mayoría de su población sólo vive en fortalezas.

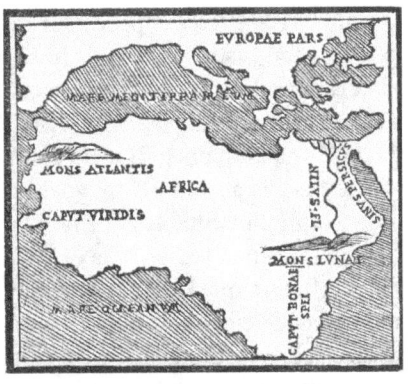

Al entrar en África, encontramos las dos Mauritanias, que, hasta la época de Cayo César, hijo de Grermánico, eran reinos; pero, sufriendo bajo su crueldad, fueron divididas en dos provincias.

Antiguamente había dos ciudades, Lissa y Cotte, más allá de las Columnas de Hércules; pero, en la actualidad, sólo encontramos la de Tánger, que fue fundada por Anteo. Está a treinta millas de Belon, una ciudad de la Bética, donde el paso es más corto. A una distancia de veinticinco millas de Tánger, a orillas del océano, llegamos a Julia Constantia Zilis, una colonia de Augusto. En este lugar, según la historia, estaba el palacio de Anteo; éste fue el escenario de su combate con Hér-

---

[1] Sin contar con el país de Egipto, que se consideraba más generalmente como parte de Asia.

cules, y aquí estaban los jardines de las Hespérides. Un brazo de mar desemboca aquí en la tierra, con un canal serpenteante, y, por la naturaleza de la localidad, se interpreta en la actualidad que fue lo que realmente se representó en la historia del dragón que hacía guardia allí. Esta extensión de agua rodea una isla, el único lugar que nunca es desbordado por las mareas del mar, aunque no es tan elevado como el resto de la tierra en su vecindad. En esta isla también existe todavía el altar de Hércules; pero del bosquecillo que dio el fruto dorado no quedan rastros, más allá de algunos olivos silvestres.

MONTE ATLAS

Suetonio Paulino,[2] a quien hemos visto como cónsul en nuestra época, y quien fue el primer general romano que avanzó una distancia de algunas millas más allá del monte Atlas, nos ha dado la misma información que hemos recibido de otras fuentes con referencia a la extraordinaria altura de esta montaña, y al mismo tiempo ha afirmado que todas las partes bajas alrededor del pie de la misma están cubiertas de densos y elevados bosques compuestos por árboles de especies hasta ahora desconocidas. La altura de estos árboles, dice, es notable; los troncos no tienen nudos, y son de una superficie lisa y brillante; el follaje es como el del ciprés, y además de emitir un poderoso olor, están cubiertos con un plumón de hilo, del que, con la ayuda del arte, se podría fabricar fácilmente una tela fina, similar a las texturas hechas con el producto del gusano de seda. Nos informa que la cima de esta montaña está cubierta de nieve incluso en verano, y dice que habiendo llegado allí después de una marcha de diez días, procedió a cierta distancia más allá de ella hasta un río que lleva el nombre de Ger;[3] el camino es a través de desiertos cubiertos con una arena negra, en la cual las rocas que tenían la apariencia de haber sido expuestas a la acción del fuego, se proyectaban aquí y allá; localidades convertidas en bastante inhabitables por la intensidad del calor, como él mismo experimentó, aunque fue en la temporada de invierno que los visitó. También aprendemos de la misma fuente que la gente que habita los bosques adyacentes, que están llenos de todo tipo de elefantes, bestias salvajes y serpientes, tienen el nombre de Canarii; de la circunstancia de que participan de su comida en común con la raza canina, y comparten con ella las entrañas de las bestias salvajes.

La provincia de Tingitana tiene 170 millas de longitud. De las naciones de esta provincia, la principal era antiguamente la de los Mauri, que le han dado el nombre de Mauritania, y han sido llamados por muchos escritores los Maurusii. Esta nación se ha visto muy debilitada por los desastres de la guerra, y ahora se reduce a unas pocas familias.

NUMIDIA

En el río Ampsaga comienza Numidia. Los griegos llamaban a esta región Metagonitis; y los númidas recibieron el nombre de "Nómadas" por sus frecuentes

---

2 El mismo general que después conquistó a los britanos bajo Boadicea o Bonduca.
3 ¿Níger?

cambios de pastos; en estas ocasiones acostumbraban a llevar sus mapalia, o en otras palabras, sus casas, en carros.

ÁFRICA

Más allá del río Tusca comienza la región de Zeugitana, y la parte que propiamente lleva el nombre de África.

Aquí encontramos tres promontorios: el Promontorio Blanco,[4] el Promontorio de Apolo,[5] frente a Cerdeña, y el de Mercurio,[6] frente a Sicilia, proyectándose en el mar estos cabos forman dos golfos.

EL SYRTES

Un tercer golfo se divide en dos más pequeños, los de los dos Syrtes,[7] que se vuelven peligrosos por los bajos de sus arenas movedizas y el flujo y reflujo del mar. Polibio afirma que la distancia desde Cartago a la Syrtis menor, la más cercana a ella, es de 300 millas.

África, desde el río Ampsaga hasta este límite, comprende 516 pueblos, que están sometidos al dominio romano, de los cuales seis son colonias; entre ellos Uthina y Tuburbi.

CIRENAICA

La región de Cirenaica, también llamada Pentápolis, es famosa por el oráculo de Hammon, que se encuentra a 400 millas de la ciudad de Cirene; también por la Fuente del Sol que se encuentra allí, y por cinco ciudades en especial, las de Berenice, Arsinöe, Ptolemais, Apolonia y la propia Cirene. Berenice está situada en el promontorio exterior que bordea el Syrtis; antiguamente se llamaba la ciudad de las Hespérides (antes mencionada), según las fábulas de los griegos, que cambian muy a menudo sus localidades. No muy lejos de la ciudad, y corriendo delante de ella, está el río Letón, y con él un bosquecillo sagrado, donde se dice que antiguamente estaban los jardines de las Hespérides; esta ciudad está distante de Leptis 375 millas.

PAÍSES DEL INTERIOR DE ÁFRICA

Si pasamos por el interior de África en dirección sur, más allá de los Gætuli, después de haber atravesado los desiertos intermedios, encontraremos, en primer lugar, a los Libio-Egipcios, y luego el país donde habitan los Leucæthiopians. Más allá están los Nigritae, naciones de Etiopía, llamadas así por el río Nigris. Después de pasar todos estos pueblos, hay vastos desiertos hacia el este hasta que llegamos a los Garamantes, los Augylæ y los Trogloditas; la opinión de aquellos que sitúan dos etiopías más allá de los desiertos de África está muy bien fundada, y más particularmente la expresada por Homero, que nos dice que los etíopes están divididos en dos naciones, las del este y las del oeste. El río Nigris tiene las mismas características que el Nilo; produce el cálamo, el papiro y los mismos animales, y

---

4 Ras-el-Abiad, o Cabo Blanco en la costa siria.
5 Ras Sidi Ali-al-Mekhi o Cabo Farina.
6 Ras-Addar o Cabo Bon.
7 El moderno Lempta ocupa su lugar.

nace en las mismas estaciones del año. Nace entre los etíopes de Tarrælian y los Œcalicæ. Magium, la ciudad de este último pueblo, ha sido colocada por algunos escritores en medio de los desiertos, y, junto a ellos los Atlantes; luego los Ægipani, mitad hombres, mitad bestias, los Blemmyæ, los Gamphasantes, los Satyri, y los Hamantopodes.

Los atlantes, si creemos lo que se dice, han perdido todas las características de la humanidad; pues no hay modo de distinguirlos entre ellos por sus nombres, y cuando miran el Sol naciente y el poniente, pronuncian funestas imprecaciones contra él, por ser mortal para ellos y sus tierras; tampoco son visitados por los sueños como el resto de los mortales. Los Trogloditas hacen excavaciones en la tierra, que les sirven de morada; la carne de las serpientes es su alimento; no tienen voz articulada, sino que sólo emiten una especie de chirrido; y así están totalmente desprovistos de todo medio de comunicación por medio del lenguaje. Los Garamantes no tienen ninguna institución matrimonial entre ellos, y viven en concubinato promiscuo con sus mujeres. Los Augylæ no adoran más deidades que los dioses de las regiones infernales. Los Gamphasantes, que van desnudos y no conocen la guerra, no mantienen ningún tipo de relación con los extraños. Se dice que los Blemmyæ no tienen cabeza, ya que sus bocas y ojos están sentados en sus pechos. Los Satyri,[8] más allá de su figura, no tienen nada en común con los modales de la raza humana, y la forma del Ægipani es tal como se representa comúnmente en las pinturas. Los Himantopodes son una raza de personas con pies que se asemejan a correas, sobre las que se mueven por naturaleza con un tipo de marcha serpentina y rastrera. Se dice que los farusios, descendientes de los antiguos persas, fueron los compañeros de Hércules en su expedición a las Hespérides. Aparte de lo anterior, no he encontrado nada relativo a África que merezca ser mencionado.

EGIPTO Y TEBAS

Unida a África está Asia, cuya extensión, según Timosthenes, desde la desembocadura canópica del Nilo hasta la del Euxino, es de 2.089 millas. Desde la desembocadura del Euxino hasta la de la laguna Meocia hay, según Eratóstenes, 1545 millas. La distancia total hasta el Tanais, incluyendo Egipto, es, según Artemidoro e Isidoro, de 6375 millas. Los mares de Egipto, que son varios, han recibido sus nombres de los que habitan en sus costas, por lo que se mencionarán juntos.

Egipto es el país que se encuentra junto a África; en el interior corre en dirección sur, hasta el territorio de los etíopes, que se extienden a su espalda. El río Nilo, dividiéndose, forma a la derecha y a la izquierda el límite de su parte inferior, que abraza por todos los lados Por la desembocadura canópica de ese río se separa de África, y por el Pelusiæ de Asia, habiendo una distancia entre ambos de 170 millas. Por esta razón, algunas personas han considerado a Egipto entre las islas, ya que el Nilo se divide de tal manera que da una forma triangular a la tierra que encierra;

---

8   Así llamados por su supuesto parecido en la forma con los Sátiros de la antigua mitología, que eran representados como pequeños hombres peludos con cuernos, largas orejas y colas.

por esta circunstancia también muchas personas han llamado a Egipto el Delta,[9] como la letra griega así llamada.

La parte superior de Egipto, que limita con Etiopía, se conoce como Thebais. Este distrito está dividido en prefecturas de ciudades, que generalmente se designan como "Nomes".

EL RÍO NILO

Las fuentes del Nilo son desconocidas, y, viajando como lo hace por una inmensa distancia a través de desiertos y arenas ardientes, sólo es conocido por nosotros por los informes generales, sin haber experimentado las vicisitudes de la guerra, ni haber sido visitado por esas armas que han explorado tan eficazmente todas las otras regiones. Nace, por lo que el rey Juba pudo comprobar, en una montaña de la Baja Mauritania, no muy lejos del océano; inmediatamente después forma un lago de aguas estancadas, que lleva el nombre de Nilides. En este lago se encuentran varias clases de peces conocidos con los nombres de alabeta, coracinus y silurus; también se trajo desde allí un cocodrilo como prueba de que éste es realmente el Nilo, y fue consagrado por el propio Juba en el templo de Isis en Cæsarea, donde puede verse en la actualidad. Además de estos hechos, se ha observado que las aguas del Nilo suben en la misma proporción en que aumentan las nieves y las lluvias de Mauritania. Al salir de este lago, el río no quiere atravesar los desiertos áridos y arenosos, y se oculta durante varios días de viaje; después, irrumpe en otro lago de mayor magnitud en el país de los Massæsyli, un pueblo de la Mauritania Cæsariensis, y desde allí echa una mirada, por así decirlo, a las comunidades de hombres en su vecindad, dando pruebas de su identidad en las mismas peculiaridades de los animales que produce. Luego se entierra de nuevo en las arenas del desierto, y permanece oculto durante una distancia de veinte días de viaje, hasta que llega a los confines de Etiopía. Aquí, cuando ha vuelto a ser sensible a la presencia del hombre, vuelve a emerger, en la misma fuente, con toda probabilidad, a la que los escritores han dado el nombre de Níger, o Negro. Después de esto, formando la línea fronteriza entre África y Etiopía, sus orillas, aunque no están inmediatamente pobladas por el hombre, son el lugar de residencia de numerosas bestias salvajes y animales de diversas clases. Dando lugar en su curso a densos bosques de árboles, recorre el centro de Etiopía. Siguiendo adelante, divide innumerables islas en su curso. No obtiene el nombre de "Nilo" hasta que sus aguas vuelven a encontrarse y se unen en una sola corriente; e incluso entonces, durante algunas millas tanto por encima como por debajo del punto de confluencia, tiene el nombre de Siris. Homero ha dado a todo este río el nombre de Ægyptus, mientras que otros escritores lo han llamado también Tritón. De vez en cuando su curso se ve interrumpido por islas que se interponen, y que sólo sirven como otros tantos incentivos para aumentar la impetuosidad de su torrente; y aunque al final se ve cercado por montañas a ambos lados, en ninguna parte la marea es más rápida y precipitada. Sus aguas, entonces, se apresuran a avanzar hasta el lugar en el país de los etíopes que

---

9   Por su forma triangular Δ.

se conoce con el nombre de "Catadupi";[10] donde, en la última catarata, la queja es, no que fluye, sino que se precipita, con un inmenso ruido entre las rocas que se encuentran en su camino; después de lo cual se vuelve más suave, la violencia de sus aguas se rompe y se somete, y, cansado como si fuera por la longitud de la distancia que ha viajado, se descarga por muchas bocas en el mar egipcio. Sin embargo, durante ciertos días del año, el volumen de sus aguas aumenta considerablemente y, al atravesar todo Egipto, inunda la tierra y, al hacerlo, promueve en gran medida su fertilidad.

Se han sugerido varias razones para este aumento del río. De ellas, sin embargo, las más probables son, o bien que sus aguas son devueltas por los vientos etesianos que soplan en esta época del año desde una dirección opuesta, y que el mar que se encuentra más allá es conducido a la desembocadura del río; o bien que sus aguas están hinchadas por las lluvias de verano de Etiopía, que caen de las nubes transportadas allí por los vientos etesianos desde otras partes de la tierra. Timæus el matemático ha alegado una razón de naturaleza oculta; dice que la fuente del río es conocida por el nombre de Phiala, y que la corriente se entierra en canales subterráneos, donde envía vapores generados por el calor entre las rocas humeantes entre las que se oculta; pero que, durante los días de la inundación, como consecuencia del acercamiento del Sol a la tierra, las aguas son arrastradas por la influencia de su calor, y al quedar así expuestas al aire, se desbordan; después, para que no se sequen del todo, el arroyo se esconde de nuevo. Dice que esto tiene lugar en la salida de la Canícula, cuando el Sol entra en el signo de Leo, y se sitúa en posición vertical sobre el nacimiento del río, momento en el que en ese lugar no se proyecta ninguna sombra.

El Nilo comienza a crecer en la siguiente Luna nueva después del solsticio de verano. Mientras está creciendo, se ha declarado criminal que los reyes o prefectos naveguen por sus aguas. La medida de su crecimiento se determina por medio de pozos. Su altura más deseable es de dieciséis codos; si las aguas no alcanzan esa altura, el desbordamiento no es universal; pero si superan esa medida, por su lentitud en retroceder tienden a retrasar el proceso de cultivo.

Cuando las aguas han alcanzado su mayor altura, el pueblo abre los diques y las admite en las tierras. A medida que las aguas dejan cada distrito, comienza la actividad de la siembra. Este es el único río que existe que no emite vapores.

LAS CIUDADES DE EGIPTO

Egipto, además de presumir de su extrema antigüedad, afirma que contenía, en el reinado de Amasis, 20.000 ciudades habitadas; en nuestros días siguen siendo muy numerosas, aunque ya no son de especial importancia. Sin embargo, encontramos las siguientes mencionadas como de gran renombre: la ciudad de Apolo; después, la de Leucotea; luego la Gran Diospolis, o sea Tebas, conocida por sus cien puertas; Coptos, que por su proximidad al Nilo, constituye el emporio más cercano para las mercancías de la India y Arabia.

---

10 O las "Cataratas", que es su nombre griego. La más septentrional de estas cataratas, llamada la Primera Catarata, es, y siempre ha sido, el límite meridional de Egipto.

Sin embargo, con la mayor justicia, podemos prodigar nuestros elogios a Alejandría, construida por Alejandro Magno a orillas del mar de Egipto, en el suelo de África, a doce millas de distancia de la Boca del Canopo y cerca del lago Mareotis. El plano de esta ciudad fue diseñado por el arquitecto Dinochares, memorable por el genio que demostró en muchos aspectos. Construyendo la ciudad sobre un amplio espacio de terreno de quince millas de circunferencia, la formó en la forma circular de una chlamys macedonia,[11] desigual en el borde, dándole una proyección angular a la derecha y a la izquierda; mientras que al mismo tiempo dedicó una quinta parte del sitio al palacio real.

LAS COSTAS DE ARABIA, SITUADAS EN EL MAR DE EGIPTO

Más allá de la desembocadura del Pelusio está la Arabia, que se extiende hasta el Mar Rojo, y se une a la Arabia conocida con el apellido de Feliz, tan famosa por sus perfumes y sus riquezas. Es notable por su esterilidad, excepto en las partes donde se une a Siria, y no tiene nada notable en ella, excepto el Monte Casio.

SIRIA

Junto a estos países, Siria ocupa la costa, en otro tiempo la más grande de las tierras, y se distingue por muchos nombres; pues la parte que se une a Arabia se llamaba antiguamente Palestina, Judea, Cele y Fenicia. El país del interior se llamaba Damascena, y el que está más lejos y más al sur, Babilonia. La parte que se encuentra entre el Éufrates y el Tigris se llamaba Mesopotamia, la que se encuentra más allá del Tauro, Sophene, y la de este lado de la misma cadena, Comagene. Más allá de Armenia estaba el país de Adiabene, antiguamente llamado Asiria, y en la parte donde se une con Cilicia, se llamaba Antioquía. Toda la extensión de mar que se encuentra frente a estas costas se llama Mar de Fez. El pueblo de los fenicios goza de la gloria de haber sido los inventores de las letras y los primeros descubridores de las ciencias de la astronomía, la navegación y el arte de la guerra.

JUDEA

Más allá de Idumea y Samaria, Judea se extiende a lo largo y ancho. La parte que se une a Siria se llama Galilea, mientras que la más cercana a Arabia y Egipto lleva el nombre de Peræa. Esta última está densamente cubierta de montañas escarpadas, y está separada del resto de Judea por el río Jordán.

El río Jordán nace en el manantial de Panias. Es un arroyo delicioso y, en la medida en que la situación de las localidades lo permite, serpentea a lo largo de su curso y se entretiene con los habitantes de sus orillas. Con la mayor reticencia, por así decirlo, avanza hacia Asfaltites,[12] un lago de naturaleza sombría y poco propicia, por el que finalmente es tragado, y sus alabadas aguas se pierden de vista al mezclarse con las pestilentes corrientes del lago.

---

11 La *chlamys* era un pañuelo o manto que se llevaba sobre los hombros, y que usaban especialmente los militares de alto rango. No llegaba más abajo de las rodillas, y estaba abierta por delante, cubriendo sólo el cuello, la espalda y los hombros.

12 El lago de Sodoma, o el Mar Muerto, en el que fueron tragadas las Ciudades de la Llanura.

La asfaltita no produce nada más que betún, al que debe su nombre. Los cuerpos de los animales no se hunden en sus aguas, e incluso los de los toros y camellos flotan en ellas. Su longitud supera las 100 millas, siendo su mayor anchura de veinticinco y su menor de seis. La Arabia de los Nómadas está frente a ella por el este, y Machærus por el sur, en un tiempo, junto a Hierosolyma, el lugar más fuertemente fortificado de Judea. En el mismo lado se encuentra Callirrhoë, un manantial cálido, notable por sus cualidades medicinales, y que, por su nombre, indica la celebridad que han adquirido sus aguas.

Al oeste de Asphaltites, y lo suficientemente lejos como para escapar de sus exhalaciones nocivas, se encuentran los esenos, un pueblo que vive apartado del mundo, y que es maravilloso más allá de todos los demás en toda la tierra, ya que no tienen mujeres entre ellos; el deseo sexual les es ajeno; no tienen dinero; las palmeras son su única compañía. Sin embargo, día tras día, su número se ve totalmente reclutado por las multitudes de extranjeros que acuden a ellos, empujados a adoptar sus usos por las turbulencias de la fortuna, y cansados de las miserias de la vida. Así es, que a través de miles de años, increíblemente, este pueblo prolonga eternamente su existencia, sin que se produzca un solo nacimiento en él; tan fructífera fuente de población es ese cansancio de la vida que sienten los demás.

EL ÉUFRATES

Este río nace en Caranitis, una prefectura de la Gran Armenia, según la declaración de quienes se han acercado a su nacimiento. Primero pasa por Derxene y luego por Anaitica, cerrando las regiones de Armenia de Capadocia. Desde este punto es navegable hasta Sartona, de ahí a Melitene y a Elegia, cuando se encuentra con la cordillera del monte Tauro, pero no ofrece ninguna resistencia eficaz a su curso, aunque la cadena tiene aquí doce millas de ancho. A su paso entre las montañas, el río recibe el nombre de Omma; pero después, una vez atravesado, recibe el de Éufrates.

LAS ISLAS QUE ESTÁN DELANTE DE ASIA

De las islas que se encuentran delante de Asia, la primera es la que se encuentra en la desembocadura canópica del Nilo, y que recibió su nombre, según se dice, de Canopus, el piloto de Menelao. La segunda, llamada Faros, está unida por un puente a Alejandría, y fue convertida en colonia por el dictador César. Antiguamente se encontraba a un día de navegación de la tierra firme de Egipto; en la actualidad dirige el rumbo de los barcos por medio de los fuegos que se encienden por la noche en la torre que hay allí; pues a consecuencia de la naturaleza insidiosa de los bancos de arena, sólo hay tres canales por los que se puede llegar a Alejandría, los de Steganus, Posideum y Taurus.

En el mar de los Fenicios, antes de Joppe, se encuentra la isla de Paria, toda ella formando una ciudad. Aquí, dicen, Andrómeda estuvo expuesta al monstruo; la isla también de Arados, entre la cual y el continente, según sabemos por Mucianus, a una profundidad de cincuenta codos en el mar, se sube agua dulce desde un manantial en el mismo fondo por medio de tubos de cuero.

RODAS

Pero la más bella de todas es la isla libre de Rodas, de 125 o, si preferimos creer a Isidoro, 103 millas de circunferencia. Contiene las ciudades habitadas de Liudos, Camirus y Ialysus, ahora llamada Rhodos. Está distante de Alejandría en Egipto, según Isidoro, 583 millas; pero, según Eratóstenes, 469 millas.

Libro VI
El Mar Negro, la India y el Lejano Oriente

EL PONTO EUXINO

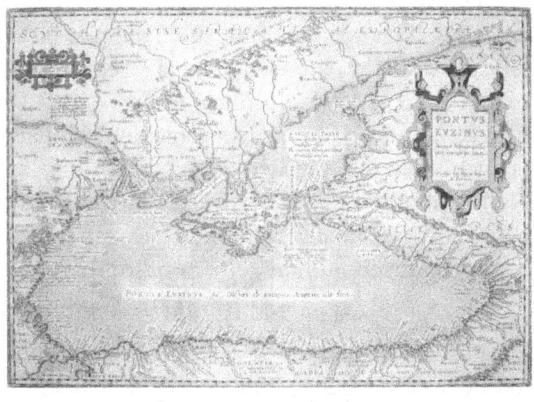

El Ponto Euxino (Mar Negro), que antiguamente tenía el nombre de Axino, por el carácter salvaje e inhóspito de las naciones que vivían en sus fronteras, por un capricho peculiar de la naturaleza, que cede continuamente ante las codiciosas incursiones del mar, se encuentra entre Europa y Asia. No ha bastado que el océano haya rodeado la tierra, para luego privarnos de una porción considerable de ella, haciendo aún mayor su proporción inhabitable. Que todo esto ha tenido lugar a pesar, por así decirlo, de la tierra, se manifiesta por la existencia de tantos estrechos y tal número de pasos estrechos formados en contra de la voluntad de la naturaleza –el del Helesponto, que sólo tiene ochocientos setenta y cinco pasos de ancho, mientras que en los dos Bósforos el paso se puede efectuar nadando con bueyes, hecho del que ambos han derivado su nombre. Y además, aunque están separadas de esta manera, hay ciertos puntos en los que estas costas están en relación de hermandad la una con la otra: el canto de los pájaros y el ladrido de los perros en un lado se pueden oír en el otro, y se puede mantener una relación entre estos dos mundos por medio incluso de la voz humana, si los vientos no se llevan el sonido.

La longitud de las fronteras del Euxino desde el Bósforo hasta la laguna Meocia ha sido calculada por algunos camareros en mil cuatrocientas treinta y ocho millas; Eratóstenes, sin embargo, dice que son cien menos.

EL BÓSFORO DE CIMERIA

La longitud de la península que se proyecta entre el Ponto Euxino y la laguna Meocia, no es más de sesenta y siete millas y media, y la anchura a través nunca menos de dos jugera;[1] tiene el nombre de Eion. Las orillas del Bósforo toman una curva tanto del lado de Europa como del de Asia, formando así la Mæotis.

Las ciudades a la entrada del Bósforo son, primero Hermonassa, después Cepi, fundada por los Milesios, y luego Stratoclia y Phanagoria, y la ciudad casi desierta de Apaturos, y, en la extremidad de la boca, Cimmerium. Después de pasar Cimmerio, la costa está habitada por diversas naciones y tribus.

LOS RÍOS CIRO Y ARAXES

El río Ciro nace en las montañas de los Heniochi, por algunos escritores llamados los Coraxici; el Araxes nace en las mismas montañas que el río Éufrates, a una distancia de seis millas de éste, y después de ser aumentado por las aguas del Usis, cae él mismo, como muchos autores han supuesto, en el Ciro, por el cual es llevado al Mar Caspio.

Las ciudades más famosas de Armenia Menor son Cassarea, Aza y Nicópolis en la Gran Arsamosata, que se encuentra cerca del Éufrates, Carcathiocerta sobre el Tigris, Tigranocerta que se encuentra en un lugar elevado, y, en una llanura adyacente al río Araxes, Artaxata.[2] Según Aufidius, la circunferencia de toda Armenia es de cinco mil millas, mientras que Claudio César hace que la longitud, desde Dascusa hasta las fronteras del Mar Caspio, sea de mil trescientas millas, y la anchura, desde Tigranocerta hasta Iberia, la mitad de esa distancia. Es un hecho bien conocido que este país está dividido en prefecturas, llamadas "Estrategias", algunas de las cuales formaban por separado un reino en tiempos pasados; son ciento veinte en número, con nombres bárbaros y groseros.

ALBANIA, HIBERIA Y LAS NACIONES ADYACENTES

Toda la llanura que se extiende desde el río Ciro está habitada por la nación de los albaneses, y, después de ellos, por la de los hiberos, que están separados de ellos por el río Alazón, que desemboca en el Ciro desde la cadena caucásica.

LOS PASOS DEL CÁUCASO

Después de pasar este último, llegamos a las Puertas del Cáucaso,[3] por muchas personas más erróneamente llamados los Pasos del Caspio; una vasta obra de la naturaleza, que ha desgarrado repentinamente en este lugar una cadena de montañas. En este lugar hay puertas atrincheradas con vigas calzadas con hierro, mientras

---

1 El jugerum (plural de jugera) tenía 30,76 metros de longitud.
2 La antigua capital de Armenia. Aníbal, que se refugió en la corte de Artaxias cuando Antíoco ya no pudo ofrecerle protección, supervisó su construcción.
3 Hay dos pasos principales sobre la cadena del Cáucaso, ambos conocidos por los antiguos.

que por debajo del medio corre un arroyo que emite un olor muy fétido; a este lado hay una roca, defendida por una fortaleza, cuyo nombre es Cumania, erigida con el propósito de impedir el paso de las innumerables tribus que se encuentran más allá. Aquí, pues, podemos ver el mundo habitable dividido en dos partes por un par de puertas.

NACIONES EN LAS CERCANÍAS DEL OCÉANO ESCITA

Habiendo declarado ahora todo lo que se refiere al interior de Asia, crucemos con la imaginación los montes Ripeos, y atravesemos las costas del océano a la derecha. Este océano baña por tres lados las costas de Asia, como el Océano Escita en el norte, el Océano Oriental en el este y el Océano Índico en el sur; y se divide de nuevo en varios nombres, derivados de los numerosos golfos que forma, y las naciones que habitan en sus costas. Una gran parte de Asia, sin embargo, que se encuentra expuesta al norte, por los efectos nocivos de esos climas helados, no consiste más que en vastos desiertos. Desde el extremo noreste hasta el punto por donde sale el Sol en verano, es el país de los escitas. Aún más lejos que ellos, y más allá del punto donde comienza el noreste, algunos escritores han colocado a los hiperbóreos, de quienes la mayoría dice que son un pueblo de Europa. Después de pasar este punto, el primer lugar que se conoce es Lytarmis, un promontorio de Céltica, y junto a él el río Carambucis, donde termina la cadena de los montes Ripeos, y con ello el extremo rigor del clima; aquí, también, hemos oído hablar de un cierto pueblo que se sitúa, llamado los arinfeos, una raza no muy diferente de los hiperbóreos. Su hábitat son las arboledas, y las bayas su dieta; el pelo largo es considerado vergonzoso tanto por las mujeres como por los hombres, y son suaves en sus modales. Por eso se dice que son una raza sagrada, y nunca son molestados ni siquiera por las tribus salvajes que los rodean, y no sólo ellos, sino también otras personas que pueden haber huido a ellos en busca de refugio. Más allá de éstos, llegamos directamente a los escitas, los cimerios, los cisiantos, los georgios y una nación de amazonas. Ésta último se extiende hasta el Mar Caspio y el Mar Hircano.

EL MAR CASPIO E HIRCANO

Este mar, que se abre paso desde el océano Escita hasta el fondo de Asia, recibe varios nombres de las naciones que habitan en sus orillas, las dos más famosas de las cuales son las razas Caspia e Hircana. Clitarco opina que el mar Caspio no tiene menos superficie que el Euxino. Eratóstenes da la medida de él en el sureste, a lo largo de la costa de Cadusia y Albania, como cinco mil cuatrocientos estadios.

Sus aguas se abren paso en este mar por una boca muy estrecha, pero de considerable longitud; y donde comienza a agrandarse, se curva oblicuamente con cuernos en forma de media Luna, como si fuera a hacer un descenso desde su boca en la laguna Meocia, asemejándose a una hoz en forma. El primero de sus golfos se llama Golfo Escita; está habitado a ambos lados, por los escitas, que se comunican entre sí a través del Estrecho. A continuación, a lo largo de la costa se encuentran los albaneses, descendientes de Jasón, según se dice; la parte del mar que se encuentra frente a ellos, lleva el nombre de "albanesa". Esta nación, que se encuentra a lo largo de la cadena del Cáucaso, desciende hasta el río Ciro, que forma el límite de Armenia e Iberia.

MEDIA Y LAS PUERTAS DEL CASPIO

Ecbátana, la capital de Media, fue construida por el rey Seleuco, a una distancia de setecientas cincuenta millas de la Gran Seleucia, y a veinte millas de las Puertas del Caspio. Las restantes ciudades de los medos son Phazaca, Aganzaga y Apamea, apellidada Ragiane. La razón de que estos pasos reciban el nombre de "Puertas", es la misma que se ha indicado anteriormente. La cadena de montañas se rompe repentinamente por un paso de una estrechez tan extrema que, durante una distancia de ocho millas, un solo carro apenas puede encontrar espacio para avanzar; todo este paso se ha formado por medios artificiales. Tanto a la derecha como a la izquierda hay rocas sobresalientes, que parecen haber sido expuestas a la acción del fuego; y hay una extensión de terreno, bastante desprovista de agua.

Al otro lado de estas puertas llegamos a los desiertos de Partia y a la cadena montañosa de Cithenus; y después, a la localidad más agradable de toda Partia, llamada Choara. Aquí había dos ciudades de los partos, construidas en tiempos pasados para su protección contra el pueblo de Media, Calíope e Issatis, la última de las cuales se erigía antiguamente sobre una roca. Hecatompylos, la capital de Partia, está distante de las Puertas del Caspio ciento treinta y tres millas. De manera tan eficaz el reino de Partia está cerrado por estos pasos.

Después de dejar estas puertas, encontramos la nación de los Caspios, que se extiende hasta las orillas del Caspio, una raza que ha dado su nombre a estas puertas así como al mar.

LOS SERES

Después de haber pasado el Mar Caspio y el Océano Escita, nuestro curso toma una dirección hacia el este, siendo tal el giro que aquí toma el lino de la costa. La primera parte de estas costas, después de pasar el promontorio de Escitia, es totalmente inhabitable, debido a la nieve, y las regiones adyacentes son incultas, como consecuencia del estado salvaje de las naciones que las habitan. Aquí se encuentran las moradas de los antropófagos escitas, que se alimentan de carne humana. De ahí que todo lo que les rodea consista en vastos desiertos, habitados por multitudes de bestias salvajes, que están continuamente al acecho, listas para caer sobre los seres humanos tan salvajes como ellas. Después de dejar atrás esto, llegamos de nuevo a una nación de escitas, y luego de nuevo a extensiones desérticas habitadas por bestias salvajes, hasta que llegamos a una cadena de montañas que se extiende hasta el mar, y lleva el nombre de Tabis. Sin embargo, no es hasta que hemos atravesado casi la mitad de la costa que mira hacia el noreste, que la encontramos ocupada por habitantes.

El primer pueblo del que se tiene noticia es el de los Seres,[4] tan famoso por la lana que se encuentra en sus bosques. Después de remojarla en agua, peinan una

---

4   El pueblo de Serica, país que según Ptolomeo corresponde a la parte noroccidental de China, y a las porciones adyacentes del Tíbet y la Tartaria china.

pelusa blanca que se adhiere a las hojas; y entonces las hembras tienen la doble tarea de desenredar sus texturas, y de volver a tejer los hilos. Tan múltiple es el trabajo, y tan distantes son las regiones que son saqueadas de este modo para suministrar un vestido con el que nuestras damas puedan mostrar en público sus encantos. Los Seres son de modales inofensivos, pero, teniendo un gran parecido con todas las naciones salvajes, evitan toda relación con el resto de la humanidad, y esperan el acercamiento de aquellos que desean traficar con ellos.

LAS NACIONES DE LA INDIA

Pero llegamos ahora a las naciones sobre las que hay un acuerdo más general entre los escritores. Donde se eleva la cadena del Hemodi,[5] comienzan las naciones de la India, que limita no sólo con el mar oriental, sino también con el meridional, que ya hemos mencionado como llamado Océano Índico. La parte que mira hacia el este recorre en línea recta una distancia de mil ochocientas setenta y cinco millas hasta llegar a un recodo, en el que comienza el océano Índico. Aquí toma un giro hacia el sur, y continúa en esa dirección una distancia de dos mil cuatrocientas setenta y cinco millas, según Eratóstenes, hasta el río Indo, el límite de la India en el oeste. Muchos autores han representado la longitud total de la costa de la India como de cuarenta días y noches de navegación, y como de dos mil ochocientas cincuenta millas de norte a sur. Agrippa afirma que su longitud es de tres mil trescientas millas, y su anchura, de dos mil trescientas.

En esta región, la apariencia de los cielos está totalmente cambiada, y muy diferente es la salida de las estrellas; hay dos veranos en el año, y dos cosechas, mientras que el invierno se interpone entre ellos durante el tiempo en que soplan los vientos etesianos; durante nuestro invierno también, disfrutan de ligeras brisas, y sus mares son navegables. En este país hay naciones y ciudades que serían innumerables si se intentara enumerarlas. Los seguidores de Alejandro Magno han afirmado en sus escritos que había no menos de cinco mil ciudades en la parte de la India que vencieron por la fuerza de las armas, ninguna de las cuales era más pequeña que la de Cos; que sus naciones eran ocho, que la India forma un tercio de toda la tierra y que sus poblaciones son innumerables.

EL GANGES

Algunos escritores han afirmado que este río, al igual que el Nilo, nace de fuentes desconocidas y, de manera similar, riega el territorio vecino; otros, por su parte, dicen que nace en las montañas de Escitia. También afirman que diecinueve ríos vierten sus aguas en él. La última nación situada en las orillas del Ganges es la de los Gangarides Calingæ; la ciudad en la que habita su rey lleva el nombre de Protalis.

Este rey cuenta con sesenta mil soldados de infantería, mil caballos y setecientos elefantes, siempre enjaezados y listos para la batalla. El pueblo de las naciones más civilizadas de la India está dividido en varias clases. Una de estas clases cultiva la tierra, otra se ocupa de los asuntos militares, otra se ocupa de las actividades

---

5   Estribaciones occidentales del Himalaya (N. del T.).

mercantiles, mientras que los más sabios y ricos de entre ellos tienen la gestión de los asuntos del Estado, actúan como jueces y dan consejo al rey. La quinta clase, que se dedica por completo a la búsqueda de la sabiduría, que en estos países es casi tan venerada como la religión, siempre termina su vida con una muerte voluntaria sobre una pira ardiente. Además de estos, hay una clase en un estado medio salvaje, y condenada a un trabajo interminable; por medio de sus esfuerzos, se mantienen todas las clases anteriormente mencionadas. Su deber es cazar al elefante y domesticarlo cuando lo capturan, ya que con la ayuda de estos animales aran; por medio de estos animales son transportados de un lugar a otro; a estos en especial los consideran como sus rebaños y manadas; con su ayuda libran sus guerras y luchan en defensa de sus territorios. La fuerza, la edad y el tamaño son los puntos que se suelen tener en cuenta a la hora de elegir estos animales.

EL INDO

El Indo, llamado Sindis por los nativos, nace en la rama de la cordillera del Cáucaso que lleva el nombre de Paropanisus, y corre en dirección este, recibiendo en su curso las aguas de diecinueve ríos. De las dos islas que forma en su curso, una, conocida como Prasiane, es de tamaño muy considerable; la otra, más pequeña, se llama Pafale. Según los relatos de los escritores más moderados, este río es navegable por una distancia de mil doscientas cincuenta millas, y después de seguir el curso del Sol hacia el oeste, en cierta medida, se descarga en el océano.

TAPROBANE

Taprobane (Ceilán), bajo el nombre de "tierra de los Antíctonos", fue considerado durante mucho tiempo como otro mundo; la época y las armas de Alejandro Magno fueron las primeras en dar una prueba satisfactoria de que es una isla. Onesicritus, el comandante de su flota, nos ha informado de que los elefantes de esta isla son más grandes y están mejor adaptados para la guerra que los de la India; y por Megasthenes sabemos que está dividida por un río, que los habitantes tienen el nombre de Palaeogoni, y que su país es más productivo en oro y perlas de gran tamaño que incluso la India. Eratóstenes también ha dado las dimensiones de esta isla, como siete mil estadios de longitud, y cinco mil de anchura; también afirma que no hay ciudades, sino aldeas al número de setecientos. El mar que se encuentra entre la isla y la tierra firme está lleno de bajíos, de no más de seis pasos de profundidad; pero en ciertos canales es de una profundidad tan extraordinaria, que ninguna ancla ha encontrado jamás un fondo. Por esta razón, los barcos se construyen con proas en ambos extremos, para que no haya necesidad de virar al navegar por estos canales, que son extremadamente estrechos. Al atravesar sus mares, los habitantes de Taprobane no observan las estrellas, y de hecho la Osa Mayor no es visible para ellos; pero llevan pájaros al mar, que sueltan de vez en cuando, y así siguen su curso mientras se dirigen a la tierra.

Esto es lo que aprendemos de los escritores antiguos; sin embargo, nos ha tocado a nosotros obtener un conocimiento aún más exacto de estas gentes, pues durante el reinado del emperador Claudio, una embajada llegó desde esta lejana isla hasta Roma. De estas personas supimos que en Taprobane hay quinientos pueblos, y que hay un puerto que está orientado hacia el sur, y contiguo a la ciudad de Paltesimundus, la ciudad más famosa de la isla, el lugar de residencia del rey, y que contiene una población de doscientos mil habitantes.

VIAJES A LA INDIA

Pero antes de entrar en detalles con respecto a esos países, será bueno mencionar lo que ha declarado Onesícrito, quien comandó la flota de Alejandro, y navegó desde la India hasta el corazón de Persia, y lo que ha sido relatado más recientemente por Juba; después de lo cual hablaré de la ruta a lo largo de estos mares que ha sido descubierta en años posteriores, y que se sigue en la actualidad. El diario del viaje de Onesícrito y Nearco no tiene los nombres de las estaciones, ni tampoco las distancias establecidas en él; y, en primer lugar, no se explica suficientemente dónde estaba Xilenópolis, ni cerca de qué río, un lugar fundado por Alejandro, y del cual partieron. Sin embargo, mencionan los siguientes lugares, que merecen nuestra atención. La ciudad de Arbis; el río Xabrus, navegable para las embarcaciones, y frente a él una isla, a una distancia de setenta estadios; Alejandría, construida por Leonato por orden de Alejandro en los territorios de este pueblo; Argenus, con un puerto muy conveniente; el río Tonberos, una corriente navegable, alrededor de cuyas orillas se encuentran las Pasiræ; Luego vienen los ictiófagos, que se extienden por una extensión de costa tan grande que se necesitan treinta días para navegar por su territorio; y una isla conocida con los nombres de "Isla del Sol" y "Lecho de las Ninfas", cuya tierra es roja y en la que todo animal muere al instante; la causa de ello, sin embargo, no se ha averiguado. A continuación está la nación de los Ori, y luego el Hyctanis, un río de Carmania, con un excelente puerto en su desembocadura, y que produce oro.

A continuación llegaron al Promontorio de Carmania.

Nearco afirma en sus escritos que la costa de Carmania se extiende una distancia de mil doscientas cincuenta millas, desde su frontera hasta el río Sabis hay cien millas. Esta región se conoce con el nombre de Armuzia. Las ciudades de Carmania son Zetis y Alejandría.

EL GOLFO PÉRSICO Y EL GOLFO DE ARABIA

El mar crea una doble hendidura en la tierra de estas costas, bajo el nombre de Eubrum o "Rojo", que le dan nuestros compatriotas; mientras que los griegos lo han llamado Erythrum, del rey Erythras, o, según algunos escritores, por su color rojo, que creen que se produce por el reflejo de los rayos del Sol; otros opinan que surge de la arena y la contextura del suelo, otros de alguna peculiaridad en la naturaleza del agua. Sea como fuere, esta masa de agua está dividida en dos golfos. El que se encuentra al este se llama Golfo Pérsico, y tiene dos mil quinientas millas de circunferencia, según Eratóstenes. Frente a él se encuentra Arabia, cuya longitud es de mil quinientas millas. Al otro lado, Arabia está limitada por el Golfo Arábigo. El mar, al entrar en este golfo, se llama mar de Azania.

En el ángulo de Carmania se encuentran los quelonófagos, que cubren sus cabañas con caparazones de tortugas y viven de su carne; este pueblo habita el siguiente promontorio que se ve después de dejar el río Arbis; a excepción de la cabeza, están cubiertos por completo de pelo largo y están vestidos con pieles de peces.

Más allá de su distrito, en dirección a la India, se dice que está la isla desierta de Caicandrus, cerca de la cual, con un estrecho que fluye entre ellos, está Stoidis, famosa por sus valiosas perlas. Después de pasar el promontorio están las Armozei, que se unen a las Carmani. Aquí hay un lugar llamado Portus Macedonum, y los Altares de Alejandro, situados en un promontorio, además de los ríos Saganos, Baras y Salsa. Más allá de este último río llegamos al promontorio de Themisteas, y a la isla de Afrodisias, que está poblada. Aquí comienza Pérside, en el río Oratis, que la separa de Elymais. Pérside misma, mirando hacia el oeste, tiene una línea de costa viva de ciento cincuenta millas de longitud; es un país opulento hasta el lujo, pero hace tiempo que cambió su nombre por el de "Partia". Dedicaré ahora unas palabras al imperio de los partos.

MESOPOTAMIA

Toda la Mesopotamia pertenecía antiguamente a los asirios, no estando cubierta más que de aldeas, con la excepción de Babilonia.[6] y Ninus.[7]

Babilonia, la capital de las naciones de Caldea, gozó durante mucho tiempo de la mayor celebridad de todas las ciudades del mundo entero; y por esta razón las partes restantes de Mesopotamia y Asiria recibieron el nombre de Babilonia. El circuito de sus murallas, que tenían doscientos pies de altura, era de sesenta millas. Estas murallas tenían también cincuenta pies de ancho, contando a cada pie tres dedos de ancho más allá de la medida ordinaria de nuestro pie. El río Éufrates fluía a través de la ciudad, con muelles de maravillosa factura erigidos a ambos lados. Todavía existe el templo de Júpiter Belus, que fue el primer inventor de la ciencia de la astronomía. En todos los demás aspectos ha quedado reducida a un desierto, al haber sido despojada de su población como consecuencia de su proximidad a Seleucia, fundada a tal efecto por Nicator, a una distancia de noventa millas, en la confluencia del Tigris y el canal que sale del Éufrates. Seleucia, sin embargo, sigue llevando el apellido de Babilonia; es una ciudad libre e independiente, y conserva los rasgos de las costumbres macedonias. Se dice que la población de esta ciudad asciende a seiscientos mil habitantes, y que el contorno de sus murallas se asemeja a un águila con las alas expandidas; su territorio, dicen, es el más fértil de todo Oriente.

EL TIGRIS

Hay, además de la anterior, otra ciudad en Mesopotamia, a orillas del Tigris y cerca de su confluencia con el Éufrates, cuyo nombre es Digba. Pero será conveniente dar ahora algunos detalles sobre el propio Tigris. Este río nace en la región de la Gran Armenia, de una fuente muy notable, situada en una llanura. El nombre

---

6 La gran sede del imperio del reino babilonio-chaldense. Se supone que ocupaba el lugar o estaba en las inmediaciones de la torre de Babel. En el reinado de Labynedus, Nabonnetus o Belshazzar, fue tomada por Ciro. En el reinado de Augusto, sólo una pequeña parte de Babilonia seguía habitada, estando el resto del espacio intramuros bajo cultivo.

7 Nínive.

del lugar es Elegosine, y la corriente, tan pronto como comienza a fluir, aunque con una corriente lenta, tiene el nombre de Diglito. Cuando su curso se vuelve más rápido, asume el nombre de Tigris, que se le da por su rapidez, ya que esta palabra significa flecha en la lengua meda. Luego desemboca en el lago Aretusa, cuyas aguas son capaces de soportar todas las sustancias pesadas que se arrojan en ellas, y exhalan vapores nitrosos.

ARABIA

Arabia, que no es inferior a ningún país en todo el mundo, tiene una extensión inmensa, que se extiende hacia abajo, desde el monte Amanus, frente a Cilicia y Commagne; muchas de las naciones árabes han sido trasladadas a esos países por Tigranes el Grande, mientras que otras han vuelto a emigrar por su propia voluntad a las orillas de nuestro mar y a la costa de Egipto. En cuanto a Arabia, es una península que se extiende entre el Mar Rojo y el Mar Pérsico, y por una especie de aparente designio de la naturaleza, está rodeada por el mar de tal manera que se asemeja mucho a la forma y tamaño de Italia, sin que haya ninguna diferencia en el clima de los dos países, ya que se encuentran en las mismas latitudes. Esto, además, hace que sea igual de fértil que los países de Italia.

Ælius Gallus, miembro de la orden ecuestre, es la única persona que ha llevado hasta ahora las armas romanas a estas tierras. Trajo consigo los siguientes descubrimientos: que los nómadas viven de la leche y de la carne de las bestias salvajes, y que otras naciones, como los indios, extraen una especie de vino de la palmera y aceite del sésamo. Dice que las tribus más numerosas son los Homeritæ y los Minæi, que sus tierras son fructíferas en palmas y arbustos, y que su principal riqueza se centra en sus rebaños. También sabemos por la misma fuente que los Cerbani y los Agraei sobresalen en las armas, pero sobre todo los Chatramotitæ; que los territorios de los Carrei son los más extensos y fértiles; pero que los Sabæi son los más ricos de todos por la gran abundancia de sus arboledas de especias, sus minas de oro, sus arroyos para la irrigación y su amplia producción de miel y cera.

Los árabes llevan la mitra[8] o bien van con el pelo sin cortar, mientras que la barba está afeitada, excepto en el labio superior; algunas tribus, sin embargo, se dejan incluso la barba sin afeitar. Una cosa singular también es que la mitad de estas casi innumerables tribus viven de las actividades comerciales, y la otra mitad de la rapiña; si las tomamos todas en conjunto, son las naciones más ricas del mundo, viendo que tan vastas riquezas fluyen sobre ellas desde los Imperios Romano y Parto; porque venden el producto del mar o de sus bosques, mientras que no compran nada a cambio.

EL GOLFO DEL MAR ROJO

Trazaremos ahora el resto de la costa que se encuentra frente a la de Arabia. Timóstenes ha estimado la longitud de todo el golfo en cuatro días de navegación, y la anchura en dos, haciendo que el Estrecho tenga siete millas y media de ancho.

---

8   La "mitra", que era un tocado especialmente utilizado por los frigios, tenía probablemente una forma variada, y puede haber sido la forma primitiva del turbante oriental.

Eratóstenes dice que la longitud de la costa desde la boca del golfo es de mil trescientas millas a cada lado, mientras que Artemidoro afirma que la longitud en el lado árabe es de mil setecientas cincuenta millas.

TROGLODÍTICA

A continuación viene Troglodítica, llamada por los antiguos Midoë, y por algunos Michoë; aquí se encuentra el monte Pentedactylos, algunas islas llamadas Stenæ Deiræ, las Halonnesi, un grupo de islas no menor en número, Cardamine, y Topazos, la cual ha dado su nombre a la piedra preciosa así llamada. El golfo está lleno de islas.

Después de pasar por este lugar, llegamos al mar de Azania, un promontorio que algunos escritores llaman Hispalus, el lago Mandalum, y la isla de Colocasitis, con muchas otras que se encuentran en el mar principal, sobre las cuales se encuentran multitudes de tortugas. Luego llegamos a la ciudad de Suche, la isla de Dafnis y la ciudad de los Adulitæ, un lugar fundado por esclavos egipcios fugitivos. Este es el principal mercado para los Trogloditas, así como para la gente de Etiopía. A este lugar llevan marfil en grandes cantidades, cuernos de rinoceronte, pieles de hipopótamo, caparazón de tortuga, esfingiæ,[9] y esclavos.

ETIOPÍA

Todo este país ha tenido sucesivamente los nombres de Eteria, Atlantia y, por último, Etiopía, de Æthiops, el hijo de Vulcano. No es en absoluto sorprendente que hacia el extremo de esta región los hombres y los animales asuman una forma monstruosa, cuando consideramos la mutabilidad y la volubilidad del fuego, cuyo calor es el gran agente que imparte diversas formas a los cuerpos. En efecto, se dice que en el interior, en el lado oriental, hay un pueblo que no tiene nariz, ya que toda la cara presenta una superficie plana; que otros carecen del labio superior, y otros no tienen lengua. Otros, además, tienen la boca unida, y al estar desprovistos de fosas nasales, respiran por un solo conducto, embebiendo su bebida a través de él por medio del tallo hueco de la avena, que allí crece espontáneamente y les suministra su grano como alimento. Algunos de estos pueblos tienen que emplear gestos asintiendo con la cabeza y moviendo los miembros, en lugar de hablar. Algunos escritores han afirmado también que hay una nación de pigmeos que habita entre las marismas en las que nace el río Nilo; mientras que en la costa de Etiopía, donde nos detuvimos, hay una cadena de montañas, de color rojo, que tienen la apariencia de estar siempre ardiendo.

Bion menciona también otras ciudades situadas en islas, cuya distancia total es de veinte días de viaje desde Sembobitis a Meroë; una ciudad en una isla adyacente, bajo la reina de las Semberritæ, con otra llamada Asara, y otra, en una segunda isla, llamada Darde. El nombre de una tercera isla es Medoë, en la que se encuentra la ciudad de Asel, y una cuarta se llama Garodes.

---

9   Estos monos eran muy apreciados por las damas romanas como mascotas, y se pagaban precios muy altos por ellos.

Más allá está la región de Sirbitum, en la que terminan las montañas, y de la que algunos escritores dicen que contiene a los etíopes marítimos, los Nisacæthæ, y los Nisyti, una palabra que significa "hombres con tres o cuatro ojos" –no es que la gente realmente tenga esa conformación, sino porque son notables por la puntería infalible de sus flechas. Más al oeste se encuentran los Nigroæ, cuyo rey tiene un solo ojo, y en la frente, los agriófagos, que viven principalmente de la carne de panteras y leones, los pánfagos, que comen cualquier cosa, los antropófagos, que viven de carne humana, los cimolgos, un pueblo con cabeza de perro, los artabatitas, que tienen cuatro pies, y vagan a la manera de las bestias salvajes; y, después de ellos, los hesperios y los perorsos. También algunas tribus de los etíopes subsisten con nada más que langostas, que son secadas con humo y saladas como su provisión para el año; esta gente no vive más allá de su cuadragésimo año.

Libro VII

El hombre, su nacimiento, su organización y la invención de las artes

Tal es, pues, el estado actual del mundo y de los países, naciones, mares más notables, islas y ciudades que contiene. La naturaleza de los seres animados que existen en él, no es en absoluto menos digna de nuestra contemplación que sus otras características; si es que la mente humana es capaz de abarcar la totalidad de un tema tan diverso. Nuestra primera atención se debe al hombre, por cuyo bien todas las otras cosas parecen haber sido producidas por la naturaleza; aunque, por otra parte, con tan grandes y severas penalidades para el disfrute de sus generosos dones, que no es fácil determinar si ella ha demostrado ser para él una madre bondadosa, o una madrastra despiadada.

Ya hemos dado una descripción general de la raza humana en nuestro relato de las diferentes naciones. Tampoco me propongo ahora tratar de sus modales y costumbres, que son infinitamente variados y casi tan numerosos como los propios grupos en que se divide la humanidad; pero, sin embargo, hay algunas cosas que, a mi juicio, no deben omitirse; y más particularmente, en relación con los pueblos que habitan a considerable distancia del mar, entre los cuales, no tengo duda de que algunos hechos parecerán de naturaleza asombrosa y, de hecho, increíbles para muchos. ¿Quién, por ejemplo, podría creer en la existencia de los Etíopes, si no los hubiera visto antes? En efecto, ¿qué hay que no parezca maravilloso, cuando llega a nuestro conocimiento por primera vez? Cuántas cosas, también, se consideran totalmente imposibles, hasta que se han realizado realmente. Pero, de hecho, cada momento de nuestra existencia estamos desconfiando del poder y la majestuosidad de la Naturaleza, porque la mente, en lugar de captarla en su totalidad, la considera sólo en detalle. Por no hablar de los pavos reales, de las pieles manchadas de los tigres y de las panteras, y de los ricos colores de tantos animales, cosa aparentemente insignificante, pero de inestimable importancia, cuando la consideramos debidamente, es la existencia de tantas lenguas entre las diversas naciones, de tantos modos de hablar, de una variedad tan grande de expresiones; que hace que veamos a los hombres de países diferentes casi como si no fueran hombres. Y además, los rasgos y el rostro humanos, aunque se componen de unas diez partes o poco más, están tan modelados, que entre tantos miles de hombres, no hay dos que no puedan distinguirse unos de otros, resultado que ningún arte podría haber producido, cuando se limita a un número tan limitado de combinaciones.

LAS MARAVILLOSAS FORMAS DE LAS DIFERENTES NACIONES

He mencionado anteriormente, una nación notable por tener un solo ojo, que está colocado en el medio de la frente. Se dice que esta raza mantiene una guerra perpetua con los Grifos, una especie de monstruos con alas, como son comúnmente[1] representados, por el oro que sacan de las minas, y que estas bestias salvajes retienen y vigilan con un grado singular de codicia, mientras que los Arimaspi están igualmente deseosos de hacerse con él.

Los antropófagos, de los que ya hemos hablado, tenían la costumbre de beber de los cráneos humanos y de colocar las cabelleras, con el pelo, sobre sus pechos, como si fueran servilletas. El mismo autor cuenta que en Albania hay una raza de hombres cuyos ojos son de color verde mar y que tienen el pelo blanco desde su más tierna infancia, y que estas personas ven mejor de noche que de día.

Crates de Pérgamo cuenta que antiguamente existía en las cercanías de Parium, en el Helesponto, una raza de hombres a la que llama Ofiogenes, y que con su tacto podían curar a los que habían sido picados por serpientes, extrayendo el veneno con la simple imposición de la mano. Varro nos dice que todavía hay algunos individuos en ese distrito, cuya saliva cura eficazmente las picaduras de las serpientes. Lo mismo ocurriría con la tribu de los Psylli, en África. En los cuerpos de esta gente había por naturaleza una cierta clase de veneno, que era fatal para las serpientes, y cuyo olor las hacía adormecerse; con ellos era una costumbre exponer a los niños inmediatamente después de su nacimiento a las serpientes más feroces, y de esta manera poner a prueba la fidelidad de sus esposas, ya que las serpientes no estaban repelidas de los niños que eran la descendencia del adulterio.

Por encima de los Nasamones, y de los Machlyæ, que limitan con ellos, se encuentra, como aprendemos de Califanes, la nación de los andróginos, un pueblo que une los dos sexos en el mismo individuo, y alternativamente realiza las funciones de cada uno. Aristóteles también afirma que su pecho derecho es el de un hombre y el izquierdo el de una mujer.

Hay entre los Triballi y los Illyrii, algunas personas de esta descripción, que también tienen el poder de la fascinación con los ojos, y pueden incluso matar a

---

1   Las figuras de los Grifos se encuentran no raramente en los frisos y paredes de Pompeya (Ver Libro X, Aves fabulosas). En Oriente, donde no había lugares seguros para depositar el dinero, se acostumbraba a enterrarlo en la tierra; de ahí que, con el fin de asustar a los depredadores, se hiciera circular cuidadosamente la historia de que los tesoros ocultos estaban custodiados por serpientes y dragones.

aquellos en los que fijan su mirada durante cierto tiempo, más especialmente si su mirada denota ira; se dice que la edad de la pubertad es particularmente odiosa para la influencia maligna de tales personas.

Una circunstancia aún más notable es el hecho de que estas personas tienen dos pupilas en cada ojo. Apolónides dice que hay ciertas mujeres de esta descripción en Escitia, que son conocidas como Bythiæ, y Phylarchus afirma que una tribu de los Thibii en el Ponto, y muchas otras personas también, tienen una pupila doble en un ojo, y en el otro la figura de un caballo. También señala que los cuerpos de estas personas no se hunden en el agua, aunque estén cargados de ropa.

La India, y especialmente la región de Etiopía, abunda en maravillas. Es un hecho bien conocido que muchas de las personas de aquí nunca expectoran, no tienen dolores en la cabeza, los dientes o los ojos, y raramente en otras partes del cuerpo; tan bien está calculado el calor del Sol para fortalecer la constitución. Sus filósofos, llamados gimnosofistas, permanecen en una postura, con los ojos inamovibles sobre el Sol, desde su salida hasta su puesta, y, durante todo el día, acostumbran a permanecer en las arenas ardientes sobre un pie, primero uno y luego el otro.

Hay una tribu de hombres que tienen cabeza de perro y se visten con pieles de bestias salvajes. En lugar de hablar, ladran; y, provistos de garras, viven de la caza y captura de aves. Según el relato de Ctesias, el número de esta gente es de más de ciento veinte mil; y el mismo autor nos dice que hay una raza en la India, de la que las hembras están embarazadas una sola vez en el curso de su vida, y que el pelo de los niños se vuelve blanco al instante de nacer. También habla de otra raza de hombres, conocidos como Monoeoli, que sólo tienen una pierna, pero son capaces de saltar con una agilidad sorprendente.

Entre los distritos montañosos de las partes orientales de la India, en lo que se llama el país de los Cathareludi, encontramos el sátiro, un animal de extraordinaria rapidez. Estos van a veces sobre cuatro pies y a veces caminan erguidos; tienen también los rasgos de un ser humano. A causa de su rapidez, estas criaturas nunca se capturan, excepto cuando son ancianos o están enfermos.

Megasthenes sitúa entre los nómadas de la India a un pueblo llamado Scyritæ. Estos tienen simplemente agujeros en sus caras en lugar de fosas nasales, y pies flexibles, como el cuerpo de la serpiente. En el extremo de la India, en el lado oriental, cerca del nacimiento del río Ganges, se encuentra la nación de los Astomi, un pueblo que no tiene boca; sus cuerpos son ásperos y peludos, y se cubren con un plumón arrancado de las hojas de los árboles. Este pueblo subsiste sólo por la respiración y por los olores que inhalan por las fosas nasales. No se alimentan ni de carne ni de bebida; cuando emprenden un largo viaje sólo llevan consigo varias raíces y flores odoríferas y manzanas silvestres, para que no les falte algo que oler. Pero un olor un poco más fuerte que el habitual los destruye fácilmente.

Artemidorus afirma que en la isla de Taprobane (Ceilán), la vida se prolonga hasta una duración extrema, mientras que, al mismo tiempo, el cuerpo está exento de debilidad. Según Durisis, algunos de los indios tienen relación con las bestias, y de esta unión se produce una mezcla de mitad hombre, mitad bestia. Entre los

Calingæ, una nación también de la India, las mujeres conciben a los cinco años de edad, y no viven más allá de su octavo año. En otros lugares también hay hombres que nacen con largas colas peludas y con una notable rapidez de pies, mientras que hay otros que tienen orejas tan grandes que cubren todo el cuerpo.

NACIMIENTOS PRODIGIOSOS

El hecho de que a veces se produzcan tres hijos en un solo nacimiento, es un hecho bien conocido; el caso, por ejemplo, de los Horacios y los Curiacios. Cuando se produce un número mayor de niños en un solo nacimiento, se considera portentoso, excepto en Egipto, donde el agua del río Nilo, que se utiliza para beber, es un promotor de la fecundidad. Muy recientemente, hacia el final del reinado del emperador Augusto, ahora divinizado, una mujer de las órdenes inferiores, en Ostia, cuyo nombre era Fausta, trajo al mundo, en un solo parto, dos hijos varones y dos hembras, un presagio, sin duda, de la hambruna que tuvo lugar poco después.

Ocasionalmente nacen individuos que pertenecen a ambos sexos; a estas personas las llamamos hermafroditas; antiguamente se les llamaba andróginos y se les consideraba monstruos, pero en la actualidad se les emplea con fines sensuales.

La transformación de hembras en machos no es, sin duda, una fábula. Encontramos en los Anales que, en el consulado de P. Licinio Craso y C. Casio Longino, una muchacha que vivía en Casinum con sus padres fue transformada en un muchacho. Licinio Muciano nos informa de que una vez vio en Argos a una persona que entonces se llamaba Arescón, aunque antes se había llamado Arescusa; que esta persona había estado casada con un hombre, pero que, poco después, le aparecieron una barba y marcas de virilidad, con lo que tomó para sí una esposa. También había visto a un muchacho en Esmirna, al que le había ocurrido lo mismo. Yo mismo vi en África a un tal L. Cossicius, ciudadano de Thysdris, que se había transformado en hombre el mismo día en que se casó con un marido.

LA GENERACIÓN DEL HOMBRE

En otros animales el período de gestación y de nacimiento es fijo y definido, mientras que el hombre, en cambio, nace en todas las estaciones del año, y sin ningún período determinado de gestación, pues un niño nace en el séptimo mes, otro en el octavo, y así sucesivamente, hasta el comienzo del décimo y del undécimo.

El décimo día después de la concepción, se sienten dolores en la cabeza, vértigo y oscurecimiento de la vista; estos signos, junto con la aversión a la comida y la elevación del estómago, indican la formación del futuro ser humano. Si es un varón el que se concibe, el color de la mujer embarazada es más saludable, y el parto menos doloroso; el niño se mueve en el vientre al cuadragésimo día. En la concepción de un niño del otro sexo, todos los síntomas son totalmente diferentes; la madre experimenta un peso casi insoportable, hay una ligera hinchazón de las piernas y la ingle, y el primer movimiento del niño no se siente hasta el nonagésimo día. Pero, cualquiera que sea el sexo del niño, la madre siente la mayor languidez en el momento en que el pelo del feto empieza a crecer, y en la Luna llena; en este último momento es cuando los niños recién nacidos están expuestos al mayor peligro. Además de esto, el modo de caminar, y en realidad todo lo que se puede mencionar, tiene consecuencias en el caso de una mujer que está embarazada. Así, por ejemplo, las mujeres que han consumido demasiada carne salada darán a luz a niños sin uñas; el parto también es más difícil, si no contienen la respiración. También es fatal bostezar durante el trabajo de parto y el aborto sobreviene, si la hembra estornuda justo después del congreso sexual.

CASOS SORPRENDENTES DE SEMEJANZA

Es universalmente conocido que los padres bien formados producen a menudo hijos defectuosos; y por otra parte, los padres defectuosos suelen generar hijos bien formados, o bien imperfectos en la misma parte del cuerpo que los padres. También es un hecho bien conocido que las marcas, lunares e incluso cicatrices se reproducen en los miembros de una misma familia en generaciones sucesivas. Se sabe que la marca que los Daci se hacen en los brazos con el fin de denotar su origen, dura incluso hasta la cuarta generación.

Hemos oído decir que tres miembros de la familia de los Lepidi han nacido, aunque no en una sucesión ininterrumpida, con uno de los ojos cubierto por una membrana. Observamos también que algunos niños se parecen mucho a su abuelo, y que de los gemelos un niño se parece al padre, mientras que el otro se parece a la madre; y hemos conocido casos en que un niño que nació un año después de otro, se parecía a él tan exactamente como si hubieran sido gemelos.

Estos fuertes rasgos de semejanza proceden, sin duda, de la imaginación de los padres, sobre la cual podemos creer razonablemente que muchas circunstancias casuales tienen una influencia muy poderosa; como, por ejemplo, la acción de los ojos, los oídos o la memoria, o las impresiones recibidas en el momento de la concepción. Incluso un pensamiento que pasa momentáneamente por la mente de cualquiera de los padres, supuestamente produce una semejanza con uno de ellos por separado, o con los dos combinados. De ahí que las variedades sean mucho más numerosas en el aspecto del hombre que en el de los demás animales, ya que en el primero, la rapidez de las ideas, la rapidez de la percepción y las diversas facultades del intelecto, tienden a imprimir en los rasgos marcas peculiares y diversificadas, mientras que en el caso de los demás animales, la mente es inmóvil y exactamente la misma en todos y cada uno de los individuos de la misma especie.

Existe una especie de antipatía peculiar entre los cuerpos de ciertas personas que, aunque son estériles entre sí, no lo son cuando están unidos a otros, como por ejemplo, fue el caso de Augusto y Livia. Algunos individuos, además, tanto hombres como mujeres, producen sólo hembras, otros varones; y, aún más frecuentemente, hijos de los dos sexos alternativamente; la madre de los Gracos, por ejemplo, que tuvo doce hijos, y Agripina, la madre de Germánico, que tuvo nueve. Algunas mujeres, además, son estériles en su juventud, mientras que a otras les es dado dar a luz una sola vez durante su vida. Algunas mujeres no llegan nunca a su plenitud, o si, a fuerza de grandes cuidados y con la ayuda de la medicina, dan a luz a un hijo vivo, es en su mayoría una niña.

Las mujeres dejan de tener hijos a los cincuenta años, y, en la mayor parte de ellas, la descarga mensual cesa a los cuarenta años. Pero con respecto al sexo masculino, es un hecho bien conocido que el rey Masinisa, cuando pasó de sus ochenta y seis años, tuvo un hijo que llamó Metimanus, y que Catón el Censor, después de haber cumplido sus ochenta años, tuvo un hijo de la hija de su cliente, Salonio.

CIRCUNSTANCIAS NOTABLES RELACIONADAS CON EL FLUJO MENSTRUAL

Entre toda la gama de seres animados, la hembra humana es la única que tiene la descarga mensual, y en cuyo vientre se encuentran lo que llamamos "lunares".[2] Estos lunares consisten en una masa informe de carne, desprovista de toda vida, y capaz de resistir el filo o la punta del cuchillo; son móviles en el cuerpo, y obstruyen la descarga menstrual; a veces, también, son productivos de consecuencias fatales para la mujer, de la misma manera que un feto real, mientras que, en otras ocasiones, permanecen en el cuerpo hasta la vejez; en algunos casos, de nuevo, se descargan, como consecuencia de una mayor acción de los intestinos. Algo de naturaleza muy similar se produce en el cuerpo del varón, que se llama "schirrus"; este fue el caso de Oppius Capito, un hombre de rango pretoriano.

En efecto, sería difícil encontrar algo que produzca efectos más maravillosos que el flujo menstrual. Al acercarse una mujer en este estado, el mosto se agria, las semillas que toca se vuelven estériles, los injertos se marchitan, las plantas del jardín se secan y los frutos caen del árbol bajo el que se sienta. Su misma mirada atenuará el brillo de los espejos, embotará el filo del acero y quitará el brillo al marfil. Un enjambre de abejas, si es mirado por ella, morirá inmediatamente; el latón y el hierro se oxidarán al instante y emitirán un olor desagradable; mientras que los perros que hayan probado la materia así descargada se volverán locos, y su mordedura será venenosa e incurable.

ALGUNOS RELATOS SOBRE LOS DIENTES
Y CIERTOS HECHOS RELATIVOS A LOS NIÑOS

No cabe duda de que en los niños pequeños los dientes delanteros se producen en el séptimo mes y, casi siempre, los de la mandíbula superior en el primero. Éstos se desprenden en el séptimo año y son sustituidos por otros. Algunos niños nacen incluso con dientes; tal fue el caso de Manius Curius, que, por esta circunstancia, recibió el nombre de Dentatus. Cuando este fenómeno ocurría en el caso de una hembra, se consideraba en la época de los reyes como un presagio de algún acontecimiento desfavorable. Al nacer Valeria, en tales circunstancias, la respuesta de los adivinos fue que cualquier ciudad a la que fuera llevada sería destruida; fue enviada a Suessa Pometia, en ese momento un lugar muy floreciente, pero la predicción se verificó finalmente con su destrucción. Algunas niñas nacen con los órganos sexuales cerrados, cosa de muy mal agüero; de lo cual Cornelia, la madre de los Gracos, es un ejemplo.

---

2 Una masa carnosa algo informe y compacta que se produce en el útero, ya sea debido a la retención y la continuación de la vida de la totalidad o una parte de los envoltorios fetales después de la muerte del feto (un lunar materno o verdadero), o siendo algún otro cuerpo susceptible de ser confundido con esto, como la membrana en la dismenorrea membranosa, o tal vez un pólipo (un falso lunar) (N. del T.).

Además de esto, se supone generalmente que podemos formar pronósticos a partir de los dientes. El número de dientes asignado a todos los hombres, con la excepción de la nación de los turdulios, es de treinta y dos; se cree que las personas que tienen un número mayor están destinadas a ser longevas. Las mujeres tienen menos dientes que los hombres. Las mujeres que tienen dos dientes caninos en el lado derecho de la mandíbula superior, tienen la promesa de ser las favoritas de la fortuna, como fue el caso de Agripina, la madre de Domicio Nerón; cuando están en el lado izquierdo, es todo lo contrario.

Se dice que Zoroastro fue el único ser humano que rió el mismo día en que nació. También se dice que su cerebro palpitaba con tanta fuerza que repelía la mano cuando se le ponía encima, un presagio de su futura sabiduría.

EJEMPLOS DE TAMAÑO INUSUAL

Es un hecho bien conocido que, a la edad de tres años, el cuerpo de cada persona tiene la mitad de la altura que alcanzará. En conjunto, se observa que en la raza humana, la estatura es cada vez menor, y que los hijos rara vez son más altos que sus padres, la fertilidad de la semilla se seca por el calor de esa conflagración a la que el mundo se acerca rápidamente.[3] Una montaña de la isla de Creta se partió en dos por la acción de un terremoto, y allí se encontró un cuerpo de pie, de cuarenta y seis codos de altura;[4] Algunas personas suponen que era el de Orión, mientras que otras opinan que era el de Otus. Se cree generalmente, por lo que dicen los registros antiguos, que el cuerpo de Orestes, que fue desenterrado por orden de un oráculo, tenía siete codos de altura. Hace ya casi mil años que el divino poeta Homero se quejaba incesantemente de que los hombres eran de menor estatura en su época que antes.

CASOS DE FUERZA, AGILIDAD, VISTA Y MEMORIA EXTRAORDINARIAS

Varro, hablando de personas notables por su fuerza, nos da un relato de Tributanus, un gladiador célebre, y experto en el uso de las armas samnitas;[5] era un hombre de magra estatura, pero poseía una fuerza extraordinaria. Vinnius Valens, que sirvió como centurión en la guardia pretoriana de Augusto, tenía la costumbre de sostener carros cargados de barriles hasta que se vaciaban; y de detener un carro con una mano, y mantenerlo inmóvil, pese a todos los esfuerzos de los caballos por arrastrarlo hacia adelante. Varro, también, da la siguiente declaración: "Fusio, que solía ser llamado el 'Hércules patán', tenía la costumbre de llevar su propia mula; mientras que Salvius era capaz de montar una escalera, con un peso de doscientas libras atado a sus pies, lo mismo a sus manos, y doscientas libras en cada hombro".

---

3   Era uno de los principios de los estoicos, que el mundo iba a ser destruido alternativamente por el agua y por el fuego. Después de que el primer elemento lo destruyera con ocasión del diluvio de Deucalión, la siguiente gran catástrofe, según ellos, sería producida por el fuego. Plinio ha aludido anteriormente a esta opinión.

4   El codo romano era 1½ pies romanos, o 17,4 pulgadas inglesas. 46 codos = 66 pies o 20 m.

5   Los gladiadores samnitas solían tener: un escudo grande y de forma oblonga; un casco crestado; una pechera etrusca; un guantelete en la mano derecha; protección en la pierna izquierda; su única arma era la espada (gladius).

Se consideraba algo muy grande que Filípides corriera mil ciento sesenta estadios,[6] la distancia entre Atenas y Lacedemonia, en dos días, hasta que Amystis, el mensajero de Lacedemonia, y Filónides, el mensajero de Alejandro Magno, corrieron desde Sicyon hasta Elis en un día, una distancia de mil trescientos cinco estadios.[7]

Se encuentran ejemplos de agudeza visual que, de hecho, superan toda creencia. Cicerón nos informa de que la Ilíada de Homero fue escrita en un trozo de pergamino tan pequeño como para ser encerrado en una cáscara de nuez. También menciona a un hombre que podía distinguir objetos a una distancia de ciento treinta y cinco millas. Calícrates solía esculpir en marfil hormigas y otros animales pequeños, de tamaño tan diminuto, que otras personas eran incapaces de distinguir sus partes individuales.

No sería nada fácil pronunciar qué persona ha sido la más notable por la excelencia de su memoria, esa bendición tan esencial para el disfrute de la vida, habiendo habido tantos que han sido celebrados por ella. El rey Ciro conocía a todos los soldados de su ejército por su nombre. L. Escipión los nombres de todo el pueblo romano. Cineas, el embajador del rey Pirro, conocía por su nombre a todos los miembros del senado y del orden ecuestre, al día siguiente de su llegada a Roma. Mitrídates, que era rey de veintidós naciones, administraba sus leyes en otras tantas lenguas, y podía arengar a cada una de ellas, sin necesidad de emplear un intérprete. Había en Grecia un hombre llamado Charmidas, que, cuando una persona le pedía cualquier libro en una biblioteca, podía repetirlo de memoria, como si estuviera leyendo.

VIGOR MENTAL

El ejemplo más notable, creo, de vigor de la mente en cualquier hombre jamás nacido, fue el de César, el Dictador. No estoy aludiendo a su valor y coraje, ni tampoco a su exultante genio, que era capaz de abarcar todo bajo la faz del cielo, sino que estoy hablando de ese vigor innato de la mente, que era tan peculiar en él, y esa prontitud que parecía actuar como un relámpago. Se dice que era capaz de escribir o leer y, al mismo tiempo, de dictar y escuchar. Podía dictar a sus secretarios cuatro cartas a la vez, y las de los asuntos más importantes; y, de hecho, si no estaba ocupado en otra cosa, hasta siete.

HAZAÑAS HEROICAS

Pero ahora, como pertenece tanto al glorioso renombre del Imperio Romano, como a la carrera victoriosa de un solo individuo, procederé en esta ocasión a hacer mención de todos los triunfos y títulos de Pompeyo Magno; el esplendor de sus hazañas ha igualado no sólo a las de Alejandro Magno, sino incluso a las de Hércules, y tal vez al Padre Líber[8] incluso. Después de haber recuperado Sicilia, donde comenzó su carrera como partidario de Sila, pero en nombre de la república-

---

6   132 millas o 213 km.
7   150 millas o 240 km.
8   "Padre Líber" es un nombre de Baco.

ca, después de haber conquistado toda África, y reducirla a la sujeción, y después de haber recibido por su parte del botín el título de "Grande", se le decretaron los honores de un triunfo; aunque sólo era de rango ecuestre, una cosa que nunca había ocurrido antes. Después de haber puesto fin a la guerra civil, que de hecho fue la causa principal de todas las guerras extranjeras, él, aunque todavía sólo de rango ecuestre, entró de nuevo en el hogar en el carro triunfal, habiendo demostrado ser un buen general, tal como antes había sido un buen soldado. Después de esto, fue enviado a las costas de todos los diversos mares, y luego a Oriente.

Sin embargo, la más gloriosa de todas las glorias, resultante de estas hazañas, fue, como él mismo dice, en el discurso que pronunció en público en relación con su carrera anterior, que Asia, que recibió como límite del imperio, se convirtió en el centro del imperio. Si alguien quisiera, por otra parte, de manera similar, pasar revista a las hazañas de César, que se ha mostrado aún más grande que Pompeyo, debería entonces enumerar todos los países del mundo, una tarea, puedo decir, sin fin.

EJEMPLOS DE VALOR EXTREMO

Una investigación minuciosa sobre quiénes han exhibido el mayor valor, llevaría a una discusión interminable, más aún si se dan por buenas todas las fábulas de los poetas. L. Siccius Dentatus, que fue tribuno del pueblo en el consulado de Spurius Tarpeius y A. Aterius, cuenta con numerosos testimonios a su favor. Este héroe libró ciento veinte batallas, salió ocho veces victorioso en combate singular y fue agraciado con cuarenta y cinco heridas en la parte delantera del cuerpo, sin una sola en la espalda. El mismo hombre también se llevó treinta y cuatro botines (spolium),[9] fue dieciocho veces obsequiado con la lanza del vencedor,[10] y recibió veinticinco colgantes,[11] ochenta y tres tores,[12] ciento sesenta brazaletes, veintiséis coronas (de las cuales catorce eran cívicas, ocho doradas, tres murales y una de obsidiana), un fiscus[13] de dinero, diez prisioneros y veinte bueyes en total.

Los honores militares de Manlio Capitolino no habrían sido menos espléndidos que los suyos, si no se hubieran borrado todos al final de su vida. Antes de cumplir los diecisiete años, había ganado dos botines, y fue el primero de rango ecuestre que recibió una corona mural; también ganó seis coronas cívicas, treinta y siete

---

9   Cuando un romano vencía a un enemigo con el que se había enfrentado personalmente, se apoderaba de alguna parte de su armadura y vestimenta, que pudiera dar testimonio de la victoria; esto se denominaba "spolium".

10 "Hasta pura"; estas palabras, según Hardouin, significan una lanza sin cabeza de hierro. Se dice que se entregaba a quien obtenía la primera victoria en una batalla; también se consideraba un emblema del poder supremo, y una marca de la autoridad que una nación reclamaba sobre otra.

11 "Phaleris". Se trataba de cúpulas, discos o medias lunas de metal, a veces de oro. La mayoría de las veces se usaban por parejas y como adornos para el casco, pero es más común leer que se colocaban en los arreos de los caballos.

12 Los "armillæ" o brazaletes de oro, que los galos llevaban en los brazos y en las piernas. Los sabinos también los llevaban en el brazo izquierdo, en la época de la fundación de Roma.

13 La palabra "fiscus" significa una cesta o cesta de mimbre, probablemente de construcción peculiar, en la que los romanos acostumbraban a guardar y transportar grandes sumas de dinero.

donaciones, y tenía veintitrés cicatrices en la parte delantera de su cuerpo. Salvó la vida de P. Servilius, el maestro del caballo, recibiendo en la misma ocasión heridas en los hombros y en el muslo. Además de todo esto, sin ayuda, salvó el Capitolio, cuando fue atacado por los galos, y a través de eso, el estado mismo; una cosa que habría sido el acto más glorioso de todos, si no lo hubiera salvado así, para poder, como su rey, convertirse en su amo. Pero en todos los asuntos de esta naturaleza, aunque el valor puede hacer mucho, la fortuna hace aún más.

HOMBRES DE NOTABLE GENIO Y SABIDURÍA

Entre tantas ocupaciones diferentes, y una variedad tan grande de obras y objetos, ¿quién puede seleccionar la palma de la gloria para el genio trascendente? A no ser que coincidamos en la opinión de que no ha existido jamás genio más brillante que el poeta griego Homero, ya sea que consideremos el feliz tema de su obra, o la excelencia de su ejecución. Por eso fue que Alejandro Magno –y sólo por jueces de tan alto rango puede pronunciarse una sentencia, justa e imparcial por la envidia, en el caso de tan elevadas pretensiones– cuando encontró entre los despojos de Darío, el rey de Persia un cofre para perfumes, enriquecido con oro, piedras preciosas y perlas, cubierto como estaba con el polvo de la batalla, consideró que era indigno de un guerrero hacer uso de ungüentos, y, cuando sus amigos le indicaban sus diversos usos, exclamó: "¡No, pero por Hércules! que el cofre sirva para conservar los poemas de Homero".

Apolo acusó por su nombre a los asesinos del poeta Arquíloco en Delfos. Mientras los lacedemonios asediaban Atenas, el Padre Líber ordenó que se celebraran los ritos fúnebres por Sófocles, el mismísimo príncipe de los trágicos; advirtiendo repetidamente a su rey, Lisandro, en su sueño, que permitiera el entierro de su favorito. A raíz de esto, el rey preguntó quién había muerto últimamente en Atenas; y entendiendo sin ninguna dificultad por parte de los atenienses a quién se refería el dios, permitió que se realizaran los ritos funerarios sin molestias.

HOMBRES QUE HAN SIDO NOTABLES POR SU SABIDURÍA

Dionisio el tirano, que por lo demás manifestaba una propensión natural a la crueldad y al orgullo, envió una nave coronada de guirnaldas al encuentro de Platón, aquel sumo sacerdote de la sabiduría; y al desembarcar, lo recibió en la orilla, en un carro tirado por cuatro caballos blancos. Isócrates fue capaz de vender una sola de sus oraciones por veinte talentos. Æschines, el gran orador ateniense, después de haber leído a los egódicos el discurso que había pronunciado sobre la acusación de Demóstenes, leyó la defensa hecha por Demóstenes, por la que había sido expulsado entre ellos. Cuando le expresaron su admiración, "¡Cuánto más –dijo– lo habríais admirado si le hubierais oído pronunciarlo a él mismo!" Un testimonio sorprendente, en efecto, dado en la adversidad, del mérito de un enemigo.

También los nobles de Roma han dado sus testimonios a favor de los extranjeros, incluso Cn. Pompeyo, después de haber terminado la guerra contra Mitrídates, cuando fue a llamar a la casa de Posidonio, el famoso maestro de filosofía, prohibió al lictor llamar a la puerta, como era la costumbre habitual, y él, a quien tanto el mundo oriental como el occidental se habían sometido, ordenó bajar las fasces ante la puerta de un hombre culto. Catón el Censor, después de haber escuchado el discurso de Cameades, que formaba parte de la embajada enviada desde Atenas, de tres hombres famosos por su erudición, dio su opinión de que los embajadores debían ser despedidos lo antes posible, porque, como consecuencia de su ingenioso método de argumentación, se hacía extremadamente difícil distinguir la verdad de la falsedad.

M. Varro[14] es la única persona que, durante su vida, vio erigida su propia estatua. Ésta fue colocada en la primera biblioteca pública que se construyó, y que fue formada por Asinio Polión con los despojos de nuestros enemigos. El hecho de que esta distinción le fuera conferida por alguien que estaba en el primer rango, tanto como orador como ciudadano, y en una época, además, en la que había un gran número de hombres distinguidos por su genio, no fue menos honorable para él, en mi opinión, que la corona naval que Pompeyo Magno le otorgó en la guerra contra los piratas.

EJEMPLOS DEL MÁS ALTO GRADO DE AFECTO

Es infinito el número de ejemplos de afecto que se han conocido en todas las partes del mundo; pero uno en particular ocurrió en Roma, al que ningún otro puede compararse. Una mujer de clase bastante baja, y cuyo nombre, por tanto, no ha llegado hasta nosotros, habiendo dado a luz recientemente a un niño, obtuvo permiso para visitar a su madre, que estaba confinada en la cárcel; pero siempre era cuidadosamente registrada por el carcelero antes de ser admitida, para evitar que introdujera cualquier alimento. Al final, sin embargo, fue descubierta alimentando a su madre con la leche de su pecho; tras lo cual, en consideración al maravilloso afecto de la hija, la madre fue perdonada, y ambas fueron mantenidas durante el resto de sus días a cargo del erario; el lugar, también, fue consagrado a la Piedad, construyéndose un templo a esa diosa en el lugar de la prisión, en el consulado de C. Quintius y M. Acilius, donde ahora se encuentra el teatro de Marcellus.

El padre de los Gracos, al encontrar (dos) serpientes en su casa, consultó a los adivinos y recibió la respuesta de que sobreviviría si se mataba a la serpiente del otro sexo. –"No", dijo, "prefiero matar a la serpiente de mi propio sexo, porque Cornelia es todavía joven y puede dar a luz". Así se mostró dispuesto, en el mismo momento, a perdonar a su esposa y a beneficiar al Estado; y poco después se cumplió su deseo.

DIEZ CIRCUNSTANCIAS MUY AFORTUNADAS QUE HAN OCURRIDO A LA MISMA PERSONA

Q. Metelo, en la oración fúnebre que pronunció en alabanza de su padre, L. Metelo, que había sido pontífice, dos veces cónsul, dictador, maestro del caballo, uno de los quindecemviros para repartir las tierras, y el primero que tuvo elefantes en su cortejo triunfal, habiendo sido éste tomado en la primera guerra púnica, ha dejado escrito que su padre había alcanzado las diez cosas más grandes y mejores, en cuya búsqueda los hombres sabios han gastado toda su vida. Pues, según afir-

---

14 M. Varro, el filósofo, a veces llamado "el más erudito" de los romanos.

ma, estaba ansioso por convertirse en el primer guerrero, el mejor orador, el más valiente general, que se le confiaran los más importantes asuntos, que gozara de los más altos honores, que poseyera una sabiduría consumada, que fuera considerado como el más distinguido senador, que adquiriera por medios honorables una gran fortuna, que dejara tras de sí muchos hijos y que fuera la persona más ilustre del estado.

El hijo del mismo Q. Metellus, que ha dado el relato anterior de su padre, se considera a sí mismo como uno de los casos más raros de la felicidad humana. Porque, además de los muy considerables honores que obtuvo y del apellido que adquirió por la conquista de Macedonia, fue llevado a la pira funeraria por sus cuatro hijos, uno de los cuales había sido pretor, tres de ellos cónsules, dos habían obtenido triunfos y uno había sido censor; cada uno de estos honores corresponde a la suerte de muy pocos. Y, sin embargo, en pleno orgullo de su dignidad, cuando regresaba del Campus Marcio a mediodía, cuando el Foro y el Capitolio están desiertos, fue apresado por el tribuno Cayo Atinio Labeo, a quien, durante su censura, había expulsado del senado, y fue arrastrado por él a la roca Tarpeya, con el fin de ser precipitado desde allí. La numerosa banda, sin embargo, que le llamaba por el nombre de padre, acudió en su ayuda, aunque tardíamente, y sólo en el último momento, por así decirlo, para asistir a sus exequias, viendo que no podía ofrecer legalmente resistencia, ni repeler la fuerza por la fuerza en el caso sagrado de un tribuno; y estaba a punto de perecer, víctima de sus virtudes y del rigor de su censura, cuando fue salvado por la intervención de otro tribuno –sólo obtenida con la mayor dificultad–, y así rescatado de las mismas fauces de la muerte. Posteriormente tuvo que subsistir con la generosidad de otros, ya que sus bienes fueron consagrados[15] por el mismo hombre al que había degradado; y que, como si eso no hubiera saciado su venganza, se ensañó aún más con él, arrojándole una soga al cuello, y retorciéndola con una violencia tan extrema que la sangre le brotó de las orejas.

LA MAYOR DURACIÓN DE LA VIDA

No sólo las diferencias de clima, sino la multitud de casos mencionados, y el destino peculiar unido a cada uno de nosotros desde el momento de su nacimiento, tienden a hacer que uno sea muy incierto en la formación de cualquier conclusión general con respecto a la longitud y duración de la vida humana. Hesíodo, que fue el primero en hacer mención de este tema, mientras declara muchas circunstancias sobre la edad del hombre, que me parecen fabulosas, da a la corneja nueve veces la duración ordinaria de nuestra vida, al ciervo cuatro veces la duración del cuervo, al cuervo tres veces la duración del ciervo, además de otros detalles con referencia

---

15 Cicerón, en su oración "Pro Lomo sua", sec. 47, se refiere a la consagración de la propiedad de Metelo, como un caso análogo al de su propia casa, que había sido igualmente consagrada por Clodio. Parece ser que era costumbre, cuando una persona había sido condenada en firme, que el tribuno del pueblo consagrara su propiedad, con ciertas formalidades, a algún dios o diosa; después de lo cual no podía, bajo circunstancias ordinarias, ser recuperada, tanto si la sentencia era revocada como si no. Cicerón había sido condenado capitalmente por medio de Clodio, y obligado a huir de Roma.

al fénix y a las ninfas de una naturaleza aún más fabulosa. El poeta Anacreonte da ciento cincuenta años a Arganthonius, el rey de los Tartessii; diez más a Cinaras, el rey de Chipre, y doscientos a Ægimius. Theopompus da ciento cincuenta y tres años a Epiménides de Cnoso; según Hellenicus, algunos de la nación de los Epii, en Ætolia, han completado sus doscientos años; y su cuenta es confirmada por Damastes, que relata que Pictoreus, uno de esta nación, que era notable por su tamaño y fuerza, vivió incluso hasta los trescientos años.

Pasemos, sin embargo, a lo que se admite como cierto. Es casi seguro que Arganthonius de Gades reinó ochenta años, y se supone que comenzó su reinado cuando tenía cuarenta años. Masinisa, sin duda, reinó sesenta años, y Gorgias, el siciliano, vivió ciento ocho.

Entre las mujeres también, Livia, la esposa de Rutilio, superó los noventa y seis años; durante el reinado de Claudio, Estatilia, miembro de una familia noble, murió a la edad de noventa y nueve años; Terentia, la esposa de Cicerón, vivió ciento tres años, y Clodia, la esposa de Ofilius, ciento quince; tuvo quince hijos.

LA VARIEDAD DE DESTINOS EN EL NACIMIENTO DEL HOMBRE

La presente coyuntura parece exigirme alguna opinión sobre la ciencia de los astros. Epigenes sostenía que la vida humana no podía prolongarse hasta los ciento doce años, y Beroso que podía superar los ciento diecisiete. Todavía existe el sistema que Petosiris y Necepsos nos transmitieron, y que ellos llamaron "tartemorion", por la división de los signos en cuatro porciones; de lo que se desprende que la vida, en la región de Italia, puede prolongarse posiblemente hasta los ciento veinticuatro años. Sostienen que, contando desde el comienzo de un signo ascendente, ninguna vida puede exceder un período de noventa grados desde ese punto; a estos períodos los llaman "anáforas"; dicen también que estas anáforas pueden ser interceptadas por el encuentro con estrellas malignas o sus rayos incluso, o los del Sol. A ellos sucedió la escuela de Esculapio, que admite que la duración asignada de la vida está regulada por las estrellas, pero que es bastante incierto cuál es la mayor extensión del período. Estos dicen que la larga vida es poco común, porque un número muy grande de personas nacen en momentos críticos de las horas de los días lunares; por ejemplo, en las horas séptima y decimoquinta, tanto del día como de la noche; estos individuos están sujetos a la influencia maligna de esa escala ascendente de los años que se denomina "climaterio", y apenas, cuando nacen en estas circunstancias, superan los cincuenta y cuatro años.

LA MUERTE

Y ahora hablaremos de los signos premonitorios de la muerte. Entre ellos están la risa, en la locura; en los casos de delirio, el paciente dobla cuidadosamente los flecos o las trenzas de la ropa de cama; la insensibilidad a las tentativas de los que quieren despertarlos del sueño; y las descargas involuntarias del cuerpo, que no es necesario detallar aquí; pero los signos más inequívocos de todos, son ciertas apariencias de los ojos y la nariz, una postura acostada con la cara continuamente hacia arriba, un movimiento irregular y débil del pulso, y los otros síntomas, que han sido observados por ese príncipe de los médicos, Hipócrates. Al mismo tiempo que hay innumerables signos de la muerte, no hay ninguno de salud y seguridad; tanto es así, que Catón el Censor, al hablar con su hijo en relación con los que parecen tener buena salud, declaró, como si hubiera sido la enunciación de algún oráculo, que la precocidad en la juventud es un signo de una muerte temprana.

PERSONAS QUE HAN VUELTO A LA VIDA DESPUÉS DE SER ENTERRADAS

Aviola, un hombre de rango consular, volvió a la vida cuando estaba en la pira funeraria; pero, a causa de la violencia de las llamas, no se le pudo prestar ayuda, a consecuencia de lo cual fue quemado vivo. Se dice que lo mismo le ocurrió a L. Lamia, un hombre de rango pretoriano. Messala, Rufus y muchos otros autores nos informan de que C. Ælius Tubero, que había desempeñado el cargo de pretor, también fue rescatado de la pira funeraria. Tal es, pues, la condición de nosotros los mortales; a estas y otras vicisitudes de la fortuna nacemos; tanto es así que no podemos estar seguros de nada, ni siquiera de que una persona esté muerta. Con referencia al alma del hombre, encontramos, entre otros casos, que el alma de Hermotino de Clazomenae tenía la costumbre de abandonar su cuerpo y vagar por países lejanos, de donde traía numerosos relatos de diversas cosas, que no podrían haber sido obtenidos por nadie más que una persona que estuviera presente. El cuerpo, mientras tanto, era dejado aparentemente sin vida. Al final, sin embargo, sus enemigos, los Cantharidae, como se les llamaba, quemaron su cuerpo, de modo que el alma, a su regreso, fue privada de su envoltura, por así decirlo.

EL ENTIERRO

La quema del cuerpo después de la muerte, entre los romanos, no es un uso muy antiguo, pues antiguamente lo enterraban. Sin embargo, después de que se comprobó, en las guerras extranjeras, que los cuerpos que habían sido enterrados eran a veces desenterrados, se adoptó la costumbre de quemarlos. Sin embargo, muchas familias seguían observando los antiguos ritos, como, por ejemplo, la familia Cornelia, ningún miembro de la cual hizo quemar su cuerpo ante Sila, el Dictador; quien ordenó que se hiciera, porque, habiendo desenterrado previamente el cuerpo muerto de Cayo Mario, temía que otros pudieran tomar represalias sobre el suyo. El término "sepultus" se aplica a cualquier modo de disponer del cuerpo muerto; mientras que, por otro lado, la palabra "humatus" se aplica únicamente cuando se deposita en la tierra.

LOS MANES – EL ALMA

Después de un entierro siempre surgen en la mente divagaciones sobre la existencia de los Manes.[16] Todos los hombres, después de su último día, vuelven a ser

---

16 En la antigüedad romana, los espíritus de los muertos eran considerados como divinidades tutelares de sus familias; las sombras deificadas de los muertos, según la creencia de que el alma continuaba existiendo y teniendo relaciones con la tierra después de que el cuerpo hubiera perecido. Tres veces al año se abría oficialmente, en el comitium del Foro Romano, una fosa llamada mundus, para permitir la salida de los manes. Los manes eran también honrados en ciertas fiestas, como las Parentalia y las Feralia; se les hacían oblaciones, y la llama mantenida en el altar de la casa era un homenaje a ellos (TN).

lo que eran antes del primero; y después de la muerte no queda más sensación en el cuerpo o en el alma que la que había antes del nacimiento. Pero esta misma vanidad nuestra se extiende incluso al futuro, y se fabrica mentirosamente una existencia incluso en los mismos momentos que pertenecen a la muerte misma; en un momento nos ha conferido la inmortalidad del alma; en otro la transmigración; y en otro ha dado sensación a las sombras de abajo, y ha rendido honores divinos al espíritu que se va, haciendo así una especie de deidad de quien acaba de dejar de ser un hombre. Como si, en efecto, el modo de respirar del hombre fuera de algún modo diferente al de los otros animales, y como si no hubiera muchos otros animales cuya vida es más larga que la del hombre, y sin embargo nadie pensó nunca que tuvieran una inmortalidad semejante. Porque, ¿cuál es la sustancia real del alma, cuando se toma por sí misma? ¿De qué material se compone? ¿Dónde está la sede de sus pensamientos? ¿Cómo puede ver, oír o tocar? Y entonces, ¿de qué sirve, o de qué puede servir, si no tiene estas facultades? ¿Dónde está su residencia, y qué vastas multitudes de estas almas y espíritus debe haber después del lapso de tantas edades? Pero todo esto no es más que una invención, un desvarío infantil de esa mortalidad que está tan ansiosa de no dejar de existir. También es una vanidad similar conservar los cuerpos muertos de los hombres, como la promesa de que volverán a la vida, hecha por Demócrito, quien, sin embargo, nunca ha vuelto a la vida. ¡Ay! ¿Qué locura es suponer que la vida va a recomenzar después de la muerte, o qué reposo vamos a disfrutar una vez nacidos, si el alma va a conservar su conciencia en el cielo, y las sombras de los muertos en las regiones infernales? Este agradable engaño, y esta credulidad, anulan por completo ese bien principal de la naturaleza humana que es la muerte, y, por así decirlo, duplican la miseria del que está a punto de morir, por la ansiedad de lo que ha de sucederle después. Y, en efecto, si la vida es realmente un bien, ¿para quién puede serlo el haber vivido alguna vez?

Cuánto más fácil, entonces, y cuánto más desprovisto de toda duda, es para cada uno de nosotros poner su confianza en sí mismo, y guiados por nuestro conocimiento de cuál ha sido nuestro estado antes del nacimiento, suponer que después de la muerte será el mismo.

LOS INVENTORES DE LAS DIVERSAS COSAS

Antes de dejar la consideración de la naturaleza del hombre, parece oportuno señalar las personas que han sido autoras de diferentes inventos. El Padre Líber fue el primero en establecer la práctica de la compra y la venta; también inventó la diadema, emblema de la realeza, y la procesión triunfal. Ceres introdujo el maíz, ya que la bellota había sido utilizada previamente por el hombre para alimentarse; fue ella también quien introdujo en el Ática el arte de moler el maíz y de hacer pan, y otras artes similares en Sicilia; y fue por estas circunstancias que llegó a ser considerada como una divinidad. También fue la primera en establecer leyes, aunque, según algunos, fue Rhadamanthus. Siempre he sido de la opinión de que las letras eran de origen asirio, pero otros escritores, como Gellius, suponen que fueron inventadas en Egipto por Mercurio; otros, por su parte, afirman que fueron descubiertas por los sirios; y que Cadmo trajo de Fenicia dieciséis letras a Grecia. A éstas, se dice que Palamedes, en la época de la guerra de Troya, añadió estas cuatro, Θ, Ξ, Φ y Χ. Simónides, el poeta lírico, añadió posteriormente un número similar, Ζ, Η, Ψ y Ω; los sonidos denotados por todas ellas, ahora son parte de nuestro alfabeto.

Aristóteles, por otra parte, es más bien de la opinión, que había originalmente dieciocho letras, Α Β Γ Δ Ε Ζ Ι Κ Λ Ν Ο Π Ρ Σ Τ Υ Φ, y que otras dos, Θ y Χ, fueron introducidas por Epicharmus, y no por Palamedes. Arístides dice que una persona llamada Menos, en Egipto, inventó las letras quince años antes del reinado de Foroneo, el más antiguo de todos los reyes de Grecia, y esto intenta demostrarlo con los monumentos de allí. Por otra parte, Epigenes, un escritor de gran autoridad, nos informa que los babilonios tienen una serie de observaciones sobre las estrellas, por un período de setecientos veinte mil años, inscritas en ladrillos cocidos. Beroso y Critodemo, que hacen el período más corto, lo dan como cuatrocientos noventa mil años. De esta afirmación se desprende que las letras han estado en uso desde toda la eternidad. Los pelasgos fueron los primeros en introducirlas en el Lacio.

Los egipcios fueron los primeros que establecieron un gobierno monárquico, y los atenienses, después de la época de Teseo, una democracia. Falaris, de Agrigento, fue el primer tirano que existió; los lacedemonios fueron los introductores de la esclavitud; y la primera pena capital infligida fue ordenada por el Areópago. Las primeras batallas fueron libradas por los africanos contra los egipcios, con garrotes, a los que acostumbran a llamar phalangæ. Prœtus y Acrisio fueron los primeros en utilizar escudos en sus combates; o, como dicen algunos, Calco, el hijo de Athamas. Midias, el mesenio, inventó la cota de malla, y los lacedemonios el casco, la espada y la lanza. Las grebas y las crestas fueron utilizadas por primera vez por los carios; se dice que Scythes, el hijo de Júpiter, inventó el arco y las flechas, aunque algunos dicen que las flechas fueron inventadas por Perses, el hijo de Perseo. Las lanzas fueron inventadas por los Ætolios; la jabalina, con la correa adjunta, por Ætolus

El arte de la adivinación por medio de las aves lo debemos a Car, de quien Caria deriva su nombre; Orfeo lo extendió a otros animales. Delfos nos enseñó el arte de la adivinación por medio de la inspección de las entrañas; Anfiaraüs la adivinación por medio del fuego; y Tiresias, el tebano, presagia a partir de las entrañas de las aves. Debemos a Anfictión la interpretación de los presagios y de los sueños, y a Atlas, el hijo de Libia, el arte de la astrología, o bien, según otros relatos, a los egipcios o a los asirios. Anaximandro, el Milesio, inventó la esfera astronómica; y Eolo, el hijo de Hellen, nos dio la teoría de los vientos.

A los fenicios les debemos la primera observación de las estrellas en la navegación; los copas inventaron el remo, y los platenses le dieron su ancha hoja. Ícaro fue quien inventó las velas, y Dédalo el mástil y las velas; los samios, o bien Pericles, el ateniense, los transportes para los caballos, y los tracios, las largas embarcaciones cubiertas, antes de lo cual solían luchar sólo desde la proa o la popa. Pisæus, el Tirreno, añadió el pico a las naves; Eupalaraus, el ancla; Anacharsis, la de dos aletas; Pericles, el ateniense, garfios y ganchos como manos; y Tiphys, el timón y la caña.

Minos fue el primero que hizo la guerra por medio de barcos; Hiperbio, el hijo de Marte, el primero que mató a un animal; y Prometeo, el primero que mató al buey.

CUANDO SE HICIERON LOS PRIMEROS RELOJES

El tercer punto de acuerdo universal fue la división del tiempo, un tema que posteriormente apeló a las facultades de razonamiento. Este arte se inventó por primera vez en Grecia; también se introdujo en Roma, pero en un período posterior. En las Doce Tablas, la salida y la puesta del Sol son las únicas cosas que se mencionan en relación con el tiempo. Algunos años después, se añadió la hora del mediodía, que el convocante de los cónsules proclamaba en voz alta, tan pronto como divisaba el Sol entre la Rostra y la Græostasis, desde la casa del senado, también proclamaba la última hora, cuando el Sol había descendido desde la columna Menia hasta la prisión. Esto, sin embargo, sólo podía hacerse con tiempo despejado, pero se continuó haciendo hasta la primera guerra púnica. Se dice que el primer reloj solar fue erigido entre los romanos doce años antes de la guerra con Pirro, por L. Papirio Cursor, en el templo de Quirino, en cuya ocasión lo dedicó en cumplimiento de un voto que había hecho su padre. Este es el relato que hace Fabio Vestalis, pero no menciona ni la construcción de la esfera ni el artista, ni nos informa de qué lugar se trajo, ni en qué obras encontró esta afirmación.

M. Varro dice que el primer reloj solar, erigido para el uso del público, fue fijado en una columna cerca de la Rostra, en el tiempo de la primera guerra púnica, por el cónsul M. Valerius Messala, y que fue traído desde la captura de Catina, en Sicilia: esto es treinta años después de la fecha asignada al reloj de Papirio, y el año de 491 de la fundación de Roma. Las líneas de este dial no coincidían exactamente con las horas que servían, sin embargo fue el regulador del tiempo romano durante noventa y nueve años, hasta que Q. Marcius Philippus, que era censor con L. Paulus, colocó uno cerca de él, que estaba más cuidadosamente arreglado; un acto que fue muy apreciado, como uno de los mejores de su trabajo de censor. Las horas, sin embargo, seguían siendo una cuestión incierta, siempre que el tiempo estuviera nublado, hasta el lustro siguiente, en el que Escipión Nasica, el colega de Lsenas, fue el primero en dividir las horas del día y de la noche en partes iguales; y esta pieza de tiempo la colocó bajo cubierta y la dedicó, en el año 595 de la fundación Roma, durante tanto tiempo los romanos habían permanecido sin ninguna división exacta del día. Volveremos ahora a la historia de los demás animales, y primero a la de los terrestres.

Libro VIII
La naturaleza de los animales terrestres

LOS ELEFANTES

Pasemos ahora a los demás animales, y en primer lugar a los terrestres. El elefante es el más grande de todos ellos, y en cuanto a inteligencia es el que más se acerca al hombre. Entiende el lenguaje de su país, obedece órdenes y recuerda todos los deberes que se le han enseñado. Es sensible tanto a los placeres del amor como a los de la gloria y, en un grado que es raro entre los hombres, posee nociones de honestidad, prudencia y equidad; tiene también un respeto religioso por las estrellas y una veneración por el Sol y la Luna. Se dice por algunos autores, que, a la primera aparición de la Luna nueva, manadas de estos animales bajan de los bosques de Mauritania a un río, cuyo nombre es Amilo; y que allí se purifican en forma solemne rociando sus cuerpos con agua; después de lo cual, habiendo saludado así al cuerpo celeste, regresan a los bosques, llevando consigo a las crías que están fatigadas. Se supone que también tienen noción de las diferencias de religión y cuando están a punto de cruzar el mar, no se les puede convencer de que suban a bordo del barco, hasta que su cuidador les haya prometido bajo juramento que volverán a casa. También se les ha visto, cuando están agotados por la enfermedad, (porque incluso estas grandes masas están expuestas a la enfermedad), tumbarse sobre su espalda y lanzar la hierba al aire, como si pidieran a la tierra que intercediera por ellos con sus oraciones. Como prueba de su extrema docilidad, rinden homenaje al rey, se arrodillan y le ofrecen la corona.

Los primeros elefantes enjaezados que se vieron en Roma, fueron exhibidos en el triunfo de Pompeyo Magno sobre África, cuando arrastraron su carro. En la exhibición de gladiadores que dio Germánico, los elefantes realizaban una especie de danza con sus movimientos toscos e irregulares. Era habitual verlos lanzar flechas con tal fuerza, que el viento era incapaz de desviarlas de su curso, imitar entre ellos los combates de los gladiadores y retozar con los pasos de la danza pírrica.

Es un hecho conocido que uno de estos animales, que era más lento de lo normal en aprender lo que se le enseñaba, y que había sido castigado frecuentemente con golpes, fue encontrado repasando su lección por la noche. Mutianus, que fue tres veces cónsul, nos informa de que a uno de estos animales se le había enseñado a trazar las letras griegas, y que solía escribir en esa lengua las siguientes palabras: "Yo mismo he escrito estas palabras, y he dedicado el botín de los celtas". Mutianus afirma también que él mismo fue testigo del hecho de que, cuando algunos elefantes estaban siendo desembarcados en Puteoli y se vieron obligados a abandonar el barco, al estar aterrorizados por la longitud de la plataforma, que se extendía desde el barco hasta la orilla, caminaron hacia atrás, con el fin de engañarse a sí mismos formando una falsa estimación de la distancia.

EL INSTINTO DE LOS ANIMALES SALVAJES PARA PERCIBIR EL PELIGRO

Es una cosa maravillosa que la mayoría de los animales sean conscientes de por qué son perseguidos y de qué es lo que, en cualquier circunstancia, tienen que evitar. Cuando un elefante se encuentra con un hombre en el desierto, que simplemente está vagando, el animal, se dice, se muestra misericordioso y amable, e incluso señala el camino. Pero el mismo animal, si se encuentra con las huellas de un hombre, antes de encontrarse con el hombre mismo, tiembla en todos sus miembros, por temor a una emboscada, se detiene en seco y olfatea el viento, mira a su alrededor, y resopla en voz alta con rabia; y luego, sin pisotear el objeto, lo desentierra, y lo pasa al siguiente, que de nuevo lo pasa al que le sigue, y así de uno a otro, hasta llegar al último. El rebaño se vuelve a colocar en orden de batalla, y el olor se adhiere en todos los casos a la pisada humana, aunque, como suele ocurrir, el pie no esté desnudo. De la misma manera, también, la tigresa, que es el temor de las otras bestias salvajes, y que ve, sin alarmarse, las huellas incluso del propio elefante, se dice que, al ver los pasos del hombre, se lleva a sus cachorros.

Los elefantes siempre se mueven en manadas. El más viejo va a la cabeza y el siguiente en edad va en la retaguardia. Cuando cruzan un río, primero envían a los más pequeños, por temor a que el peso de los más grandes aumente la profundidad del canal, trabajando el lecho del río. Sabemos por Antípatro que el rey Antíoco tenía dos elefantes, que empleaba en sus guerras, y a los que había dado nombres de hombres célebres; y que ellos también eran conscientes de esta marca de distinción.

Estos animales son sensibles a los sentimientos de modestia; nunca se emparejan sino en secreto el macho después de haber alcanzado su quinto año, la hembra después de la edad de diez años. Se dice que su relación sexual sólo tiene lugar cada dos años, y durante cinco días solamente, y no más; al sexto día se sumergen en un río, antes de lo cual no se reúnen con la manada. El sexto día se zambullen en el río, antes de lo cual no se reúnen con la manada. Desconocen el adulterio, y no tienen ninguno de esos combates mortales por la posesión de la hembra que tienen lugar entre los otros animales.

LOS COMBATES DE LOS ELEFANTES

Se menciona un famoso combate de un romano con un elefante, cuando Aníbal obligó a nuestros prisioneros a luchar entre sí. Al que había sobrevivido a todos los demás lo colocó delante de un elefante, y le prometió su vida si lo mataba; tras lo cual el hombre avanzó solo en la arena, y, para gran pesar de los cartagineses, lo consiguió. Aníbal, sin embargo, pensando que la noticia de esta victoria podría causar un sentimiento de desprecio por estos animales, envió a algunos jinetes a matar al hombre en su camino a casa. En las batallas con Pirro se comprobó, al hacer la prueba, que era extremadamente fácil cortar las trompas de estos animales.

En el segundo consulado de Pompeyo, en la dedicación del templo de Venus Victrix, veinte elefantes, o, como dicen algunos, diecisiete, lucharon en el Circo contra un número de gætulianos, que los atacaron con jabalinas. Uno de estos animales luchó de una manera muy sorprendente; al ser atravesado por los pies, se arrastró de rodillas hacia la tropa, y agarrando sus broqueles, los lanzó al aire: y cuando llegaron al suelo, divirtieron mucho a los espectadores, ya que dieron vueltas y vueltas en el aire, como si hubieran sido lanzados con un cierto grado de habilidad, y no por la furia frenética de una bestia salvaje.

Se dice que el elefante muestra una disposición tan misericordiosa hacia los animales más débiles que él, que, cuando se encuentra en un rebaño de ovejas, retira con su trompa las que le estorban, para no pisotearlas involuntariamente. Nunca hacen ningún daño, excepto cuando se les provoca, y tienen un carácter tan sociable que siempre se mueven en rebaños, ya que ningún animal es menos aficionado a la vida solitaria. Cuando son rodeados por una tropa de jinetes, colocan en el centro de la manada a los que están débiles, cansados o heridos, y luego toman la primera fila cada uno a su vez, como si actuaran bajo mando y de acuerdo con la disciplina. Cuando se les lleva cautivos, se les amansa muy rápidamente, alimentándolos con los jugos de la cebada.

LA FORMA DE CAPTURAR A LOS ELEFANTES

En la India los atrapa el cuidador guiando a uno de los elefantes mansos hacia uno salvaje que ha encontrado solo o que ha separado de la manada; entonces lo golpea, y cuando está fatigado lo monta y lo guía de la misma manera que al otro. En África los llevan a las fosas; pero en cuanto un elefante se mete en una, los demás recogen inmediatamente ramas de árboles y amontonan montones de tierra, para formar un montículo, y luego se esfuerzan con todas sus fuerzas por sacarlo. Antiguamente se acostumbraba a domesticarlos conduciendo los rebaños con los jinetes a un estrecho desfiladero, hecho artificialmente de tal manera que los engañaba por su longitud; y cuando estaban así encerrados por medio de bancos y trincheras empinadas, se amansaban por efecto del hambre; como prueba de ello, tomaban tranquilamente una rama que les extendía uno de los hombres. En la actualidad, cuando los cogemos por sus colmillos, les lanzamos dardos a los pies, que son en general la parte más tierna de su cuerpo. Los trogloditas, que habitan en los confines de Etiopía y que viven exclusivamente de la carne de los elefantes obtenida mediante la caza, se suben a los árboles que se encuentran cerca de los caminos por los que suelen pasar estos animales. Allí vigilan y buscan al último de la fila; saltando sobre sus ancas, le agarran la cola con la mano izquierda y fijan sus pies en el muslo izquierdo. Colgándose de esta manera, el hombre, con su mano derecha, le corta el tendón de la corva, con un hacha muy afilada. El elefante retrasa su paso debido a la herida, el hombre corta los tendones de la otra corva y luego escapa; todo esto se hace con la mayor celeridad.

EN QUÉ PAÍSES SE ENCUENTRA EL ELEFANTE – ANTIPATÍA ENTRE EL ELEFANTE Y EL DRAGÓN

África produce elefantes, más allá de los desiertos del Syrtes, y en Mauritania; también se encuentran en los países de los etíopes y los trogloditas, como se mencionó anteriormente. Pero es la India la que produce el más grande, así como el dragón,[1] que está perpetuamente en guerra con el elefante, y es en sí mismo de un tamaño tan enorme, como para envolver fácilmente a los elefantes con sus pliegues, y rodearlos con su cuerpo. La contienda es igualmente fatal para ambos; el elefante, vencido, cae a la tierra y, con su peso, aplasta al dragón que está enredado en él.

La sagacidad que todo animal exhibe en su propio beneficio es maravillosa, pero en estos dos es muy notable. El dragón tiene mucha dificultad para subir a una altura tan grande, y por eso, observando el camino, que lleva las marcas de las pisadas dejadas por el elefante cuando va a alimentarse, se lanza sobre él desde un árbol elevado. El elefante sabe que es incapaz de luchar contra los pliegues de la serpiente, por lo que busca árboles o rocas contra los que frotarse. El dragón se pone en guardia contra esto y trata de impedirlo, primero confinando las patas del elefante con los pliegues de su cola; mientras que el elefante, por su parte, se esfuerza por desengancharse con su trompa. El dragón, sin embargo, le mete la cabeza en las fosas nasales y así, en el mismo momento, detiene el aliento y hiere las partes más tiernas. Cuando se encuentra de forma inesperada, el dragón se levanta, se enfrenta a su adversario y vuela sobre todo a los ojos; esta es la razón por la que los elefantes se encuentran tan a menudo ciegos y desgastados hasta el esqueleto por el hambre y la miseria.

También se cuenta otra historia en relación con estos combates; se dice que la sangre del elefante es notablemente fría, por lo que, en los calores abrasadores del verano, el dragón la busca con notable avidez. Por lo tanto, se encuentra enroscado y oculto en los ríos, a la espera de los elefantes, cuando vienen a beber; sobre los que se lanza, se sujeta alrededor de la trompa, y luego fija sus dientes detrás de la oreja, que es el único lugar que el elefante no puede proteger con la trompa. Se dice que los dragones tienen un tamaño tan grande que pueden tragar toda la sangre; en consecuencia, el elefante, al ser vaciado de su sangre, cae a la tierra exhausto; mientras que el dragón, intoxicado con la bebida, es aplastado bajo él, y así comparte su destino.

---

1   Podemos suponer que Plinio utiliza el término "dragón" para referirse a algunas de las grandes serpientes que existen en climas cálidos, y son de un tamaño tan grande, que tal vez podrían ser capaces de realizar algunas de las hazañas que aquí se atribuyen al dragón.

DRAGONES Y SERPIENTES

Etiopía produce dragones, no tan grandes como los de la India, pero sí de veinte codos de longitud. Los etíopes son conocidos como los Asachæi, entre los que más abundan; y se nos dice, que en esas costas cuatro o cinco de ellos se encuentran retorcidos y entrelazados juntos como tantos mimbres en un obstáculo, y así zarpando, con sus cabezas erguidas, son llevados a lo largo de las olas, para encontrar mejores fuentes de alimentación en Arabia.

Megasthenes nos informa que en la India, las serpientes crecen a un tamaño tan inmenso, como para tragar ciervos y toros; mientras que Metrodorus dice, que alrededor del río Rhyndacus, en Pontus, agarran y tragan los pájaros que están volando sobre ellas, por más altura y velocidad que tenga su vuelo. Es un hecho bien conocido que durante la guerra púnica, en el río Bagrada, una serpiente de ciento veinte pies de longitud fue tomada por el ejército romano al mando de Régulo, siendo asediada, como una fortaleza, por medio de balistæ y otros motores de guerra. Las serpientes que en Italia se conocen con el nombre de boa, hacen que estos relatos estén lejos de ser increíbles, ya que alcanzan un tamaño tan grande, que se encontró un niño entero en el estómago de una de ellas, que fue asesinada en la colina del Vaticano durante el reinado del emperador Claudio. Se alimentan, en primer lugar, con la leche de la vaca, y de ahí toman su nombre.

EL LEÓN

El aspecto noble del león se aprecia especialmente en la especie que tiene el cuello y los hombros cubiertos de una melena, que sus crías siempre adquieren a la edad apropiada; mientras que, en cambio, los que son hijos del leopardo, carecen siempre de esta distinción. La hembra tampoco tiene melena. Las pasiones sexuales de estos animales son muy violentas y hacen que el macho se enfurezca. Esto ocurre especialmente en África, donde, como consecuencia de la gran escasez de agua, las fieras se reúnen en gran número en las orillas de unos pocos ríos. Esta es también la razón por la que se producen allí tantas variedades curiosas de animales, los machos y las hembras de diversas especies se acoplan promiscuamente entre sí. De ahí surgió el dicho, común incluso en Grecia, de que "África siempre produce algo nuevo". El león reconoce, por el olor peculiar del leopardo, cuando la leona le ha sido infiel, y se venga con la mayor furia. De ahí que la hembra, cuando ha sido culpable de un desliz, se lave, o bien siga al león a una distancia considerable.

Hay dos especies de leones; en una el cuerpo es más corto y compacto, y la melena más crujiente y rizada; éstos son más tímidos que los de cuerpo más largo y pelo liso, que, de hecho, no temen las heridas. Tragan su comida entera, sin masticar, en la medida en que pueden; y cuando han tomado más de lo que el estómago puede recibir, extraen parte de ella clavando sus garras en la garganta; lo mismo hacen también, si, cuando están llenos, deben emprender la huida. Polibio nos dice que, cuando envejecen, atacan a los hombres, pues ya no tienen fuerza suficiente para perseguir a las fieras. Es entonces cuando asedian las ciudades de África; y por esta razón él, al igual que Escipión, había visto a algunos de ellos colgados en una cruz; se suponía que otros, por temor a un castigo similar, podrían ser disuadidos de cometer los mismos ultrajes.

COMBATES DE LEONES EN ROMA

Q. Scævola, cuando era curule ædile, fue el primero en exhibir en Roma un combate de un número de leones; y L. Sylla, que después fue dictador, durante su prætorato, dio el espectáculo de una lucha de cien leones con crines. Después de él, Pompeyo Magno exhibió seiscientos leones en el Circo, de los cuales trescientos quince tenían crines; César, el Dictador, exhibió cuatrocientos.

MARAVILLOSAS HAZAÑAS REALIZADAS POR LOS LEONES

Antiguamente era muy difícil atrapar al león, y la mayoría de las veces se hacía por medio de fosos donde caían. Sin embargo, en el reinado del emperador Claudio, un accidente reveló un método que parece casi vergonzoso para la fama de tal animal; un pastor de Gætulian detuvo a un león que se abalanzaba furiosamente sobre él, simplemente arrojando su manto sobre el animal; una circunstancia que más tarde proporcionó una exhibición en la arena del Circo, cuando la furia frenética del animal fue paralizada de una manera casi increíble por una cubierta ligera que se lanzó sobre su cabeza, tanto, que fue puesto en cadenas sin la menor resistencia; debemos concluir, por lo tanto, que toda su fuerza se encuentra en sus ojos.

Antonio sometió a los leones al yugo, y fue el primero en su casa en enjaezarlos a su carro, y esto durante la guerra civil, después de la batalla en las llanuras de Farsalia; no sin una especie de presagio ominoso, un prodigio que predijo en su momento cómo iban a ser sometidos aquellos espíritus generosos. Mentor, oriundo de Siracusa, fue encontrado en Siria por un león, que se revolcó ante él de manera suplicante; aunque estaba muy asustado y deseoso de escapar, la fiera se opuso por todos lados a su huida, y le lamió los pies con aire adulador. Tras esto. Mentor observó en la pata del león una hinchazón y una herida, de la que, tras extraer una astilla, alivió el dolor de la criatura. Hay un cuadro en Siracusa que atestigua la verdad de esta transacción.

De la misma manera, también, Elpis, un nativo de Samos, al desembarcar de un barco en la costa de África, observó a un león cerca de la playa, abriendo su boca de manera amenazante; ante lo cual se subió a un árbol, con la esperanza de ponerse a salvo, mientras, al mismo tiempo, invocaba la ayuda del Padre Líber; ya cuando no hay lugar para la esperanza es el momento apropiado para las invocaciones. La fiera no lo persiguió, aunque podría haberlo hecho fácilmente; pero, tumbado al pie del árbol, con su boca abierta, que tanto terror le había causado, trató de excitar su compasión. Un hueso, mientras devoraba su comida con demasiada avidez, se le había clavado entre los dientes, y perecía de hambre; siendo tal el castigo que le infligían sus propias armas; de vez en cuando levantaba la vista y le suplicaba, por así decirlo, con mudas súplicas. Elpis, no queriendo arriesgarse a confiar en una bestia tan formidable, permaneció inmóvil durante algún tiempo, más por el asombro que por el miedo. Al final, sin embargo, descendió del árbol y extrajo el hueso, mientras el león extendía su cabeza y ayudaba en la operación hasta donde era necesario que lo hiciera. La historia continúa diciendo que mientras el barco permaneció frente a la costa, el león mostró su sentido de gratitud trayendo todo lo que había conseguido en la persecución.

EL TIGRE

El difunto emperador Augusto fue la primera persona que exhibió en Roma un tigre domesticado en el escenario. Esto fue en el consulado de Q. Tubero y Fabio Máximo, en la dedicación del teatro de Marcelo, el cuarto día antes de los nones de mayo; el difunto emperador Claudio exhibió cuatro a la vez.

Hircania y la India producen el tigre, un animal de tremenda rapidez, cualidad que se comprueba más especialmente cuando se le priva de todas sus crías, que son siempre muy numerosas. Son capturados por el cazador, que los acecha provisto del caballo más veloz que pueda conseguir, y que con frecuencia cambia por uno nuevo. Tan pronto como la hembra encuentra su guarida vacía –ya que el macho no se ocupa de sus crías– se lanza tras de ellas y las localiza por el olor. Su aproximación se da a conocer por sus rugidos, ante lo que el cazador arroja uno de los cachorros; la tigresa lo arrebata con sus dientes, y más rápido, incluso, bajo el peso, vuelve a su guarida, y entonces se lanza de nuevo en su persecución; y esto continúa haciéndolo, hasta que el cazador ha llegado a su barco, cuando el animal descarga en vano su furia en la orilla.

BESTIAS SALVAJES QUE MATAN CON SUS OJOS

Entre los etíopes de Hesperia se encuentra la fuente de Nigris, que muchos piensan que es la cabecera del Nilo. Cerca de esta fuente, se encuentra una bestia salvaje, que se llama el catoblepas; un animal de tamaño moderado, y en otros aspectos perezoso en el movimiento del resto de sus miembros; su cabeza es notablemente

pesada, y sólo la sostiene con la mayor dificultad, estando siempre inclinada hacia la tierra. Si no fuera por esta circunstancia, supondría la destrucción de la raza humana; pues todos los que contemplan sus ojos, caen muertos en el acto.

También posee el mismo poder la serpiente llamada basilisco. Se cría en la provincia de Cirene, no teniendo más de doce dedos de longitud. Tiene una mancha blanca en la cabeza, que se parece mucho a una especie de diadema. Cuando sisea, todas las demás serpientes huyen de ella; y no avanza su cuerpo, como las demás, por una sucesión de pliegues, sino que se desplaza erguida sobre el medio. Destru-

ye todos los arbustos, no sólo por su contacto, sino incluso aquellos sobre los que ha respirado; también quema toda la hierba y rompe las piedras, tan tremenda es su influencia nociva. Antiguamente era una creencia generalizada que si un hombre a caballo mataba a uno de estos animales con una lanza, el veneno subía por el arma y mataba, no sólo al jinete, sino también al caballo. Para este temible monstruo el efluvio de la comadreja es fatal, cosa que se ha probado con éxito, pues los reyes han deseado a menudo ver su cuerpo cuando lo matan; tan cierto es que ha complacido a la Naturaleza que no haya nada sin su antídoto. La comadreja se echa en el agujero del basilisco, que se conoce fácilmente porque la tierra que lo rodea está infectada. La comadreja destruye al basilisco por su olor, pero muere ella misma en esta lucha de la naturaleza contra su propio ser.

En Italia también se cree que hay una influencia nociva en el ojo del lobo; se supone que le quitará instantáneamente la voz a un hombre, si es el primero en verlo.

EL CAMELLO

Los camellos se encuentran alimentándose en manadas en Oriente. De ellos hay dos clases diferentes, los de Bactriana y los de Arabia; los primeros tienen dos jorobas en el lomo, y los segundos sólo una; tienen también otra joroba bajo el pecho, por medio de la cual se sostienen cuando se reclinan. Estas dos especies, al igual que el buey, no tienen dientes en la mandíbula superior. Todos ellos se emplean como bestias de carga, para transportar cargas a la espalda, y responden al propósito de la caballería en la batalla. Su velocidad es la misma que la del caballo, pero su poder de resistencia en este sentido es proporcional en cada uno a su fuerza natural; nunca irá más allá de su distancia acostumbrada, ni recibirá más que su carga habitual. El camello tiene una antipatía natural por el caballo. Puede soportar la sed incluso durante cuatro días, y cuando tiene la oportunidad de obtener agua, bebe, por así decirlo, tanto para la sed pasada como para la futura, habiendo tenido primero la precaución de remover el agua pisoteándola; sin hacerlo, no encontraría placer en beber. Viven cincuenta años, algunos incluso hasta cien. Estos animales, además, son propensos a ataques de frenesí. Se ha descubierto un modo peculiar de castrarlos, e incluso a las hembras, cuando se les requiere con fines bélicos; esto los hace más valientes, por la destrucción de todos los sentimientos sexuales.

EL RINOCERONTE

El rinoceronte tiene un solo cuerno que sobresale de la nariz. Es otro enemigo natural del elefante.[2] Se prepara para el combate afilando su cuerno contra las rocas; y al luchar lo dirige principalmente contra el vientre de su adversario, que sabe que es la parte más blanda. Los dos animales son de igual longitud, pero las patas del rinoceronte son mucho más cortas; su piel es del color de la madera de boj.

EL HOMBRE LOBO

Que los hombres se han convertido en lobos y han recuperado su forma original, debemos considerarlo como falso. Pero, como la creencia de esto se ha fijado tan firmemente en las mentes de la gente común, como para haber causado el término "Versipellis"[3] para ser utilizado como una forma común de imprecación,

---

2 El otro enemigo es el dragón, como se ha descrito antes en el presente Libro.
3 Cambiador de forma, que puede metamorfosearse a una forma diferente (N. del T.).

voy a señalar aquí su origen. Euanthes, un autor griego de no poca reputación, nos informa de que los arcadios afirman que un miembro de la familia de un tal Anthus es elegido por sorteo, y luego llevado a un cierto lago en ese distrito, donde, después de suspender sus ropas en un roble, nada a través del agua y se va al desierto, donde se transforma en un lobo y se asocia con otros animales de la misma especie por un espacio de nueve años. Si se ha abstenido de contemplar a un hombre durante todo ese tiempo, vuelve al mismo lago y, tras cruzarlo a nado, retoma su forma original, sólo que añadiendo nueve años de edad a su aspecto anterior.

Agriopas, que escribió un relato de las victorias obtenidas en los Juegos Olímpicos, nos informa de que Demænetus, el Parrhasian, durante un sacrificio de víctimas humanas que los Arcadios ofrecían a Júpiter, probó las vísceras de un niño que había sido sacrificado; tras lo cual se convirtió en lobo, pero, diez años después, recuperó su forma original y su vocación de atleta, y volvió victorioso en los concursos de pugilato de los Juegos Olímpicos.

EL LINCE, LA ESFINGE, LA HIENA Y EL MONO

Etiopía produce el lince en abundancia, y la esfinge, que tiene pelo marrón y dos mamas en el pecho, así como muchos tipos monstruosos de naturaleza similar; caballos con alas, y armados con cuernos, que se llaman pegasos;[4] la hiena, un animal que parece haber sido producido por la unión del lobo y el perro, pues puede romper cualquier cosa con sus dientes, y al instante de tragarla la digiere con el estómago; también hay monos, con la cabeza negra, pelo similar al del asno, y una voz muy distinta a la de cualquier otro animal. También hay bueyes, como los de la India, algunos con un cuerno y otros con tres; la leucrocota,[5] una bestia salvaje de extraordinaria rapidez, del tamaño del asno salvaje, con las patas de un ciervo, el cuello, la cola y el pecho de un león, la cabeza de un tejón, una pezuña hendida, la boca abierta hasta las orejas y un hueso continuo en lugar de dientes; se dice también que este animal puede imitar la voz humana.

Ctesias nos informa de que entre estos mismos Etíopes se encuentra un animal al que llama mantícora; tiene una triple fila de dientes, que encajan entre sí como los de un peine, la cara y las orejas de un hombre, y los ojos azules, es del color de la sangre, tiene el cuerpo del león, y una cola que termina en un aguijón, como el del escorpión. Su voz se asemeja a la unión del sonido de la flauta y la trompeta; es de excesiva rapidez, y le gusta especialmente la carne humana.

---

4   El pegaso y el rinoceronte juntos pueden haber dado lugar a ese animal fabuloso, el unicornio.
5   La leucocrota es un animal mítico que es capaz de imitar la voz humana para atraer a su presa.

SOBRE LAS SERPIENTES

Anfisbena

En cuanto a las serpientes, se sabe que adoptan el color del suelo en el que se esconden. Sus diferentes especies son innumerables. La cerastes tiene pequeños cuernos, a menudo cuatro, que sobresalen del cuerpo, por el movimiento de los cuales atrae a las aves, mientras que el resto de su cuerpo se mantiene oculto. La anfisbena tiene dos cabezas, es decir, tiene una segunda en la cola, como si una sola boca fuera demasiado pequeña para la descarga de todo su veneno. Algunas serpientes tienen escamas, otras una piel moteada, y todas poseen un veneno mortal. El jaculus se lanza desde las ramas de los árboles; y no es sólo a nuestros pies que la serpiente es formidable, pues éstas vuelan incluso por el aire, como si fueran lanzadas desde un motor. El cuello del áspid se desprende, y no hay remedio alguno contra su picadura, salvo la extirpación instantánea de la parte afectada. Este reptil, que es tan mortal, posee este único sentido, o más bien afecto; el macho y la hembra se encuentran generalmente juntos, y el uno no puede vivir sin el otro; por lo tanto, si uno de ellos es asesinado, el otro se esfuerza increíblemente por vengar su muerte. Sigue al asesino de su compañera, y lo distinguirá entre un número siempre tan grande de personas, por una especie de conocimiento instintivo; con este objeto supera todas las dificultades, recorre cualquier distancia, y sólo debe ser evitado por la intervención de los ríos o una huida acelerada. Es realmente difícil decidir si la naturaleza ha sido más liberal con el bien o con el mal. En primer lugar, sin embargo, ella ha dado a esta plaga pero débiles poderes de la vista, y ha colocado los ojos, no en la parte delantera de la cabeza, para que pueda ver directamente delante de ella, sino en las sienes, por lo que es más frecuentemente puesto en movimiento por la aproximación de la pisada que por la vista.

EL HIPOPÓTAMO

El Nilo produce el hipopótamo, otra bestia salvaje, de un tamaño aún mayor. Tiene la pezuña hendida del buey; el lomo, la crin y el relincho del caballo; y el hocico respingón, la cola y los dientes ganchudos del jabalí, pero no es tan peligroso. La piel es impenetrable, excepto cuando ha sido empapada con agua; y se utiliza para hacer escudos y cascos. Este animal arrasa con el maíz en pie, y determina de antemano qué parte asolará al día siguiente; se dice también que entra en el campo de espaldas, para evitar que se le tiendan emboscadas a su regreso.

PRONÓSTICOS DE PELIGRO DERIVADOS DE LOS ANIMALES

La misma naturaleza ha otorgado también a muchos animales la facultad de observar los cielos y de presagiar los vientos, las lluvias y las tempestades, cada uno a su manera. Sería un trabajo interminable enumerarlos a todos; tanto como lo sería señalar la relación de cada uno con el hombre. Porque, de hecho, nos advierten del peligro, no sólo por sus fibras y sus entrañas, lo que una gran parte de la humanidad cree con la mayor fe, sino también por otros tipos de advertencias. Cuando un edificio está a punto de caerse, todos los ratones lo abandonan antes, y las arañas son las primeras en descolgarse de sus telarañas. La adivinación a partir de los pájaros se ha convertido en una ciencia entre los romanos, y el colegio de sus sacerdotes se considera especialmente sagrado. En Tracia, cuando todas las partes están cubiertas de hielo, se consulta a los zorros, un animal que, en otros aspectos, es nefasto por su astucia. Se ha observado que este animal aplica su oreja al hielo con el fin de comprobar su grosor; de ahí que los habitantes no crucen nunca los ríos y lagos helados hasta que los zorros hayan pasado por encima y hayan regresado.

ANIMALES ANFIBIOS

Los castores del Euxino, cuando se ven estrechamente presionados por el peligro, se cortan ellos mismos sus partes, pues saben que es por esto por lo que son perseguidos. Esta sustancia es llamada por los médicos castóreo. Además, la mordedura de este animal es terrible; con sus dientes puede cortar árboles en las orillas de los ríos, como si lo hiciera con un cuchillo. Si agarran a un hombre por cualquier parte de su cuerpo, no soltarán su agarre hasta que sus huesos se rompan y crujan bajo sus dientes. La cola es como la de un pez, en las demás partes del cuerpo se parecen a la nutria; ambos son animales acuáticos, y ambos tienen el pelo más suave que el plumón.

La foca también vive por igual en el mar y en la tierra, y posee el mismo grado de inteligencia que el castor. Vomita su hiel, que es útil para muchos fines en medicina; también el cuajo, que sirve de remedio en la epilepsia; pues sabe bien que es cazada por estas sustancias. Teofrasto nos informa, que los lagartos también mudan su piel como la serpiente, y la devoran al instante, privándonos así de un poderoso remedio para la epilepsia; dice, además, que la mordedura del lagarto es mortal en Grecia, pero inofensiva en Italia.

LOS CIERVOS

Los ciervos, aunque son los más apacibles de todos los animales, tienen todavía sus propios sentimientos de malignidad; cuando son fuertemente presionados por los sabuesos, por su propia voluntad huyen para refugiarse junto al hombre; y cuando las hembras dan a luz, están menos ansiosas de evitar los caminos que llevan huellas de pisadas humanas, que los lugares solitarios que ofrecen un refugio a las bestias salvajes. Se quedan embarazadas después de la salida de la constelación de Arcturus; dan a luz después de una gestación de ocho meses, y a veces producen dos crías. Se separan después de la concepción, pero los machos, al ser abandonados, se vuelven locos con la furia de su pasión; escarban la tierra, y sus hocicos se vuelven bastante negros, hasta que han sido lavados por la lluvia.

Los ciervos cruzan el mar en manadas, nadando en una larga fila, la cabeza de cada uno descansando en las ancas del que le precede, cada uno a su vez retrocediendo hacia la retaguardia. Esto se ha observado especialmente cuando pasan de Cilicia a la isla de Chipre. Aunque no ven la tierra, son capaces de orientarse por el olor.

EL CAMALEÓN

África es casi el único país que no produce el ciervo, pero produce el camaleón, aunque es mucho más común encontrarlo en la India. Su figura y tamaño son los de un lagarto, sólo que sus patas son rectas y más largas. Sus lados se unen bajo el vientre, como en los peces, y su columna vertebral se proyecta de manera similar. Su hocico es similar al de un pequeño cerdo, en la medida en que puede serlo en un animal tan pequeño. Su cola es muy larga y se reduce hacia el final, enrollándose en pliegues como la de la víbora. Tiene garras ganchudas, y un movimiento lento como el de la tortuga; su cuerpo es áspero como el del cocodrilo; sus ojos están profundamente hundidos en las órbitas, colocados muy cerca uno del otro, muy grandes, y del mismo color que el cuerpo. Nunca los cierra, y cuando el animal mira a su alrededor, lo hace, no moviendo la pupila, sino todo el ojo. Siempre mantiene la cabeza erguida y la boca abierta, y es el único animal que no se alimenta ni de carne ni de bebida, ni de ninguna otra cosa, sino sólo del aire. Hacia el final de los días de la canícula es feroz, pero en otras ocasiones es bastante inofensivo. La naturaleza de su color también es muy notable, ya que cambia continuamente; sus ojos, su cola y todo su cuerpo siempre asumen el color de cualquier objeto que esté cerca, con la excepción del blanco y el rojo. Después de la muerte, se vuelve de un color pálido. Tiene un poco de carne alrededor de la cabeza, las mandíbulas y la raíz de la cola, pero nada en el resto del cuerpo. No tiene sangre, excepto en el corazón y alrededor de los ojos, y sus entrañas no tienen bazo. Se oculta durante los meses de invierno, al igual que el lagarto.

EL OSO

Los osos se emparejan al principio del invierno, y no a la manera de otros cuadrúpedos; pues ambos animales se acuestan y se abrazan. La hembra se retira entonces a una madriguera separada, y allí da a luz, al trigésimo día, generalmente cinco crías. Cuando nacen, son masas amorfas de carne blanca, un poco más grandes que los ratones, sólo sus garras son prominentes. La madre los lame poco a poco para darles la forma adecuada. No hay nada más raro que ver a una osa en el acto del parto. El macho permanece en su refugio durante cuarenta días, la hembra cuatro meses. Si no tienen una madriguera, construyen un refugio con ramas y arbustos, que hacen impenetrable a la lluvia y forran con hojas blandas. Durante los primeros catorce días, están sumidos en un sueño tan profundo que no pueden ser despertados ni siquiera por las heridas. También se vuelven maravillosamente gordos mientras están en este estado letárgico. Esta grasa se utiliza mucho en medicina; y es muy útil para evitar la caída del pelo. Al final de estos catorce días se incorporan y se alimentan chupando sus patas delanteras.

La cabeza del oso es extremadamente débil, mientras que en el león destaca por su fuerza; por ello, cuando el oso, impulsado por cualquier alarma, está a punto de precipitarse desde una roca, se cubre la cabeza con las patas. En la arena del circo se les ve a menudo muertos por un golpe en la cabeza con el puño. La gente de España tiene la creencia de que hay una especie de veneno mágico en el cerebro del oso, y por lo tanto queman las cabezas de los que han sido asesinados en sus juegos públicos; porque se afirma que el cerebro, cuando se mezcla con la bebida, produce en el hombre la rabia del oso.

EL ERIZO

Los erizos también acumulan comida para el invierno; revolcándose sobra las manzanas, mientras están en el suelo, perforan una con sus espinas, y luego toman otra en la boca, y así las llevan a los huecos de los árboles. Estos animales también, cuando se esconden en sus agujeros, dan una señal segura de que el viento está a punto de cambiar de noreste a sur. Cuando perciben la aproximación del cazador, recogen su cabeza y sus patas, y toda la parte inferior del cuerpo, que sólo está cubierta por un vello poco denso e inofensivo, y luego se enrollan en forma de bola, de modo que no hay manera de agarrarlos sino por sus espinas. Cuando se ven reducidos a un estado de desesperación, descargan una orina corrosiva, que hiere su piel y sus espinas, ya que son conscientes de que es por ellas por lo que son cazados.

EL PERRO

Entre los animales que son domesticados con la humanidad, también hay muchos que merecen ser conocidos; entre ellos, se encuentra particularmente el amigo más fiel del hombre, el perro, y también el caballo. Tenemos un relato de un perro que luchó contra una banda de ladrones, defendiendo a su amo; y aunque fue traspasado por las heridas, no quiso abandonar el cuerpo, del que ahuyentaba a todas las aves y bestias. Otro perro, también en el Epiro, reconoció al asesino de su amo, en medio de una asamblea de gente, y, mordiéndole y ladrándole, le arrancó la confesión de su crimen. Un rey de los Garamantes también fue traído de vuelta del exilio por doscientos perros, que mantuvieron el combate contra todos sus oponentes. Los habitantes de Colofón y Castabala mantenían tropas de perros para la guerra, que solían luchar en primera fila y nunca se retiraban; eran los auxiliares más fieles y, sin embargo, no exigían ninguna paga. Tras la derrota de los cimbrios, sus perros defendieron sus casas móviles, que eran transportadas en carros. Jasón, el licio, fue asesinado y su perro se negó a comer y murió de hambre. Un perro, al que Darío da el nombre de Hircano, al encenderse la pira funeraria del rey Lisímaco, se arrojó a las llamas, y el perro del rey Hiero hizo lo mismo. Filisteo también da un relato similar de Pirro, el perro del tirano Gelón; y se dice también que el perro de Nicomedes, rey de Bitinia, desgarró a Consingis, la esposa de ese rey, como consecuencia de su comportamiento licencioso, cuando jugaba con su marido.

Los perros son los únicos animales que están seguros de conocer a sus amos; y si de repente se encuentran con él como un extraño, lo reconocerán al instante. Son los únicos animales que responden a sus nombres y reconocen las voces de la familia. Recuerdan el camino por el que han pasado, por muy largo que sea. Además del hombre, no hay ningún ser vivo cuya memoria sea tan retentiva. Al sentarnos en el suelo, podemos detener su ataque más impetuoso, incluso cuando es impulsado por la rabia más violenta.

En la vida cotidiana hemos descubierto muchas otras cualidades valiosas en este animal; pero su inteligencia y sagacidad se manifiestan más especialmente en la persecución. Descubre y rastrea las huellas de la presa, guiando por la correa al deportista que lo acompaña directamente hasta la misma; y tan pronto como la ha percibido, ¡qué silencioso es, y qué secreta pero significativa es la indicación que da, primero con la cola y después con la nariz! De ahí que, incluso cuando están agotados por la vejez, ciegos y débiles, el cazador los lleve en brazos, ya que todavía son capaces de señalar los escondrijos donde se oculta la caza, olfateando con sus hocicos al viento. Los indios crían una raza entre el perro y el tigre, y para ello atan a las hembras en los bosques cuando están en celo. Consideran que las dos primeras camadas son demasiado salvajes para criarlas, pero crían la tercera.

Los galos hacen lo mismo con el lobo y el perro y sus jaurías tienen, cada una de ellas, uno de estos perros, que actúa como su guía y líder. A este perro lo siguen en la persecución, y a él le obedecen cuidadosamente; pues estos animales tienen incluso una noción de subordinación entre ellos. Se afirma que los perros siguen corriendo cuando beben en el Nilo, por miedo a ser presa de la voracidad del cocodrilo. Cuando Alejandro Magno estaba en su expedición a la India, el rey de Albania le regaló un perro de un tamaño inusual; encantado con su noble apariencia, ordenó que soltaran ante él a los osos, y después a los jabalíes, y luego a los ciervos; pero el perro se tumbó y los miró con una especie de desprecio inmóvil. El noble espíritu del general se irritó por la lentitud que manifestaba un animal de tan gran tamaño, y ordenó que lo mataran. La noticia llegó al rey, quien envió otro perro y, al mismo tiempo, le comunicó que sus poderes debían probarse, no con animales pequeños, sino con el león o el elefante; añadiendo que originalmente sólo había tenido dos, y que si éste moría, la raza se extinguiría. Alejandro, sin demora, se procuró un león, que en su presencia fue instantáneamente despedazado. Luego ordenó que le trajeran un elefante, y nunca se deleitó más con ningún espectáculo; pues el perro, erizando su pelo por todo el cuerpo, comenzó por emitir un fuerte ladrido, y luego atacó al animal, saltando hacia él primero por un lado y luego por el otro, atacándolo de la manera más hábil, y retirándose de nuevo en el momento oportuno, hasta que por fin el elefante, mareado por las vueltas que daba, cayó a tierra.

LA NATURALEZA DEL CABALLO

El rey Alejandro tenía también un caballo muy notable que se llamaba Bucéfalo, ya fuera por su aspecto feroz, o bien porque tenía la figura de una cabeza de toro marcada en el hombro. Se dice que quedó impresionado por su belleza cuando era sólo un niño, y que lo compró en la yeguada de Filonico, el fariseo, por trece talentos. Cuando estaba equipado con los atavíos reales, no permitía que nadie más que Alejandro lo montara, aunque en otras ocasiones permitía que lo hiciera cualquiera. De este caballo se registra una circunstancia memorable relacionada con él en la batalla; se dice que cuando fue herido en el ataque a Tebas, no permitió que Alejandro montara ningún otro caballo. También ocurrieron muchas otras circunstancias de naturaleza similar con respecto a él, de modo que cuando murió, el rey realizó debidamente sus exequias y construyó alrededor de su tumba una ciudad, a la que dio su nombre.

Se dice también que César, el Dictador, tenía un caballo que no permitía montar a nadie más que a él mismo, y que sus patas delanteras eran como las de un hombre; de hecho, está representado así en la estatua ante el templo de Venus Genetrix. El difunto emperador Augusto también erigió una tumba a su caballo; con este motivo, Germánico César escribió un poema que todavía existe.

Estos animales poseen una inteligencia que supera toda descripción. Los que tienen que utilizar la jabalina saben muy bien cómo el caballo, mediante sus esfuerzos y los movimientos flexibles de su cuerpo, ayuda al jinete en cualquier dificultad que pueda tener para lanzar su arma. Incluso presentarán a su amo las armas recogidas en el suelo. También los caballos que están unidos a los carros en el Circo, sin duda, dan pruebas notables de lo sensibles que son al estímulo y a la gloria. En los juegos seculares, que se celebraban en el Circo bajo el emperador Claudio, cuando el auricular Corax, que pertenecía al partido blanco, fue arrojado de su lugar en el puesto de salida, sus caballos tomaron la delantera y la mantuvieron, oponiéndose a los otros carros, volcándolos, y haciendo todo lo que podrían haber hecho contra los otros competidores, si hubieran sido guiados por el auricular más hábil; y mientras nos sonrojamos al contemplar la destreza del hombre superada por la del caballo, llegaron a la meta, después de recorrer todo el trayecto prescrito.

LA REPRODUCCIÓN DEL CABALLO

La hembra de este animal gesta a sus crías durante once meses, y da a luz en el duodécimo. El apareamiento tiene lugar en el equinoccio de primavera, y generalmente se efectúa a la edad de dos años en ambos sexos; pero el potro es mucho más fuerte cuando los padres tienen tres años. Los machos son capaces de procrear hasta los treinta y tres años, y no es hasta después de los veinte cuando se les saca para ello del circo.

La yegua da a luz de pie, y está apegada, más que todos los demás animales, a su cría. El caballo nace con una sustancia venenosa en la frente, conocida como hipómanes, que se utiliza en los filtros de amor; es del tamaño de un higo, y de color negro; la madre la devora inmediatamente al nacer el potro, y hasta que no lo haya hecho, no lo amamantará. Cuando esta sustancia puede ser rescatada de la madre, tiene la propiedad de volver al animal bastante frenético por el olor. Si un potro ha perdido a su madre, las otras yeguas de la manada que tienen crías, se harán cargo del huérfano. Se dice que las crías de este animal no pueden tocar la tierra con la boca durante los tres primeros días después de su nacimiento.

Es bien sabido que en Lusitania, en las cercanías de la ciudad de Olisipo y del río Tajo, las yeguas, volviendo la cara hacia el viento del oeste cuando éste sopla, se impregnan de sus brisas, y que los potros así concebidos son notables por su extrema rapidez; pero nunca viven más de tres años.

LOS BUEYES – SU REPRODUCCIÓN

Se dice que los bueyes de la India tienen la altura de los camellos y que los extremos de sus cuernos miden cuatro pies. En nuestra parte del mundo los bueyes más valiosos son los del Epiro, debido, según se dice, a la atención prestada a su raza por el rey Pirro. Esta perfección fue adquirida al no permitirles aparearse hasta después de su cuarto año. De este modo, consiguió que alcanzaran un tamaño muy grande, y todavía se pueden ver descendientes de esta raza en la actualidad. Pero en nuestros tiempos, ponemos a las novillas a criar en su primer año o, a más tardar, en el segundo. Los toros son aptos para la cría en su cuarto año; se dice que uno es suficiente para fecundar a diez vacas en el mismo año. Si el toro, después del apareamiento, se dirige al lado derecho, el producto será un macho; si al izquierdo, una hembra. La concepción tiene lugar después de una sola unión; pero si, por cualquier accidente, no se ha preñado, la vaca busca de nuevo al macho, al cabo de veinte días. Da a luz en el décimo mes; lo que pueda parir antes de ese momento no puede ser criado. Algunos escritores dicen que el nacimiento tiene lugar el mismo día en que se completa el décimo mes. Este animal rara vez produce gemelos. El tiempo de cobertura comienza en la salida del Delfín, el día antes de los nones de enero, y continúa por el espacio de treinta días. A veces tiene lugar en otoño; y entre las naciones que viven de la leche, se las arreglan para tener un suministro de ella en todas las épocas del año. Los toros nunca cubren más de dos veces en el mismo día. El buey es el único animal que camina hacia atrás mientras se alimenta; entre los Garamantes, no se alimentan de otra manera. Las hembras viven quince años como máximo, y los machos veinte; llegan a su pleno vigor en su quinto año.

Los toros se seleccionan como las víctimas más selectas y se ofrecen como el sacrificio más aprobado para apaciguar a los dioses. De todos los animales que tienen cola larga, éste es el único cuya cola no tiene una longitud proporcionada en el momento de nacer; y sólo en este animal sigue creciendo hasta llegar a los talones. Por este motivo, al elegir un ternero como víctima, se tiene cuidado de que su cola llegue hasta la articulación de la cuartilla; si es más corta, el sacrificio no se considera aceptable para los dioses.

EL APIS EGIPCIO

En Egipto, un buey es incluso adorado como una deidad; lo llaman Apis. Se distingue por una llamativa mancha blanca en el lado derecho, en forma de media Luna. También tiene un nudo bajo la lengua, que se llama "cantharus". A este buey no se le permite vivir más allá de un cierto número de años; entonces se le destruye ahogándolo en la fuente de los sacerdotes. Entonces van, en medio de un luto general, a buscar otro buey que lo sustituya; y el luto se prolonga, con las cabezas afeitadas, hasta que encuentran uno; no pasa mucho tiempo, sin embargo, antes de que encuentren un sucesor. Cuando se encuentra uno, los sacerdotes lo llevan a Menfis. Hay dos templos dedicados a él, llamados thalami, a los que la gente acude para conocer los augurios. Según el buey entre en uno u otro de estos lugares, el augurio se considera favorable o desfavorable. Da respuestas a los individuos, tomando la comida de la mano de quienes lo consultan. Se apartó de la mano de Germánico César, quien murió no mucho después. En general, vive apartado; pero, cuando se presenta en público, las multitudes le abren paso, y es atendido por una multitud de muchachos, que cantan himnos en su honor; parece ser sensible a la adoración que se le rinde, y la busca. También esta multitud se inspira repentinamente y predice acontecimientos futuros.

LAS OVEJAS Y SU CRIANZA

También debemos agradecer a la oveja, tanto por apaciguar a los dioses, como por darnos el uso de su vellón. Así como los bueyes cultivan los campos que dan alimento al hombre, a las ovejas les debemos la defensa de nuestros cuerpos. El poder generativo dura en ambos sexos del segundo al noveno año, a veces hasta el décimo. Los corderos producidos en el primer parto son pequeños. La época de acoplamiento, en todos ellos, es desde la puesta de Arcturus, es decir, el tercer día antes de los idus de mayo, hasta la puesta de Aquila, el décimo día antes de las calendas de agosto. El período de gestación es de ciento cincuenta días. Los corderos que se producen después de este tiempo son débiles; los antiguos llamaban cordi a los que nacían después de él.

LAS DIFERENTES CLASES DE LANA

La lana más estimada de todas es la de Apulia, y la que en Italia se llama lana griega, en otros países italiana. Los vellones de Mileto ocupan el tercer lugar. La lana de Apulia es más corta en el pelo, y sólo debe su alto carácter a los mantos que se hacen con ella. Las ovejas no se esquilan en todos los países; en algunos lugares todavía se acostumbra a arrancar la lana. Hay varios colores de lana; tanto, en efecto, que queremos términos para expresarlos todos.

LAS CABRAS Y SU REPRODUCCIÓN

La cabra da a luz ocasionalmente hasta cuatro crías en un parto; pero esto no suele ocurrir. Está preñada durante cinco meses, como la oveja. Las cabras se vuelven estériles cuando están muy gordas. No es muy ventajoso que den a luz antes de su tercer año, o después del cuarto, cuando empiezan a envejecer. Son capaces de engendrar en el séptimo mes, y mientras aún están amamantando. En ambos sexos los animales que no tienen cuernos se consideran los más valiosos. Un solo acoplamiento en el día no es suficiente, el segundo y los siguientes son más eficaces. Conciben en el mes de noviembre, para dar a luz en el mes de marzo, cuando los capullos están brotando; esto a veces ocurre cuando sólo tienen un año, pero suele hacerse al segundo año; aunque la cría de las que tienen tres años es la más valiosa. Siguen pariendo durante un periodo de ocho años. El frío produce el aborto. Cuando sus ojos están sobrecargados, la hembra descarga la sangre del ojo pinchándolo con la punta de un junco, y el macho con la espina de una zarza.

Se dice también que tienen el poder de ver tanto de noche como de día, por lo que las personas llamadas Nictálopes recuperan el poder de ver por la noche, comiendo el hígado de la cabra. En Cilicia y en los alrededores del Syrtes, los habitantes esquilan la cabra para vestirse. Se dice que las cabras en los pastos nunca se miran entre sí al ponerse el Sol, sino que se tumban de espaldas unas a otras, mientras que en otros momentos del día se tumban de frente y en grupos familiares. Todas tienen un pelo largo que les cuelga de la barbilla, que nosotros llamamos arunco. Si uno de los rebaños es agarrado y arrastrado por este pelo, todos los demás lo miran con estúpido asombro; y lo mismo ocurre cuando alguna de ellas ha comido de cierta hierba Su mordedura es muy destructiva para los árboles, y hacen que la aceituna sea estéril al lamerla; por lo que no se sacrifican a Minerva.[6]

EL JABALÍ

La carne del jabalí también es muy apreciada. Catón, el Censor, en sus oraciones, se pronunció fuertemente contra el uso de la carne del jabalí. El animal solía ser dividido en tres porciones, la parte central de las cuales era depositada, y es llamada lomo de jabalí.

La cerda salvaje da a luz una sola vez al año. Los machos son muy fieros durante la época de celo; luchan entre ellos, habiendo endurecido primero sus costados frotándolos contra los árboles, y cubriéndose de barro. Las hembras, como ocurre con los animales de cualquier tipo, se vuelven más feroces justo después de dar a luz. El jabalí no es capaz de engendrar antes del primer año. El jabalí de la India tiene dos dientes curvados, que sobresalen por debajo del hocico, de un codo de longitud; y otros tantos que sobresalen de la frente, como los cuernos del toro joven. El pelo de estos animales, en estado salvaje, es del color del cobre, los otros son negros. En Arabia no se encuentra ninguna especie de cerdo.

EL MONO

Los diferentes tipos de simios, que son los que más se acercan a la figura humana, se distinguen entre sí por la cola. Su astucia es bastante maravillosa. Se dice que, imitando a los cazadores, se embadurnan de cal de pájaro y meten los pies en los zapatos, que, como otras tantas trampas, les han sido preparados. Mucianus dice que incluso han jugado al ajedrez, habiendo aprendido, por la práctica, a distinguir las diferentes piezas, que están hechas de cera. Dice que las especies que tienen cola se vuelven muy melancólicas cuando la Luna está en su ocaso, y que saltan de alegría en el momento de la Luna nueva, y la adoran.

ANIMALES QUE SE DOMESTICAN SÓLO EN PARTE

Las liebres son raramente domesticadas, y sin embargo no pueden ser llamadas propiamente animales salvajes; de hecho, hay muchas especies de ellas que no son ni mansas ni salvajes, sino de una especie de naturaleza intermedia; del mismo tipo son entre los animales alados, las golondrinas y las abejas, y entre los animales marinos, el delfín.

Muchas personas han colocado en esta clase al habitante de nuestras casas, el ratón, un animal que no debe ser despreciado, por los presagios que ha proporcionado, incluso en relación con los acontecimientos públicos. Al roer los escudos de plata en Lanuvium, los ratones pronosticaron la guerra de Marte; y la muerte de nuestro general Carbo en Clusium, al roer los cierres con los que se abrochaba los zapatos. Ser visitado por ratones blancos es considerado como un indicio de un acontecimiento afortunado; pero nuestros Anales están llenos de casos en los que el canto de un ratón ha interrumpido los auspicios.

---

6   Ya que Minerva es la patrona del olivo.

Libro IX
La historia natural de los peces

Ya hemos dado cuenta de los animales que llamamos terrestres, y que viven como en una especie de sociedad con el hombre. Entre los animales marinos se encuentran muchos que superan en tamaño a cualquiera de los animales terrestres, lo que se debe evidentemente a la superabundancia de humedad de la que disfrutan. Muy diferente es la suerte de los animales alados, cuya vida transcurre en el aire. Pero en los mares, extendidos como están a lo largo y ancho, formando un elemento a la vez tan delicado y tan vivificante, y recibiendo los principios generadores de las regiones del aire, tal como son producidos por la Naturaleza, se encuentran muchos animales, y de hecho, la mayoría de los que son de forma monstruosa; debido a que, sin duda, estas semillas y primeros principios del ser están tan completamente conglomerados y tan envueltos, el uno con el otro, por ser arremolinados de un lado a otro, ya sea por la acción de los vientos o por las olas. De ahí que la noción vulgar pueda ser muy cierta, de que todo lo que se produce en cualquier otro departamento de la Naturaleza, se encuentra también en el mar; mientras que, al mismo tiempo, se encuentran allí muchas otras producciones que no existen en ninguna otra parte. El hecho de que en el mar se encuentren formas no sólo de animales terrestres, sino también de objetos inanimados, lo comprenderán fácilmente todos los que se tomen la molestia de examinar el pez uva, el pez espada, el pez sierra y el cohombro, este último tan parecido al verdadero pepino tanto en el color como en el olor. Por lo tanto, no hay razón para sorprenderse de que en un objeto tan pequeño como el caracol, la cabeza del caballo sobresalga del caparazón.

LOS MONSTRUOS MARINOS DE LOS OCÉANOS

Pero los más numerosos y más grandes de todos estos animales son los que se encuentran en los mares de la India; entre los cuales se encuentra la balænæ,[1] de cuatro jugeras de longitud, y el pristis,[2] de doscientos codos; aquí también se encuentran cangrejos de río de cuatro codos de longitud, y en el río Ganges se ven anguilas de trescientos pies de longitud. Pero en el mar se ven estos monstruos sobre todo en la época de los solsticios. Porque entonces, en estas regiones, el torbellino llega barriendo todo, las lluvias descienden, el huracán se precipita, lanzado desde las alturas de las montañas, mientras que el mar se agita desde el mismo fondo, y los monstruos son impulsados desde sus profundidades y revolcados hacia arriba en las crestas de las olas. En otras ocasiones, se encuentran multitudes tan grandes de atunes que la flota de Alejandro Magno sólo pudo enfrentarse a ellos en orden de batalla, como lo habría hecho con una flota enemiga. Si los barcos no hubieran hecho esto, sino que hubieran procedido de forma rezagada, no habrían podido escapar. Ningún ruido, ningún sonido, ningún golpe tenía efecto sobre estos peces; nada menos que el choque de la batalla los aterrorizaba, y nada menos que su total destrucción podía dominarlos.

Los animales más grandes que se encuentran en el Mar de la India son el pristis y la balæna; mientras que en el Océano Gálico el physeter[3] es el habitante más voluminoso, que se eleva en lo alto como una inmensa columna, y como se eleva por encima de las velas de los barcos, eructa, por así decirlo, un diluvio de agua. En el océano de Gades hay un árbol, con ramas extendidas tan vastas, que se supone que es por esa razón por la que nunca ha entrado en el Estrecho. También se encuentran allí peces que se llaman ruedas de mar, a consecuencia de su singular conformación; están divididos por cuatro radios, estando la nave custodiada a cada lado por un par de ojos.

TRITONES Y NEREIDAS

Una delegación de personas de Olisipo, que había sido enviada con este propósito, llevó la noticia al emperador Tiberio de que un tritón había sido visto y oído en cierta caverna, soplando una caracola, y de la forma bajo la cual se les suele representar. Sin embargo, la figura que generalmente se atribuye a las nereidas no es en absoluto una ficción; sólo que en ellas, la parte del cuerpo que se asemeja a la figura humana sigue siendo áspera por todas partes con escamas. Pues

---

1   No se sabe con exactitud a qué pez se referían los antiguos, bajo el nombre de "balænæ". Según algunos escritores, se considera que es aquel al que llamamos "orca".

2   Como señala Hardouin, no podemos saber, ni por las obras de Plinio, ni por las de Lilian, qué pez era realmente el pristis. De Nonius Marcellus, encontramos que era un pez muy largo de gran tamaño, pero de cuerpo estrecho. Hardouin dice que era un pez del tipo cetáceo, encontrado en los mares de la India, que, en su tiempo, era conocido por algunos como "vivella", con un largo hocico óseo aserrado a ambos lados, evidentemente significando el pez sierra. Pristis era el nombre preferido de los romanos para sus barcos. En la carrera de barcos descrita por Virgilio en la Eneida, uno de los barcos se llama así.

3   *Physeter* es un término griego que significa "soplador", por el hecho de que lanza un chorro hacia arriba; posiblemente este animal sea un cachalote.

una de estas criaturas fue vista en las mismas costas, y mientras moría, sus quejumbrosos murmullos fueron escuchados incluso por los habitantes a distancia. También el legado de la Galia escribió al difunto emperador Augusto que se había encontrado un número considerable de nereidas muertas en la orilla del mar. También tengo algunos informantes distinguidos de rango ecuestre, que afirman que ellos mismos vieron una vez en el océano de Gades a un hombre de mar, que tenía en cada parte de su cuerpo una perfecta semejanza con un ser humano, y que durante la noche se subía a los barcos; sobre los cuales el lado de la embarcación donde se sentaba se hundía instantáneamente hacia abajo, y si permanecía allí un tiempo considerable, incluso se sumergía.

Tritón

SI LOS PECES RESPIRAN Y DUERMEN

Los peces tienen la boca en la frente, y por eso, cuando nadan en la superficie del agua, descargan grandes chorros de agua en el aire. Sin embargo, es universalmente aceptado que respiran, al igual que otros pocos animales del mar, que tienen pulmones entre las vísceras internas; pues sin pulmones se supone generalmente que ningún animal puede respirar. Los que son de esta opinión también opinan que ningún pez que tenga branquias está constituido de tal manera que inhale y exhale alternativamente, ni, de hecho, muchas otras clases de animales incluso, que están totalmente desprovistos de branquias. Esta fue, según he comprobado, la opinión de Aristóteles, quien, por sus eruditas investigaciones sobre el tema, ha inducido a muchos otros a pensar de la misma manera. Sin embargo, no voy a ocultar el hecho de que yo, por mi parte, no suscribo en absoluto esta opinión, ya que es muy posible, si tal es la voluntad de la naturaleza, que haya otros órganos adaptados a los fines de la respiración, y que actúen en lugar de los pulmones; al igual que en muchos animales un líquido diferente toma el lugar de la sangre. Hay también otras razones de peso que me inducen a opinar que todos los animales acuáticos respiran.

LOS DELFINES

El más rápido no sólo de los animales marinos, sino de todos los animales, es el delfín. Es más rápido en sus movimientos que un pájaro, más instantáneo que el vuelo de una flecha, y si no fuera por el hecho de que su boca está situada muy por debajo de su hocico, casi, de hecho, en medio del vientre, ningún pez podría escapar a su persecución. Pero la naturaleza, en su prudencia, ha puesto ciertos impedimentos en su camino, ya que a menos que gire y se lance sobre su espalda, no puede agarrar nada, y es esta circunstancia la que da prueba de su extraordinaria rapidez. Porque, si está presionado por el hambre, seguirá a un pez, mientras se lanza hacia abajo, hasta el mismo fondo del agua, y luego, después de contener su respiración durante tanto tiempo, se lanzará de nuevo a la superficie para respirar, con la velocidad de una flecha descargada de un arco; y a menudo, en tales ocasiones, se sabe que salta fuera del agua con tal salto, como para volar justo sobre las velas de un barco.

Los delfines suelen ir en parejas; las hembras dan a luz a sus crías en el décimo mes, durante la temporada de verano, a veces dos. Amamantan a sus crías en la teta como la balæna, e incluso las llevan durante la debilidad de la infancia; además, mucho después de que hayan crecido, las acompañan, tan grande es su afecto por su progenie.

El delfín es un animal no sólo amistoso con el hombre, sino también amante de la música; le encantan los conciertos melodiosos, y especialmente las notas del órgano acuático. No teme al hombre, como si fuera un extraño para él, sino que sale al encuentro de los barcos, salta y brinca de un lado a otro, compite con ellos en rapidez y los adelanta incluso cuando navegan a toda vela.

Hegesidemus nos informó de que en la ciudad de Iasus había un muchacho, de nombre Hermias, que solía atravesar el mar a lomos de un delfín, pero que en una ocasión, al surgir de repente una tempestad, perdió la vida y fue devuelto muerto; ante lo cual, el delfín, que admitía así haber sido la causa de su muerte, no quiso volver al mar, sino que se tumbó en tierra firme, y allí expiró.

Teofrasto nos informa que lo mismo ocurrió en Naupactus; y hay muchos otros casos similares. Los anfiloquios y los tarentinos tienen también historias similares sobre niños y delfines; y todas ellas dan un aire de credibilidad a la que se cuenta de Arión, el famoso intérprete de la lira. Los marineros estaban a punto de arrojarlo al mar, con el fin de apoderarse del dinero que había ganado, pero les convenció de que le permitieran una canción más, acompañada de la música de su lira. La melodía atrajo a un gran número de delfines alrededor del barco y, al arrojarse al mar, fue recogido por uno de ellos y llevado con seguridad a la orilla del promontorio de Tsenarum.

LAS TORTUGAS Y SU CAPTURA

El Mar de la India produce tortugas de tan gran tamaño, que con el caparazón de un solo animal se puede techar una casa de campo habitable, y entre las islas del Mar Rojo, la navegación se lleva a cabo en su mayor parte en barcos formados por estos caparazones. Se pueden pescar de muchas maneras, pero generalmente se cogen cuando han subido a la superficie del agua justo antes del mediodía, época en la que experimentan un gran placer al flotar en la superficie tranquila, con la espalda completamente fuera del agua. Aquí, las deliciosas sensaciones que acompañan a una respiración libre los seducen hasta tal punto, y los hacen tan completamente indiferentes a su seguridad, que su caparazón se seca por el calor del Sol, hasta el punto de que son incapaces de descender, y, teniendo que flotar contra su voluntad, se convierten en una presa fácil para los pescadores. Se dice también que salen del agua por la noche para alimentarse, y comen con tal avidez que se sacian; después se cansan, y en el momento en que, al volver por la mañana, llegan al mar, se quedan dormidas en la superficie del agua. El ruido de sus ronquidos las delata, por lo que los pescadores nadan sigilosamente hacia los animales, tres por cada tortuga; dos de ellos, en un momento, la tumban de espaldas, mientras que un

Libro IX - La historia natural de los peces

tercero le echa un lazo, cuando está boca arriba, y luego otros hombres, que están preparados en la orilla, la llevan a tierra.

DISTRIBUCIÓN DE LOS ANIMALES ACUÁTICOS EN VARIAS ESPECIES

Los tegumentos de los animales acuáticos son muy numerosos. Algunos están cubiertos de piel y pelo, como la foca y el hipopótamo, por ejemplo; otros, sólo con piel, como el delfín; otros, con caparazón, como la tortuga; otros, con un pelaje tan duro como una piedra, como la ostra y otros peces de concha; otros, con una corteza, como el cangrejo de río; otros, con una corteza y espinas, como el erizo de mar; otros, con escamas, como los peces en general; otros, con una piel áspera, como los tiburones ángel, cuya piel se utiliza para pulir madera y marfil; otros, con una piel suave, como la murena; y otros sin ninguna, como el pulpo.

Los animales acuáticos cubiertos de pelo son vivíparos, como el pristis, la balæna y la foca. Esta última da a luz a sus crías en tierra y, al igual que la oveja, expulsa las secundinas. Al acoplarse, se unen a la manera de las especies caninas; la hembra a veces pare incluso más de dos crías, que amamanta con sus ubres. No las lleva al mar hasta el duodécimo día, y después las acostumbra poco a poco.

Hay setenta y cuatro especies de peces, excluyendo los que están cubiertos de costras; las clases de los cuales son treinta en número. En otra ocasión hablaremos de cada una de ellas individualmente; pero, por el momento, sólo trataremos de la naturaleza de las más notables.

LOS PECES DE MAYOR TAMAÑO

Los atunes se cuentan entre los más notables por su tamaño; hemos encontrado uno que pesaba hasta quince talentos, siendo la anchura de su cola de cinco codos y una palma. En algunos de los ríos, también, hay peces de no menos tamaño, como, por ejemplo, el siluro del Nilo, el ísoce del Rin, y el átilo del Po, que, naturalmente de naturaleza inactiva, crece a veces tan gordo como para pesar mil libras, y cuando se coge con un anzuelo, atado a una cadena, requiere una yunta de bueyes para arrastrarlo a tierra. Un pez extremadamente pequeño, que se conoce como clupea, se adhiere, con una maravillosa tenacidad, a cierta vena de la garganta del átilo, y lo destruye con su mordisco. El siluro lleva la devastación consigo dondequiera que vaya, ataca a toda criatura viviente, y a menudo arrastra bajo el agua a los caballos mientras nadan.

En el Ganges, un río de la India, se encuentra un pez al que llaman platanista; tiene el hocico y la cola del delfín, y mide dieciséis codos de longitud. Statius Sebosus dice, una cosa que es maravillosa en no poco grado, que en el mismo río se encuentran unos gusanos que tienen dos branquias, y son de sesenta codos de longitud.

POR QUÉ LOS PECES SALTAN POR ENCIMA DE LA SUPERFICIE DEL AGUA.

Hay un animalito, en apariencia como un escorpión, y del tamaño de una araña. Esta criatura, por medio de su aguijón, se adhiere por debajo de la aleta al atún y al pez conocido como pez espada, que a menudo supera al delfín en magnitud, y le causa un dolor tan insoportable, que a menudo saltará incluso a bordo de un barco. Los peces también harán lo mismo en otras ocasiones, cuando temen la violencia de otros peces, y los salmonetes más especialmente, que son de una rapidez tan extraordinaria, que a veces saltarán sobre un barco, si están en posición transversal.

AUGURIOS DERIVADOS DE LOS PECES

Los augurios también se derivan de este departamento de la naturaleza, y los peces ofrecen presagios de acontecimientos venideros. Mientras Augusto caminaba por la orilla del mar, durante la guerra de Sicilia, un pez saltó del mar y cayó a sus pies. Los adivinos consultados afirmaron que esto era una prueba de que caerían bajo los pies de César los que en ese momento estaban en posesión de los mares; fue justo en ese momento cuando Sexto Pompeyo había adoptado a Neptuno como su padre, tan eufórico estaba con sus éxitos en el mar.

BRANQUIAS Y ESCAMAS

Algunos peces tienen numerosas branquias, otros una sola, otros dos; es por medio de ellas que descargan el agua que ha entrado en la boca. Un signo de vejez es la dureza de las escamas, que no son iguales en todos. Hay dos lagos de Italia al pie de los Alpes, llamados Larius y Verbanus, en los que se ven todos los años, en la salida de las Pléyades, peces notables por el número de sus escamas, y la excesiva agudeza de las mismas, que se asemejan fuertemente a los clavos de las sandalias;[4] estos peces, sin embargo, sólo se ven durante ese mes, y no más.

LAS ALETAS DE LOS PECES, Y SU MODO DE NADAR

Por lo tanto, hay una diferencia, también, en las aletas de los peces, que se les ha dado para servir en lugar de los pies, ninguno tiene más de cuatro, algunos sólo dos, y otros ninguno. Sólo en el lago Fucinus se encuentra un pez que tiene ocho aletas para nadar. Los peces que son largos y viscosos sólo tienen dos como máximo, como las anguilas y los congrios; otros no tienen ninguna, como la murena, que tampoco tiene branquias. Todos estos peces se mueven en el mar mediante un movimiento ondulatorio del cuerpo, como hacen las serpientes en tierra; también en tierra firme son capaces de arrastrarse, y por eso los de esta naturaleza son más longevos que los demás. Algunos de los peces planos no tienen aletas, como los pastinacas, que nadan a lo ancho, y los llamados peces "blandos", como los pólipos, porque sus pies les sirven en lugar de aletas.

ANGUILAS

Las anguilas viven ocho años; son capaces de sobrevivir fuera del agua hasta seis días, cuando sopla un viento del noreste; pero cuando prevalece el viento del sur, no tantos. En invierno, no pueden vivir si están en aguas muy poco profundas, ni tampoco si el agua es turbulenta. Por lo tanto, se capturan especialmente en la época de subida de las Pléyades, cuando los ríos están en su mayoría en estado

---

4   Clavorum caligariuni, "clavos de la caliga". Esta era una sandalia fuerte y pesada, usada por los soldados romanos. Los centuriones la llevaban, pero no los oficiales superiores.

turbio. Estos animales buscan su comida por la noche; son los únicos peces cuyos cuerpos, cuando están muertos, no flotan en la superficie.

LA RÉMORA, Y SUS USOS EN ENCANTAMIENTOS

Hay un pez muy pequeño que tiene el hábito de vivir entre las rocas, y es conocido como el echeneis (rémora).[5] Se cree que cuando éste se ha adherido a la quilla de un barco su progreso se ve impedido. Por esta razón, también, tiene una reputación vergonzosa, ya que se emplea en los filtros de amor, y con el fin de retrasar los juicios y los procedimientos legales, propiedades malignas, que sólo se compensan por un único mérito que posee, es bueno para detener los flujos del vientre en las mujeres embarazadas, y preserva el feto hasta el nacimiento; nunca se utiliza, sin embargo, para la alimentación. Aristóteles opina que este pez tiene pies, tan fuerte es el parecido, por la forma y posición de las aletas.

Mucianus habla de un múrice[6] de mayor tamaño que la púrpura, con una cabeza que no es ni áspera ni redonda; y cuyo caparazón es único, y cae en pliegues a ambos lados. También nos dice que algunas de estas criaturas se adhirieron una vez a un barco cargado de niños de noble cuna, que estaban siendo enviados por Periandro con el propósito de ser castrados, y que detuvieron su curso, cuando estaba a toda vela; y dice además, que los peces que hicieron este servicio son debidamente honrados en el templo de Venus, en Cnidos. Trebius Niger dice que este pez tiene un pie de longitud, y cinco dedos de espesor, y que puede retardar el curso de los buques; además de lo cual, tiene otra propiedad peculiar, cuando se conserva en sal, y se aplica, es capaz de sacar el oro que ha caído en un pozo, por muy profundo que sea.

PECES QUE EMERGEN Y VUELAN POR ENCIMA DEL AGUA

La golondrina de mar, al ser capaz de volar, tiene un gran parecido con el pájaro de ese nombre; el milano marino también vuela.

Hay un pez que sube a la superficie del mar, conocido, por la siguiente circunstancia, como pez linterna; sacando de su boca una lengua que brilla como el fuego, emite una luz muy brillante en las noches tranquilas. Otro pez, que ha recibido su nombre por sus cuernos, los eleva casi un pie y medio por encima de la superficie del agua. El dragón de mar, si se le atrapa y se le arroja a la arena, se hace un hueco con su hocico, con la más maravillosa celeridad.

---

5   Este es el *Echeneis remora* de Linneo.

6   Cuvier dice que el pez concha al que Plinio atribuye aquí un poder similar al de la rémora, es, si podemos juzgar por su descripción, del género llamado *Cypræa*, y tiene muy pocas dudas de que su forma peculiar causó su consagración a Venus, tanto como sus supuestos poderes milagrosos.

LOS PULPOS

Hay distintos tipos de pulpos. Los pulpos terrestres son más grandes que los marinos; todos ellos utilizan los tentáculos como pies y manos, y para acoplarse emplean la cola, que es bifurcada y afilada. El pulpo tiene una especie de sifón en la espalda, por el que deja entrar y salir el agua, y que desplaza de un lado a otro, llevándola unas veces a la derecha y otras a la izquierda. Nada oblicuamente, con la cabeza en un lado, que es de una dureza sorprendente mientras el animal está vivo, al estar hinchada de aire. Además de esto, tienen cavidades dispersas por las garras, mediante las cuales, por succión, pueden adherirse a los objetos; los cuales sujetan, con la cabeza hacia arriba, con tanta fuerza, que no pueden ser arrancados. Sin embargo, no pueden adherirse al fondo del mar, y su poder de retención es más débil en los más grandes. Son los únicos peces blandos que llegan a tierra firme, y sólo donde la superficie es escarpada: a una superficie lisa no se acercarían. Se alimentan de la carne de los mariscos, cuyas conchas pueden romper fácilmente en el abrazo de sus tentáculos; de ahí que su escondrijo pueda ser fácilmente detectado por los trozos de concha que se encuentran tirados frente al mismo.

No debo omitir aquí las observaciones que L. Lúculo, el procónsul de Bætica, hizo con referencia al pulpo. Dice que es muy aficionado a los mariscos, y que éstos, en el momento en que se sienten tocados por él, cierran sus válvulas, y cortan los tentáculos del pulpo, haciendo así una comida a expensas del saqueador. Además, el mismo autor afirma, que ningún animal en existencia es más peligroso por sus poderes de destruir a un ser humano cuando está en el agua. Abrazando su cuerpo, contrarresta sus luchas y lo arrastra con sus tentáculos y sus numerosas ventosas, cuando, como ocurre a menudo, ataca a un náufrago o a un niño. Sin embargo, si se le da la vuelta al animal, pierde toda su poder, pues cuando está boca arriba, los brazos se abren por sí solos.

EL NAUPLIO NAVEGANTE

Mucianus también cuenta que había visto, en la Propóntide, otra curiosa semejanza con un barco a toda vela. Hay un pez con concha, dice, con una quilla, igual a la de la nave que conocemos con el nombre de acatium, con la popa curvada hacia dentro, y una proa con el pico pegado. En este pez-concha se esconde también un animal conocido como nauplio, que tiene un gran parecido con la sepia, y sólo adopta al pez-concha como compañero de sus pasatiempos. Hay dos modos, dice, que adopta para navegar; cuando el mar está en calma, el viajero cuelga sus brazos, y golpea el agua con un par de remos, por así decirlo; pero si, por el contrario, el viento invita, los extiende, empleándolos a modo de timón, y girando la boca de la concha hacia el viento. El placer que experimenta el pez concha es el de llevar al otro, mientras que la diversión del nauplio consiste en dirigirlo; y así, en el mismo momento, es una alegría instintiva que sienten estas dos criaturas, desprovistas como están de todo sentido, a no ser, ciertamente, una antipatía natural hacia el hombre, pues es un hecho bien conocido, que verlos navegar de esta manera, es un mal presagio, y que es presagio de desgracia para aquellos que lo presencian.

LAS PERLAS

El primer rango, y la posición más alta entre todos los objetos de valor, pertenece a las perlas. Es el Océano Índico el que principalmente nos las envía; y así tienen que recorrer, en medio de esos monstruos tan espantosos y tan enormes que ya hemos descrito, tantos mares, y atravesar tan largas extensiones de tierra, abrasadas por los ardientes rayos de un Sol abrasador; y luego, también tienen que ser buscadas, por los propios indios, en ciertas islas, y éstas son muy poco numerosas. Las islas productivas en perlas son Taprobane y Stoïdis; también Perimula, un promontorio de la India. Pero las más apreciadas son las que se encuentran en las cercanías de Arabia, en el Golfo Pérsico, que forma parte del Mar Rojo.

El origen y la producción de esta concha no es muy diferente de la concha de las ostras. Cuando la estación propicia del año ejerce su influencia sobre el animal, se dice que, bostezando, abre su concha, y así recibe una especie de rocío, por medio del cual se impregna; y que al final da a luz, después de muchas luchas, a la carga de su concha, en forma de perlas, que varían según la calidad del rocío. Si éste ha estado en un estado perfectamente puro cuando fluyó en la concha, entonces la perla producida es blanca y brillante, pero si estaba turbio, entonces la perla es también de un color nublado; si el cielo estaba cubierto cuando se generó, la perla será de un color pálido; de todo lo cual se desprende que la calidad de la perla depende mucho más del estado de calma del cielo que del mar, y de ahí que adquiera un matiz turbio, o una apariencia límpida, según el grado de serenidad del cielo por la mañana.

Si, además, el pez (molusco) se sacia en un tiempo razonable, la perla producida aumenta rápidamente de tamaño. Las que se producen en un estado perfectamente sano constan de numerosas capas, por lo que pueden considerarse, no de forma inapropiada, como similares en su conformación a las callosidades del cuerpo de un animal; y por ello deben ser limpiadas por manos experimentadas. Sin embargo, es maravilloso que el estado de los cielos las influya de manera tan agradable, ya que por la acción del Sol las perlas se vuelven de color rojo y pierden toda su blancura, al igual que el cuerpo humano. De ahí que las que mejor conservan su blancura sean las pelágicas, o perlas del mar principal, que se encuentran a una profundidad demasiado grande para ser alcanzadas por los rayos del Sol; y sin embargo, éstas incluso amarillean con la edad, se vuelven opacas y arrugadas, y sólo en su juventud poseen ese brillo que tanto se aprecia en ellas. Además, cuando envejecen, la capa se vuelve gruesa y se adhieren a la concha, de la que sólo pueden separarse con la ayuda de una lima. Las perlas que tienen una superficie plana y la otra esférica, opuesta al lado plano, se llaman por ello tympania o perlas de tambor. He visto perlas todavía adheridas a la concha; por esta razón las conchas se usaban como cajas para ungüentos. Además de estos hechos, podemos observar que la perla es blanda en el agua, pero que se endurece en el instante en que se saca.

LOS MÚRICES Y LAS PÚRPURAS

Y, sin embargo, las perlas pueden considerarse casi una posesión de duración eterna: son transmitidas, por un hombre, a su heredero, y se enajenan de uno a otro

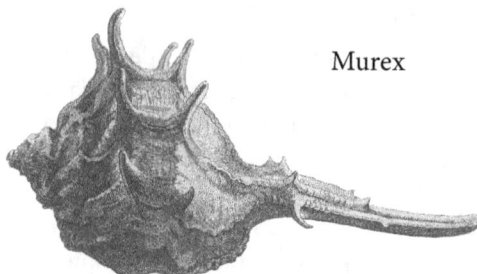
Murex

como cualquier propiedad inmobiliaria. Pero los colores que se extraen del murex o múrice[7] y la púrpura se desvanece de hora en hora; y sin embargo, el lujo, que ha actuado igualmente como una madre para ellos, les ha fijado precios casi iguales a los de las perlas.

Las púrpuras viven casi siempre siete años. Al igual que el múrice, se mantienen ocultas durante treinta días, más o menos en el momento de la salida de la Canícula; en la temporada de primavera se unen en grandes cuerpos, y al frotarse entre sí, producen una saliva viscosa, de la que se forma una especie de cera. El múrice hace lo mismo; pero la púrpura tiene ese exquisito jugo, tan buscado para teñir telas, situado en el centro de la garganta. Esta secreción consiste en una minúscula gota contenida en una vena blanca, de la que se destila el precioso líquido utilizado para teñir, que tiene un tinte rosado que tiende al negro. El resto del cuerpo está totalmente desprovisto de este jugo. Es muy importante coger el pez vivo, ya que cuando muere, escupe este jugo. De los más grandes se extrae después de quitarles la concha; pero los peces pequeños son aplastados vivos, junto con las conchas, sobre las que expulsan esta secreción.

LA SENSIBILIDAD DE LOS ANIMALES ACUÁTICOS

Me inclino a asombrarme de la circunstancia de que se hayan encontrado algunas personas que opinaban que los animales acuáticos carecen de todo sentido. El torpedo[8] es muy consciente de la extensión de sus propios poderes, y eso, aunque no experimenta sus efectos. Escondido en el fango, espera la aproximación de los peces y, en el momento en que éstos nadan por encima en supuesta seguridad, les comunica la descarga y se lanza instantáneamente sobre ellos; no hay bocado delicado en la existencia que se prefiera al hígado de este pez. Y no menos maravillosa es la astucia manifestada por la rana de mar,[9] que es conocida por nosotros como "pescador". Al remover el lodo, asoman a la superficie dos pequeños cuernos, que se proyectan desde debajo de los ojos, y así atrae a los pequeños peces que se divierten a su alrededor, hasta que por fin se acercan tanto que es capaz de apresarlos. De manera similar, los tiburones ángel y el rodaballo se ocultan, pero extienden sus aletas, que, al moverse de un lado a otro, parecen pequeños gusanos; la raya también hace lo mismo, yaciendo al acecho y perforando a los peces cuando pasan con el aguijón con el que está armada. Otra prueba de la astucia instintiva es el hecho

---

7   O "conchylium". Encontramos que Plinio generalmente hace una diferencia entre los colores del "murex", o "conchylium", y los de la "púrpura". Cuvier dice que eran los nombres de diferentes peces de concha que los antiguos empleaban para teñir de púrpura de varios tonos. En la actualidad *Murex* es un género de moluscos gasterópodos de la familia *Muricidae*. Son caracoles carnívoros marinos, propios de aguas tropicales.

8   El "torpedo" es un tipo de pez que puede producir electricidad para protegerse.

9   El *Lophius piscatorius* de Linneo, rape negro o rape blanco.

de que, aunque la raya es el más lento de todos los peces en sus movimientos, se encuentran mújoles en su vientre, que son los más rápido de todos los peces.

LAS ESPONJAS

Encontramos tres clases de esponjas mencionadas; las primeras son gruesas, muy duras y ásperas, y se llaman "tragi"; las segundas, son gruesas y mucho más blandas, y se llaman "mani"; de las terceras, al ser finas y de textura más cerrada, se hacen tiendas para las llagas; estas últimas se conocen como "Achillium". Todas estas esponjas crecen en las rocas, y se alimentan de conchas, de otros peces, y de limo. Parece que estas criaturas también tienen cierta inteligencia, pues en cuanto sienten que una mano está a punto de arrancarlas, se contraen y se separan con mucha más dificultad; también hacen lo mismo cuando las olas las golpean de un lado a otro. Las pequeñas conchas que se encuentran en ellas, demuestran claramente que viven de la comida; sobre Torone se dice incluso que sobreviven después de haber sido desprendidas, y que vuelven a crecer de las raíces que han quedado adheridas a la roca. Dejan un color similar al de la sangre sobre la roca de la que se han desprendido, y las que se producen más especialmente en los Syrtes de África.

EL PEZ-PERRO

Un gran número de peces-perro[10] infestan los mares en las proximidades de las esponjas, para gran peligro de los que bucean por ellas. Estas personas dicen que una especie de nube densa se espesa gradualmente sobre sus cabezas, teniendo la semejanza de algún tipo de animal como un pez plano, y que, presionando hacia abajo sobre ellos, les impide volver a la superficie. Es por esta razón que llevan consigo estiletes, muy afilados en la punta, y unidos a ellos por hilos; pues si no los perforaran no podrían deshacerse de ellos. Esto, sin embargo, es enteramente el resultado, en mi opinión, de la oscuridad y de sus propios miedos; porque ninguna persona ha podido encontrar, entre las criaturas vivas, la nube de pescado o la niebla de pescado, el nombre que dan a este enemigo suyo.

Los buceadores, sin embargo, tienen terribles combates con el pez-perro, que ataca con avidez la ingle, los talones y todas las partes más blancas del cuerpo. El único medio de garantizar la seguridad, es ir audazmente a su encuentro, y así, tomando la iniciativa, golpearlos y alarmarlos; porque, de hecho, este animal está tan asustado por el hombre, como el hombre por él; y están en igualdad de condiciones cuando están bajo el agua. Pero en el momento en que el buceador ha llegado a la superficie, el peligro es mucho más inminente, ya que pierde la capacidad de enfrentarse audazmente a su adversario mientras se esfuerza por emerger, y su única posibilidad de seguridad, es aquella brindada por sus compañeros, que lo arrastran con una cuerda que está sujeta bajo sus hombros. Mientras se enfrenta al enemigo, sigue tirando de esta cuerda con la mano izquierda, según haya alguna señal de peligro inmediato, mientras que con la derecha empuña el estilete que

---

10 Está bastante claro que bajo el nombre de "pez-perro", Plinio incluye todo el género de los tiburones y los cazones.

utiliza para defenderse. Al principio lo arrastran a un ritmo moderado, pero tan pronto como lo tienen cerca del barco, si no lo sacan en un instante, con la mayor celeridad posible, lo ven partido en dos pedazos; y muchas veces, además, el buzo, incluso cuando ya ha sido sacado, es arrancado de sus manos, por no ayudar a los esfuerzos de los que le ayudan, enrollando su cuerpo en forma de bola. Los otros, es cierto, están mientras tanto blandiendo sus tridentes; pero el monstruo tiene la astucia de colocarse debajo del barco, y así librar la guerra con seguridad.

LA REPRODUCCIÓN DE LOS PECES

La curiosidad y el asombro que ha despertado este tema en la humanidad, no me permitirán aplazar por más tiempo el relato de la generación de estos animales. Los peces se aparean frotando sus vientres unos contra otros; operación que, sin embargo, se realiza con una celeridad tan extraordinaria que escapa a la vista. Los delfines y otros animales del género cetáceo también se aparean de manera similar, aunque el tiempo que emplean en hacerlo es algo mayor. La hembra, en el momento de aparearse, sigue al macho y golpea su vientre con el hocico, mientras que el macho, a su vez, cuando la hembra está a punto de desovar, la sigue y devora los huevos. Pero con ellos, el simple acto de acoplamiento no es suficiente para los fines de la reproducción; es necesario que el macho pase entre los huevos que la hembra ha producido, para rociarlos con su líquido vitalizador. Sin embargo, esto no alcanza a todos los huevos de una multitud tan grande; de hecho, si lo hiciera, los mares y los lagos se llenarían pronto, ya que cada hembra produce estos huevos en cantidades innumerables.

Las ranas saltan una sobre la otra, el macho con sus patas delanteras agarrando las axilas de la hembra, y con las traseras las ancas. La hembra produce pequeños trozos de carne negra, que se conocen con el nombre de gyrini,[11] y sólo se distinguen por los ojos y la cola; muy pronto, sin embargo, se desarrollan los pies, y la cola, que se bifurca, forma las patas traseras. Es una cosa muy singular, pero, después de una vida de seis meses de duración, las ranas se funden en limo, aunque nadie ve nunca cómo se hace; después de lo cual vuelven a la vida en el agua durante la primavera, tal como eran antes. Esto se lleva a cabo por alguna operación oculta de la naturaleza, y ocurre regularmente cada año.

Los mejillones, también, y las vieiras se producen en la arena por las operaciones espontáneas de la naturaleza. Los que tienen una cáscara más dura, como el múrice y la púrpura, se forman a partir de un fluido viscoso como la saliva, al igual que los mosquitos se producen a partir de los líquidos enlatados agrios, y el pez llamado apua, a partir de la espuma del mar cuando está caliente, después de la caída de una lluvia.

Aquellos peces que están cubiertos con una capa pétrea, como la ostra, son producidos a partir de lodo en estado pútrido, o bien de la espuma que se ha acumulado alrededor de los barcos que han permanecido durante mucho tiempo en la misma posición, alrededor de los postes clavados en la tierra, y más especialmente alrededor de los troncos de madera. Últimamente se ha descubierto en los criade-

---

11 Renacuajos.

ros de ostras que el animal descarga un líquido impregnante que tiene el aspecto de la leche. Las anguilas, además, se frotan contra las rocas, sobre las cuales, las partículas que raspan de su cuerpo cobran vida, siendo éste su único medio de reproducción. Los distintos tipos de peces no se acoplan fuera de su propia especie, a excepción de los tiburones ángel y la raya. El pez que se produce de la unión de estos dos, se asemeja a una raya en la parte delantera, y los griegos le dan un nombre compuesto de ambos.

PECES TERRESTRES

Además de éstos, hay todavía algunas clases maravillosas de peces que encontramos mencionadas por Teofrasto; él dice, que cuando las aguas de los ríos, que han sido admitidas para los propósitos de la irrigación en la vecindad de Babilonia, descienden, hay ciertos peces que permanecen en los agujeros que pueden contener el agua; salen de éstos con el propósito de alimentarse, moviéndose con sus aletas por la ayuda de un movimiento rápido de la cola. Si son perseguidos, dice, se retiran a sus agujeros y, cuando los alcanzan, se dan la vuelta y se quedan quietos. La cabeza es como la de la rana de mar, mientras que las otras partes son similares a las del gobio, y tienen branquias como otros peces. Dice también que en las proximidades de Heraclea y Cromna, y en torno al río Lico, así como en muchas partes del Euxino, hay una especie de pez que frecuenta las aguas cercanas a las orillas de los ríos, y hace agujeros en los que vive, incluso cuando el agua se retira y el lecho del río se seca; por lo que estos peces tienen que ser excavados del suelo, y sólo muestran por el movimiento del cuerpo que todavía están vivos. Dice también que en las cercanías de la misma Heraclea, cuando el río Lycus desciende, los huevos quedan en el fango, y que los peces, al nacer de ellos, salen a buscar su alimento por medio de una especie de movimiento de aleteo –sus branquias son muy pequeñas, por lo que no necesitan agua–; por esta razón también las anguilas pueden vivir tanto tiempo fuera del agua; y sus huevos llegan a la madurez en tierra firme, como los de la tortuga de mar.

LOS RATONES DEL NILO

Pero todas estas cosas, por singulares que sean, se hacen creíbles por una maravilla que las excede a todas, en el momento de la inundación del Nilo; pues, en el momento en que se calma, se encuentran ratoncitos, cuyos primeros rudimentos han sido formados por las potencias generadoras de las aguas y de la tierra; en una parte del cuerpo ya están vivos, mientras que en la que es de formación más tardía, todavía están compuestos de tierra.

Libro X
La historia natural de las aves

EL AVESTRUZ

La historia de las aves sigue a continuación, la más grande de las cuales, y de hecho casi acercándose a la naturaleza de los cuadrúpedos, es el avestruz de África o de Etiopía. Este pájaro supera en altura a un hombre sentado a caballo, y puede superarlo en rapidez, ya que ha sido dotado de alas para ayudarlo a correr; en otros aspectos, los avestruces no pueden ser considerados como aves, y no se levantan de la tierra. Tienen garras hendidas, muy parecidas a las pezuñas del ciervo; con ellas luchan, y también las emplean para agarrar piedras con el fin de arrojarlas a quienes los persiguen. Tienen la maravillosa propiedad de poder digerir todas las sustancias sin distinción, pero su estupidez no es menos notable, pues aunque el resto de su cuerpo es tan grande, se imaginan, cuando han metido la cabeza y el cuello en un arbusto, que todo el cuerpo está oculto. Sus huevos son apreciados por su gran tamaño, y se emplean como recipientes para ciertos fines, mientras que las plumas del ala y la cola se utilizan como adornos para la cresta y el casco del guerrero.

EL FÉNIX

En Etiopía y en la India, sobre todo, se producen aves de plumaje muy variado, que sobrepasan toda descripción. En la primera fila de estos está el fénix, esa famosa ave de Arabia, aunque no estoy seguro de que su existencia no sea una fábula. Se dice que sólo existe una en todo el mundo, y que no se ha visto muy a menudo. Se dice que este pájaro es del tamaño de un águila, y que tiene un plumaje dorado brillante alrededor del cuello, mientras que el resto del cuerpo es de color púrpura; excepto la cola, que es azul, con largas plumas entremezcladas de un tono rosado; la garganta está adornada con una cresta, y la cabeza con un mechón de plumas. El primer romano que describió este pájaro, y que lo hizo con la mayor exactitud, fue el senador Manilius, tan famoso por su aprendizaje, que además no debía a las instrucciones de ningún maestro. Nos dice que nadie ha visto jamás comer a este pájaro, que en Arabia se le considera consagrado al Sol, que vive quinientos cuarenta años, que cuando envejece construye un nido de casia y ramitas de incienso, que llena de perfumes, y luego deposita su cuerpo sobre ellos para morir; que de sus huesos y médula surge al principio una especie de gusano pequeño, que con el tiempo se transforma en un pajarito; que lo primero que hace es realizar las exequias de su predecesor, y llevar el nido entero a la ciudad del Sol, cerca de Panchaia, y depositarlo allí sobre el altar de esa divinidad.

EL ÁGUILA

De todas las aves que conocemos, el águila se considera la más noble y la más notable por su fuerza. Hay seis clases diferentes; la llamada "melanaetos" por los griegos, y "valeria" en nuestra lengua, la de menor tamaño de todas ellas, pero la más notable por su fuerza, es de color negruzco. Es la única de todas las águilas que alimenta a sus crías, ya que las otras, como mencionaremos ahora, las ahuyentan; es también la única que no tiene ni grito ni murmullo; es habitante de las montañas. El segundo tipo es el pygargus, habitante de las ciudades y llanuras, y se distingue por la blancura de su cola. El tercero es el morphnos, al que Homero llama también el "perenos", mientras que otros, de nuevo, lo llaman el "plangus" y el "anataria" es el segundo en tamaño y fuerza, y habita en las cercanías de los lagos. Femónoe, que fue llamada la "hija de Apolo", ha declarado que esta águila tiene dientes, pero que no tiene ni voz ni lengua. Esta águila tiene el instinto de romper el caparazón de la tortuga dejándola caer desde lo alto, circunstancia que causó la muerte del poeta Esquilo. Se dice que un oráculo había predicho su muerte en ese día por un derrumbe, por lo que tomó la precaución de confiarse sólo bajo el dosel de los cielos.

El cuarto tipo de águila es el "perenopterus", también llamado "oripelargus"; tiene una apariencia muy parecida a la del buitre, con unas alas notablemente pequeñas, mientras que el resto del cuerpo es más grande que las demás; pero es de naturaleza tímida y degenerada, tanto que incluso un cuervo puede vencerla. Siempre está hambrienta y voraz, y tiene un grito quejumbroso. Es la única entre las águilas que se lleva el cadáver; las demás se posan en el lugar donde han matado a su presa. El carácter de esta especie hace que la quinta se conozca con el nombre distintivo de "gnesios", por ser el águila genuina, y la única de linaje no contaminado; es de tamaño moderado, de color más bien rojizo, y rara vez se encuentra. Haliætus es la última, y destaca por su ojo brillante y penetrante. Se eleva en el aire y, en el momento en que ve un pez en el mar, se lanza de cabeza sobre él y, hendiendo el agua con su pecho, se lleva su presa.

Cayo Mario, en su segundo consulado, asignó el águila exclusivamente a las legiones romanas. Antes de ese período sólo había tenido el primer rango, ya que había otros cuatro animales, el lobo, el minotauro, el caballo y el jabalí, cada uno de los cuales precedía a una sola división. Algunos años antes de su época, se había empezado a utilizar sólo el águila en la batalla, dejando los otros estandartes en el campamento; sin embargo, Marius abolió el resto de ellos por completo. Desde entonces, se ha observado que casi nunca una legión romana acampa durante el invierno sin que un par de águilas hagan su aparición en el lugar.

La primera y la segunda especie de águila no sólo cazan a los cuadrúpedos más pequeños, sino que incluso atacan a los ciervos. Revolcándose en el polvo, el águila cubre todo su cuerpo con él, y luego se posa en la cornamenta del animal, sacudiendo el polvo en sus ojos, mientras al mismo tiempo lo golpea en la cabeza con sus alas, hasta que la criatura finalmente se precipita por las rocas. Tampoco le basta con este enemigo, sino que tiene combates aún más terribles con el dragón,[1] y el resultado es mucho más dudoso, aunque la batalla se libra en el aire. El dragón busca los huevos del águila con una avidez maliciosa; mientras que el águila, a su vez, se los lleva cada vez que los ve; en estas ocasiones, el dragón se enrolla alrededor de las alas del ave en múltiples pliegues, hasta que al final caen juntos a la tierra.

LOS HALCONES

Encontramos no menos de dieciséis tipos de halcones mencionados; entre ellos está el ægithus, que es cojo de una pata, y es considerado como el presagio más favorable para los augures con ocasión de un matrimonio, o en asuntos relacionados con la propiedad en forma de ganado; el triorchis también, llamado así por el número de sus testículos, y al que Femónoe ha asignado el primer rango en el augurio. Este último es conocido por los romanos como el "buteo"; de hecho hay una familia que ha tomado su apellido de él, por la circunstancia de que este pájaro ha dado un presagio favorable al posarse sobre el barco de uno de ellos cuando tenía un mando. Los griegos llaman a una especie "epileus"; la única, por cierto, que se ve en todas las estaciones del año, pues las demás se van en invierno.

Las distintas clases se distinguen por la avidez con que se apoderan de su presa; pues mientras unas se abalanzan sobre un ave sólo cuando está en el suelo, otras sólo lo hacen cuando revolotea alrededor de los árboles, otras, de nuevo, cuando está posada en lo alto, y otras cuando vuela en el aire. De ahí que las palomas, al verlas, sean conscientes de la naturaleza del peligro al que se exponen, y se posen en el suelo o bien vuelen hacia arriba, protegiéndose instintivamente al tomar las debidas precauciones contra sus propensiones naturales.

LOS CUERVOS – AVES DE MAL AGÜERO

Los cuervos, tienen otro tipo de alimento. Como las nueces son demasiado duras para que su pico las rompa, el cuervo vuela a gran altura, y entonces las deja caer una y otra vez sobre las piedras o baldosas que hay debajo, hasta que por fin se rompe la cáscara, tras lo cual el pájaro es capaz de abrirlas. Se trata de un pájaro

---

1 Por "dragón" debemos entender una gran serpiente.

con una garrulidad muy poco agraciada, aunque ha sido muy alabado por algunos. Se ha observado que, desde la salida de la constelación de Arcturus hasta la llegada de las golondrinas, rara vez se lo ve en los bosques sagrados y en los templos de Minerva; en algunos lugares, de hecho, no se lo ve en absoluto, como en Atenas. Además de estos hechos, es el único que sigue alimentando a sus crías durante algún tiempo después de que hayan empezado a volar. El cuervo es más desfavorable en el momento de la incubación o, en otras palabras, justo después del solsticio de verano.

EL PÁJARO CARPINTERO

También hay algunos pájaros pequeños que tienen garras ganchudas; el pájaro carpintero, por ejemplo, apodado "de Marte", de considerable importancia en los auspicios. A esta clase pertenecen los pájaros que hacen agujeros en los árboles, y trepan sigilosamente por ellos, como los gatos; montando con la cabeza hacia arriba, golpean la corteza, y aprenden por el sonido si su comida está o no debajo; son los únicos pájaros que incuban sus crías en los huecos de los árboles. Es una creencia común, que si un pastor introduce una cuña en sus agujeros, aplican un cierto tipo de hierba, inmediatamente después de lo cual se cae. Trebius nos informa de que si se introduce un clavo o una cuña con mucha fuerza en un árbol en el que estos pájaros han hecho su nido, saldrá volando al instante, haciendo el árbol un fuerte crujido en el momento en que el pájaro se haya posado sobre el clavo o la cuña.

Estos pájaros han tenido el primer rango en los augurios, en el Lacio, desde el tiempo del rey que les ha dado su nombre. No puedo pasar en silencio uno de los presagios que fue dado por ellos. Un pájaro carpintero se posó sobre la cabeza de Ælius Tubero, el pretor de la ciudad, cuando estaba sentado en su tribunal impartiendo justicia en el Foro, y se mostró tan dócil como para dejarse coger con la mano; ante lo cual los augures declararon que si se le dejaba marchar, el estado estaba amenazado por el peligro, pero que si se le mataba, el desastre le sobrevendría al pretor; en un instante hizo pedazos al pájaro, y en poco tiempo se cumplió el presagio.

AVES QUE TIENEN GARRAS

Muchos pájaros de este tipo se alimentan también de bellotas y frutas, pero sólo los que no son carnívoros, con la excepción del milano; aunque cuando se alimenta de cualquier cosa que no sea carne, es un pájaro de mal agüero.

Los pájaros que tienen garras nunca son gregarios; cada uno busca su presa por sí mismo. Casi todos se elevan a gran altura, a excepción de las aves nocturnas, y sobre todo las de mayor tamaño. Todas tienen alas grandes y un cuerpo pequeño; caminan con dificultad y rara vez se posan sobre las piedras, pues se lo impide la forma curvada de sus garras.

EL GALLO

Después del pavo real, el animal que actúa como nuestro vigilante durante la noche, y que la naturaleza ha producido con el propósito de despertar a los mortales a sus trabajos, y disipar su sueño, se muestra más movido por sentimientos de vanidad. El gallo sabe distinguir las estrellas y marca con su nota los diferentes períodos del día, cada tres horas. Estos animales se van a dormir con la puesta del Sol, y a la cuarta guardia del campo recuerdan al hombre sus preocupaciones y trabajos. No permiten que la salida del Sol nos sorprenda, sino que con su nota anuncian la llegada del día, y preludian su cacareo aplaudiendo con sus alas. Ejercen un riguroso dominio sobre las demás aves de su especie y, en todos los lugares en los que se encuentran, tienen el mando supremo. Sin embargo, esto sólo lo consiguen después de repetidas batallas entre ellos, ya que son muy conscientes de que tienen armas en las patas, fabricadas para ese mismo fin, por así decirlo, y la contienda suele acabar con la muerte de ambos combatientes en el mismo momento. Si, por el contrario, uno de ellos obtiene el dominio, al instante se proclama vencedor con su nota, y atestigua con su cacareo que ha salido victorioso; mientras que su oponente vencido se escabulle silenciosamente, y, aunque con muy mala gracia, se somete a la servidumbre.

EL GANSO

El ganso también mantiene una guardia vigilante; un hecho que está bien atestiguado por la defensa del Capitolio, en un momento en que, por el silencio de los perros, la comunidad había sido traicionada. Por eso los Censores siempre, antes que nada, atienden a la cría y la alimentación de los gansos sagrados.

Nuestro pueblo sólo estima al ganso por la bondad de su hígado. Cuando se les atiborra, éste crece hasta alcanzar un tamaño muy grande, y al ser extraído del animal, se hace aún más grande al ser empapado en leche con miel.

De las plumas del ganso blanco también se obtiene un segundo ingreso. En algunos lugares, este animal es desplumado dos veces al año, y las plumas vuelven a crecer rápidamente. Las más suaves son las que están más cerca del cuerpo, y las que vienen de Alemania son las más apreciadas: los gansos de allí son blancos, pero de pequeño tamaño, y se llaman *gantæ*. El precio que se paga por sus plumas es de cinco denarius por libra. De esta fructífera fuente se han formulado repetidas acusaciones contra los comandantes de nuestros auxiliares, que tienen la costumbre de separar cohortes enteras de los puestos en los que deberían estar de guardia, para perseguir a estas aves: de hecho, hemos llegado a tal grado de afeminamiento, que hoy en día, ni siquiera los hombres pueden pensar en acostarse sin la ayuda de las plumas de ganso, a modo de almohada.

LA GRULLA

Con la partida de las grullas, que tenían la costumbre de hacerles la guerra, la nación de los pigmeos disfruta ahora de un respiro. Las extensiones que recorren deben ser inmensas, si tenemos en cuenta que vienen desde el Mar del Este. Estos pájaros acuerdan de común acuerdo el momento en que han de partir, vuelan en lo alto para mirar a lo lejos, seleccionan un líder al que seguir y tienen centinelas debidamente colocados en la retaguardia, que se relevan unos a otros por turnos, lanzan fuertes gritos y con su voz mantienen todo el vuelo en la forma adecuada. Durante la noche, además, colocan centinelas de guardia, cada uno de los cuales sostiene una pequeña piedra en su garra; si el pájaro se queda dormido, la garra se relaja, y la piedra cae al suelo, y así se le condena por negligencia. El resto duerme mientras tanto, con la cabeza bajo el ala, apoyándose primero en una pata y luego en la otra; el líder mira hacia afuera, con el cuello erguido, y da la advertencia cuando es necesario. Estos pájaros, cuando están domesticados, son muy juguetones, e incluso cuando están solos describen una especie de círculo, mientras se mueven, con su torpe andar.

EL RUISEÑOR

El canto del ruiseñor se oye, sin interrupción, durante quince días y noches, continuamente, cuando el follaje se espesa, al brotar los capullos; es un pájaro que merece nuestra admiración en grado no menor. En primer lugar, ¡qué voz tan potente en un cuerpo tan pequeño! Su nota, ¡qué larga y qué bien sostenida! Y además, es el único pájaro cuyas notas se modulan de acuerdo con las estrictas reglas de la ciencia musical. En un momento, mientras sostiene su respiración, prolongará su nota, y en otro, la variará con diferentes inflexiones; entonces, de nuevo, romperá en distintos trinos, o verterá una serie interminable de cadencias. Luego, murmuro consigo mismo, mientras toma aliento, o bien disfraza su voz en un instante; mientras que a veces, de nuevo, gorjea, ahora con una nota completa, ahora con una grave, ahora de nuevo aguda, ahora con una nota rota, y ahora con una prolongada. A veces, de nuevo, cuando lo considera oportuno, romperá en corcheas, y recorrerá, en sucesión, el alto, el tenor y el bajo; en una palabra, en tan pequeña garganta se encuentra toda la melodía que el ingenio del hombre ha descubierto a través de la invención de la más exquisita flauta; tanto es así, que no cabe duda de que fue un presagio infalible de su futura dulzura como poeta, cuando una de estas criaturas se posó y cantó en los labios infantiles del poeta Estesícoro.

LOS TIEMPOS DE INCUBACIÓN DE LAS AVES

Los pájaros que tienen una nota, a excepción de los mencionados anteriormente, nunca producen sus crías antes del equinoccio de primavera o después del de otoño. En cuanto a las crías producidas antes del solsticio de verano, es muy dudoso que sobrevivan, pero las que nacen después prosperan bien.

EL HALCÓN

El halcón es especialmente notable; los mares, y todos los que navegan en su superficie, conocen bien los días de su incubación. Este pájaro es un poco más grande que un gorrión, y la mayor parte de su cuerpo es de color azul celeste, con sólo una mezcla de blanco y púrpura en algunas de las plumas más grandes, mientras que el cuello es largo y delgado. Hay una especie que destaca por su mayor tamaño y su nota; las más pequeñas se oyen cantar en los cañaverales. Es muy raro ver un halcón, y sólo sucede en la época de la puesta del Sol, y en los solsticios de verano e invierno, cuando a veces se ve uno revoloteando alrededor de un barco, y luego desaparece inmediatamente. Incuban sus crías en el momento del solsticio de invierno, por lo que esos días se conocen como los "días del halcón";[2] durante este período el mar está en calma y es navegable, el mar de Sicilia en particular. Hacen su nido durante los siete días anteriores al solsticio de invierno, y se sientan el mismo número de días después. Sus nidos son realmente maravillosos; tienen la forma de una bola ligeramente alargada, tienen una boca muy estrecha y se parecen mucho a una gran esponja. Es imposible cortarlos con hierro, y sólo se pueden romper con un fuerte golpe, tras lo cual se separan, como la espuma del mar cuando se seca. Nunca se ha descubierto de qué material están hechos; algunas personas piensan que están formados por huesos de pescado afilados, ya que es de peces de lo que viven estas aves. También entran en los ríos; sus huevos son cinco.

LA PALOMA

Las palomas observan especialmente la castidad y las relaciones promiscuas son algo bastante desconocido. Aunque habitan un domicilio en común con otras, ninguna de ellos violará las leyes de la fidelidad conyugal; ninguna abandonará su nido, a menos que sea viudo o viuda. Aunque también los machos son muy imperiosos, y a veces incluso extremadamente exigentes, las hembras lo soportan; porque de hecho, los machos a veces sospechan su infidelidad, aunque por naturaleza son incapaces de ello. En tales ocasiones, la garganta del macho parece ahogada por la indignación, e inflige severos picotazos; y luego, como para disculparse, la acaricia, y a modo de insistir en sus solicitudes amorosas, da vueltas alrededor de la hembra. Ambos manifiestan un grado igual de afecto por sus crías; de hecho, no es infrecuente que esto sea motivo de corrección, como consecuencia de que la hembra sea demasiado lenta en ir al nido. Cuando la hembra está sentada, el macho le presta toda la atención que pueda contribuir a su solaz y comodidad. Lo primero que hacen es expulsar de la garganta un poco de tierra salada, que han digerido, en la boca de las crías, con el fin de prepararlas a tiempo para recibir su alimento. La paloma y la tórtola tienen la particularidad de no echar el cuello hacia atrás cuando beben, sino de tomar el agua de un tirón largo, como hacen las bestias de carga.

DIFERENTES MODOS DE VUELO EN LAS AVES

El vuelo de la paloma me lleva a considerar también el de otras aves. Todos los demás animales tienen un modo determinado de progresión, que en cada especie es siempre el mismo; son las aves las únicas que tienen dos modos de moverse: uno en el suelo y otro en el aire. Algunas caminan, como el cuervo, por ejemplo; otras saltan, como el gorrión y el mirlo; otras corren, como la perdiz y la gallina de los bosques; mientras que otras ponen un pie delante del otro, como la cigüeña y la grulla, por ejemplo. Además, en su vuelo, algunos pájaros expanden sus alas, y, al estar en el aire, sólo las mueven de vez en cuando; otros las mueven con más frecuencia, pero entonces sólo en las extremidades; mientras que otros las expanden de manera que exponen todo el costado. Por otra parte, algunas vuelan con la mayor parte de las alas pegadas al costado; y algunas, después de golpear el aire una

---

2   En inglés halcyon days, lo que se refiere a un tiempo de calma, felicidad y prosperidad; dos semanas de tiempo tranquilo en el solsticio de invierno.

vez, otras lo hacen dos veces, se abren paso a través de él, como si lo presionaran encerrado bajo sus alas; otras aves se lanzan al aire en dirección vertical, otras horizontalmente, y otras se mueven cayendo directamente hacia abajo. Casi se podría pensar que algunas se han lanzado hacia arriba con un esfuerzo violento, y que otras, en cambio, han caído directamente desde lo alto; mientras que a otras se las ve saltar hacia adelante en su vuelo. Sólo los patos, y las demás aves de esta clase, se elevan en un instante, saltando desde el lugar en que se encuentran hacia el cielo; y esto lo pueden hacer incluso desde fuera del agua; de ahí que sean las únicas aves que pueden escapar de las trampas que empleamos para la captura de las fieras.

El buitre y las aves silvestres más pesadas sólo pueden volar tras tomar carrerilla, o bien iniciando el vuelo desde un lugar elevado. Utilizan la cola a modo de timón. Hay algunas aves que son capaces de ver todo a su alrededor; otras, de nuevo, tienen que girar el cuello para hacerlo. Algunas comen lo que han cogido, sujetándolo con las patas. Muchas, al volar, emiten algún grito; mientras que, por otro lado, muchas, en su lucha, son silenciosas. Algunas vuelan con el pecho medio erguido, otras con él hacia abajo, otras vuelan oblicuamente, o bien de lado, y otras siguiendo la dirección del pico. Algunas se sostienen con la cabeza hacia arriba; de hecho, el hecho es que si viéramos varios tipos en el mismo momento, no supondríamos que tienen que hacer su camino en el mismo elemento.

REVUELTA DEL PUEBLO ROMANO A CONSECUENCIA DE UN CUERVO QUE HABLABA

Hagamos justicia también, al cuervo, cuyos méritos han sido atestiguados no sólo por los sentimientos del pueblo romano, sino por la fuerte expresión, también, de su indignación. En el reinado de Tiberio, uno de los cuervos que había sido criado en la cima del templo de Cástor, entró por casualidad en una zapatería que estaba enfrente; por lo que, debido a un sentimiento de veneración religiosa, fue considerado doblemente agradable por el propietario del lugar. El pájaro, al que se le había enseñado a hablar a una edad temprana, solía volar todas las mañanas hasta la Rostra, que miraba hacia el Foro; allí, dirigiéndose a cada uno por su nombre, saludaba a Tiberio, y luego a los césares Germánico y Druso, tras lo cual procedía a saludar al pueblo romano a su paso, y luego regresaba a la tienda; durante varios años fue notable por la constancia de su asistencia. El dueño de otra zapatería de la zona, en un repentino ataque de ira, mató al pájaro, enfurecido, como quería que pareciera, porque con su estiércol había ensuciado unos zapatos suyos. A raíz de esto, la multitud manifestó tal rabia, que inmediatamente fue expulsado de esa parte de la ciudad, y poco después fue ejecutado. El funeral del pájaro también se celebró con exequias casi interminables; el cuerpo fue colocado en una litera llevada a hombros por dos etíopes, precedida por un flautista, y llevada a la pira con guirnaldas de todo tamaño y descripción. La pira se erigió en el lado derecho de la Vía Apia, en el segundo hito de la ciudad, en el campo generalmente conocido como el "campo de Redículo". De este modo, el raro talento de un pájaro parecía motivo suficiente para que el pueblo romano lo honrara con exequias, así como para infligir un castigo a un ciudadano romano; y eso, además, en una ciudad en la que nunca una multitud semejante había escoltado los funerales de ninguno de sus hombres distinguidos, y donde no se había encontrado a nadie que vengara la muerte de Escipión Emiliano, el hombre que había destruido Cartago y Numancia. Este suceso ocurrió en el consulado de M. Servilio y Ganas Cestio, el quinto día, antes de las calendas de abril.

AVES FABULOSAS

Considero fabulosos los pájaros llamados pegasos, de los que se dice que tienen cabeza de caballo, así como los grifos, de largas orejas y pico ganchudo. Se dice que los primeros son nativos de Escitia y los segundos de Etiopía. Lo mismo opino en cuanto al tragopán; sin embargo, muchos escritores afirman que es más grande que el águila, tiene cuernos curvados en las sienes y un plumaje de color de hierro, a excepción de la cabeza, que es púrpura. Tampoco las sirenas obtienen mayor crédito para mí, aunque Dinon, el padre de Clearco, un célebre escritor, afirma que existen en la India, y que encantan a los hombres con su canto, y, tras haberlos adormecido primero, los despedazan. Sin embargo, la persona que considere oportuno creer en estos cuentos, probablemente no se negará a creer también que los dragones lamieron las orejas de Melampodes, y le otorgaron el poder de entender el lenguaje de los pájaros; como también lo que dice Demócrito, cuando da los nombres de ciertas aves, por la mezcla de cuya sangre se produce una serpiente, cuya sangre le da poder de entender el lenguaje de los pájaros a la persona que la beba; así como las afirmaciones que el mismo escritor hace en relación con un pájaro en particular, conocido como la "galerita"; de hecho, la ciencia de los augurios ya está demasiado envuelta en cuestiones embarazosas, sin estos ensueños fantasiosos.

Grifo

EL MURCIÉLAGO

Entre los animales alados, el único que es vivíparo es el murciélago; es el único, además, que tiene las alas formadas por una membrana. También es la única criatura alada que alimenta a sus crías con leche del pecho. La madre aferra a sus dos crías mientras vuela y las lleva consigo. También se dice que este animal no tiene más que una articulación en el anca y que le gustan especialmente los mosquitos.

Libro XI
Las diversas clases de insectos y los órganos de los animales

Procederemos ahora a la descripción de los insectos, tema repleto de interminables dificultades, pues, en efecto, hay autores que han sostenido que no respiran y que están desprovistos de sangre. Los insectos son numerosos y forman muchas especies, y su modo de vida es como el de los animales terrestres y las aves. Algunos de ellos están provistos de alas, como las abejas; otros se dividen en los que tienen alas y los que no las tienen, como las hormigas; mientras que otros carecen tanto de alas como de patas. Todos estos animales han sido llamados muy apropiadamente "insectos", por las incisiones o divisiones que separan el cuerpo, unas veces en el cuello y otras en el corselete, y lo dividen así en miembros o segmentos, sólo unidos entre sí por un tubo delgado. En algunos insectos, sin embargo, esta división no es completa, ya que está rodeada de pliegues arrugados; y así, las vértebras flexibles de la criatura, tanto si están situadas en el abdomen, como si sólo se encuentran en la parte superior del cuerpo, están protegidas por capas, superpuestas unas a otras; de hecho, en ninguna de sus obras ha mostrado la Naturaleza más plenamente su inagotable ingenio.

Por otra parte, en los animales grandes, o, en todo caso, en los más grandes de ellos, encontró su tarea fácil y sus materiales listos y flexibles; pero en estas criaturas diminutas, tan parecidas a una no-entidad, cuán superadora es la inteligencia, cuán vastos los recursos y cuán inefable la perfección que ha desplegado. ¿Dónde ha reunido tantos sentidos como en el mosquito? –por no hablar de las criaturas que podrían mencionarse de tamaño aún más pequeño. ¿Dónde, digo, ha encontrado espacio para colocar en él los órganos de la vista? ¿Dónde ha centrado el sentido del gusto? ¿Dónde ha insertado el poder del olfato? ¿Y dónde ha implantado también esa voz aguda y chillona de la criatura, tan desproporcionada a la pequeñez de su cuerpo? Con qué asombrosa sutileza ha unido las alas al tronco, ha alargado las articulaciones de las patas, ha enmarcado esa larga y anhelante concavidad para un vientre, y luego ha inflamado al animal con una insaciable sed de sangre, especialmente la del hombre. ¡Qué ingenio ha desplegado al dotarlo de un aguijón tan bien adaptado para perforar la piel! Y además, como si hubiera tenido el campo más extenso para el ejercicio de su habilidad, aunque el arma es tan diminuta que apenas se ve, la ha formado con un doble mecanismo, dotándola de una punta para perforar, y al mismo tiempo haciéndola hueca, para adaptarla a la succión.

También ha insertado dientes en la carcoma, para adaptarla a la perforación del roble, incluso con un sonido que atestigua plenamente su poder destructivo, mientras que al mismo tiempo ha hecho de la madera su principal nutriente. Admiramos los hombros del elefante cuando sostiene una torre, el cuello robusto del toro y el poderío con el que lanza a lo alto todo lo que se interpone en su camino, la embestida del tigre o la melena del león; mientras que, al mismo tiempo, la Naturaleza no se ve en ninguna parte con mayor perfección que en la más pequeña de sus obras. Por esta razón, debo rogar a mis lectores que, a pesar del desprecio que sienten por muchos de estos objetos, no sientan un desdén similar por la información que voy a brindarles en relación con ellos, viendo que, en el estudio de la Naturaleza, no hay ninguna de sus obras que sea indigna de nuestra consideración.

LAS ABEJAS

Pero entre todos ellos, el primer rango, y nuestra especial admiración, debe concederse, en justicia, a las abejas, que son las únicas, de entre todos los insectos, que han sido creadas para el beneficio del hombre. Extraen la miel y la recogen. Forman sus panales y recogen cera, un artículo que es útil para mil propósitos de la vida; son pacientes con la fatiga, se esfuerzan en sus trabajos, se forman en comunidades políticas, celebran consejos juntos en privado, eligen jefes en común, y, una cosa que es la más notable de todas, tienen su propio código de moral.

Las abejas se mantienen dentro de la colmena durante el invierno, pues ¿de dónde sacan la fuerza necesaria para resistir las heladas, las nieves y las ráfagas del norte? De hecho, todos los insectos hacen lo mismo, pero no hasta un período tan tardío, ya que los que se ocultan en las paredes de nuestras casas, responden más prontamente al regreso del calor. No salen a trabajar hasta que florecen las judías, y entonces no pierden ni un día de inactividad, mientras el tiempo es favorable para sus actividades.

En primer lugar, se dedican a construir sus panales y a formar la cera, o, en otras palabras, a hacer sus moradas y celdas; después producen sus crías, y luego hacen miel y cera de las flores, y extraen pegamento para abejas de las lágrimas de aquellos árboles que destilan sustancias glutinosas, los jugos, las gomas y las resinas, es decir, del sauce, el olmo y la caña. Con estas sustancias, así como con otras de naturaleza más amarga, revisten primero todo el interior de la colmena, como una especie de protección contra las propensiones codiciosas de otros pequeños insectos, ya que son muy conscientes de que están a punto de crear algo que resultará un objeto de atracción para ellos.

CÓMO TRABAJAN LAS ABEJAS

La manera en que las abejas realizan su trabajo es la siguiente. Durante el día hay una guardia a la entrada de la colmena, como los centinelas de un campamento. Por la noche descansan hasta la mañana, cuando una de ellas despierta al resto con un zumbido que se repite dos o tres veces, como si tocara una trompeta. Entonces emprenden el vuelo en masa, si el día se presenta propicio, pues tienen el don de prever el viento y la lluvia, y en tal caso se mantienen cerca de sus moradas. Por otra parte, cuando el tiempo es bueno, el enjambre sale y se pone a trabajar inmediatamente, algunas cargando sus patas con las flores, mientras que otras llenan sus bocas con agua y cargan la superficie de su cuerpo con gotas de líquido. Las que son jóvenes salen a trabajar y recogen los materiales ya mencionados, mientras que las más viejas se quedan dentro de las colmenas y trabajan. Las abejas que se encargan de transportar las flores, con sus patas delanteras cargan sus patas traseras, que la naturaleza ha hecho ásperos con ese propósito, y con su hocico cargan sus patas delanteras; inclinándose bajo su carga, regresan a la colmena, donde hay tres o cuatro abejas listas para recibirlas y ayudarlas a descargar su carga. Porque, también dentro de la colmena, tienen sus tareas asignadas; algunas se dedican a construir, otras a alisar los panales, mientras que otras se ocupan de repartir los materiales, y otras de preparar al alimento, con la provisión que se ha traído; para que no haya una división desigual, ni en su trabajo, ni en su comida, ni en la distribución de su tiempo, ni siquiera se alimentan por separado.

Comenzando por el techo abovedado de la colmena, comienzan la construcción de sus celdas, y, al igual que se fabrica una telaraña, construyen sus celdas de arriba a abajo, teniendo cuidado de dejar dos pasajes alrededor de cada compartimento, uno para la entrada y otro para la salida. Los panales, que están fijados a la colmena en la parte superior, y en un grado leve también en los lados, se adhieren unos a otros, y quedan así suspendidos en su totalidad. No tocan el suelo de la colmena, y son angulares o redondos, según su forma; a veces, de hecho, son angulares y redondos a la vez, cuando dos enjambres conviven juntos, pero tienen modos de funcionamiento diferentes. Apuntalan los panales susceptibles de caer, por medio de pilares arqueados, a intervalos que brotan del suelo, para dejarles un paso con el fin de efectuar reparaciones. Las tres primeras filas de sus celdas se dejan generalmente vacías cuando se construyen, para que no haya nada expuesto a la vista que pueda invitar al robo; y son las últimas, sobre todo, las que se llenan de miel, de ahí que los panales se saquen siempre por la parte trasera de la colmena.

Las abejas que se dedican al acarreo esperan una brisa favorable, y si se levanta un vendaval, se elevan en el aire con pequeñas piedras, a modo de lastre. Cuando el viento es contrario, vuelan cerca del suelo, teniendo cuidado, sin embargo, de mantenerse lejos de las zarzas. Es sorprendente la estricta vigilancia que se ejerce sobre su trabajo; todos los casos de ociosidad son cuidadosamente observados, los infractores son castigados y, si se repite la falta, se les castiga con la muerte. Su sentido de la limpieza también es extraordinario; se quita todo lo que pueda estorbar, y no se permite que ninguna suciedad permanezca en medio de su trabajo. Incluso los desechos de los que trabajan en el interior, para que no tengan que retirarse a ninguna distancia, se recogen en un solo lugar, y en los días de tormenta, cuando se ven obligados a cesar sus labores ordinarias, se ocupan en sacarlos. Cuando se acerca la noche, el zumbido en la colmena se va reduciendo gradualmente, hasta que por fin se ve a una de ellas volando alrededor de la colmena con el mismo zumbido fuerte con el que fueron despertadas por la mañana, dando así la señal, por así decirlo, de retirarse a descansar; en esto también imitan el uso del campamento. En el momento en que se oye la señal, todo queda en silencio.

LAS AVISPAS Y LOS AVISPONES

Las avispas construyen sus nidos de barro en lugares elevados, y hacen cera en ellos; los avispones, en cambio, construyen en agujeros o bajo tierra. Las celdas de estos insectos son también hexagonales, pero, en otros aspectos, aunque están hechas de corteza de árbol, se parecen mucho a la sustancia de una tela de araña. Sus crías también se encuentran a intervalos irregulares, y son de aspecto deforme; mientras que una es capaz de volar, otra es todavía una simple pupa, y una tercera está sólo en el estado de gusano. También es en el otoño, y no en la primavera, cuando se producen todas sus crías; y crecen durante la Luna llena más particularmente. La avispa conocida como icneumón, más pequeña que las demás, mata a un tipo de araña en particular, conocida como phalangium; después lleva el cuerpo a su nido, lo cubre con una especie de sustancia pegajosa, y luego se sienta y empolla de él sus crías. Además, todas son carnívoras, mientras que las abejas no tocan ninguna sustancia animal. Las avispas persiguen sobre todo a las moscas más grandes y, tras atraparlas, les cortan la cabeza y se llevan el resto del cuerpo.

Los avispones silvestres viven en los agujeros de los árboles y, en invierno, al igual que otros insectos, se mantienen ocultos; su vida no supera los dos años. No es infrecuente que su picadura produzca un ataque de fiebre, y hay autores que dicen que tres veces nueve picaduras bastan para matar a un hombre.

EL GUSANO DE SEDA

Hay otra clase de estos insectos que se producen de manera muy diferente. Estos últimos surgen de una larva de mayor tamaño, con dos cuernos de aspecto muy peculiar. La larva se convierte entonces en una oruga, después de lo cual asume el estado en el que se conoce como bombylis, luego el llamado necydalus, y después de eso, en seis meses, se convierte en un gusano de seda. Estos insectos tejen telas similares a las de la araña, cuyo material se utiliza para confeccionar las prendas más costosas y lujosas de las hembras, conocidas como "bombycina". Pánfilo, una mujer de Cos, hija de Platea, fue la primera persona que descubrió el arte de desenredar estas telas y de hilar un tejido con ellas; de hecho, no se le debe privar de la gloria de haber descubierto el arte de hacer vestimentas que, mientras cubren a una mujer, al mismo tiempo revelan sus encantos desnudos.

LAS ARAÑAS

No es en absoluto absurdo añadir al gusano de seda un relato sobre la araña, una criatura que merece nuestra especial admiración. Hay numerosas clases de arañas. Las que llevan el nombre de phalangium son de pequeño tamaño, con el cuerpo moteado y picudo; su mordedura es venenosa, y saltan al desplazarse de un lugar a otro. Otro tipo, en cambio es negro, y las patas delanteras destacan por su longitud. Todas ellas tienen tres articulaciones en las patas. El tipo más pequeño de araña lobo no hace una telaraña, pero las más grandes hacen sus agujeros en la tierra y extienden sus redes en la estrecha entrada de los mismos. Una tercera especie, es notable por la habilidad que muestra en sus operaciones. Estas tejen una gran telaraña, y su abdomen basta para suministrar el material para un trabajo tan extenso, ya sea que, en períodos determinados, los excrementos son secretados en gran parte en el abdomen, como piensa Demócrito, o que la criatura tiene en sí misma una cierta facultad de secretar una especie peculiar de sustancia lanosa. ¡Con qué maravilloso arte oculta las trampas que acechan a su presa en sus redes a cuadros! ¡Cuan poco se asemeja a una trampa su compacta red, con la tenaz textura de su trama, que parecería estar terminada y arreglada por el ejercicio del más alto arte! Además, el cuerpo de la telaraña es muy flexible cuando cede a las ráfagas, y atrapa con facilidad todos los objetos que se interponen en su camino.

LOS ESCORPIONES

De manera similar a la araña, el escorpión terrestre también produce gusanos similares a los huevos, y muere de manera similar. Este animal es un azote peligroso, y tiene un veneno como el de la serpiente; con la excepción de que sus efectos son mucho más dolorosos, ya que la persona que es picada sólo sobrevivirá tres días antes de que le sobrevenga la muerte. La picadura es invariablemente mortal para las vírgenes, y casi siempre para las matronas. También lo es para los hombres, por la mañana, cuando el animal ha salido de su agujero en estado de ayuno, y aún no ha descargado su veneno por algún golpe accidental. La cola está siempre lista para atacar, y no deja de amenazar ni un instante, para que no se pierda ninguna oportunidad. El animal ataca, ya sea con un golpe lateral, o bien girando la cola hacia arriba. A esta plaga de África, los vientos del sur le han proporcionado también medios de vuelo, ya que cuando la brisa los arrastra, extienden sus brazos y los mueven como si fueran remos en su vuelo; el mismo Apolodoro, sin embargo, afirma que hay algunos que realmente tienen alas. En Escitia, el escorpión, incluso es capaz de matar al cerdo con su aguijón, un animal que, en general, es a prueba de venenos de este tipo en un grado notable. Cuando son picados, los cerdos que son negros mueren más rápidamente que otros, y más aún si se tiran al agua. Cuando una persona ha sido picada, se supone generalmente que puede curarse bebiendo las cenizas del escorpión mezcladas con vino.

LAS LANGOSTAS

Aquellos insectos que tienen patas, se mueven lateralmente. Algunos de ellos tienen las patas traseras más largas que las delanteras, y curvadas hacia fuera, la langosta, por ejemplo.

Estas criaturas ponen sus huevos en grandes masas, en otoño, introduciendo el extremo de la cola en agujeros que forman en el suelo. Estos huevos permanecen bajo tierra durante todo el invierno, y al año siguiente, al final de la primavera, salen de ellos pequeñas langostas, de color negro, que se arrastran sin patas ni alas. De ahí que una primavera húmeda destruya sus huevos, mientras que, si es seca, se multiplican en gran abundancia.

Se les considera una plaga infligida por la cólera de los dioses, ya que cuando vuelan parecen más grandes de lo que realmente son, mientras que hacen un ruido tan fuerte con sus alas, que se podría suponer fácilmente que son criaturas aladas de otra especie. Además, su número es tan grande que oscurece el Sol. Los de África son los que más devastan Italia. Los partos los consideran un alimento excelente, al igual que los saltamontes.

INSECTOS QUE SON PARÁSITOS DEL HOMBRE

En la carroña de los muertos se generan ciertos animales, y también en el pelo de los hombres vivos. Fue debido a tales alimañas que el dictador Sylla, y Aleman, uno de los más famosos de los poetas griegos, encontraron la muerte. Estos insectos también infestan a las aves, y son capaces de matar al faisán, a menos que tenga cuidado de bañarse en el polvo. De los animales cubiertos de pelo, se supone que el asno y la oveja son los únicos que están exentos de estas alimañas. Se generan, además, en ciertas clases de telas, y más particularmente en las hechas con la lana de las ovejas que han sido matadas por el lobo. También encuentro que algunos autores afirman que algunos tipos de agua que usamos para bañarnos son más productivos de estos parásitos que otros. Incluso la cera genera ácaros, que se supone que son los más pequeños de todos los seres vivos. Otros insectos son engendrados a partir de la suciedad, actuada por los rayos del Sol; estas pulgas son llamadas "petauristæ", por la actividad que despliegan en sus patas traseras. Otras, además, se generan con alas, a partir del polvo húmedo que se encuentra tirado en agujeros y rincones.

EL INSECTO DEL FUEGO, PYRALLIS O PYRAUSTA

Ese fuego, que es tan destructivo para la materia, produce ciertos animales; pues en los hornos de fundición de cobre de Chipre, en medio del fuego, se ve volar un animal de cuatro patas con alas, del tamaño de una gran mosca; esta criatura se llama pyrallis, y según algunos pyrausta. Mientras permanezca en el fuego vivirá, pero si sale y vuela a poca distancia de él, morirá al instante.

AQUÍ PLINIO COMIENZA A ESCRIBIR SOBRE LOS DIFERENTES ÓRGANOS DE TODO TIPO DE ANIMALES

DIFERENTES TIPOS DE CUERNOS

También se han concedido cuernos de diversas formas a muchos animales acuáticos y marinos y a los reptiles, pero los que se entienden más propiamente bajo ese nombre pertenecen sólo a los cuadrúpedos; pues considero que los cuentos de Acteón y de Cipo, que son parte de la historia latina, no son ni más ni menos que fábulas. Y, en efecto, en ningún departamento de sus obras ha mostrado la Naturaleza mayor capricho. Al dotar a los animales de estas armas, se ha alegrado a su costa; a algunos los ha desplegado como ramas, en el ciervo, por ejemplo; a otros les ha dado una forma más simple. En otros, además, los ha aplanado en forma de mano de hombre, con los dedos extendidos, circunstancia por la que el animal ha recibido el nombre de "platyceros". Al corzo le ha dado cuernos ramificados, pero pequeños, y los ha hecho para que no se caigan y sean descartados cada año; mientras que al carnero se los ha dado de forma contorsionada y en espiral, como si le proporcionara un guantelete de ataque. Los cuernos del toro son erguidos y amenazantes, e incluso las hembras también están provistas de ellos, mientras que en la mayoría de las especies sólo los tienen los machos. La gamuza los tiene curvados hacia atrás, mientras que en el gamo se doblan hacia adelante. El strepsiceros, que en África lleva el nombre de addax, tiene los cuernos erguidos y en espiral, estriados y afilados hasta la punta, tanto que casi se diría que son los lados de una lira. En los bueyes de Frigia, los cuernos son movibles, como las orejas; y entre el ganado de los trogloditas, son puntiagudos hacia el suelo, por lo que están obligados a alimentarse con la cabeza de un lado. Otros animales tienen un solo cuerno, situado en el centro de la cabeza o en la nariz, como ya se ha dicho.

Además, en algunos animales los cuernos están adaptados para dar un golpe, y en otros para dar una cornada; en algunos están curvados hacia dentro, en otros hacia fuera, y otros están adaptados para lanzarlos; todos estos objetos se llevan a cabo de diversas formas, los cuernos están echados hacia atrás, se apartan o se acercan unos a otros, y en todos los casos se dirigen a una punta afilada. En una especie, además, los cuernos se utilizan para rascar el cuerpo, en lugar de las manos.

EL CEREBRO

El cerebro existe en todos los animales que tienen sangre, y también en los animales marinos, que ya hemos mencionado como moluscos, aunque están desprovistos de sangre, los pólipos, por ejemplo. El hombre, sin embargo, tiene, en proporción a su cuerpo, el cerebro más voluminoso de todos. También es el más húmedo y el más frío de todos los órganos, y está envuelto por encima y por debajo con dos tegumentos membranosos, cuya rotura es fatal. Además de estos hechos, podemos observar que el cerebro es más grande en los hombres que en las mujeres. En el hombre, el cerebro carece de sangre y venas, y en otros animales no tiene grasa.

El cerebro es la más elevada de todas las vísceras, y la más cercana al techo de la cabeza; está igualmente desprovisto de carne, sangre y excreciones. Los sentidos tienen este órgano como su ciudadela; en él se centran todas las venas que salen del corazón; aquí terminan; es el punto culminante de todo, el regulador del entendimiento. En todos los animales está inclinado hacia la parte anterior de la cabeza, por el hecho de que los sentidos tienen una tendencia a la dirección en la que miramos. Del cerebro procede el sueño, y su retorno es lo que hace que la cabeza cabecee. De hecho, las criaturas que no tienen cerebro, nunca duermen.

LOS OJOS

Debajo de la frente están los ojos, que forman la parte más preciosa del cuerpo humano. Los ojos, sin embargo, no han sido concedidos a todos los animales; las ostras no tienen ninguno, pero, con referencia a ciertos mariscos, la cuestión es todavía dudosa. Entre los cuadrúpedos, el topo no tiene vista, aunque tiene algo que se parece a los ojos, si quitamos la membrana que se extiende delante de ellos. Entre los pájaros también se dice que una especie de garza, conocida como "leucus", carece de un ojo; un pájaro de excelente augurio, cuando vuela hacia el sur o el norte, pues se dice que presagia con ello que van a terminar los peligros y las alarmas.

Los ojos varían de color sólo en la raza humana; en todos los demás animales son de un color uniforme propio de la especie, aunque hay algunos caballos que tienen ojos de color azul. Pero en el hombre las variedades y diversidades son muy numerosas; los ojos pueden ser grandes, de tamaño medio, muy pequeños o notablemente prominentes. Además, hay algunas personas que pueden ver hasta una gran distancia. La visión de muchos está necesitada de los rayos del Sol; tales personas no pueden ver en un día nublado, ni tampoco después de la puesta del Sol. Otros, además, tienen mala vista de día, pero una vista superior a la de los demás de noche.

Sólo algunas bestias de carga están sujetas a enfermedades de los ojos hacia la Luna creciente; pero es el hombre el único que se salva de la ceguera por la descarga de los humores que la han causado. A muchas personas se les ha devuelto la vista después de haber estado ciegas durante veinte años; mientras que a otras, de nuevo, se les ha negado esta bendición desde su mismo nacimiento, sin que hubiera ninguna mácula en los ojos

Los autores más doctos dicen que hay venas que comunican el ojo con el cerebro, pero yo me inclino a pensar que la comunicación es con el estómago; porque es muy cierto que una persona nunca pierde la visión sin sentir la enfermedad en el estómago. Es un deber importante y sagrado, altamente sancionado entre los romanos, cerrar los ojos de los muertos, y luego abrirlos de nuevo cuando el cuerpo es colocado en la pila funeraria, el uso ha tomado su origen en la noción de que es impropio que los ojos de los muertos sean vistos por el hombre, mientras que es una ofensa igualmente grande ocultarlos de la vista del cielo.

Los ojos de los animales que ven de noche en la oscuridad, los gatos, por ejemplo, son brillantes y radiantes, tanto que es imposible mirarlos; los de la cabra, también, y los del lobo son resplandecientes, y emiten una luz como el fuego. Los ojos de la foca y de la hiena cambian sucesivamente a mil colores; y los ojos de la mayoría de los peces, cuando se secan, emiten luz en la oscuridad, del mismo modo que el tronco del roble cuando se ha podrido con la extrema vejez.

LOS DIENTES

Los dientes están dispuestos de tres maneras diferentes, dentados, en una fila continua, o bien sobresaliendo de la boca. Cuando son dentados se unen, como los de un peine, para que no se desgasten por el roce entre ellos, como en las serpientes, los peces y los perros, por ejemplo. En algunas criaturas están dispuestas en una hilera continua, el hombre y el caballo, por ejemplo; mientras que en el jabalí, el elefante y el hipopótamo, sobresalen de la boca. Entre los que se encuentran en una hilera continua, los dientes que dividen el alimento son anchos y afilados, mientras que los que lo trituran son dobles; los dientes que se encuentran entre los incisivos y los molares, son los conocidos como caninos o dientes de perro; éstos son, con mucho, los más grandes en los animales que tienen dientes dentados. Hay muchos peces que tienen dientes en la lengua y en toda la boca, con el fin de que, por la multitud de mordeduras que infligen, puedan ablandar aquellos artículos de comida que no podrían conseguir desgarrando.

El áspid y otras serpientes también tienen dientes similares, pero en la mandíbula superior, a la derecha y a la izquierda, tienen dos de extrema longitud, que están perforados con un pequeño tubo en el interior, al igual que el aguijón del escorpión, y es a través de ellos que expulsan su veneno. Ninguna criatura alada tiene dientes, con la única excepción del murciélago. El camello es el único entre los animales sin cuernos, que no tiene dientes anteriores en la mandíbula superior.

EL CORAZÓN; LA SANGRE; EL ESPÍRITU VITAL

En todos los animales, excepto en el hombre, el corazón está situado en el centro del pecho; sólo en el hombre está situado justo debajo de la tetilla izquierda, y su extremo más pequeño termina en punta y se dirige hacia el exterior. Sólo en los peces esta punta está orientada hacia la boca. Se afirma que el corazón es la primera de las vísceras que se forma en el feto, luego el cerebro y, por último, los ojos; también se dice que los ojos son los primeros órganos que mueren, y el corazón el último de todos. El corazón también es el principal asiento del calor del cuerpo; está constantemente palpitando, y se mueve como si fuera un animal encerrado dentro de otro. También está envuelto en una membrana igualmente flexible y fuerte, y está protegido por los baluartes formados por las costillas y el hueso del pecho, por ser la fuente primaria y el origen de la vida. Contiene en su interior los receptáculos primarios para el espíritu y la sangre, en su cavidad sinuosa, que en los animales más grandes es triple, y en todos doble por lo menos; aquí es donde la mente tiene su morada. De esta fuente proceden dos grandes venas, que se ramifican en la parte anterior y posterior del cuerpo y que, extendiéndose en una serie de ramificaciones, transportan la sangre vital por otras venas más pequeñas a todas las partes del cuerpo. Esta es la única entre las vísceras que no se ve afectada por las enfermedades, ni está sujeta a las penalidades ordinarias de la vida humana; pero cuando se lesiona, produce la muerte instantánea.

LA VESÍCULA

En el hígado se encuentra la vesícula biliar,[1] que, sin embargo, no existe en todos los animales. En Calcis, en Eubea, ninguno de los bovinos lo tiene, mientras que en los bovinos de la isla de Naxos, es de un tamaño extraordinario, y doble, de modo que para un extraño cualquiera de estos hechos parecería tan bueno como

---

1 La vesícula biliar está situada en una fosa entre los lóbulos cuadrado y medial derecho del hígado. Actúa como depósito de la bilis (N. del T.)

un prodigio. El caballo, la mula, el asno, el ciervo, el corzo, el jabalí, el camello y el delfín no tienen vesícula biliar, pero algunas clases de ratas y ratones la tienen. Algunos hombres carecen de ella, y estas personas gozan de una salud robusta y una larga vida. Cuando la hiel es negra, produce la locura en el hombre, y si se expulsa totalmente, sobreviene la muerte. De ahí también que la palabra "bilis" haya sido empleada por nosotros para caracterizar una disposición áspera y amargada; tan poderosos son los efectos de esta secreción, cuando extiende su influencia a la mente. Además de esto, cuando se dispersa por todo el cuerpo, incluso priva a los ojos de su color natural; y cuando se expulsa, empaña los vasos de cobre, incluso, haciendo que todo lo que entra en contacto sea negro; por lo que nadie debería sorprenderse de que sea la hiel la que constituye el veneno de las serpientes.

Se dice que en el pequeño hígado del ratón el número de lóbulos corresponde a los días de la Luna, y que se encuentran tantos en número como días tiene la Luna; además se dice que aumenta en el solsticio de invierno. En los conejos de la Bætica, el hígado se encuentra siempre con un lóbulo doble. Las hormigas no tocan un lóbulo del hígado de la rana zarza, como consecuencia de su naturaleza venenosa, según se cree. El hígado es notable por su capacidad de conservación, y los asedios nos han proporcionado ejemplos notables de su conservación hasta cien años.

SEMEJANZA DEL MONO CON EL HOMBRE

En cuanto a las diversas clases de simios, ofrecen un perfecto parecido con el hombre en la cara, las fosas nasales, las orejas y los párpados; siendo los únicos cuadrúpedos, de hecho, que tienen pestañas en el párpado inferior. También tienen mamas en el pecho, brazos y piernas, que se doblan en direcciones opuestas, y uñas en las manos y los dedos, siendo el dedo corazón el más largo. Se diferencian un poco del hombre en los pies, que, al igual que las manos, son de notable longitud y tienen una huella similar a la de la palma de nuestra mano. También tienen un pulgar y articulaciones similares a las del hombre. Los machos sólo se diferencian del hombre en las partes sexuales, mientras que todas las vísceras internas se parecen exactamente a las del hombre.

PARTES DEL CUERPO HUMANO A LAS QUE SE VINCULAN LAS IDEAS RELIGIOSAS

De acuerdo con los usos de varias naciones, ciertas ideas religiosas se han unido a las rodillas. Es a las rodillas a las que se aferran los suplicantes, y sobre ellas extienden sus manos; es a las rodillas a las que adoran como a otros tantos altares, por así decirlo; tal vez, porque en ellas se centra la fuerza vital. Porque en la articulación de ambas rodillas, tanto la derecha como la izquierda, hay en la parte delantera de cada una un cierto espacio vacío, que tiene un fuerte parecido con una boca, y a través del cual, como la garganta, si se perfora una vez, los poderes vitales escapan. También hay ciertas ideas religiosas ligadas a otras partes del cuerpo, como se atestigua al levantar el dorso de la mano derecha hacia los labios, y extenderla en señal de buena fe. Los antiguos griegos acostumbraban a tocarse la barbilla en el momento de la súplica. La sede de la memoria se encuentra en la parte inferior de la oreja, que tocamos cuando citamos a un testigo para que deponga sobre la memoria de un arresto. También el asiento de Némesis se encuentra detrás

LIBRO XI - LAS DIVERSAS CLASES DE INSECTOS Y LOS ÓRGANOS DE LOS ANIMALES   145

de la oreja derecha, una diosa que nunca ha encontrado un nombre en latín, no, ni siquiera en el Capitolio. Es a esta parte a la que aplicamos el dedo junto al meñique, después de tocar la boca con él, cuando pedimos perdón en silencio a los dioses por haber dejado escapar una palabra indiscreta.

LAS PARTES SEXUALES – LOS HERMAFRODITAS

En algunos animales, los machos tienen las partes sexuales detrás. En el lobo, el zorro, la comadreja y el hurón, estas partes son óseas; y son los genitales del último animal mencionado los que suministran los principales remedios para los cálculos en la vejiga humana. Se dice también que los genitales del oso se convierten en una sustancia córnea en el momento de su muerte. Entre los pueblos de Oriente las mejores cuerdas de arco son las que se hacen con el miembro del camello. Estas partes también, entre diferentes naciones, son objeto de ciertos usos y observancias religiosas; y los Galli, los sacerdotes de la Madre de los dioses, tienen la costumbre de castrarse, sin ningún resultado peligroso. Por otra parte, algunas mujeres tienen una monstruosa semejanza con la conformación masculina, mientras que las hermafroditas parecen participar de la naturaleza de ambos sexos. Ejemplos de esta última conformación fueron vistos en cuadrúpedos en el reinado de Nerón, y por primera vez, me imagino; porque él ostentosamente desfiló caballos hermafroditas unidos a su carro, que habían sido encontrados en el territorio de los Treviri, en la Galia; como si, en verdad, fuera un espectáculo tan notablemente fino contemplar al gobernante de la tierra sentado en un carro tirado por monstruosidades.

En las ovejas y los bovinos los testículos cuelgan hasta las piernas, mientras que en el jabalí están unidos al cuerpo. En el delfín son muy largos y están ocultos en la parte inferior del vientre. En el elefante, también están bastante ocultos. En los animales ovíparos se adhieren al interior de los lomos; estos animales son los más rápidos en el congreso venéreo. Los peces y las serpientes no tienen testículos, pero en lugar de ellos tienen dos venas, que van desde la región renal hasta los genitales. El pájaro conocido como "buteo", tiene tres testículos. El hombre es la única criatura en la que los testículos se rompen, ya sea accidentalmente o por alguna enfermedad natural; los que están así afligidos forman una tercera clase de semi hombres, además de los hermafroditas y los eunucos. En todas las especies de animales el macho es más valiente que la hembra, a excepción de la pantera y el oso.

SIGNOS DE VITALIDAD Y DISPOSICIÓN MORAL DEL HOMBRE, A PARTIR DE SUS MIEMBROS

Me sorprende mucho que Aristóteles no sólo haya creído, sino que incluso lo haya puesto por escrito, que hay en el cuerpo humano ciertos pronósticos de la duración de la vida. Ha establecido como indicaciones de una vida corta lo siguiente: pocos dientes, dedos muy largos, un color plomizo y numerosas líneas rotas en la palma de la mano. Por otro lado, considera como pronósticos de una vida larga los siguientes: encorvamiento de los hombros, una o dos líneas largas ininterrumpidas en la mano, un número mayor de treinta y dos dientes y orejas grandes. Imagino que no exige que todos estos síntomas se unan en una persona, sino que los considera individualmente significativos; en mi opinión, sin embargo, son totalmente frívolos, todos ellos, aunque tienen vigencia entre el vulgo. Nuestro propio escritor, Trogus, ha establecido de manera similar la fisonomía como indicativa de la disposición moral; uno de los más graves de los autores romanos, cuyas propias palabras aquí reproduzco:

"Cuando la frente es ancha, significa que hay un entendimiento indolente y lento; y cuando es pequeña, indica una disposición inestable. Una frente redondeada denota un temperamento irascible, pareciendo que la ira inflamada ha dejado sus huellas allí. Cuando las cejas se extienden en una línea recta, denotan afeminamiento en el propietario, y cuando están dobladas hacia la nariz, una disposición austera. Por otro lado, cuando las cejas están dobladas hacia las sienes, son indicativas de una disposición sarcástica; pero cuando están muy bajas, denotan malicia y envidia. Los ojos largos son significativos de una naturaleza rencorosa y maliciosa, y cuando las esquinas de los ojos junto a la nariz son carnosas, es un signo también de una disposición malvada. Si el blanco del ojo es grande, es señal de impudicia, mientras que los que cierran incesantemente los párpados son inconstantes. El agrandamiento de las orejas es signo de locuacidad y necedad".

Libro XII
La historia natural de los árboles

Los árboles y los bosques son considerados como los beneficios más valiosos conferidos por la Naturaleza a la humanidad. Fue del bosque de donde el hombre sacó su primer alimento, con las hojas de los árboles hizo más habitable su cueva, y con su corteza proveyó su vestimenta; incluso en este mismo día, hay naciones que viven en circunstancias similares a éstas.

Los árboles formaron los primeros templos de los dioses, e incluso en la actualidad, la gente del campo, conservando en toda su simplicidad sus antiguos ritos, consagra lo más fino de sus árboles a alguna divinidad; de hecho, nos sentimos inspirados a la adoración, no menos por las arboledas sagradas y su misma quietud, que por las estatuas de los dioses, resplandecientes como son de oro y marfil. Cada tipo de árbol permanece inmutablemente consagrado a su propia divinidad peculiar, el haya a Júpiter, el laurel a Apolo, el olivo a Minerva, el mirto a Venus, y el álamo a Hércules; además de lo cual, es nuestra creencia que los silvanos, los faunos, y varias clases de ninfas divinas, tienen la tutela de los bosques, y consideramos a esas deidades como especialmente designadas para presidirlos por la voluntad del cielo. En tiempos más recientes, fueron los árboles los que con sus jugos, más calmantes incluso que el maíz, calmaron por primera vez la aspereza natural del hombre; y es de ellos de donde derivamos ahora el aceite de oliva que hace que los miembros sean tan flexibles, el trago de vino que recluta tan eficazmente las fuerzas, y los numerosos manjares que surgen espontáneamente en las distintas estaciones del año.

Pero, además de esto, los árboles tienen otros mil usos, todos ellos indispensables para el pleno disfrute de la vida. Con la ayuda de los árboles surcamos las profundidades y acercamos las tierras lejanas; también con la ayuda de los árboles construimos nuestros edificios. Incluso las estatuas de las deidades se formaban con la madera de los árboles, en los días en que todavía no se le había dado valor al cadáver de una bestia salvaje, y cuando, el lujo todavía no derivaba su sanción de los propios dioses, cuando no teníamos que contemplar, resplandecientes con el mismo marfil, las cabezas de las divinidades a los pies de nuestras mesas. Se cuenta que los galos, separados de nosotros por los Alpes, que entonces formaban un baluarte casi infranqueable, tenían como principal motivo para invadir Italia sus higos secos, sus uvas, su aceite y su vino. Podemos excusarles, pues, al saber que vinieron en busca de estos diversos productos, aunque al precio incluso de la guerra.

ÁRBOLES EXÓTICOS

Pero, ¿quién no se sorprenderá, con razón, al saber que un árbol ha sido introducido entre nosotros desde un clima extranjero por nada más que su sombra? Me refiero al plátano,[1] que fue llevado por primera vez a través del Mar Jónico a la Isla de Diomedes, para ser plantado allí en su tumba, y que luego fue importado a Sicilia, siendo uno de los primeros árboles exóticos que fueron introducidos en Italia.

Porque encontramos en Italia algunos plátanos, que son conocidos como chamæplatani, en consecuencia de su crecimiento atrofiado; porque hemos descubierto el arte de causar el aborto en los árboles incluso, y por lo tanto, incluso en el mundo vegetal tendremos ocasión de hacer mención de los enanos, un tema poco atractivo en todos los casos. Este resultado se obtiene en los árboles, por un método peculiar que se adopta al plantarlos y podarlos.

El cerezo y el melocotón, y todos los árboles que tienen nombres griegos o extranjeros, son exóticos; sin embargo, los que han comenzado a naturalizarse entre nosotros, serán tratados cuando hable de los árboles frutales en general. Por el momento, sólo mencionaré los árboles realmente exóticos, empezando por el que se aplica a los usos más saludables. El cidro, llamado asirio, y por algunos la manzana mediana, es un antídoto contra los venenos. La hoja es similar a la del arbusto, salvo que tiene pequeñas espinas que la atraviesan. En cuanto a la fruta, nunca se come, pero es notable por su olor extremadamente poderoso, lo que también ocurre con las hojas; de hecho, el olor es tan fuerte, que penetra en la ropa, cuando se impregna de él, y por lo tanto es muy útil para repeler los ataques de insectos nocivos. El árbol da frutos en todas las estaciones del año; mientras algunos caen, otros frutos están madurando, y otros, a su vez acaban de nacer. Varias naciones han intentado naturalizar este árbol entre ellas, en aras de sus propiedades medicinales, plantándolo en macetas de arcilla, con agujeros perforados en ellas, con el fin de introducir el aire en las raíces; y me gustaría señalar aquí, de una vez por todas, que es conveniente recordar que el mejor plan es empaquetar todos los trozos de árboles que tienen que ser transportados a cualquier distancia, tan juntos como sea posible colocarlos. Sin embargo, se ha descubierto que este árbol no crecerá en ninguna parte, excepto en Media o Persia.

---

1 El *Platanus orientalis* de Linneo.

LOS ÁRBOLES DE LA INDIA

Al describir el país de los Seres (Libro VI), ya hemos hecho mención de los árboles que producen lana; y también hemos tocado la extraordinaria magnitud de los árboles de la India. Virgilio ha hablado en términos elogiosos del árbol de ébano, uno de los que son peculiares de la India, y nos informa además de que no crece en ningún otro país. Herodoto, sin embargo, ha preferido atribuirlo a Etiopía; y afirma que la gente de ese país tenía la costumbre de pagar a los reyes de Persia, cada tres años, a modo de tributo, cien troncos de madera de ébano, junto con una cierta cantidad de oro y marfil. Tampoco debemos omitir aquí el hecho, ya que el mismo autor ha declarado al efecto, de que los etíopes también tenían la costumbre de pagar, a modo de tributo, veinte grandes dientes de elefante. Tan alta era la estima del marfil en el año de la construcción de nuestra ciudad.

Hay también en la India una especie de espina muy parecida al ébano, aunque puede distinguirse de él, incluso con la ayuda de una linterna; pues, al aplicar una llama, se extenderá instantáneamente a lo largo del árbol. Procederemos ahora a describir aquellos árboles que fueron la admiración de Alejandro Magno en su victoriosa carrera, cuando esa parte del mundo fue revelada por primera vez por sus armas.

Hay otro árbol en la India, de tamaño aún mayor, y aún más notable por el tamaño y la dulzura de sus frutos, del que viven los sabios de la India. La hoja de este árbol se asemeja, en su forma, al ala de un pájaro, con tres codos de longitud y dos de anchura. De la corteza sale su fruto, un fruto notable por la dulzura de su jugo, uno solo contiene suficiente para satisfacer a cuatro personas. El nombre de este árbol es "pala", y el del fruto, "ariena". Se encuentran en la mayor abundancia en el país de los Sydraci, un territorio que forma el límite extremo de la expedición de Alejandro.

El macir, también, es una sustancia vegetal que se trae de la India, siendo una corteza roja que crece sobre una gran raíz, y que lleva el nombre del árbol que la produce; no he podido averiguar cuál es la naturaleza de este árbol. Una decocción de esta corteza, mezclada con miel, se emplea mucho en medicina, como específico para la disentería.

También en las cercanías de la India se encuentra Bactriana, en cuya región encontramos el bdellium[2] que es tan apreciado. Este árbol es de color negro, y del tamaño del olivo; tiene hojas como las del roble albar, y da un fruto similar al del higo silvestre, y en la naturaleza se asemeja a una especie de goma. Este fruto es llamado por algunas personas brochón, por otras malacha, y por otras, de nuevo, maldacón. Cuando es de color negro y se enrolla en tortas, recibe el nombre de hadrobolon. Esta sustancia debe ser transparente y del color de la cera, odorífera, untuosa cuando se somete a la fricción, y amarga al gusto, aunque sin la menor acidez.

---

2   Nombre dado a dos gomas-resinas aromáticas, similares a la mirra, pero más débiles. Se cree que el bdellium indio es el producto del *Balsamodendron Mukul*. Se utiliza para los mismos fines que la mirra, pero principalmente como ingrediente de emplastos y como perfume (N. del T.).

LOS ÁRBOLES DE PERSIA

Junto a los países que hemos mencionado anteriormente se encuentra Persia, que se extiende a lo largo de las orillas del Mar Rojo, cuyas mareas penetran mucho en la tierra. Los árboles de estas regiones son de una naturaleza maravillosa, ya que, corroídos por la acción de la sal, y teniendo una considerable semejanza con las sustancias vegetales que han sido arrojadas y abandonadas por la marea, se les ve abrazar las áridas arenas de la orilla del mar con sus raíces desnudas, al igual que tantos pulpos. Cuando sube la marea, azotados por las olas, allí permanecen, fijos e inmóviles; es más, en la pleamar se cubren por completo; hecho que demuestra con convicción, que obtienen su alimento de la sal contenida en el agua. El tamaño de estos árboles es imponente; en apariencia se parecen mucho al madroño; el fruto, que por fuera es muy parecido a la almendra, tiene una almendra en espiral por dentro.

En el mismo golfo, se encuentra la isla de Tylos, cubierta de un bosque en el lado que mira hacia el Este, donde también es bañada por el mar en las mareas altas. Cada uno de los árboles es de un tamaño tan grande como el higo; las flores son de una dulzura indescriptible, y el fruto tiene una forma parecida a la del altramuz, pero es tan áspero y espinoso, que nunca es tocado por ningún animal. En una meseta más elevada de la misma isla, encontramos árboles que dan lana, pero de una naturaleza diferente a la de los Seres; ya que en estos árboles las hojas no producen nada en absoluto, y, de hecho, podrían ser fácilmente tomadas por las de la vid, si no fuera porque son de menor tamaño. Tienen una especie de calabaza, del tamaño de un membrillo, que, cuando llega a la madurez, se rompe y deja ver una bola de plumón, con la que se hace una costosa tela de lino.

EL INCIENSO

Las principales producciones de Arabia son el incienso y la mirra, que tiene en común con el país de los trogloditas. No hay ningún país en el mundo que produzca incienso excepto Arabia, y, de hecho, no toda Arabia. Casi en el centro de esa región, están los atramitas. Este distrito mira hacia el noreste y es inaccesible por las rocas de todos los lados, mientras que está limitado a la derecha por el mar, del que está separado por acantilados de tremenda altura. Se dice que el suelo de este territorio es de un blanco lechoso, tendiendo un poco hacia el rojo. En este distrito se alzan algunas colinas elevadas, y los árboles, que brotan espontáneamente, descienden a lo largo de los declives hasta las llanuras.

El bosque se reparte en ciertas porciones; de hecho, no queda nadie para vigilar los árboles después de las incisiones, y sin embargo no se sabe de nadie que saquee a su vecino. El incienso que se ha acumulado durante el verano se recoge en otoño; es el más puro de todos y es de color blanco. La segunda recolección tiene lugar en primavera, para lo cual se hacen incisiones en la corteza durante el invierno; sin embargo, es de color rojo y no se puede comparar con el otro incienso. El primer tipo de incienso, o superior, se conoce como carfiathum, el segundo se llama dathiathum. También se cree que el incienso que se recoge del árbol cuando es joven es el más blanco, aunque el producto de los árboles viejos tiene el olor más potente.

El incienso, una vez recogido, se transporta a lomos de camellos hasta Sabota, donde se deja una única puerta abierta para su admisión. Desviarse del camino alto mientras se transporta, es un delito capital según sus leyes. En este lugar los sacerdotes toman por medida, y no por peso, una décima parte en honor de su dios, al que llaman Sabis; de hecho, no se permite disponer de él antes de hacerlo; con esta décima parte se sufragan los gastos públicos, pues la divinidad agasaja generosamente a todos los forasteros que han viajado un cierto número de días para llegar hasta allí.

LA MIRRA

Según algunos autores, la mirra es el producto de un árbol que crece en los mismos bosques que el árbol del incienso, aunque la mayoría dice que crecen en lugares diferentes; pero el hecho es que la mirra crece en muchas partes de Arabia.

La mirra se cultiva también mediante el trasplante, y cuando se cultiva así es muy preferible a la que crece en los bosques. La planta mejora mucho si se rastrilla y se desnudan las raíces; de hecho, cuanto más frías se mantengan las raíces, mejor será.

Las incisiones se hacen en el árbol de la mirra dos veces al año, y en la misma época que en el árbol del incienso; pero en el caso del árbol de la mirra se hacen desde la raíz hasta las ramas que pueden soportarlo. El árbol exuda espontáneamente, antes de que se haga la incisión, un líquido que lleva el nombre de estacte, superior a cualquier otra mirra. La mirra cultivada es la segunda en calidad; de la silvestre o del bosque, la mejor es la que se recoge en verano. No dan diezmos de la mirra al dios, porque es el producto de otros países también; pero los cultivadores pagan la cuarta parte de ella al rey de los gebanitas. La mirra es comprada indiscriminadamente por el pueblo llano, y luego empaquetada en bolsas; pero nuestros perfumistas la separan sin ninguna dificultad, siendo las principales pruebas de su bondad su untuosidad y su olor aromático.

CANELA Y CASIA

La antigüedad fabulosa, y Herodoto más particularmente, han relatado que la canela y la casia se encuentran en los nidos de ciertos pájaros, y principalmente en el del fénix, en los distritos donde se crió el Padre Líber; y que estas sustancias o bien caen de las rocas y árboles inaccesibles en los que se construyen los nidos, como consecuencia del peso de los trozos de carne que los pájaros llevan hacia arriba, o bien son derribadas por la ayuda de flechas cargadas de plomo. También se dice que la casia crece alrededor de ciertos pantanos, pero está protegida por una especie de murciélago espantoso armado con garras, y también por serpientes aladas. Todas estas historias, sin embargo, han sido evidentemente inventadas con el fin de aumentar los precios de estos productos.

El arbusto de la canela sólo mide dos codos como máximo, y el más bajo no supera la altura de una palma. Tiene unos cuatro dedos de anchura, y apenas se ha levantado seis dedos del suelo, antes de empezar a echar brotes y ventosas. Tiene entonces toda la apariencia de estar seco y marchito, y mientras está verde no tiene ningún olor. Sus hojas son como las de la mejorana silvestre, y prospera mejor en lugares secos, no siendo tan prolífico en tiempo de lluvia; requiere, además, que se lo mantenga constantemente recortado. Aunque crece en un terreno llano, se desarrolla mejor entre el matorral y las zarzas enmarañadas, por lo que es muy difícil de recolectar. Nunca se recoge si no es con el permiso del dios, por el que algunos suponen que se refiere a Júpiter; los Etíopes, sin embargo, lo llaman Assabinus. Ofrecen las entrañas de cuarenta y cuatro bueyes, cabras y carneros, cuando imploran su permiso para hacerlo, pero después de todo, no se les permite trabajar en ello antes del amanecer o después de la puesta del Sol. Un sacerdote divide las ramas con una lanza y aparta una parte para el dios, tras lo cual el comerciante guarda el resto en bultos. Hay otro relato que dice que se hace una división entre los recolectores y el Sol, y que se divide en tres porciones, después de lo cual se echa a suertes dos veces, y la parte que le corresponde al Sol se deja allí, e inmediatamente se enciende espontáneamente.

La casia es también un arbusto que crece no lejos de las llanuras donde se produce la canela, pero en las localidades montañosas; sus ramas son considerablemente más gruesas que las de la canela. Está cubierta por una fina piel más que por una corteza, y, al contrario de lo que ocurre con la canela, se considera más valiosa cuando la corteza se desprende y se desmorona en pequeños trozos. El arbusto tiene tres codos de altura, y los colores que asume son triples; cuando brota del suelo, a lo largo de un pie, es blanco; después de haber alcanzado esa altura, es rojo a lo largo de medio pie, y más allá es negro. Esta última es la parte que se tiene en mayor estima, y junto a ella la que viene después, siendo la parte blanca la menos valorada de todas.

EL BÁLSAMO, OPOBÁLSAMO Y XILOBÁLSAMO

Pero a todos los demás olores se considera preferible el del bálsamo, una planta que sólo ha sido concedida por la naturaleza a la tierra de Judea. Antiguamente se cultivaba sólo en dos jardines, ambos pertenecientes a los reyes de ese país; uno de ellos no tenía más de veinte jugeras de extensión, y el otro era algo más pequeño. Los emperadores Vespasiano y Tito hicieron exhibir este arbusto en Roma; de hecho, es digno de mención que, desde la época de Pompeyo Magno, tenemos la costumbre de llevar árboles incluso en nuestras procesiones triunfales.

Hay tres tipos diferentes de bálsamo. El primero tiene un follaje fino y velloso, y se conoce con el nombre de euteristón. El segundo es de aspecto rugoso, inclinado hacia abajo, lleno de ramas y más odorífero que el primero; su nombre es trachy. El tercer tipo es el eumeces, llamado así porque es más alto que los otros; tiene una corteza lisa y uniforme. Es el segundo en calidad, el eumeces es inferior al trachy. La semilla de esta planta tiene un sabor muy parecido al del vino; es de color rojizo, y no está exenta de cierta untuosidad. Las ramas del arbusto son más gruesas que las del mirto. Las incisiones se hacen con vidrio, con una piedra afilada o con cuchillos de hueso; es muy perjudicial tocar las partes vitales con hierro, ya que en ese caso se marchita y muere inmediatamente. Por otro lado, permitirá que se poden todas las ramas superfluas incluso con un instrumento de hierro. La mano de la persona que hace la incisión suele estar equilibrada por una guía artificial, para que no pueda infligir accidentalmente una herida en la madera más allá de la corteza.

De la herida se destila un jugo que conocemos como opobálsamo; es de una dulzura extraordinaria, pero sólo exuda en pequeñas gotas, que se recogen en lana y se depositan en pequeños cuernos. Cuando se extrae de ellos, la sustancia se coloca en nuevos recipientes de tierra; tiene un gran parecido con un aceite espeso, y es de color blanco cuando está fresca. Sin embargo, pronto se vuelve roja y, al endurecerse, pierde su transparencia. Cuando Alejandro Magno hacía la guerra en aquellos lugares, se consideraba un buen trabajo de verano llenar una sola concha[3] con este líquido.

---

3   La concha era una medida de líquido griega y romana, de la que había dos tamaños. La más pequeña era la mitad de un cyathus, 23,5 ml; la más grande era aproximadamente tres veces el tamaño de la primera, y era conocida también como oxybaphum.

Libro XIII
Historia natural de los árboles exóticos y los perfumes

Hasta ahora hemos hablado de los árboles que son valiosos por los aromas que producen, cada uno de los cuales es un tema maravilloso en sí mismo. El lujo, sin embargo, ha creído conveniente mezclar todos ellos y hacer un único aroma del conjunto; de ahí que se hayan inventado los perfumes. Se ignora quién fue el primero en fabricar perfumes. En los tiempos de la guerra de Troya no existían, ni se utilizaba el incienso en los sacrificios a los dioses; de hecho, la gente no conocía otro olor, o más bien hedor, puedo decir, que el del cedro y los cítricos, arbustos que crecen por sí mismos, ya que surgía en volutas de humo de los sacrificios; sin embargo, incluso entonces, el extracto de rosas era conocido, ya que lo encontramos mencionado como un valor adicional al aceite de oliva.

Deberíamos atribuir el primer uso de los perfumes a los persas, ya que se empapaban de ellos y así, por recomendación adventicia, contrarrestaban los malos olores producidos por la suciedad. El primer ejemplo de uso de perfumes que he podido conocer es el del cofre de perfumes que cayó en manos de Alejandro, con el resto de los bienes del rey Darío, en la toma de su campamento. Desde aquellos tiempos, este lujo ha sido adoptado también por nuestros propios compatriotas, entre los más apreciados y, de hecho, los más elegantes de todos los placeres de la vida, y ha comenzado incluso a ser admitido en la lista de honores que se rinden a los muertos, por lo que tendremos que ampliar este tema. Los perfumes que no son producto de los arbustos sólo se mencionarán por el momento por su nombre; la naturaleza de los mismos, sin embargo, se indicará en sus lugares correspondientes.

Los nombres de algunos perfumes se deben al lugar original de su composición, otros, a los extractos que forman sus bases, otros a los árboles de los que se derivan, y otros a la circunstancia peculiar bajo la cual se hicieron por primera vez; y es bueno, en primer lugar, saber que a este respecto la moda ha cambiado a menudo, y que la alta reputación de ciertos tipos de perfumes ha sido sólo transitoria. En la antigüedad, los perfumes más apreciados eran los de la isla de Delos, y más tarde los de Mendes. Este grado de estima se basa, no sólo en el modo de mezclarlos y en las proporciones relativas, sino también en el grado de favor o disfavor de los distintos lugares que producen los ingredientes, y en la excelencia o degeneración comparativa de los propios ingredientes.

El perfume que se prepara más fácilmente de todos, y de hecho, con toda probabilidad, el primero que se hizo, es el compuesto de bryon[1] y al aceite de ben. En tiempos posteriores se inventó el perfume mendesiano, una mezcla más complicada, ya que al aceite de ben se le añadía resina y mirra, y en la actualidad incluso se le añade también metopo, un aceite egipcio extraído de las almendras amargas; al que se le ha añadido onfacio, cardamomo, junco dulce, miel, vino, mirra, semillas de bálsamo, gálbano y resina de terebinto, como otros tantos ingredientes.

LA PALMERA

En otros aspectos, Egipto es el país más adecuado de todos para la producción de perfumes; y junto a él, Campania, por su abundancia de rosas.

Judea también es muy famosa por sus perfumes, y aún más por sus palmeras, cuya naturaleza aprovecharé para ampliar. También hay algunas en Europa. No son infrecuentes en Italia, pero allí son bastante estériles. Las palmeras de la costa de España dan frutos, pero agrios. El fruto de las de África es dulce, pero se vuelve rápidamente insípido y pierde su sabor; lo que, sin embargo, no ocurre con el fruto de las que crecen en Oriente. De estos árboles se hace vino y pan en algunas naciones, y sirven de alimento a numerosos cuadrúpedos. Será, pues, muy justo que nos limitemos a describir las palmeras de los países extranjeros. En Italia no hay ninguna que crezca espontáneamente, ni tampoco en ninguna otra parte del mundo, a excepción de los países cálidos; en efecto, este árbol sólo da fruto en los climas más cálidos.

La palmera crece en un suelo ligero y arenoso, y en su mayor parte de calidad nitrosa. Le gusta la proximidad del agua corriente, y como su naturaleza es absorberla durante todo el año, hay quienes opinan que en un año de sequía se verá perjudicada incluso por el abono, si éste no se mezcla primero con agua corriente; ésta es, al menos, la idea que tienen algunos asirios.

Las variedades de la palmera son numerosas. En primer lugar, están las que no superan el tamaño de un arbusto; son en su mayoría estériles, aunque a veces se sabe que producen frutos; las ramas son cortas, y el árbol está bien cubierto de hojas por todas partes. En muchos lugares, este árbol se utiliza como una especie de revestimiento para proteger las paredes de las casas contra la humedad. Las palmeras de mayor altura forman bosques enteros, estando el tronco del árbol prote-

---

1 El nombre "bryon" parece haberse extendido también a las yemas de varios árboles de la clase Conifera y del álamo blanco. Es probable que Plinio aluda a las yemas de este último árbol.

Libro XIII - Historia natural de los árboles exóticos y los perfumes

gido en todo su contorno por hojas puntiagudas, que están dispuestas en forma de peine; éstas, hay que entenderlo, son palmeras silvestres, aunque a veces, por algún capricho caprichoso, se sabe que hacen su aparición entre las variedades cultivadas. Las otras clases son altas, redondas y afiladas; y al estar provistas de densas y salientes protuberancias o círculos en la corteza, dispuestas en una gradación regular, son fáciles de trepar por la gente de Oriente; para ello, el trepador sujeta un lazo de mimbre alrededor de su cuerpo y del tronco, y mediante este artificio asciende el árbol con asombrosa rapidez. Todo el follaje está en la cima, y también el fruto; este último está situado, no entre las hojas, como es el caso de otros árboles, sino que cuelga en racimos de brotes propios entre las ramas, y participa de la naturaleza tanto de la uva como de la manzana. Las hojas terminan en un borde afilado, como el de un cuchillo, mientras que los lados están profundamente dentados, una peculiaridad que primero dio la idea de una tropa de soldados que presentaban la cara en dos lados a la vez; en la actualidad se parten para formar cuerdas y mimbres para sujetar, así como paraguas ligeros para cubrir la cabeza.

NUEVE TIPOS DE GOMA

Es universalmente aceptado que la mejor goma es la producida a partir del espino egipcio; es de apariencia abigarrada, de color azul, limpia, libre de toda mezcla de corteza, y se adhiere a los dientes; el precio al que se vende es de tres denarius por libra. La producida por el almendro amargo y el cerezo es de calidad inferior, y la que se recoge del ciruelo es la peor de todas. La vid también produce una goma, que es de gran utilidad para curar las llagas de los niños; mientras que la que se encuentra a veces en el olivo se utiliza para el dolor de muelas. También se encuentra goma en el olmo del monte Corycus, en Cilicia, y en el enebro, pero no sirve para nada; de hecho, la goma del olmo que se encuentra allí es propensa a criar mosquitos. También de la sarcocola –así se llama cierto árbol– se desprende una goma que es notablemente útil para los pintores y los médicos; su aspecto es similar al del polvo de incienso, y para esos fines es preferible el tipo blanco al rojo. Su precio es el mismo que el mencionado anteriormente.

EL PAPIRO - EL USO DEL PAPEL

Todavía no hemos hablado de las plantas de los pantanos, ni de los arbustos que crecen en las orillas de los ríos; sin embargo, antes de dejar Egipto, debemos mencionar la naturaleza del papiro, ya que todos los usos de la vida civilizada dependen en gran medida del uso del papel, en todo caso, del recuerdo de los acontecimientos pasados. Varro nos informa de que el papel debe su descubrimiento a la victoriosa carrera de Alejandro Magno, en la época en que fundó Alejandría en Egipto; antes de esa época no se había utilizado el papel, ya que las hojas de la palmera se empleaban para escribir en una época temprana, y después la corteza de ciertos árboles. En épocas posteriores, los documentos públicos se inscribían en hojas de plomo, mientras que los memorándums privados se imprimían en telas de lino, o bien se grababan en tablillas de cera; de hecho, Homero afirma que las tablillas se empleaban con este fin incluso antes de la época de la guerra de Troya. También se supone generalmente que el país del que el poeta habla como Egipto, no era el mismo que se entiende actualmente con ese nombre, pues el papiro crece en la Sebenítica y en Sais.[2] Desde su época se han ido añadiendo Nomes, en los que se produce todo el papiro, por el aluvión del Nilo; de hecho, él mismo ha afirmado que la tierra firme estaba a un día y una noche de navegación de la isla de Faros, isla que en la actualidad está unida por un puente a la ciudad de Alejandría. En épocas posteriores, habiendo surgido una rivalidad entre el rey Ptolomeo y el rey Eumenes, en referencia a sus respectivas bibliotecas, Ptolomeo prohibió la exportación de papiro; tras lo cual, como relata Varro, se inventó el pergamino para un propósito similar en Pérgamo. Después de esto, el uso de esa mercancía, por la que se asegura la inmortalidad del hombre, se hizo universalmente conocido.

El papiro crece en los pantanos de Egipto o en las aguas lentas del río Nilo, cuando se han desbordado y están estancadas, en charcos que no superan un par de codos de profundidad. La raíz se encuentra en posición oblicua y tiene el grosor de un brazo; la sección del tallo es triangular y se estrecha graciosamente hacia la extremidad, no superando los diez codos de altura. Se parece mucho a un tirso,[3] tiene una cabeza en la parte superior, que no tiene ninguna semilla y, de hecho, no tiene ninguna utilidad, excepto como flor empleada para coronar las estatuas de los dioses. Los nativos utilizan las raíces como madera, no sólo para la cocción, sino también para otros fines domésticos. Con el papiro mismo construyen barcos, y de la capa exterior hacen velas y esteras, así como paños, además de cobertores y cuerdas; también lo mastican, tanto crudo como hervido, aunque sólo tragan el jugo. El papiro crece también en Siria, en las orillas del mismo lago alrededor del cual crece el cálamo, de dulce aroma.

El papel se fabrica a partir del papiro, dividiéndolo con una aguja en hojas muy finas, con el debido cuidado de que sean lo más anchas posible. La de primera calidad se toma del centro de la planta, y así en sucesión regular, según el orden de división. "hieratica" era el nombre que se le daba antiguamente, por la circunstancia de que estaba enteramente reservado para los libros religiosos. El papel de la siguiente calidad se llamaba "amphitheatrica". La hábil fábrica establecida por Fannius en Roma, tenía la costumbre de recibir este último tipo, y allí, mediante un proceso muy cuidadoso de inserción, se hacía mucho más fino; tanto, que de ser un tipo común, se convirtió en un papel de primera calidad, y se le dio su propio nombre. A continuación está el papel saítico, llamado así por la ciudad de ese nombre, donde se fabrica en grandes cantidades, aunque con recortes de calidad inferior.

Todas estas clases de papel se fabrican sobre una mesa, humedecida con agua del Nilo, un líquido que, cuando se encuentra en estado fangoso, tiene las cualidades peculiares del pegamento. Una vez inclinada la mesa, se colocan sobre ella las hojas de papiro a lo largo, tan largas como el papiro lo permita, cortando los bordes

---

2 Su argumento es que el papel hecho del papiro no podía ser conocido en el tiempo de Homero, ya que esa planta sólo crecía en ciertos distritos que habían sido rescatados del mar sólo después de la época del poeta.

3 Se trata de una pértiga que se representa como llevada por Baco y su séquito de bacanales. La mayoría de las veces estaba rematada por el cono del abeto, árbol dedicado a Baco, como consecuencia del uso de sus conos y de la trementina para hacer vino.

dentados en cada extremo; después se coloca una capa transversal, de la misma manera que se hacen las vallas. Una vez hecho esto, las hojas se aprietan unas contra otras y se secan al Sol, tras lo cual se unen unas a otras, cogiendo siempre primero las mejores hojas y añadiendo después las inferiores. Nunca hay más de veinte de estas hojas en un rollo.

EL LOTO

También África, al menos la parte que mira hacia nuestras costas, produce un árbol notable, el loto, conocido por algunos como "celtis", que también se ha naturalizado en Italia, aunque se ha modificado un poco por el cambio de suelo. La mejor calidad de loto es la que se encuentra en las cercanías del Syrtes y entre los Nasamones. Tiene el mismo tamaño que el peral, aunque Cornelius Nepos afirma que es más pequeño. Las hojas tienen numerosas incisiones, al igual que las de la encina. Hay muchas variedades de loto, que se caracterizan sobre todo por la diferencia de sus respectivos frutos. El fruto es del tamaño de una judía y su color es el del azafrán, aunque antes de que esté maduro cambia continuamente de tonalidad, como la uva. Tiene ramas densamente pobladas de hojas, como el mirto, y no como la cereza, en Italia. En el país del que es originario este árbol, su fruto es tan notablemente dulce y exuberante, que incluso ha dado su nombre a todo un territorio, y a una nación que, por su singular hospitalidad, ha llegado a seducir a los extranjeros que han venido entre ellos, para que pierdan todo recuerdo de su país natal. También se dice que los que comen esta fruta no padecen enfermedades del estómago.

La fruta que no tiene pepita en el interior es la mejor; esta pepita en la otra clase parece ser de naturaleza ósea. También se extrae de esta fruta un vino muy parecido al mulso; sin embargo, según Nepos, no dura más de diez días; también afirma que las bayas se cortan con álaga, y luego se guardan en barriles para la mesa. De hecho, leemos que los ejércitos se han alimentado con este alimento cuando marchaban de un lado a otro del territorio de África. La madera es de color negro y es muy apreciada para hacer flautas; de la raíz también se fabrican mangos para cuchillos y otros artículos pequeños.

Libro XIV
Historia natural de la vid y la viticultura

Los que se han mencionado hasta ahora, son, casi todos ellos, árboles exóticos, que es imposible criar en cualquier otro suelo que no sea el nativo, y que no pueden ser naturalizados en países extraños. Nos corresponde ahora hablar de los tipos más ordinarios, de los que Italia puede ser considerada más particularmente como la madre. No puedo expresar suficientemente mi asombro por el hecho de que de algunos árboles se haya perdido toda la memoria, y que los mismos nombres de algunos, de los que se habla en varios autores, hayan desaparecido por completo. En cuanto a nosotros, sin embargo, continuaremos nuestras investigaciones sobre asuntos ahora perdidos en el olvido, y no nos disuadiremos de continuar nuestra tarea por la naturaleza trivial de algunos de nuestros detalles, una consideración que no nos ha influido en absoluto en nuestra descripción del mundo animal. Y, sin embargo, nos encontramos con que Virgilio, el más admirable de los poetas, ha permitido que esto le influya, en su omisión de ampliar las bellezas del jardín; pues, feliz y agraciado poeta como es, sólo ha seleccionado lo que podemos llamar la flor de su tema; en efecto, nos encontramos con que sólo ha nombrado en total unas quince variedades de la uva, tres de la aceituna, el mismo número de la pera, y la cidra de Asiria, y ha pasado por alto el resto por completo.

Por lo tanto comenzaremos con la vid, cuya superioridad ha sido tan peculiarmente concedida a Italia, que en esta única bendición podemos declarar que ha superado a las de todas las demás naciones de la tierra, con la única excepción de las que llevan los diversos perfumes, e incluso allí, cuando la vid está en flor, no hay un perfume conocido que pueda superarla en exquisita dulzura. La vid ha sido justamente considerada por los antiguos entre los árboles, debido a su notable tamaño. En la ciudad de Populonium, vemos una estatua de Júpiter formada por el tronco de una sola vid, que se ha mantenido durante mucho tiempo a prueba de cualquier deterioro; y en Massilia, hay un cuenco hecho de la misma madera. En Metaponto, el templo de Juno ha permanecido durante mucho tiempo sostenido por pilares formados con el mismo material; e incluso en la actualidad subimos al tejado del templo de Diana en Éfeso por escaleras construidas, según se dice, con el tronco de una sola vid, que fue traída de Chipre; las vides de esa isla alcanzan a menudo un tamaño muy notable. No existe una madera de naturaleza más duradera que ésta; sin embargo, me inclino fuertemente a opinar que el material con el que se construyeron estos diversos artículos fue la vid silvestre.

LA NATURALEZA DE LA UVA, Y EL CULTIVO DE LA VID

La vid cultivada se mantiene baja por medio de la poda todos los años, y toda la fuerza del árbol es atraída tanto como sea posible hacia los sarmientos, o bien lanzada hacia abajo a sus mugrones; de hecho, sólo se le permite expandirse con el fin de asegurar un suministro abundante de jugo, un resultado que se obtiene de diversas maneras de acuerdo con las peculiaridades del clima y la naturaleza del suelo. En Campania se ata la vid al álamo; abrazando el árbol con el que está casada, la vid se agarra a las ramas con sus brazos amorosos, y mientras sube, se sostiene con su tronco anudado, hasta que ha alcanzado la misma cumbre; la altura es a veces tan estupenda que el viticultor cuando se le contrata suele estipular su pila funeraria y una tumba a expensas del propietario. La vid no deja de crecer, y es imposible separarla del árbol. Valeriano Cornelio ha considerado como uno de los hechos más notables que podrían transmitirse a la posteridad, que se sabe que las vides solas rodean villas y casas de campo con sus brotes y zarcillos rastreros siempre en la extensión. En Roma, en los pórticos de Livia, una sola viña, con sus espalderas revestidas de hojas, protege con su sombra los paseos al aire libre; su fruto rinde doce ánforas de mosto.[1]

VARIEDADES DE LA VID

Demócrito, que ha declarado que conocía todas las variedades de uva conocidas en Grecia, es la única persona que ha opinado que se podían enumerar todas las clases; pero, por otra parte, el resto de los autores han afirmado que son innumerables y de extensión infinita, una afirmación cuya verdad será más evidente, si sólo consideramos el gran número de vinos. No intentaré, pues, hablar de todas las clases de vid, sino sólo de las más notables, ya que las variedades son casi tan innumerables como las comarcas en las que crecen. Bastará, pues, con señalar las que son más notables entre las vides, o bien son peculiares por alguna maravillosa propiedad.

El rango más alto se le da a la uva de Amineus, por el cuerpo y la durabilidad de su vino, que mejora con la edad. El segundo rango pertenece a las vides de Nomentum, cuya madera es roja, de cuya circunstancia las vides han recibido de algunos el nombre de "rubellæ". La vid conocida como "apiana", ha recibido ese nombre de la abeja, un insecto al que le gusta mucho; hay dos variedades de esta

---

1 "Mustum". Jugo puro y sin fermentar de la uva.

vid. La pequeña uva griega no es inferior a la amineana en cuanto a la excelencia de su calidad; la baya es notablemente de piel fina, y el racimo tan extremadamente pequeño, que no vale la pena cultivarla, excepto en un suelo de notable riqueza.

Los vinos producidos a partir de las vides que hemos mencionado hasta ahora, aunque las uvas son negras, se vuelven, todas ellas, cuando envejecen, de una complexión blanca. Las otras cepas no son especialmente destacables, aunque a veces, gracias a alguna peculiaridad del clima o del suelo, los vinos producidos a partir de ellas alcanzan una vejez madura; como, por ejemplo, la cepa de Fecenia, y la de Biturigia, que florece al mismo tiempo que ella, pero no tiene tantas uvas.

LA NATURALEZA DE LOS VINOS

Es propiedad del vino, cuando se bebe, causar una sensación de calor en el interior de las vísceras, y, cuando se vierte sobre el exterior del cuerpo, ser fresco y refrescante. No será ajeno a mi propósito en la presente ocasión exponer el consejo que Androcydes, un hombre famoso por su sabiduría, escribió a Alejandro Magno, con el fin de poner freno a su intemperancia: "Cuando vayas a beber vino, oh rey, recuerda que estás a punto de beber la sangre de la tierra; la cicuta es un veneno para el hombre, el vino un veneno para la cicuta". Y si Alejandro hubiera seguido este consejo, ciertamente no habría tenido que responder por haber matado a sus amigos en sus arrebatos de embriaguez. De hecho, podemos sentirnos bastante justificados al decir que no hay nada más útil que el vino para fortalecer el cuerpo, mientras que, al mismo tiempo, no hay nada más pernicioso como lujo, si no estamos en guardia contra el exceso.

VINOS QUE BEBÍAN LOS ANTIGUOS ROMANOS

Los vinos más apreciados por los antiguos romanos eran los perfumados con mirra, como se menciona en la obra de Plauto, titulada "El Persa", aunque allí se dice que hay que añadirle cálamo. De ahí que algunas personas opinen que eran especialmente aficionados a las aromatizantes; pero Fabio Dossennus zanja bastante la cuestión, en la siguiente línea: "Les enviaba buen vino, vino de mirra"; y en su obra llamada "Acharistio", encontramos estas palabras: "Pan y cebada perlada, vino de mirra también". Encuentro, también, que Scævola, L. Ælius, y Ateius Capito, eran de la misma opinión; y entonces leemos en la obra conocida como el "Pseúdolo": "Pero si es necesario que saque una bebida dulce del lugar, ¿tiene algo de eso?", a lo que Charinus responde: "¿Haces la pregunta? Hay vino de mirra, vino de pasas, defrutum[2] y vino de miel"; de lo que se deduce que el vino de mirra no sólo se contaba entre los vinos, sino también entre los vinos dulces.

VINOS CON PROPIEDADES MILAGROSAS

También hay algunas propiedades milagrosas en ciertos vinos. Se dice que en Arcadia se cultiva un vino que produce la fecundidad en las mujeres y la locura en los hombres; mientras que en Acaya, y más especialmente en la vecindad de Carynia, hay un vino que provoca el aborto; un efecto que se produce igualmente si una mujer en estado de embarazo come por casualidad sólo una uva de la vid de la que

---

2 Mosto hervido hasta la mitad de su cantidad original.

se cultiva, aunque en el sabor no se diferencia en nada de las uvas ordinarias; además, se afirma con seguridad que quienes beben el vino de Trœzen nunca tienen hijos. Se dice que Thasos produce dos variedades de vino con propiedades bastante opuestas. Una de ellas produce el sueño, mientras que la otra lo impide. También hay en la misma isla una vid conocida como triaca, cuyo vino y uvas son una cura para las mordeduras de las serpientes. La vid libanesa produce también un vino con olor a incienso, con el que se hacen libaciones a los dioses, mientras que, por otro lado, el producto de la conocida como "aspendios", es desterrado de todos los altares; se dice, además, que esta última vid nunca es tocada por ningún pájaro.

RECIPIENTES PARA EL VINO – BODEGAS

Los métodos de conservación y almacenamiento de los vinos en la bodega son muy diferentes. En las cercanías de los Alpes, ponen sus vinos en recipientes de madera con aros;[3] durante sus fríos inviernos, incluso mantienen fuegos encendidos, para proteger los vinos de los efectos del frío. Es una cosa singular, pero aún así se ha visto ocasionalmente que estas vasijas se han roto y el vino ha permanecido en masas congeladas; casi un milagro, ya que la naturaleza del vino no es congelarse, el frío sólo tiene el efecto de espesarlo. En climas más templados, colocan sus vinos en cubas, que entierran en la tierra, cubriéndolas total o parcialmente, según la temperatura. A veces, además, exponen sus vinos al aire libre, mientras que en otras ocasiones los colocan bajo cobertizos para protegerlos de la atmósfera.

Entre las reglas que se dan para el buen manejo de los vinos están las siguientes. Uno de los lados de la bodega, o en todo caso las ventanas, debe estar orientado hacia el noreste, o al menos hacia el este. Todos los estercoleros y las raíces de los árboles, y todo lo que tenga un olor repulsivo, deben mantenerse lo más lejos posible, ya que el vino es muy propenso a contraer un olor. Las higueras, ya sean silvestres o cultivadas, tampoco deben plantarse en los alrededores. También deben dejarse intervalos entre los recipientes, para evitar la infección, en caso de que alguno de ellos se estropee, ya que el vino es muy propenso a contaminarse. La forma de los recipientes es también de gran importancia; los que son anchos y con vientre no son tan buenos. También se recomienda que se unten con pez inmediatamente después de la salida de la Canícula y que se laven con agua de mar o con agua salada, después de lo cual deben espolvorearse con cenizas de brotes de árboles o con tierra de alfarero; luego deben limpiarse y perfumarse con mirra, cosa que también debe hacerse con frecuencia en las bodegas. Los vinos débiles y finos deben guardarse en cubas hundidas en el suelo, mientras que las que guardan los más fuertes deben estar más expuestas al aire. Los recipientes no deben llenarse por completo, sino que se debe dejar espacio para sazonar, mezclando vino de pasas o bien defrutum aromatizado con azafrán; a veces se utiliza brea vieja y sapa con el mismo fin. También las tapas de las cubas de vino deben ser condimentadas de manera similar, con la adición de mástique y brea Bruttiana.

---

3   Barriles, de hecho, similares a los que se usan en Francia en la actualidad.

Libro XV
El olivo y otros árboles frutales

Teofrasto, uno de los más famosos escritores griegos, que floreció hacia el año 440 de la fundación de Roma, ha afirmado que el olivo no crece a una distancia de más de cuarenta millas del mar. Fenestella nos dice que en el año 173 de Roma, durante el reinado de Tarquinio Prisco, no existía en Italia, España o África; mientras que en la actualidad ha cruzado los Alpes incluso, y se ha introducido en las dos provincias de la Galia y en el centro de España.

Hesíodo, que consideraba que el conocimiento de la agricultura era lo más importante para las comodidades de la vida, declaró que nadie había recogido nunca los frutos de un olivo sembrado por sus propias manos, ya que en aquella época tardaba en alcanzar la madurez, mientras que hoy en día se siembra incluso en viveros y, si se trasplanta, da frutos al año siguiente.

Fabianus sostiene que el olivo no crece ni en climas muy fríos ni en los muy cálidos. Virgilio ha mencionado tres variedades de olivo, orcal, radio y posia, y dice que no requieren ni rastrillado ni poda, ni, de hecho, ninguna atención. No hay duda de que en el caso de estas plantas, el suelo y el clima son las cosas de mayor importancia; pero aun así, es habitual podarlas al mismo tiempo que la vid, y se mejoran cortando entre ellas cada vez que se hace. La recolección de la aceituna sigue a la de la uva, y se requiere incluso un mayor grado de destreza en la preparación del aceite que en la elaboración del vino, ya que las mismas aceitunas darán con frecuencia resultados muy diferentes. El primer aceite de todos, producido a partir de la aceituna cruda antes de que haya empezado a madurar, se considera preferible a todos los demás en cuanto a sabor; en este tipo, también, el proveniente del primer prensado el más estimado, disminuyendo gradualmente en bondad y valor; y esto, tanto si se utiliza la cesta de mimbre para hacerlo, como si, siguiendo el plan más reciente, la pulpa se pone en un colador de palos, con picos estrechos e intersticios. Cuanto más madura esté la baya, más untuoso será el zumo y menos agradable será su sabor. Para obtener un resultado abundante y de excelente sabor, el mejor momento para recogerlo es cuando la baya está a punto de volverse negra. En este estado se llama "druppa" por nosotros, por los griegos, "drypetis".

No ocurre con el aceite de oliva lo mismo que con el vino, pues con la edad adquiere un mal sabor, y al cabo de un año ya es viejo. Esto, si se entiende bien, es una sabia disposición por parte de la Naturaleza; el vino, que sólo se produce para el borracho, no es necesario usarlo cuando es nuevo; de hecho, por el buen sabor que adquiere con la edad, más bien nos invita a conservarlo; pero, por otro lado, la Naturaleza no ha querido que seamos tan parcos en aceite, y así ha hecho que su uso sea común y universal por la misma necesidad que hay de usarlo mientras está fresco.

LA NATURALEZA DEL ACEITE DE OLIVA

Una de las propiedades del aceite es la de dar calor al cuerpo y protegerlo contra la acción del frío, mientras que al mismo tiempo promueve la frescura en la cabeza cuando se calienta. Los griegos, los padres de todos los vicios, han abusado de él haciéndolo servir para el lujo, y empleándolo comúnmente en el gimnasio; de hecho, es un hecho bien conocido que los gobernadores de esos establecimientos han vendido las raspaduras del aceite usado allí por una suma de ochenta mil sestercios. La majestuosidad del dominio romano ha conferido un alto honor a la aceituna; coronadas con ella, las tropas de la orden ecuestre suelen profanar los idus de julio; también es utilizada por el vencedor en los triunfos menores de la ovación. En Atenas, también, tienen la costumbre de coronar al conquistador con aceitunas; y en Olimpia, los griegos emplean el olivo silvestre para un propósito similar.

EL CULTIVO DEL OLIVO SEGÚN CATÓN

Procederemos ahora a mencionar los preceptos dados por Catón en relación con este tema. En un suelo cálido y rico, nos recomienda sembrar el radio mayor, la salentina, el orcal, la posia, la serbia, la cominiana y la albicera; pero con un grado notable de prudencia añade que deben plantarse preferentemente aquellas variedades que se consideren que prosperan mejor en las localidades vecinas. En un suelo frío y escaso dice que se debe plantar el olivo Licinio; y nos informa de que un suelo rico o caliente tiene el efecto, en esta última variedad, de estropear el aceite, mientras que el árbol se agota por su propia fertilidad, y es susceptible de ser atacado por una especie de musgo rojo. En su opinión, los terrenos de los olivos deben tener una orientación occidental y, de hecho, no aprueba ninguna otra.

Según él, el mejor método para conservar las aceitunas es poner el orcal y la posia, mientras están verdes, en una salmuera fuerte, o bien machacarlas primero, y conservarlas en aceite de mástique. Cuanto más amarga sea la aceituna, dice, mejor será el aceite; pero deben recogerse del suelo en el mismo momento en que caen, y lavarse si están sucias. Dice que tres días serán suficientes para secarlas, y que si hace frío, deben prensarse al cuarto, teniendo cuidado de espolvorearlas con sal. Las aceitunas, nos informa, pierden aceite si se guardan en un almacén entablado, y se deteriora su calidad; lo mismo ocurre, además, si el aceite se deja con la amurca[1] y la pulpa, o lo que es lo mismo, la carne de la aceituna que forma el residuo y se convierte en el poso. Por esta razón, recomienda que el aceite se vierta varias veces en el día, y luego se ponga en vasijas o calderos de plomo, ya que los recipientes de cobre lo estropean. Todas estas operaciones, sin embargo, deben realizarse con prensas calentadas y bien cerradas, y expuestas al aire lo menos posible, por lo que recomienda que nunca se corte madera en ellas, siendo el combustible más conveniente para los fuegos las piedras de las bayas. Desde el caldero, el aceite debe verterse en cubas, para que la pulpa y la amurca se desprendan en forma solidificada; para lograr este objetivo, los recipientes deben cambiarse tan a menudo como sea conveniente, mientras que, al mismo tiempo, las cestas de mimbre deben limpiarse cuidadosamente con una esponja, para que el aceite salga en un estado tan limpio y puro como sea posible. En épocas posteriores, se ha adoptado el plan de machacar invariablemente las aceitunas en agua hirviendo y ponerlas enteras de inmediato en la prensa –un método para extraer eficazmente la amurca– y luego, tras machacarlas en la almazara, someterlas de nuevo a presión. Se recomienda no prensar más de cien modii a la vez; el nombre dado a esta cantidad es "factus", mientras que el aceite que sale a la primera presión se llama "flos". Cuatro hombres, trabajando en dos prensas día y noche, deberían ser capaces de prensar tres factus de aceitunas.

OTROS TIPOS DE ÁRBOLES FRUTALES

Las otras frutas que se encuentran en los árboles difícilmente pueden ser enumeradas, por su diversidad de formas y figuras, sin hacer referencia a sus diferentes sabores y jugos, que de nuevo han sido modificados por repetidas combinaciones e injertos.

El fruto más grande y, de hecho, el que cuelga a mayor altura, es el piñón. Contiene en su interior un número de pequeños granos, encerrados en lechos arqueados, y cubiertos con una capa propia de color hierro oxidado; la naturaleza manifiesta así un maravilloso grado de cuidado al dotar a sus semillas de un receptáculo blando. Otra variedad de esta nuez es la terentina, cuya cáscara puede romperse con los dedos, por lo que se convierte en presa de los pájaros cuando aún está en el árbol. Una tercera variedad es la llamada "sapinia", producto del árbol de la brea cultivado; los granos están encerrados en una piel más que una cáscara, que es tan notablemente suave que se come junto con el fruto. Una cuarta variedad es la conocida como "pityis"; es el producto del pino silvestre, y es notable como un buen específico para la tos. Los granos se hierven a veces en miel entre los taurinos, que entonces los llaman "aquiceli". Los conquistadores de los Juegos Ístmicos son coronados con una corona de hojas de pino.

Bajo el epígrafe de las manzanas, incluimos una variedad de frutas, aunque de naturaleza totalmente diferente, como la manzana persa, por ejemplo, y la granada,

---

1 La amurca es el sedimento acuoso de sabor amargo y color oscuro que se deposita en el aceite de oliva no filtrado con el tiempo. También se conoce como "lías de aceite de oliva" (N. del T.).

de la que, al hablar del árbol, ya hemos enumerado nueve variedades. La granada tiene una semilla dentro, encerrada en una piel; el melocotón tiene un hueso dentro. Algunas de las peras, también conocidas como "libralia", muestran, por su nombre, el notable peso que alcanzan.

A continuación, hay un gran número de variedades de ciruelas: las parciales, las negras, las blancas, las de cebada –así llamadas, porque maduran en la cosecha de cebada– y otra del mismo color que la anterior, pero que madura más tarde y es de mayor tamaño, conocida generalmente como "asinina", por la poca estima que se le tiene. Hay también la onicina, la cerina –la más estimada– y la ciruela púrpura; la armenia, también exótica de lugares extranjeros, la única entre las ciruelas que se recomienda por su olor.

EL MELOCOTÓN

El nombre de "Pérsica", o "ciruela persa", dado a esta fruta, demuestra plenamente que es un exótico tanto en Grecia como en Asia, y que fue introducido por primera vez desde Persia. En cuanto a la ciruela silvestre, es un hecho bien conocido que crece en cualquier lugar; y por lo tanto, me sorprende aún más que Catón no la haya mencionado, especialmente porque ha señalado el método de conservación de varias frutas silvestres también. En cuanto al melocotonero, sólo se ha introducido en los últimos años, y con considerable dificultad; tanto es así, que es perfectamente estéril en la isla de Rodas, el primer lugar de descanso que encontró después de salir de Egipto.

Es totalmente falso que el melocotón que crece en Persia sea venenoso y produzca terribles torturas, o que los reyes de ese país, por motivos de venganza, lo hicieran trasplantar en Egipto, donde, por la naturaleza del suelo, perdió todas sus propiedades malignas –pues encontramos que es de la "persea" de la que los escritores más cuidadosos han afirmado todo esto, un árbol totalmente diferente, cuyo fruto se asemeja a los sebastenes rojos, y que, de hecho, no puede ser cultivado con éxito en ningún otro lugar que no sea Oriente. Los eruditos también han sostenido que no fue introducido desde Persia en Egipto con el fin de infligir un castigo, sino que dicen que fue plantado en Menfis por Perseo; por lo cual fue que Alejandro dio órdenes de que los vencedores fueran coronados con él en los juegos que instituyó allí en honor de su antepasado; en efecto, este árbol tiene siempre hojas y frutos sobre él, creciendo inmediatamente sobre los otros. Debe ser bastante evidente para todos que todas nuestras ciruelas han sido introducidas desde la época de Catón.

DIVERSOS MÉTODOS DE INJERTAR ÁRBOLES

Esta rama de la vida civilizada ha sido llevada desde hace mucho tiempo al más alto grado de perfección, ya que el hombre no ha dejado nada sin probar al respecto. De ahí que encontremos a Virgilio hablando de injertar el nogal en el madroño, la manzana en el plátano y el cerezo en el olmo. De hecho, no hay nada más en este departamento que pueda ser ideado, y hace mucho tiempo que no se ha descubierto ninguna nueva variedad de fruta. Pero los escrúpulos religiosos no permiten el injerto indiscriminado; así, por ejemplo, no se permite injertar en el espino, porque no es fácil, por ningún modo de expiación, evitar los efectos desastrosos del rayo; y se nos dice que tantos como son los tipos de árboles que se han injertado en el espino, tantos son los rayos que se lanzarán contra ese lugar en un solo destello.

CÓMO CONSERVAR DIVERSAS FRUTAS Y UVAS

Para una mejor conservación de las frutas, se recomienda universalmente que el almacén esté situado en un lugar fresco y seco, con un suelo bien entarimado y ventanas orientadas hacia el norte, que en el buen tiempo deben mantenerse abiertas. También hay que tener cuidado de que el viento del sur no entre por las ventanas, y al mismo tiempo hay que tener en cuenta que el viento del noreste marchita la fruta y la hace arrugarse. Las manzanas se recogen después del equinoccio de otoño, pero la recolección nunca debe comenzar antes del decimosexto día de la Luna, ni antes de la primera hora del día. Los frutos tumbados por el viento deben mantenerse siempre separados, y debe haber una capa de paja, o bien esteras o paja, colocada debajo. Además, deben colocarse separadas unas de otras, en hileras, para que el aire circule libremente entre ellas y puedan beneficiarse de él por igual. Las manzanas amerinas son las que mejor se conservan, y las melimelas las peores.

Los membrillos deben almacenarse en un lugar perfectamente cerrado, de modo que se excluyan todas las corrientes de aire, o bien deben hervirse en miel o empaparse en ella. Las granadas se endurecen y se hacen firmes poniéndolas primero en agua de mar hirviendo y dejándolas secar durante tres días al Sol, teniendo cuidado de que no las toque el rocío de la noche; después se cuelgan y, cuando se quieren usar, se lavan con agua fresca. M. Varro recomienda que se guarden en grandes vasijas llenas de arena; si no están maduras, dice que deben ponerse en macetas con el fondo roto, y luego enterrarlas en la tierra, cerrando cuidadosamente todo acceso al aire, y teniendo cuidado de cubrir primero el tallo con brea. Asegura que con este tratamiento alcanzarán un tamaño mayor que si se dejan madurar en el árbol. En cuanto a los otros frutos, dice que deben envolverse por separado en hojas de higuera, excluyendo cuidadosamente los tumbados por el viento, y luego almacenarse en cestas de mimbre, o bien cubrirse con tierra de alfarero.

Las peras se guardan en recipientes de tierra colocados en el interior; cuando se llenan, se invierten los recipientes y se entierran en fosas. La pera Tarentina, dice Varro, se recoge muy tarde, mientras que la aniciana se conserva muy bien en vino de pasas. También las serbas se conservan de forma similar en agujeros en el suelo, dándose la vuelta al recipiente y colocando una capa de yeso en la tapa; debe enterrarse a dos pies de profundidad, en un lugar soleado; y también se cuelgan, como las uvas, en el interior de grandes recipientes, junto con las ramas.

LOS HIGOS

De todas las frutas restantes que se incluyen bajo el nombre de "pomes", el higo es la más grande; algunos, de hecho, igualan a la pera, incluso, en tamaño.

A propósito de los higos, Catón hace las siguientes observaciones: "Planta el higo llamado"marisca" en un sitio calcáreo o abierto, pero para la variedad africana, la herculana, la saguntina, el higo de invierno y la telana negra de tallo largo, hay que elegir un suelo más rico, o bien un terreno bien abonado". Desde su época han surgido tantos nombres y tipos, que incluso al tomar en consideración este tema, debe ser evidente para cada uno cuán grandes son los cambios que han tenido lugar en la vida civilizada.

También hay higos de invierno en algunas provincias, por ejemplo en la de Mesia; pero se hacen así por medios artificiales, no siendo tal su naturaleza en realidad. Siendo una pequeña variedad de la higuera, la cubren con estiércol al final del otoño, por lo que el fruto que hay en ella es alcanzado por el invierno cuando todavía está verde; luego, cuando el tiempo se vuelve más suave, el fruto se descubre junto con el árbol, y así se restablece la luz. Como si hubiera nacido de nuevo, el fruto absorbe el calor del nuevo Sol con la mayor avidez –un Sol diferente, de hecho, al que originalmente le dio vida– y así madura junto con la flor de la próxima cosecha, alcanzando así la madurez en un año que no es el suyo, y esto, además, en un país donde prevalece el mayor frío.

ANÉCDOTAS HISTÓRICAS RELACIONADAS CON EL HIGO

La mención por parte de Catón de la variedad que lleva el nombre de higo africano, me recuerda intensamente un hecho notable relacionado con él y con el país del que toma su nombre.

Ardiendo en un odio mortal hacia Cartago, ansioso, además, por la seguridad de su posteridad, y exclamando en cada sesión del senado que Cartago debía ser destruida, Catón llevó un día a la casa del Senado un higo maduro, producto de ese país. Exhibiéndolo a los senadores reunidos dijo: "os pregunto ¿cuándo, suponéis, se arrancó este fruto del árbol?". Todos compartieron la opinión de que había sido recogido recientemente. "Sabed entonces", fue su respuesta, "que este higo fue arrancado en Cartago sólo anteayer, tan cerca está el enemigo de nuestros muros." Inmediatamente después de este suceso comenzó la tercera guerra púnica, en la que Cartago fue destruida, aunque Catón había exhalado su último suspiro el año siguiente a este acontecimiento. En este relato, ¿qué es lo que más debemos admirar? ¿Fue el ingenio y la previsión de su parte, o fue un accidente que se convirtió en una ventaja? Sin embargo, lo más sorprendente de todo es que una ciudad tan poderosa, rival de Roma por la soberanía del mundo durante un período de ciento veinte años, debiera finalmente su caída a una ilustración extraída de un solo higo.

Incluso en el Foro, y en medio del Comicio de Roma, se cultiva con esmero una higuera, en recuerdo de la consagración que tuvo lugar con motivo de un rayo que cayó una vez en ese lugar; y aún más, como recuerdo de la higuera que en otros tiempos cubría a Rómulo y Remo, los fundadores de nuestro imperio, en la Cueva Lupercal. Este árbol recibió el nombre de "ruminalis", por la circunstancia de que bajo él se encontró a la loba dando el pecho a los dos niños. Más tarde se erigió un grupo de bronce para consagrar el recuerdo de este acontecimiento milagroso, ya que, por mediación del augur Attus Navius, el propio árbol había pasado espontáneamente de su ubicación original al Comitium del Foro. Y fue un presagio funesto es que ese árbol se hubiera marchitado, aunque, gracias a los cuidados del sacerdocio, ha sido reemplazado desde entonces.

EL SERBAL

Hay cuatro variedades de serbal; algunos tienen la forma redonda de la manzana, otros son cónicos como la pera, y un tercero tiene forma ovalada, como algunas manzanas; estos últimos, sin embargo, suelen ser muy ácidos. El tipo redondo es el mejor por su fragancia y dulzura, los otros tienen un sabor vinoso; los más finos, sin embargo, son los que tienen el tallo rodeado de hojas tiernas. Una cuarta especie se conoce con el nombre de "torminalis"; sin embargo, sólo se emplea con fines curativos. El árbol es un buen portador, pero no se parece a los otros tipos, ya que la hoja es casi la del plátano; el fruto, además, es particularmente pequeño. Catón habla de que los serbales se conservan en vino hervido.

EL NOGAL

El nogal, que casi podría reclamar la precedencia al serbal en tamaño, le cede la palma en referencia a la estima que se les tiene respectivamente; y esto, a pesar de que es el acompañamiento favorito de las canciones nupciales en las bodas. Este fruto seco, tomado en su conjunto, es considerablemente más pequeño que el piñón, pero el núcleo es mayor en proporción. La naturaleza también le ha conferido un honor peculiar, al protegerlo con una doble cubierta, la primera de las cuales forma un cojín hueco para que descanse, y la segunda es una cáscara leñosa. Es por esta razón que esta fruta ha sido considerada como un símbolo consagrado al matrimonio, al estar su descendencia protegida de esta forma tan múltiple; una explicación que tiene un aire mucho más probable que el que se derivaría del traqueteo que hace cuando rebota en el suelo. Los nombres griegos que se han dado a esta fruta demuestran plenamente que, como muchas otras, ha sido introducida originalmente desde Persia; los mejores tipos son conocidos en ese idioma por los nombres de "Persicum" y "basilicon"; estos, de hecho, son los nombres por los que fueron conocidos por primera vez. También hay acuerdo en que una variedad peculiar ha recibido el nombre de "caryon", por el dolor de cabeza que puede producir por la acritud de su aroma.

La cáscara verde de la nuez se utiliza para teñir la lana, y las nueces, cuando todavía son pequeñas y se están desarrollando, se emplean para dar una tonalidad roja al cabello; un descubrimiento debido a las manchas que dejan en las manos. Cuando es vieja, la nuez se vuelve más oleaginosa. Este es el único fruto que la naturaleza ha encerrado en una cubierta formada por piezas soldadas entre sí; la cáscara, de hecho, forma un par de recipientes, mientras que el núcleo está dividido en cuatro compartimentos separados por la intervención de una membrana leñosa.

EL MIRTO

La naturaleza de los jugos que se encuentran en el mirto son particularmente notables, ya que es el único de todos los árboles, cuyas bayas producen dos tipos de aceite así como de vino, además del myrtidanum. La baya de este árbol también tenía otro uso en la antigüedad, ya que antes de que se conociera la pimienta se empleaba en lugar de ésta como condimento; tanto es así, que de ella se ha derivado un nombre para el plato muy condimentado que hasta hoy se conoce con el nombre de "myrtatum". Con la ayuda de estas bayas también se mejora el sabor de la carne del jabalí, y suelen ser uno de los ingredientes para aromatizar nuestras salsas.

Este árbol fue visto por primera vez en las regiones de Europa, que comienzan a este lado de las montañas de Ceraunia, creciendo en Circeii, cerca de la tumba de Elpenor; todavía conserva su nombre griego,[2] lo que demuestra claramente que es un exótico. En el lugar que hoy ocupa Roma crecían mirtos en la época de su fundación, pues existe una tradición según la cual los romanos y los sabinos, después de haber pretendido luchar, a causa de las vírgenes que habían sido violadas por los primeros, se purificaban, depositando primero las armas, con ramitas de mirto, en el mismo lugar que ahora ocupan las estatuas de Venus Cluacina, pues en la lengua antigua "cluere" significa purificar.

Este árbol se emplea, también, para una especie de fumigación; siendo seleccionado para ese propósito, porque Venus, que preside todas las uniones, es la divinidad tutelar del árbol. Tampoco estoy seguro de que este árbol no fuera el primero que se plantó en los lugares públicos de Roma, como resultado de algún presagio ominoso de los augures de maravillosa importancia. Pues en el templo de Quirino, o sea, de Rómulo, uno de los más antiguos de Roma, había antiguamente dos mirtos, que crecieron durante mucho tiempo justo delante del templo; uno de ellos se llamaba Patricio y el otro Plebeyo. El mirto patricio fue durante muchos años el árbol superior, lleno de savia y vigor; de hecho, mientras el Senado mantuvo su superioridad, también lo hizo el árbol, siendo de gran crecimiento, mientras que el árbol plebeyo presentaba un aspecto escaso y marchito. Sin embargo, en tiempos posteriores, este último árbol ganó la superioridad, y el mirto patricio comenzó a fallar justo en el período de la Guerra de Marte, cuando el poder del Senado se debilitó tanto; y poco a poco este árbol, antes majestuoso, se hundió en un estado de agotamiento y esterilidad totales. También había un antiguo altar consagrado a Venus Myrtea, conocido actualmente con el nombre de Murcia.

Catón menciona tres variedades de mirto, el negro, el blanco y la conjugula, tal vez llamada así por su referencia a las uniones conyugales, y perteneciente a la misma especie que crecía en el lugar donde ahora se encuentran las estatuas de Cluacina; en la actualidad las variedades se distinguen de forma diferente en el mirto cultivado y el silvestre, cada uno de los cuales incluye una clase con una hoja grande.

El mirto también ha desempeñado su papel en los éxitos de la guerra. Posthumius Tubertus, que obtuvo una victoria sobre los sabinos durante su mandato, fue la primera persona que entró en la ciudad disfrutando del honor de una ovación, por haber logrado este éxito con facilidad y sin derramamiento de sangre; en esta ocasión, hizo su entrada coronado con el mirto de Venus Victrix, y de este modo hizo que su árbol se convirtiera en un objeto de consideración incluso para nuestros enemigos. Desde esta ocasión, la corona de aquellos que han disfrutado de una ovación se ha hecho de mirto, con la excepción de M. Craso, que, en su victoria sobre los esclavos fugitivos y Espartaco, coronó su entrada con laureles.

---

2   Su nombre griego era μυρσίνη.

EL LAUREL

El laurel está especialmente consagrado a los triunfos, es el preferido para ornamentar las casas, y guarda los portales de nuestros emperadores y nuestros pontífices; solo él adorna el palacio, y está siempre en guardia ante el umbral. Catón habla de dos variedades de este árbol, el délfico y el chipriota. Pompeius Lenæus ha añadido otra, a la que ha dado el nombre de mustace, por la circunstancia de que se utiliza para poner bajo el pastel conocido con el nombre de "mustaceum". Dice que esta variedad tiene una hoja muy grande, flácida, y de un tono blanquecino; que el laurel de Delfos es de un color uniforme, más verde que el otro, con bayas de tamaño muy grande, y de un tinte rojo que se acerca al verde. También dice que con este laurel se corona a los vencedores en Delfos y a los guerreros que disfrutan de los honores de un triunfo en Roma. El laurel chipriota, dice, tiene una hoja corta, es de color negruzco, con un borde imbricado y crujiente.

Este árbol es emblemático de la paz; cuando se extiende una rama de él, es para denotar una tregua entre enemigos en armas. Para los romanos, en particular, es el mensajero de las noticias alegres y de la victoria; acompaña los despachos del general y adorna las lanzas y jabalinas de los soldados y las fasces que preceden a su jefe. Las ramas de este árbol se depositan en el regazo de Júpiter *Optimus Maximus*, cada vez que una nueva victoria ha proporcionado una alegría universal. Esto se hace, no porque sea siempre verde, ni porque sea un emblema de la paz –pues en ambos aspectos el olivo tendría la precedencia– sino porque es el árbol más bello del Monte Parnaso, y era agradable por su gracia incluso para Apolo; una deidad a la que los reyes de Roma enviaban ofrendas en un período temprano, como aprendemos del caso de L. Brutus. Tal vez, también, se honra más particularmente a este árbol porque fue allí donde Bruto se ganó la gloria de afirmar las libertades de su país, cuando, por la dirección del oráculo, besó ese suelo de laurel. Otra razón, también, puede ser el hecho de que de todos los arbustos que se plantan y reciben en nuestras casas, éste es el único que nunca es alcanzado por un rayo. Es por estas razones, en mi opinión, que el puesto de honor ha sido otorgado al laurel más particularmente en los triunfos, y no, como dice Massurius, porque fue usado para los propósitos de fumigación y purificación de la sangre del enemigo.

Libro XVI
La historia natural de los árboles silvestres

En Oriente muchas naciones que habitan en las orillas del océano no tienen árboles; y yo mismo he sido testigo de la condición de los Caucos,[1] tanto los Mayores como los Menores, situados en las regiones del lejano Norte. En esos climas, una vasta extensión de tierra, invadida dos veces al día y a la noche por las olas desbordadas del océano, abre una pregunta que nos propone eternamente la Naturaleza, si estas regiones deben ser consideradas como pertenecientes a la tierra, o si forman una porción del mar.

Aquí se encuentra una raza miserable, que habita los lugares más elevados de la tierra, o bien eminencias construidas artificialmente, y de una altura a la que saben por experiencia que nunca llegarán las mareas más altas. Aquí levantan sus cabañas; y cuando las olas cubren el país circundante a lo largo y ancho, son como tantos marineros a bordo de un barco; cuando, de nuevo, la marea retrocede, su condición es la de tantos náufragos, y alrededor de sus cabañas persiguen a los peces mientras escapan con la marea que retrocede.

Los bosques cubren todo el resto de Alemania, y con su sombra aumentan el frío. Pero los más altos de todos son los que se encuentran no muy lejos de los Caucos ya mencionados, y más concretamente en las proximidades de los dos lagos que hay allí. Las mismas orillas están bordeadas de robles, que manifiestan un extraordinario afán por alcanzar su máximo crecimiento; socavados por las olas o desarraigados por las ráfagas, con sus raíces entrelazadas soportan vastos bosques y, así equilibrados, se mantienen erguidos mientras flotan, mientras extienden a

---

1   Los Caucos eran una antigua tribu germánica que vivía en la región baja entre los ríos Ems y Elba, a ambos lados del Weser y que se extendía hasta el interior del alto Weser (N. del T.).

lo lejos sus enormes ramas como las jarcias de tantos barcos. Muchas veces estos árboles han alarmado a nuestras flotas, cuando las olas las han empujado, casi a propósito al parecer, contra sus proas cuando estaban ancladas en la noche; y los hombres, desprovistos de todo remedio y recurso, han tenido que entablar un combate naval con un bosque de árboles.

En las mismas regiones septentrionales se encuentra también el bosque herciniano, cuyos gigantescos robles, intactos por el paso de los años, y contemporáneos de la creación del mundo, por su proximidad a la inmortalidad superan todas las demás maravillas conocidas. Por no hablar de otras cuestiones que sobrepasarían toda creencia, es un hecho bien conocido que sus raíces, al juntarse, levantan vastas colinas; o, si la tierra no se acumula con ellas, se elevan hasta las mismas ramas, y, al disputarse el dominio, forman arcadas, como otros tantos portales abiertos de par en par, y lo suficientemente grandes como para admitir el paso de un escuadrón de caballos.

Todos estos árboles, en general, pertenecen a la clase de los glandíferos,[2] y siempre han sido tenidos en el más alto honor por el pueblo romano.

Es con las hojas de esta clase de árboles que se hace nuestra corona cívica, la recompensa más gloriosa que puede otorgarse al valor militar, y, desde hace mucho tiempo, el emblema de la clemencia imperial; desde la época, de hecho, en que, después de la impiedad de la guerra civil, se consideró por primera vez una acción meritoria no derramar la sangre de un conciudadano. Muy inferiores a ésta son la corona mural, la vallar y la de oro, aunque sean superiores en el valor del material; inferior también en mérito es la corona rostrada, aunque ennoblecida, en tiempos recientes más particularmente, por dos grandes nombres, los de M. Varro, que fue obsequiado con ella por Pompeyo Magno, por sus grandes logros en la Guerra de los Piratas, y de M. Agripa, a quien se la otorgó César, al final de la Guerra de Sicilia, que también fue una guerra contra los piratas.

En la antigüedad, las coronas sólo se entregaban a una divinidad, de ahí que Homero las conceda sólo a los dioses del cielo y a todo el ejército; pero nunca a un individuo, por muy grandes que hayan sido sus logros en la batalla. También se dice que el Padre Líber fue el primero de todos que se puso una corona en la cabeza, y que estaba hecha de hiedra. En épocas posteriores, los que participaban en sacrificios en honor de los dioses comenzaron a llevarlas, y las víctimas se adornaban también con coronas. Más recientemente, se emplearon en los juegos sagrados; y en la actualidad se otorgan en tales ocasiones, no al vencedor, sino a su país, que recibe, según se proclama, esta corona de su mano. De ahí surgió la costumbre de conferir coronas a los guerreros cuando iban a disfrutar de un triunfo, para que las consagraran en los templos; después se convirtió en costumbre presentarlas en nuestros juegos.

Rómulo regaló a Hostus Hostilius una corona de hojas, por ser el primero en entrar en Fidenas. Inicialmente, esta corona se hacía con las hojas de la encina,

---

2   No sólo los robles, sino muchas otras variedades de árboles, fueron incluidos bajo este nombre por los antiguos; el "glande" abarca no sólo la bellota, sino el fruto de la haya, y los frutos duros de otros árboles.

pero después se prefirieron las del æsculus,[3] por ser un árbol sagrado a Júpiter; éste, sin embargo, pronto se empleó indistintamente con el roble, según se presentara cada uno, siendo la honrosa distinción dada a la bellota lo único que se observó.

LA BELLOTA

Es un hecho bien conocido que las bellotas constituyen hoy en día la riqueza de muchas naciones, y eso, incluso en estos tiempos de paz. A veces, también, cuando hay escasez de maíz, se secan y se muelen, y la harina se emplea para hacer una especie de pan. Incluso hoy en día, en las provincias de España, encontramos la bellota introducida en la mesa en el segundo plato; se cree que es más dulce cuando se asa en las cenizas. Por la ley de las Doce Tablas, se dispone que será lícito que un hombre recoja sus bellotas cuando hayan caído en la tierra de otro.

La bellota del haya tiene un aspecto similar al de un grano, encerrada en una cáscara de forma triangular. La hoja es delgada y una de las más ligeras, es similar en apariencia a la del álamo, y se vuelve amarilla con notable rapidez. De la mitad de la hoja, y sobre la parte superior de la misma, brota casi siempre una pequeña baya verde, con la parte superior puntiaguda. El haya es particularmente atractiva para las ratas y los ratones, y por eso, donde este árbol prolifera, estas criaturas son también abundantes. Las hojas son un buen alimento para los lirones y también para los tordos. Casi todos los árboles dan una cosecha promedio, pero una vez cada dos años; este es el caso del haya en particular.

La mejor bellota, y la más grande, es la que crece en el roble pedunculado, y la siguiente es el fruto del æsculus; la del roble albar es diminuta, y el fruto del roble de Turquía tiene un aspecto escaso y miserable, al estar encerrado en un cáliz cubierto de espinas, como la capa exterior del castaño. En cuanto a la bellota del roble pedunculado, la que crece en el árbol hembra es más dulce y tierna, mientras que la del macho es más sólida y compacta. Sin embargo, la bellota del roble de hojas anchas es la más apreciada.

USOS DE LA CORTEZA Y LA MADERA DE LOS ÁRBOLES

La corteza del haya, el tilo, el abeto y el árbol de la brea es muy utilizada por los campesinos. Se fabrican con ella vasijas y cestas, así como grandes cestas planas que se emplean para transportar el maíz y las uvas; los tejados de las casas de campo también se fabrican con este material. Cuando se envía a un espía, a menudo deja información para su general, escrita en la corteza fresca, cortando letras en las partes más jugosas. La corteza del haya también se emplea con fines religiosos en ciertos ritos sagrados. Sin embargo, este árbol, cuando se le priva de su corteza, no sobrevive.

Las mejores tejas son las fabricadas con madera de roble albar; las que le siguen en calidad son las que proporcionan los otros árboles glandíferos y el haya. Las más fáciles de fabricar son las que se cortan de la madera de los árboles resinosos, pero no duran, a excepción de las de pino. Cornelio Nepote nos informa que Roma estuvo techada únicamente con tejas hasta la época de la guerra con Pirro,

---

3 Variedad de roble (N. del T.).

un período de cuatrocientos setenta años. Es bien sabido que era notable por los hermosos bosques de sus alrededores. Incluso en la actualidad, el nombre de Júpiter Fagutalus señala en qué localidad se encontraba un bosque de hayas; la Puerta Querquetulana muestra dónde se encontraba el roble, y la Colina Viminal es el lugar donde se buscaba el mimbre en la antigüedad.

LA **PICEA**, EL ABETO, EL ALERCE

La picea[4] ama las alturas de las montañas y los lugares fríos. Es un árbol fúnebre y, como emblema de la muerte, se coloca ante la puerta del difunto y se deja crecer en las proximidades de la pila funeraria. Sin embargo, hace ya algún tiempo que fue admitido en nuestros jardines, como consecuencia de la facilidad con que se recorta en diversas formas. Da considerables cantidades de resina, que se entremezcla con granulaciones blancas como perlas, y de aspecto tan parecido al incienso, que cuando se mezclan, es imposible distinguirlos; de ahí las adulteraciones que encontramos practicadas en Seplasia.[5] Toda esta clase de árboles tiene una hoja corta y erizada, gruesa y dura, como la del ciprés. Las ramas de la picea son de tamaño moderado y se extienden desde casi la misma raíz del árbol, adhiriéndose a los lados como otros tantos brazos; lo mismo ocurre con el abeto, cuya madera es muy apreciada para la construcción de barcos.

Este árbol crece en las cumbres de las montañas altas, como si, de hecho, tuviera una antipatía por el mar, y no difiere en absoluto del árbol de la brea en apariencia; la madera también es muy apreciada para la construcción de balsas, y muchos otros aparatos de la vida. El flujo de resina, que en la *picea* constituye su gran mérito, se considera un defecto en el abeto, aunque generalmente exudará una pequeña cantidad al exponer la madera a la acción del Sol. Por otra parte, la madera que en el abeto es notablemente fina, en el caso de la *picea* sólo se utiliza para hacer tejas, cubas y algunos otros artículos de carpintería.

Otro tipo de árbol resinoso se encuentra en las mismas localidades, y es muy similar en apariencia; es conocido como el alerce. La madera de este árbol es mucho más valiosa, ya que no se ve afectada por el paso del tiempo y es resistente a cualquier tipo de deterioro; es de color rojizo y tiene un olor acre. La resina fluye de esta madera en cantidades aún mayores; es del color de la miel, más viscosa que las otras variedades, y nunca se endurece.

La madera de todos estos árboles, cuando se le prende fuego, emite volutas inmoderadas de humo de hollín, y chisporrotea de vez en cuando con un repentino ruido crepitante, mientras envía carbón al rojo vivo a una distancia considerable, con la única excepción del alerce, que no se quema ni se carboniza, ni, de hecho, sufre más la acción del fuego que una piedra. Todos estos árboles son de hojas

---

4   La identificación de este árbol es problemática. Bostock/Riley traducen picea como "pitch-tree, es decir "árbol de la brea". Algunos la identifican con el *Pinus Silvestris*, o el "falso abeto" (*faux sapin*) de los franceses. Otros con el abeto, o con la asafética (N. del T.).

5   Una gran calle de Capua, que consistía enteramente en tiendas de vendedores de ungüentos y perfumes.

perennes y no se distinguen fácilmente por su follaje, ni siquiera por quienes los conocen mejor, ya que están muy relacionados entre sí.

MÉTODOS DE FABRICACIÓN DEL ALQUITRÁN Y LA BREA

En Europa, el alquitrán se extrae del árbol del pino tea[6] por medio del fuego; se emplea para recubrir los barcos y para muchos otros fines útiles. La madera del árbol se corta en pequeños palos y se introduce en un horno, que se calienta con fuegos encendidos por todos lados. El primer vapor que se desprende fluye en forma de agua en un depósito hecho para su recepción; en Siria esta sustancia se conoce como "cedrium"; y posee una fuerza tan notable, que en Egipto los cuerpos de los muertos, después de ser empapados en ella, se preservan de toda corrupción.

El líquido que sigue es de una consistencia más espesa y constituye la brea propiamente dicha. Este líquido, echado en un caldero de bronce, y mezclado con vinagre, se vuelve aún más espeso, y cuando se deja coagular, recibe el nombre de brea "Bruttiana". Sin embargo, sólo se estila echarla en el interior de las cubas de vino y otros recipientes, ya que se diferencia de las otras clases por ser más viscosa, de color más rojo y más untuosa de lo que suele ser el caso. Todas estas variedades de brea se preparan a partir de la resina de la *picea*, poniendo piedras al rojo vivo, con la madera resinosa, en cubetas hechas de roble fuerte; o si estas cubetas no son accesibles, apilando palos de madera en el método empleado para la fabricación de carbón vegetal. Esta brea es la que se utiliza para sazonar el vino, siendo primero machacada y reducida a un polvo fino; es también de un color más negro que la otra clase. La misma resina, si se hierve suavemente con agua, y luego se cuela, se vuelve viscosa, y asume un color rojo; entonces se conoce como "brea destilada"; para hacerla, generalmente se seleccionan las porciones de desecho de la resina y la corteza del árbol.

No hay que omitir que los griegos llaman zopisa a la brea mezclada con cera raspada de los fondos de los barcos. Esta composición es mucho más eficaz para todos los fines en los que se emplean la brea y la resina, como consecuencia de la mayor dureza que le confiere la sal marina.

La *picea* se abre por el lado que da al Sol, no por medio de una incisión, sino de una herida hecha por la remoción de la corteza; esta abertura es generalmente de dos pies de ancho y se efectúa a un codo del suelo, por lo menos. El cuerpo del árbol, también, no se salva en este caso, como en otros, ya que incluso las propias astillas de él se consideran como útiles; las de la parte inferior del árbol, sin embargo, se consideran las mejores, ya que la madera de las partes más altas da a la resina un sabor amargo. En poco tiempo, los jugos resinosos de todo el árbol llegan a confluir en la herida así infligida; el mismo proceso se adopta también con el pino tea. Cuando el líquido deja de fluir, el árbol se abre de manera similar en alguna otra parte, y luego, de nuevo, en otro lugar; después de lo cual todo el árbol se corta, y la médula del mismo se utiliza para la quema.

---

6   Numerosas variedades de coníferas nos suministran alquitrán, y Plinio se equivoca al derivarlo únicamente del pino tea.

BROTACIÓN Y FLORECIMIENTO DE LOS ÁRBOLES

Aunque todos los árboles brotan, incluso los que no florecen, al respecto hay una diferencia muy considerable en relación con las diversas localidades; pues en la misma especie encontramos que el árbol, cuando se planta en un lugar pantanoso, brota antes que en cualquier otro lugar; a continuación, los árboles que crecen en las llanuras, y por último los que se encuentran en los bosques; la pera silvestre, también, es naturalmente más tardía en brotar que las otras peras. Al primer soplo del viento del oeste brota el cornejo, y cerca de él el laurel; luego, un poco antes del equinoccio, encontramos brotando el tilo y el arce. Entre los árboles más tempranos también están el álamo, el olmo, el sauce, el aliso y los nogales. El plátano también brota en un periodo temprano.

Otros brotan al principio de la primavera, como el acebo, el terebinto, el paliurus, el castaño y los árboles glandíferos. En cambio, el manzano se retrasa en la brotadura y el alcornoque es el último de todos. Algunos árboles brotan dos veces, ya sea por la exuberante fertilidad del suelo o por la atractiva temperatura de la atmósfera; esto ocurre sobre todo en las distintas variedades de cereales. Una brotadura excesiva, sin embargo, tiene tendencia a debilitar y agotar el árbol.

Además de la brotadura de primavera, algunos árboles tienen naturalmente otra brotadura, que depende de la influencia de sus respectivas constelaciones. La brotadura de invierno tiene lugar en la salida del Águila, la de verano en la de la Canícula, y una tercera brotadura de nuevo en la de Arcturus. Algunas personas piensan que estas dos brotaduras son comunes a todos los árboles, pero que deben ser observadas más particularmente en el higo, la vid y la granada; viendo que, cuando este es el caso, la cosecha de higos, en Tesalia y Macedonia más particularmente, es notablemente abundante; pero es en Egipto más especialmente que se encuentran ejemplos de esta gran abundancia. Todos los árboles en general, una vez que han comenzado a brotar, proceden continuamente; el roble albar, sin embargo, el abeto y el alerce brotan intermitentemente, cesando tres veces, y otras tantas comenzando a brotar de nuevo, y por lo tanto mudan las capas de su corteza tres veces; una cosa que ocurre con todos los árboles durante el período de brotadura, la capa externa del árbol se rompe mientras está brotando.

De los árboles que, como ya hemos dicho, brotan en invierno al salir el Águila, el almendro es el primero en florecer, concretamente en el mes de enero, mientras que en marzo el fruto está bien desarrollado. Le sigue en floración el ciruelo de Armenia, y luego el tubérculo y el melocotón temprano, siendo los dos primeros exóticos, y el último forzado por la agencia de cultivo. Entre los árboles silvestres, el primero que florece en el curso de la naturaleza es el saúco, que tiene la mayor cantidad de médula de todos, y el cornejo macho, que no tiene ninguna. Entre los árboles cultivados tenemos el manzano, e inmediatamente después el peral, el cerezo y el ciruelo. A continuación, el laurel, el ciprés, el granado y la higuera; la vid y el olivo florecen cuando estos últimos árboles están en flor, ya que el período de su concepción es el de la salida del Sol, que es su constelación. En cuanto a la vid, florece en el solsticio de verano, y el olivo comienza a hacerlo un poco más tarde.

ÁRBOLES QUE NO DAN FRUTO, CONSIDERADOS DE MAL AGÜERO

Los únicos de entre todos los árboles que no dan nada, ni siquiera semilla, son el tamarisco, que sólo se utiliza para hacer escobas, el álamo, el aliso, el olmo de Atín, y el alaternus, que tiene una hoja entre la de la encina y la del olivo. Estos árboles se consideran siniestros y poco propicios, ya que nunca se propagan por semillas y no dan fruto. Cremutius nos informa de que este árbol, en el que se ahorcó Phyllis, nunca está verde. Los árboles que producen goma, se abren por sí mismos después de la brotadura; la goma nunca se engrosa hasta después de que el fruto ha sido retirado.

LOS TRONCOS Y LAS RAMAS DE LOS ÁRBOLES

Algunos árboles son de forma simple y tienen un solo tronco que sale de la raíz, junto con numerosas ramas; como el olivo, por ejemplo, la higuera y la vid; otros son de naturaleza arbustiva, como el paliurus, el mirto y el avellano; este último, por cierto, es tanto mejor cuanto más abundante es su fruto, más numerosas son sus ramas. En algunos árboles, además, no hay tronco en absoluto, como es el caso de una especie de boj, y el loto de las partes más allá del mar. Algunos árboles están bifurcados, mientras que hay algunos que se ramifican hasta en cinco partes. Otros se dividen en el tronco pero no tienen ramas, como en el caso del saúco; mientras que otros no tienen división en el tronco pero echan ramas, como el árbol de la brea, por ejemplo.

En algunos árboles las ramas están dispuestas simétricamente, como en la *picea* y el abeto, mientras que en otros están dispersas sin ningún orden ni regularidad, como en el roble albar, el manzano y el peral. En el abeto, las ramas salen del tronco directamente hacia arriba, apuntando al cielo, y no caen hacia abajo desde los lados del tronco. Es algo singular, pero este árbol morirá si se cortan los extremos de sus ramas, aunque, si se quitan del todo, no se produce ningún efecto malo. Si se corta, además, por debajo del lugar donde estaban las ramas, la parte del árbol que queda seguirá viviendo; pero si, por el contrario, se quita sólo la parte superior del árbol, morirá por completo.

Las ramas del manzano tienen una conformación peculiar; se forman nudos que se asemejan a los hocicos de las bestias salvajes, estando varias más pequeñas unidas a una más grande.

Algunas de las ramas son estériles, y no germinan; esto ocurre bien por una deficiencia natural de fuerza, o bien por alguna lesión recibida como consecuencia de haber sido cortadas, dado que la cicatriz impide sus funciones naturales. Lo mismo que la rama en los árboles que se extienden, es el ojo en la vid, y la articulación en la caña. Todos los árboles son naturalmente más gruesos en las partes que están más cerca del suelo. El abeto, el alerce, la palmera, el ciprés y el olmo, y, de hecho, todos los árboles que tienen un solo tronco, se desarrollan hasta alcanzar una notable altura. Entre los árboles ramificados se encuentra a veces el cerezo, que produce una viga de cuarenta codos de longitud por dos de grosor en toda su extensión. Algunos árboles se dividen en ramas desde el mismo suelo, como el manzano, por ejemplo.

EL CIPRÉS

El ciprés es una especie exótica, y ha sido considerado como uno de los árboles que se naturalizan con mayor dificultad; tanto es así, que Catón se ha explayado sobre él más extensamente y con mayor frecuencia que cualquiera de los otros. Este árbol es naturalmente de una disposición obstinada, da una fruta que es absolutamente inútil, una baya que causa un mal gesto cuando se prueba, y una hoja que es amarga; también da un desagradable olor acre, y su sombra no es atractiva. La madera que proporciona es escasa, tanto que casi puede considerarse poco más que un arbusto. Este árbol es sagrado para Plutón, y por ello se utiliza como signo de luto colocado a la entrada de una casa; el árbol hembra es estéril durante mucho tiempo. El aspecto piramidal que presenta ha hecho que no sea rechazado, pero durante mucho tiempo sólo se utilizó para marcar los intervalos entre hileras de pinos; en la actualidad, sin embargo, se recorta y se le da forma para formar hileras de setos, o bien se adelgaza y se alarga en los diversos diseños empleados en la jardinería ornamental, que representan escenas de caza, flotas y otros objetos diversos; éstos los cubre con una hoja pequeña y fina, que siempre es verde.

LA HIEDRA

Se dice que la hiedra crece ahora en Asia, aunque Teofrasto ha negado que tal sea el hecho, y afirma que no crece en ninguna parte de la India, excepto en el Monte Meros. También dice que Harpalo hizo todos los esfuerzos posibles para naturalizarla en Media, pero sin éxito; y que Alejandro, como consecuencia de la rareza de esta planta, se hizo coronar con ella, siguiendo el ejemplo del Padre Líber, cuando regresó victorioso con su ejército de la India; y en la actualidad, incluso, se utiliza para decorar el tirso de ese dios, y los cascos y rodelas empleados por las naciones de Tracia en sus ceremoniales sagrados. La hiedra es perjudicial para todos los árboles y las plantas, y se abre paso a través de las tumbas y los muros; constituye un refugio muy frecuentado por las serpientes, por su refrescante frescura; de modo que es motivo de asombro que haya habido una veneración tan notable por esta planta.

Los dos tipos principales de hiedra, como en otras plantas, son el árbol macho y la hembra. Se dice que el macho tiene un tronco más grande que la hembra, y una hoja que es más dura y untuosa, con una flor que se aproxima a la púrpura; de hecho, la flor tanto del árbol macho como de la hembra se parece mucho a la rosa silvestre, si no estuviera desprovista de olor. Cada uno de estos tipos de hiedra se divide en otras tres variedades: la hiedra blanca, la negra y una tercera conocida como helix.[7]

PLANTAS ACUÁTICAS

Entre las plantas que mejor se desarrollan en localidades frías, sólo cabe mencionar los arbustos acuáticos. En el primer rango, encontramos el junco, igualmente indispensable para las emergencias de la guerra y la paz, que es incluso utilizado entre los accesorios del lujo. Las naciones del norte utilizan las cañas para techar

---

7 "Retorcida" (N. del T.).

sus casas, y la robusta paja así formada durará incluso siglos; en otros países, también se hacen ligeros techos abovedados con ellas. Las cañas se emplean también para escribir en papel, sobre todo las de Egipto, que tienen una estrecha afinidad con el papiro; las más apreciadas, sin embargo, son las cañas de Cnidos y las que crecen en Asia, en el margen del lago Anaitic.

La caña de nuestro país es naturalmente de naturaleza más fúngica, pues está formada por un cartílago esponjoso, hueco por dentro, y cubierto por una capa delgada, seca y leñosa por fuera; se rompe fácilmente en astillas, que son notablemente afiladas en el borde. Por lo demás, tiene una forma delgada y graciosa, articulada con juntas y que se va estrechando hacia la parte superior, que termina en un mechón grueso y peludo. Este mechón no está exento de ciertos usos, ya que se emplea para rellenar las camas utilizadas en las tabernas, en lugar de plumas; o bien, cuando ha adquirido una consistencia más leñosa, se machaca, como vemos que se hace entre los belgas, y se inserta entre las juntas de los barcos, para cerrar las hendiduras, cosa que hace muy eficazmente, siendo más tenaz que la cola, y adhiriéndose más firmemente que la brea.

Es con la ayuda de la caña que las naciones de Oriente deciden sus guerras; fijando en ella una punta con un gancho, que inflige una herida de la que la flecha no puede ser retirada. Añadiendo plumas aceleran el vuelo de este instrumento de muerte, y el arma, si se rompe en la herida, proporciona a los combatientes un arma nueva. Con estos proyectiles los guerreros oscurecen los mismos rayos del Sol. Es por esta razón que prefieren un cielo claro y sereno, y aborrecen todo tiempo ventoso y lluvioso, lo que tiene el efecto de obligarlos, a pesar de ellos mismos, a estar en paz unos con otros.

LA SAVIA DE LOS ÁRBOLES

Hay un jugo en la corteza de los árboles, que debe considerarse como su sangre, aunque no es de naturaleza similar en todos. En el higo tiene una consistencia lechosa, y tiene la propiedad peculiar de cuajar la leche, y así formar queso. En el cerezo este jugo es gomoso, en el olmo es viscoso, en la manzana es viscoso y graso, mientras que en la vid y la pera es acuoso. Cuanto más viscoso es este humor, más longevo es el árbol. En una palabra, encontramos en el cuerpo de los árboles –como en el de todos los demás seres animados– piel, sangre, carne, tendones, venas, huesos y médula; la corteza les sirve en lugar de la piel. Es un hecho singular relacionado con la morera, que cuando los médicos desean extraer su jugo, si la incisión se hace ligeramente, mediante un golpe con una piedra, y a la segunda hora del día en primavera, el jugo fluye; pero si, por otro lado, se inflige una herida a cualquier profundidad, tiene toda la apariencia de estar seca.

Inmediatamente debajo de la corteza en la mayoría de los árboles hay una sustancia grasa, que, por su color, ha obtenido el nombre de alburno; es suave, y es la peor parte de la madera, y en el roble albar incluso se pudre muy fácilmente, siendo particularmente propenso a la carcoma, por lo que es invariablemente eliminado. Debajo de esta grasa se encuentra la carne del árbol, y debajo de ella, sus huesos, o, en otras palabras, la parte más selecta de la madera. Los árboles que tienen una madera seca, como el olivo, sólo dan fruto cada dos años; esto es más frecuente en ellos que en aquellos cuya madera es de naturaleza carnosa, como el cerezo, por ejemplo. No todos los árboles tienen esta grasa y carne en abundancia, al igual que ocurre con los animales más activos. El boj, el cornejo y el olivo no tienen nada, ni tampoco médula, y una proporción muy pequeña de sangre. Del mismo modo, el árbol serbal no tiene huesos, y el saúco no tiene carne, mientras que ambos tienen médula en la mayor abundancia. Los juncos, también, apenas tienen carne.

LAS VENAS Y FIBRAS DE LOS ÁRBOLES

En la carne de algunos árboles encontramos tanto fibras como venas; se distinguen fácilmente. Las venas son más grandes, mientras que las fibras son de material más blanco, y se encuentran sobre todo en aquellas maderas que se parten fácilmente. Por eso, si se aplica el oído a la extremidad de una viga de madera, por muy larga que sea, puede oírse claramente un golpe con un buril incluso en el otro extremo, ya que el sonido penetra por los conductos que la atraviesan en línea recta; por estos medios es por los que averiguamos si la madera está torcida o interrumpida por nudos. Las tuberosidades que encontramos en los árboles se asemejan a los granos que se forman en la carne; no contienen ni venas ni fibras, sino sólo una especie de carne dura y sólida, enrollada en una especie de bola; son estas tuberosidades las partes más estimadas en los cítricos y el arce. En cuanto a los otros tipos de madera que se emplean para hacer mesas, los árboles se parten en tablones a lo largo, y luego se seleccionan las partes a lo largo de las cuales corren las fibras, y se redondean adecuadamente; porque la madera sería demasiado frágil para usarla si se cortara en segmentos transversales.

LA TALA DE LOS ÁRBOLES

El momento adecuado para la tala de los árboles que se quieren descortezar –los árboles descortezados y redondeados que se emplean en los templos y para otros fines–, es en el período de brotadura; porque en otros momentos es bastante imposible separar la corteza de la madera podrida que se adhiere a ella, mientras que la propia madera adquiere un tono negruzco. Los troncos escuadrados y la madera de la que se ha cortado la corteza, se cortan generalmente en el período que media entre el solsticio de invierno y el predominio de los vientos del oeste; o bien, si es necesario anticiparse a ese período, en la puesta de Arcturus y antes de la de la Lira, siendo el período más temprano el solsticio de verano; los días de estas constelaciones respectivas se mencionarán en el lugar apropiado.

En general, se considera suficiente tomar todas las precauciones necesarias para no cortar un árbol antes de que haya dado su cosecha anual. El roble albar, si se corta en primavera, está sujeto a los ataques de la carcoma, pero si se corta en invierno, no se pudre ni se deforma; de lo contrario, es muy susceptible de doblarse y torcerse, así como de agrietarse; lo mismo ocurre con el alcornoque, incluso si se corta en el momento adecuado. El estado de la Luna también es de infinita importancia, y generalmente se recomienda que los árboles se corten sólo entre los días veinte y treinta del mes. Sin embargo, todo el mundo está de acuerdo en que el mejor momento para cortar la madera es cuando la Luna está en conjunción con el

Sol, un día que algunos llaman el interlunio y otros el silencio de la Luna. En cualquier caso, fue bajo estas circunstancias que Tiberio César dio órdenes para que se cortaran los alerces en Rhætia, que se necesitaban para reconstruir el puente de la Naumachia después de haber sido destruido por el fuego.

LA EDAD DE LOS ÁRBOLES

La vida de algunos árboles realmente podría considerarse de duración infinita, si sólo pensamos en los densos bosques salvajes e inaccesibles de algunas partes del mundo. Sin embargo, en relación con aquellos cuya fecha está todavía en la memoria del hombre, hay algunos olivos que todavía existen en Liternum, que fueron plantados por la mano del primer Escipión Africano, así como un mirto de extraordinario tamaño; debajo de ellos hay una gruta, en la que, se dice, un dragón vigila la sombra de ese héroe. Hay un árbol de loto[8] en el espacio abierto ante el Templo de Lucina en Roma, que fue construido en el año 379 de la Ciudad. Es dudoso que el árbol sea mucho más antiguo que el templo, pero que es más antiguo es bastante seguro, ya que fue de ese mismo bosque que la diosa Lucina derivó su nombre; el árbol en cuestión tiene ahora unos cuatrocientos cincuenta años. El árbol de loto, conocido como Capillata, es aún más antiguo que éste, aunque no se sabe con certeza cuál es su edad; recibió ese nombre por la circunstancia de que las Vírgenes Vestales suspendían de él mechones de su cabello.

Hay otro loto en el Vulcanal, que Rómulo erigió con la décima parte del botín tomado al enemigo; según Massurius, se considera generalmente tan antiguo como la Ciudad. Las raíces de este árbol penetran hasta el Foro de César, atravesando los lugares de reunión de los municipios. Había un ciprés de la misma edad que siguió creciendo hasta finales del reinado de Nerón, cuando cayó al suelo, y no se hizo ningún intento de levantarlo de nuevo.

Aún más antigua que la ciudad es la encina que se encuentra en la colina del Vaticano; hay una inscripción en bronce sobre ella, escrita en caracteres etruscos, que afirma que incluso en aquellos días era un objeto de veneración religiosa. La fundación de la ciudad de Tibur, también, data de muchos años antes que la de la ciudad de Roma; hay tres encinas allí, que se dice que son más antiguas incluso que Tiburnus, que fue su fundador y que, según la tradición la consagró cerca de ellas. La tradición dice también que él era hijo de Anfiaraüs, que murió ante Tebas, una generación antes del período de la guerra de Troya.

EL MUÉRDAGO

Hay tres variedades de muérdago. El que crece sobre el abeto y el alerce tiene el nombre de estelis en Eubea; y está el hífear de Arcadia. También crece en el roble, el roble albar, la encina, el ciruelo silvestre y el terebinto, pero en ningún otro árbol. Es más abundante en el roble, y entonces se conoce como "adasphear". En todos los árboles, a excepción de la encina y el roble, hay una diferencia considerable en su olor y acritud, y la hoja de una clase tiene un olor desagradable; ambas variedades, sin embargo, son pegajosas y amargas. El hífear es el mejor para engordar

---

8   El *Celtis australis* de Linneo.

el ganado; sin embargo, comienza por purgarlos, tras de lo cual engorda todos los animales que hayan podido resistir la purga. Sin embargo, generalmente se dice que los animales que tienen alguna enfermedad radical en los intestinos no pueden soportar sus efectos drásticos. Este método de tratamiento se adopta generalmente en el verano, por un período de cuarenta días.

No debemos omitir mencionar la admiración que los galos prodigan a esta planta. Los druidas –pues este es el nombre que dan a sus magos– no consideraban a nada más sagrado que el muérdago y el árbol que lo porta, suponiendo siempre que ese árbol era el roble albar. De por sí, el roble albar es seleccionado por ellos para formar arboledas enteras, y no realizan ninguno de sus ritos religiosos sin emplear sus ramas; tanto es así, que es muy probable que los propios sacerdotes hayan recibido su nombre del nombre griego de ese árbol. De hecho, tienen la noción de que todo lo que crece en él ha sido enviado inmediatamente desde el cielo, y que el muérdago sobre él es una prueba de que el árbol ha sido seleccionado por el propio Dios como objeto de su especial favor.

El muérdago, sin embargo, se encuentra raramente en el roble albar; y cuando se encuentra, se recoge con ritos repletos de temor religioso. Esto se hace especialmente en el quinto día de la Luna, el día cuando comienzan sus meses y sus años, así como sus edades, que duran treinta años. Este día lo eligen porque la Luna, aunque todavía no ha llegado a la mitad de su curso, ya tiene un poder e influencia considerables; y la llaman con un nombre que significa, en su idioma, la que todo lo cura. Después de hacer todos los preparativos para el sacrificio y un banquete bajo los árboles, llevan dos toros blancos, cuyos cuernos se atan por primera vez. Vestido con una túnica blanca, el sacerdote sube al árbol y corta el muérdago con una hoz de oro, que es recibida por otros con un manto blanco. A continuación inmolan a las víctimas, elevando sus oraciones para que Dios haga propicio este don suyo a aquellos a quienes se lo ha concedido. Se cree que el muérdago, tomado en la bebida, impartirá fecundidad a todos los animales que son estériles, y que es un antídoto para todos los venenos.

Libro XVII
La historia natural de los árboles cultivados

Hemos descrito los árboles que crecen espontáneamente en la tierra y en el mar,[1] y ahora nos queda hablar de los que deben su formación, propiamente dicha, más que su nacimiento, al arte y al genio inventivo del hombre. Aquí, sin embargo, no puedo dejar de expresar mi sorpresa, de que después del estado de penuria en que el hombre vivía, como ya se ha descrito, en los tiempos primitivos, teniendo los árboles del bosque en común con las bestias salvajes, y disputando con ellas la posesión de los frutos que caían, y con las aves del aire la de los frutos tal como colgaban del árbol, el lujo haya adjuntado ahora a ellos precios tan enormes.

LA INFLUENCIA DEL CLIMA SOBRE LOS ÁRBOLES

Los árboles prefieren los lugares orientados hacia el noreste, ya que la brisa hace que su follaje sea más espeso y exuberante y le da más solidez a la madera. Sin embargo, la mayoría de la gente se engaña en este punto; así, en los viñedos, por ejemplo, los puntales no deben colocarse en una posición que proteja los tallos del viento de esa parte, ya que esta precaución sólo debe tomarse contra las ráfagas del norte. Más aún, si el tiempo frío llega a su debido tiempo, contribuye muy materialmente al fortalecimiento de los árboles y promueve el proceso de brotadura; mientras que, por otro lado, si en ese período las brisas del sur los acarician, se debilitarán y languidecerán, y más aún, si la floración está recién comenzada. Si el tiempo lluvioso también se produce cerca de la floración, la destrucción total de la fruta será el resultado ineludible; de hecho, si el tiempo sólo está nublado, o prevalecen los vientos del sur, eso es suficiente para asegurar la pérdida de la fruta

---

1   Plinio alude a varias clases de fucus o algas marinas.

en el almendro y la pera. Si las lluvias prevalecen alrededor de la salida de las Pléyades, son muy perjudiciales para la vid y el olivo, ya que es en esa época cuando comienza la brotadura; de hecho, son cuatro días muy críticos para el olivo, ya que es el período en el que el viento del sur, como ya hemos dicho, trae sus nubes oscuras y bajas. Los cereales también maduran de forma más desfavorable cuando prevalecen los vientos del sur, aunque al mismo tiempo avanza con mayor rapidez. También el frío, además que llega con los vientos del norte, o fuera de la estación apropiada, es perjudicial para la vegetación. Es muy ventajoso para todas las plantas que los vientos del noreste prevalezcan durante todo el invierno.

También en esta época las lluvias son muy necesarias, y la razón es evidente; los árboles, agotados por los frutos que han dado y debilitados por la pérdida de sus hojas, están, naturalmente, hambrientos y famélicos, y son las lluvias las que constituyen su alimento. La experiencia nos ha hecho creer que no hay nada más perjudicial que un invierno cálido, ya que permite a los árboles, en el momento en que se han desprendido de sus frutos, concebir de nuevo, o, en otras palabras, brotar, y luego agotarse floreciendo de nuevo. Y lo que es aún peor, si hay varios años consecutivos con este tipo de clima, incluso los propios árboles morirán; porque no hay duda de que el esfuerzo debe ser necesariamente perjudicial, cuando ponen su fuerza, y al mismo tiempo se ven privados de su sustento natural.

Los árboles que tardan más en madurar sus frutos y que necesitan un suministro más prolongado de nutrientes, se benefician también de las lluvias tardías, como la vid, el olivo y el granado, por ejemplo.

QUÉ SUELOS PUEDEN CONSIDERARSE LOS MEJORES

Después de las influencias del cielo, tenemos que tratar las de la tierra, tarea que no es en absoluto más fácil que la anterior. Rara vez se encuentra que el mismo suelo es adecuado para los árboles y el maíz; en efecto, la tierra negra que predomina en Campania, no siempre es adecuada para la vid, ni tampoco la que emite ligeras exhalaciones, ni la tierra roja que ha sido tan alabada por muchos. La tierra cretácea que se encuentra en el territorio de Alba Pompeia, y un suelo arcilloso, son preferidos a todos los demás para la vid, aunque, también, son notablemente ricos, una cualidad que generalmente se considera inadecuada para esa planta. Por otra parte, la arena blanca del distrito de Ticinum, la arena negra de muchos otros lugares, y también la arena roja, aunque sean mezcladas con una tierra rica, resultarán improductivas.

Los mismos signos de los que formamos nuestro juicio son a menudo muy engañosos; un suelo que está adornado con árboles altos y elegantes no es siempre favorable, excepto, por supuesto, para esos árboles. ¿Qué árbol, de hecho, hay más alto que el abeto? y, sin embargo, ¿qué otra planta podría existir en el mismo lugar?

Catón, brevemente y a su peculiar manera, caracteriza los defectos que existen en los distintos suelos. "Tened cuidado", dice, "donde la tierra esté podrida no la sacudáis ni con carros ni conduciendo el ganado sobre ella". Ahora bien, ¿qué hemos de suponer que significa este término "podrido", aplicado a un suelo, sobre el que tiene una aprensión tan grande que casi nos prohíbe poner el pie en él? Hagamos una comparación pensando qué es lo que constituye la podredumbre en la madera, y encontraremos que los defectos que él tiene en tal aversión son el ser árido, lleno de agujeros, áspero, blanco, mohoso, comido por los gusanos, de hecho, igual que la piedra pómez; y así ha dicho Catón, en una sola palabra, más de lo que podríamos haber encontrado medios para expresar en una descripción, por larga que sea.

MÉTODOS PARA ENRIQUECER LA TIERRA

Hay otro método, que se ha inventado tanto en la Galia como en Britania, para enriquecer la tierra por medio de ella misma, que se conoce como marga.[2] Se considera que este suelo contiene una mayor cantidad de principios fecundantes, y actúa como grasa en relación con la tierra, al igual que encontramos glándulas existentes en el cuerpo, que se forman por una condensación de las partículas grasas en otros tantos granos. Este modo de proceder tampoco ha sido ignorado por los griegos; de hecho, ¿qué tema hay que no hayan tocado? Llaman con el nombre de leucargillón a una tierra arcillosa blanca que se utiliza en el territorio de Megara, pero sólo donde el suelo es de naturaleza húmeda y fría.

De las margas de naturaleza untuosa, la mejor es la blanca. Hay varias variedades de ella; la más picante y mordaz es la ya mencionada. Otra clase es la tiza blanca que se utiliza para limpiar la plata; se extrae de una profundidad considerable en el suelo, los pozos se hunden, en la mayoría de los casos, hasta cien pies. Estos pozos son estrechos en la boca, pero se agrandan considerablemente en el interior, como es el caso de las minas; es en Britania donde más se emplea esta tiza. Sus buenos efectos duran ochenta años, y no se conoce ningún caso en que un agricultor la haya colocado dos veces en la misma tierra durante su vida. Una tercera variedad de marga blanca es conocida como glisomarga; consiste en tiza de batán mezclada con una tierra untuosa, y es mejor para promover el crecimiento del heno que del grano; tanto, de hecho, que entre la cosecha y la época de siembra siguiente se corta una cosecha muy abundante de hierba.

CENIZAS Y ESTIÉRCOL

Los agricultores de las regiones de Italia situadas más allá del río Padus, admiran tanto las cenizas para este propósito, que incluso las prefieren como abono al estiércol de las bestias de carga; de hecho, tienen la costumbre de quemar el estiércol para este propósito, debido a su mayor ligereza. Sin embargo, no las utilizan indistintamente en el mismo suelo, ni emplean las cenizas para favorecer el crecimiento de los arbustos, ni, de hecho, de algunos cereales, como tendremos ocasión de mencionar más adelante. Hay quien opina también que el polvo nutre a las uvas, y las cubre con él mientras crecen, cuidando de echarlo también sobre las raíces de las vides y otros árboles.

---

2   Una mezcla natural de tierra de alfarero y piedras calcáreas, o subcarbonato de tiza. Fée señala que los antiguos no conocían el método adecuado para aplicarla. La marga sólo ejerce su influencia fertilizante después de haber sido reducida a polvo por la acción de la atmósfera, absorbiendo el oxígeno del aire y dando a la vegetación el ácido carbónico necesario para su nutrición.

Hay varios tipos de abono, cuyo uso es muy antiguo. Incluso en los tiempos de Homero, se representa al anciano rey enriqueciendo así la tierra con el trabajo de sus propias manos. La tradición cuenta que el rey Augeas fue el primero en Grecia en utilizarlo, y que Hércules introdujo la práctica en Italia; este país, sin embargo, ha inmortalizado el nombre de su rey, Stercutus, el hijo de Fauno, como reclamando el honor de esta invención. M. Varro asigna el primer rango de excelencia al estiércol de los tordos que se guardan en las pajareras, y lo alaba por ser no sólo bueno para la tierra, sino también un excelente alimento para los bueyes y los cerdos; de hecho, llega a afirmar que no hay ningún alimento con el que engorden más rápidamente.

Se recomienda también que el estercolero se mantenga al aire libre, en un lugar profundamente hundido y bien adaptado para recibir la humedad; debe cubrirse también con paja, para que no se seque con el Sol, teniendo cuidado de clavar una estaca de roble albar en el suelo, para evitar que las serpientes se reproduzcan allí. Es de suma importancia que el abono se coloque en la tierra mientras prevalezcan los vientos del oeste, y durante la Luna seca.

PROPAGACIÓN DE LOS ÁRBOLES

Habiendo tratado ahora con suficiente extensión las condiciones requeridas del clima y del suelo, procederemos a hablar de aquellos árboles que son el resultado del cuidado y la habilidad inventiva del hombre. En efecto, las variedades de estos árboles son apenas menos numerosas que las producidas por la naturaleza, a la que tanto hemos agradecido por sus numerosas bondades. Porque estos árboles se crían bien a partir de semillas, bien por trasplante, por acodos, por brotes arrancados de la cepa, por esquejes, por injertos o por cortes en el tronco del árbol.

Es la propia naturaleza la que nos ha enseñado la mayoría de estos métodos, y más concretamente el de la siembra de semillas, ya que muy pronto se vio cómo la semilla al caer al suelo revivía en la brotadura. De hecho, hay algunos árboles que no se pueden propagar de ninguna otra manera, el castaño y el nogal, por ejemplo; con la única excepción, por supuesto, de los que se emplean para madera de monte bajo. También por este método, así como por los otros, se propagan algunos árboles, aunque a partir de una semilla de naturaleza diferente, como, por ejemplo, la vid, el manzano y el peral; la semilla tiene en todos estos casos forma de pepita, y no es el fruto mismo, como en el caso del castaño y el nogal. El níspero también puede propagarse por medio de semillas. Sin embargo, todos los árboles que se cultivan por este método son muy lentos en llegar a la madurez, degeneran muy rápidamente, y a menudo deben ser renovados por injertos; de hecho, el castaño a veces requiere ser injertado.

Por otra parte, hay algunos árboles que tienen la propiedad de no degenerar nunca, cualquiera que sea la forma en que se reproduzcan, el ciprés, la palma y el laurel, por ejemplo; pues encontramos que el laurel es capaz de propagarse de varias maneras. Ya hemos mencionado las diversas clases de laurel; las conocidas como Augustan, baccalis y tinus se reproducen de manera similar. Las bayas se recogen en el mes de enero, después de que se hayan secado por los vientos del noreste que prevalecen en ese mes; entonces se mantienen separadas y expuestas a la acción del aire, ya que pueden fermentar si se dejan amontonadas. A continuación, se sazonan primero con humo y luego se empapan de orina, como preparación para la siembra. A continuación se cava una zanja de un palmo de profundidad y se colocan en ella unas veinte bayas, que se amontonan; esto suele hacerse en el mes de marzo. Estas clases de laurel admiten ser propagadas también por acodos; pero el laurel triunfal puede ser reproducido sólo por esquejes. Todas las variedades de mirto se producen en Campania sólo a partir de la baya, pero en Roma a partir de acodos.

Con referencia a las plantas que se propagan por semillas, Mago trata con bastante extensión los nogales; dice que el almendro debe sembrarse en una tierra arcillosa blanda, en un lugar que mire hacia el sur; que también prospera en un suelo duro y cálido, pero que en un suelo untuoso o húmedo, es seguro que morirá o no dará frutos. Recomienda también para la siembra aquellas que tienen una forma curvada como una hoz, y el producto de un árbol joven, y dice que deben ser empapadas durante tres días en estiércol diluido, o bien el día antes de ser sembradas en miel y agua. También dice que deben colocarse en la tierra con la punta hacia abajo y el borde afilado hacia el noreste; y que deben sembrarse de tres en tres y colocarse en forma triangular, a la distancia de una palma entre sí, teniendo cuidado de regarlas durante diez días, hasta que hayan germinado.

Las nueces, cuando se siembran, se colocan a lo largo, apoyadas en los lados donde se unen las cáscaras; y los piñones se colocan, en su mayoría, de siete en siete, en macetas perforadas, o bien se siembran de la misma manera que las bayas en los laureles que se reproducen por semillas.

También la naturaleza nos ha enseñado el arte de formar viveros; cuando de las raíces de muchos de los árboles vemos brotar un denso bosque de chupones, una descendencia que está destinada a ser asesinada por la madre que los ha parido. Porque la sombra del árbol ahoga indiscriminadamente a estos retoños, como vemos a menudo en el laurel, el granado, el plátano, el cerezo y el ciruelo. Hay algunos árboles, como el olmo y la palmera, en los que las ramas no dejan salir a los chupones; sin embargo, éstos nunca aparecen en ninguno de los árboles, excepto en aquellos en los que las raíces, por su afición al Sol y a la lluvia, se mantienen cerca de la superficie del suelo.

La naturaleza también ha descubierto otro método, que es muy similar al anterior, ya que los brotes arrancados del árbol vivirán. Al adoptar este plan, se debe tener cuidado de arrancar el brote, desde donde se adhiere a la cepa, y así eliminar con ella una parte del cuerpo fibroso del árbol madre. De este modo se propagan el granado, el avellano, el manzano, el serbal, el níspero, el fresno, la higuera y, sobre todo, la vid. El membrillo, sin embargo, si se planta de esta manera, degenera, y por lo tanto se ha encontrado un mejor plan para cortar las hojas y plantarlas; un método que se adoptó en un principio para hacer setos, con el saúco, el membrillo y la zarza, pero que luego se aplicó a los árboles cultivados, como el álamo, el aliso y el sauce, que crecerá si incluso la hoja se planta al revés.

PARCELAS DE SIEMBRA

En la colocación de las parcelas de siembra es necesario que se seleccione un suelo de la mejor calidad. El suelo debe ser, por tanto, seco y nutritivo, bien removido con el azadón, lleno de hospitalidad para las plantas extrañas, y lo más parecido posible al suelo al que se pretende trasplantarlas. Algo que es de primordial importancia es que las piedras deben ser cuidadosamente recogidas del suelo, y debe ser amurallado, para asegurar su protección de las depredaciones de las aves de corral; el suelo también, debe tener tan pocos resquicios y grietas como sea posible, para que el Sol no pueda penetrar y quemar las raíces. Los árboles jóvenes deben ser plantados a una distancia de un pie y medio; porque si se tocan unos con otros, además de otros inconvenientes, son propensos a criar gusanos; por lo cual es que deben ser azadonados tan a menudo como sea posible, y todas las malas hierbas deben ser arrancadas, las plantas jóvenes mismas deben ser cuidadosamente podadas, y así acostumbradas al cuchillo.

LOS AGUJEROS PARA EL TRASPLANTE

Es muy importante en el trasplante, que los árboles siempre sean plantados en un suelo que sea similar, o bien superior, a aquel en el que crecieron antes. Si se toman de localidades cálidas o de maduración temprana, no deben trasladarse a lugares fríos o de peor calidad. Si es posible, los agujeros para el trasplante deben ser cavados con suficiente antelación para que puedan ser cubiertos con una gruesa capa de hierba. Mago recomienda que se caven con un año de antelación, para que puedan absorber el calor del Sol y la humedad de las lluvias; o, si las circunstancias no lo permiten, que se hagan fuegos en medio de ellos unos dos meses antes del trasplante, que sólo se hará justo después de que haya llovido. Dice también que en una tierra arcillosa o dura, la medida adecuada es de tres codos en todos los sentidos, y en las pendientes un palmo más, teniendo cuidado en todos los casos de hacer el agujero como la chimenea de un horno, más estrecho en el orificio que en el fondo. Cuando la tierra es negra, la profundidad debe ser de dos codos y una palma, y el agujero debe cavarse en forma cuadrangular.

Algunos recomiendan que no se trasplante un árbol antes de que tenga dos años, ni tampoco después de tres, mientras que otros opinan que si tiene un año es suficiente; Catón piensa que debe tener más de cinco dedos de grosor en ese momento. El mismo autor recomienda que se haga una marca en la corteza con el fin de señalar el aspecto meridional del árbol; de modo que, cuando se trasplante, pueda ocupar exactamente la misma posición que había ocupado anteriormente; por el temor de que el lado norte del árbol, al encontrarse frente a un Sol meridional, pueda partirse, y el lado sur sea cortado por las ráfagas del noreste.

ÁRBOLES PROPAGADOS POR ACODOS

La naturaleza también nos ha enseñado el arte de la reproducción por acodos. La zarza, a causa de su delgadez y de la excesiva longitud que alcanza, se inclina hacia abajo y arroja las extremidades de sus ramas a la tierra; éstas vuelven a echar raíces inmediatamente y llenarían todos los lugares a lo largo y ancho, si las artes del cultivo no lo impidieran; tanto es así, que casi parecería que los hombres no han nacido más que para cuidar la tierra. De ahí que una cosa que es en sí misma la más nociva y la más perniciosa, nos haya enseñado el arte de la reproducción por acodos y plantones. La hiedra, también, tiene una propiedad similar.

Catón dice que, además de la vid, la higuera, así como el olivo, la granada, todas las variedades de manzana, el laurel, la ciruela, el mirto, la avellana, la nuez de Præste y el plátano, son capaces de propagarse por acodos.

INJERTOS

La naturaleza también nos ha enseñado el arte del injerto por medio de la semilla. Vemos una semilla tragada entera por un pájaro hambriento; cuando se ablanda por el calor natural de la cosecha, se vacía, con los jugos fecundantes del estiércol, sobre algún lecho blando formado por un árbol; o bien, como ocurre a menudo, es llevada por los vientos a alguna hendidura en la corteza de un árbol. De ahí que veamos el cerezo creciendo sobre el sauce, el plátano sobre el laurel, el laurel sobre el cerezo, y frutos de diversos colores y matices brotando todos del mismo árbol a la vez. Se dice también que el grajo, al ocultar las semillas de las plantas en agujeros que le sirven de almacén, da lugar a un resultado similar.

LAS ENFERMEDADES DE LOS ÁRBOLES

Habiendo tratado ya con suficiente extensión la plantación y el cultivo de los árboles, procederemos, para no omitir nada, a describir otros detalles relativos a su naturaleza, que son de considerable importancia, cuando se toman en relación con todo lo que precede. Los árboles son atacados por distintos males; y, en efecto, ¿qué cosa creada hay que esté exenta de estos males? Sin embargo, se dice que las enfermedades de los árboles del bosque no conllevan ningún peligro para ellos, y que el único daño que reciben es el de las tormentas de granizo mientras están brotando y floreciendo; con la excepción, ciertamente, de ser dañados por el calor o las ráfagas de frío en un tiempo inoportuno; porque las heladas, cuando llegan en los momentos adecuados, como ya hemos dicho, les son útiles. "Pero", se dirá, "¿no se mata a veces la vid con el frío?". Sin duda que sí, y es a través de esto que detectamos los defectos inherentes a los suelos, pues sólo en un suelo frío la vid morirá. De la misma manera, también, en invierno aprobamos el frío, siempre y cuando sea el frío del clima, y no del suelo. No son los árboles más débiles los que se ven amenazados en invierno por las heladas, sino los más grandes. Cuando son atacados de este modo, es el ápice el que se seca primero, por la circunstancia de que la savia se congela antes de que pueda llegar allí.

Algunas enfermedades de los árboles son comunes a todos ellos, mientras que otras son peculiares de cada tipo. Los gusanos son comunes a todos ellos, y también lo es la sideración, con daños en los ápices, que producen debilidad en las distintas partes. Así aplicamos los nombres de las enfermedades que prevalecen entre la humanidad a las que afectan a las plantas. De la misma manera, también, hablamos de que sus cuerpos están mutilados, que los ojos de sus brotes están quemados, y muchas otras expresiones de naturaleza similar. De acuerdo con la misma fraseología, decimos que los árboles están afligidos por el hambre o la indigestión, ambas resultantes de la cantidad comparativa de savia que contienen;

mientras que algunos, de nuevo, están afligidos por la obesidad, como en el caso de todos los árboles resinosos, que, cuando sufren de excesiva gordura, se transforman en un árbol antorcha. Cuando las raíces también empiezan a engordar, los árboles, al igual que los animales, son propensos a perecer por exceso de grasa. A veces, también, una peste prevalecerá en ciertas clases de árboles, al igual que entre los hombres, vemos que las enfermedades atacan, en un momento a la clase esclava, y en otro a la gente común, en las ciudades o en el campo, según sea el caso.

La enfermedad conocida como sideración depende totalmente del cielo, y por ello podemos clasificar bajo este título los efectos nocivos producidos por las tormentas de granizo, la carbunculación,[3] y los daños causados por las heladas. Cuando la proximidad de la primavera tienta a los brotes todavía tiernos a hacer su aparición, y se aventuran a brotar, la enfermedad los ataca, y abrasa las yemas de los brotes, llenas como están de sus jugos lechosos; esto es lo que en las flores se llama tizón "de carbón". Las consecuencias de la escarcha para las plantas son aún más peligrosas, porque una vez que se ha asentado, permanece allí en forma congelada, y nunca hay viento que la elimine, ya que nunca prevalece sino en un clima perfectamente tranquilo y sereno. Sin embargo, la sideración, propiamente dicha, es un cierto calor y sequedad que prevalece en el momento de la ascensión de la Canícula, y debido a la cual los injertos y los árboles jóvenes se marchitan y mueren, la higuera y la vid más particularmente. El olivo, además del gusano, al que está igualmente sujeto con el higo, es atacado por el sarampión, que es una especie de ráfaga producida por el calor del Sol. Catón dice que el musgo rojo es también deletéreo para el olivo. Una fertilidad excesiva, también, es muy a menudo perjudicial para la vid y el olivo. La sarna es una enfermedad común a todos los árboles. Las erupciones y los ataques de una especie de caracol que crece en la corteza son enfermedades peculiares de la higuera, pero no en todos los países, ya que hay algunas enfermedades que sólo prevalecen en ciertas localidades.

La lluvia también produce la oruga, un insecto nocivo que se come las hojas y, algunas de ellas, también las flores; incluso en el olivo, como encontramos el caso en Mileto, dando al árbol medio comido una apariencia muy repugnante. Esta plaga se produce por el predominio de un calor húmedo y lánguido; y si el Sol brilla después con un calor más intenso y los quema, esta plaga sólo da lugar a otra igual de mala, cambiando sólo el aspecto del mal.

Hay otra afección peculiar del olivo y de la vid, conocida como "telaraña", ya que el fruto está envuelto en una red, por así decirlo, y se ahoga. También hay ciertos vientos que son especialmente perjudiciales para el olivo y la vid, así como para otros frutos; y además, los propios frutos, independientemente del árbol, son muy agusanados en algunos años, como la manzana, la pera, el níspero y la granada. En la aceituna la presencia del gusano puede producir un doble resultado; si crece bajo la piel, destruirá el fruto, pero si está en el hueso, sólo lo roerá, haciendo el fruto aún más grande.

---

3   Los efectos producidos en los brotes jóvenes por las heladas.

PORTENTOS RELACIONADOS CON LOS ÁRBOLES

Entre los males que afectan a los diversos árboles, podemos encontrar también espacio para los portentos. Pues encontramos algunos árboles que nunca han tenido una hoja; una vid y una granada que dan frutos adheridos al tronco, y no a los sarmientos o a las ramas; una vid, también, que daba uvas pero no tenía hojas; y olivos que han perdido sus hojas mientras el fruto permanecía en el árbol. También hay algunos prodigios relacionados con los árboles que se deben a un accidente; se sabe que un olivo que se quemó por completo revivió, y en Beocia, algunas higueras que habían sido completamente devoradas por las langostas volvieron a brotar. También los árboles cambian a veces de color, y pasan de ser negros a blancos; sin embargo, esto no debe considerarse siempre como portentoso, y más aún en el caso de los que se cultivan a partir de semillas; también el álamo blanco se vuelve a menudo negro.

Otro tipo de prodigio es la aparición de un árbol en un lugar extraordinario e inusual, la cabeza de una estatua, por ejemplo, o un altar, o incluso sobre otro árbol. Una higuera brotó de un laurel en Cyzicus, justo antes del asedio de esa ciudad; y del mismo modo, en Tralles, una palmera salió del pedestal de la estatua del dictador César, en el período de sus guerras civiles. También en Roma, en el Capitolio, en la época de las guerras contra Perseo, crecía una palmera de la cabeza de la estatua de Júpiter, como presagio de victorias y triunfos inminentes. Esta palmera, sin embargo, fue destruida por una tempestad, y en el mismo lugar creció una higuera, en el período de la lustración,[4] realizada por los censores M. Messala y C. Cassius, un tiempo en el que, según Piso, un autor de gran autoridad, todo sentido de la vergüenza había sido completamente perdido. Sin embargo, por encima de todos los prodigios de los que se ha tenido noticia, debemos situar el que se produjo en nuestra época, en el período de la caída del emperador Nerón, en el territorio de Marrucinum; una plantación de aceitunas, perteneciente a Vectius Marcellus, uno de los principales miembros de la orden ecuestre, atravesó corporalmente la vía pública, mientras que los campos que se encontraban en el lado opuesto de la carretera pasaron al lugar que había sido desalojado por el olivar.

---

4   Purificación ceremonial; especialmente, un acto religioso de purificación o limpieza mediante el uso de agua o ciertos sacrificios o ceremonias, o ambos, realizados entre los antiguos sobre personas, ejércitos, ciudades, localidades, animales, etc. La ceremonia era practicada por los griegos principalmente para liberar a sus súbditos de la contaminación del crimen, pero por los romanos como un medio general de asegurar una bendición divina, y en algunos casos a intervalos fijos regulares, como el de todo el pueblo cada cinco años (N. del T.).

Libro XVIII
Historia natural de la agricultura

Pasamos ahora a la Historia Natural de los diversos granos, de las plantas y flores de jardín, y en realidad de todas las demás producciones, con excepción de los árboles y arbustos, que la Tierra, en su generosidad, nos proporciona, un campo ilimitado para la contemplación, si incluso consideramos las hierbas solamente, cuando tomamos en consideración sus variedades, su número, las flores que producen, sus olores, sus colores, sus jugos, y las numerosas propiedades que poseen.

Rómulo fue el primero que estableció el sacerdocio Arval[1] en Roma. Esta orden estaba formada por los once hijos de Accra Placentia, su nodriza, junto con el propio Rómulo, que asumió el apelativo de duodécimo de la hermandad. A este sacerdocio le otorgó, como la más augusta distinción que podía conferirle, una corona de espigas, sostenida con una banda blanca; y ésta fue, de hecho, la primera corona que se usó en Roma. Esta dignidad sólo se acaba con la vida misma, y ya sea en el exilio o en el cautiverio, siempre acompaña a su dueño. En aquellos primeros tiempos, dos jugera de tierra se consideraban suficientes para un ciudadano de Roma, y a nadie se le asignaba una porción mayor que ésta. Sin embargo, en la actualidad, los hombres que hace poco eran esclavos del emperador Nerón apenas se contentaban con jardines de recreo que ocupaban el mismo espacio que éste, mientras que debían tener estanques de peces, por cierto, de una extensión aún mayor, y en algunos casos podría añadir que incluso cocinas.

Numa fue el primero en establecer la costumbre de ofrecer maíz a los dioses y de propiciarlos con la torta salada; también fue el primero, como sabemos por

---

1   *Arvorum sacerdotes*, los sacerdotes de los campos.

Hemina, en picar la espelta,[2] por el hecho de que, cuando está en este estado, es más saludable como alimento. Este método, sin embargo, sólo pudo establecerse de una manera; haciendo una promulgación, en el sentido de que la espelta no está en un estado puro para la ofrenda, excepto cuando se seca. También fue él quien instituyó las *Fornacalia*, fiestas dedicadas al torrado del maíz, y otras, observadas con igual solemnidad, para la erección y conservación de los "termini", o límites de los campos; a estos termini, en aquellos días, los consideraban particularmente como dioses; mientras que a otras divinidades les daban los nombres de Seia, de "sero", "sembrar", y de Segesta, de "segetes" o "cosechas de maíz en pie", cuyas estatuas todavía vemos erigidas en el Circo. Una tercera divinidad está prohibida de nombrarse, incluso bajo un techo, por las reglas de nuestra religión. Antiguamente, además, ni siquiera probaban el maíz recién cortado, ni el vino recién hecho, antes de que los sacerdotes hicieran una libación de las primicias.

EL JUGERUM

Aquella porción de tierra que se conocía como "jugerum",[3] que era capaz de ser arada por un solo "jugum", o yunta de bueyes, en un día; un "actus" era todo lo que los bueyes podían arar de una vez, calculado de manera justa, sin detenerse. Este último tenía una longitud de ciento veinte pies; y dos de ellos hacían un jugerum. La recompensa más considerable que podía otorgarse a los generales y a los ciudadanos valientes, era la máxima extensión de tierra alrededor de la cual una persona podía trazar un surco con el arado en un solo día. Además, toda la población solía contribuir con un cuarto de sextarius de espelta, o bien con medio, por cabeza.

De la agricultura se derivaron los primeros apellidos. Así, por ejemplo, el nombre de Pilumnus se le dio a aquel que inventó el "pilum", o mazo del horno, para machacar el maíz; el de Piso se derivó del "piso",[4] para moler el maíz; y los de Fabius, Lentulus y Cicero, de las diversas variedades de plantas leguminosas en cuyo cultivo sobresalían respectivamente estos individuos.[5] El rey Servio fue el primero que imprimió en nuestra moneda de cobre las figuras de ovejas y bueyes.

Los distintos rangos y distinciones en el estado no tenían otro origen que las actividades agrícolas. Las tribus rurales ocupaban el primer lugar, y estaban compuestas por quienes poseían tierras; mientras que los de la ciudad, un lugar al que se consideraba ignominioso ser trasladado, tenían el descrédito de ser una raza indolente. De ahí que estas últimas fueran sólo cuatro, y recibieran sus nombres de las distintas partes de la ciudad que habitaban respectivamente, siendo las tribus suburbanas, palatinas, colinas y exquilinas. Cada nueve días las tribus rurales solían visitar la ciudad con el propósito de comercializar, y fue por esta razón que

---

2   Una especie de grano (*Triticum spelta*) relacionada con el trigo, antiguamente muy cultivada en el sur de Europa y que todavía se cultiva en algunos distritos (N. del T.).

3   La medida común de la tierra, el jugerum, o yugada, es una superficie de 240 pies romanos de largo y 120 de ancho, igual a 0,622 acres, o 0,252 hectáreas.

4   "Mortero" (N. del T.).

5   San Agustín, *De Civ. Dei.*, menciona una diosa, Bubona, la divinidad tutelar de los bueyes. Nada parece saberse de estos juegos.

se hizo ilegal la celebración de las comitia[6] sobre las Nundinæ; el objetivo era que la gente del campo no fuera apartada por ello de la tramitación de sus asuntos. En aquellos días, el descanso y el sueño se disfrutaban sobre la paja. Incluso a la propia gloria, en complemento del maíz, se le dio el nombre de "adorea".

LOS ARREGLOS ADECUADOS PARA UNA CASA DE CAMPO

El plan adecuado que debe seguirse es el siguiente: la casa de la granja no debe ser inadecuada para la granja, ni la granja para la casa; y debemos estar en guardia para no seguir los ejemplos de L. Lucullus y Q. Scævola, que, aunque vivieron en la misma época, cayeron en los dos extremos opuestos; pues mientras que la casa de Scævola no era lo suficientemente grande para los productos de su granja, la granja de Lúculo no era lo suficientemente grande para la casa que construyó en ella; un error que dio lugar a la reprobación de los censores, de que en su granja había menos tierra para arar que suelo para barrer. Los arreglos adecuados para una casa de labranza no deben hacerse sin un cierto grado de habilidad.

En general, se acepta que una casa de campo no debe construirse cerca de un pantano, ni con un río delante de ella; porque, como Homero ha observado, con la mayor corrección, los vapores insalubres siempre se exhalan de los ríos antes de la salida del Sol. En las localidades calurosas, la casa de campo debe tener un aspecto norte, pero donde hace frío, debe mirar hacia el sur; en cambio, donde el sitio es templado, la casa debe mirar hacia el este. "El saúco menor", dice Catón, "el ciruelo silvestre, la zarza, el pequeño bulbo,[7] el trébol, la hierba de los prados, el roble, y el peral y el manzano silvestres, son todos ellos indicativos de una tierra de maíz. Lo mismo ocurre cuando la tierra es negra o de color ceniza. Todos los suelos calcáreos son abrasadores, a menos que sean muy finos; lo mismo ocurre con la arena, a menos que sea muy fina. Estas observaciones, sin embargo, son más aplicables a las localidades de la campiña que a las laderas de los montes".

MÁXIMAS DE LOS ANTIGUOS SOBRE LA AGRICULTURA

¿De qué manera, entonces, se puede cultivar la tierra de manera más provechosa? Pues, en palabras de nuestros oráculos agrícolas, "haciendo bueno lo malo". Pero aquí es justo que digamos una palabra en justificación de nuestros antepasados, que en sus preceptos sobre este tema no tenían otra cosa en vista que el beneficio de la humanidad; pues cuando usan el término "malo" aquí, sólo quieren decir lo que cuesta la menor cantidad de dinero.

Con el mismo espíritu, nuestros oráculos han dado a conocer estos otros preceptos, en el sentido de que es un mal agricultor el que tiene que comprar lo que su granja podría haberle suministrado; que el hombre que hace de día lo que podría haber hecho de noche es un mal administrador, excepto, por cierto, cuando el estado del tiempo no lo permite; que es un peor administrador aún, el que hace en

---

6   En la antigüedad romana, asambleas del pueblo. Eran de tres tipos: La asamblea más antigua, la de las 30 curiæ, o comitia curiata, en la que las antiguas familias patricias encontraban representación. Cada curia tenía un voto, y la asamblea actuaba en los asuntos de estado y en los asuntos de familia y religión (N. del T.).

7   Probablemente *Allium vineale* o ajo salvaje (N. del T.).

un día de trabajo lo que podría haber hecho en un día de fiesta;[8] pero que el peor de todos es el que trabaja a cubierto cuando hace buen tiempo, en lugar de trabajar en el campo.

No puedo dejar de aprovechar la presente oportunidad para citar un ejemplo que nos ofrecen los tiempos antiguos, del que se desprende que en aquella época se acostumbraba a plantear al pueblo incluso cuestiones relacionadas con los diversos métodos empleados en la agricultura, y se verá de qué manera los hombres acostumbraban a hablar en su propia defensa. C. Furius Chresimus, un liberto, al conocerse que era capaz de obtener, en un pedazo de tierra muy pequeño, cosechas mucho más abundantes que las que sus vecinos podían obtener en sus fincas de mayor extensión, se convirtió en objeto de considerables celos entre ellos, y por ello fue acusado de atraer las cosechas de otros mediante la práctica de la brujería. A raíz de esto, Spurius Calvinus, el curule ædile, nombró un día para su aparición. Temeroso de ser condenado, cuando la cuestión se sometió a votación entre las tribus, hizo traer al Foro todos sus aperos de labranza, junto con sus sirvientes de la granja, gente robusta, bien acondicionada y bien vestida, dice Piso. Los utensilios de hierro eran de primera calidad, los azadones eran robustos y fuertes, las rejas de arado pesadas y sustanciosas, y los bueyes lustrosos y en óptimas condiciones. Una vez hecho todo esto, "Aquí, ciudadanos romanos", dijo, "están mis utensilios de magia; pero me es imposible exhibir a vuestra vista, o traer a este Foro, esos trabajos míos de medianoche, esas vigilias tempranas, esos sudores y esas fatigas". Ante esto, por la voz unánime del pueblo, fue inmediatamente absuelto. La agricultura, de hecho, depende del gasto de trabajo y esfuerzo; y de ahí que los antiguos tuvieran la costumbre de decir que es el ojo del amo el que hace más por fertilizar un campo que cualquier otra cosa.

Daremos el resto de estos preceptos en sus lugares apropiados, según los encontremos adaptados a cada variedad de cultivo; pero mientras tanto no debemos omitir algunos de carácter general, que aquí vuelven a nuestra memoria, y más particularmente aquella máxima de Catón, tan provechosa como humana: "Actúa siempre de manera que te asegures el amor de tus vecinos". A continuación, procede a exponer sus razones para dar este consejo, pero me parece que nadie puede albergar la menor duda al respecto. Una de las primeras recomendaciones que da es tener todo el cuidado posible para que los sirvientes de la granja se mantengan en buenas condiciones. Es una máxima universalmente aceptada en la agricultura, que nada debe hacerse demasiado tarde; y también, que todo debe hacerse en su momento apropiado; mientras que hay un tercer precepto, que nos recuerda que las oportunidades perdidas nunca pueden ser recuperadas.

LAS DIFERENTES CLASES DE GRANO

Como el campo está ya preparado, procederemos a hablar de la naturaleza de las diversas clases de grano; debemos, sin embargo, partir de la premisa de que hay

---

8   Virgilio, *Georg*. I. 268, *et seq*, habla de los trabajos que podrían hacerse en los días de fiesta –hacer setos, por ejemplo, regar la tierra, atrapar pájaros, lavar las ovejas y quemar las malas hierbas.

dos clases principales de grano, los cereales, que comprenden el trigo y la cebada, y las leguminosas, como la judía y el garbanzo, por ejemplo. La diferencia entre estas dos clases es demasiado conocida como para requerir una mayor descripción.

ESPELTA

De todos estos granos, la cebada es el más ligero, su peso raramente excede de quince libras al modius, mientras que el de la judía es de veintidós. La espelta es mucho más pesada que la cebada, y el trigo más pesado que la espelta. En Egipto hacen una harina de olyra,[9] una tercera variedad de maíz que crece allí. Los galos tienen también un tipo de espelta peculiar de ese país; le dan el nombre de "brace", mientras que para nosotros se conoce como "sandala"; tiene un grano de notable blancura. Otra diferencia es el hecho de que produce casi cuatro libras más de pan por modius que cualquier otro tipo de espelta. Verrius afirma que durante trescientos años los romanos no utilizaron otra harina que la de maíz.

TRIGO

Hay numerosas clases de trigo que han recibido sus nombres de los países donde se produjeron por primera vez. Por mi parte, sin embargo, no puedo comparar ninguna clase de trigo con el de Italia ni por su blancura ni por su peso, cualidades por las que se distingue más particularmente; de hecho, sólo se pueden comparar los trigos extranjeros con los de las zonas más montañosas de Italia. Entre ellos, el trigo de Beocia ocupa el primer lugar, el de Sicilia el segundo y el de África el tercero.

Y es esta blancura la que sigue siendo uno de los méritos peculiares del trigo italiano; una circunstancia que me sorprende aún más al encontrar que ninguno de los escritores griegos de una época posterior ha hecho referencia a ella.

CEBADA - ARROZ

De todos los cereales, el primero que se siembra es la cebada. En la India hay una cebada cultivada y otra silvestre, con la que hacen un pan excelente. Pero el alimento preferido es el arroz, con el que preparan una bebida[10] similar a la que se hace con la cebada en otras partes del mundo. Las hojas del arroz son carnosas, muy parecidas a las del puerro, pero más anchas; el tallo tiene un codo de altura, la flor es de color púrpura y la raíz es globular, con forma de perla.

CEBADA PERLADA

La cebada es uno de los alimentos más antiguos del hombre, hecho que se demuestra por una costumbre de los atenienses, mencionada por Menandro, así como por el nombre de "hordearii",[11] que solía darse a los gladiadores. También los griegos prefieren la cebada a cualquier otra cosa para hacer cebada perlada. En Grecia, la cebada se pone en remojo en agua y se deja secar una noche. Al día siguiente, la pican y la muelen en el molino. Algunos la chamuscan más y la vuel-

---

9 *Triticum monococcum*, según algunos. Fée lo identifica con el *Triticum spelta* de Linneo.
10 Probablemente similar a nuestra leche de arroz.
11 O "alimentados con cebada".

ven a rociar con un poco de agua, tras lo cual la secan para molerla. Otros sacuden el grano de la espiga mientras está verde y, tras limpiarlo y remojarlo en agua, lo machacan en un mortero. Luego lavan la pasta en cestas y la dejan secar al Sol; después la machacan de nuevo, la limpian y la muelen en el molino. Pero sea cual sea el modo de preparación adoptado, las proporciones son siempre de veinte libras de cebada por tres libras de linaza, media libra de cilantro y quince dracmas de sal; los ingredientes se secan primero y se muelen después en el molino.

Los que quieren conservarla, la almacenan en recipientes de tierra nuevos, con harina fina y salvado. En Italia, la cebada se seca sin remojarla en agua, y luego se muele hasta obtener una harina fina, con la adición de los ingredientes ya mencionados, y algo de mijo también. El pan de cebada, muy utilizado por los antiguos, ha caído en el descrédito universal y se utiliza sobre todo como alimento para el ganado.

PTISAN

También se hace con cebada, el alimento llamado ptisan,[12] que es muy sustancial y saludable, y que se tiene en muy alta estima. Hipócrates, uno de los escritores más famosos de la ciencia médica, ha dedicado un volumen entero a las alabanzas de este alimento. El ptisan de mayor calidad es el que se elabora en Utica; el de Egipto se prepara a partir de una especie de cebada cuyo grano crece con dos puntas. En el Báltico y en África, la clase de cebada con la que se elabora este alimento es la que Turranio llama cebada "lisa"; el mismo autor opina también que la olyra y el arroz son lo mismo. El método de preparación del ptisan es universalmente conocido.

LA NATURALEZA DE LA CEBADA

La harina de cebada también se emplea con fines medicinales; y es un hecho curioso que se hace una pasta con ella para las bestias de carga, que primero se endurece por la acción del fuego y luego se muele. A continuación, se hace una bola que se introduce con la mano en el vientre, con el resultado de que el vigor y la fuerza muscular del animal aumentan considerablemente. En algunas clases de cebada, las espigas tienen dos filas de granos, y en otras más; en algunos casos, hasta seis. El grano en sí también presenta ciertas diferencias, siendo largo y fino, o bien corto o redondo, blanco, negro o, en algunos casos, de color púrpura. Este último tipo se emplea para hacer cebada perlada; el blanco es poco adecuado para soportar las inclemencias del tiempo.

TRIGO

No hay ningún grano que muestre una mayor avidez que el trigo, y ninguno que absorba una mayor cantidad de nutrientes. Con toda propiedad puedo llamar al trigo de invierno la más selecta de todas las variedades de trigo. Es blanco, carece de todo sabor y no es opresivo para el estómago.

---

12 Similar a nuestra cebada perlada, probablemente. La cebada perlada, es la cebada que ha sido procesada para eliminar su cáscara exterior fibrosa y pulida para eliminar una parte o toda la capa de salvado.

El trigo proporciona pan de la mejor calidad y las delicias más apreciadas por los panaderos. El trigo produce una harina fina de la más alta calidad. En el trigo africano, el modius debe producir medio modius de harina fina y cinco sextarii de polen, que es el nombre que se da a la harina fina de trigo, del mismo modo que la del trigo de invierno se conoce generalmente como "flos", o la "flor". Esta harina fina se utiliza mucho en las fábricas de cobre y de papel. Además de lo anterior, el modius debe producir cuatro sextarii de harina gruesa, y la misma cantidad de salvado. La harina de trigo más fina dará ciento veintidós libras de pan, y la harina fina de trigo de invierno ciento diecisiete, por cada modius de grano. Cuando los precios del grano son moderados, la harina se vende a cuarenta assis el modius, la harina de trigo tamizada a ocho assis más, y la harina de flor tamizada, a dieciséis assis más.

EL MODO DE MOLER EL MAÍZ

No todos los granos se rompen fácilmente. En Etruria, primero se chamusca la espelta en la mazorca y luego se machaca con un mazo provisto de hierro en el extremo. En este instrumento, el hierro tiene muescas en la parte inferior, con crestas afiladas que salen como el filo de un cuchillo y se concentran en forma de estrella; de modo que si no se tiene cuidado de sostener el mortero perpendicularmente mientras se golpea, los granos sólo se rajan y los dientes de hierro se rompen. En la mayor parte de Italia, sin embargo, se emplea un mazo que sólo es áspero en el extremo, y ruedas que giran con agua, por medio de las cuales se muele gradualmente el maíz. Expondré aquí las opiniones dadas por Mago en cuanto al mejor método de machacar el maíz. Dice que el trigo debe remojarse primero en agua, y luego limpiarse de la cáscara; después debe secarse al Sol, y luego machacarse con el mortero; el mismo plan, dice, debe adoptarse en la preparación de la cebada. En este último caso, sin embargo, veinte sextarii de grano requieren sólo dos sextarii de agua. Cuando se utilicen lentejas, primero se deben secar y luego machacar ligeramente con el salvado; o bien, adoptando otro método, se debe añadir un trozo de ladrillo sin cocer y medio modius de arena por cada veinte sextarii de lentejas.

MIJO – LEVADURA

La Campania es particularmente prolífica en mijo, y con él se hacen unas gachas blancas y finas; también se hace un pan de notable dulzura. Las naciones de Sarmacia viven principalmente de estas gachas, e incluso de la harina cruda, con la única adición de leche de yegua, o bien de sangre extraída del muslo del caballo. Los Etíopes no conocen otro grano que el mijo y la cebada.

El mijo se emplea sobre todo para hacer levadura, y si se amasa con mosto,[13] se conserva durante todo un año. También se hace lo mismo con el salvado de trigo fino de la mejor calidad; se amasa con mosto blanco de tres días de antigüedad, y luego se seca al sol, tras lo cual se le da forma de pequeñas tortas. Cuando se necesitan para hacer pan, estas tortas se remojan primero en agua, y luego se hierven con la mejor harina de espelta, después de lo cual el conjunto se mezcla con la

---

13 O zumo de uva, lo que debe afectar al sabor del pan.

harina; y generalmente se piensa que éste es el mejor método para hacer pan. Los griegos han establecido la regla de que para un modius de harina son suficientes ocho onzas de levadura.

CUANDO SE INTRODUJERON LOS PANADEROS EN ROMA

No hubo panaderos en Roma hasta la guerra con el rey Perseo, más de quinientos ochenta años después de la construcción de la ciudad. Los antiguos romanos solían hacer su propio pan, siendo una ocupación de las mujeres, como vemos en el caso en muchas naciones, incluso en la actualidad. Tenemos el hecho, también, bien comprobado, en la opinión de Ateius Capito, de que los cocineros en aquellos días tenían la costumbre de hacer el pan para las personas de afluencia, mientras que el nombre de "pistor" sólo se dio a la persona que golpeaba, o "pisebat" a la espelta. En aquellos tiempos, no tenían cocineros entre sus esclavos, sino que solían contratarlos para la ocasión en el mercado. Los galos fueron los primeros en emplear el cedazo que está hecho de crin de caballo; mientras que los pueblos de España hacen sus tamices y cedazos de lino, y los egipcios de papiro y junco.

ALICA

Pero entre las principales cosas, debemos hablar del método empleado en la preparación de la alica,[14] un alimento muy delicioso y muy saludable, y que incontestablemente confiere a Italia el rango más alto entre los países que producen los cereales. Este manjar se prepara, sin duda, también en Egipto, pero es de una calidad muy inferior, y no merece nuestra atención. En Italia, sin embargo, se prepara en numerosos lugares, los territorios de Verona y Pisæ, por ejemplo; pero el de Campania es el más apreciado. Allí, al pie de las montañas coronadas de nubes, se extiende una llanura que no tiene menos de cuarenta millas de extensión. Allí la tierra es polvorienta en la superficie, pero esponjosa por debajo, y tan porosa como la piedra pómez. Los inconvenientes que generalmente surgen de la proximidad de las montañas, aquí se convierten en muchas ventajas; porque el suelo, actuando como una especie de filtro, absorbe el agua de las abundantes lluvias que caen; la consecuencia de esto es que el agua no se empantana ni forma barro en la superficie, y gracias a eso el cultivo se facilita enormemente.

La alica se prepara a partir del grano llamado zea, que nosotros conocemos como trigo "de semilla". El grano se limpia en un mortero de madera, por temor a que la piedra, por su dureza, tenga el efecto de rallarlo. La fuerza motriz para levantar el mortero, como es sabido, la suministran los esclavos que trabajan encadenados, estando el extremo del mismo encerrado en una caja de hierro. Una vez eliminadas las cáscaras por este procedimiento, se rompe el grano puro en pedazos, empleándose los mismos instrumentos.

LAS PLANTAS LEGUMINOSAS – LA JUDÍA

Llegamos ahora a la historia de las leguminosas, entre las que hay que conceder el lugar de honor a la judía;[15] de hecho, se han hecho algunos intentos de utilizarla

---

14 Gachas.
15 La *Faba vullaris* de los naturalistas modernos. Se supone que procede de Persia.

Libro XVIII - Historia natural de la agricultura

para hacer pan. La harina de judías se llama "lomentum" y, como ocurre con la harina de todas las leguminosas, aumenta considerablemente el peso del pan cuando se mezcla con la harina. En la actualidad, las judías se venden para numerosos fines, y se emplean para alimentar al ganado, y al hombre en particular. También se mezclan, entre la mayoría de las naciones, con el trigo, y, más particularmente, el panicum,[16] ya sea entero o ligeramente roto. También en nuestros antiguos ceremoniales, el potaje de judías ocupa su lugar en los servicios religiosos de los dioses. Los frijoles se comen sobre todo junto con otros alimentos, pero generalmente se piensa que embotan los sentidos y provocan noches de insomnio acompañadas de sueños. De ahí que la judía haya sido condenada por Pitágoras; aunque, según algunos, la razón de esta denuncia era la creencia que tenía de que las almas de los muertos están encerradas en la judía; es por esta razón, también, que las judías se utilizan en los banquetes fúnebres de la Parentalia. Según Varro, es por una causa similar que el Flamen[17] se abstiene de comer judías; además, en la flor de la judía se encuentran ciertas letras de mal agüero.

Hay algunos usos religiosos peculiares relacionados con la judía. Es costumbre llevar a casa una judía de la cosecha a modo de auspicio, que, por esa circunstancia, tiene el nombre de "referiva". También en las ventas en subasta pública se considera afortunado incluir una judía en el lote de venta.

La judía es la primera leguminosa que se siembra, lo que se hace antes de la puesta de las Pléyades, para que pase el invierno en la tierra. Virgilio recomienda que se siembre en primavera, según el uso de las regiones de Italia cercanas al Padus; pero la mayoría de la gente prefiere la judía que se ha sembrado pronto a la que sólo tiene tres meses de crecimiento; porque, en el primer caso, tanto las vainas como el tallo ofrecen un forraje muy agradable para el ganado. Cuando está en flor, sobre todo, la judía necesita agua, pero después de la floración, necesita muy poca. Fertiliza la tierra en la que se ha sembrado tan bien como cualquier abono, de ahí que en los alrededores de Tesalia y Macedonia, tan pronto como empieza a florecer, levanten la tierra.

EL ALTRAMUZ

El altramuz es la siguiente entre las leguminosas más usadas, ya que sirve de alimento para el hombre en común con los cuadrúpedos con pezuñas. Para evitar que se salga de la vaina mientras se recoge y se pierda, el mejor plan es cosecharlo inmediatamente después de una lluvia. De todas las semillas que se siembran, no hay una de naturaleza más maravillosa que ésta, ni más favorecida por la tierra. En primer lugar, gira cada día con el sol y muestra la hora al agricultor, aunque el tiempo esté nublado y cubierto. Además, florece no menos de tres veces, y está tan apegada a la tierra que no necesita ser cubierta con ella; de hecho, es la única

---

16 Una variedad de mijo, el mijo italiano (N. del T.).

17 En la antigüedad romana, un sacerdote dedicado al servicio de una deidad particular. Originalmente había tres sacerdotes así llamados: el flamen Dialis, consagrado a Júpiter; el flamen Martialis, sagrado a Marte; y el flamen Quirinalis, que supervisaba los ritos de Quirinus o Rómulo (N. del T.).

semilla que no requiere que se remueva la tierra para sembrarla. Prospera sobre todo en suelos arenosos, secos e incluso con grava, y no requiere más cuidados en su cultivo. Se adhiere tanto a la tierra que, aunque se la deje en un terreno cubierto de zarzas, echará una raíz entre las hojas y el matorral y se las arreglará para llegar al suelo.

LAS ENFERMEDADES DE LOS CEREALES – LA AVENA

La característica principal de la enfermedad en el trigo es la avena.[18] También la cebada degenera en avena, hasta el punto de que la avena se ha convertido en un equivalente del maíz, pues los alemanes tienen la costumbre de sembrarla y no hacen sus gachas de otra cosa. Esta degeneración se debe, sobre todo, a la humedad del suelo y del clima; y una segunda causa es la debilidad de la semilla, resultado de haberla retenido demasiado tiempo en el suelo antes de hacer su aparición sobre él. Lo mismo ocurrirá si la semilla se descompone cuando se pone en el suelo. Sin embargo, esto puede saberse en el momento en que hace su aparición, por lo que es bastante evidente que el defecto se encuentra en la raíz. Hay también otra forma de enfermedad, que se parece mucho a la de la avena, y que sobreviene cuando el grano, ya desarrollado hasta su tamaño completo, pero no maduro, es golpeado por una ráfaga nociva, antes de que haya adquirido su cuerpo y fuerza apropiados; en este caso, la semilla se marchita en la espiga, por una especie de aborto, por así decirlo, y desaparece totalmente.

El viento es perjudicial para el trigo y la cebada, en tres períodos del año en particular: cuando están en flor, cuando la flor ha pasado, y justo cuando la semilla está empezando a madurar. En este último caso, el grano se consume, mientras que en los dos anteriores se impide su desarrollo. Los rayos de sol que salen de vez en cuando de entre las nubes son perjudiciales para el maíz. Los gusanos también se reproducen en las raíces, cuando las lluvias que siguen a la época de la siembra son sucedidas por un calor repentino, que encierra la humedad en el suelo. Los gusanos también aparecen en el grano, cuando la espiga fermenta por el calor que sigue a la lluvia. Hay también un pequeño escarabajo, conocido con el nombre de "cantharis",[19] que se come la hoja. Todos estos insectos mueren, sin embargo, tan pronto como les falla el alimento. El aceite, la brea y la grasa son perjudiciales para el grano, y hay que tener cuidado de que no entren en contacto con la semilla que se siembra. La lluvia sólo es beneficiosa para el grano mientras está en la hoja; es perjudicial para el trigo y la cebada mientras están en flor, pero no es perjudicial para las leguminosas, a excepción del garbanzo. Cuando el grano empieza a madurar, la lluvia es perjudicial, y en particular para la cebada. Hay una hierba blanca que crece en los campos, muy parecida al panicum en apariencia, pero fatal para el ganado. En cuanto a la cizaña, el tribulus, el cardo y la bardana, no puedo

---

18   Plinio toma prestada esta noción de Teofrasto, de que la avena es el trigo en estado enfermo. Singularmente, también fue adoptada por el erudito Buffon.

19   Algún insecto coleóptero, probablemente, ahora desconocido, y no la *Cantharis vesicatoria*, o "mosca española", como algunos han imaginado. Dioscórides y Ateneo afirman lo mismo que Plinio.

considerarlos, más que la zarza, entre las enfermedades que atacan a los cereales, sino más bien como otras tantas plagas infligidas a la tierra. El añublo, enfermedad resultante de las inclemencias del tiempo, que ataca por igual a la vid y al maíz, no es menos perjudicial. Ataca al maíz con mayor frecuencia en las localidades expuestas a las lluvias y en los valles que no tienen una corriente de aire adecuada; los lugares ventosos y elevados, en cambio, están totalmente exentos de él. Otro mal del maíz, es un excesivo crecimiento, cuando cae al suelo bajo el peso del grano. Un mal, sin embargo, al que están expuestos todos los cultivos en común, incluso el garbanzo, es el ataque de la oruga, cuando la lluvia, al lavar la salinidad natural de la vegetación, la hace aún más tentadora por su dulzura.

DIFERENTES SISTEMAS DE CULTIVO EMPLEADOS POR VARIAS NACIONES

Como ya hemos hablado con suficiente extensión de las diversas variedades de los granos y de los suelos, procederemos a tratar de los métodos adoptados para cultivar la tierra, teniendo cuidado, en primer lugar, de mencionar las facilidades peculiares de que goza Egipto a este respecto. En ese país, cumpliendo los deberes del agricultor, el Nilo comienza a desbordarse, como ya se ha dicho, inmediatamente después del solsticio de verano o de la Luna nueva, gradualmente al principio, pero después con mayor impetuosidad, mientras el Sol permanece en el signo de Leo, Cuando el Sol ha pasado a Virgo, la impetuosidad del desbordamiento comienza a aflojar, y cuando ha entrado en Libra el río se calma. Si no ha superado los doce codos en su desbordamiento, la hambruna es el resultado seguro; y esto es igualmente el caso si por casualidad supera los dieciséis; porque cuanto más alto ha subido, más lentamente se reduce, y, por supuesto, el tiempo de siembra se ve impedido en proporción. Antiguamente era una creencia muy generalizada que, inmediatamente después de la bajada de las aguas, los egipcios acostumbraban a conducir manadas de cerdos sobre la tierra, con el fin de hundir la semilla en el suelo húmedo. Incluso en la actualidad, la operación no conlleva mucho más trabajo. Sin embargo, es bien sabido que la semilla se deposita primero sobre el limo que ha dejado el río en su hundimiento, y luego se labra; esto se hace a principios de noviembre. Una vez hecho esto, unas pocas personas se dedican a la tarea de desbrozar, operación que allí se conoce como "botanismos". El resto de los trabajadores, sin embargo, no tienen ocasión de volver a visitar la tierra hasta un poco antes de las calendas de abril, y entonces es con el gancho de segar. La cosecha se completa en el mes de mayo. El tallo nunca tiene más de un codo de longitud, ya que bajo el limo hay un estrato de arena, del que sólo el grano recibe su apoyo. El mejor trigo de todos es el de la región de Tebaida, siendo Egipto de carácter pantanoso.

El método adoptado en Seleucia, en Babilonia, es muy similar a éste, pero la fertilidad allí es aún mayor, debido al desbordamiento del Éufrates y del Tigris, ya que el grado de irrigación se modifica artificialmente en esas partes. En Siria, también, los surcos se hacen extremadamente ligeros, mientras que en muchas regiones de Italia, de nuevo, se necesitan hasta el esfuerzo de ocho bueyes para trabajar con un solo arado. Todas las operaciones de la agricultura, pero ésta en particular, deben ser reguladas por el precepto oracular: "Recuerda que cada localidad tiene sus propias tendencias".

DISPOSICIÓN DE LOS ASTROS SEGÚN LOS DÍAS Y LAS NOCHES TERRESTRES

En primer lugar, es casi una imposibilidad total calcular con bastante exactitud los días del año y los movimientos del Sol. A los trescientos sesenta y cinco días hay que añadir aún los días intercalares, resultado de los cuartos de día y de noche adicionales; de ahí que resulte imposible determinar con exactitud los períodos adecuados para la aparición de las estrellas. A esto hay que añadir, además, un cierto grado de incertidumbre relacionado con estos asuntos, que es universalmente admitido; así, por ejemplo, el tiempo malo e invernal a menudo precede, por varios días, al período apropiado para la llegada de esa estación, un estado de cosas conocido por los griegos como προχειμάζειν;[20] mientras en otra ocasión, durará más de lo usual, un estado a circunstancia conocido como ἐπιχειμάζειν.[21] Asimismo, los efectos de los cambios que se producen en las estaciones se sentirán a veces más tarde, y otras veces más temprano, al llegar a la faz de la tierra; y no pocas veces oímos la observación, al volver el buen tiempo, de que la acción de tal o cual constelación se ha completado. Y además, como todos estos fenómenos dependen de ciertas estrellas, dispuestas y reguladas en la bóveda celeste, encontramos interviniendo, de acuerdo con los movimientos de ciertas estrellas, tormentas de granizo y lluvias, en sí mismas productivas de no pocos resultados, y aptas para interferir con la anticipada recurrencia regular de las estaciones. No debemos suponer que estos desengaños recaen solamente sobre la raza humana, pues otros seres animados, así como nosotros, son engañados con respecto a ellos, aunque estén dotados de un grado de sagacidad aún mayor que nosotros sobre estos puntos, por el hecho de que su propia existencia depende tan materialmente de ellos. De ahí que a veces veamos morir a los pájaros de verano por un frío demasiado tardío o demasiado temprano, y a los de invierno por un calor fuera de la estación habitual. Es por esta razón que Virgilio nos ha recomendado estudiar los cursos de los planetas, y nos ha advertido particularmente que vigilemos el paso de la fría estrella Saturno.

Ha habido tres grandes escuelas de astronomía, la caldea, la egipcia y la griega. A éstas se ha añadido una cuarta escuela, que fue establecida por el dictador César entre nosotros, y a la que se le confió el deber de regular el año de conformidad con la revolución del Sol, bajo los auspicios de Sosígenes, un astrónomo de considerable conocimiento y habilidad. Su teoría –al descubrirse ciertos errores–, ha sido corregida desde entonces, no habiéndose hecho intercalaciones durante doce años sucesivos, al descubrirse que el año que antes se había adelantado a las constelaciones, empezaba a retrasarse.

LAS ÉPOCAS DE LAS ESTACIONES

El año se divide en cuatro períodos o estaciones, cuya recurrencia se indica por el aumento o la disminución de la luz del día. Inmediatamente después del solsticio

---

20 "Un invierno temprano."
21 "Un largo invierno."

de invierno los días comienzan a alargarse, y en el momento del equinoccio de primavera, o en otras palabras, en noventa días y tres horas, el día es igual en longitud a la noche. Después de esto, durante noventa y cuatro días y doce horas, los días continúan aumentando y las noches disminuyendo en proporción, hasta el solsticio de verano; y a partir de ese punto los días, aunque se acortan gradualmente, siguen siendo más largos que las noches durante noventa y dos días y doce horas, hasta el equinoccio de otoño. En este periodo los días tienen la misma duración que las noches, y después continúan disminuyendo inversamente a la duración de las noches, hasta el solsticio de invierno, un periodo de ochenta y ocho días y tres horas. En todos estos cálculos, hay que recordar que se habla de horas equinocciales, y no de las que se miden arbitrariamente en referencia a la duración de un día en particular. Todas estas estaciones, además, comienzan en el octavo grado de los signos del Zodíaco. El solsticio de invierno comienza en el octavo grado de Capricornio, el octavo día antes de las calendas de enero, en general; el equinoccio de primavera en el octavo grado de Aries; el solsticio de verano, en el octavo grado de Cáncer; y el equinoccio de otoño en el octavo grado de Libra; y es raro que estos días no den, respectivamente, alguna indicación de un cambio en el tiempo.

Estas cuatro estaciones también se subdividen, cada una de ellas, en dos partes iguales. Así, por ejemplo, entre el solsticio de verano y el equinoccio de otoño, la puesta de la Lira, en el cuadragésimo sexto día, indica el comienzo del otoño; entre el equinoccio de otoño y el solsticio de invierno, la puesta de la mañana de las Pléyades, en el cuadragésimo cuarto día, denota el comienzo del invierno; entre el solsticio de invierno y el equinoccio de primavera, el predominio de los vientos del oeste en el cuadragésimo quinto día, denota el comienzo de la primavera; y entre el equinoccio de primavera y el solsticio de verano, la salida matinal de las Pléyades, en el cuadragésimo octavo día, anuncia el comienzo del verano. Aquí haremos del tiempo de la semilla, o en otras palabras, de la puesta matutina de las Pléyades, nuestro punto de partida; y no interrumpiremos el hilo de nuestra explicación haciendo ninguna mención de las constelaciones menores, ya que tal curso sólo aumentaría las dificultades existentes. Es más o menos en este período que la tormentosa constelación de Orión parte, después de haber atravesado una gran parte de los cielos.

CAUSAS DE ESTERILIDAD

Pero debemos tener siempre presente, más particularmente, que hay dos variedades de males que son infligidos a la tierra por los cielos. La primera variedad, conocida por nosotros bajo el nombre de "tempestades", comprende las tormentas de granizo, los huracanes y otras calamidades de naturaleza similar; cuando éstas tienen lugar en la Luna llena, se abaten sobre nosotros con una intensidad adicional. Estas tempestades se originan en ciertas constelaciones nocivas, como ya hemos dicho en varias ocasiones, Arcturus, por ejemplo, Orión y El Cabritillo.

Los otros males que se nos infligen de este modo, sobrevienen con un cielo brillante y claro, y en medio del silencio de la noche, sin que nadie sea sensible a ellos hasta que hayamos percibido sus efectos. Estas dispensaciones son universales y de un carácter totalmente diferente a las anteriormente mencionadas, y tienen varios nombres dados, a veces moho, a veces ráfaga, y a veces tizón del carbón; pero en todos los casos la esterilidad es el resultado infalible. Es de estas últimas de las que tenemos que hablar ahora, entrando en detalles que hasta ahora no han sido tratados por ningún escritor; y en primer lugar explicaremos sus causas.

Independientemente de la Luna, hay dos causas principales de estas calamidades, que emanan más particularmente de dos partes del cielo de extensión limitada. Por un lado, las Pléyades ejercen una influencia especial sobre nuestras cosechas, ya que con su salida comienza el verano, y con su puesta, el invierno; abarcando así, en el espacio de seis meses, la cosecha, la vendimia y la maduración de todas las producciones vegetales. Además de esto, hay una extensión circular en los cielos, bastante visible incluso para el ojo humano, conocida como la Vía Láctea. Son las emanaciones de ésta, que fluyen como del seno, las que suministran su nutriente lechoso a todas las ramas del mundo vegetal. Dos constelaciones marcan más particularmente este trazado circular, el Águila en el norte, y la Canícula en el sur. Este círculo atraviesa también Sagitario y Géminis, y pasando por el centro del Sol, corta la línea equinoccial por debajo, la constelación del Águila haciendo su aparición en el punto de intersección en un lado, y la Canícula en el otro. De ahí que las influencias de estas dos constelaciones se desarrollen sobre todas las tierras cultivadas; sólo en estos puntos el centro del Sol se hace corresponder con el de la tierra. Si, entonces, en los momentos de la salida y la puesta de estas constelaciones, el aire, suave y puro, transmite estas geniales y lechosas emanaciones a la tierra, las cosechas prosperarán y madurarán rápidamente; pero si, por otro lado, la Luna, vierte sus fríos rocíos, la amargura de los mismos se infunde en estas lechosas secreciones, y así mata la vegetación en su nacimiento. La medida del daño infligido a la tierra depende, en cada clima, de la combinación de una u otra de estas causas; y de ahí que no se sienta con igual intensidad en toda la tierra, ni siquiera precisamente en el mismo momento.

La vida que llevaban los antiguos era ruda e iletrada; sin embargo, como se verá fácilmente, las observaciones que hacían no eran menos notables por su ingenio que las teorías actuales. Con ellos había tres períodos establecidos para recoger los productos de la tierra, y fue en honor a estos períodos que instituyeron los días festivos, conocidos como Robigalia, Floralia y Vinalia. Las Robigalia fueron establecidas por Numa en el cuadragésimo año de su reinado, y todavía se celebran el séptimo día antes de las calendas de mayo, ya que es en este periodo cuando el moho hace sus primeros ataques al maíz en crecimiento. Varro fija esta crisis en el momento en que el Sol entra en el décimo grado de Tauro, de acuerdo con las nociones que prevalecían en su época; pero la causa real es el hecho de que treinta y un días después del equinoccio de primavera, según las observaciones de varias naciones, la estrella de la Canícula se pone entre el séptimo y el cuarto antes de las calendas de mayo, una constelación nefasta en sí misma, y para apaciguar la cual debe sacrificarse primero un perro joven. El mismo pueblo, en el año 513 de la ciudad, instituyó la Floralia, un festival celebrado el día 4 antes de las calendas de mayo, de acuerdo con los mandatos oraculares de la Sibila, para asegurar una estación favorable para las flores. Varro fija este día como el momento en que el Sol entra en el decimocuarto grado de Tauro. Si se produce una Luna llena durante los cuatro días de este período, el resultado necesario será daño al maíz y a todas las plantas que están en flor. Las primeras Vinalia, que en la antigüedad se establecían el día nueve antes de las calendas de mayo, con el propósito de degustar los vinos, no tienen ningún significado en referencia a los frutos de la tierra, como tampoco lo tienen los festivales ya mencionados en referencia a la vid y el olivo; la brotadura de estos últimos no comienza, de hecho, hasta la salida de las Pléyades, el día seis antes de los idus de mayo. Este es otro período de cuatro días, que nunca debe ser manchado por la lluvia, ya que la fría constelación de Arcturus, que se pone al día siguiente, seguramente dañará la vegetación; y menos aún debe haber Luna llena en este período.

El día 4 antes de los nones de junio, el Águila vuelve a salir por la tarde, un día crítico para los olivos y las vides en flor, si hay Luna llena. Por mi parte, soy de la opinión de que el octavo día antes de las calendas de julio, el día del solsticio de verano, debe ser un día crítico, por una razón similar; y que la salida de la Canícula, veintitrés días después del solsticio de verano, debe serlo también, en caso de que la Luna esté entonces en conjunción; porque el calor excesivo produce efectos perjudiciales, y la uva se vuelve prematuramente madura, arrugada y dura. De nuevo, si hay un mediodía lleno el día 4 antes de los nones de julio, cuando la Canícula sale para la gente de Egipto, o al menos el día 16 antes de las calendas de agosto, cuando sale en Italia, es productivo de resultados perjudiciales. Lo mismo ocurre, también, desde el decimotercer día antes de las calendas de agosto, cuando el Águila se pone, hasta el décimo antes de las calendas de ese mes. Las segundas Vinalia, que se celebran el día catorce antes de las calendas de septiembre, no hacen referencia a estas influencias. Varro las fija en el período en el que la Lira comienza su puesta de Sol por la mañana, y dice que esto indica el comienzo del otoño, ya que el día ha sido reservado con el fin de propiciar el clima; en la actualidad, sin embargo, se observa que la Lira se pone en el sexto día antes de los idus de agosto.

Dentro de estos períodos se ejercen las influencias esterilizadoras de los cielos, aunque estoy lejos de negar que pueden ser modificadas considerablemente por la naturaleza de la localidad según sea fría o caliente. Sin embargo, me basta con haber demostrado la teoría; las modificaciones de sus resultados dependen, en gran medida, de una observación atenta. Está fuera de toda duda también, que una de estas dos causas será siempre productiva de sus propios efectos peculiares, la Luna llena, quiero decir, o bien la conjunción de la Luna.

REMEDIOS CONTRA ESTAS INFLUENCIAS NOCIVAS

Cuando tengas motivos para temer estas influencias, haz hogueras en los campos y viñedos con los residuos de los granos o montones de paja, o bien con las malas hierbas que hayan sido desarraigadas; el humo actuará como un buen conservante. El humo de la paja quemada será también una protección eficaz contra los efectos de las nieblas, cuando éstas puedan ser perjudiciales. Algunas personas recomiendan que se quemen tres cangrejos vivos entre los árboles en los que se encuentran las vides, para evitar que éstas sean atacadas por el tizón del carbón; mientras que otros dicen que la carne del siluro debe quemarse a fuego lento, de tal manera que el humo pueda ser dispersado por el viento en toda la viña.

Varrón nos informa de que si a la puesta de la Lira, durante el comienzo del otoño, se consagra una uva pintada en medio de la viña, el mal tiempo no producirá resultados tan desastrosos como lo haría en caso contrario. Arquibio ha declarado, en una carta a Antíoco, rey de Siria, que si se entierra una rana de los arbustos en una vasija de tierra nueva, en medio de un campo de maíz, no habrá tormentas que causen daños.

LA COSECHA

El modo de obtener la cosecha varía considerablemente. En los vastos dominios de las provincias de la Galia, un gran armazón hueco, armado con dientes y apoyado sobre dos ruedas, es conducido a través del maíz crecido, estando las bestias uncidas detrás de él; el resultado es que las espigas son arrancadas y caen dentro del armazón. En otros países, los tallos se cortan con la hoz en el centro y las mazorcas se separan con la ayuda de horquillas. En algunos lugares, además, el maíz se arranca de raíz; y los que adoptan este plan afirman que es tan bueno como un ligero volteo para el suelo, mientras que, en realidad, lo privan de sus jugos. También hay diferencias en otros aspectos; en los lugares en los que se cubren las casas con paja, se guardan los haces más largos para ese fin, y donde el heno es escaso, se emplea la paja como cama. La paja del panicum no se utiliza nunca para cubrir las casas, y la del mijo se quema en la mayoría de los casos; la paja de la cebada, sin embargo, se conserva siempre, por ser la más agradable de todas como alimento para los bueyes. En las provincias galas, el panicum y el mijo se recogen, espiga por espiga, con la ayuda de un peine que se lleva en la mano.

En algunos lugares, el maíz se machaca con máquinas en la era, en otros con las patas de las yeguas y en otros con mayales. Cuanto más tarde se corte el trigo, más prolífico es; pero si se recoge pronto, el grano es más fino y fuerte. La mejor regla es cortarlo antes de que el grano se endurezca, y justo cuando está cambiando de color; aunque los oráculos de la agricultura dicen que es mejor empezar la cosecha dos días antes que dos días después. El trigo de invierno y el resto de los trigos deben tratarse exactamente igual tanto en la era como en el granero. La espelta, como es difícil de trillar, debe almacenarse con la barcia, desprendiéndose sólo la paja y la barba de la espiga.

LOS MÉTODOS DE ALMACENAMIENTO DEL MAÍZ

En relación con este aspecto de nuestro tema está el método de almacenar el maíz. Algunas personas recomiendan que se construyan graneros para este fin, con un gasto considerable, y que las paredes sean de ladrillo, con un grosor no inferior a tres pies; el maíz, dicen, debe dejarse entrar por arriba, excluyendo cuidadosamente el aire y sin permitir ventanas. Otros dicen que el granero no debe estar orientado más que hacia el noreste o el norte, y que las paredes deben construirse sin cal, ya que esta sustancia es muy perjudicial para el maíz. En algunos lugares construyen sus graneros de madera y sobre pilares, pensando que es el mejor plan para dejar acceso al aire por todos lados, e incluso desde abajo. Sin embargo, algunas personas piensan que el grano disminuye su volumen si se coloca en un suelo por encima del nivel de la tierra, y que puede fermentar bajo un techo de tejas. Muchas personas dicen también que el grano no debe ser nunca removido para airearlo, ya que no se sabe que el gorgojo penetre más allá de cuatro dedos de profundidad; en consecuencia, más allá de esa profundidad no hay peligro. Según Columella, el viento del oeste es beneficioso para el grano, cosa que me sorprende, ya que ese viento es generalmente muy abrasador. Algunas personas recomiendan que, antes de alojar el maíz, se cuelgue una rana arborícola por una de las patas traseras, en el umbral del granero. A mí me parece que la precaución más importante de todas es alojar el grano en el momento adecuado; porque si no está maduro cuando se corta, y no está suficientemente firme, o si se obtiene en un estado calentado, se deduce necesariamente que los insectos nocivos se reproducirán en él.

El garbanzo es el único grano en el que no se cría ningún insecto mientras está en el granero. Algunas personas colocan sobre los montones de granos de leguminosas cántaros llenos de vinagre y cubiertos de brea, colocando un estrato de cenizas debajo; y creen que si se hace esto, no ocurrirá ningún daño.

LAS REVOLUCIONES DE LA LUNA

Procederé ahora a añadir algunas informaciones necesarias relativas a la Luna, a los vientos y a ciertos signos y pronósticos, a fin de completar las observaciones que tengo que hacer con referencia al sistema sideral. Virgilio ha llegado incluso a asignar, a imitación de Demócrito, ciertas operaciones a determinados días de la Luna; pero mi único objeto será, como lo ha sido a lo largo de esta obra, encontrar aplicaciones útiles basadas en el conocimiento y la apreciación de los principios generales.

Todas las producciones vegetales se cortan, se recogen y se alojan con más provecho cuando la Luna está menguante que cuando está creciente. El estiércol no debe tocarse nunca más que cuando la Luna está en menguante; y la tierra debe abonarse más particularmente mientras la Luna está en conjunción, o bien en el primer cuarto. Cuida de castrar a tus verracos, toros, carneros y cabritos, mientras la Luna está en menguante. Pon los huevos debajo de la gallina en Luna nueva. Haz tus zanjas por la noche, cuando la Luna esté llena. Cubre las raíces de los árboles, mientras la Luna esté llena. Donde el suelo es húmedo, pon las semillas en la conjunción lunar, y durante los cuatro días alrededor de ese período. Generalmente se recomienda también airear el maíz y las leguminosas, y cosecharlas, hacia el final de la Luna; hacer semilleros cuando la Luna está por encima del horizonte; y pisar la uva, talar madera, y hacer muchas otras cosas que se han mencionado en sus respectivos lugares, cuando la Luna está por debajo del horizonte.

LA TEORÍA DE LOS VIENTOS

La teoría de los vientos[22] es de naturaleza algo más intrincada. Después de observar el cuadrante en el que sale el Sol en un día cualquiera, a la sexta hora del día toma tu posición de tal manera que tengas el punto de salida del Sol a tu izquierda; entonces tendrás el sur directamente frente a ti, y el norte a tu espalda; una línea trazada a través de un campo en esta dirección se llama línea "cardinal". El observador debe entonces darse la vuelta para ver su sombra, ya que estará detrás de él. Habiendo cambiado así su posición, para llevar el punto de la salida del Sol en ese día a la derecha, y el de su puesta a la izquierda, será la sexta hora del día, en el momento en que la sombra recta ante él es la más corta. A través de la mitad de esta sombra, tomada longitudinalmente, debe trazarse un surco en la tierra con una azada, o bien una línea trazada con cenizas, de unos veinte pies de longitud, digamos; en la mitad de esta línea, o, en otras palabras, en el décimo pie de ella, debe describirse entonces un pequeño círculo; a este círculo podemos darle el nombre de "ombligo". Ese punto de la línea que se encuentra en el lado de la cabeza de la sombra será el punto desde el que sopla el viento del norte. Vosotros que os dedicáis a la poda de los árboles, tened cuidado de que las incisiones hechas en la madera no estén orientadas hacia este punto; tampoco los viñedos o las vides deben tener este aspecto, excepto en los climas de África, Cyrenæ o Egipto. Cuando el viento sopla también desde este punto, no se debe arar nunca, ni intentar ninguna otra de las operaciones que tendremos que mencionar.

La parte de la línea que se encuentra entre el ombligo y los pies de la sombra mirará hacia el sur, e indicará el punto desde el que sopla el viento del sur, al que, como ya se ha dicho, los griegos han dado el nombre de Notus. Cuando el viento viene de este cuadrante, tú, agricultor, no debes nunca derribar madera ni tocar la vid. En Italia este viento es húmedo o bien de un calor abrasador, y en África va acompañado de un calor intenso y de un tiempo claro y agradable. En Italia, los sarmientos deben estar orientados hacia esta parte, pero las incisiones que se hacen en los árboles o en las vides cuando se podan nunca deben estar orientadas hacia ella. Que se pongan en guardia contra este viento en los cuatro días de la subida de las Pléyades, quienes se dedican a plantar el olivo, así como quienes se ocupan de las operaciones de injerto o inoculación.

También será conveniente dar aquí algunos consejos, en referencia al clima de Italia, sobre ciertas precauciones que deben observarse en determinadas horas del día. Tú, leñador, no debes cortar nunca las ramas en las horas centrales del día; y tú, pastor, cuando veas que se acerca el mediodía en verano, y que la sombra disminuye gradualmente, conduce tus rebaños fuera del Sol a algún lugar bien sombreado. Cuando lleves a los rebaños a pastar en verano, haz que miren hacia el oeste antes del mediodía, y después de esa hora, hacia el este; si no se adopta esta precaución, se producirán resultados calamitosos; lo mismo, también, si los rebaños son llevados en invierno o en primavera a pastos cubiertos de rocío. Tampoco hay que

---

22 Muchas de las afirmaciones de Plinio están tomadas del Tratado de Aristóteles, *De Mundo*.

LIBRO XVIII - HISTORIA NATURAL DE LA AGRICULTURA

dejar que se alimenten con la cara hacia el norte, como ya se ha dicho; porque el viento les cerrará los ojos o los dejará sin luz, y morirán de diarrea. Si deseas tener hembras, debes dejar que las hembras tengan la cara hacia el norte mientras son cubiertas.

PRONÓSTICOS METEOROLÓGICOS

Habiendo explicado ahora la teoría de los vientos, me parece el mejor plan, para evitar cualquier repetición, pasar a los otros signos y pronósticos que son indicativos de un cambio de tiempo. Me parece también que este es un tipo de conocimiento que interesaba mucho a Virgilio, pues menciona el hecho de que, incluso durante la cosecha, ha visto a menudo a los vientos entablar un combate que era absolutamente ruinoso para el agricultor improvidente.

En primer lugar, pues, consideraremos aquellos pronósticos del tiempo que se derivan del Sol. Si el Sol es brillante al salir, y no arde, es indicativo de buen tiempo, pero si es pálido, anuncia tiempo invernal acompañado de granizo. Si el Sol es brillante y claro cuando se pone, y si sale con una apariencia similar, podemos sentirnos más seguros del buen tiempo. Si está oculto por las nubes al salir, es un indicio de lluvia, y de viento, cuando las nubes son de color rojizo justo antes de la salida del Sol; si las nubes negras se entremezclan con las rojas, también anuncian lluvia. Cuando los rayos del Sol al salir o al ponerse parecen unirse, puede esperarse un tiempo lluvioso.

Si al salir, el Sol está rodeado de un círculo, se puede buscar viento en el cuadrante en el que se rompe el círculo; pero si desaparece igualmente en todo el lugar, es indicativo de buen tiempo. Si el Sol al salir lanza sus rayos a lo lejos a través de las nubes, y el centro de su disco está despejado, habrá lluvia; y si sus rayos se ven antes de salir, también lluvia y viento. Si se ve un círculo blanco alrededor del Sol en su puesta, habrá una ligera tormenta en la noche; pero si hay niebla alrededor, la tormenta será más violenta. Si el Sol es pálido al atardecer, habrá viento, y si hay un círculo oscuro alrededor de él, surgirán vientos fuertes en el cuadrante en el que se rompe el círculo.

PRONÓSTICOS DERIVADOS DE LA LUNA

Los pronósticos derivados de la Luna, afirman su derecho a ocupar nuestra atención en segundo lugar. En Egipto, se presta atención, más particularmente, al cuarto día de la Luna. Si, cuando la Luna sale, brilla con una luz pura y brillante, se supone generalmente que tendremos buen tiempo; pero si es roja, habrá viento, y si es de un tono oscuro, lluvia. Si en el quinto día de la Luna sus cuernos son obtusos, son siempre indicativos de lluvia, pero si son agudos y erectos, de viento, y esto en el cuarto día de la Luna más particularmente. Si su cuerno septentrional es puntiagudo y erguido, presagia viento; y si es el cuerno inferior el que presenta esta apariencia, el viento será del sur; si ambos están erguidos, habrá vientos fuertes en la noche. Si en el cuarto día de la Luna está rodeada por un círculo rojo, es presagio de viento y lluvia.

En Varro encontramos lo siguiente: "Si, en el cuarto día de la Luna, sus cuernos están erguidos, habrá grandes tormentas en el mar, a menos que, en efecto, tenga un círculo alrededor de ella, y ese círculo sin mancha; porque por ese signo se nos informa que no habrá tiempo tormentoso antes de la Luna llena. Si, en la Luna llena, una mitad de su disco es clara, es indicativo de buen tiempo, pero si es roja, de viento, y si es negra, de lluvia. Si sobre la faz de la Luna se cierne una oscuridad, cubierta de nubes, en cualquier cuarto que rompa, de ese cuarto puede esperarse viento. Si un círculo doble rodea a la Luna, la tormenta será más violenta, y aún más, si hay tres círculos, o si son negros, rotos y desunidos. Si la Luna nueva en su salida tiene el cuerno superior oscurecido, habrá un predominio de tiempo lluvioso, cuando esté en menguante; pero si es el cuerno inferior el que está oscurecido, habrá lluvia antes de la Luna llena; si, de nuevo, la Luna está oscurecida en la mitad de su disco, habrá lluvia cuando esté llena. Si la Luna, cuando está llena, tiene un círculo a su alrededor, indica viento del cuarto del círculo que es el más brillante; pero si en su salida los cuernos son obtusos, son presagio de una espantosa tempestad. Si, cuando prevalece el viento del oeste, la Luna no hace su aparición antes de su cuarto día, habrá un predominio de tiempo tormentoso durante todo el mes. Si el decimosexto día la Luna tiene un aspecto brillante y llameante, es un presagio de violentas tempestades".

PRONÓSTICOS DERIVADOS DE LAS ESTRELLAS

En el tercer rango deben colocarse los pronósticos derivados de las estrellas. A veces se ve estos cuerpos lanzados de un lado a otro; cuando esto ocurre, inmediatamente se producen vientos en la parte del cielo en la que se ha producido el presagio. Cuando los cielos son igualmente brillantes en toda su extensión, en los períodos anteriormente mencionados, el otoño que sigue será bueno y fresco. Si la primavera y el verano no han pasado sin algo de lluvia, el otoño será bueno y estable, y habrá poco viento; cuando el otoño es bueno, el invierno será ventoso. Cuando el brillo de las estrellas se oscurece repentinamente, aunque sin nubes ni niebla, se pueden esperar violentas tempestades. Si se ven numerosas estrellas que salen disparadas, dejando un rastro blanco detrás de ellas, presagian viento de esa parte. Si se suceden rápidamente desde el mismo sector, el viento soplará de forma constante, pero si procede de distintos sectores del cielo, el viento cambiará en ráfagas y borrascas repentinas. Si se ven círculos alrededor de alguno de los planetas, habrá lluvia. En la constelación de Cáncer se ven dos pequeñas estrellas, llamadas Aselli, estando el pequeño espacio que se encuentra entre ellas ocupado por una apariencia nubosa, que se conoce como el Pesebre; cuando esta nube no es visible en un cielo claro, es un presagio de una violenta tormenta. Si una niebla oculta a nuestra vista la estrella que se encuentra al noreste, habrá fuertes vientos del sur; pero si es la estrella que se encuentra al sur la que está oscurecida, entonces el viento será del noreste. El arco iris, cuando es doble, indica la proximidad de la lluvia; pero si se ve después de la lluvia, da una promesa, aunque de ninguna manera segura, de buen tiempo. Las nubes circulares que rodean a algunas estrellas son indicativas de lluvia.

PRONÓSTICOS DERIVADOS DEL TRUENO

Cuando, en verano, hay más truenos que relámpagos, se puede esperar viento de esa parte; pero si, por el contrario, no hay tantos truenos como relámpagos, habrá una caída de lluvia. Cuando se aclare en un cielo despejado, habrá lluvia, y si también hay truenos, tiempo tormentoso; pero si se aclara desde las cuatro partes del cielo, habrá una terrible tempestad. Cuando se ilumina sólo por el noreste, presagia lluvia para el día siguiente; pero cuando lo hace por el norte, se puede esperar viento de esa parte. Cuando se aclare en una noche clara desde el sur, el oeste o el noroeste, habrá viento y lluvia desde esos lugares. Los truenos de la mañana son indicativos de viento, y a mediodía de lluvia.

PRONÓSTICOS DERIVADOS DE LAS NUBES

Cuando se ven nubes en movimiento en un cielo despejado, se puede esperar viento en el cuadrante del que proceden; pero si se acumulan en un punto, al acercarse al Sol se dispersarán. Si las nubes se dispersan por un viento del noreste, es un presagio de vientos fuertes, pero si por un viento del sur, de lluvia. Si al atardecer las nubes cubren los cielos a ambos lados del Sol, son indicio de tempestad; si son negras y bajan por el este, amenazan lluvia en la noche, pero si por el oeste, será el próximo día. Si las nubes se extienden en gran número desde el este, como vellones de lana en apariencia, indican una continuación de la lluvia durante los tres días siguientes. Cuando las nubes se asientan en las cumbres de las montañas, habrá tiempo tormentoso; pero si las nubes se despejan, habrá buen tiempo. Cuando las nubes son blancas y descienden, una tormenta de granizo, generalmente conocida como tempestad "blanca", está cerca. Una nube aislada, por pequeña que sea, aunque se vea en un cielo despejado, anuncia viento y tormenta.

PRONÓSTICOS DERIVADOS DE LOS ANIMALES ACUÁTICOS Y LAS AVES

Los animales también nos proporcionan ciertos presagios; los delfines, por ejemplo, que se divierten en un mar en calma, anuncian el viento en el cuadrante por el que hacen su aparición. Cuando levantan el agua en un mar agitado, anuncian la llegada de la calma. El loligo,[23] saltando fuera del agua, los mariscos adhiriéndose a varios objetos, los erizos de mar sujetándose con sus espinas a la arena, o bien escarbando en ella, son otras tantas indicaciones de tiempo tormentoso; lo mismo, también, cuando las ranas croan más de lo habitual, o las fochas graznan por la mañana. También los colimbos y los patos, cuando se limpian las plumas con el pico, anuncian vientos fuertes; lo mismo ocurre cuando las aves acuáticas se unen en bandos, las grullas se dirigen al interior, y los colimbos y los majuelos abandonan el mar o las calas. Las grullas, cuando vuelan en silencio, anuncian buen tiempo, y lo mismo hace el mochuelo, cuando chilla durante un chaparrón; pero si se oye con buen tiempo, presagia una tormenta. También los cuervos, cuando graznan con una especie de gorjeo y agitan sus plumas, avisan de la proximidad del viento, si su nota es continua; pero si, por el contrario, es sofocada, y sólo se oye a intervalos interrumpidos, podemos esperar lluvia, acompañada de fuertes

---

23 El calamar europeo o calamar común, *Loligo vulgaris*.

vientos. Las grajillas, cuando regresan tarde de alimentarse, avisan del tiempo tormentoso, y lo mismo ocurre con los pájaros blancos, cuando se unen en bandadas, y con los pájaros terrestres, cuando descienden con gritos al agua y se rocían con agua, el cuervo más particularmente. La golondrina, también, cuando roza la superficie del agua, tan cerca como para rizarla de vez en cuando con sus alas, y los pájaros que habitan en los árboles, cuando se esconden en sus nidos, ofrecen indicaciones similares; los gansos, también, cuando establecen un continuo cacareo, en un momento inusual, y la garza, cuando se queda abatida en medio de las arenas.

Libro XIX
La naturaleza y el cultivo del lino, y una descripción de varias plantas de jardín

Ahora hemos impartido un conocimiento de las constelaciones y las estaciones, con un método sencillo, incluso para el más ignorante, y libre de toda duda; de hecho, para aquellos que entienden estos asuntos correctamente, la faz de la tierra contribuye en un grado no menor a una debida apreciación de los fenómenos celestes, que la ciencia de la astronomía a nuestra mejora en las artes de la agricultura.

Para comenzar, pues, con una producción cuya utilidad es universalmente reconocida, y que se emplea no sólo en tierra firme, sino también en los mares, dirigiremos nuestra atención al lino, una planta que se reproduce a partir de la semilla, pero que no puede ser clasificada entre los cereales ni tampoco entre las plantas de jardín. ¿En qué departamento de la vida activa no se emplea el lino, y en qué producción de la tierra se nos revelan mayores maravillas que en ella?

CÓMO SE SIEMBRA EL LINO; SUS VARIEDADES

El lino se siembra sobre todo en suelos arenosos, y después ararlos una sola vez. No hay planta que crezca más rápidamente que ésta; sembrada en primavera, es arrancada en verano, y por esta razón también, le produce un daño considerable al suelo.

Pero es la provincia de la España más cercana la que produce un lino de mayor brillo, ventaja que debe a las aguas de un arroyo que baña la ciudad de Tarraco.[1] La finura, también, de este lino es bastante maravillosa, y aquí es donde las primeras fábricas de batista[2] fueron establecidas. Desde la misma provincia de España, el

---

1   Ahora Tarragona.
2   "Carbasus". Este era probablemente el nombre español para el lino fino, y de ahí vino a significar la batista, o tejidos de lino fino hechos con él. Sin embargo, parece que posteriormente

lino de Zoëla ha sido introducido en Italia en los últimos años, y se ha encontrado extremadamente útil para la fabricación de redes de caza. Zoëla es una ciudad de Galicia, en las cercanías del Océano. El lino de Cumæ, en Campania, también tiene sus propios méritos en la fabricación de redes para la pesca y la caza; también se emplea para hacer redes de caza. De hecho, es a partir del lino que se preparan diversas texturas. Es con redes hechas de lino de Cumæ que se capturan jabalíes, siendo las mallas a prueba de sus cerdas, e igualmente resisten el filo del cuchillo.

El lino de Egipto, aunque es el menos fuerte de todos los tejidos, es el que produce los mayores beneficios. Existen cuatro variedades: la tanitica, la pelusica, la butica y la tentiritica. La parte superior de Egipto, en la vecindad de Arabia, produce un arbusto, conocido por algunos como "gossypium", pero por la mayoría de las personas como "xylon"; de ahí el nombre de "xylina", dado a los tejidos que se fabrican de él. El arbusto es pequeño, y da un fruto, de aspecto similar a una nuez con barba, y que contiene en su interior una sustancia sedosa, cuyo plumón se trenza en hilos. No se conoce ningún tejido que sea superior a los fabricados con este hilo, ni por su blancura, ni por su suavidad, ni por su confección; las vestimentas más estimadas que llevan los sacerdotes de Egipto están hechas de él. Hay un cuarto tipo de tejido, conocido con el nombre de "othoninum", que se hace con una especie de junco de pantano, empleando para ello sólo la panícula. En Asia también hay un hilo hecho de retama, que se emplea en la construcción de redes de pesca, siendo notablemente duradero; para prepararlo, el arbusto se remoja en agua durante diez días. También los etíopes y la gente de la India, preparan una clase de hilo de una fruta que se asemeja a nuestra manzana, de las calabazas que crecen en los árboles.

EL MODO DE PREPARAR EL LINO

En nuestra parte del mundo, la madurez del lino suele determinarse por dos signos: la hinchazón de la semilla y el color amarillento que adquiere. A continuación, se arranca por las raíces, formando pequeñas gavillas que apenas llenan la mano y se cuelgan para que se sequen al Sol. El primer día se cuelgan con las raíces hacia arriba, y durante los cinco días siguientes se colocan las cabezas de las gavillas, recostadas una contra otra, de manera que la semilla pueda caer en el centro. Una vez terminada la cosecha de trigo, los tallos de lino se sumergen en agua calentada al Sol y se someten a presión con un peso, pues no se conoce nada más ligero y flotante que esto. Cuando la capa exterior se desprende, es señal de que los tallos se han empapado lo suficiente; después se vuelven a girar con las cabezas hacia abajo y se dejan secar como antes al Sol; cuando están bien secos, se machacan con un mortero sobre una piedra.

La parte más cercana a la capa exterior se conoce con el nombre de "stuppa"; es un lino de calidad inferior, y se emplea sobre todo para hacer las mechas de las lámparas. Sin embargo, es necesario peinarla con púas de hierro hasta eliminar toda la piel exterior. La parte interior presenta numerosas variedades de lino, esti-

---

se extendió a todo tipo de tejidos de lino, ya que encontramos el nombre dado indistintamente a las prendas de lino, telas para velas y toldos para los teatros.

madas respectivamente en proporción a su blancura y a su suavidad. El hilado del lino se considera un empleo honorable incluso para los hombres; las cáscaras, o capas exteriores, se emplean para calentar hornos y estufas.

EL ESPARTO

El hecho es que el esparto no comenzó a emplearse hasta muchas épocas después de la época de Homero; de hecho, no antes de la primera guerra que los cartagineses libraron en España. También se trata de una planta que crece espontáneamente y que es incapaz de reproducirse por medio de la siembra, siendo una especie de junco, peculiar de un suelo seco y árido, una producción mórbida confinada a un solo país; pues en realidad es una maldición para el suelo, ya que no hay nada que pueda sembrarse o cultivarse en sus alrededores. Hay una especie de esparto que se cultiva en África, de naturaleza atrofiada y bastante inútil para todos los fines prácticos.

Cuando se recoge, se acomoda en gavillas y se coloca en montones durante un par de días, mientras conserva su vida y frescura; al tercer día se abren las gavillas y se extienden al Sol para que se sequen, después de lo cual se acomoda de nuevo en gavillas y se coloca bajo techo. A continuación, se pone en remojo en agua de mar, que es la mejor para este fin, aunque el agua dulce servirá en caso de que no se pueda conseguir agua marina; hecho esto, se vuelve a secar al Sol y se humedece de nuevo. Si se quiere utilizar inmediatamente, se pone en una tina y se empapa en agua caliente, después de lo cual se coloca en posición vertical para que se seque; se admite universalmente que éste es el método más expeditivo para prepararlo. Para que esté listo para su uso, hay que batirlo. Los artículos fabricados con él son a prueba, sobre todo, de la acción del agua dulce o del mar; pero en tierra firme se prefieren generalmente las cuerdas de cáñamo. De hecho, encontramos que el esparto recibe nutrientes incluso estando bajo el agua, a modo de compensación, por así decirlo, por la sed que ha tenido que soportar en su suelo nativo.

LAS TRUFAS

Como ya hemos empezado a tratar de las maravillas de la Naturaleza, procederemos a examinarlas en detalle; y entre ellas la más grande de todas, sin duda, es el hecho de que cualquier planta brote y crezca sin raíz. Tal es, por ejemplo, la producción vegetal conocida como trufa;[3] rodeada por todos lados de tierra, no está unida a ella por ninguna fibra, ni siquiera por un solo hilo, mientras que el lugar en el que crece, no presenta ni protuberancia ni hendidura a la vista. De hecho, no se encuentra adherida a la tierra, sino encerrada dentro de una capa exterior; tanto es así que, aunque no podemos afirmar exactamente que esté compuesta de tierra, debemos concluir que no es más que una concreción callosa de la tierra.

Las trufas crecen generalmente en suelos secos y arenosos, y en lugares densamente cubiertos de arbustos; su tamaño es a menudo mayor que el de un mem-

---

3   Las trufas forman parte de la familia de hongos *Tuberaceae*. Tienen una relación simbiótica micorrícica con los árboles, como el castaño, el nogal y, sobre todo, los del género del roble, como las encinas y los robles (N. del T.).

brillo, y pueden llegar a pesar hasta una libra. Hay dos clases de ellas, la una llena de arena, y por consiguiente perjudicial para los dientes, la otra libre de arena y de toda impureza.

Cuando ha habido lluvias en otoño, y frecuentes tormentas de truenos, se producen trufas, el trueno contribuye más particularmente a su desarrollo; no duran, sin embargo, más allá de un año; las que se recogen en primavera se consideran las más delicadas para comer.

LOS PLACERES DEL JARDÍN

Habiendo hecho mención de estas producciones, nos queda ahora volver al cultivo del jardín, un tema recomendado por sus propios méritos intrínsecos a nuestra atención; porque encontramos que en la remota antigüedad, incluso, no había nada visto con un mayor grado de admiración que los jardines de las Hespérides, los de los reyes Adonis y Alcinoüs, y los Jardines Colgantes. Los reyes de Roma cultivaban sus jardines con sus propias manos; de hecho, fue desde su jardín desde donde Tarquinio Superbo envió a su hijo aquel cruel y sanguinario mensaje suyo. En nuestras leyes de las Doce Tablas, no encontramos la palabra "villa", o "granja", mencionada en ninguna parte; es la palabra "hortus" la que se usa siempre con ese significado, mientras que el término "heredium" lo encontramos empleado para "jardín".

Hay ciertas impresiones religiosas, también, que se han unido a esta especie de propiedad, y encontramos que sólo es en el jardín y el Foro que las estatuas de sátiros son consagradas, como una protección contra los efectos malignos de los hechizos y la brujería; aunque en Plauto, encontramos que se dice que los jardines están bajo la tutela de Venus. En la actualidad, bajo el nombre general de jardines, tenemos terrenos de recreo situados en el mismo corazón de la ciudad, así como extensos campos y villas.

Epicuro, ese conocedor de los placeres de la vida fácil, fue el primero en diseñar un jardín en Atenas; hasta su época nunca se había pensado en habitar en el campo en medio de la ciudad. En Roma, en cambio, el jardín constituía por sí mismo el campo de los pobres, y de él se abastecían las clases bajas para su alimentación diaria.

Incluso en este departamento, por humilde que sea, estamos destinados a encontrar ciertas producciones que se niegan a la comunidad en general, y las mismas coles mimadas hasta tal punto que la mesa del pobre no es lo suficientemente grande para contenerlas.

DIFERENTES TIPOS DE PLANTAS QUE CRECEN EN LOS JARDINES

Los frutos de algunas plantas están en la tierra, los de otras tanto en la tierra como fuera de ella, y por último aquellos de otras, sólo fuera se encuentran fuera de la tierra. Algunos de ellos crecen en el suelo, como las calabazas y los pepinos, por ejemplo; los mismos productos crecen también en posición colgante, pero son mucho más pesados incluso entonces que cualquiera de los frutos que crecen en los árboles. El pepino, sin embargo, se compone de cartílago y una sustancia carnosa, mientras que la calabaza se compone de corteza y cartílago; esta última es la única producción vegetal cuya capa exterior se vuelve de naturaleza leñosa, cuando está madura. Los rábanos, los nabos y la colza se esconden en la tierra, al igual que la elecampana, las escaravías y las chirivías, aunque de manera diferente. También hay algunas plantas a las que daremos el nombre de "feruláceas", el anís y las malvas.

En la clase de plantas feruláceas debemos incluir también el cáñamo. También hay algunas plantas a las que debemos dar el nombre de "carnosas", como esas producciones esponjosas que se encuentran creciendo en los prados húmedos. En cuanto a los hongos, de carne dura y resistente, ya los hemos mencionado al hablar de la madera y de los árboles; y de las trufas, que constituyen otra variedad, sólo hemos dado una descripción muy recientemente.

HORTALIZAS DE NATURALEZA CARTILAGINOSA – LOS PEPINOS

El pepino pertenece a la clase de plantas cartilaginosas, y crece por encima del suelo. El emperador Tiberio lo apreciaba mucho y, de hecho, nunca le faltaba; pues tenía camas elevadas hechas con marcos sobre ruedas, por medio de las cuales los pepinos se movían y se exponían a todo el calor del Sol; mientras que, en invierno, se retiraban y se colocaban bajo la protección de marcos acristalados con piedra de espejo. Los antiguos escritores griegos también afirman que el pepino debe propagarse a partir de semillas que han sido remojadas un par de días en leche y miel, ya que este método tiene el efecto de hacerlos más dulces al gusto. En Italia los pepinos son verdes y muy pequeños, mientras que los que se cultivan en algunas provincias son notablemente grandes y del color de la cera o negro.

LAS CALABAZAS

Las calabazas se asemejan al pepino en su naturaleza, al menos en su forma de crecimiento; también manifiestan una aversión igual al invierno, mientras que requieren un riego y un abono constantes. Tanto los pepinos como las calabazas se siembran en agujeros de un pie y medio de profundidad, entre el equinoccio de primavera y el solsticio de verano, en la época de la Parilia más particularmente. Sin embargo, algunas personas piensan que es mejor sembrar las calabazas después de las calendas de marzo, y los pepinos después de los nones, y en la época de la Quinquatria. El pepino y la calabaza trepan hacia arriba de manera muy similar, sus brotes se arrastran a lo largo de la superficie áspera de las paredes, incluso hasta el mismo techo, tan grande es su afición por los lugares elevados.

La calabaza admite usos más numerosos que el pepino; su tallo se utiliza como artículo de alimentación cuando es joven, pero en un período posterior cambia su naturaleza, y sus cualidades se vuelven totalmente diferentes; últimamente, las calabazas han llegado a utilizarse en los baños para jarras y cántaros, pero durante este largo tiempo pasado se han empleado como barriles para guardar el vino.

LOS RÁBANOS

Los rábanos se componen de una capa exterior y de una sustancia cartilaginosa, y en muchos casos la corteza resulta más gruesa que la de algunos árboles. Esta planta destaca por su acritud, que aumenta en proporción al grosor de la corteza;

en algunos casos, además, su superficie adquiere un carácter leñoso. Los rábanos son flatulentos en un grado notable, y producen eructos; de ahí que se consideren un alimento sólo apto para las personas de baja cuna, y esto más aún si se comen coles directamente después de ellos. Si, por el contrario, se comen con aceitunas verdes, las eructaciones producidas no son tan frecuentes y son menos ofensivas. En Egipto, el rábano es muy apreciado por la abundancia de aceite que se extrae de la semilla. De hecho, los habitantes de ese país siembran esta planta con preferencia a cualquier otra, siempre que tienen la oportunidad, ya que los beneficios derivados de ella son mayores que los obtenidos del cultivo del maíz, y los impuestos que se le aplican son considerablemente menores; no se conoce ningún cereal que produzca una mayor cantidad de aceite.

El rábano requiere ser sembrado en un suelo suelto y húmedo, tiene una gran aversión al estiércol, y se contenta con un aderezo únicamente de paja; le gusta tanto el frío, que en Alemania se sabe que crece tanto como un bebé en tamaño. Para la cosecha de primavera, se siembra inmediatamente después de los idus de febrero; y luego otra vez alrededor de la época de la Vulcanalia, esta última cosecha se considera la mejor; muchas personas, sin embargo, siembran rábanos en marzo, abril y septiembre.

Los médicos recomiendan comer los rábanos crudos en ayunas, con sal, con el fin de recoger los humores crudos de las vísceras; y de esta manera los preparan para la acción de los eméticos. Se dice también que los jugos de esta planta son absolutamente necesarios para la curación de ciertas enfermedades del diafragma; pues se ha comprobado mediante experimentos, en Egipto, que la sarna que se adhiere a las partes internas del corazón, no puede ser erradicada por ningún otro remedio, habiendo ordenado los reyes de ese país que se abran y examinen los cuerpos de los muertos, con el fin de investigar ciertas enfermedades.

LAS CHIRIVÍAS

Las otras clases que han sido clasificadas por nosotros entre las plantas cartilaginosas, son de naturaleza más leñosa; y es una cosa singular, que tienen, todas ellas, un sabor fuerte. Entre ellas, hay una especie de chirivía silvestre que crece espontáneamente; que es conocida por los griegos como "staphylinos". Otra clase de chirivía se cultiva, ya sea a partir de la raíz trasplantada, bien a partir de la semilla, al principio de la primavera o en otoño; Hyginus dice que esto puede hacerse en febrero, agosto, septiembre y octubre, cavando el suelo a una profundidad muy considerable para ello. La chirivía empieza a ser apta para el consumo al final de un año, pero es aún mejor al final de dos; se considera más agradable de comer en otoño, y más aún si se cocina en la cacerola; incluso entonces, sin embargo, conserva su fuerte sabor acre, del que es imposible deshacerse.

El hibisco se diferencia de la chirivía por ser más delgado; se rechaza como alimento, pero se considera útil por sus propiedades medicinales. Existe también una cuarta especie, que tiene un grado similar de semejanza con la chirivía; nuestro pueblo la llama "gallica", mientras que los griegos, que han distinguido cuatro variedades de ella, le dan el nombre de "daucus". Ya tendremos ocasión de mencionarla entre las plantas medicinales.

LA CEBOLLA

Los ajos y las cebollas son invocados por los egipcios, como deidades, al prestar juramento. Los griegos tienen muchas variedades de cebolla, la sarda, la samotracia, la alsidenia, la setania,[4] la schistan y la ascaloniana,[5] llamada así por Ascalon, una ciudad de Judea. Todas ellas tienen un olor penetrante que hace llorar a los ojos, especialmente las de Chipre y de Cnidos. En todos ellas el cuerpo está compuesto por un cartílago de naturaleza untuosa. La variedad conocida como setania es la más pequeña de todas, a excepción de la cebolla toscana, pero es dulce al gusto. Las cebollas schistan y ascalonianas se utilizan para la conservación. La cebolla schistan se deja durante el invierno con las hojas; en primavera se despoja de ellas, sobre las que aparecen los brotes en las mismas divisiones que las hojas; a esta circunstancia debe su nombre esta variedad. Tomando nota de este hecho, se recomienda despojar a las otras clases de sus hojas, para obtener mejores bulbos, en lugar de usar semillas.

La cebolla ascaloniana tiene una naturaleza peculiar, siendo estéril en cierta medida en la raíz; por eso los griegos han recomendado que se reproduzca a partir de semillas, y no de raíces; el trasplante, también, dicen, debe hacerse más tarde en la primavera, en el momento en que la planta germina, el resultado es que emite bulbos con gran rapidez, se apresura, por así decirlo, para recuperar el tiempo perdido; sin embargo, se requiere gran prontitud en la recolección, ya que cuando está madura se pudre con la mayor rapidez. Si se propaga a partir de las raíces, arroja un largo tallo, genera semillas rápidamente, y muere.

Además de estas particularidades, se recomienda que el terreno destinado a la siembra de cebollas se remueva tres veces, teniendo cuidado de eliminar todas las raíces y las malas hierbas; diez libras de semilla es la proporción adecuada para un jugerum. También se recomienda mezclar la ajedrea con las cebollas, ya que éstas son más finas. En Italia, la cebolla ascalonia se siembra en el mes de febrero. La semilla de la cebolla se recoge cuando empieza a ponerse negra, y antes de que se seque y se arrugue.

EL AJO

Se supone que generalmente el ajo –especialmente en el campo–, es un buen específico para numerosas enfermedades. La capa externa está formada por membranas de notable finura, que siempre se desechan cuando se utiliza el vegetal; la parte interna está formada por la unión de varios dientes, cada uno de los cuales tiene también una capa propia. Su sabor es picante, y cuanto más numerosos son los dientes, más picante es. Al igual que la cebolla, desprende un olor desagradable en el aliento, pero no es así cuando se cocina. Las distintas especies de ajo se dis-

---

4 Nombre de un tipo de níspero (N. del T.).
5 Chalota (N. del T.).

tinguen por el tiempo de maduración; el más temprano es apto para el consumo en sesenta días. También se distinguen por el tamaño relativo de sus cabezas.

Para privar a todas estas plantas de su fuerte olor, se recomienda plantarlas cuando la Luna está por debajo del horizonte, y sacarlas cuando está en conjunción. Independientemente de estas precauciones, encontramos a Menandro, uno de los escritores griegos, recomendando a aquellos que han estado comiendo ajo, que coman inmediatamente después una raíz de remolacha asada sobre carbones calientes; si se hace esto, dice, el fuerte olor del ajo será efectivamente neutralizado.

Si se quiere que los ajos o las cebollas se conserven durante algún tiempo, hay que sumergir las cabezas en agua salada, tibia; de este modo, se conservarán mejor, aunque no sirvan para reproducirlo. Algunas personas se contentan con colgarlas sobre carbones encendidos, y opinan que esto es suficiente para evitar que broten; porque es un hecho bien conocido que tanto los ajos como las cebollas brotan cuando están fuera de la tierra, y que después de arrojar sus delgados brotes se marchitan hasta desaparecer.

LA NATURALEZA DE LAS DISTINTAS SEMILLAS

En la mayoría de las plantas la semilla es redonda, en algunas oblonga; en algunas es ancha y foliácea, como en el armuelle, mientras que en otras es estrecha y acanalada, como en el comino. También hay diferencias en el color de las semillas, que es negro o blanco; mientras que algunas semillas son leñosas y duras, en los rábanos, la mostaza y la colza, las semillas están encerradas en vainas. En el perejil, el cilantro, el anís, el hinojo y el comino, la semilla no tiene ninguna cubierta, mientras que en la remolacha, el armuelle y la albahaca, tiene una capa exterior, y en la lechuga está cubierta con un fino plumón. No hay semilla más prolífica que la de la albahaca, por lo que se recomienda sembrarla pronunciando maldiciones e imprecaciones, con lo que crece mejor; también se apisona la tierra cuando se siembra y se reza para que la semilla no salga nunca. Las semillas que están envueltas en una capa exterior se secan con mucha dificultad, sobre todo las de la albahaca; por eso todas estas semillas se secan artificialmente, lo que favorece enormemente su fructificación.

En general, las plantas crecen mejor cuando la semilla se siembra en montones que cuando se esparce a lo ancho; de hecho, los puerros y el perejil se cultivan generalmente sembrando la semilla en pequeños sacos; en el caso del perejil, también se hace un agujero con la semilla y se introduce una capa de estiércol.

Todas las plantas de jardín crecen a partir de semillas o de injertos, y algunas a partir de semillas y de brotes, como la ruda, la mejorana silvestre y la albahaca, por ejemplo; esta última suele cortarse cuando alcanza un palmo de altura. Algunas clases, además, se reproducen tanto de semilla como de raíz, como en el caso de las cebollas, el ajo y los bulbos, y aquellas otras plantas de las que, aunque son anuales, las raíces conservan su vitalidad.

LA LECHUGA

Los griegos han distinguido tres variedades de lechuga: la primera, con un tallo tan grande que, según se dice, se han fabricado con él pequeñas puertas de jardín;

la hoja de esta lechuga es algo mayor que la de la lechuga herbácea o verde, pero extremadamente estrecha, ya que el alimento parece gastarse en las otras partes de la planta. La segunda clase es la que tiene un tallo redondeado; y la tercera es la lechuga baja y achaparrada conocida generalmente como lechuga laconiana.

Algunas personas han hecho distinciones en referencia a sus respectivos colores, y a las épocas de siembra; la lechuga negra se siembra en el mes de enero, la blanca en marzo, y la roja en abril; y son aptas para el trasplante, todas ellas, al cabo de un par de meses.

LA REMOLACHA

La remolacha es la más suave de todas las plantas de jardín. Los griegos distinguen dos clases de remolacha, según el color, la negra y la blanca. La última, que es la preferida generalmente, tiene muy poca semilla, y se conoce generalmente como remolacha siciliana; al igual que la lechuga blanca es la que se tiene en mayor estima. Nuestra gente también distingue dos variedades de remolacha, la de primavera y la de otoño, llamadas así por las épocas de siembra; aunque a veces encontramos remolacha sembrada incluso en junio. También es una planta que a veces se trasplanta; y prospera mejor, como la lechuga, si las raíces están bien cubiertas de estiércol, en un suelo húmedo. La remolacha se come sobre todo con lentejas y judías; también se prepara de la misma manera que la col, sobre todo con mostaza, cuya acritud alivia su insipidez. Los médicos opinan que la remolacha es una hortaliza más insalubre que la col; de ahí que no recuerde haberla visto nunca servida en la mesa. De hecho, hay algunas personas que incluso tienen escrúpulos para probarla, por la convicción de que es un alimento adecuado sólo para personas de constitución robusta.

LAS COLES

El repollo y las coles, que en la actualidad son las más apreciadas de todas las verduras de jardín, gozaban de poca reputación, según creo, entre los griegos; pero Catón, en cambio, canta maravillosas alabanzas del repollo, cuyas propiedades medicinales ampliaremos debidamente cuando tratemos ese tema. Catón distingue tres variedades de col: la primera, una planta con hojas muy abiertas y un gran tallo; la segunda, con hojas crujientes, a la que da el nombre de "apiaca"; y la tercera, con un tallo fino y una hoja suave y tierna, que para él es la más peor de todas. Las coles pueden sembrarse durante todo el año, ya que se cortan en todos los periodos del año; sin embargo, el mejor momento para sembrarlas es el equinoccio de otoño, y suelen trasplantarse en cuanto se ven cinco hojas. En la primavera siguiente, tras el primer corte, la planta produce brotes, conocidos como "cymæ". Estos brotes, de hecho, son pequeños brotes lanzados desde el tallo principal, de una calidad más delicada y tierna que la propia col.

ESPÁRRAGOS SILVESTRES Y CULTIVADOS

De todas las plantas de jardín, el espárrago es la que requiere una atención más delicada en su cultivo. Ya hemos hablado extensamente de su origen, al tratar de las plantas silvestres, y hemos mencionado que Catón recomienda su cultivo en cañaverales. Hay otro tipo, de naturaleza más inculta que el espárrago de jardín, pero menos picante que el espárrago silvestre; crece en las montañas en diferentes países, y las llanuras de la Alta Alemania están bastante llenas de él, tanto, de hecho, que fue una observación de Tiberio César, que una hierba crece allí que tiene un notable parecido con el espárrago. El que crece espontáneamente en la isla de Nesis, frente a la costa de Campania, se considera con mucho el mejor de todos.

El espárrago de jardín se reproduce a partir de raíces, cuyas fibras son muy numerosas y penetran a una profundidad considerable. Cuando emite sus primeros brotes, son verdes; éstos, con el tiempo, se alargan hasta convertirse en tallos, que luego arrojan ramas estriadas desde la cabeza; los espárragos también admiten ser cultivados a partir de semillas.

LOS CARDOS

Los cardos se cultivan de dos maneras diferentes, a partir de plantas plantadas en otoño, y a partir de semillas sembradas antes de los nones de marzo; en este último caso se trasplantan antes de los idus de noviembre, o, cuando el lugar es frío, alrededor del momento en que prevalecen los vientos del oeste. A veces incluso se abonan, y si tal es la voluntad del cielo, crecen tanto mejor por ello. También se conservan en una mezcla de miel y vinagre, con la adición de raíz de laser[6] y comino, de modo que no puede pasar un día sin que tengamos cardos en la mesa.

LA RUDA

La ruda también se siembra generalmente mientras prevalecen los vientos del oeste, así como justo después del equinoccio de otoño. Esta planta tiene una aversión extrema al frío, a la humedad y al estiércol; le gustan los lugares secos y soleados, y un suelo más particularmente rico en arcilla de ladrillo; requiere ser alimentada, también, con cenizas, que deben ser mezcladas con la semilla también, como un conservante contra los ataques de las orugas. Los antiguos tenían a la ruda en especial estima, ya que el vino de honor aromatizado con ruda fue distribuido al pueblo, en su consulado, por Cornelio Cethegus, el colega de Quinto Flaminino, después de la clausura de la Comitia. Esta planta tiene una gran afición por la higuera, y sólo por ese árbol; de hecho, nunca prospera mejor que cuando crece bajo ese árbol.

EL PEREJIL

El perejil se siembra inmediatamente después del equinoccio de primavera, machacando ligeramente la semilla, primero en un mortero. Se cree que, haciendo esto, el perejil estará más crujiente, o bien teniendo cuidado de golpearlo con un rodillo o con los pies, cuando se siembra. Una peculiaridad de esta planta es que cambia de color; tiene el honor, en Acaya, de formar la corona de los vencedores en los concursos sagrados de los Juegos de Nemea.

---

6   Asafétida (N. del T.).

LA MENTA

También en esta época se trasplanta la menta; o, si aún no ha germinado, se utilizan para ello los mechones enmarañados de las viejas raíces. A esta planta también le gusta el suelo húmedo, como al perejil; es verde en verano y se vuelve amarilla en invierno. Hay una especie de menta silvestre, conocida por nosotros como "mentastrum"; se reproduce por acodos, como la vid, o bien plantando las ramas al revés. Fue la dulzura de su olor lo que hizo que esta planta cambiara de nombre entre los griegos, ya que su nombre anterior entre ellos era "mintha", del que los antiguos romanos derivaron su nombre; mientras que en los últimos tiempos, la han llamado ἡδύοσμον.[7] La menta que se utiliza en los platos de las fiestas rústicas impregna las mesas a lo largo y ancho con su agradable olor. Una vez plantada, dura un tiempo considerable; tiene, además, un gran parecido con el poleo, una de cuyas propiedades es, como hemos mencionado más de una vez, florecer cuando se guarda en nuestras despensas.

LA AMAPOLA

Hay ciertas plantas que se cultivan en compañía de otras, la amapola, por ejemplo, sembrada con coles y verdolagas, y la rúcula con lechuga. De la amapola cultivada hay tres clases, la primera es la amapola blanca, cuya semilla, tostada y mezclada con miel, solía servirse en el segundo plato en las mesas de los antiguos; en la actualidad, también la gente del campo la espolvorea en la corteza superior de su pan, haciendo que se adhiera por medio de la yema de los huevos, la corteza inferior se condimenta con perejil y abésoda para aumentar el sabor de la harina. La segunda clase es la amapola negra, de la que, al hacer una incisión en el tallo, se destila un jugo lechoso; y la tercera es la conocida por los griegos con el nombre de "rhœas"; y por nosotros como amapola silvestre. Esta última crece espontáneamente, pero en los campos, más particularmente, que han sido sembrados con cebada; tiene un fuerte parecido con la rúcula, crece hasta la altura de un codo, y lleva una flor roja, que se marchita rápidamente; es a esta flor a la que se debe su nombre griego. En cuanto a las otras clases de amapolas que brotan espontáneamente, tendremos ocasión de hablar de ellas al tratar de las plantas medicinales.

LAS ENFERMEDADES DE LAS PLANTAS DE JARDÍN

También las plantas de jardín, como el resto de las producciones vegetales, están sujetas a ciertas enfermedades. Así, por ejemplo, la albahaca, cuando es vieja, degenera en tomillo silvestre, mientras que la semilla de una col vieja produce colza, y viceversa. También el comino, si no se mantiene bien escardado, es asesinado por el hæmodorum,[8] una planta con un solo tallo, una raíz similar a un bulbo en apariencia, y que nunca se encuentra sino en un suelo delgado y escaso. Además de esto, el comino es susceptible de padecer una enfermedad peculiar propia, la sarna; también la albahaca palidece al levantarse la Canícula. Todas las plantas,

---

7 "De dulce olor".
8 O, según algunas lecturas, "limodorum", una planta parásita.

de hecho, se volverán de color amarillo cuando se acerque una mujer que tenga el flujo menstrual.

También hay varias clases de insectos que se reproducen en las plantas de jardín; las pulgas, por ejemplo, en los nabos, y las orugas y gusanos en los rábanos, así como en las lechugas y coles; además, las dos últimas están expuestas a los ataques de babosas y caracoles. El puerro, también, está infestado de insectos peculiares propios, que pueden ser fácilmente eliminados, sin embargo, colocando estiércol sobre las plantas, ya que los insectos tienen la costumbre de excavar en él. Sabinus Tiro dice, en su libro titulado "Cepurica", que dedicó a Mæcenas, que no es aconsejable tocar la ruda, la cunila,[9] la menta o la albahaca con ningún instrumento de hierro.

REMEDIOS PARA LAS ENFERMEDADES DE LAS PLANTAS Y CONTRA LOS INSECTOS QUE LAS ATACAN

El mismo autor recomienda como remedio contra las hormigas, que no son en absoluto la menor plaga en un jardín que no se mantiene bien regado, tapar las bocas de sus agujeros con limo marino o ceniza. Pero la manera más eficaz de destruirlas es con la ayuda de la planta heliotropium; algunas personas también opinan que el agua en la que se ha empapado un ladrillo sin quemar es perjudicial para ellas. La mejor protección para los nabos consiste en sembrar con ellos unas cuantas arvejas, y para las coles unos garbanzos, que tienen el efecto de alejar a las orugas. Sin embargo, si se ha omitido esta precaución y las orugas ya han hecho su aparición, el mejor remedio es echar sobre las hortalizas una decocción de ajenjo, o bien de puerro de la casa, conocido por algunos como "aïzoüm". Si la semilla de la col, antes de ser sembrada, se empapa en el jugo del puerro de la casa, se dice que las coles no serán atacadas por ningún insecto.

---

9 Una especie de orégano (N. del T.).

Libro XX
Remedios derivados de las plantas de jardín

Estamos a punto de entrar en un examen de la más grande de todas las operaciones de la naturaleza; estamos a punto de hablar al hombre sobre sus alimentos, y para obligarlo a admitir que él es ignorante de los medios de su existencia. Y que nadie, engañado por la aparente trivialidad de los nombres que tendremos que emplear, considere este tema como frívolo o despreciable; porque aquí tendremos que exponer el estado de paz o de guerra que existe entre los diversos departamentos de la Naturaleza, los odios o las amistades que mantienen los objetos mudos y desprovistos de sentido, todos ellos, además, creados solamente para el bien del hombre. A estos estados, conocidos por los griegos con los respectivos nombres de "sympathia" y "antipathia", se deben los primeros principios de todas las cosas; pues debido a eso el agua tiene la propiedad de apagar el fuego, el Sol absorbe el agua, la Luna la produce, y cada uno de esos cuerpos celestes es eclipsado, cada tanto, por el otro.

De ahí también, descendiendo de la contemplación de una esfera más elevada, que la piedra magnetita posee la propiedad de atraer el hierro, y otra piedra, de nuevo, la de repelerlo; y que el diamante, ese orgullo del lujo y la opulencia, aunque infranqueable por cualquier otro objeto, y que presenta una resistencia que no puede ser superada, es roto por la sangre de un cabrito, además de otras numerosas maravillas de las que tendremos que hablar en ocasiones más apropiadas, iguales a éstas o aún más maravillosas. Lo único que pido es que se me disculpe por comenzar con objetos de la naturaleza más humilde, aunque aún así tan favorables a nuestra salud; me refiero a las plantas de jardín, de las que ahora procederé a hablar.

EL PEPINO SILVESTRE

Ya hemos dicho que existe un pepino silvestre, considerablemente más pequeño que el cultivado. De este pepino se prepara el medicamento conocido como "elaterio", que es el jugo extraído de su semilla. Para obtener este zumo, el fruto se corta antes de que esté maduro; de hecho, si no se toma esta precaución a tiempo, la semilla puede brotar y ser peligrosa para los ojos. Una vez recogido, el fruto se guarda entero durante una noche y al día siguiente se le hace una incisión con una caña. La semilla también se suele rociar con ceniza, con el fin de retener en ella la mayor cantidad posible de zumo. Cuando se extrae el jugo, se recibe en agua de lluvia, donde cae al fondo; después se espesa al Sol y se divide en pastillas, que son de singular utilidad para la humanidad para curar la falta de visión, las enfermedades de los ojos y las ulceraciones de los párpados. Se dice que si se tocan las raíces de una vid con este jugo, las uvas de la misma no serán nunca atacadas por los pájaros.

También la raíz del pepino silvestre, hervida en vinagre, se emplea en fomentaciones para la gota, y su jugo se utiliza como remedio para el dolor de muelas. Secada y mezclada con resina, la raíz es un remedio para el impétigo y las enfermedades de la piel conocidas como "psora"[1] y "lichen";[2] es buena, también, para los abscesos de las glándulas parótidas y los tumores inflamatorios, y restaura el color natural de la piel cuando se ha formado una cicatriz. El jugo de las hojas, mezclado con vinagre, se utiliza como inyección para los oídos, en casos de sordera.

LA CALABAZA

También se encuentra una calabaza silvestre, llamada "somphos" por los griegos, vacía por dentro y de forma larga y gruesa, como el dedo; no crece en ninguna parte, excepto en lugares pedregosos. El jugo de esta calabaza, cuando se mastica, es muy beneficioso para el estómago.

Hay otra variedad de la calabaza silvestre, conocida como coloquíntida;[3] esta clase está llena de semillas, pero no son tan grandes como en la variedad cultivada. La coloquíntida pálida es mejor que la de color verde hierba. Empleada por sí misma cuando se seca, actúa como un purgante muy potente; utilizada como inyección, es un remedio para todas las enfermedades de los intestinos, los riñones y los lomos, así como para la parálisis. Primero se extrae la semilla y se hierve en hidromel hasta la mitad, tras lo cual se utiliza como inyección, con perfecta seguridad, en dosis de cuatro oboli. También es buena para el estómago, tomada en píldoras compuestas por el polvo seco y miel hervida. En caso de icteria se pueden tomar siete semillas con efectos beneficiosos, con un trago de hidromel inmediatamente después.

La pulpa de este fruto, tomada con ajenjo y sal, es un remedio para el dolor de muelas, y su jugo, calentado con vinagre, tiene el efecto de fortalecer los dientes flojos. Frotada con aceite, quita los dolores de la columna vertebral, de los lomos y

---

1 Probablemente picazón y costras.
2 Una enfermedad de la piel, en la que la costra asume casi la forma de un liquen o musgo.
3 El *Cucumis colocynthus* de Linneo, o tuera, tan notable por su amargura.

de las caderas; además, ¡algo realmente maravilloso de lo que hablar! las semillas de la misma, en número par, pegadas al cuerpo en un paño de lino, curarán, se dice, las fiebres a las que los griegos han dado el nombre de "periódicas". El jugo, también, de la calabaza cultivada[4] desmenuzado en trozos, aplicado caliente, es bueno para el dolor de oído, y la pulpa del interior, usada sin la semilla, para los callos en los pies y las supuraciones conocidas por los griegos como "apostemata". Cuando la pulpa y las semillas se hierven juntas, la decocción es buena para fortalecer los dientes flojos, y para prevenir el dolor de muelas; el vino, también, hervido con esta planta, es curativo de las secreciones de los ojos. Las hojas de esta planta, machacadas con hojas frescas de ciprés, o las hojas solas, hervidas en un recipiente de arcilla de alfarero y batidas con grasa de oca, y luego aplicadas a la parte afectada, son una excelente cura para las heridas. Las virutas frescas de la corteza se utilizan como aplicación refrescante para la gota y los dolores de cabeza, sobre todo en los niños; también son buenas para la erisipela, tanto si se aplican las virutas de la corteza como las semillas de la planta en la parte afectada. El jugo de las raspaduras, empleado como linimento con aceite de rosas y vinagre, modera los calores ardientes de las fiebres; y las cenizas del fruto seco aplicadas a las quemaduras son eficaces en un grado muy notable.

LA COLZA

La colza también tiene sus propiedades medicinales. Calentada, se utiliza como aplicación para la cura de los sabañones, además de que tiene el efecto de proteger los pies del frío. Una decocción caliente de colza se emplea para curar la gota fría; y la colza cruda, batida con sal, es buena para todas las enfermedades de los pies. Se dice que la semilla de colza, utilizada como linimento, y tomada en la bebida, con vino, tiene un efecto saludable contra las picaduras de serpientes, y varios venenos narcóticos; y hay muchas personas que le atribuyen las propiedades de un antídoto, cuando se toma con vino y aceite.

La colza silvestre[5] se encuentra sobre todo creciendo en los campos; tiene una parte superior con mechones, con una semilla blanca, dos veces más grande que la de la amapola. Esta planta se emplea a menudo para suavizar la piel de la cara y del cuerpo en general, mezclándose con ella harina de arvejas, cebada, trigo y altramuces en proporciones iguales.

EL RÁBANO CULTIVADO

El rábano cultivado purga el estómago, atenúa la flema, actúa como diurético y desprende las secreciones biliares. Una decocción de la cáscara de rábano en vino, tomada por la mañana en dosis de tres cyathi, tiene el efecto de romper y expulsar los cálculos de la vejiga. Una decocción, también, de esta corteza en vinagre y agua, se emplea como linimento para las picaduras de serpientes. Tomados en ayunas por la mañana con miel, los rábanos son buenos para la tos. Las semillas de rábano resecas, así como los propios rábanos, masticados, son útiles para los dolores de

---

4   El pepino cultivado.
5   La *Brassica napus, var. a* de Linneo.

costado. Una decocción de las hojas, tomada en la bebida, o bien el zumo de la planta tomado en dosis de dos cyathi, es un excelente remedio para la sarna. Los rábanos machacados también se emplean como linimento para las inflamaciones debajo de la piel, y la corteza, mezclada con miel, para las contusiones recientes. Se recomienda a las personas letárgicas que los coman lo más calientes posible, y la semilla, reseca y luego machacada con miel, aliviará a los pacientes asmáticos.

Los rábanos también son útiles como remedio para los venenos, y se emplean para contrarrestar los efectos de la picadura de la cerasta y el escorpión; de hecho, después de haber frotado las manos con rábanos o semillas de rábano, podemos manejar esos reptiles con impunidad. Si se coloca un rábano sobre un escorpión, le causará la muerte. Los rábanos son útiles, también, en casos de envenenamiento por hongos o beleño.

Los rábanos son buenos también para curar las ulceraciones de los intestinos y las supuraciones de los órganos torácicos, si se comen con miel. Tomados con vinagre o miel, los rábanos expulsan las lombrices de los intestinos; y una decocción de ellos hervida hasta que quede un tercio, tomada en vino, es buena para la hernia intestinal. Empleados de esta manera, también tienen el efecto de extraer la sangre superflua. Hipócrates recomienda a las mujeres a las que se les cae el pelo, que se froten la cabeza con rábanos, y dice que para los dolores del útero, deben aplicarse en el ombligo.

Los rábanos también tienen el efecto de restaurar la piel, cuando está cicatrizada, a su color apropiado. Demócrito los considera, tomados con la comida, como afrodisíacos; y es por esta razón, quizás, que algunas personas han hablado de ellos como perjudiciales para la voz. Se dice que las hojas, pero sólo las del rábano largo, tienen el efecto de mejorar la vista.

LAS CEBOLLAS

No existen las cebollas silvestres. La cebolla cultivada se emplea para curar la falta de visión, haciendo que el paciente la huela hasta que le salgan lágrimas en los ojos; es aún mejor si se frotan los ojos con el jugo. También se dice que las cebollas son soporíferas, y que son una cura para las ulceraciones de la boca, si se mastican con pan. Las cebollas frescas en vinagre, aplicadas de forma tópica, o las cebollas secas con vino y miel, son buenas para las mordeduras de los perros, teniendo cuidado de no quitar el vendaje hasta pasados un par de días. Aplicadas, también, de la misma manera, son buenas para curar las excoriaciones. Tostadas en cenizas calientes, muchas personas las han aplicado tópicamente, con harina de cebada, para los flujos oculares y las ulceraciones de los genitales. El jugo también se emplea como ungüento para las llagas de los ojos. Mezclado con miel, se utiliza como linimento para las picaduras de serpientes y todo tipo de llagas ulcerosas. En combinación con la leche de mujer, se emplea para las afecciones de los oídos; y en casos de canto en los oídos y dureza de oído, se inyecta en esos órganos con grasa de ganso o miel. En los casos en que las personas se han quedado repentinamente mudas, se les ha administrado para beber, mezclada con agua. También en casos de dolor de muelas, a veces se introduce en la boca como gárgaras para los dientes; es un excelente remedio también para todo tipo de heridas hechas por animales, los escorpiones más particularmente.

En los casos de sarna y picazón, las cebollas machacadas se frotan en las partes afectadas; también se dan hervidas a las personas afligidas por la disentería o el lumbago. Las cáscaras de cebolla, quemadas hasta convertirse en cenizas y mezcladas con vinagre, se emplean de forma tópica para las picaduras de serpientes y multípedos.

EL AJO

El ajo tiene propiedades muy poderosas, y es de gran utilidad para las personas en los cambios de agua o de localidad. Su mismo olor ahuyenta a las serpientes y a los escorpiones, y, según dicen algunas personas, es una cura para las heridas hechas por toda clase de bestias salvajes, ya sea tomado con la bebida o la comida, o aplicado tópicamente. Tomado en vino, es un remedio para la picadura del hæmorrhoïs,[6] más concretamente, actuando como un emético. No nos sorprenderá también que actúe como un poderoso remedio para la mordedura de la musaraña, cuando descubramos que tiene la propiedad de neutralizar el acónito, también conocido como "pardalianches". También neutraliza el beleño y cura las mordeduras de los perros, cuando se aplica con miel en la herida. Se toma en bebida también para las picaduras de serpientes; y de sus hojas, mezcladas con aceite, se hace un linimento muy valioso para las contusiones del cuerpo, incluso cuando se han hinchado y formado ampollas.

Hipócrates también opina que las fumigaciones hechas con ajo tienen el efecto de eliminar las secundinas; y solía emplear las cenizas de ajo, mezcladas con aceite, para curar las úlceras de la cabeza. Algunas personas han recetado ajo hervido para los pacientes asmáticos, mientras que otras lo han dado crudo. Los antiguos solían dar ajo crudo en casos de locura, y Diocles lo administraba hervido para la frenitis. Machacado y tomado en vinagre y agua, es muy útil para hacer gárgaras contra la angina. Tres cabezas de ajo, batidas en vinagre, alivian el dolor de muelas; y un resultado similar se obtiene enjuagando la boca con una decocción de ajo, e insertando trozos de éste en los dientes huecos.

Mezclado con azufre y resina, el ajo extrae los humores de las llagas fistulosas, y empleado con brea, incluso extraerá una flecha de la herida. En los casos de lepra, lichen y erupciones de la piel, actúa como detergente, y produce una cura, en combinación con mejorana silvestre, o bien reducido a cenizas, y aplicado como linimento con aceite y garum.[7]

LA COL

Sería demasiado largo enumerar todas las alabanzas de la col, sobre todo porque el médico Crisipo ha dedicado un volumen entero al tema, en el que se descri-

---

6 Esta serpiente es descrita por Lucano, en la Farsalia, donde se da un relato temible de los efectos de su picadura. Nicandro, en su Theriaca, nos informa de que los mordidos por el hæmorrhoïs mueren con la sangre fluyendo por la nariz y las orejas, de ahí su nombre.

7 Una salsa de pescado muy apreciada por los romanos, hecha de pequeños pescados conservados en un cierto tipo de escabeche (N. del T.).

ben sus virtudes en referencia a cada parte del cuerpo humano. Dieuches ha hecho lo mismo, y Pitágoras también, en particular. También Catón no ha sido más parco en sus alabanzas que los demás; y será justo examinar las opiniones que expresa en relación con ella, aunque sólo sea para saber de qué medicinas hizo uso el pueblo romano durante seiscientos años.

Catón estima la col rizada como la más apreciada de todas, y junto a ella, la col lisa de hojas grandes y tallo grueso. Dice que es buena para el dolor de cabeza, el oscurecimiento de la vista y el deslumbramiento de los ojos, el bazo, el estómago y los órganos torácicos, tomada cruda por la mañana, en dosis de dos acetábulos, con oximel,[8] cilantro, ruda, menta y raíz de silphium. También dice que su virtud es tan grande que la misma persona que bate esta mezcla se siente más fuerte por ello; por lo que recomienda que se tome mezclada con estos condimentos o, en todo caso, aderezada con una salsa compuesta de ellos. Para la gota, también, y las enfermedades de las articulaciones, debe usarse un linimento de ella, dice, con un poco de ruda y cilantro, una pizca de sal y un poco de harina de cebada; el agua misma en la que ha sido hervida es maravillosamente eficaz, según él, para los tendones y las articulaciones. Para las heridas, ya sean recientes o de larga duración, así como para el carcinoma, que es incurable por cualquier otro modo de tratamiento, recomienda que se hagan fomentaciones con agua caliente y, después de eso, una aplicación de col, batida, en las partes afectadas, dos veces al día. Dice, además, que las fístulas y los esguinces deben ser tratados de manera similar, así como todos los humores que pueden ser deseables para agudizar y dispersar; y afirma que este vegetal, hervido y comido en ayunas, en cantidades considerables, con aceite y sal, tiene el efecto de prevenir los sueños y la vigilia; también dice que si, después de una ebullición, se hierve por segunda vez, con la adición de aceite, sal, comino y cebada perlada, aliviará los dolores de estómago; y que, si se come de esta manera sin pan, es aún más beneficiosa. Entre otros detalles, dice que si se toma en la bebida con vino negro, tiene el efecto de eliminar las secreciones biliares; y recomienda que se conserve la orina de una persona que ha estado viviendo con una dieta de col, ya que, cuando se calienta, es un buen remedio para las enfermedades de los tendones. Sin embargo, daré aquí las palabras idénticas en las que Catón se expresa sobre este punto: "Si se lava a los niños pequeños con esta orina", dice, "nunca serán débiles y enclenques."

LOS ESPÁRRAGOS

Se dice que los espárragos son extremadamente saludables como alimento para el estómago. Con la adición de comino, disipan la flatulencia del estómago y el colon; también agudizan la vista, actúan como un aperitivo suave para el estómago y, hervidos con vino, son buenos para los dolores en el pecho y la columna vertebral, y las enfermedades de los intestinos. Para los dolores en los lomos y los riñones, la semilla de espárrago se administra en dosis de tres oboli, tomados con una proporción igual de semilla de comino. Actúa como afrodisíaco y es un diurético extremadamente útil, salvo que tiene tendencia a ulcerar la vejiga.

---

8   Una mezcla de vinagre o ácido acético y miel (N. del T.).

La raíz, también, machacada y tomada en vino blanco, es muy alabada por algunos escritores, ya que tiene el efecto de deshacer los cálculos, y de calmar los dolores en los lomos y los riñones; hay algunas personas, también, que administran esta raíz con vino dulce para los dolores en el útero. Hervida en vinagre, la raíz es muy beneficiosa en casos de elefantiasis. Se dice que si una persona se frota con espárragos batidos en aceite, nunca le picarán las abejas.

EL PEREJIL

El perejil goza de una estima universal, ya que encontramos ramitas de él nadando en los tragos de leche que nos dan a beber en los lugares de campo; y sabemos que como condimento para las salsas, es visto con especial favor. Aplicado a los ojos con miel, que también debe ser fomentada de vez en cuando con una decocción caliente de la misma, tiene una eficacia maravillosa en casos de supuración de esos órganos o de otras partes del cuerpo; como también cuando se bate y se aplica por sí mismo, o en combinación con pan o con cebada perlada. El pescado, también, cuando se encuentra en un estado enfermizo en las conservas, se refresca mucho con perejil verde. En cuanto a las opiniones sostenidas sobre él entre los doctos, no hay una sólo producto de la tierra sobre el cual cual exista mayor diversidad de opiniones.

LA RUDA

Una de las más activas, sin embargo, de todas las plantas medicinales, es la ruda. La cultivada tiene hojas más anchas y ramas más numerosas que la silvestre, que es más violenta en sus efectos y más activa en todo aspecto. Su zumo se extrae batiéndola y humedeciéndola moderadamente con agua, tras lo cual se conserva para su uso en cajas de cobre de Chipre. Administrado en grandes dosis, este jugo tiene todos los efectos nefastos del veneno, y más particularmente del de Macedonia, que crece en las orillas del río Aliacmon. Es una cosa verdaderamente maravillosa, pero el jugo de la cicuta tiene la propiedad de neutralizar sus efectos. Así encontramos una cosa que actúa como el veneno de otro veneno, pues el jugo de la cicuta es muy beneficioso, frotado sobre las manos y la cara de las personas empleadas en la recolección de ruda.

En otros aspectos, la ruda es uno de los principales ingredientes empleados en los antídotos, el de Galacia en particular. Todas las especies de ruda, empleadas por sí mismas, tienen también el efecto de un antídoto, si las hojas se machacan y se toman en vino. Es buena sobre todo en casos de envenenamiento por acónito y muérdago, así como por hongos, tanto si se administra en la bebida como en la comida. Empleada de manera similar, es buena para las picaduras de serpientes; tanto es así que las comadrejas, cuando están a punto de atacarlas, toman la precaución de protegerse primero comiendo ruda. La ruda también es buena para las heridas de los escorpiones y las arañas, las picaduras de las abejas, los avispones y las avispas, los efectos nocivos producidos por las cantáridas y las salamandras, y las mordeduras de los perros rabiosos. El jugo se toma en dosis de un acetabulum, en vino; y las hojas, machacadas o bien masticadas, se aplican tópicamente, con miel y sal, o hervidas con vinagre y brea. Se dice que las personas que se frotan con el jugo de la ruda, o incluso que lo llevan encima, nunca son atacadas por estas criaturas nocivas, y que las serpientes son ahuyentadas por el hedor de la ruda quemada. Sin embargo, la más eficaz de todas es la raíz de ruda silvestre, tomada con vino; ésta también, se dice, es más beneficiosa aún, si se bebe al aire libre.

Para las enfermedades cardíacas, Diocles prescribe aplicaciones de ruda, en combinación con vinagre, miel y harina de cebada; y para la pasión ilíaca, dice que debe ser mezclada con harina, hervida en aceite, y extendida sobre la lana de un vellón de oveja. Muchas personas recomiendan, para las expectoraciones purulentas, dos dracmas de ruda seca por una y media de azufre; y, para quienes escupen sangre, una decocción de tres ramitas en vino. También se da en la disentería, con queso, batiendo primero la ruda en vino; y se ha prescrito, machacada con betún, como poción para la falta de aliento habitual. Para las personas que sufren caídas violentas, se recomiendan tres onzas de la semilla. Una libra de aceite, en el que se han hervido las hojas de ruda, añadida a un sextarius de vino, forma un linimento para las partes del cuerpo afectadas por el frío.

LA MENTA

El mismo olor de la menta reanima los espíritus, y su sabor da un notable sabor a la comida; de ahí que sea un ingrediente tan generalizado en nuestras salsas. Tiene el efecto de evitar que la leche se agrie, o que se cuaje y espese; de ahí que usualmente se ponga en la leche que se usa para beber, para evitar cualquier peligro de que la leche cuajada les caiga mal a las personas. También se administra con este fin en agua o en vino endulzado. También se piensa generalmente que es a consecuencia de esta propiedad que previene la generación, al impedir que los fluidos seminales obtengan la consistencia necesaria. Tanto en los hombres como en las mujeres detiene las hemorragias, y tiene la propiedad, en estas últimas, de suspender el flujo menstrual. Tomada en agua, con fécula, previene la diarrea en las dolencias celíacas. Syriation empleó esta planta para curar los abscesos del útero y, en dosis de tres oboli, con vino endulzado, para las enfermedades del hígado; también la prescribió, en potaje, para cuando se escupe sangre. Es un remedio admirable para las ulceraciones de la cabeza en los niños; tiene el efecto de secar la tráquea cuando está demasiado húmeda, y de reforzarla cuando está demasiado seca. Tomada en vino dulce y agua, elimina la flema purulenta.

MENTA POLEO

El poleo comparte con la menta, en un grado muy considerable, la propiedad de restablecer la conciencia en los desmayos; para ello se guardan trozos de ambas plantas en botellas de vidrio llenas de vinagre. Por esta razón, Varro ha declarado que una corona de poleo es más digna de adornar nuestras habitaciones que una capilla de rosas; de hecho, se dice que, colocada sobre la cabeza, alivia materialmente el dolor de cabeza. También se dice que su olor protege la cabeza contra los efectos nocivos del frío o del calor, y que actúa como preventivo de la sed; además, las personas expuestas al Sol, si llevan un par de ramitas de menta poleo detrás de las orejas, nunca se sentirán incómodas por el calor. También se emplea de forma tópica para diversos dolores, mezclada con cebada perlada y vinagre.

LA AMAPOLA

Con referencia a las variedades cultivadas, el cáliz de la amapola blanca se machaca y se toma en vino como soporífero; la semilla de la misma es una cura, también, para la elefantiasis. La amapola negra actúa como soporífero, por el jugo que exuda de las incisiones hechas en el tallo, en el momento en que la planta está comenzando a florecer, dice Diagoras; pero cuando la flor se ha ido, según Iollas. Esto se hace a la tercera hora, en un día claro y tranquilo, o, en otras palabras, cuando el rocío se ha secado completamente en la amapola. Se recomienda hacer la incisión justo debajo de la cabeza y el cáliz de la planta; siendo ésta la única clase, de hecho, en la que se hace la incisión. Este jugo, como el de cualquier otra planta, se recibe en lana; o bien, si es en cantidades muy diminutas, se raspa con la uña del pulgar tal como se hace con la lechuga, y así de nuevo al día siguiente, con la parte que se ha secado allí. Si se obtiene de la amapola en cantidades suficientemente grandes, este jugo se espesa, después de lo cual se amasa en pastillas, y se seca a la sombra. Este jugo posee no sólo ciertas cualidades soporíferas, sino que, si se toma en cantidades demasiado grandes, produce sueño hasta la muerte; el nombre que se le da es "opio".

La principal prueba de la pureza del opio es su olor, que, cuando es genuino, es tan penetrante que resulta insoportable. La siguiente mejor prueba es la que se obtiene encendiendo una lámpara, sobre la que debe arder con una llama clara y brillante, y desprender un fuerte olor cuando se apaga; cosa que nunca ocurre cuando el opio ha sido adulterado, pues, en tal caso, se enciende con la mayor dificultad, y la llama se apaga repetidamente. Hay otra forma de comprobar su autenticidad, mediante el agua; pues, si es puro, flotará como una fina nube en la superficie, pero, si está adulterado, se unirá en forma de ampollas en el agua. Pero lo más sorprendente de todo es el hecho de que el calor del Sol en verano proporciona una prueba; porque, si la droga es pura, sudará y se derretirá gradualmente, hasta que tenga toda la apariencia del jugo cuando se recoge fresco.

Hay una variedad de amapola silvestre conocida como "ceratitis" Es de color negro[9], de un codo de altura, y tiene una raíz gruesa cubierta de corteza, con una cabeza que se asemeja a un pequeño brote, doblado y puntiagudo en el extremo como un cuerno. Las hojas de esta planta son más pequeñas y finas que las de las otras amapolas silvestres, y la semilla, muy diminuta, está madura en la cosecha. Tomada con vino endulzado, en dosis de medio acetabulum, la semilla actúa como purgante. Las hojas, batidas en aceite, son una cura para las manchas blancas que se forman en los ojos de las bestias de carga. La raíz, hervida hasta la mitad, en dosis de un acetabulum por dos sextarii de agua, se prescribe para las enfermedades de los lomos y el hígado, y las hojas, empleadas con miel, son una cura para los carbuncos.

TOMILLO SILVESTRE

Se dice que el tomillo silvestre toma su nombre, "serpyllum", del hecho de que es una planta rastrera, una propiedad peculiar del tipo silvestre, que crece en lu-

---

9   El *Glaucium Corniculatum* de Persoon; la lagartera, amapola loca o amapola cornuda.

gares rocosos más particularmente. El tomillo cultivado no es una planta rastrera, sino que crece hacia arriba, tanto como una palmera en altura. El que brota espontáneamente es el que crece con mayor exuberancia, siendo sus hojas y ramas más blancas que las de las otras clases. El tomillo es eficaz como remedio para las picaduras de las serpientes, sobre todo la cenchris; también para la picadura de la escolopendra, tanto de mar como de tierra, hirviendo para ello las hojas y las ramas en vino. Quemada, ahuyenta a todas las criaturas venenosas por su olor, y es particularmente beneficiosa como antídoto para el veneno de los animales marinos.

Una decocción en vinagre se aplica para el dolor de cabeza, con aceite de rosas, en las sienes y la frente, así como para la frenitis y el letargo; también se da, en dosis de cuatro dracmas, para los dolores de estómago, la estranguria, la angina y los ataques de vómitos. También se toma en agua para las afecciones hepáticas. Las hojas se dan en dosis de cuatro oboli, en vinagre, para las enfermedades del bazo. Batido en dos cítaras de oximel, se utiliza cuando se escupe sangre.

LA COMPOSICIÓN DE LA TERIACA

Pero como estamos a punto de dejar las plantas de jardín, aprovecharemos esta oportunidad para describir una preparación muy famosa extraída de ellas como antídoto contra las picaduras de toda clase de animales venenosos; está inscrita en verso sobre una piedra en el Templo de Esculapio en Cos.

Tomar dos denarius de tomillo silvestre, y la misma cantidad de opopanax y meum[10] respectivamente; un denarius de semilla de trébol; y de anís, semilla de hinojo, ammi[11] y perejil, seis denarius respectivamente, con doce denarius de harina de arvejas. Se baten estos ingredientes juntos y se pasan por un tamiz; después se amasan con el mejor vino que se pueda conseguir y se hacen pastillas de un victoriatus cada una; una de ellas se le da al paciente, empapada en tres cyathi de vino. Se dice que el rey Antíoco el Grande empleó esta teriaca contra toda clase de animales venenosos, excepto el áspid.

---

10   *Meum athamanticum* es una especie de planta glabra muy aromática, planta perenne y la única especie del género monotípico *Meum*, perteneciente a la familia de las apiáceas (N. del T.).

11   *Ammi majus* es una especie de la familia de las Apiáceas (N. del T.).

Libro XXI
Flores – Guirnaldas – Abejas – Plantas silvestres

Catón ha recomendado que se cultiven también en el jardín las flores para hacer guirnaldas; variedades notables por una delicadeza que es del todo imposible expresar, ya que ningún individuo puede encontrar tantas facilidades para describirlas como la Naturaleza lo hace al otorgarles sus numerosos tintes. Las otras plantas las ha producido para nuestro uso y nuestro alimento, y a ellas les ha concedido años e incluso edades de duración; pero en cuanto a las flores y sus perfumes, les ha dado nacimiento sólo para un día –una poderosa lección para el hombre, vemos, para enseñarle que lo que en su carrera es lo más bello y lo más atractivo para el ojo, es lo primero que se desvanece y muere.

Ni siquiera el propio arte del pintor posee recursos para reproducir los colores de las flores en todas sus variadas tonalidades y combinaciones, ya sea que las veamos en grupos que mezclan alternativamente sus matices, o que estén dispuestas en festones, cada variedad por sí misma, a veces asumiendo una forma circular, otras veces corriendo oblicuamente, o dispuesta en un patrón en espiral; o si, como vemos a veces, una corona está entretejida dentro de otra.

LAS GUIRNALDAS

Los antiguos usaban guirnaldas de tamaño diminuto, llamadas "stroppi"; de ahí viene nuestro nombre para una guirnalda, "strophiolum". De hecho, esta última palabra se generalizó muy lentamente, ya que las guirnaldas que se utilizaban en los sacrificios, o que se concedían como recompensa al valor militar, hicieron valer su derecho exclusivo al nombre de "corona".

Porque en los primeros tiempos se acostumbraba a coronar a los vencedores en las contiendas sagradas con ramas de árboles; y sólo en un período posterior, comenzaron a variar sus tintes mediante la combinación de flores, para realzar el efecto a su vez por su color y su olor.

Siendo la moda las guirnaldas de flores, no pasó mucho tiempo antes de que se pusieran de moda las que conocemos como guirnaldas egipcias; y luego las guirnaldas de invierno, hechas para la época en que la Tierra rechaza sus flores, de finas láminas de cuerno teñidas de varios colores. Poco a poco, su nombre se introdujo también en Roma, donde estas guirnaldas fueron conocidas al principio como "corollæ", una designación dada para expresar la notable delicadeza de su textura. En épocas más recientes, cuando las guirnaldas presentadas estaban hechas de finas placas de cobre, doradas o plateadas, asumieron el nombre de "corollaria".

Sin embargo, las guirnaldas siempre fueron muy apreciadas, incluso las que se adquirían en los juegos públicos. Porque era costumbre de los ciudadanos bajar en persona a participar en los concursos del Circo, y enviar también a sus esclavos y caballos. De ahí que lo encontremos escrito en las leyes de las Doce Tablas: "Si alguna persona ha ganado una guirnalda por sí misma, o mediante su dinero, que se le dé la misma como recompensa de su proeza". No hay duda de que con las palabras "mediante su dinero", las leyes se referían a una guirnalda que había sido ganada por sus esclavos o caballos. Pues bien, ¿cuál era el honor adquirido con ello? Era el derecho que se aseguraba el vencedor, para sí mismo y para sus padres, después de la muerte, de ser coronado sin falta, mientras el cuerpo era depositado en la casa, y al ser llevado a la tumba.

En otras ocasiones, no se usaban indistintamente las guirnaldas, ni siquiera las que se habían ganado en los juegos.

De hecho, las reglas sobre este punto eran notablemente severas. L. Fulvio, un banquero, fue acusado, en la época de la Segunda Guerra Púnica, de asomarse al Foro desde el balcón de su casa, con una corona de rosas en la cabeza, y fue encarcelado por orden del Senado, y no fue liberado antes de que terminara la guerra. P. Munatius, habiendo colocado sobre su cabeza un collar de flores tomado de la estatua de Marsyas, fue condenado por los Triunviros a ser encadenado.

En esos días, las guirnaldas también eran empleadas para honrar a los dioses, los Lares,[1] tanto públicos como domésticos, los sepulcros y los Manes.[2] El lugar más elevado, sin embargo, en la estimación pública, lo ocupaba la guirnalda trenzada; como la que encontramos usada por los Salii en sus ritos sagrados, y en la solemnización de sus banquetes anuales. En épocas posteriores, se adoptó la roseta, y el lujo llegó a tal punto que no se estimaba en absoluto una roseta que no estuviera compuesta enteramente por hojas cosidas con la aguja. Más recientemente se han importado de la India, o de naciones más allá de los países de la India.

---

1 Los lares eran deidades guardianas en la antigua religión romana o dioses tutelares del hogar. Las estatuas de los Lares domésticos se colocaban en la mesa durante las comidas familiares; su presencia, culto y bendición parecen haber sido requeridos en todos los eventos familiares importantes (N. del T.).

2 Los Manes eran deidades ctónicas que a veces se pensaba que representaban las almas de los seres queridos fallecidos. Estaban asociados con los Lares (N. del T.).

LA ROSA

La gente de nuestro país no conocía más que muy pocas flores de guirnalda entre las plantas de jardín, además de la violeta y la rosa.

La rosa es un ingrediente de nuestros ungüentos; también se emplea por sí misma para ciertos fines medicinales, y se utiliza en emplastos y bálsamos para los ojos por sus cualidades penetrantes; también se utiliza para perfumar los manjares de nuestros banquetes, y nunca es acompañada de ningún resultado nocivo.

Los puntos esenciales de diferencia en la rosa son el número de pétalos, el número comparativo de espinas en el tallo, el color y el olor. El número de pétalos, que nunca es inferior a cinco, va aumentando, hasta que encontramos una variedad con hasta cien, y que se conoce como "centifolia"; en Italia, se encuentra en Campania, y en Grecia, en las cercanías de Filipos, aunque este último no es el lugar de su crecimiento natural.

EL LIRIO

El lirio ocupa el siguiente rango después de la rosa, y tiene una cierta afinidad con ella en lo que respecta a su ungüento y al aceite que se extrae de él, que se conoce como "lirinon". Mezclado también con las rosas, el lirio produce un efecto notablemente fino, ya que comienza a hacer su aparición, de hecho, justo cuando la rosa está en la mitad de su temporada. No hay ninguna flor que crezca más alta que el lirio, que a veces alcanza hasta tres codos; la cabeza de la misma está siempre caída, como si el cuello de la flor fuera incapaz de soportar su peso. La blancura del lirio es bastante notable, los pétalos están estriados en el exterior; la flor es estrecha en la base, y se expande gradualmente en forma de una copa cónica con los bordes curvados hacia afuera, los finos pistilos de la flor, y los estambres con sus anteras de color azafrán, se mantienen erectos en el centro. De ahí que el perfume del lirio, además de su color, sea doble, ya que tiene uno para los pétalos y otro para los estambres. Sin embargo, la diferencia entre ellos es muy pequeña, y cuando la flor se emplea para hacer ungüentos y aceites de lirio, los pétalos nunca se rechazan.

LA VIOLETA

Después de las rosas y los lirios, la violeta es la más apreciada; tiene distintas variedades, la púrpura, la amarilla y la blanca, todas ellas reproducidas a partir de plantas, como la col. La violeta púrpura, que brota espontáneamente en lugares soleados, con un suelo fino y escaso, tiene pétalos más grandes que las otras, brotando inmediatamente de la raíz, que es de una sustancia carnosa. Esta violeta tiene un nombre, también, distinto de los otros tipos silvestres, siendo llamada "ion", de donde deriva el nombre la tela ianthine.

EL IRIS

Hay aún otra distinción que no debe omitirse, el hecho de que muchas de las plantas odoríferas nunca entran en la composición de las guirnaldas; el iris y la saliunca, por ejemplo, aunque ambas tienen un exquisito aroma. En el caso del iris, sólo se aprecia la raíz, que se emplea ampliamente en perfumería y medicina. El iris de mejor calidad es el que se encuentra en Illyricum, pero no en sus regiones marítimas, sino en los bosques de las orillas del río Drilon y cerca de Narona. El siguiente en calidad es el de Macedonia, cuya planta es extremadamente alargada, blanca y delgada. El iris de África ocupa el tercer lugar, siendo el más grande de todos y de sabor extremadamente amargo.

LOS ARBUSTOS

Las hojas de smilax y de hiedra también se emplean en las guirnaldas; de hecho, los racimos de estas plantas son muy apreciados para este fin. Hay también otras clases de arbustos, que sólo pueden indicarse por sus nombres griegos, ya que los creadores de nuestra lengua prestaron poca atención a esta rama de la nomenclatura. La mayoría de ellos crecen en países extranjeros, es cierto; pero aun así, es nuestro deber hacer alguna mención de ellos, ya que es de la naturaleza en general de lo que estamos hablando, y no de Italia en particular.

EL TRÉBOL

Las hojas del trébol también se emplean para hacer guirnaldas. Hay tres variedades; la primera es llamada por los griegos a veces "minyanthes" y a veces "asphaltion"; sus hojas, que emplean los fabricantes de guirnaldas, son más grandes que las de las otras clases.

Hay el mismo número de variedades de origanum empleadas en la fabricación de guirnaldas, una de las cuales carece de semilla, y la otra, que también es odorífera, se conoce como origanum cretense.

EL TOMILLO

También se emplean distintas variedades de tomillo, una blanca y otra oscura; que florecen hacia el solsticio de verano, cuando las abejas lo colectan. De esta planta se deriva una especie de augurio sobre el resultado de la miel, ya que los apicultores tienen razones para esperar una gran cosecha cuando el tomillo florece en abundancia. El tomillo se ve muy perjudicado por los chubascos, y es muy propenso a perder sus flores. La semilla del tomillo es tan diminuta que es imperceptible, y sin embargo la del orégano, que también es extremadamente diminuta, no escapa a la vista.

La miel del Ática se considera generalmente como la mejor de todo el mundo, por lo que el tomillo de ese país ha sido trasplantado, reproduciéndose, como ya se ha dicho, con la mayor dificultad, a partir de la flor. Pero hay también otra peculiaridad en la naturaleza del tomillo del Ática, que ha tendido en gran medida a frustrar estos intentos; nunca vivirá si no está cerca de las brisas del mar. Antiguamente se creía que esto ocurría con todas las clases de tomillo, y que ésta era la razón por la que no crecía en Arcadia; en una época en la que también se suponía universalmente que el olivo nunca crecía más allá de trescientos estadios del mar. Pero, en la actualidad, sabemos con certeza que en la provincia de la Galia Narbonense las llanuras pedregosas están completamente cubiertas de tomillo, siendo éste, de hecho, la única fuente de ingresos para esas partes, miles de ovejas que son llevadas allí desde países lejanos para ramonear la planta.

Libro XXI - Flores – Guirnaldas – Abejas – Plantas silvestres

LA DURACIÓN DE LA VIDA DE DISTINTAS FLORES

La violeta blanca nunca dura más de tres años como máximo; si excede ese período, seguramente degenerará. El rosal puede durar hasta cinco años sin ser podado o cauterizado, métodos por los que se le hace rejuvenecer. Ya hemos dicho que la naturaleza del suelo es de la mayor importancia; pues en Egipto, encontramos que todas estas plantas son perfectamente inodoras, y sólo el mirto tiene un olor particular. En algunos países, además, la germinación de todas las plantas precede a la de otras regiones del mundo por un período tan largo como dos meses. Los rosales deben ser bien escarbados inmediatamente después de que los vientos del oeste comiencen a prevalecer, y, una segunda vez, en el solsticio de verano; los cuidados deben extremarse, entre estos dos períodos, para mantener el suelo bien rastrillado y limpio.

ABEJAS Y COLMENAS

Las abejas y las colmenas son también un tema muy adecuado para la descripción de los jardines y las plantas de guirnalda, mientras que, al mismo tiempo, cuando se manejan con éxito, son una fuente, sin ningún gran gasto, de un beneficio muy considerable. Para las abejas, pues, conviene cultivar las siguientes plantas: el tomillo, el apiastrum, la rosa, las diversas violetas, lirio, alfalfa arbórea, judía, yero, ajedrea de jardín, amapola, olivarda, casia, melilote, apio lechal y ceriflor. Esta última es una planta con una hoja blanca, doblada hacia adentro, cuyo tallo tiene un codo de altura, con una flor en la parte superior que presenta una concavidad llena de un jugo como la miel. Las abejas son muy aficionadas a las flores de estas plantas, así como a las flores de la mostaza, lo cual es sorprendente, ya que es un hecho conocido que no tocan ni siquiera las flores del olivo, por lo que será mejor mantener este árbol a distancia de ellas.

También hay otros árboles que deben plantarse lo más cerca posible de las colmenas, ya que atraen al enjambre cuando alzan su vuelo por primera vez, y así evitan que las abejas se alejen considerablemente.

También hay que tener mucho cuidado de mantener la corneja a distancia de las colmenas, pues si las abejas prueban una vez sus flores, morirán rápidamente de flujo y diarrea. El mejor remedio en este caso es darles manzanas de serbal batidas con miel, o bien orina humana o de buey, o granos de granada humedecidos con vino de Amineus. También es un buen plan plantar retamas alrededor de las colmenas, ya que las abejas son muy aficionadas a las flores.

En relación con la alimentación de las abejas, he comprobado un hecho muy singular, que bien merece ser mencionado. Hay una aldea, llamada Hostilia, a orillas del río Padus; sus habitantes, cuando falta el alimento para las abejas en su vecindad, colocan las colmenas en botes y las transportan unas cinco millas río arriba durante la noche. Por la mañana, las abejas salen a alimentarse y vuelven a las barcas; su ubicación cambia de día en día, hasta que por fin, cuando las barcas se hunden cada vez más en el agua, se comprueba que las colmenas están llenas, y entonces se las lleva a casa y se retira la miel.

MIEL ENVENENADA

En efecto, la alimentación de las abejas es de la mayor importancia, ya que a ella se debe la existencia de miel venenosa. En Heraclia, en el Ponto, la miel es extremadamente perniciosa en ciertos años, aunque son las mismas abejas las que la producen en otras ocasiones. Los autores, sin embargo, no nos han informado de qué flores se extrae esta miel; por lo tanto, aprovecharemos esta oportunidad para exponer lo que hemos averiguado sobre el tema.

Hay una planta que, por la circunstancia de que resulta fatal para las bestias de carga, y para las cabras en particular, ha obtenido el nombre de "ægolcthron",[3] y cuyas flores, empapadas en las lluvias de una primavera húmeda, contraen propiedades muy nocivas, De ahí que no todos los años se experimenten estos peligrosos resultados. Los siguientes son los signos de que la miel es venenosa: nunca se espesa, el color es más rojo de lo habitual y emite un olor peculiar que produce inmediatamente estornudos; mientras que, al mismo tiempo, es más pesada que una cantidad similar de miel buena. Las personas que la ingieren, se tiran al suelo para refrescar el cuerpo, que se cubre con una profusa transpiración.

MIEL ENDIABLADA

En el país de los Sanni, en la misma parte del Ponto, hay otra clase de miel que, por la locura que produce, ha recibido el nombre de "mænomenon". Este efecto maligno se atribuye generalmente a las flores del rododendro, con el que abundan los bosques allí; y ese pueblo, aunque paga un tributo a los romanos en cera, no obtiene ningún beneficio de su miel, como consecuencia de estas peligrosas propiedades. En Persis, también, y en Gætulia, un distrito de Mauritania Cœsariensis, que limita con el país de los Massæsyli, se encuentran panales venenosos; y algunos, también, sólo en parte, una de las cosas más insidiosas que podrían suceder, si no fuera porque el color lívido de la miel da un aviso oportuno de sus cualidades nocivas.

LAS COLMENAS

Las colmenas deben estar orientadas hacia el este, pero nunca hacia el noreste o el oeste. Las mejores colmenas son las de corteza, las siguientes son las de cañaheja y las siguientes de mimbre; muchas personas también las hacen de piedra de espejo, con el fin de ver a las abejas trabajando dentro. Lo mejor es untar las colmenas por todas partes con estiércol de vaca. La tapa de la colmena debe hacerse deslizar por detrás, de modo que pueda cerrarse por dentro, en caso de que la colmena sea demasiado grande o sus trabajos sean improductivos; porque, si no se hace así, las abejas pueden desanimarse y abandonar su trabajo. La corredera puede entonces retirarse gradualmente, siendo el aumento de espacio imperceptible para las abejas a medida que avanza el trabajo. En invierno, las colmenas deben cubrirse con paja y someterse a repetidas fumigaciones, sobre todo con estiércol de vaca quemado.

---

3 "Muerte de las cabras". Fée dice que se trata del *Rhododendron Ponticum* de Linneo. Desfontaines la identifica con la *Azalea Pontica* de la botánica moderna.

Libro XXI - Flores – Guirnaldas – Abejas – Plantas silvestres

Como éste tiene un origen similar al de las abejas,[4] el humo que produce es especialmente beneficioso para matar a todos los insectos que puedan criarse allí, como las arañas, por ejemplo, las polillas y las carcomas, mientras que, al mismo tiempo, estimula a las propias abejas a aumentar su actividad. De hecho, no hay mucha dificultad en deshacerse de las arañas, pero para destruir las polillas, que son una plaga mucho mayor, hay que elegir una noche en primavera, justo cuando la malva está madurando, sin Luna, sino un cielo claro; entonces se encienden antorchas delante de las colmenas, sobre las que las polillas se precipitan en enjambres en la llama.

EL MÉTODO DE PREPARACIÓN DE LA CERA

La cera se hace a partir de los panales después de la extracción de la miel. Para ello, primero se limpian con agua, y luego se secan tres días a la sombra; al cuarto día se derriten al fuego en una vasija de barro nueva, con agua suficiente para cubrirlos, tras lo cual cuela el licor en un cesto de mimbre. La cera se vuelve a hervir con la misma agua y en la misma vasija, y se vierte en recipientes con agua fría, cuyo interior se ha frotado bien con miel. La mejor cera es la conocida como cera púnica, la siguiente en calidad es la de un color notablemente amarillo, con olor a miel. Esta última proviene del Ponto, y la que la sigue en calidad es la cera cretense.

La cera púnica se prepara de la siguiente manera: la cera amarilla se blanquea primero al aire libre, después se hierve en agua de mar abierto, añadiendo algo de nitro. La flor de la cera, es decir, la parte más blanca, se retira con cucharas y se vierte en un recipiente con un poco de agua fría. Después, se hierve de nuevo en agua de mar sola, y una vez hecho esto, se deja enfriar el recipiente. Cuando se ha repetido esta operación tres veces, la cera se deja al aire libre sobre una alfombra de juncos, para que se seque a la luz del Sol y de la Luna, ya que mientras ésta aumenta su blancura, el Sol ayuda a secarla. Sin embargo, para que no se derrita, se acostumbra a cubrirla con un paño de lino; si, una vez refinada, se hierve de nuevo, el resultado es una cera de la mayor blancura posible.

La cera púnica se considera la mejor para todas las preparaciones medicinales. La cera se hace negra añadiendo cenizas de papiro, y se le da un color rojo mediante la mezcla de alcántara; de hecho, mediante el empleo de varios pigmentos, se hace que asuma varios tintes, en cuyo estado se utiliza para hacer modelos, y para otros fines sin número, entre los que podemos mencionar el barnizado de paredes y armaduras, para protegerlas del aire.

PLANTAS SILVESTRES

Llegamos ahora a las plantas que crecen espontáneamente, y que son empleadas como alimento por la mayoría de las naciones, el pueblo de Egipto en particular, donde abundan en cantidades tan vastas, que, siendo ese país extremadamente

---

4 Plinio alude probablemente a la idea que tenían los antiguos de que las abejas podían reproducirse a partir de las entrañas putrefactas de un buey, como las avispas a partir de las de un caballo.

prolífico en maíz, es quizás el único que podría subsistir sin él; tan abundantes son sus recursos en las diversas clases de alimentos que se obtienen de las plantas.

En Italia, sin embargo, no conocemos más que unas pocas; esas pocas son la fresa, el tamnus,[5] la retama de carnicero, el batis marítimo y el batis de jardín, conocido por algunas personas como espárrago galo; además de las cuales podemos mencionar la chirivía de los prados y el lúpulo, que pueden calificarse más bien de diversiones para el botánico que de artículos alimenticios.

LA COLOCASIA

Pero la planta de esta naturaleza que es la más famosa en Egipto es la colocasia,[6] conocida como "cyamos" por algunos. Se recoge en el río Nilo, y su tallo, hervido, se separa en finos filamentos al masticarlo, como los de la tela de araña. La cabeza, que sobresale de entre las hojas, es muy notable; y las hojas, que son extremadamente grandes, incluso cuando se comparan con las de los árboles, son muy similares a las de la planta que se encuentra en nuestros ríos, y que se conoce con el nombre de "personata." Los habitantes de ese país se aprovechan tanto de la generosidad de su río, que tienen la costumbre de trenzar las hojas de la colocasia con tanta habilidad como para hacer recipientes de diversas formas, que les gusta mucho utilizar como vasos para beber. En la actualidad, sin embargo, esta planta se cultiva en Italia.

PLANTAS ESPINOSAS

En efecto, algunas plantas son espinosas, mientras que otras carecen de espinas; las especies de plantas espinosas son muy numerosas. El espárrago y el escorpión[7] son plantas esencialmente espinosas, que no tienen ninguna hoja. Algunas plantas espinosas también tienen hojas, como el cardo, por ejemplo, la erinia, la glicirra y la ortiga; todas estas plantas están provistas de hojas que pinchan o pican. Algunas plantas tienen espinas en la base de sus hojas, el tribulus y el anonis por ejemplo; otras, también tienen espinas, no en las hojas sino en el tallo, el pheos por ejemplo, conocido como el stœbe por algunos. El hippophaës[8] tiene espinas en las articulaciones; el abrojo presenta la particularidad de tener un fruto espinoso.

LOS CACTOS

También el cacto es una planta que crece sólo en Sicilia, con características peculiares; la raíz arroja tallos que se arrastran por el suelo, las hojas son anchas y espinosas. Estos tallos reciben el nombre de "cactos", y no son desagradables como alimento, incluso cuando son viejos. La planta, sin embargo, tiene un tallo que crece erguido, y se conoce con el nombre de "pternix"; tiene el mismo sabor dulce que las otras partes, aunque no se conserva. Su semilla está cubierta de una especie de plumón, conocido como "pappus"; cuando se le quita, así como la corteza del fruto, es tierna, y como la médula de la palma; el nombre que se le da es "ascalias."

---

5   Una especie de uva silvestre (N. del T.).
6   El *Arum colocasia* de Linneo.
7   El *Spartium scorpius* de Linneo, hierba-escorpión.
8   Quizás sea la *Euphorbia spinosa*, Linneo (N. del T.).

EL CYPERUS

El cyperus[9] es un junco de forma angular, blanco cerca del suelo, y negro y sólido en la parte superior. Las hojas inferiores son más delgadas que las del puerro, y las de la parte superior son pequeñas, con la semilla de la planta situada entre ellas. La raíz se asemeja a una aceituna negra, y cuando es de forma oblonga, la planta se conoce como "cyperis", siendo empleada en medicina en gran medida. El cyperus más apreciado es el de la vecindad del Templo de Júpiter Hammon, el siguiente en calidad es el de Rodas, el que lo sigue el de Thrsæ, y el peor de todos el de Egipto, una circunstancia que tiende a aumentar en gran medida el malentendido sobre el tema, ya que ese país produce también el cypiros;[10] pero el cypiros que crece allí es extremadamente duro, y apenas tiene olor, mientras que todas las otras variedades tienen un olor muy parecido al del nardo.

El cyperus, empleado medicinalmente, posee ciertas propiedades depilatorias. Se utiliza en linimentos para los padrastros y las llagas ulcerosas de los genitales y de todas las partes del cuerpo que son de naturaleza húmeda, las úlceras de la boca, por ejemplo. Su raíz es un remedio muy eficaz para las picaduras de serpientes y escorpiones. Tomado en bebida, elimina las obstrucciones del útero, pero si se emplea en dosis demasiado grandes, puede provocar el prolapso de ese órgano. También actúa como diurético y expulsa los cálculos de la vejiga, propiedades que lo hacen extremadamente útil en la hidropesía. Se emplea también por vía tópica para las úlceras serpiginosas, las de la garganta en particular, aplicándose generalmente con vino o vinagre.

USOS MEDICINALES DEL LIRIO Y EL NARCISO

Las raíces del lirio ennoblecen esa flor de múltiples maneras por su utilidad desde el punto de vista medicinal. Tomadas en vino, son buenas para las picaduras de serpientes, y en casos de envenenamiento por hongos. Para los callos en los pies, se aplican hervidas en vino, no retirándose antes de que pasen tres días. Una decocción de ellas con grasa o aceite, tiene el efecto de hacer crecer de nuevo el pelo en las quemaduras. Tomadas con vino endulzado, eliminan la sangre corrupta por medio de las heces; son buenas, además, para el bazo y para la hernia, y actúan como emenagogo. Hervidas en vino y aplicadas con miel, son curativas de las heridas de los tendones. También son buenas para el lichen, las llagas leprosas y la piel de la cara, y borran las arrugas del cuerpo.

Los pétalos del lirio se hierven en vinagre y se aplican, en combinación con polium,[11] a las heridas; sin embargo, si se trata de una herida de los testículos, lo mejor es aplicar los otros ingredientes con beleño y harina de trigo. La semilla de lirio se aplica en casos de erisipela, y las flores y las hojas se utilizan como cataplasma para las úlceras inveteradas. El zumo que se extrae de la flor es llamado "miel" por algunas personas, y "syrium" por otras; se emplea como emoliente para

---

9 Un gran género de plantas que pertenece a la familia de los juncos, y que incluye la especie llamada juncia loca (*Cyperus longus*), varios juncos y el papiro egipcio.
10 Diferentes tipos de gladiolos (N. del T.).
11 Quizás sea *Teucrium polium* o zamarilla (N. del T.).

el útero, y también se utiliza con el fin de promover la transpiración, y para hacer desaparecer las supuraciones.

Dos variedades del narciso se emplean en medicina, la que tiene una flor púrpura, y el narciso herbáceo. Este último es perjudicial para el estómago, y de ahí que actúe como emético y purgante; también es perjudicial para los tendones y produce dolores sordos y pesados en la cabeza; de ahí que haya recibido su nombre, de "narce", y no del joven Narciso, mencionado en la fábula. Las raíces de ambas clases de narcisos tienen un sabor parecido al del vino mezclado con miel. Esta planta es muy útil, aplicada a las quemaduras con un poco de miel, así como a otros tipos de heridas y esguinces. Aplicada tópicamente, también, con miel y avena, es buena para los tumores, y se emplea igualmente para la extracción de sustancias extrañas del cuerpo.

Batido en cebada perlada y aceite, cura las contusiones y los golpes infligidos por las piedras; y, mezclado con harina, limpia eficazmente las heridas y elimina rápidamente los moretones negros de la piel. De esta flor se hace aceite de narciso, bueno para suavizar las induraciones de la piel, y para calentar las partes del cuerpo que han sido afectadas por el frío. También es muy beneficioso para los oídos, pero es muy propenso a producir dolor de cabeza.

LA VIOLETA

Hay violetas silvestres y cultivadas. La violeta púrpura es de naturaleza refrescante; para las inflamaciones se aplican al estómago en los calores ardientes, y para los dolores de cabeza se aplican a la frente. Las violetas, en particular, se utilizan para los flujos oculares, el prolapso del ano y del útero, y las supuraciones. Llevadas en forma de guirnaldas sobre la cabeza, o incluso olfateándolas, disipan los vapores del vino y el dolor de cabeza; y, tomadas en agua, son una cura para la angina. La violeta púrpura, tomada en agua, es un remedio para la epilepsia, sobre todo en los niños; la semilla de violeta es buena para las picaduras de escorpión.

Por otra parte, la flor de la violeta blanca abre las supuraciones, y la propia planta las dispersa. Tanto la violeta blanca como la amarilla frenan el flujo menstrual y actúan como diuréticos. Cuando se recogen frescas, tienen menos virtud, y por eso se utilizan sobre todo secas, después de haberlas conservado un año. La violeta amarilla, tomada en dosis de medio cyathus por tres cyathi de agua, favorece la menstruación; y sus raíces, aplicadas con vinagre, calman las afecciones del bazo, así como la gota. Mezcladas con mirra y azafrán, son buenas para la inflamación de los ojos. Las hojas, aplicadas con miel, limpian las llagas ulcerosas de la cabeza y, combinadas con cerato,[12] son buenas para las grietas del ano y otras partes húmedas del cuerpo. Empleada con vinagre, produce la curación de los abscesos.

USOS MEDICINALES DEL IRIS

El iris rojo es mejor que el blanco. Es muy beneficioso adherir esta planta al cuerpo de los niños, sobre todo cuando están echando los dientes o sufren de tos;

---

12 Ungüento espeso compuesto de cera, manteca o aceite, con otros ingredientes, que se aplica externamente para diversos fines médicos (N. del T.).

también es bueno inyectar unas gotas cuando los niños tienen lombrices. Las demás propiedades difieren muy poco de las de la miel. Limpia las llagas ulcerosas de la cabeza, y los abscesos inveterados más particularmente. Tomado en dosis de dos dracmas con miel, relaja los intestinos; y una infusión del mismo es buena para la tos, los dolores de estómago y la flatulencia; tomado con vinagre, también cura las afecciones del bazo. Mezclado con una mezcla de agua y vinagre es bueno para las mordeduras de serpientes y arañas, y, en dosis de dos dracmas con pan o agua, se emplea para curar las picaduras de escorpiones. También se aplica de forma tópica con aceite a las mordeduras de perros y a las partes excoriadas; empleado en forma similar, también es bueno para los dolores en los tendones, y en combinación con la resina se utiliza como linimento para el lumbago y la ciática. Las propiedades de esta planta son de naturaleza cálida. Inhalada en las fosas nasales, produce estornudos y limpia el cerebro, y en casos de dolor de cabeza se aplica tópicamente en combinación con el membrillo. También disipa los vapores del vino y las dificultades para respirar, y tomado en dosis de dos oboli actúa como emético; aplicado como emplasto con miel, extrae las astillas de los huesos rotos. El lirio en polvo se emplea también para las calvas y, mezclado con vino, para los callos y las verrugas, en cuyo caso se deja durante tres días en la parte afectada.

Masticado, es un corrector del mal aliento y de las exhalaciones ofensivas de las axilas, y su jugo suaviza todo tipo de induraciones del cuerpo. Esta planta actúa como soporífero, pero gasta los fluidos seminales; también se utiliza para el tratamiento de las grietas del ano y los condilomas, y cura todo tipo de excrecencias en el cuerpo.

EL TOMILLO

El tomillo debe recogerse cuando está en flor y secarse a la sombra. Hay dos clases de tomillo: el blanco, de raíz leñosa, que crece en los declives y es el más apreciado de los dos, y otra variedad, de color más oscuro, que lleva una flor de color tostado. Ambas se consideran extremadamente beneficiosas para la vista, tanto si se utilizan como alimento como si se usan como medicamento, y son buenas para la tos inveterada. Utilizadas como electuario, con vinagre y sal, facilitan la expectoración, y tomadas con miel, impiden que la sangre se coagule. Aplicadas externamente con mostaza, disipan los flujos crónicos de la garganta, así como diversas afecciones del estómago y los intestinos. Sin embargo, estas plantas deben usarse con moderación, ya que son de naturaleza calorífica, por lo que actúan de forma astringente sobre los intestinos. En casos de ulceración de los intestinos, la dosis debe ser de un denarius de tomillo por un sextarius de oximel; las mismas proporciones, también, deben tomarse para los dolores en los costados, entre los omóplatos, o en los órganos torácicos. Tomadas con oximel, estas plantas se utilizan para curar las enfermedades intestinales, y se administra una infusión similar en casos de enajenación de los sentidos y melancolía.

El tomillo se administra también para la epilepsia, cuando los ataques aparecen, el olor de esta planta revive al paciente; se dice también que las personas epilépticas deben dormir sobre tomillo suave. También es bueno para la respiración dificultosa y para el asma y las obstrucciones del flujo menstrual. Una decocción de tomillo en agua, hervida hasta que sólo quede un tercio, elimina el feto muerto, y se da a los hombres con oximel, como remedio para la flatulencia, y en casos de hinchazón del abdomen o los testículos y de dolores en la vejiga. Aplicado con vino, elimina los tumores y los flujos y, en combinación con el vinagre, las callosidades y las verrugas. Mezclado con vino, se utiliza como aplicación externa para la ciática; y, batido con aceite y espolvoreado sobre lana, se emplea para las enfermedades de las articulaciones y para los esguinces. También se aplica a las quemaduras, mezclado con manteca de cerdo. Para las enfermedades de las articulaciones de fecha reciente, el tomillo se administra en la bebida, en dosis de tres oboli a tres cyathi de oximel. Para la pérdida de apetito, se da, batido con sal.

Libro XXII
Las propiedades de las plantas y los frutos

La naturaleza y la tierra bien podrían haber colmado la medida de nuestra admiración, si no tuviéramos otra cosa que hacer que considerar las propiedades enumeradas en el Libro anterior, y las numerosas variedades de plantas que encontramos creadas para las necesidades o el disfrute de la humanidad. Y, sin embargo, ¡cuánto nos queda por describir y cuántos descubrimientos aún más sorprendentes! En efecto, la mayor parte de las plantas mencionadas se nos recomiendan por su sabor, su fragancia o su belleza, y nos invitan a hacer repetidas pruebas de sus virtudes; pero, por otra parte, las propiedades de las que quedan por describir nos proporcionan una prueba abundante de que nada ha sido creado por la Naturaleza sin un propósito que cumplir, aunque no nos sea revelado.

TINTES VEGETALES

Observo, en primer lugar, que hay algunas naciones extranjeras que, obedeciendo a un uso largamente establecido, emplean ciertas plantas para el embellecimiento de la persona. Entre algunos pueblos bárbaros, las mujeres se pintan la cara con diversas plantas, no cabe duda, y entre los Daci y los Sarmatæ incluso encontramos a los hombres marcando sus cuerpos de esa forma. Hay una planta en la Galia, similar al plátano en apariencia, y conocida allí con el nombre de "glastum"; tanto las matronas como las muchachas entre la gente de Britania tienen el hábito de pintar todo su cuerpo con ella, cuando toman parte en la realización de ciertos ritos sagrados; rivalizando así con el tono moreno de los etíopes, van en un estado de naturaleza.

Sabemos también que de las plantas se extraen colores admirables para teñir; y, por no mencionar las bayas de Galacia, África y Lusitania, que proporcionan el coccus, un tinte reservado para el traje militar de nuestros generales, los pueblos de la Galia, más allá de los Alpes, producen los colores tirios, el tinte púrpura y todas las demás tonalidades, sólo por medio de las plantas. No tienen que buscar el murex en el fondo del mar, ni exponerse a ser presa de los monstruos de las profundidades, mientras lo arrancan de sus fauces, ni tienen que ir a buscar en profundidades a las que no ha penetrado ningún ancla. De pie en tierra firme, la gente recoge allí sus tintes igual que nosotros nuestras cosechas de maíz.

LA CORONA DE HIERBA

De todas las coronas con las que, en los días de su majestuosidad, el pueblo soberano supremo, el gobernante de la tierra, recompensaba el valor de sus ciudadanos, no había ninguna con mayor gloria que la corona de hierba. Las coronas engalanadas con gemas de oro, la corona vallar, la mural, la rostrada, la cívica y la triunfal, eran, todas ellas, inferiores a ésta; grande, en efecto, era la diferencia entre ellas, y ella las dejaba muy atrás. En cuanto a todas las demás, un solo individuo podía conferirlas, un general o comandante a sus soldados, por ejemplo, o, como en algunas ocasiones, a su colega; también el senado, exento de las preocupaciones y ansiedades de la guerra, y el pueblo en el disfrute del reposo, podían concederlas, junto con los honores de un triunfo.

Pero en cuanto a la corona de hierba, nunca se otorgaba sino en una crisis de extrema desesperación, nunca se votaba sino por la aclamación de todo el ejército, y nunca a nadie más que a quien había sido su preservador. Otras coronas eran concedidas por los generales a los soldados, ésta sólo por los soldados, y al general. Esta corona se conoce también como la corona "obsidional", por la circunstancia de que un ejército asediado es liberado y preservado así de un temible desastre. Si hemos de considerar como una recompensa gloriosa y sagrada la corona cívica, presentada por la preservación de la vida de un solo ciudadano, y él, tal vez, del rango más humilde, ¿qué debemos pensar de todo un ejército que se salva, y que debe su preservación al valor de un solo individuo?

La corona así presentada estaba hecha de hierba verde, recogida en el lugar donde las tropas así rescatadas habían sido asediadas. De hecho, en los primeros tiempos, era habitual que los vencidos presentaran al conquistador un puñado de hierba, lo que significaba que entregaban su suelo nativo, la tierra que los había alimentado y el derecho a ser enterrados allí.

EL TRIBULUS

De las dos[1] clases de tribulus, una es una planta de jardín, la otra crece sólo en los ríos. De ellas se extrae un zumo que se emplea para las enfermedades de los ojos, ya que es de naturaleza fresca y refrescante y, por consiguiente, útil para las inflamaciones y los abscesos. Usado con miel, este jugo es curativo de las ulceraciones espontáneas, las de la boca en particular; es bueno también para las afecciones de las amígdalas. Tomado en poción, rompe los cálculos de la vejiga.

---

1   Probablemente *Fagonia cretica* y *Trapa natans* de Linneo.

Los tracios que habitan en las riberas del río Strymon alimentan a sus caballos con las hojas del tribulus, y emplean los granos como alimento, haciendo de ellos una especie de pan muy agradable, que actúa de forma astringente sobre los intestinos. La raíz, si es recogida por personas en estado de castidad y pureza, dispersa las llagas escrofulosas; y la semilla, utilizada como amuleto, alivia los dolores que acompañan a las venas varicosas; machacada y mezclada con agua, destruye las pulgas.

LA ORTIGA

¿Qué planta puede haber que sea objeto de nuestra aversión más que la ortiga?[2] Y sin embargo, además de su aceite, abunda en propiedades medicinales. Su semilla, según Nicandro, es un antídoto contra el veneno de la cicuta, de los hongos y del azogue. Apolodoro también la prescribe, tomada en el caldo de una tortuga hervida, para la mordedura de la salamandra, y como antídoto para el veneno del beleño, las serpientes y los escorpiones. La acritud de la ortiga también tiene su utilidad, ya que, el contacto con ella refuerza la úvula y cura el prolapso del útero y el prolapso del ano en los niños. Tocando con ortigas las piernas de las personas en letargo, y la frente en particular, se despiertan. Aplicada con sal, la ortiga se utiliza para curar las mordeduras de los perros, y machacada y aplicada tópicamente, detiene las hemorragias en las fosas nasales, en particular su raíz. Mezclada con sal, también se emplea para la curación de cánceres y úlceras infectadas; y, aplicada de forma similar, cura esguinces y tumores inflamados, así como imposturas de las glándulas parótidas y denudaciones de los huesos. Su semilla, tomada con mosto hervido, disipa las sofocaciones histéricas y, aplicada tópicamente, detiene las descargas mucosas de las fosas nasales. Tomada con hidromel, después de la cena, en dosis de dos oboli, la semilla produce un vómito suave; y una dosis de un obolus, tomada con vino, tiene el efecto de disipar la lasitud. La semilla se prescribe también, reseca, y en dosis de un acetabulum, para las afecciones del útero; y, tomada en mosto hervido, es un remedio para la flatulencia del estómago. Tomada en un electuario, con miel, alivia las dificultades respiratorias y despeja el pecho mediante la expectoración; aplicada con linaza, es una cura para los dolores en el costado, con la adición de un poco de hisopo y un poco de pimienta. La semilla se emplea también en forma de linimento para las afecciones del bazo, y, tostada y tomada con la comida, actúa como laxante en el estreñimiento de los intestinos. Hipócrates dice que la semilla, tomada en la bebida, actúa como purgante en el útero; y que tomada, tostada, con vino dulce, en dosis de un acetabulum, o aplicada externamente con jugo de malvas, alivia los dolores en ese órgano. También afirma que, utilizada con hidromel y sal, expulsa las lombrices intestinales, y que un linimento hecho con la semilla restablece el cabello cuando se cae. Muchas personas también emplean la semilla de forma tópica, con aceite viejo, para las enfermedades de las articulaciones y para la gota, o bien las hojas batidas con grasa de oso; la raíz, también, machacada en vinagre, no es menos útil para los mismos fines, así como para

---

2   Sólo dos especies de ortiga, señala Fée, eran conocidas por los antiguos, la *Urtica urens* y la *U. dioica*.

las afecciones del bazo. Hervida en vino y aplicada con grasa de eje[3] rancia y sal, la raíz dispersa los tumores inflamados y, seca, se utiliza como depilatoria.

LA ANCHUSA

La raíz de la anchusa,[4] también, se utiliza, una planta de un dedo de espesor. Se divide en hojas como el papiro, y cuando se toca mancha las manos del color de la sangre; se utiliza para impartir ricos colores a la lana. Aplicada con cerato, cura las llagas ulcerosas, sobre todo las de los ancianos; también se emplea para curar las quemaduras. Es insoluble en el agua, pero se disuelve en aceite, lo que constituye la prueba de su autenticidad. Se administra también, en dosis de un dracma, en vino, para los dolores nefríticos, o bien, si hay fiebre, en una decocción de balanus; se emplea de manera similar, también, para las afecciones del hígado y el bazo, y para las secreciones agrandadas de la bilis. Aplicada con vinagre, se utiliza para la cura de la lepra y la eliminación de las pecas. Las hojas, batidas con miel y harina, se aplican de forma tópica para los esguinces; y tomadas en vino endulzado, en dosis de dos dracmas, detienen la flojedad de los intestinos. Se dice que una decocción de la raíz en agua mata las pulgas.

EL HELIOTROPIO

Hemos hablado más de una vez de las maravillas del heliotropio, que gira con el Sol, incluso en tiempo nublado, tan grande es su simpatía con esa luminaria. Por la noche, como si lo lamentara, cierra su flor azul.

Hay dos especies de heliotropio, el tricoccum[5] y el helioscopium,[6] siendo este último el más alto de los dos, aunque ninguno de ellos supera el medio pie de altura. El heliotropo echa ramas desde la raíz, y su semilla, encerrada en folículos, se recoge en la época de la cosecha. No crece en ninguna parte sino en un suelo rico, uno muy cultivado en particular; el tricoccum, por otro lado, se encuentra creciendo en todas partes. Encuentro que el helioscopium, hervido, se considera un alimento agradable, y que tomado en leche, es suavemente laxante para los intestinos; mientras que, además, una decocción del mismo, tomada como poción, actúa como un purgante muy eficaz. La otra clase, de la que hemos hablado como llamada "tricoccum", y que también lleva el nombre de "scorpiuron", tiene hojas que no sólo son más pequeñas que las de la otra clase, sino que caen hacia el suelo; su semilla se asemeja a la cola de un escorpión, a la que, de hecho, debe su último nombre. Es de gran eficacia para las heridas recibidas de toda clase de insectos venenosos y de la araña conocida como "phalangium", pero más particularmente para las picaduras de escorpiones, si se aplica tópicamente. Aquellos que la llevan encima nunca son picados por un escorpión, y se dice que si se traza un círculo en el suelo alrededor de un escorpión con una ramita de esta planta, el animal nunca

---

3   Manteca de cerdo, ya sea salada o fresca (N. del T.).
4   La *Anchusa tinctoria* de Linneo, la palomilla de tintes.
5   O "de tres granos", probablemente, dice Fée, por las tres células de la cápsula. Identifica esta planta con el *Croton tinctorium* de Linneo, el girasol.
6   Fée lo identifica con el *Heliotropium Europæum* de Linneo, el heliotropo, o verrucaria.

se moverá de él, y que si se cubre un escorpión con ella, o incluso se le rocía con agua de baldosas en la que se ha empapado, morirá en ese instante.

EL ASFÓDELO

El asfódelo es una de las plantas más célebres, hasta el punto de que algunas personas la han llamado "heroum".[7] Hesíodo ha mencionado el hecho de que crece en los ríos, y Dionisio la distingue en macho y hembra. Se ha observado que sus bulbos, hervidos con ptisan, son notablemente buenos para la tisis y el consumo, y que el pan en el que han sido amasados con harina, es extremadamente saludable. Nicandro recomienda también, para las picaduras de serpientes y escorpiones, el tallo o bien la semilla o los bulbos, que deben tomarse en vino, en dosis de tres dracmas; y dice que deben esparcirse bajo la cama, si hay algún temor de su presencia. El asfódelo se prescribe también para las heridas infligidas por animales marinos de naturaleza venenosa, y la mordedura de la escolopendra terrestre. Es bastante maravilloso cómo los caracoles, en Campania, buscan el tallo de esta planta, y lo secan extrayendo el interior. También las hojas se aplican con vino a las heridas hechas por animales venenosos, y los bulbos se machacan con cebada perlada y se utilizan de forma similar para las afecciones de los tendones y las articulaciones. También es un muy buen plan frotar con ellos líquenes picados y mezclados con vinagre, y aplicarlos en agua a las llagas pútridas, así como a las inflamaciones de los pechos y los testículos. Hervido en lías de vino, y aplicado en una prenda de lino, se utiliza para la cura de los flujos oculares.

LOS HONGOS

Entre las producciones vegetales que se comen con riesgo, incluiré, con razón, los hongos; un alimento muy delicado, es cierto, pero merecidamente tenido en desprecio desde el notorio crimen cometido por Agripina, quien, a través de su agencia, envenenó a su marido, el emperador Claudio, y al mismo tiempo, en la persona de su hijo Nerón, infligió otra maldición venenosa a todo el mundo, incluso a ella misma[8] en particular.

Algunos de los hongos venenosos son fácilmente identificados, siendo de un aspecto rancio y malsano, de color rojo claro por fuera y lívido por dentro, con las hendiduras considerablemente ampliadas, y un margen pálido y enfermizo en la cabeza. Estas características, sin embargo, no las presentan otros de las tipos venenosos; pero estando secos en toda su apariencia y asemejándose fuertemente a los auténticas, presentan manchas blancas en la cabeza, en la superficie de la capa exterior. La tierra, en efecto, produce primero el útero o receptáculo del hongo, y luego el hongo en su interior, como la yema en el huevo. Esta envoltura tampoco es menos propicia para la nutrición del joven hongo (que la albúmina del huevo para el de la gallina). Al brotar de la envoltura en el momento de su primera aparición, a medida que aumenta gradualmente se transforma en un tallo sustancial; también es muy raro que encontremos dos creciendo de un solo tallo. El principio

---

7 "Planta de los héroes".
8 Que fue condenada a muerte por él.

generador del hongo está en el limo y los jugos fermentados de la tierra húmeda, o de las raíces de la mayoría de los árboles glandíferos. Aparece al principio en forma de una especie de espuma viscosa, y luego asume una forma más sustancial pero membranosa, tras lo cual, como ya se ha dicho, aparece el hongo joven.

En general, estas plantas son de naturaleza perniciosa, y el uso de ellas debe ser rechazado por completo; porque si por casualidad crecen cerca de un clavo de olor, un pedazo de hierro oxidado, o un poco de tela podrida, absorberán inmediatamente todas estas emanaciones y sabores extraños, y los transformarán en veneno. ¿Quién, de hecho, es capaz de distinguirlos, excepto los que viven en el campo, o las personas que tienen la costumbre de recogerlos? También hay otras circunstancias que las hacen nocivas; si crecen cerca del agujero de una serpiente, por ejemplo, o si por casualidad han sido olfateadas por una cuando apenas comienzan a abrirse; estarán más dispuestas a absorber el veneno por su afinidad natural con las sustancias venenosas.

Por lo tanto, será bueno estar en guardia durante la temporada en la que las serpientes aún no se han retirado a sus agujeros para el invierno. La mejor señal para saber esto es una multitud de hierbas, de árboles y de arbustos, que permanecen verdes desde el momento en que estos reptiles dejan sus agujeros hasta su regreso; de hecho, el fresno por sí solo será suficiente para el propósito, sus hojas nunca salen después de que las serpientes han hecho su aparición, ni comienzan a caer antes de que se hayan retirado a sus agujeros. La existencia completa del hongo, desde su nacimiento hasta su muerte, no dura más de siete días.

LASER

Laser,[9] un jugo que se destila del silphium; se considera uno de los regalos más preciosos que nos ofrece la naturaleza, y se utiliza en numerosas preparaciones medicinales. Empleado por sí mismo, calienta y revive a las personas entumecidas por el frío, y, tomado en la bebida, alivia las afecciones de los tendones. Se da a las mujeres en el vino, y se utiliza con lana suave como pesario para promover la descarga menstrual. Mezclado con cera, extrae los callos de los pies, después de haberlos aflojado primero con el cuchillo; un trozo del tamaño de un garbanzo, derretido en agua, actúa como diurético. Andreas asegura que, tomado incluso en dosis considerables, nunca produce flatulencia, y que favorece enormemente la digestión, tanto en las personas de edad como en las mujeres; dice, además, que es mejor utilizarlo en invierno que en verano, y que incluso entonces, es más adecuado para aquellos cuya bebida es el agua; pero hay que tener el debido cuidado de que no haya ulceración interna. Tomado con la comida, es muy refrescante para los pacientes que acaban de recuperarse de una enfermedad; de hecho, si se usa en el momento adecuado, tiene todas las virtudes de un desecante, aunque es más saludable para las personas que tienen el hábito de usarlo que para las que no lo emplean habitualmente.

---

9   Una goma-resina obtenida del norte de África, muy estimada por los antiguos como antiespasmódica, desobstruyente y diurética. Se supone que era producida por *Thapsia Garganica* o una de las variedades de esa planta. También se llama asadulcis.

En cuanto a las enfermedades externas, las indudables virtudes de este medicamento son universalmente reconocidas; tomado en la bebida, tiene el efecto, también, de neutralizar el veneno de las serpientes y de las armas envenenadas, y, aplicado con agua, es de uso general para la cura de las heridas

Sería una tarea interminable enumerar todos los usos a los que se destina el laser, en combinación con otras sustancias; y más aún, ya que sólo es nuestro objeto tratar de remedios simples, siendo éstos en los que la Naturaleza muestra sus recursos.

PROPÓLEO

La miel no sería menos estimada que el laser, si no fuera porque casi todos los países la producen. Los usos de la miel son innumerables, si tenemos en cuenta el gran número de composiciones en las que forma parte. En primer lugar, está el propóleo,[10] que encontramos en las colmenas. Esta sustancia tiene la propiedad de extraer los aguijones y todos los cuerpos extraños de la carne, dispersar los tumores, madurar las induraciones, aliviar los dolores de los tendones y cicatrizar las úlceras de la naturaleza más obstinada.

En cuanto a la miel en sí misma, es de una naturaleza tan peculiar que impide que se produzca la putrefacción, debido únicamente a su dulzura, y no a ninguna acritud inherente, ya que sus propiedades naturales son totalmente diferentes a las de la sal. Se emplea con el mayor éxito para las afecciones de la garganta y las amígdalas, para la angina y todas las dolencias de la boca, así como en la fiebre, cuando la lengua está reseca. Las decocciones se utilizan también para la neumonía y la pleuresía, para las heridas infligidas por las serpientes y para el veneno de los hongos. Para la parálisis, se prescribe en vino endulzado, aunque ese licor también tiene sus propias virtudes peculiares. La miel se utiliza con aceite de rosas, como inyección para los oídos; también tiene el efecto de exterminar las liendres y los bichos asquerosos de la cabeza. El mejor plan es siempre descremarla antes de usarla.

HIDROMEL

Al hablar de los usos de la miel, debemos tratar también las propiedades del hidromel. Hay dos tipos de hidromel, uno de los cuales se prepara en el momento y se toma mientras está fresco, y el otro se guarda para que madure. El primero, que está hecho de miel desnatada, es una bebida extremadamente saludable para los inválidos que no toman más que una dieta ligera, como la alica colada, por ejemplo; revigoriza el cuerpo, es calmante para la boca y el estómago, y por sus propiedades refrescantes alivia los calores febriles. También encuentro que algunos autores afirman que, para relajar los intestinos, debe tomarse frío, y que es especialmente adecuado para las personas de temperamento frío o de constitución débil y pusilánime, como las que los griegos, por ejemplo, llaman "micropsychi".

---

10 Una sustancia roja, resinosa y olorosa que se parece a la cera y huele a estoraque. Las abejas lo recogen de las yemas viscosas de varios árboles y lo utilizan para tapar los agujeros y grietas de sus colmenas para evitar la entrada de aire frío, para reforzar las celdas, etc. También se llama cola de abeja (N. del T.).

Existe una teoría, notable por su extrema ingenuidad, establecida por primera vez por Platón, según la cual los átomos primarios de los cuerpos, según sean lisos o rugosos, angulares o redondos, se adaptan más o menos a los distintos temperamentos de los individuos; y de ahí que las mismas sustancias no sean universalmente dulces o amargas para todos. Así, cuando estamos afectados por la lasitud o la sed, somos más propensos a la ira que en otras ocasiones. Estas asperezas de la disposición, o más bien debería decir de la mente, son capaces de ser modificadas por las bebidas más dulces, ya que tienden a lubricar los pasajes para la respiración, y a calmar los canales, el trabajo de inhalación y exhalación se realiza, por lo tanto, sin que ninguna rigidez lo obstaculice. Cada persona debe ser sensible a esto experimentalmente, en su propio caso; no hay nadie en quien la ira, el afecto, la tristeza, y todas las emociones de la mente no puedan, en algún grado, ser modificados por la dieta. Por lo tanto, valdrá la pena que observemos cuáles son los alimentos que ejercen un efecto físico, no sólo sobre el cuerpo, sino también sobre la disposición.

El hidromel se recomienda también como muy bueno para la tos; tomado caliente, promueve el vómito. Con la adición de aceite, contrarresta el veneno del plomo blanco; del beleño, también, y del halicacabum,[11] si se toma en la leche, la leche de asno en particular. Se utiliza como inyección para las enfermedades de los oídos, y en casos de fístula de los órganos generativos. Con miga de pan se aplica como cataplasma en el útero, así como en los tumores que se forman repentinamente, en los esguinces y en todas las afecciones que requieren aplicaciones calmantes.

CERA

A la descripción de la miel se añade naturalmente la de la cera. Toda clase de cera es emoliente y calentadora, y tiende a la formación de nueva carne; la cera fresca es, sin embargo, la mejor. Se da en caldo a las personas aquejadas de disentería, y los propios panales se emplean a veces en un potaje hecho de alica reseca. La cera contrarresta los malos efectos de la leche; y diez píldoras de cera, del tamaño de un grano de mijo, impedirán que la leche se coagule en el estómago. Para las hinchazones en la ingle, se considera beneficioso aplicar un emplasto de cera blanca en el pubis.

ALICA

La alica[12] es una invención bastante romana, y no muy antigua; de lo contrario, los griegos nunca habrían escrito en términos tan elevados las alabanzas del ptisan. No creo que se utilizara en los días de Pompeyo Magno, circunstancia que explica por qué apenas se menciona en las obras de la escuela de Asclepíades. Nadie puede dudar de que es una preparación excelente, tanto si se utiliza colada en hidromel, como si se hierve y se toma en forma de caldo o potaje espeso. Para detener el flujo de los intestinos, primero se seca y luego se hierve con un panal de miel, pero

---

11 *Cardiospermum halicacabum* es una planta trepadora ampliamente distribuida por las zonas tropicales y subtropicales de África, Australia y Norteamérica que suele encontrarse como maleza a lo largo de carreteras y ríos (N. del T.).

12 Trigo farro o farro (*Triticum dicoccum*); sémola o gachas hechas con él (N. del T.).

es más útil en los casos cuando hay una tendencia a la tisis después de una larga enfermedad, las proporciones adecuadas son tres cyathi de ella en un sextarius de agua. Esta mezcla se hierve hasta que toda el agua se haya evaporado, después de lo cual se añade un sextarius de leche de oveja o de cabra; entonces el paciente la toma diariamente, y después de un tiempo se añade un poco de miel. Con este tipo de alimento se puede curar una profunda decadencia.

PTISAN

Al ptisan,[13] que es una preparación de cebada, Hipócrates le ha dedicado un tratado entero; alabanzas, sin embargo, que en la actualidad son todas transferidas a la "alica", siendo, como es, una preparación mucho más saludable. Hipócrates, sin embargo, lo recomienda como potaje, por la relativa facilidad con la que, por su naturaleza lubricada, se traga; como también, porque alivia la sed, nunca se hincha en el estómago, pasa fácilmente por los intestinos, y es el único alimento que admite ser dado dos veces al día en la fiebre, al menos a los pacientes que tienen el hábito de tomar dos comidas. Sin embargo, prohíbe que se dé sin colar antes, ya que, según él, no debe utilizarse ninguna parte del ptisan, excepto el agua. También dice que nunca debe tomarse cuando los pies están fríos y, de hecho, no debe tomarse ninguna bebida de ningún tipo en ese momento. Con el trigo se elabora un tipo de ptisan más viscoso, que resulta aún más eficaz para las ulceraciones de la tráquea.

PAN

También el pan, que constituye nuestro alimento ordinario, posee propiedades medicinales, prácticamente innumerables. Aplicado con agua y aceite, o bien con aceite de rosas, ablanda los abscesos; y, con hidromel, es notablemente calmante para las induraciones. Se prescribe con vino para producir delitescencia, o cuando una supuración requiere ser controlada; o, si se requiere una actividad adicional, con vinagre. También se emplea para las secreciones mórbidas del reuma, conocidas por los griegos como "rheumatismi", y para las contusiones y esguinces. Para todos estos fines, sin embargo, el pan hecho con levadura, y conocido como "autopyrus", es el mejor.

---

13 Una decocción de cebada con otros ingredientes; una bebida farinácea.

Libro XXIII
Usos y propiedades medicinales de los árboles cultivados

Ya hemos expuesto las diversas propiedades, medicinales o no, tanto de los cereales como de las demás producciones que se encuentran en la superficie de la tierra, ya sea para servirnos de alimento, ya sea para gratificar nuestros sentidos con sus flores o perfumes. En los árboles, sin embargo, Pomona[1] ha entrado en las listas con ellos, y ha impartido ciertas propiedades medicinales a los frutos mientras cuelgan del árbol. No contenta con proteger y alimentar, bajo la sombra de los árboles, las diversas plantas que ya hemos descrito, parece incluso indignarse, por así decirlo, al pensar que deberíamos obtener más ayuda de aquellas producciones que están más alejadas de la copa del cielo, y que sólo han entrado en uso en tiempos comparativamente recientes. Porque le pide al hombre que tenga presente que fueron los frutos de los árboles los que formaron su primer alimento, y que fueron éstos los que le llevaron por primera vez a mirar hacia el cielo; y no sólo esto, sino que le recuerda también que aún es muy posible que obtenga su alimento de los árboles, sin estar en deuda con el grano para su subsistencia.

LA VID

Pero, ¡por Hércules! es a la vid a la que ha concedido más particularmente estas propiedades medicinales, como si no se contentara con su generosidad al proporcionarle tan deliciosos sabores, perfumes y esencias. "Es a mí", dice, "a quien el hombre debe la mayor parte de sus goces, soy yo quien produce para él el vino que fluye y el aceite que gotea, soy yo quien madura el dátil y otros frutos en número tan variado; y todo esto, sin insistir, como la tierra, que ofrece sus dones a costa de fatigas y trabajos. No creo en la necesidad de arar con la ayuda de bueyes, de batir

---

1   La diosa que fomentaba los árboles frutales y promovía su cultivo (N. del T.).

en la era, o de machacar bajo la piedra de molino, y todo para que el hombre pueda ganar su alimento en algún tiempo indefinido por este vasto esfuerzo. En cuanto a mí, todos mis dones se ofrecen ya preparados; pues no requieren ansiedades ni fatigas, sino que, por el contrario, se ofrecen espontáneamente, e incluso caen al suelo, si el hombre es demasiado indolente para alcanzarlos tal como cuelgan." Compitiendo incluso con ella misma, Pomona ha hecho aún más por nuestra ventaja práctica que por la mera gratificación de nuestros placeres y caprichos.

LAS HOJAS Y LOS SARMIENTOS DE LA VID

Las hojas y los sarmientos de la vid, empleados con cebada perlada, alivian el dolor de cabeza y reducen las inflamaciones; también las hojas, aplicadas por sí mismas con agua fría, son buenas para los dolores de estómago; y, usadas con harina de cebada, son excelentes aplicaciones para las enfermedades de las articulaciones. Los sarmientos, machacados y aplicados, tienen la propiedad de secar toda clase de tumores corrientes, y el jugo que se extrae de ellos se utiliza como inyección para curar la disentería. Las lágrimas de la vid, que parecen ser una especie de goma, curan las llagas leprosas, el lichen y las costras de sarna, si se tratan primero con nitro; usado con aceite, y aplicado frecuentemente a los pelos superfluos, actúan como depilatorio, sobre todo el jugo que exuda de la vid cuando se queman en estado verde; este último líquido tiene también el efecto de eliminar las verrugas. Una infusión de los brotes en agua, tomada en la bebida, es buena para las personas que escupen sangre y para los desmayos que a veces se producen al concebir.

La corteza de la vid y las hojas secas detienen el flujo de sangre de las heridas y hacen que las llagas cicatricen más rápidamente. El jugo de la vid blanca, extraído cuando está verde, elimina eficazmente las erupciones cutáneas. Las cenizas de los esquejes de las vides y de las cáscaras de las uvas, aplicadas con vinagre, son curativas de los condilomas y de las enfermedades del ano, así como de las torceduras, quemaduras e hinchazones del bazo, aplicadas con aceite de rosas, ruda y vinagre. Usadas con vino, pero sin aceite, son un fomentador para la erisipela y las partes del cuerpo que están irritadas; también actúa como depilatorio. Para las afecciones del bazo, las cenizas de los recortes de vid, humedecidas con vinagre, se administran en la bebida, tomándose en dosis de dos cyathi en agua tibia; después de lo cual el paciente debe tener el debido cuidado de acostarse sobre el lado en el que se encuentra el bazo.

También los zarcillos que la vid arroja al trepar, batidos en agua y bebidos, tienen el efecto de detener los vómitos habituales. Las cenizas de la vid, usadas con grasa de eje rancia, son buenas para los tumores, actúan como detergente en las fístulas, y efectúan rápidamente una cura radical; lo mismo, también, con los dolores y contracciones de los tendones, ocasionados por el frío. Aplicadas con aceite, son útiles para las contusiones, y con vinagre y nitro, para las excrecencias carnosas en los huesos; en combinación con el aceite, son buenas también para las heridas infligidas por escorpiones y perros. Las cenizas de la corteza, empleadas por sí mismas, devuelven el pelo a las partes del cuerpo que han sufrido la acción del fuego.

LAS UVAS

En cuanto a las uvas, cuando se las deja madurar, las negras tienen propiedades más marcadas que las otras; y de ahí que el vino que se hace con ellas no sea tan agradable. Las uvas blancas, en cambio, son más dulces, pues al ser transparentes, el aire penetra en ellas con mayor facilidad.

Las uvas recién recogidas producen flatulencia y perturban el estómago y los intestinos; por eso se evitan en las fiebres, sobre todo en grandes cantidades. De hecho, son muy propensas a producir opresión de la cabeza y a provocar el mal conocido como letargo. Las uvas que se han recogido y se han dejado colgar durante algún tiempo son mucho menos perjudiciales, ya que la exposición al aire las hace beneficiosas incluso para el estómago y refrescantes para el paciente, ya que son ligeramente refrescantes y tienden a eliminar las náuseas y el malestar.

Las uvas que se han conservado en vino o en mosto pueden causar dolores de cabeza. Junto a las uvas que se han dejado colgar al aire, están las que se han conservado en paja; pero en cuanto a las que se han conservado entre cáscaras de uva, son perjudiciales para la cabeza, la vejiga y el estómago, aunque al mismo tiempo detienen la flojedad de los intestinos, y son extremadamente buenas para los pacientes con problemas de escupir sangre. Cuando se conservan en mosto, sus efectos son peores incluso que cuando se conservan entre cáscaras; el mosto hervido, además, las hace perjudiciales para el estómago. La opinión de los médicos es que las uvas conservadas en agua de lluvia son las más saludables de todas, aunque no son en absoluto agradables de comer; porque su beneficio se experimenta especialmente en los dolores de estómago ardientes, la bilis que surge de un hígado desordenado, los vómitos de bilis y los ataques de cólera, así como la hidropesía y las fiebres ardientes.

LA VID BLANCA

La vid blanca[2] es conocida por los griegos con los diversos nombres de ampeloleuce, staphyle, melothron, psilotrum, archezostis, cedrostis y madon. Las ramitas de este árbol son articuladas, delgadas y trepadoras, con considerables intersticios entre los nudos. Las hojas, unidas a los numerosos brotes y del tamaño de una hoja de hiedra, son dentadas en los bordes, como las de la vid. Su raíz es grande y blanca, y muy parecida a un rábano al principio; de ella salen varios tallos, de aspecto similar a los espárragos. Estos tallos, que se comen hervidos, son purgantes y diuréticos. También las hojas, así como los tallos, poseen propiedades cáusticas, por lo que se emplean tópicamente con sal, para las llagas ulcerosas, gangrenas y úlceras pútridas de las piernas. El fruto del árbol tiene forma de uvas finamente esparcidas, cuyo jugo es rojo al principio, y después de color azafrán. Este fruto es bien conocido por los curtidores, que tienen la costumbre de utilizarlo para preparar el cuero. También se emplea en forma de linimento para las costras de sarna y las manchas leprosas; y una decocción de él con trigo, tomada en la bebida, aumenta la leche en las mujeres durante la lactancia. La raíz de este árbol, tan famosa por los numerosos fines medicinales a los que se aplica, se machaca y se toma en vino, en dosis

---

2   La *Bryonia alba* de Linneo; agrianpelos o aguilonia.

de dos dracmas, para la curación de las picaduras infligidas por las serpientes; también tiene el efecto de eliminar las manchas de la cara, los lunares y las pecas, así como las cicatrices y los moratones; una decocción de la misma en aceite produce un efecto similar. Una decocción de la misma se da a beber para la epilepsia, y para las personas aquejadas de una mente desordenada o que sufren de vértigo, la dosis es de un dracma diario, durante todo un año; tomada en cantidades más grandes, a veces es capaz de desordenar los sentidos. Posee, además, una propiedad muy notable, aplicada con agua de la misma manera que la brionia, de extraer los huesos astillados, por lo que algunas personas la conocen con el nombre de brionia blanca; sin embargo, la otra clase, que es negra, se encuentra que responde mejor al propósito, en combinación con miel e incienso.

OBSERVACIONES RELATIVAS AL VINO

Las personas cuyo deseo es subir de peso, o mantener los intestinos relajados, harán bien en beberlo mientras toman su comida. Los que, por el contrario, desean adelgazar o evitar que los intestinos se relajen, deben abstenerse de beber mientras toman sus alimentos, y beber sólo un poco cuando hayan terminado de comer. Beber vino en ayunas es una moda de reciente introducción, y extremadamente mala para las personas que se dedican a asuntos importantes y que requieren una aplicación continua de las facultades mentales. El vino, sin duda, se tomaba en ayunas en la antigüedad, pero entonces era un preparativo para el sueño y el descanso de las preocupaciones mundanas; y es por esta razón que, en Homero, encontramos a Helena presentándolo a los invitados antes del banquete. También en este hecho se basa el proverbio común que dice que "la sabiduría se oscurece con el vino". Es al vino a quien los hombres debemos el ser los únicos seres animados que beben sin tener sed. Cuando se bebe vino, es un muy buen plan tomar un trago de agua de vez en cuando; y tomar un largo trago al final, el agua fría tomada internamente tiene el efecto de disipar instantáneamente la embriaguez.

Hesíodo recomienda encarecidamente beber vino sin diluir durante veinte días antes de la salida de la Canícula, y otros tantos después. El vino puro también actúa como antídoto contra la cicuta, el cilantro, el beleño, el muérdago, el opio y el mercurio, así como contra las picaduras de abejas, avispas, avispones, phalangium, serpientes y escorpiones; todo tipo de veneno, de hecho, que sea de naturaleza fría, el veneno de los hæmorrhois[3] y el prester,[4] en particular, y los efectos nocivos de los hongos. El vino sin diluir es bueno, también, en casos de flatulencia, dolores en los órganos torácicos, vómitos excesivos en el estómago, flujos de los intestinos y disentería, transpiraciones excesivas después de ataques prolongados de tos, y secreciones de diversos tipos. En la enfermedad cardíaca, es un buen plan aplicar una esponja empapada en vino puro en el pecho izquierdo; en todos estos casos, sin embargo, el vino blanco viejo es el mejor. Una fomentación de vino caliente aplicada a los genitales de las bestias de carga resulta muy beneficiosa; y, introducida en la boca, con la ayuda de un cuerno, tiene el efecto de eliminar toda sensación

---

3   Un tipo de serpiente venenosa (N. del T.).
4   Un tipo de serpiente cuya mordedura causa una sed ardiente (N. del T.).

de fatiga. Se afirma que en los monos y otros cuadrúpedos con dedos de los pies, el crecimiento se verá impedido si se les acostumbra a beber vino sin diluir.

VINAGRE

El vino, incluso cuando ha perdido sus propiedades vínicas, sigue conservando algunas virtudes medicinales. El vinagre posee propiedades refrescantes en el más alto grado, y no es menos eficaz como resolutivo; tiene también la propiedad de hacer efervescencia, cuando se vierte en el suelo. Hemos tenido ocasión, y volveremos a tenerla, de mencionar las diversas composiciones medicinales en las que forma parte. Tomado por sí mismo disipa las náuseas y detiene el hipo, y si se huele, evitará los estornudos; retenido en la boca, evita que una persona se sienta incómoda por el calor del baño. También se utiliza como bebida, en combinación con el agua, y empleado como gárgaras, muchos lo encuentran muy saludable para el estómago, especialmente los convalecientes y las personas que sufren de insolación; utilizado como fomentación, también, esta mezcla es extremadamente beneficiosa para los ojos. El vinagre se utiliza como remedio cuando se ha ingerido una sanguijuela; y tiene la propiedad de curar las llagas leprosas, las erupciones escorbúticas, las úlceras supurantes, las heridas infligidas por perros, escorpiones y escolopendras, y la mordedura de la musaraña. También es bueno como preventivo de las sensaciones de picor producidas por el veneno de todos los animales que pican, y como antídoto contra la mordedura del milpiés.

Aplicado caliente en una esponja, en la proporción de tres sextarii por dos onzas de azufre o un manojo de hisopo, el vinagre es un remedio para las enfermedades del ano. Para detener la hemorragia que se produce tras la operación de litotomía y, de hecho, todas las demás operaciones de naturaleza similar, es habitual aplicar vinagre en una esponja y, al mismo tiempo, administrarlo internamente en dosis de dos cyathi, empleando la más fuerte posible. El vinagre tiene también el efecto de disolver la sangre coagulada; para la cura de el lichen, se utiliza tanto interna como externamente. Usado como inyección, detiene la flojedad de los intestinos y los flujos intestinales; se emplea también para el prolapso del recto y del útero.

LAS HOJAS DEL OLIVO

El siguiente rango, después de la vid, pertenece claramente al olivo. Las hojas del olivo son astringentes, detergentes y aglutinantes en grado sumo. Masticadas y aplicadas a las llagas, son de naturaleza curativa; y aplicadas tópicamente con aceite, son buenas para el dolor de cabeza. Una decocción de ellas con miel es un buen linimento para las partes del cuerpo que han sido sometidas a cauterización, así como para las inflamaciones de las encías, los panadizos y las úlceras fétidas y pútridas; combinadas con miel, detienen las descargas de sangre de las partes nerviosas del cuerpo. El jugo de las hojas de olivo es eficaz para las úlceras carbunculares y las pústulas alrededor de los ojos, y para el prolapso de la pupila; por lo tanto, se emplea mucho en la composición de los bálsamos para los ojos, teniendo la propiedad adicional de curar los goteos inveterados de los ojos y las ulceraciones de los párpados.

Este zumo se extrae vertiendo vino y agua de lluvia sobre las hojas, y luego machacándolas; después la pulpa se seca y se divide en pastillas. Usado con lana, como pesario, este preparado detiene la menstruación cuando está en exceso, y es muy útil para el tratamiento de llagas purulentas, condilomas, erisipela, úlceras que se extienden y epinitis.

También la flor del olivo posee propiedades similares. Las ramas jóvenes se queman cuando acaban de florecer, y de las cenizas se hace un sustituto del sodio, sobre el que se vierte vino, y luego se vuelve a quemar. Para las supuraciones y los tumores inflamados se aplican estas cenizas, o bien las hojas, batidas con miel; para los ojos, se utilizan con cebada perlada. El jugo que emana de la madera, cuando se quema en estado verde, cura el lichen, las erupciones escamosas y las úlceras corren.

OMPHACIUM

En cuanto al aceite de oliva, ya hemos tratado abundantemente su naturaleza y elementos. Queda ahora por hablar de las propiedades medicinales de las distintas clases de aceite. El más útil de todos es el omphacium,[5] y después de eso, el aceite verde;[6] además de lo cual, podemos observar que el aceite debe ser lo más fresco posible, excepto en los casos en que el aceite viejo es absolutamente necesario. Para fines medicinales, también, el aceite debe ser extremadamente fluido, tener un olor agradable y estar libre de todo sabor, justo lo contrario, de hecho, de la propiedad que buscamos en los alimentos. El omphacium es bueno para las encías, y si se mantiene de vez en cuando en la boca, no hay nada mejor como conservador de la blancura de los dientes. Controla las transpiraciones profusas.

ACEITE DE RICINO

El aceite de ricino, tomado con una cantidad igual de agua caliente, actúa como purgante sobre los intestinos. También se dice que, como purgante, este aceite actúa más particularmente sobre las regiones del diafragma. Es muy útil para las enfermedades de las articulaciones, todo tipo de induraciones, afecciones del útero y los oídos, y para las quemaduras; empleado con las cenizas del murex, cura las costras de picor y las inflamaciones del ano. También mejora el cutis, y por sus tendencias fertilizantes promueve el crecimiento del cabello. El cicus, o semilla de la que se hace este aceite, no lo toca ningún animal; y de estas semillas parecidas a la uva se hacen mechas que arden con una brillantez peculiar; la luz, sin embargo, que produce el aceite es muy tenue, como consecuencia de su extremo espesor. Las hojas se aplican tópicamente con vinagre para la erisipela, y frescas, se utilizan por sí mismas para las enfermedades de los pechos y los flujos oculares; una decocción de ellas en vino, con cebada perlada y azafrán, es buena para inflamaciones de diversos tipos. Hervidas solas, y aplicadas en la cara durante tres días sucesivos, mejoran el cutis.

---

5   Jugo de fruta inmadura, ya sea de aceitunas o de uvas (N. del T.).
6   Una clase inferior de omphacium.

ACEITE DE CHIPRE

El aceite de Chipre[7] es naturalmente cálido y relaja los tendones. Las hojas del árbol se utilizan como aplicación para el estómago, y su jugo se aplica en un pesario para las irritaciones del útero. Recién recolectadas y masticadas, las hojas se aplican a las úlceras supurantes de la cabeza, a las ulceraciones de la boca, a las reuniones y a las llagas condilomatosas. Una decocción de las hojas es muy útil también para las quemaduras y los esguinces. Las flores, aplicadas a la cabeza con vinagre, alivian el dolor de cabeza, y sus cenizas, quemadas en una olla de tierra cruda, son curativas de las llagas corrosivas y de las úlceras pútridas, ya sea empleadas solas o en combinación con miel. El olor que exhalan estas flores induce al sueño.

ACEITE DE BÁLSAMO

El aceite de bálsamo es, con mucho, el más valioso de todos ellos, como ya hemos dicho, al tratar de los ungüentos. Es extremadamente eficaz para el veneno de todo tipo de serpientes, es muy beneficioso para la vista, dispersa las películas sobre los ojos, alivia las dificultades respiratorias, y actúa emolientemente sobre todo tipo de inflamaciones e induraciones. Tiene el efecto, también, de prevenir la coagulación de la sangre, actúa como un detergente en las úlceras, y es notablemente beneficioso para las enfermedades de los oídos, dolor de cabeza, temblores, espasmos y rupturas. Tomado en leche, es un antídoto para el veneno del acónito, y utilizado como linimento en el acceso de los ataques de escalofríos en las fiebres, modifica su violencia. Sin embargo, debe usarse con moderación, ya que es de naturaleza muy cáustica y, si no se emplea con moderación, puede empeorar la enfermedad.

LA PALMA

Después de la vid y el olivo, viene la palma. Los dátiles recién recogidos tienen un efecto embriagador y producen dolor de cabeza; cuando se secan, no son tan perjudiciales. Parece que no son saludables para el estómago; tienen un efecto irritante para la tos, pero son muy nutritivos para el cuerpo. Los antiguos solían dar una decocción de ellos a los pacientes, como sustituto del hidromel, con el fin de recuperar las fuerzas y calmar la sed, siendo el dátil tebaico el preferido para este fin. Los dátiles son muy útiles, también, para las personas que escupen sangre, especialmente cuando se toman en la comida. Los dátiles llamados caryotæ, en combinación con los membrillos, la cera y el azafrán, se aplican tópicamente para las afecciones del estómago, la vejiga, el abdomen y los intestinos; también son buenos para las contusiones. Las semillas de dátil, quemadas en una vasija de barro nueva, producen una ceniza que, una vez enjuagada, se emplea como sustituto

---

7 *Lawsonia inermis,* alheña o arjeña, es poco conocida en Europa: pero se emplea para muchos fines en Oriente. Las hojas, que tienen un fuerte olor, se utilizan para teñir y manchar diversas partes del cuerpo (N. del T.).

del spodium,[8] y se utiliza como ingrediente en los bálsamos para los ojos y, con la adición de nardo, en los lavados para las cejas.

LAS PERAS

Todas las clases de peras, como alimento, son indigestas, incluso para las personas de salud robusta; pero para los inválidos están prohibidas tan rígidamente como el vino. Sin embargo, hervidas son muy agradables y saludables, especialmente las de Crustumium. Todas las clases de peras, también, hervidas con miel, son saludables para el estómago. Se hacen cataplasmas de naturaleza resolutiva con peras, y una decocción de ellas se utiliza para dispersar las induraciones. También son eficaces en casos de envenenamiento por hongos y setas, tanto por su pesadez como por los efectos neutralizadores de su jugo.

La pera silvestre madura muy lentamente. Cortada en rodajas y colgada al aire para que se seque, detiene la flojedad de los intestinos, un efecto que se produce igualmente por una decocción de ella tomada en la bebida; en cuyo caso las hojas también se hierven junto con la fruta. Las cenizas del peral son aún más eficaces como antídoto contra el veneno de los hongos.

Una carga de manzanas o peras, por pequeña que sea, fatiga singularmente a las bestias de carga; el mejor plan para contrarrestar esto, dicen, es dar a los animales algo de comer, o al menos mostrarles la fruta antes de partir.

LOS HIGOS

El jugo lechoso de la higuera posee propiedades similares a las del vinagre; de ahí que, como el cuajo, cuaje la leche. Este jugo se recoge antes de que el fruto madure, y se seca a la sombra; se utiliza con yema de huevo como linimento, o bien en la bebida, con almidón, para hacer que las úlceras remitan y se rompan, y con fines emenagogos. Con harina de alholva y vinagre, se aplica tópicamente para la gota; también actúa como depilatorio, cura las erupciones de los párpados, lichen y las costras de sarna, y relaja los intestinos. La leche de la higuera es naturalmente curativa de las picaduras de avispas y otros insectos similares, y es notablemente útil para las heridas infligidas por los escorpiones. Mezclado con grasa de eje elimina las verrugas. Con las hojas y los higos aún verdes se aplica para las llagas escrofulosas y otras de naturaleza que requieren emolientes o resolutivos. También las hojas, utilizadas por sí mismas, producen un efecto similar. Además de esto, se emplean para otros fines, como una frotación para el lichen, por ejemplo, para la alopecía y otras enfermedades que requieren aplicaciones cáusticas. Los brotes jóvenes de las ramas se utilizan como aplicación sobre la piel en casos de mordeduras infligidas por perros. Con miel se aplican a las úlceras conocidas como úlceras de panal; mezclados con las hojas de amapolas silvestres extraen astillas de huesos; y las hojas batidas en vinagre son una cura para las mordeduras infligidas por los perros. Los jóvenes brotes blancos de la higuera negra se aplican tópicamente, con cera, a los forúnculos y a las mordeduras infligidas por la musaraña; y las cenizas de sus hojas se utilizan para curar las gangrenas y reducir las excrecencias carnosas.

---

8 Cenizas vegetales (N. del T.).

Los higos maduros son diuréticos y laxantes; promueven la transpiración y hacen que salgan granos; de ahí que sean insalubres en otoño, ya que las transpiraciones que provocan van siempre acompañadas de escalofríos. Los higos secos son perjudiciales para el estómago, pero son beneficiosos en un grado maravilloso para la garganta y la faringe. Son de naturaleza cálida, producen sed y relajan los intestinos, pero son insalubres en las dolencias estomacales y los flujos intestinales. En todos los casos son beneficiosos para la vejiga, la dureza de la respiración y el asma, así como para las enfermedades del hígado, los riñones y el bazo. Los higos son extremadamente útiles para los pacientes que se recuperan de una larga enfermedad, y para las personas que sufren de epilepsia o hidropesía. Se aplican también por vía tópica en todos los casos en los que las llagas deben ser curadas o dispersadas, y son aún más eficaces cuando se mezclan con cal o nitro.

LAS MORAS

En Egipto y en la isla de Chipre hay árboles de moras de una clase peculiar, siendo de una naturaleza que es verdaderamente maravillosa; porque, si se pela la corteza exterior, emiten una gran abundancia de jugo; pero si se hace una incisión más profunda, se encuentra que están completamente secos. Este zumo es un antídoto contra el veneno de las serpientes, es bueno para la disentería, dispersa los tumores inflamados y toda clase de reuniones, cura las heridas y alivia tanto el dolor de cabeza como el de oído; se toma en la bebida para las afecciones del bazo y se utiliza como linimento para el mismo fin, así como para los ataques de escalofríos. Este jugo, sin embargo, engendra muy pronto gusanos.

Entre nosotros, también, el jugo que exuda del árbol de la morera se emplea para un número igual de propósitos; tomado en vino, neutraliza los efectos nocivos del acónito y el veneno de las arañas, relaja los intestinos y expulsa la tenia y otros animales que se reproducen en los intestinos; la corteza del árbol, machacada, tiene también un efecto similar. Las hojas, hervidas en agua de lluvia con la corteza del higo negro y la vid, se utilizan para teñir el cabello.

El zumo de la fruta tiene un efecto laxante inmediato sobre los intestinos, aunque la fruta en sí, por el momento, actúa beneficiosamente sobre el estómago, siendo de naturaleza refrescante, pero produciendo sed. Si no se toman otros alimentos, las moras tienen tendencia a hincharse. El jugo de las moras inmaduras actúa de forma astringente sobre los intestinos.

STOMATICE

Del fruto de la morera se prepara un medicamento llamado "panchrestos",[9] "stomatice" o "arteriace"; el método empleado es el siguiente. Se reducen tres sextarii del jugo, a fuego lento, hasta la consistencia de la miel; se añaden entonces dos denarius de omphacium seco[10] o uno de mirra, con un denarius de azafrán, y se bate todo junto y se mezcla con la decocción. No se conoce ningún medicamento que sea más calmante que éste, para las afecciones de la boca, la tráquea, la úvula y

---

9 "Medicina para todo", "medicina para la boca" y "medicina para la tráquea".
10 Jugo de fruta no madura, ya sea de aceitunas o de uvas (N. del T.).

el estómago. También hay otro modo de prepararlo: se hierven dos sextarii de jugo de moras y uno de miel ática de la manera arriba indicada.

Hay otras propiedades maravillosas, también, que se mencionan en referencia a este árbol. Cuando el árbol está en ciernes, y antes de la aparición de las hojas, hay que recoger los gérmenes del fruto con la mano izquierda –los griegos les dan el nombre de "ricini". Estos gérmenes, llevados como amuleto antes de que hayan tocado el suelo, tienen el efecto de detener las hemorragias, ya sea que provengan de una herida, de la boca, de las fosas nasales o de las hemorroides; para lo cual, por consiguiente, se guardan y conservan. Virtudes similares se atribuyen a una rama que comienza a brotar, rota en Luna llena, siempre que no haya tocado el suelo; esta rama, se dice, unida al brazo, es particularmente eficaz para la supresión de la descarga menstrual cuando es excesiva. Se dice que el mismo efecto se produce cuando la misma mujer quita la rama, sea cual fuera el momento, teniendo cuidado de que no toque el suelo y de llevarla pegada al cuerpo. Las hojas del árbol de la morera frescas, machacadas, o una decocción de ellas secas, se aplican tópicamente para las picaduras infligidas por las serpientes; una infusión de ellas, tomada en la bebida, es igualmente eficaz para ese propósito. El zumo extraído de la corteza de la raíz, tomado en vino u una mezcla de agua y vinagre, contrarresta el veneno del escorpión.

CONOS DE PINO

Los conos de pino, con la resina que contienen, se machacan ligeramente y se hierven en agua hasta la mitad; la proporción de agua es de un sextarius por cada nuez. Esta decocción, tomada en dosis de dos cyathi, se utiliza para la cura de la expectoración de la sangre. La corteza del árbol, hervida en vino, se administra para los dolores de garganta en los intestinos. Los granos del piñón alivian la sed y mitigan la acritud y los dolores de estómago; también tienden a neutralizar los humores viciosos en esa región, reclutan la fuerza y son saludables para los riñones y la vejiga. Sin embargo, parece que ejercen un efecto irritante sobre la garganta y aumentan la tos. Tomados en agua, vino, vino de pasas o una decocción de dátiles, eliminan la bilis. Para los dolores de estómago de extrema violencia, se mezclan con semilla de pepino y jugo de verdolaga; también se emplean, de manera similar, para las ulceraciones de la vejiga y los riñones, teniendo un efecto diurético.

EL LAUREL

Todas las partes del laurel, tanto las hojas como la corteza y las bayas, son de naturaleza calentadora; y una decocción de ellas, las hojas en particular, es muy útil para las afecciones de la vejiga y el útero. Las hojas, aplicadas tópicamente, neutralizan el veneno de las avispas, abejas y avispones, así como el de las serpientes. Hervidas en aceite, favorecen el flujo menstrual; y las hojas más tiernas, batidas con cebada perlada, se utilizan para las inflamaciones de los ojos, con ruda para las inflamaciones de los testículos y con aceite de rosa o de iris para el dolor de cabeza. Tres hojas, masticadas e ingeridas durante tres días seguidos, son una cura para la tos, y batidas con miel, para el asma. La corteza de la raíz es peligrosa para las mujeres embarazadas; la propia raíz dispersa los cálculos, y tomada en dosis de tres oboli en vino aromático, actúa beneficiosamente sobre el hígado. Las hojas, tomadas en bebida, actúan como un emético; y las bayas, machacadas y aplicadas como pesario, o bien tomadas en bebida, favorecen la menstruación. Dos de las bayas sin la piel, tomadas en vino, son una cura para la tos inveterada y las dificultades respiratorias; sin embargo, si esto va acompañado de fiebre, se dan en agua, o bien en un electuario con vino de pasas, o hervidas en hidromel. Empleadas de manera similar, son buenas para la tisis y para todas las secreciones del pecho, ya que tienen el efecto de desprender la flema y sacarla.

Para las picaduras de escorpiones, se toman cuatro bayas de laurel en vino. Aplicadas con aceite, son una cura para la epinyctis,[11] pecas, llagas corrientes, úlceras de la boca, y erupciones escamosas. El jugo de las bayas es curativo para el porrigo y la sarna; y para los dolores de oídos, o la dureza de la audición, se inyecta en esos órganos con vino viejo y aceite de rosas. Todas las criaturas venenosas huyen al acercarse a las personas que han sido untadas con este jugo; tomado en bebida, el jugo del laurel de hoja pequeña en particular, es bueno para las picaduras infligidas por ellos. Las bayas, usadas con vino, neutralizan el veneno de serpientes, escorpiones y arañas; también se aplican, de forma tópica, con aceite y vinagre, en enfermedades del bazo y del hígado, y con miel en llagas gangrenosas. En casos de lasitud y ataques de escalofríos, es un muy buen plan frotar el cuerpo con jugo de bayas de laurel mezclado con nitro. Algunas personas opinan que el parto se acelera tomando raíz de laurel en la cantidad de un acetabulum, en agua, y que, usada fresca, es mejor que seca. Algunas autoridades recomiendan tomar diez de las bayas en la bebida, para la picadura del escorpión; y en los casos de relajación de la úvula, hervir un cuarto de libra de las bayas, o las hojas, en tres sextarii de agua, hasta un tercio, la decocción se utiliza caliente, como un gargarismo. Para el dolor de cabeza, también se recomienda machacar un número impar de bayas en aceite, calentando la mezcla para su uso.

MIRTO

El mirto blanco[12] cultivado se emplea para menos fines medicinales que el negro. Sus bayas son buenas para cuando se escupe sangre, y tomadas en vino, neutralizan el veneno de los hongos. Imparten un olor agradable al aliento, incluso cuando se comen el día anterior; así, por ejemplo, en Menandro encontramos a los Synaristosæ comiéndolas. También se toman para la disentería, en dosis de un denarius, en vino; y se emplean tibias, en vino, para la cura de úlceras obstinadas en las extremidades. Mezcladas con cebada perlada, se emplean tópicamente en la oftalmia, y para la enfermedad cardíaca se aplican en el pecho izquierdo. Para las picaduras de escorpiones, las enfermedades de la vejiga, el dolor de cabeza y las fístulas del ojo antes de la supuración, se emplean de forma similar; y para los tumores y las erupciones pituitarias, primero se extraen los granos y luego se machacan las bayas en vino viejo. El zumo de las bayas actúa de forma astringente sobre los intestinos y es diurético; mezclado con cerato se aplica de forma tópica sobre las ampollas, las erupciones pituitarias y las heridas infligidas por el phalangium; también imparte un tinte negro al cabello.

---

11 Una pústula, o una erupción, que aparece sobre todo por la noche (N. del T.).
12 Una variedad con bayas blancas, aunque parece imposible determinar cual es.

Libro XXIV
Medicamentos derivados de los árboles del bosque

LAS ANTIPATÍAS Y SIMPATÍAS QUE EXISTEN ENTRE LOS ÁRBOLES Y LAS PLANTAS

Ni siquiera los bosques y los parajes en los que el aspecto de la Naturaleza es más accidentado están desprovistos de sus medicinas peculiares; pues esa divina progenitora de todas las cosas ha distribuido universalmente sus socorros en beneficio del hombre, incluso implementando virtudes medicinales en los árboles del desierto, mientras a cada paso nos presenta las más maravillosas ilustraciones de esas antipatías y simpatías que existen en el mundo vegetal.

Entre el roble y el olivo existe un odio tan inveterado, que trasplantados, cualquiera de ellos, a un sitio previamente ocupado por el otro, morirán. Asimismo, si el roble se planta cerca del nogal, perecerá. También existe una enemistad mortal entre la col y la vid; y la propia col, tan rechazada por la vid, se marchitará inmediatamente si se planta cerca del ciclamen o del origanum. Incluso se afirma que los árboles viejos y aptos para la tala se cortan con mayor dificultad y se secan con mayor rapidez si son tocados por la mano del hombre antes de aplicar el hacha; también es una creencia común que cuando su carga consiste en fruta, las bestias de carga se dan cuenta inmediatamente y comienzan a sudar al instante, por muy insignificante que sea, a menos que se les muestre la fruta antes de partir. El hinojo gigante, como forraje, es muy agradable para el asno, y sin embargo para otras bestias de carga es un veneno mortal; de ahí que el asno esté consagrado al Padre Líber, para cuya deidad el hinojo también es sagrado.

También los objetos inanimados, incluso los de carácter más insignificante, tienen sus propias antipatías peculiares. Los cocineros sacan la carne de la salmuera, cuando ha sido demasiado salada, por medio de la harina fina y la corteza interior del tilo. También la sal tiende a neutralizar el sabor enfermizo de los alimentos cuando son demasiado dulces. El sabor del agua, cuando es nitrosa o amarga, se modifica con la adición de cebada perlada, hasta el punto de hacerse potable en un par de horas; por una razón similar, también, se pone una capa de cebada perlada en nuestros coladores de vino de lino. La tiza de Rodas y la tierra de alfarero de nuestro país poseen una propiedad similar.

Existen también afinidades similares; la brea, por ejemplo, se extrae por medio del aceite, siendo ambos de naturaleza untuosa; el aceite, por su parte, sólo se incorpora con la cal, ya que ambos tienen una antipatía natural por el agua. La goma se elimina más fácilmente con el vinagre, y la tinta con el agua; además de lo cual, hay otros innumerables casos de simpatía y antipatía que tendremos cuidado de mencionar en sus lugares apropiados.

Es en tendencias de este tipo que el arte de la medicina surgió por primera vez; aunque originalmente la Naturaleza sin duda pretendía que nuestros únicos medicamentos fueran aquellos que existen universalmente, que se encuentran en todas partes, y que se pueden obtener sin un gran gasto, siendo las diversas sustancias, de hecho, de las que obtenemos nuestro sustento. Pero en un período posterior, la disposición fraudulenta de la humanidad, combinada con un ingenio impulsado por el lucro, inventó esos laboratorios de charlatanes, que nos prometen una extensión de nuestra vida, a cada uno de nosotros, es decir si pagamos por ello. Composiciones y mezclas de naturaleza inexplicable reciben inmediatamente sus alabanzas, y las producciones de Arabia y la India son objeto de una admiración sin límites entre nosotros. Para alguna insignificante dolencia, se prescribe un medicamento procedente de las orillas del Mar Rojo; mientras que no pasa un día sin que los verdaderos remedios se encuentren en las mesas del hombre más pobre de entre nosotros. Pero si los remedios para las enfermedades se derivasen de nuestros propios jardines, si se empleasen las plantas o arbustos que allí crecen, no habría arte, por cierto, que tuviese un rango inferior al de la medicina.

EL LOTO DE ITALIA

Las bayas del loto, conocido entre nosotros como "judía griega", actúan de forma astringente sobre los intestinos; y las virutas de la madera, hervidas en vino, son útiles en casos de disentería, menstruación excesiva, vértigo y epilepsia; también evitan la caída del cabello. Es una cosa maravillosa, pero no se conoce ninguna sustancia que sea más amarga que las virutas de esta madera, ni más dulce que la fruta. El aserrín de la madera también se hierve en agua de mirto, y luego se amasa y se divide en pastillas, que forman un medicamento para la disentería de notable utilidad, que se toma en dosis de un victoriatus, en tres cyathi de agua.

LAS AGALLAS

Y no son menos las variedades de las agallas[1] la de cuerpo entero, la perforada, la blanca, la negra, la grande, la pequeña, todas ellas poseedoras de propiedades

---

1   Las agallas son estructuras de tipo tumoral inducidas por insectos y otros artrópodos, nematodos, hongos, bacterias y virus. Se trata de la respuesta del vegetal a la presencia del parásito con un crecimiento anómalo de tejido que intenta aislar el ataque o infección. Este tejido de nueva formación adquiere formas muy variadas (N. del T.).

similares; pero, sin embargo, se prefiere generalmente la de Commagene. Estas sustancias eliminan las excrecencias carnosas del cuerpo, y son útiles para las afecciones de las encías y la úvula, y para las ulceraciones de la boca. Quemadas, y luego apagadas en vino, se aplican de forma tópica en casos de afecciones celíacas y disentería, y con miel, a los panadizos, uñas colgantes, uñas malformadas, úlceras corrientes, hinchazones condilomatosas y ulceraciones de la naturaleza conocida como fagedénica. Una decocción de ellas en vino se utiliza como inyección para los oídos, y como linimento para los ojos, y en combinación con el vinagre se emplean para las erupciones y los tumores.

La parte interna de la hiel, masticada, alivia el dolor de muelas y es buena para las excoriaciones entre los muslos y para las quemaduras. Tomadas sin madurar en vinagre, reducen el volumen del bazo; y, quemadas y luego apagadas en sal y vinagre, se utilizan como fomentación para la menstruación excesiva y el prolapso del útero. Todas las variedades de la agalla manchan el pelo de negro.

EL CIPRÉS

Las hojas del ciprés se machacan y se aplican a las heridas infligidas por las serpientes, y con cebada perlada, a la cabeza, en casos de insolación. También se utilizan para la hernia, y se toma una infusión de ellas en la bebida. Se aplican con cera a las hinchazones de los testículos, y mezcladas con vinagre tiñen el pelo de negro. Batidas con el doble de cantidad de pan ligero, y luego amasadas con vino de Amineus, se encuentran muy calmantes para los dolores en los pies y los tendones.

Las excrecencias de este árbol se toman en la bebida para las picaduras de serpientes y para las descargas de sangre de la boca, también se utilizan como aplicación tópica para las reuniones. Recogidas frescas y batidas con grasa de eje y harina de judías, son buenas para la hernia; y una infusión de ellas se toma en la bebida para la misma dolencia. En combinación con la harina, se aplican tópicamente a los imposturas de las glándulas parótidas y a las llagas escrofulosas. De estas excrecencias, machacadas junto con la semilla, se extrae un jugo que, mezclado con aceite, dispersa las películas de los ojos. Tomado en dosis de un victoriatus, en vino, y aplicado al mismo tiempo en un higo pulposo y seco, al que se le han quitado las semillas, este jugo cura las enfermedades de los testículos y dispersa los tumores: mezclado con levadura, cura las llagas escrofulosas.

La raíz del ciprés, machacada con las hojas y tomada en la bebida, es curativa de las enfermedades de la vejiga, de la estranguria y de la picadura del phalangium. Las virutas de la madera, tomadas en la bebida, actúan como emenagogo y neutralizan el veneno del escorpión.

EL ÁRBOL DE LA BREA Y EL ALERCE

Las hojas del árbol de la brea y del alerce, batidas y hervidas en vinagre, son buenas para el dolor de muelas. Las cenizas de la corteza se utilizan para las excoriaciones y las quemaduras. Tomada como bebida, esta sustancia detiene la diarrea y actúa como diurético; y utilizada como fumigación, reduce el útero cuando se desplaza. Las hojas del árbol de la brea son particularmente buenas para el hígado, tomadas en dosis de un dracma en hidromel.

Es un hecho bien conocido que los bosques plantados únicamente con árboles de los que se extrae la brea y la resina, son notablemente beneficiosos para los pacientes que sufren de tisis, o que son incapaces de recuperar su fuerza después de una larga enfermedad: de hecho se dice, que en tales casos respirar el aire de las localidades así plantadas, es más beneficioso incluso que hacer un viaje a Egipto o ir en un viaje de verano a las montañas para beber la leche de esos lugares, impregnada con los perfumes de las plantas.

RESINAS

Hay dos tipos principales de resina, la seca y la líquida. Las resinas secas se extraen del pino y de la brea, las líquidas del terebinto, del alerce, del lentisco y del ciprés; estas últimas la producen en la provincia de Asia y en Siria. Es un error suponer que la resina del árbol de la brea es la misma que la del alerce, ya que el árbol de la brea produce una resina untuosa y de la misma consistencia que el incienso, mientras que la del alerce es fina, de color parecido a la miel y de un olor potente. Es muy raro que los médicos utilicen la resina líquida, y cuando lo hacen, es sobre todo la producida por el alerce, que se administra en un huevo para la tos y las ulceraciones de las vísceras. La resina del pino, también, está lejos de ser utilizada ampliamente, y la de los otros tipos siempre se hierve antes de su uso; sobre los diversos métodos de hervirla, ya nos hemos extendido lo suficiente.

En cuanto a los productos de los distintos árboles, la resina del terebinto es muy apreciada, por ser la más odorífera y la más ligera, y los tipos que proceden de Chipre y Siria se consideran los mejores. Ambas clases tienen el color de la miel ática, pero la de Chipre tiene más cuerpo y se seca con mayor rapidez. En las resinas secas, las cualidades requeridas son la blancura, la pureza y la transparencia; pero, sea cual sea la clase, siempre se prefiere el producto de los distritos montañosos al de los países de la campiña, y el de aspecto nordeste al de cualquier otro cuadrante. Las resinas se disuelven en aceite como linimento y cataplasma emoliente para las heridas; pero cuando se utilizan como poción, también se emplean las almendras amargas. Las propiedades curativas de las resinas consisten en su tendencia a cerrar las heridas, a actuar como detergente sobre las acumulaciones y así dispersarlas, y a curar las afecciones del pecho.

EL LENTISCO

La semilla, la corteza y los jugos lacrimógenos del lentisco son diuréticos y actúan de forma astringente sobre los intestinos; una decocción de ellos, utilizada como fomentación, es curativa de las llagas serpiginosas, y se aplica de forma tópica para las ulceraciones húmedas y la erisipela; también se emplea como colutorio para las encías. Los dientes se frotan con las hojas en casos de dolor de muelas, y se enjuagan con una decocción de las hojas cuando están sueltas; esta decocción tiene también el efecto de teñir el cabello. La goma de este árbol es útil para las enfermedades del recto, y todos los casos en los que se necesitan desecantes y caloríficos; una decocción de la goma también es buena para el estómago, actuando como carminativo y diurético; se aplica también a la cabeza, en casos de dolor de cabeza, con cebada perlada. Las hojas más tiernas se utilizan como aplicación para las inflamaciones de los ojos.

La mástique producido por el lentisco se utiliza como gomina para las pestañas, en composiciones para dar volumen a la cara y en cosméticos para suavizar la piel. Se aplica cuando se escupe sangre y para la tos inveterada, así como para todos aquellos fines para los que se solicita la goma acacia. También se utiliza para curar las excoriaciones, que se fomentan con el aceite extraído de la semilla, mezclado con cera, o bien con una decocción de las hojas en aceite. También se hacen fomentaciones con una decocción en agua para las enfermedades de los órganos masculinos.

EL ÁLAMO

Una poción preparada con la corteza es buena para la ciática y la estranguria, y el jugo de las hojas se toma caliente para el dolor de oído. Mientras una persona tenga una ramita de álamo en la mano, no hay temor de rozaduras entre los muslos.

El álamo negro que crece en Creta se considera el más eficaz de todos. Su semilla, tomada en vinagre, es buena para la epilepsia. Este árbol produce también una resina en pequeña medida, que se utiliza para emplastos emolientes. Las hojas, hervidas en vinagre, se aplican tópicamente para la gota. La humedad que exuda de las hendiduras del álamo negro elimina las verrugas y los granos causados por la fricción. Los álamos producen también en las hojas una especie de jugo pegajoso, con el que las abejas preparan su propóleo; de hecho, este jugo, mezclado con agua, tiene las mismas virtudes que el propóleo.

EL ENEBRO

El enebro es de una naturaleza más cálida y resolutiva que todas las demás plantas; en otros aspectos, se parece al cedro. También hay dos especies de este árbol, una de las cuales es más grande que la otra; el olor de cualquiera de ellas, quemado, repele el acercamiento de las serpientes. La semilla es buena para los dolores de estómago, pecho y costados; disipa la flatulencia y los escalofríos repentinos, alivia la tos y cura las induraciones. Aplicada de forma tópica, frena el crecimiento de los tumores; y las bayas, tomadas en vino tinto, actúan de forma astringente sobre los intestinos; también se aplican a los tumores del abdomen. La semilla se utiliza como ingrediente de antídotos de carácter aperitivo y tiene efectos diuréticos. Se utiliza como linimento para las secreciones de los ojos, y se prescribe para las convulsiones, las rupturas, los dolores agudos en los intestinos, las afecciones del útero y la ciática, ya sea en una dosis de cuatro bayas en vino blanco, o en forma de decocción de veinte bayas en vino.

LA RETAMA DE OLOR

La retama de olor se utiliza para hacer cuerdas; sus flores son muy buscadas por las abejas. Tengo mis dudas de que no se trate de la misma planta que los escritores griegos han llamado "sparton", y de la que, en esas partes del mundo, tienen la costumbre de hacer redes de pesca. Dudo también de que Homero haya aludido a esta planta cuando habla de las juntas de los barcos –"la sparta"– que se separan;

porque es cierto que en aquellos tiempos no se usaba todavía el spartum de España o África, y que las embarcaciones hechas de materiales cosidos juntos, estaban unidas por la agencia, no del spartum, sino del lino.

La semilla de la planta a la que los griegos dan ahora el nombre de "sparton", crece en vainas como las del frijol. Es tan fuertemente drástica como el eléboro, y suele tomarse en ayunas, en dosis de un dracma y medio, en cuatro cítaras de hidromel. Las ramas también, con el follaje, se maceran durante varios días en vinagre, y luego se baten, recomendándose la infusión para la ciática, en dosis de un cyathus. Sin embargo, algunas personas piensan que es mejor hacer una infusión de ellas en agua de mar, e inyectarla como un enema. El jugo de las mismas se utiliza también como fricción para la ciática, con la adición de aceite. Algunos médicos también hacen uso de la semilla para la estranguria. La retama de olor, machacada con grasa de eje, es una cura para las enfermedades de las rodillas.

LA HIEDRA

Las propiedades medicinales de las muchas variedades de la hiedra son todas de naturaleza dudosa; tomadas en cantidades considerables perturban las facultades mentales y purgan el cerebro. Tomadas internamente son perjudiciales para los tendones, pero aplicadas tópicamente son beneficiosas para esas partes del cuerpo. La hiedra posee propiedades similares a las del vinagre. Todas las variedades de la hiedra son de naturaleza refrigerante, y tomadas en bebida son diuréticas. Las hojas más blandas, aplicadas a la cabeza, alivian el dolor de cabeza, actuando más particularmente sobre el cerebro y la membrana que envuelve ese órgano. Para ello, las hojas se machacan con vinagre y aceite de rosas y se hierven, tras lo cual se añade más aceite de rosas. Las hojas también se aplican en la frente, y la boca se fomenta con una decocción de ellas, con la que también se frota la cabeza. También son útiles para el bazo, aplicando las hojas por vía tópica o tomando una infusión de ellas en la bebida. Una decocción de ellas se utiliza para los escalofríos en las fiebres, y para los brotes de flema; o bien se baten en vino para este fin. También las umbelas, tomadas en la bebida o aplicadas externamente, son buenas para las afecciones del bazo, y una aplicación de ellas es útil para el hígado; empleadas como pesario, actúan como emenagogo. El zumo de la hiedra, sobre todo el de la especie blanca cultivada, cura las enfermedades de las fosas nasales y elimina los olores habitualmente desagradables. Inyectado en las fosas nasales purga la cabeza, y con la adición de nitro es aún más eficaz para ese propósito. En combinación con el aceite, el jugo se inyecta para las supuraciones o los dolores en los oídos. También es un corrector de las deformidades de las cicatrices. El jugo de la hiedra blanca, calentado con la ayuda del hierro, es aún más eficaz para las afecciones del bazo; bastará, sin embargo, con tomar seis de las bayas en dos cyathi de vino. Tres bayas de la hiedra blanca, tomadas en oximel, expulsan la lombriz solitaria, y en el tratamiento de tales casos es un buen plan aplicarlas también en el abdomen.

LA CAÑA

La raíz de la caña, machacada y aplicada a la parte afectada, extrae las espinas del helecho del cuerpo, teniendo la raíz del helecho un efecto similar sobre las astillas de la caña. La caña perfumada que se cultiva en Judea y Siria como ingrediente de nuestros ungüentos, hervida con hierba de heno o semilla de perejil, tiene un efecto diurético; empleada como pesario, actúa como emenagoga. Tomada en bebida, en dosis de dos oboli, es curativa de las convulsiones, las enfermedades del hígado y los riñones, y la hidropesía. Utilizada como fumigación, y con la resina más particularmente, es buena para la tos, y una decocción de ella con mirra es útil para las erupciones escamosas y las úlceras corrientes. También se recoge de ella un jugo que tiene propiedades similares a las del elaterio.

EL PAPIRO

De naturaleza similar a la caña es el papiro de Egipto; una planta que es notablemente útil, en estado seco, para dilatar y secar fístulas, y, por sus poderes expansivos, abrir una entrada para los medicamentos necesarios. Las cenizas de papel preparadas a partir del papiro se cuentan entre los cáusticos; las de la planta, tomadas en vino, tienen un efecto narcótico. La planta, aplicada tópicamente en agua, elimina las callosidades de la piel.

EL ROMERO

Hay dos clases de romero; una de ellas es estéril, y la otra tiene un tallo con una semilla resinosa, conocida como "cachrys". Las hojas tienen el olor del incienso. La raíz, aplicada fresca, tiene efectos en la curación de heridas, prolapso del recto, condilomas y hemorroides. El jugo de la planta, así como el de la raíz, es curativo de la ictericia y de las enfermedades que requieren detergentes; también es útil para la vista. La semilla se da en bebida para las enfermedades inveteradas del pecho y, con vino y pimienta, para las afecciones del útero; también actúa como emenagoga y se utiliza con harina de cizaña como linimento para la gota. También actúa como detergente en las pecas, y se utiliza como aplicación en enfermedades que requieren caloríficos o sudoríficos, y para las convulsiones. La planta misma, o bien la raíz, tomada en vino, aumenta la leche, y las hojas y el tallo de la planta se aplican con vinagre a las llagas escrofulosas; usadas con miel, son muy útiles para la tos.

GOMA

Ya hemos hablado de las diferentes clases de goma; la mejor clase de cada tipo será la más eficaz. La goma es mala para los dientes; tiende a hacer que la sangre se coagule, y por lo tanto es buena para las descargas de sangre de la boca. Es útil para las quemaduras, pero es mala para las enfermedades de la tráquea. Ejerce un efecto diurético y tiende a neutralizar todas las acritudes, siendo astringente en otros aspectos. La goma del almendro amargo, que tiene las propiedades más astringentes de todas, es también calórica en sus efectos. Sin embargo, es preferible la goma de la ciruela, la cereza y la vid; todos estos tipos, aplicadas de forma tópica, producen efectos astringentes y desecantes y, utilizadas con vinagre, curan el lichen de los niños. Tomadas en mosto, en dosis de cuatro oboli, son buenas para la tos inveterada.

LA ZARZA

La naturaleza no ha destinado la zarza a ser sólo una molestia para la humanidad, ya que le ha otorgado moras propias, o, en otras palabras, un alimento nutritivo incluso para la humanidad. Estas bayas son de naturaleza desecante y astringente, y son extremadamente útiles para las enfermedades de las encías, las glándulas amigdalinas y los órganos generativos. Neutralizan también el veneno de las serpientes más mortíferas, el hæmorrhoiss y el prester; y las flores o los frutos curan las heridas infligidas por los escorpiones, sin peligro de que se formen abscesos. Los brotes de la zarza tienen un efecto diurético; y los más tiernos se machacan, y el jugo se extrae y luego se seca al Sol hasta que ha alcanzado la consistencia de la miel, siendo considerado un remedio muy excelente, tomado en la bebida o aplicado externamente, para las enfermedades de la boca y los ojos, las descargas de sangre de la boca, la angina, las afecciones del útero, las enfermedades del recto y las afecciones celíacas. Las hojas, masticadas, son buenas para las enfermedades de la boca, y se hace una aplicación tópica de ellas para las úlceras corrientes y otras enfermedades de la cabeza. En la enfermedad cardíaca se aplican igualmente en el seno izquierdo por sí solas. También se aplican tópicamente para los dolores de estómago y para el prolapso de los ojos. Su jugo se utiliza como inyección para los oídos y, en combinación con el cerato de rosas, cura los condilomas.

Entre los medicamentos conocidos como "estípticos", no hay ninguno que sea más eficaz que una decocción de la raíz de la zarza en vino, hervida hasta que quede un tercio. Las ulceraciones de la boca y el recto se bañan con ella, y las fomentaciones de la misma se utilizan para un propósito similar; de hecho, es tan notablemente poderosa en sus efectos, que las mismas esponjas que se utilizan se vuelven tan duras como una piedra.

LA ZAMARRILLA DE LOS MUROS

Añadiremos ahora a estas plantas, ciertas producciones vegetales a las que los griegos han dado nombres que pertenecen a los árboles, de modo que sería dudoso que no fueran ellas mismas también árboles.

El chamædrys[2] es la misma planta que en latín se llama "trixago"; algunas personas, sin embargo, la llaman "chamædrops", y otras "teucria". Sus hojas son del tamaño de las de la menta, pero su color y hendiduras se parecen a las del roble. Según algunos, las hojas son dentadas, y fueron éstas, dicen, las que sugirieron por primera vez la idea de la sierra. Esta planta se recoge en lugares escarpados y ásperos, cuando está repleta de jugo; y, tanto si se toma internamente como si se aplica de forma tópica, es extremadamente eficaz para las picaduras de serpientes venenosas, las enfermedades del estómago, la tos inveterada, las acumulaciones de flema en la garganta, las rupturas, las convulsiones y los dolores en los costados. Disminuye el volumen del bazo y actúa como diurético y emenagogo, por lo que es

---

2   La zamarrilla de los muros, *Teucrium chamaedry* (N. del T.).

muy útil en la hidropesía incipiente, siendo la dosis habitual un puñado de ramitas hervidas hasta que quede un tercio en tres heminæ de agua. También se hacen pastillas para los fines mencionados, machacándolas en agua. En combinación con la miel, cura los abscesos y las úlceras inveteradas o sórdidas; también se prepara con ella un vino para las enfermedades del pecho. El jugo de las hojas, mezclado con aceite, dispersa las películas sobre los ojos; se toma también, en vinagre, para las enfermedades del bazo; empleado como fricción, es de naturaleza calentadora.

LA NOGUERUELA

La chamæsyce[3] tiene hojas similares a las de la lenteja, y están cerca del suelo; se encuentra creciendo en lugares secos y rocosos. Una decocción de ella en vino es notablemente útil como linimento para mejorar la vista, y para dispersar las cataratas, cicatrices, películas y nubosidad de los ojos. Aplicada en una compresa de lino, como pesario, alivia los dolores del útero; y usada tópicamente elimina verrugas y excrecencias de todo tipo. Es muy útil también para la dureza de la respiración.

LA CLEMATIS ECHITES

Los griegos tienen también otras variedades de clemátides, una de las cuales se conoce como "echites"[4] o "lagine", y por algunos como la "pequeña escamita". Sus tallos miden unos dos pies de altura y están cubiertos de hojas; su aspecto general es similar al del escamón, si no fuera porque las hojas son más oscuras y diminutas; se encuentra creciendo en viñedos y suelos cultivados. Se come como verdura, con aceite y sal, y actúa como laxante sobre los intestinos. Se toma también para la disentería, con linaza, en vino astringente. Las hojas de esta planta se aplican con cebada perlada para las secreciones de los ojos, cubriendo primero la parte afectada con una prenda de lino húmeda. Aplicadas a las llagas escrofulosas, las hacen supurar, y si luego se aplica un poco de grasa de eje, se efectuará una cura perfecta. También se aplican a las hemorroides, con aceite verde, y son buenas para la tisis, en combinación con la miel. Tomadas con la comida, aumentan la leche en las mujeres que amamantan, y, frotadas en la cabeza de los niños, promueven el rápido crecimiento del cabello. Comidas con vinagre, actúan como afrodisíaco.

EL MILENRAMA

El myriophyllon, conocido por nuestra gente como el "millefolium", tiene un tallo tierno, algo parecido al hinojo, de aspecto gigante, con un gran número de hojas, circunstancia a la que se debe su nombre. Crece en lugares pantanosos y es muy útil para el tratamiento de las heridas. Se toma en vinagre para la estranguria, las afecciones de la vejiga, el asma y las caídas violentas; también es muy eficaz para el dolor de muelas.

En Etruria, se da el mismo nombre a una pequeña planta de prado, provista de hojas a los lados, como pelos, y particularmente útil para las heridas. La gente de ese país dice que, aplicada con grasa de eje, unirá los tendones de los bueyes, cuando hayan sido cortados accidentalmente por la reja del arado.

---

3   Nogueruela, *Euphorbia chamaesyce* (N. del T.).
4   Probablemente la *Asclepias nigra* de Linneo, el vencetósigo negro.

EL APROXIS

Pitágoras menciona también una planta llamada aproxis, cuya raíz se prende fuego[5] a distancia, como la nafta.[6] También dice que si el cuerpo humano es atacado por cualquier enfermedad mientras la col está en flor, la persona, aunque se haya curado perfectamente, sentirá una recurrencia de los síntomas cada vez que la planta florezca; una peculiaridad que le atribuye en común con el trigo, la cicuta y la violeta.

PLANTAS QUE CRECEN EN LA CABEZA DE UNA ESTATUA

Se afirma también que una planta que crece en la cabeza de una estatua, recogida en el cordón de cualquiera de las prendas, y luego atada con un cordón rojo al cuello, es una cura instantánea para el dolor de cabeza.

PLANTAS QUE CRECEN EN LAS ORILLAS DE UN RÍO

Cualquier planta que se recoja antes del amanecer en las orillas de un arroyo o río, teniendo el debido cuidado de que nadie la vea recogida, atada al brazo izquierdo sin que el paciente sepa lo que es, afirman que curará la fiebre terciana.

PLANTAS QUE ARRAIGAN EN UN CEDAZO

Las plantas que echan raíces en un cedazo que ha sido arrojado en una hilera de setos, si se recogen y se llevan sobre la persona por una mujer embarazada, facilitarán el parto.

PLANTAS QUE CRECEN SOBRE LOS ESTERCOLEROS

Una planta que ha crecido sobre un estercolero en un campo, es un remedio muy eficaz, tomada en agua, para la angina.

PLANTAS QUE SE HAN HUMEDECIDO CON LA ORINA DE UN PERRO

Una planta sobre la que ha orinado un perro, arrancada de raíz y sin tocarla con hierro, es un remedio muy rápido para las torceduras.

GRAMA

De todas las producciones herbáceas la grama[7] es la más común. Cuando se arrastra por el suelo, lanza tallos articulados, de cuyas articulaciones, así como de la extremidad del tallo, salen raíces frescas aquí y allá. En todas las demás partes del mundo sus hojas son cónicas y puntiagudas, pero en el monte Parnaso se asemejan a las hojas de la hiedra; la planta arroja un mayor número de tallos que en otras partes y tiene una flor blanca y odorífera. No hay producción vegetal más benéfica para las bestias de carga que ésta, ya sea en estado verde o seca y convertida en

---

5   Fée dice que los únicos casos conocidos de un fenómeno parecido a éste, son los del *Dictamnus albus*, la hierba blanca, que atrae la llama momentáneamente cuando está en flor, y del *Tropæolum majus*, o gran berro indio. Sin embargo, cree que hay algunos árboles tan ricos en aceite esencial que posiblemente se enciendan tan fácilmente como la nafta.

6   En la antigüedad, la nafta se refería a una variedad más fluida y volátil del asfalto o betún. Plinio duda en incluir la nafta con el betún, debido a su volatilidad e inflamabilidad (N. del T.).

7   "Hierba". El *Triticum repens*, o *Paspalum dactylon* de Linneo, nuestra grama.

heno, en cuyo último caso se rocía con agua cuando se les da. Se dice que en el monte Parnaso se extrae de ella un jugo muy abundante y de sabor dulce.

En otras partes del mundo, en lugar de este jugo se emplea una decocción del mismo para cerrar heridas; un efecto igualmente producido por la propia planta, que se machaca con este fin y se adhiere a la parte afectada, evitando así la inflamación. A la decocción se le añade vino y miel, y en algunos casos, incienso, pimienta y mirra, en la proporción de un tercio de cada ingrediente; después se vuelve a hervir en un recipiente de cobre, cuando se requiere para el dolor de muelas o los flujos de los ojos. Una decocción de las raíces, en vino, es curativa de los dolores de garganta en los intestinos, la estranguria y las ulceraciones de la vejiga, y dispersa los cálculos. La semilla es aún más poderosa como diurético, detiene la flojedad y los vómitos, y es particularmente útil para las heridas infligidas por los dragones.[8] Hay algunas autoridades que dan la siguiente receta para la cura de las llagas escrofulosas y los tumores inflamados: Deben extraerse hasta nueve articulaciones de uno, dos o tres tallos, que luego deben envolverse en lana negra con grasa. Quien los recoge debe hacerlo en ayunas, y luego debe ir, en el mismo estado, a la casa del paciente mientras éste está fuera de casa. Cuando el paciente entra, el otro debe decirle tres veces: "Vengo en ayunas para traer un remedio a un ayunante"; y debe entonces fijar el amuleto a su persona, repitiendo la misma ceremonia tres días consecutivos. La variedad de esta planta que tiene siete articulaciones se considera un amuleto excelente para curar el dolor de cabeza. Para los dolores insoportables de la vejiga, algunos recomiendan una decocción de grama, hervida en vino hasta la mitad, que se toma inmediatamente después del baño.

---

8   "Draconum", una especie peculiar de serpiente.

Libro XXV
Uso medicinal de las plantas (I)

Las plantas más estimadas de las que voy a hablar ahora, y que son producidas por la tierra con fines exclusivamente medicinales, me inspiran admiración por la industria y la laboriosa investigación de que hicieron gala los antiguos. En efecto, no hay nada que no hayan comprobado por medio de experimentos o que no hayan dejado sin probar; ningún descubrimiento suyo que no hayan revelado, o que no hayan querido dejar para beneficio de la posteridad.

Esta materia no ha sido tratada por los escritores de nuestra lengua tan extensamente como merece, ávidos como han demostrado estar de hacer averiguaciones sobre todo lo que es meritorio o provechoso. El señor Catón, ese gran maestro en todos los conocimientos útiles, fue el primero y, durante mucho tiempo, el único autor que se ocupó de esta rama del saber; y aunque lo ha tratado brevemente, no ha omitido hacer alguna mención del tratamiento curativo del ganado. Después de él, otro ilustre personaje, C. Valgius, hombre distinguido por su erudición, comenzó un tratado sobre el mismo tema, que dedicó al difunto emperador Augusto, pero que dejó inacabado.

MITRÍDATES

La única persona entre nosotros, al menos hasta donde he podido averiguar, que trató este tema antes de la época de Valgius, fue Pompeius Lenæus, el liberto de Pompeius Magnus; y fue en su época, según encuentro, que esta rama del conocimiento comenzó a ser cultivada entre nosotros.

Fue a Mitrídates a quien Asclepíades, aquel célebre médico, dedicó sus obras, que aún se conservan, y las envió, en sustitución de su propia asistencia personal, cuando aquel monarca le pidió que dejara Roma y residiera en su corte. Entre los otros dones de genio extraordinario con los que estaba dotado, Mitrídates mostraba una peculiar afición por las investigaciones en las artes médicas; y recogiendo elementos de información de todos sus súbditos, extendidos, como estaban, por una gran proporción del mundo, tenía la costumbre de hacer copias de sus comunicaciones, y tomar notas de los resultados que al experimentar se habían producido. Estos memorándums, que guardaba en su gabinete privado, cayeron en manos de Pompeyo, cuando tomó posesión de los tesoros reales; quien inmediatamente encargó a su liberto, Lenæus el gramático, que los tradujera a la lengua latina; el resultado fue que su victoria fue igualmente beneficiosa para la república y para la humanidad en general.

ESCRITORES GRIEGOS

Además de éstos, hay algunos escritores griegos que han tratado este tema, y que ya han sido mencionados en las ocasiones oportunas. De ahí que otros escritores se hayan limitado a una descripción verbal de las plantas; de hecho, algunos de ellos ni siquiera las han descrito, sino que se han contentado, en su mayor parte, con la mera recitación de sus nombres, considerando que era suficiente con señalar sus virtudes y propiedades a quienes pudieran sentirse inclinados a hacer más averiguaciones sobre el tema.

En la antigüedad no había nada más admirado que el conocimiento íntimo de las plantas. Hace mucho tiempo que se descubrieron los medios para calcular de antemano, no sólo el día o la noche, sino incluso la hora misma en que ha de producirse un eclipse de Sol o de Luna; y sin embargo, la mayor parte de las clases bajas siguen firmemente persuadidas de que estos fenómenos se producen por compulsión, por medio de hierbas y encantamientos, y que el conocimiento de este arte se limita casi exclusivamente a las mujeres. ¿Qué país, de hecho, no está lleno de historias fabulosas sobre Medea de Colchis y otras hechiceras, la italiana Circe en particular, que incluso ha sido elevada al rango de divinidad? Es con referencia a ella, en mi opinión, que Esquilo, uno de los más antiguos de los poetas, afirma que Italia está cubierta de plantas dotadas de potentes efectos, y que muchos escritores dicen lo mismo de Circeii, el lugar de su morada. Otra gran prueba de que tal es el caso, es el hecho de que la nación de los Marsi, descendientes de un hijo de Circe, son bien conocidos por poseer el arte de domar serpientes.

Homero, ese gran padre de la sabiduría y las tradiciones de la antigüedad, al tiempo que ensalza la fama de Circe en muchos otros aspectos, asigna a Egipto la gloria de haber sido el primero en descubrir las propiedades de las plantas, y eso, además, en una época en la que la parte de ese país que ahora riega el río Nilo no existía, habiéndose formado en un período más reciente por las aluviones de ese río. En cualquier caso, afirma que numerosas plantas egipcias fueron enviadas a la Helena de su historia, por la esposa del rey de ese país, junto con la célebre nepenthes, que aseguraba el olvido de todas las penas y el olvido del pasado, una poción que Helena debía administrar a todos los mortales. La primera persona, sin embargo, de la que se tiene memoria, que ha tratado con cierto grado de exactitud el tema de las plantas, es Orfeo; y después de él Musæus y Hesíodo. También Orfeo y Hesíodo hablan en términos elevados de la eficacia de las fumigaciones.

Libro XXV - Uso medicinal de las plantas (I)

También en tiempos posteriores, Pitágoras, ese célebre filósofo, fue el primero en escribir un tratado sobre las propiedades de las plantas, obra en la que atribuye el origen y el descubrimiento de las mismas a Apolo, Esculapio y a los dioses inmortales en general. También Demócrito compuso una obra similar. Ambos filósofos habían visitado a los magos de Persia, Arabia, Etiopía y Egipto, y tan asombrados quedaron los antiguos ante sus relatos, que aprendieron a hacer afirmaciones que trascienden toda creencia. Xanthus, el autor de algunas obras históricas, nos dice, en la primera de ellas, que un joven dragón[1] fue restaurado a la vida por su padre a través de la agencia de una planta a la que él da el nombre de "ballis", y que un Tylon, que había sido muerto por un dragón, fue restaurado a la vida y la salud por medios similares. Juba también asegura que en Arabia un hombre resucitó por medio de una planta. Demócrito ha afirmado que existe cierta hierba que, al ser llevada allí por un pájaro, cuyo nombre ya hemos dado, tiene el efecto, por el solo contacto, de sacar instantáneamente una cuña de un árbol, cuando es conducida por los pastores al bosque.

Estas maravillas, por increíbles que sean, suscitan, sin embargo, nuestra admiración y nos obligan a admitir que, haciendo todas las concesiones debidas, hay en ellas mucho que se basa en la verdad. De ahí también que la mayoría de los escritores opinen que no hay nada que no pueda ser efectuado por la acción de las plantas, pero que las propiedades de la mayor parte de ellas siguen siendo desconocidas. Entre ellos se encuentra Herófilo, un célebre médico, quien dice que algunas plantas pueden ejercer una influencia beneficiosa si se las pisa. Sea como fuere, se ha observado más de una vez que las heridas y las enfermedades se inflaman a veces cuando se acercan a las plantas personas que han estado viajando a pie.

LAS HIERBAS MEDICINALES EN LOS TIEMPOS MODERNOS

Tal era el estado de los conocimientos médicos en la antigüedad, totalmente ocultos como estaban en el lenguaje de los griegos. Pero la razón principal por la que las propiedades medicinales de la mayoría de las plantas siguen siendo desconocidas, es el hecho de que han sido probadas únicamente por rústicos y analfabetos, siendo tal la única clase de personas que viven en medio de ellas; además de que es tan grande la multitud de médicos siempre a mano, que el público se despreocupa de hacer cualquier consulta sobre ellas. En efecto, muchas de esas plantas, cuyas propiedades medicinales han sido descubiertas, carecen todavía de nombre.

Pero la causa más vergonzosa de todas, por la que se conocen tan pocas plantas simples, es el hecho de que incluso aquellos que las conocen no están dispuestos a impartir su conocimiento; ¡como si, por el contrario, tuvieran que perder para siempre cualquier cosa que pudieran considerar conveniente comunicar a otros! Además de todo esto, no hay un método bien determinado para guiarnos en la adquisición de este tipo de conocimiento; porque, en cuanto a los descubrimientos que ya se han hecho, algunos de ellos se han debido al mero accidente, y otros, a decir verdad, a la interposición de la Deidad.

---

1 O serpiente.

Hasta nuestros días, la mordedura del perro rabioso, cuyos síntomas son el temor al agua y la aversión a toda clase de bebidas, era incurable; y sólo recientemente la madre de un soldado que servía en la guardia pretoriana, recibió una advertencia en sueños, para que enviara a su hijo la raíz de la rosa silvestre, conocida como cynorrhodos, una planta cuya belleza había llamado su atención en un arbusto el día anterior, y le pidiera que bebiera el extracto de la misma. El ejército estaba entonces sirviendo en Lacetania, la parte de España más cercana a Italia; y sucedió que el soldado, habiendo sido mordido por un perro, estaba empezando a manifestar horror al agua cuando le llegó la carta de su madre, en la que le rogaba que obedeciera las palabras de esta advertencia divina. En consecuencia, cumplió con su petición y, contra toda esperanza o expectativa, su vida se salvó; un resultado que ha sido experimentado por todos los que desde entonces han hecho uso del mismo recurso. Antes de esto, los escritores sólo recomendaban el cynorrhodos para un propósito medicinal; las excrecencias esponjosas, dicen, que crecen en medio de sus espinas, reducidas a cenizas y mezcladas con miel, harán crecer de nuevo el cabello cuando se haya perdido por alopecia. Sé también, de hecho, que en la misma provincia se descubrió recientemente en la tierra perteneciente a una persona donde estaba parando, una planta con tallos, cuyo nombre era dracunculus.[2] Esta planta, de aproximadamente una pulgada de grosor, y moteada con varios colores, como la piel de una víbora, era generalmente reportada como un preservativo eficaz contra la picadura de toda clase de serpientes. Además, tiene otra maravillosa propiedad: en primavera, cuando las serpientes empiezan a mudar su piel, brota del suelo hasta la altura de un par de pies, y de nuevo, cuando se retiran para pasar el invierno, se oculta dentro de la tierra, y no se ve ninguna serpiente mientras permanece fuera de la vista. Incluso si esta planta no hiciera otra cosa que advertirnos de un peligro inminente y decirnos cuándo debemos estar en guardia, no podría considerarse de otra manera que como una disposición benéfica creada por la naturaleza en nuestro favor.

Sin embargo, no son sólo los animales los que están dotados de ciertas propiedades nefastas y nocivas, sino, a veces, también las aguas y las localidades. En una ocasión, en su campaña alemana, Germánico César había acampado más allá del río Rin; la única agua dulce que podía obtenerse era la de cierto manantial en las proximidades de la orilla del mar. Se descubrió, sin embargo, que en el plazo de dos años el uso habitual de esta agua producía la pérdida de los dientes y una relajación total de las articulaciones de las rodillas; los nombres dados a estas enfermedades, por los médicos, eran "estomacal"[3] y "sceloturbe". Sin embargo, se descubrió un remedio para ellas en la planta conocida como "británica", que es buena, no sólo para las enfermedades de los tendones y de la boca, sino también para la angina, y las lesiones infligidas por las serpientes. Esta planta tiene hojas oblongas oscuras

---

2 O "pequeño dragón". El *Arum dracunculus* de Linneo.
3 Fée dice que esta enfermedad era una "gastritis intensa, productiva de un aliento fétido". Sin embargo, parece ser ni más ni menos que la enfermedad que hoy se conoce como "escorbuto de las encías". Galeno describe el "sceloturbe" como una especie de parálisis. "Stomacace" significa "enfermedad de la boca"; "sceloturbe" "enfermedad de las piernas".

y una raíz de color tostado; el nombre que se le da a su flor es "vibones", y si se recoge y se come antes de que se oiga el trueno, garantizará la seguridad en todos los aspectos. Los frisios, una nación que entonces mantenía relaciones de amistad con nosotros y en cuyos territorios estaba acampado el ejército romano, señalaron esta planta a nuestros soldados; el nombre que se le dio, sin embargo, me sorprende bastante, aunque posiblemente se le llamó así porque las costas de Britania están en la vecindad, y sólo están separadas por el océano. En cualquier caso, no se le llamó así por el hecho de que creciera allí en gran abundancia, eso es bastante seguro, ya que en la época de la que hablo, Britania era todavía independiente.

MOLY

Según Homero, la más célebre de todas las plantas es la que, según él, se conoce como moly[4] entre los dioses. Su descubrimiento lo atribuye a Mercurio, que también fue el primero en señalar sus usos como neutralizador de los hechizos más potentes de la hechicería. En la actualidad, se dice que crece en las cercanías del lago Pheneus y en Cyllene, un distrito de Arcadia. Responde a la descripción dada por Homero, ya que tiene una raíz negra y redonda, tan grande como una cebolla, y una hoja como la del calabacín; no hay ninguna dificultad para cogerla. Los escritores griegos la han descrito como de flor amarilla, mientras que Homero, en cambio, la ha descrito como blanca.

PEONÍA

La planta conocida como "pæonia"[5] es la más antigua de todas. Todavía conserva el nombre de quien fue el primero en descubrirla, siendo conocida también como el "pentorobus" por algunos, y el "glycyside" por otros; de hecho, esta es una de las grandes dificultades que acompañan a la formación de un conocimiento preciso de las plantas, que el mismo objeto tiene diferentes nombres en diferentes distritos. Crece en localidades montañosas umbrosas, y produce un tallo en medio de las hojas, de unos cuatro dedos de altura, en la cima del cual hay cuatro o cinco cabezas que se asemejan a las nueces griegas en apariencia; encerradas en las cuales hay una cantidad considerable de semillas de un color rojo o negro. Esta planta es un preservativo contra las ilusiones que suscitan los Faunos en el sueño. Generalmente se recomienda tomarla por la noche; porque si el pájaro carpintero de Marte[6] percibe a una persona haciéndolo, atacará inmediatamente sus ojos en defensa de la planta.

---

4   Fée dedica un par de páginas a la *vexata quæstio* de la identificación de esta planta, y llega a la conclusión de que el Moly de Homero, mencionado en la presente ocasión, y de Teofrasto, Ovidio y los poetas en general es sólo una planta imaginaria; que el Moly de flores blancas de Dioscórides y Galeno es idéntico al *Allium Dioscoridis* de Sibthorpe; y que el Moly de flores amarillas del autor de la Priapeia posiblemente sea el *Allium Moly* o *magicum* de Linneo. Sprengel deriva el nombre "Moly" del árabe, y lo identifica con el *Allium nigrunm* de Linneo.
5   La *Pæonia officinalis* de Linneo, nuestra peonía.
6   El pájaro carpintero negro (*Dryocopus martius*), un gran pájaro carpintero, llamado por Linneo *Picus martius* (N. del T.).

PANACES ASCLEPION

La panacea, como su propio nombre indica, da la seguridad de un remedio para todas las enfermedades; hay numerosas clases de ella, y el descubrimiento de sus propiedades se ha atribuido a los dioses. Uno de estos tipos es conocido por el nombre adicional de "asclepión",[7] en conmemoración de la circunstancia de que Esculapio dio el nombre de Panacia a su hija. Su jugo se coagula como el del hinojo gigante; la raíz está cubierta de una gruesa corteza de sabor salado.

Después de que esta planta ha sido recogida, se observa religiosamente la costumbre de llenar el agujero con varios tipos de grano, una especie de expiación, por así decirlo, a la tierra. El jugo que se importa de Macedonia se conoce como "bucolicon", por el hecho de que los pastores de allí tienen la costumbre de recogerlo a medida que exuda espontáneamente; se evapora, sin embargo, con la mayor rapidez. En cuanto a las otras clases, se desestima especialmente la que es negra y blanda, lo que demuestra que ha sido adulterada con cera.

HYOSCYAMOS

A Hércules también se le atribuye el descubrimiento de la planta conocida como "apollinaris" y, entre los árabes, como "altercum" o "altercangenum"; los griegos la llaman "hyoscyamos"[8] Hay varias variedades de ella; una de ellas, con una semilla negra, flores que rozan la púrpura y un tallo espinoso, crece en Galacia. El tipo común[9] es también más blanco, más parecido a un arbusto y más alto que la amapola. La semilla de una tercera variedad es similar a la del irio[10] en apariencia; pero tienen, todas ellas, el efecto de producir vértigo y locura. Una cuarta clase es también suave, lanuginosa y más untuosa que las otras; su semilla es blanca y crece en localidades marítimas. Es esta clase la que emplean los médicos, así como la que tiene una semilla roja. A veces, sin embargo, la semilla blanca se vuelve de color rojizo, si no está suficientemente madura cuando se recoge; en cuyo caso se rechaza como no apta para su uso; de hecho, ninguna de estas plantas se recoge hasta que están perfectamente secas. El Hyoscyamos, al igual que el vino, tiene la propiedad de subir a la cabeza y, por consiguiente, de actuar de forma perjudicial sobre las facultades mentales.

LINOZOSTIS, PARTHENION, HERMUPOA, O MERCURIALIS

Linozostis[11] o parthenion es un descubrimiento atribuido a Mercurio; de ahí que entre los griegos sea conocido como "hermupoa" por muchos, mientras que entre nosotros es universalmente conocido como "mercurialis". Hay dos variedades de esta planta, la masculina y la femenina, esta última posee propiedades más decididas que la otra, y tiene un tallo de un codo de altura, y a veces ramificado en la cima, con hojas algo más estrechas que las del ocimum. Las articulaciones

---

7   Probablemente el *Laserpitium hirsutum* de Lamarck. La *Echinophora tennlifolia* de Linneo, la chirivía de hoja fina, también ha sido nombrada.
8   "Judía de los cerdos", nuestro beleño.
9   El *Hyoscyamus niger* de Linneo, beleño negro.
10 Una planta silícea, llamada por los griegos sisymbrium, berro de invierno (N. del T.).
11 El *Mercuralis annua* de Linneo, macho y hembra; la hierba mercurial.

del tallo están muy juntas y las axilas son numerosas; la semilla cuelga hacia abajo, teniendo las articulaciones como base. En la planta femenina la semilla es muy abundante, pero en la masculina lo es menos, se encuentra más cerca de las articulaciones, y es corta y en forma de corona. En la planta femenina, la semilla cuelga de forma más suelta y es de color blanco. Las hojas de la planta masculina son morenas, mientras que las de la femenina son más blancas; la raíz, que no se aprovecha, es muy diminuta.

Ambas plantas crecen en localidades cultivadas de la campiña. Se menciona una maravillosa propiedad que les pertenece; la planta masculina, dicen, asegura la concepción de hijos varones, la planta femenina de hembras; un resultado que se asegura bebiendo el jugo en vino de pasas, el momento después de la concepción, o comiendo las hojas, hervidas con aceite y sal, o crudas con vinagre. Algunas personas, además, hierven la planta en una vasija de barro nueva con heliotropio y dos o tres mazorcas de maíz, hasta que esté completamente hecha; y dicen que la decocción debe ser tomada en bebida por la mujer, y la planta comida durante tres días sucesivos, comenzando el régimen el segundo día de la menstruación. Hecho esto, al cuarto día debe tomar un baño, inmediatamente después del cual debe tener lugar el congreso sexual.

AQUILEA

También Aquiles, el alumno de Quirón, descubrió una planta que cura las heridas y que, por ser su descubrimiento, se conoce como "achilleos". Con la ayuda de esta planta, dicen, curó a Télefo. Otras autoridades, sin embargo, afirman que fue el primero en descubrir que el verdín es un ingrediente extremadamente útil en los emplastos; y de ahí que a veces se le represente en cuadros raspando con su espada el óxido de una lanza en la herida de Télefo. También hay quien opina que utilizaba ambos remedios.

MELAMPODIUM, HELLEBORE O VERATRUM

La reputación de Melampus, como muy hábil en las artes de la adivinación, es universalmente conocida. Este personaje ha dado nombre a una especie de eléboro, conocida como el "Melampodion". Algunas personas, sin embargo, atribuyen el descubrimiento de esta planta a un pastor de ese nombre, que observó que sus cabras se purgaban violentamente después de ramonearla, y más tarde curó a las hijas de Prœtus de la locura, dándoles la leche de estas cabras. Será el mejor plan, por lo tanto, aprovechar esta oportunidad para tratar de las diversas variedades de eléboro. Los dos tipos principales son el blanco[12] y el negro;[13] aunque, según la mayoría de las autoridades, esta diferencia sólo existe en la raíz. Sin embargo, algunos autores aseguran que las hojas del eléboro negro son similares a las del plátano, sólo que más oscuras, más pequeñas y más dentadas en los bordes; y dicen que el eléboro blanco tiene hojas como las de la remolacha cuando se brota por

---

12 Identificado por Fée con el *Veratrum album* y el *Veratrum nigrum* de Linneo, especies entre las que hay poca diferencia.

13 Identificado por Tournefort con el *Helleborus niger* de Lamarck. Littré menciona el *Helleborus orientalis* de Linneo.

primera vez, aunque al mismo tiempo de un color más moreno, con venas rojizas en la parte inferior. El tallo, en ambas clases, es feruláceo, de un palmo de altura, y está cubierto de capas como las de los bulbos, siendo la raíz también fibrosa como la de la cebolla.

El eléboro negro mata a los caballos, a los bueyes y a los cerdos; de ahí que estos animales lo eviten, mientras que comen el blanco. Dicen que el momento adecuado para recoger este último es la cosecha. Crece en el monte Eta en gran abundancia; y el mejor de todos es la que se encuentra en un punto de ese monte, en las cercanías de Pyra. De estos tipos, el eléboro negro es el que se conoce como "melampodio"; se utiliza en las fumigaciones y con el fin de purificar las casas; también se rocía al ganado con él, repitiendo una determinada forma de oración. Esta última planta también se recoge con más ceremonias que las demás; primero se traza un círculo alrededor de ella con una espada, tras lo cual, la persona que va a cortarla se vuelve hacia el este, y ofrece una oración, suplicando el permiso de los dioses para hacerlo. Al mismo tiempo, observa si hay un águila a la vista, ya que la mayoría de las veces, mientras se recoge la planta, el ave está cerca, y si una vuela cerca, se considera un presagio de que morirá en el año. El eléboro blanco también se recoge no sin dificultad, ya que es muy agobiante para la cabeza; más aún si no se ha tenido la precaución de comer ajo primero y de beber vino de vez en cuando, teniendo cuidado de desenterrar la planta lo antes posible.

El mejor eléboro blanco es el que actúa más rápidamente como esternutatorio; pero parece ser una planta mucho más formidable que el tipo negro; más particularmente si leemos en los autores antiguos las precauciones usadas por aquellos que están a punto de tomarlo, contra los escalofríos, la asfixia, la somnolencia antinatural, el hipo o los estornudos continuos, los trastornos del estómago y los vómitos, ya sean retardados o prolongados, demasiado escasos o en exceso.

Para asegurar un resultado beneficioso, deben tomarse las debidas precauciones para no administrar el eléboro en tiempo nublado, ya que si se administra en ese momento, es seguro que producirá agonías insoportables. De hecho, no hay duda de que el verano es una mejor época para administrarlo que el invierno; el cuerpo también, mediante la abstinencia de vino, debe estar preparado para él siete días antes, tomando eméticos el cuarto y tercer día previos, y el paciente no debe cenar el día anterior. El eléboro blanco, también, se administra en un medio dulce, aunque las lentejas o el potaje son las mejores para este propósito. También se ha descubierto recientemente un plan que consiste en partir un rábano e insertar en él el eléboro, después de lo cual se presionan las secciones; el objetivo es que la fuerza del eléboro se incorpore al rábano y se modifique con ello.

CENTAURION O CHIRONION

Se dice que la centaura curó a Quirón, en la ocasión en que, mientras usaba las armas de Hércules, su invitado, dejó caer una de las flechas sobre su pie; de ahí que por algunos sea llamada "chironion". Sus hojas son grandes y oblongas, dentadas en el borde, y crecen en gruesos mechones desde la raíz hacia arriba. Los tallos, de unos tres codos de altura y articulados, tienen cabezas parecidas a las de la amapola. La raíz es grande y extendida, de color rojizo, tierna y quebradiza, de un par de codos de longitud, y llena de un jugo amargo, que tiende a ser dulce.

Esta planta crece en suelos ricos en laderas; los mejores en calidad son los de Arcadia, Elis, Mesenia, el Monte Pholoë, y el Monte Lycæus; también crece en los Alpes, y en numerosas otras localidades, y en Lycia preparan un lycium de ella. Sus propiedades para cerrar heridas son tan notables, que se dice que incluso se sueldan trozos de carne cuando se hierven con ella. La raíz es la única parte que se utiliza, y se administra en dosis de dos dracmas en los diversos casos que se mencionan a continuación. Sin embargo, si el paciente sufre de fiebre, debe ser machacada y tomada en agua, usándose vino en otros casos. Una decocción de la raíz es igualmente útil para los mismos fines.

ARTEMISIA

También las mujeres han tenido la ambición de dar su nombre a las plantas; así, por ejemplo, Artemisia, la esposa del rey Mausolo, adoptó la planta, que antes era conocida con el nombre de "parthenis". Sin embargo, hay personas que opinan que recibió este apellido de la diosa Artemisa Ilithyia,[14] por el hecho de que se utilizaba para curar las dolencias femeninas más particularmente. Es una planta con numerosas ramas, como las del ajenjo, pero sus hojas son más grandes y sustanciosas.

Hay dos variedades; una tiene hojas más anchas[15] que la otra,[16] que es de una forma esbelta, con una hoja más diminuta, y no crece en ninguna parte sino en distritos marítimos.

NYMPHÆA O HERACLEON

La planta llamada "nymphæa" debe su nombre, según dicen, a una ninfa que murió de celos concebidos a causa de Hércules, por lo que algunos la llaman también "heracleon". Otras personas lo llaman "rhopalon", por la semejanza de su raíz con un garrote. La toman en la bebida las personas aquejadas de sueños lascivos y de ahí que quienes la toman en la bebida se vuelvan impotentes durante unos doce días, e incapaces de procrear. La de primera calidad se encuentra en Orcomenia y en Maratón; los habitantes de Beocia la llaman "madón" y utilizan la semilla como alimento. Crece en lugares cubiertos de agua; sus hojas[17] son grandes, y flotan en la superficie, mientras que otras se ven brotar de las raíces de abajo. La flor es muy parecida a un lirio en apariencia, y después de que la planta se ha desprendido de su flor, el lugar de la flor es ocupado por una cabeza como la de la amapola. El tallo es delgado y la planta suele cortarse en otoño. La raíz, de un tono atezado, se seca al Sol; el ajo manifiesta una peculiar antipatía hacia ella.

EL IBERIS

Hace muy poco que Servilio Demócrates, uno de nuestros médicos más eminentes, llamó la atención por primera vez sobre una planta a la que dio el nombre

---

14 Artemisa o Diana, la guardiana de las mujeres embarazadas.
15 Probablemente la *Artemisia chamæmelifolia*.
16 La *A. arborescens*.
17 Identificada con la *Nymphæa alba* de Linneo, nenúfar blanco europeo.

de iberis,[18] un nombre de fantasía que le dio a este descubrimiento suyo en los versos que le dedicó. Esta planta se encuentra sobre todo en las cercanías de monumentos antiguos, muros viejos y senderos cubiertos de vegetación; es una planta perenne y sus hojas son como las de la capuchina, con un tallo de un codo de altura y una semilla tan diminuta que apenas es perceptible; la raíz también tiene el mismo olor que la capuchina. Sus propiedades se desarrollan con más fuerza en verano, y sólo se utiliza recién recolectada; hay una dificultad considerable para machacarla.

Mezclada con una pequeña proporción de grasa de eje, es extremadamente útil para la ciática y todas las enfermedades de las articulaciones; la aplicación se mantiene unas cuatro horas como máximo, cuando la usa el sexo masculino, y aproximadamente la mitad de ese tiempo en el caso de las mujeres. Inmediatamente después de su remoción, el paciente debe tomar un baño caliente, y luego ungir el cuerpo con aceite y vino, repitiéndose la misma operación cada veinte días, mientras queden síntomas de dolor. Un método similar se adopta para la curación de todas las secreciones internas; sin embargo, nunca se aplica mientras la inflamación está en su punto álgido, sino sólo cuando ha disminuido un poco.

PLANTAS DESCUBIERTAS POR LOS ANIMALES

Los animales brutos han sido también los descubridores de ciertas plantas; entre ellas, nombraremos en primer lugar la celidonia mayor. Con la ayuda de esta planta, la golondrina devuelve la vista a las crías de los pájaros en el nido, e incluso, según algunos, cuando se les han arrancado los ojos. Hay dos variedades de esta planta; la más grande[19] tiene un tallo ramificado y una hoja algo similar a la de la chirivía silvestre, pero más grande. La planta en sí tiene unos dos codos de altura y es de color blanquecino, mientras que la flor es amarilla. La más pequeña[20] tiene hojas como las de la hiedra, pero más redondas y no tan blancas. Su jugo es picante y se parece al color del azafrán, y la semilla es similar a la de la amapola.

Estas dos plantas florecen a la llegada de la golondrina, y se marchitan en el momento de su partida. El jugo se extrae mientras están en flor, y se hierve suavemente en un recipiente de cobre sobre cenizas calientes, con miel ática, siendo considerado un remedio soberano para las películas en los ojos. Este jugo se emplea también, sin mezclarlo con ninguna otra sustancia, para los bálsamos oculares, que de él toman el nombre de "chelidonia".

LA ARISTOLOQUIA

En el número de las plantas más célebres se encuentra la aristoloquia, que parece haber derivado su nombre de las hembras en estado de embarazo, por ser ἀρίστη λοχούσαιχ.[21] Entre nosotros, sin embargo, se conoce como el "malum te-

---

18 Fée la identifica con el *Lepidium graminifolium* de Linneo, hierba de la pimienta; Desfontaines con el *L. Iberis* de Linneo, mastuerzo silvestre. Littré da como sinónimo la *Iberis amara* de Linneo, el carraspique.
19 *Chelidonium majus* de Linneo, la celidonia mayor o golondrina.
20 Identificada con el *Ranunculus ficaria* de Linneo, la celidonia menor.
21 "La más excelente para el embarazo".

rræ", o manzana de la tierra, distinguiéndose cuatro variedades diferentes. Una de ellas tiene una raíz cubierta de tubérculos de forma redondeada, y hojas de aspecto mixto, entre las de la malva y la hiedra, sólo que más suaves y morenas. La segunda clase es la planta masculina, con una raíz alargada de unos cuatro dedos de longitud y el grosor de un bastón. Una tercera variedad es extremadamente delgada y larga, similar a una vid joven en apariencia; tiene las propiedades más fuertemente marcadas de todas ellas, y es conocida por los nombres adicionales de "clematitis", y "cretica". Todas estas plantas son del color del boj, tienen un tallo delgado, y dan una flor púrpura y pequeñas bayas como las de la alcaparra; la raíz es la única parte que posee alguna virtud.

Sin embargo, la aristoloquia más apreciada es la que procede del Ponto; pero sea cual sea la tierra, cuanto más pesada sea, mejor se adaptará a los fines medicinales. La aristoloquia, con una raíz redonda, se recomienda para las picaduras de las serpientes. Pero en esto se centra su principal reputación; aplicada en el útero con carne cruda, como pesario, inmediatamente después de la concepción, asegurará el nacimiento de una descendencia masculina, dicen. Los pescadores de las costas de Campania dan a la raíz redonda el nombre de "veneno de la tierra"; y yo mismo les he visto machacarla con cal, y arrojarla al mar; inmediatamente después los peces volaron hacia ella con sorprendente avidez, y al ser golpeados de muerte en un instante, flotaron en la superficie.

HIERABOTANA O VERBENACA

Pero entre los romanos no hay ninguna planta que goce de un renombre más extendido que la hierabotana,[22] conocida por algunas personas como "peristereon",[23] y entre nosotros más generalmente como "verbenaca".[24] Es esta planta, que ya hemos mencionado como llevada en las manos de los enviados cuando tratan con el enemigo, se utiliza para limpiar la mesa de Júpiter,[25] con ella se purifican las casas y se hacen las debidas expiaciones. Hay dos variedades de ella; se creen que la que está densamente cubierta de hojas[26] es la planta femenina; y la que tiene menos hojas,[27] es la masculina. Ambos tipos tienen numerosas ramas delgadas, de un codo de longitud, y de forma angular. Las hojas son más pequeñas que las del roble, y más estrechas, con hendiduras más grandes. La flor es de color gris y la raíz es larga y fina. Esta planta crece en todas partes, en lugares llanos y húmedos. Algunas personas no hacen distinción entre estas dos variedades y las consideran idénticas, por la circunstancia de que producen efectos similares.

Los habitantes de las provincias galas se sirven de ellas tanto para la adivinación como para la predicción de sucesos futuros; pero son los magos los que, en particular, dan rienda suelta a ridículas locuras en relación con esta planta. Nos

---

22 "Planta sagrada".
23 "Planta de las palomas".
24 Nuestra "verbena". Se utilizaba mucho en los filtros, y era tan apreciada como el muérdago por la gente de la Galia.
25 Con motivo de las Fiestas de Júpiter en el Capitolio, preparadas por los Septemviri.
26 La *Verbena supina* de Linneo, verbena rastrera, o verbena gris.
27 La *Verbena officinalis* de Linneo, verbena o planta sagrada.

dicen que las personas, si se frotan con ella, estarán seguras de obtener el objeto de sus deseos; y nos aseguran que aleja las fiebres, concilia la amistad y es una cura para todas las enfermedades posibles; dicen también que debe recogerse cerca de la salida de la Canícula –pero de modo que no sea iluminada por el Sol ni la Luna– y que los panales y la miel deben presentarse primero a la tierra a modo de expiación. Nos dicen también que primero hay que trazar un círculo alrededor de ella con hierro; después hay que cogerla con la mano izquierda y elevarla en alto, teniendo cuidado de secar las hojas, el tallo y la raíz por separado a la sombra. A estas afirmaciones añaden que si se rocía el sofá del banquete con el agua en la que se ha empapado, se fomentará en gran medida la alegría y la hilaridad.

Como remedio para las picaduras de serpientes, esta planta se machaca en vino.

EL THELYPHONON O ESCORPIÓN

El eléboro es una planta conocida por algunos como "escorpión", por la forma peculiar de sus raíces, cuyo toque mata al escorpión; de ahí que se tome como bebida para las picaduras infligidas por esos reptiles. Si se frota un escorpión muerto con el eléboro blanco, volverá a la vida, dicen. El eléboro es mortal para todos los cuadrúpedos, al aplicar la raíz en los genitales. También la hoja, que se parece a la del ciclamen, produce un efecto similar en el transcurso del mismo día. Es una planta articulada, y se encuentra creciendo en lugares no cubiertos de vegetación. El jugo de betónica o de plátano es un conservante contra el veneno del escorpión.

EL XIPHION O PHASGANION

El xiphion o phasganion, por otra parte, crece en localidades húmedas. Al salir del suelo tiene el aspecto de una espada; su tallo tiene dos codos de longitud, y la raíz está bordeada como una nuez de avellano.

Esta raíz debe recogerse siempre antes de la cosecha y secarse a la sombra. La parte superior de la misma, machacada con incienso, y mezclada con una cantidad igual de vino, extrae los huesos fracturados del cráneo, la materia purulenta en todas las partes del cuerpo, y los huesos de las serpientes, cuando se pisan accidentalmente; es muy eficaz, también, para los venenos. En caso de dolor de cabeza, se debe frotar la cabeza con eléboro, hervido y batido en aceite de oliva o de rosas, o bien con peucedanum[28] empapado en aceite de oliva o de rosas y vinagre. Esta última planta, preparada tibia, es muy buena también para el vértigo. Como es de naturaleza calorífica, se frota el cuerpo con la raíz como sudorífico.

MEDICAMENTOS PARA LAS ENFERMEDADES DE LOS OJOS

Generalmente se cree que la centaura mayor fortalece la vista, si se fomentan los ojos con ella empapada en agua; y que empleando el jugo de la especie más pequeña, en combinación con la miel, se pueden dispersar las películas y la nubosidad, borrar las marcas y eliminar las pequeñas moscas que se han metido en la víspera. También se cree que la sideritis[29] es curativa del albugo en las bestias de carga. En cuanto a la celidonia mayor, es maravillosamente buena para todas las

---

28 *Peucedanum officinale* (N. del T.).
29 Rabo de gato (N. del T.).

afecciones antes mencionadas. La raíz de panaces se aplica, con cebada perlada, a las secreciones de los ojos; y con el fin de mantenerlas controladas, la semilla de beleño se toma, en dosis de un obolus, con una proporción igual de opio, en vino. El jugo de la genciana también se utiliza como linimento, y a veces forma un ingrediente en los bálsamos oculares más activos, como sustituto del meconio. La euforbia, aplicada en forma de linimento, mejora la vista, y para la oftalmia se inyecta en los ojos jugo de plátano.

La aristoloquia dispersa las películas sobre los ojos; y el iberis, pegado a la cabeza con potentilla, es curativo de las secreciones y otras enfermedades de los ojos. El Verbascum se aplica tópicamente a los flujos oculares, y la verbena se utiliza para un propósito similar, con aceite de rosa y vinagre. Para el tratamiento de las cataratas y la falta de visión, el ciclamino se reduce a una pulpa y se divide en pastillas. También el jugo de peucedanum, como ya se ha mencionado, mezclado con meconio y aceite de rosas, es bueno para la vista, y dispersa las películas sobre los ojos. El psyllion, aplicado en la frente, detiene los flujos oculares.

CICUTA

La cicuta,[30] también es una planta venenosa, que se hizo odiosa por el uso que el pueblo ateniense hizo de ella como instrumento de pena capital; sin embargo, como se emplea para muchos fines útiles, no debe omitirse. El tallo es liso, articulado como una caña, de color oscuro, a menudo de hasta dos codos de altura, y ramificado en la parte superior. Las hojas son como las del cilantro, pero más blandas, y tienen un fuerte olor. La semilla es más sustanciosa que la del anís, y la raíz es hueca y nunca se utiliza. La semilla y las hojas tienen propiedades frigoríficas; de hecho, es debido a estas propiedades que es tan fatal, los escalofríos con los que se acompaña comienzan en las extremidades. El gran remedio para ella, siempre que no haya alcanzado los órganos vitales, es el vino, que naturalmente tiene una tendencia al calentamiento; pero si se toma en vino, es irremediablemente fatal.

De las hojas y las flores se extrae un zumo, ya que es en el momento de su floración cuando está en pleno vigor. La semilla se machaca y el zumo que se extrae se deja espesar al Sol y luego se divide en pastillas. Este preparado resulta mortal por la coagulación de la sangre –otra de las propiedades mortales que le son propias–, de ahí que los cuerpos de quienes han sido envenenados por ella queden cubiertos de manchas. A veces se utiliza en combinación con el agua como medio para diluir ciertos medicamentos. También se prepara una cataplasma emoliente a partir de este jugo, con el fin de refrescar el estómago; pero el principal uso que se hace de él es como aplicación tópica, para frenar los flujos oculares en verano, y para aliviar los dolores en esos órganos. También se emplea como ingrediente en los bálsamos para los ojos, y se utiliza para detener los flujos en otras partes del cuerpo; las hojas,

---

30 "Cicuta". Identificada con el *Conium maculatum* de Linneo. Crece en los alrededores de Atenas, y probablemente constituyó la base de los venenos con los que ese pueblo volátil "recompensaba", como señala Fée, las virtudes y hazañas de sus filósofos y generales. Se dice que Sócrates, Poción y Filopémen fueron envenenados con cicuta.

además, tienen un efecto calmante sobre todo tipo de dolores y tumores, y sobre los flujos oculares.

Anaxilaüs afirma que si se frotan las mamas con cicuta (para atraer la virginidad), siempre estarán duras y firmes; pero un hecho mejor comprobado es que, aplicada a los pechos, seca la leche en las mujeres que acaban de dar a luz; así como que, aplicada a los testículos en la edad de la pubertad, actúa muy eficazmente como anti-afrodisíaco. En cuanto a los casos en los que se recomienda tomarla internamente como remedio, declinaré, por mi parte, mencionarlos. La cicuta más potente es la que se cultiva en Susa, en Partia, y la siguiente mejor es la producida en Laconia, Creta y Asia. En Grecia, la cicuta de mejor calidad es la de Megara, y junto a ella, la del Ática.

PREPARACIONES PARA TRATAR EL ALIENTO OFENSIVO

También mencionaremos aquí ciertos preparados para la cura del aliento ofensivo, un inconveniente muy desagradable. Para este propósito, se toman hojas de mirto y lentisco en proporciones iguales, con la mitad de la cantidad de nueces sirias; luego se machacan juntos y se rocían con vino viejo, y la composición se mastica por la mañana. En casos similares, también se utilizan bayas de hiedra, en combinación con casia y mirra; estos ingredientes se mezclan, en proporciones iguales, con vino.

Para los olores ofensivos de las fosas nasales, aunque estén acompañados de carcinoma, el remedio más eficaz es la semilla de dracontium batida con miel. Una aplicación de hisopo tiene el efecto de hacer desaparecer los hematomas. Las marcas en la cara se curan frotándolas con mandrágora.

Libro XXVI
Uso medicinal de las plantas (II)

NUEVAS ENFERMEDADES DE LA PIEL

El rostro del hombre ha sido recientemente sensible a nuevas formas de enfermedad, desconocidas en la antigüedad, no sólo en Italia, sino en casi toda Europa. Sin embargo, todavía no se han extendido a toda Italia, ni han hecho grandes incursiones en Illyricum, Galia o España, o de hecho cualquier otra parte, en tan gran medida como en Roma y sus alrededores. Aunque no conllevan dolor, y no son peligrosas para la vida, estas enfermedades son de una naturaleza tan repugnante, que cualquier forma de muerte sería preferible a ellas.

LICHEN

La más insoportable de todas estas enfermedades es la que, por su denominación griega, la conocemos como "lichen".[1] Sin embargo, debido a que generalmente hace su primera aparición en el mentón, los latinos, a modo de broma, originalmente –tan propensos son los seres humanos a burlarse de las desgracias de los demás– le dieron el nombre de "mentagra";[2] un apelativo que desde entonces se ha establecido en el uso general. En muchos casos, sin embargo, esta enfermedad se extiende por el interior de la boca, y se apodera de toda la cara, con la única excepción de los ojos; después de lo cual, pasa hacia abajo al cuello, el pecho y las manos, cubriéndolos con asquerosas erupciones furfuráceas.

Esta maldición era desconocida para los antiguos, e incluso en los tiempos de nuestros padres, habiendo entrado por primera vez en Italia a mediados del rei-

---

1 Enfermedad inflamatoria de la piel que afecta a los folículos pilosos, especialmente de la barba y da lugar a la formación de pápulas, pústulas o tubérculos (N. del T.).
2 La "enfermedad de la barbilla"; de "mentum", la "barbilla".

nado del emperador Tiberio Claudio César, donde fue introducida desde Asia, en cuyo país había hecho su aparición recientemente, por un miembro de la orden ecuestre en Roma. La enfermedad, sin embargo, no atacaba ni a las mujeres ni a los esclavos, ni tampoco a las órdenes inferiores, ni siquiera a las clases medias, sino sólo a los nobles, comunicándose incluso por el contacto momentáneo necesario para el acto de saludo. Muchos de los que perseveraban en someterse a un tratamiento curativo, aunque se curaban de la enfermedad, conservaban cicatrices en el cuerpo, que eran aún más horribles la misma enfermedad; se trataba con cauterizaciones, ya que era seguro que volvería a brotar, a menos que se adoptaran medios para quemarla fuera del cuerpo cauterizando hasta el mismo hueso.

En cuanto al tratamiento del lichen, enfermedad tan molesta como es, daremos aquí una serie de remedios adicionales para él, recogidos de todas partes, aunque los ya descritos no son en absoluto pocos. Para la curación del lichen se utiliza el plátano, machacado, también la cincoenrama, la raíz de albucus en combinación con vinagre, los brotes jóvenes de la higuera hervidos en vinagre, o las raíces de malva hervidas hasta una cuarta parte con cola y vinagre. Las llagas se frotan también con piedra pómez, y luego se fomentan con raíz de rumex machacada en vinagre, o con espuma de víscera amasada con cal. Una decocción, también, de tithymalos con resina es muy estimada para el mismo propósito.

Pero a todos estos remedios se le da preferencia a la planta conocida como "lichen", por su eficacia como cura. Se encuentra creciendo entre las rocas, y tiene una sola hoja ancha[3] cerca de la raíz. y un solo tallo largo, con pequeñas hojas colgando de él. Esta planta tiene también la propiedad de borrar las marcas en la piel, siendo machacada con miel para ese propósito. Hay también otra clase de lichen, que se adhiere completamente a las rocas, como el musgo, y que se utiliza igualmente como aplicación tópica. Su jugo, vertido en las heridas o aplicado a los abscesos, tiene la propiedad de detener la hemorragia; mezclado con miel, es curativo de la ictericia, frotándose la cara y la lengua con él. Bajo este modo de tratamiento, se recomienda al paciente lavarse con agua salada, untarse con aceite de almendras y abstenerse de verduras de jardín. Para la cura del lichen, se utiliza también la raíz de thapsia, machacada en miel.

ELEFANTIASIS

La elefantiasis era desconocida en Italia antes de la época de Pompeyo Magno. También esta enfermedad, como las ya mencionadas, hace su primera aparición en la cara. En su forma primaria tiene un considerable parecido con una pequeña lenteja en la nariz; la piel se seca gradualmente en todo el cuerpo, está marcada con manchas de varios colores, y presenta una superficie desigual, siendo gruesa en un lugar, fina en otro, indurada aquí y allá, y cubierta con una especie de costra áspera. Más adelante, la piel adquiere una tonalidad negra y comprime la carne sobre los huesos, hinchándose los dedos de las manos y de los pies.

---

3   Identificada por Fée con la *Marchantia polymorpha* de Linneo, Marchantia común, o hepática, la planta masculina.

Esta enfermedad era originalmente propia de Egipto. Cada vez que atacaba a los reyes de ese país, tenía efectos particularmente fatales para el pueblo, siendo la práctica templar sus baños de asiento con sangre humana, para el tratamiento de la enfermedad.

EL ANTIGUO SISTEMA DE MEDICINA

Los remedios que aquí describo son los que se empleaban universalmente en la antigüedad, siendo la propia naturaleza, por así decirlo, la que preparaba las medicinas; de hecho, durante mucho tiempo éstas fueron las únicas medicinas empleadas.

Es bien sabido que Hipócrates fue el primero en compilar un código de preceptos médicos, cosa que hizo con la mayor perspicacia, ya que sus tratados, según encontramos, están repletos de información sobre las diversas plantas. No es menor la información que obtenemos de las obras de Diocles de Carystus, segundo en reputación, así como en fecha, después de Hipócrates. Lo mismo ocurre con las obras de Praxágoras, Crisipo y, en un período posterior, Erasístrato de Cos. Herófilo también, aunque fue el fundador de un sistema de medicina más refinado, fue extremadamente profuso en sus recomendaciones sobre el uso de las plantas medicinales. Sin embargo, en un período posterior, la experiencia, nuestro instructor más eficiente en todas las cosas, la medicina en particular, comenzó gradualmente a perderse de vista, oculta en un mar de meras palabras y verborrea; se encontró, de hecho, mucho más agradable sentarse en las escuelas, y escuchar la charla de un profesor, que ir a buscar plantas medicinales en los desiertos, o buscar una u otra planta en todas las diversas estaciones del año.

EL NUEVO SISTEMA DE MEDICINA – ASCLEPIADES

Sin embargo, las antiguas teorías permanecieron inamovibles, basadas como estaban en los fundamentos aún existentes de la experiencia universalmente reconocida; hasta que, en la época de Pompeyo Magno, Asclepíades, un profesor de retórica, que se consideraba insuficientemente recompensado por esa actividad, y cuya disposición y sagacidad lo hacían más adecuado para cualquier otra cosa que la práctica forense, repentinamente dirigió su atención al arte médico. Al no haber practicado nunca la medicina, y al desconocer totalmente la naturaleza de los remedios –conocimiento que sólo se adquiere mediante el examen personal y la experiencia real–, se vio obligado a renunciar a todas las teorías previamente establecidas, y a confiar más bien en los periodos de menstruación y en sus estudiados discursos, para ganar influencia en las mentes de su audiencia.

Reduciendo todo el arte de la medicina únicamente a una estimación de las causas primarias, lo convirtió en un arte meramente conjetural, y estableció como su credo, que hay cinco grandes principios de tratamiento para todas las enfermedades en común: la dieta, el uso o no del vino, las fricciones, el ejercicio a pie, y el ejercicio en un carruaje o a caballo. Como todo el mundo percibió que cada uno de estos métodos de tratamiento estaba a su alcance, todos, por supuesto, con la mayor disposición dieron su asentimiento, dispuestos como estaban a creer que era verdad lo que era tan fácil de adquirir; y de ahí que atrajera a casi todo el mundo a su alrededor, como si hubiera sido enviado entre la humanidad en una misión especial del cielo.

Además, tenía un maravilloso tacto para ganarse la confianza de sus pacientes; a veces les prometía vino y aprovechaba el momento oportuno para administrárselo, mientras que en otras ocasiones les prescribía agua fría; de hecho, como Herófilo, entre los antiguos, había sido el primero en investigar las causas primarias de las enfermedades, y Cleofante había dado a conocer el tratamiento de las enfermedades por medio del vino, así Asclepíades, como sabemos por M. Varro, prefiere ser deudor de su apellido y reputación al amplio uso que hizo del agua fría como remedio. También empleó otros remedios calmantes para sus pacientes; así, por ejemplo, fue él quien introdujo las camas oscilantes, cuyo movimiento podía adormecer la enfermedad o inducir el sueño, según se considerara conveniente. También fue él quien generalizó el uso de los baños –un método de tratamiento que se adoptó con la mayor avidez–, además de otros numerosos modos de tratamiento de naturaleza agradable y calmante. Por estos medios adquirió una gran reputación profesional, y una fama no menos extendida.

Sin embargo, hay una cosa, y sólo una, por la que tenemos motivos para indignarnos, el hecho de que un solo individuo, perteneciente a la nación más frívola.[4] El éxito de Asclepíades se debió a que, siendo un nombre que había nacido en la más absoluta indigencia, con el único propósito de aumentar sus ingresos, dio un nuevo código de leyes médicas a la humanidad; leyes que, sin embargo, han sido anuladas por numerosas autoridades posteriores a su época. El éxito de Asclepíades se vio considerablemente favorecido por muchos de los usos de la medicina antigua, repulsivos por su naturaleza, y acompañados de demasiada ansiedad; así, por ejemplo, se practicaba cubrir al paciente con gran cantidad de ropa, y adoptar todos los métodos posibles para promover la transpiración; ordenar que el cuerpo se asara ante el fuego; o bien enviar continuamente al paciente a buscar el Sol, cosa que difícilmente se encuentra en un clima lluvioso como el de esta ciudad nuestra; o mejor dicho, de toda Italia, tan prolífica en nieblas y lluvias. Para remediar estos inconvenientes, introdujo el uso de los baños colgantes, un invento que fue muy apreciado por los inválidos.

Además de esto, modificó las torturas que hasta entonces habían acompañado al tratamiento de ciertas enfermedades; como en el caso de la angina, por ejemplo, cuya cura antes de su tiempo se había efectuado generalmente mediante la introducción de un instrumento en la garganta. Condenó, y con razón, el uso indiscriminado de eméticos, al que hasta entonces se había recurrido en grado extraordinario. Desaprobó también la práctica de administrar internamente pociones que son naturalmente perjudiciales para el estómago, cosa que puede decirse con verdad de la mayor parte de ellos.

OBSERVACIONES CONTRA LAS SUPERSTICIONES

Pero, sobre todo, fueron las locuras de la magia las que contribuyeron tan esencialmente a su éxito, locuras que se habían llevado a tal extremo que destruían toda

---

4   Asia Menor. Asclepíades era nativo de Prusa en Bitinia.

confianza en las virtudes curativas de las plantas. Así, por ejemplo, se sostenía firmemente que por medio de la planta aethiopis se podían secar los ríos y las aguas estancadas, y que por su mismo toque se podían abrir todas las rejas y puertas; que si se arrojaba la planta achænis a las filas del enemigo se crearía con toda seguridad el pánico y se les haría huir; que los reyes persas daban latace[5] a sus embajadores, para asegurarles un abundante suministro de todo dondequiera que estuvieran; con numerosas otras fantasías de naturaleza similar.

TOS

De todas las enfermedades del pecho, la tos es la más opresiva. Para la curación de esta enfermedad se utiliza la raíz de panaces en vino dulce, y en los casos en que va acompañada de escupitajos de sangre, el jugo de beleño. El beleño, también, usado como fumigación, es bueno para la tos; y lo mismo sucede con la scordotis,[6] mezclada con capuchina y resina seca, batida con miel; o asimismo empleada por sí misma, la scordotis facilita la expectoración, una propiedad que posee igualmente la centaura mayor, incluso cuando el paciente tiene problemas de escupir sangre; para esto último el jugo de plátano es muy beneficioso. La betonia, tomada en dosis de tres oboli en agua, es útil para las expectoraciones purulentas o sanguinolentas; también la raíz de persolata, en dosis de un dracma, tomada con once piñones; y el jugo de peucedanum.

CHALCETUM

Chalcetum[7] también es el nombre de una planta que se machaca con cáscaras de uva y se aplica tópicamente para curar las afecciones del hígado. La raíz de betonia actúa como un emético suave, tomada de la misma manera que el eléboro, en dosis de cuatro dracmas en vino de pasas o vino endulzado. El hisopo también se bate con miel para fines similares; pero es más eficaz si se toma primero capuchina o irio.

MEDICAMENTOS PARA LAS ENFERMEDADES DEL VIENTRE

Pero es el vientre, para cuya gratificación existe la mayor parte de la humanidad, el que causa más sufrimiento al hombre. Así, por ejemplo, en un momento dado no deja pasar los alimentos, mientras que en otro es incapaz de retenerlos. A veces, tampoco puede recibir los alimentos, o, si puede, no puede digerirlos; de hecho, son tales los excesos practicados en la actualidad, que es a través de su alimentación, más que cualquier otra cosa, que el hombre acelera su fin. Este receptáculo, más molesto para nosotros que cualquier otra parte del cuerpo, está siempre deseando más, como un acreedor importuno, y hace sus llamadas repetidamente en el día. Es por su causa, más particularmente, que la avaricia es tan insaciable, por su causa que el lujo es tan refinado, por su causa que los hombres viajan hasta las orillas del Phasis, por su causa que las mismas profundidades del océano son saqueadas. Y, sin embargo, con todo esto, nadie se pone a pensar cuan abyecta es la

---

5   Una hierba mágica (N. del T.).
6   Camedrio acuático, Teucrium scordotis (N. del T.).
7   C. Bauhin la identifica con la *Valeriana locusta* de Linneo, hierba de los canónigos o, simplemente, canónigo. Fée considera que su identidad es aún desconocida.

condición de esta parte de nuestro cuerpo, cuan repugnantes son los resultados de su acción sobre lo que ha recibido. No es de extrañar, pues, que el vientre tenga que estar en deuda con la ayuda de la medicina en el más alto grado

La scordotis, recién recogida y batida, en dosis de un dracma, con vino, detiene el flujo de los intestinos; un efecto igualmente producido por una decocción de ella tomada en la bebida. La polemonia, también, se da en vino para la disentería, o dos dedos de longitud de la raíz de verbascum, en agua; semilla de nymlphæa heraclia, en vino; la raíz superior de xiphion, en dosis de un dracma, en vinagre; semilla de plátano, batida en vino; el propio plátano hervido en vinagre, o bien un potaje de alica mezclado con el jugo de la planta; plátano hervido con lentejas; plátano seco y pulverizado, y rociado en la bebida, con amapolas agostadas machacadas; jugo de plátano, usado como inyección, o tomado en la bebida; o betonia tomada en vino calentado con un hierro candente.

ESCAMONEA

También la escamonea,[8] produce trastornos en el estómago. Elimina la bilis y actúa fuertemente como purgante en los intestinos, a menos que se añada áloe, en la proporción de dos dracmas de áloe por dos oboli de escamonea. La droga así llamada es el jugo de una planta que se ramifica desde la raíz, y tiene hojas untuosas, blancas y triangulares, con una raíz sólida y húmeda, de sabor nauseabundo; crece en suelos ricos y blancos. Alrededor de la época de la subida de la Canícula, se hace una excavación alrededor de la raíz, para dejar que el jugo se acumule; hecho esto, se seca al Sol y se divide en pastillas. A veces también se seca la propia raíz, o su capa exterior. La escamonea más apreciada es la de Colofón, Misia y Priene. Su aspecto debe ser liso y brillante, y lo más parecido posible a la cola de toro; debe presentar también una superficie fúngica, cubierta de diminutos agujeros; debe fundirse con la mayor rapidez, tener un olor potente y ser pegajosa como la goma. Al tocarla con la lengua, debe desprender un líquido blanco lechoso; también debe ser extremadamente ligera y volverse blanca cuando se funde.

Esta última característica se reconoce también en el escamonea espuria, un compuesto de harina de algarroba y jugo de tithymalos marinos, que se importa sobre todo de Judea, y es muy apto para ahogar a quienes lo usan. La diferencia puede detectarse fácilmente, sin embargo, por el sabor, ya que el tithymalos imparte una sensación de ardor en la lengua. Para ser plenamente eficaz, la escamonea debe tener dos años; antes o después de esa edad es inútil. Se ha prescrito que se tome por sí mismo también, en dosis de cuatro oboli, con hidromel y sal; pero el modo más ventajoso de usarlo es en combinación con áloes, teniendo cuidado de beber vino endulzado en el momento en que empieza a actuar. La raíz también se hierve en vinagre hasta alcanzar la consistencia de la miel, y la decocción se utiliza como linimento para la lepra. También se frota la cabeza con esta decocción, mezclada con aceite, para el dolor de cabeza.

---

8   El producto de la *Convolvulus scammonia* de Linneo. La escamonea de Alepo se tiene en gran estima y es muy valiosa. La de Esmirna también se importa en gran medida.

TITHYMALOS CHARACIAS

El tithymalos es llamado por nuestra gente la "planta de leche", y por algunas personas la "lechuga de cabra". Dicen que si se trazan caracteres sobre el cuerpo con el jugo lechoso de esta planta, y se pulverizan con cenizas, cuando se secan, las letras serán perfectamente visibles; un recurso que ha sido adoptado antes de ahora por los intrigantes, con el fin de comunicarse con sus amantes, en lugar de una correspondencia por carta. Hay numerosas variedades de esta planta.[9] La primera clase tiene el nombre adicional de "characias", y se considera generalmente como la planta masculina. Sus ramas son de un dedo de grosor, rojas y llenas de jugo, cinco o seis en número, y un codo de longitud. Las hojas cercanas a la raíz son casi idénticas a las del olivo, y la extremidad del tallo está coronada por un mechón como el de la espadaña; se encuentra creciendo en localidades escarpadas cerca de la orilla del mar. La semilla se recoge en otoño, junto con los mechones, y después de secarse al Sol, se golpea y se guarda. En cuanto al zumo, en el momento en que el plumón empieza a aparecer en el fruto, se rompen las ramas y se recibe el zumo de las mismas sobre harina de fideos o bien de higos, y se deja secar con ellos. Cinco gotas son las que debe recibir cada higo; y se cuenta que si un enfermo de hidropesía come uno de estos higos tendrá tantas mociones como gotas haya recibido el higo. Mientras se recoge el jugo, hay que tener el debido cuidado de que no toque los ojos. De las hojas, machacadas, también se extrae un zumo, pero no de naturaleza tan útil como el de la otra clase; también se hace una decocción de las ramas.

También se utiliza la semilla, que se hierve con miel y se convierte en píldoras purgantes. Estas semillas se insertan a veces en dientes huecos con cera; los dientes se enjuagan también con una decocción de la raíz en vino o aceite. El jugo se utiliza externamente para el lichen, y se toma internamente como emético y para favorecer la evacuación alpina; en otros aspectos, es perjudicial para el estómago. Tomado en bebida, con la adición de sal, elimina los humores pituitarios; y en combinación con el salitre, elimina la bilis. En los casos en los que se desea que purgue por medio de las heces, se toma con una mezcla de agua y vinagre, pero cuando se quiere que actúe como emético, con vino de pasas o hidromel; tres oboli son una dosis mediana. El mejor método, sin embargo, para usarlo, es comer los higos preparados antes mencionados, justo después de tomar la comida. En cuanto al sabor, es ligeramente ardiente para la garganta; de hecho, es de una naturaleza tan caliente, que aplicado externamente por sí mismo, levanta ampollas en la carne, como las causadas por la acción del fuego.

REMEDIOS PARA LOS DOLORES AGUDOS EN LOS INTESTINOS

Todos los tipos de panaces[10] son curativos de los dolores de garganta en los intestinos, así como la betonia, excepto en los casos en que surgen de la indigestión. El zumo de peucedanum es bueno para la flatulencia, actuando poderosamente como carminativo; lo mismo ocurre, también, con la raíz de acoron y con el dau-

---

9 Conocida por nosotros con el nombre general de euforbia.
10 Planta que se supone que cura todas las enfermedades; panacea, cura todo. Es una especie de mirra dulce.

cus, comido como lechuga en ensalada. El láudano de Chipre, tomado en bebida, es curativo de las afecciones intestinales; y un efecto similar produce la genciana en polvo, tomada en agua caliente, en cantidades del tamaño de una judía. Para el mismo propósito, el plátano se toma por la mañana, en dosis de dos cucharadas, con una cucharada de amapola en cuatro cyathi de vino, teniendo el debido cuidado de que no sea vino viejo. También se da en el último momento antes de ir a dormir, y con la adición de nitro o cebada perlada, si ha transcurrido un tiempo considerable desde la última comida. Para los cólicos, se utiliza una inyección del jugo, una hemina a la vez, incluso en los casos en los que ha sobrevenido la fiebre.

SILAUS

Silaus[11] es una planta que crece en los arroyos con un lecho de grava. Tiene cierto parecido con el perejil y mide un codo de altura. Se cocina de la misma manera que las verduras ácidas, y es de gran utilidad para las afecciones de la vejiga. En los casos en que ese órgano está afectado por erupciones, se utiliza en combinación con la raíz de panaces, una planta que por lo demás es mala para la vejiga.

SCORDOTIS

La scordotis,[12] reduce la hinchazón de los testículos. El beleño es curativo de las enfermedades de los órganos generadores. La estranguria se cura con el jugo de peucedanum, tomado con miel; así como con la semilla de esa planta. El agárico también se utiliza para el mismo propósito, tomado en dosis de tres oboli en un cyathus de vino viejo; la raíz de trébol, en dosis de dos dracmas en vino; y la raíz o semilla de daucus, en dosis de una dracma. Para la cura de la ciática, se utilizan la semilla y las hojas de erythrodanum, machacadas; panaces, tomadas en bebida; polemonia, empleada como fricción; y hojas de aristoloquia, en forma de decocción. El agárico, tomado en dosis de tres oboli en un cyathus de vino viejo, es curativo de las afecciones del tendón conocidas como "platys" y de los dolores en los hombros. La potentilla se toma en la bebida o se aplica tópicamente para la cura de la ciática; también se utiliza una decocción de escamonia, con harina de cebada; y la semilla de cualquier tipo de hipericón se toma en vino.

Para las enfermedades del ano y para las excoriaciones el plátano es notablemente eficaz; para los condilomas, la potentilla; y para el prolapso del recto, la raíz de cyclaminos, aplicada en vinagre. El anagallis azul reduce el prolapso del recto, mientras que, por el contrario, el de flor roja tiene tendencia a soportarlo. Los cotiledones son una cura maravillosa para las afecciones condilomatosas y las hemorroides; y la raíz de acorón, hervida en vino y batida, es una buena aplicación para la hinchazón de los testículos. Según lo que dice Catón, los que llevan consigo ajenjo póntico, nunca experimentarán rozaduras entre los muslos.

---

11   Hardouin cree que es el *Apium graveolens* de Linneo, apio; pero en la actualidad se identifica generalmente con el *Peucedanum silaus* de Linneo.
12   Camedrio acuático, *Teucrium scordotis* (N. del T.).

AFRODISÍACOS Y ANTI-AFRODISÍACOS

La Nymphæa heraclia actúa muy poderosamente como anti-afrodisíaco; lo mismo si se toma una vez cada cuarenta días en la bebida. Tomada en ayunas, o ingerida con la comida, impide eficazmente la reaparición de los sueños libidinosos. La raíz también, utilizada en forma de linimento y aplicada a los órganos generativos, no sólo reprime todos los deseos pruriginosos, sino que también detiene las secreciones seminales; por lo que se dice que tiene tendencia a hacer carne y a mejorar la voz.

La parte superior de la raíz de xiphion, tomada en vino, actúa como afrodisíaco. Lo mismo ocurre con el crethmos silvestre, o agrios como se le llama, y con el holmium, batido con cebada perlada.

LAS ORQUÍDEAS O SERAPES

Pero hay pocas plantas de naturaleza tan maravillosa como las orquídeas[13] o serapias, una producción vegetal con hojas como las del puerro, un tallo de una palma de altura, una flor púrpura, y una raíz doble, formada de tuberosidades que se parecen a los testículos en apariencia. La mayor de estas tuberosidades o, como dicen algunos, la más dura de las dos, tomada en agua, provoca la lujuria; mientras que la más pequeña o, en otras palabras, la más blanda, tomada en leche de cabra, actúa como anti-afrodisíaco. Algunas personas describen esta planta como si tuviera una hoja como la del calabacín, sólo que más suave y blanda, y un tallo espinoso. Las raíces curan las ulceraciones de la boca, y son curativas de las descargas pituitas del pecho; tomadas en vino actúan astringentemente sobre los intestinos.

El satyrion es también un potente estimulante. Hay dos clases; la primera[14] tiene hojas como las del olivo, pero más largas, un tallo de cuatro dedos de longitud, una flor púrpura, y una raíz doble, que se asemeja a los testículos humanos en forma. Esta raíz se hincha y aumenta de volumen un año y recupera su tamaño original al siguiente. El otro tipo se conoce como "orchis satyrios", y se supone que es la planta femenina. Se distingue de la anterior por la distancia entre sus articulaciones y su forma más ramificada y arbustiva. La raíz se emplea en los filtros; se encuentra sobre todo creciendo cerca del mar. Golpeada y aplicada con cebada perlada, o sola, cura los tumores y otras afecciones de los órganos generadores. La raíz del primer tipo, administrada en la leche de oveja de corral, provoca erecciones; tomada en agua produce un efecto contrario.

SATYRION

Los griegos dan el nombre de "satyrion"[15] a una planta con hojas rojas como las del lirio, pero más pequeñas, no más de tres de ellas haciendo su aparición en

---

13 Identificadas por Littré con la *Orchids undulatifolia*, y por Fée con la *Orchis morio* de Linneo.

14 Identificada por Desfontaines con la *Orchis pyramidalis*. y por Fée con la *O. papilionacea* de Linneo.

15 Littré lo identifica con la *Aceras anthropophora* de Linneo; Desfontaines con la *Orchis bifolia*, la orquídea mariposa. También se ha nombrado el *Iris florentina* de Linneo; pero, aunque con alguna duda, Fée se inclina por la *Tulipa Clusiana*, o algún otro tipo de tulipán.

la superficie. El tallo, dicen, es liso y desnudo y de un codo de longitud, y la raíz doble; la parte inferior, que es también la más grande, promueve la concepción de la emisión masculina, la parte superior o más pequeña, la de la femenina.

Distinguen también otro tipo de satyrion, con el nombre de "erythraïcon"[16] tiene semillas como las del vitex,[17] sólo que más grandes, lisas y duras; la raíz, dicen, está cubierta con una corteza roja, y es blanca por dentro y de un sabor dulzón; se encuentra principalmente en distritos montañosos. La raíz, nos dicen, si sólo se sostiene en la mano, actúa como un poderoso afrodisíaco, y aún más, si se toma en vino áspero y astringente. Se administra en bebida, dicen, a carneros y cabras cuando están inactivos y perezosos; y los habitantes de Sarmacia tienen la costumbre de dársela a sus sementales cuando están fatigados por el apareamiento, defecto al que dan el nombre de "prosedamum". Los efectos de esta planta se neutralizan con el uso de hidromel o lechugas.

ENFERMEDADES QUE ATACAN A TODO EL CUERPO

Habiendo terminado ahora el detalle de las enfermedades que son perceptibles en partes individuales del cuerpo, procederemos a hablar de las que atacan a todo el cuerpo. Los siguientes se mencionan como remedios generales; en lugar de cualquier otra cosa, una infusión de dodecatheos,[18] debe tomarse en la bebida, y luego las raíces de las diversas clases de panaces, en las enfermedades de larga duración más particularmente; también la semilla de panaces debe utilizarse para las afecciones intestinales. Para todas las afecciones dolorosas del cuerpo se recomienda el zumo de scordotis, así como el de betónica; este último, tomado en una poción, es particularmente excelente para eliminar el tono pálido y plomizo de la piel, y para mejorar su aspecto general.

ONOTHERAS U ONEAR

Entre los diversos males que aquejan a todo el cuerpo en común, el del insomnio es el más común. Entre los remedios para ello encontramos los mencionados panaces, clymenus, y aristoloquia, inhalándose el olor de la planta y frotándose la cabeza con ella. El aizoüm, o puerro de la casa, es beneficioso, envuelto en tela negra y colocado debajo de la almohada, sin que el paciente se dé cuenta. También el onotheras[19] tomado en vino, tiene ciertas propiedades estimulantes; tiene hojas como las del almendro, una flor de color rosa, numerosas ramas y una raíz larga, con un olor vinoso cuando se seca; una infusión de esta raíz tiene un efecto calmante incluso sobre las bestias salvajes.

MEDICAMENTOS PARA LA ICTERICIA

Es sobre los ojos en particular que la ictericia produce un efecto tan notable; la bilis penetra entre las membranas, tan extremadamente delicadas y estrechamente

---

16 Mayormente identificado con el *Erythronium dens canis* de Linneo.

17 Sauzgatillo, saucegatillo, sauce gatillo, *Vitex agnus castus*, Linneo (N. del T.).

18 Una hierba, llamada así por los doce dioses mayores; quizás sea *Primula vulgaris*, Linneo (N. del T.).

19 Identificado con el *Epilobium roseum* de Linneo, el sauce rosado u onear.

unidas. Hipócrates nos dice que la aparición de la ictericia en o después del séptimo día en las fiebres es un síntoma fatal; pero conozco algunos casos en los que los pacientes sobrevivieron después de haber sido reducidos a este estado aparentemente sin esperanza. Podemos observar también que la ictericia aparece a veces sin que sobrevenga la fiebre. Se combate tomando centaura en la bebida; agárico, en dosis de tres oboli en vino viejo; u hojas de verbena, en dosis de tres oboli, tomadas durante cuatro días consecutivos en una hemina de vino caliente. Pero la curación más rápida de todas se efectúa con el jugo de cincoenrama, en dosis de tres cyathi, con sal y miel. La raíz de cyclaminos también se toma en la bebida en dosis de tres dracmas, el paciente se sienta en una habitación caliente libre de todo frío y corrientes de aire, la infusión expulsa la bilis por su acción como un sudorífico.

Las hojas de tusilago o farfara también se usan en agua para este propósito; la semilla de cualquier tipo de linozostis, espolvoreada en la bebida, o hecha en una decocción con garbanzo o ajenjo; las bayas de hisopo tomadas en agua; el liquen de la planta, absteniéndose cuidadosamente de todos los otros vegetales mientras se usa; polythrix, tomado en vino; y struthion, en vino endulzado.

REMEDIOS PARA ABSCESOS E INFLAMACIONES

Los abscesos y las inflamaciones se curan con una aplicación de hojas de argemonia. Para las induraciones y las acumulaciones de todo tipo se utiliza una decocción de verbena o cincoenrama en vinagre; hojas o raíz de verbascum; un linimento hecho de vino e hisopo; raíz de acorón, cuya decocción se utiliza como fomentación; o bien aizoüm. También las contusiones, los tumores duros y los abscesos fistulosos se tratan con illecebra.[20]

Todo tipo de sustancias extrañas que hayan perforado la carne se extraen utilizando hojas de tusilago, daucus, o semillas de leontopodium machacadas en agua con cebada perlada. Para las supuraciones, se aplican hojas de picnocoma, batidas con cebada perlada, o bien la semilla de esa planta, u orchis. Se dice que una aplicación de raíz de satyrion es un remedio muy eficaz para las enfermedades profundas de los huesos. Las úlceras corrosivas y toda clase de reuniones se tratan con algas marinas, utilizadas antes de que se hayan secado. La raíz, también, de alcima dispersa las acumulaciones.

MEDICAMENTOS PARA LAS HEMORRAGIAS

La semilla roja de la planta llamada "pæmonia"[21] detiene las hemorragias; la raíz también posee propiedades similares. Pero es el clymenus el que debe emplearse, cuando hay descargas de sangre en la boca o en las fosas nasales, desde los intestinos o desde el útero. En tales casos, la lisimaquia también se toma en la bebida, aplicada tópicamente, o introducida en las fosas nasales; o bien la semilla de plátano, o potentilla, se toma en la bebida, o se emplea en forma de linimento. La semilla de cicuta se introduce en las fosas nasales, para las descargas de sangre

---

20 *Sedum acre* (pampajarito) es una pequeña planta suculenta perenne, de la familia de las crasuláceas (N. del T.).
21 Nuestra peonía.

allí, o bien se machaca y se aplica en agua; también el aizoüm, y la raíz de astrágalo. El ischæmon y la aquilea también detienen las hemorragias.

MEDICAMENTOS PARA ROTURAS Y ESGUINCES

Para las rupturas, esguinces y caídas violentas, se utiliza la centaura; la raíz de genciana machacada o hervida; el jugo de betonia –este último se emplea también para las rupturas producidas al forzar los órganos vocales o los costados– panaces; scordotis; o aristoloquia tomada en bebida. Para las contusiones y las caídas, se toma agárico, en dosis de dos oboli, en tres cítaras de vino endulzado, o si hay síntomas de fiebre, hidromel; el verbascum, también, con una flor dorada; raíz de acorón las diversas variedades de Aizoüm, siendo particularmente eficaz el jugo de la clase más grande; jugo de symphytum, o una decocción de la raíz de esa planta; daucus, sin hervir; erysithales, una planta con una flor amarilla y una hoja como la del acanto, tomada en vino; chamærops; irio, tomado en potaje.

MEDICAMENTOS PARA LAS VERRUGAS Y APLICACIONES PARA ELIMINAR LAS CICATRICES

La argemonia con vinagre, o la raíz de batrachion,[22] elimina las verrugas; esta última tiene también el efecto de hacer desaparecer las uñas malformadas. El zumo o las hojas, aplicados tópicamente, de cualquier tipo de linozostis, eliminan las verrugas. Todas las variedades de tithymalos son eficaces para eliminar todo tipo de verrugas, así como los padrastros y las verrugas. Ladanum confiere un color fresco y un aspecto aparente a las cicatrices.

Se dice que el viajero que lleva artemisia pegada a su persona, o elelisphacus,[23] nunca tendrá sensación de lasitud.

REMEDIOS PARA LAS ENFERMEDADES FEMENINAS

Un gran remedio para todas las enfermedades femeninas en común, es la semilla negra de la planta herbácea peonía, tomada en hidromel; la raíz también es un emenagogo eficaz. La semilla de panaces, mezclada con ajenjo, actúa como emenagoga y como sudorífica; el mismo efecto tiene la scordotis, tomada internamente o aplicada tópicamente. La betonia, en dosis de un dracma por cada tres cyathi de vino, se toma para diversas afecciones del útero, así como directamente después del parto. La menstruación excesiva se detiene con un pesario de aquilea, o bien con un baño de asiento compuesto por una decocción de esa planta. La semilla de beleño en vino se utiliza como linimento para las enfermedades de los senos, y la raíz se emplea en forma de emplasto para las afecciones uterinas; la celidonia mayor también se aplica a los senos.

Las raíces de panaces, aplicadas como pesario, eliminan las secundinas y el feto muerto, y la propia planta, tomada en vino, o utilizada como pesario con miel, actúa como detergente sobre el útero. La polemonia, tomada en vino, expulsa las secundinas; utilizada como fumigación, es buena para las sofocaciones del útero. El jugo de la centáurea menor, tomado en la bebida o empleado como fomentación,

---

22 Una planta medicinal, también llamada ranunculus (N. del T.).
23 Un tipo de salvia (N. del T.).

actúa como emenagogo. También la raíz de la centaura, utilizada de forma similar, es buena para los dolores del útero; raspada y utilizada como pesario, expulsa el feto muerto. Para los dolores del útero, el plátano se aplica como pesario, en lana, y para las sofocaciones histéricas, se toma en bebida. Pero es el orégano de Creta el que es de mayor eficacia en casos de esta descripción; actúa como un emenagogo, y es un expulsor del feto cuando está muerto o yace transversalmente en el útero. En estos casos, las hojas se toman, en dosis de un obolus, en agua; de hecho, es tan activo en sus efectos que normalmente se prohíbe introducirla en la cámara de una mujer acostada. No sólo es eficaz cuando se toma en la bebida, sino incluso cuando se aplica tópicamente o se utiliza como fumigación. El díctamo bastardo posee casi las mismas virtudes, pero también actúa como emenagogo, hervido en dosis de un denarius en vino sin mezclar. La aristoloquia, sin embargo, se emplea para un mayor número de propósitos; en combinación con la mirra y la pimienta, ya sea tomada en la bebida o utilizada como pesario, actúa como un poderoso emenagogo, y elimina el feto muerto y las secundinas. Esta planta, sobre todo la más pequeña, utilizada como fomentación, fumigación o pesario, actúa como preventivo del prolapso del útero.

Las sofocaciones histéricas y las irregularidades del flujo menstrual se tratan con agárico, tomado en dosis de tres oboli, en un cyathus de vino viejo; la verbena se utiliza también en casos similares, como pesario, con manteca de cerdo fresca; o bien antirrhinum,[24] con aceite de rosa y miel. La raíz de ninfa de Tesalia, utilizada como pesario, es curativa de los dolores del útero; tomada con vino tinto, detiene las descargas uterinas. La raíz de cyclaminos, por su parte, tomada en bebida y empleada como pesario, actúa como emenagoga; una decocción de la misma, empleada como baño de asiento, cura las afecciones de la vejiga. Cissanthemos,[25] tomada en bebida, expulsa las secundinas y es curativa de las enfermedades del útero. La parte superior de la raíz de xiphion, tomada en dosis de un dracma, en vinagre, favorece la menstruación. Una fumigación de peucedanum quemado tiene un efecto calmante en casos de sofocación histérica. El psyllion, tomado en la proporción de un dracma por cada tres cítaras de hidromel, es particularmente bueno para promover la descarga de las secreciones uterinas puerperales. La semilla de mandrágora, tomada en bebida, actúa como detergente sobre el útero; el jugo, empleado en un pesario, promueve la menstruación y expulsa el feto muerto. La semilla de esta planta, utilizada con azufre vivo, detiene la menstruación cuando está en exceso; mientras que el batrachion, por otro lado, actúa como emenagogo. Esta última planta se utiliza como alimento o se toma en la bebida; en estado crudo, como ya se ha dicho, tiene un sabor ardiente; pero cuando se cocina, su sabor se mejora en gran medida mediante la adición de sal, aceite y comino. El daucus, tomado como bebida, favorece el flujo menstrual, y es un expulsor de la placenta en un grado muy alto. Láudano, usado como fumigación, actúa como correctivo sobre el útero, y se emplea tópicamente para los dolores y ulceraciones de ese órgano.

---

24 *Antirrhinum orontium*, becerrilla o dragoncillo (N. del T.).
25 Un tipo de hiedra (N. del T.).

Libro XXVII
Uso medicinal de las plantas (III)

Cuanto más avanzo en este trabajo, estoy más impresionado por los antiguos; y por el gran el número de plantas que aún quedan por describir. Venero el celo desplegado por los hombres de antaño en sus investigaciones, y el espíritu bondadoso manifestado por ellos al transmitirnos sus resultados. En efecto, su generosidad a este respecto casi parecería haber superado la munificente disposición de la misma Naturaleza, si nuestro conocimiento de las plantas hubiera dependido únicamente del espíritu descubridor del hombre; pero tal como es, es evidente, sin lugar a dudas, que este conocimiento ha emanado de los propios dioses, o, en todo caso, ha sido el resultado de la inspiración divina, incluso en aquellos casos en que el hombre ha sido instrumental para comunicárnoslo. En otras palabras, si hemos de confesar la verdad –una maravilla no superada por nada en nuestra experiencia cotidiana– la propia Naturaleza, esa madre común de todas las cosas, las ha producido, y a la vez nos ha revelado sus propiedades.

Pero, ¿quién puede venerar suficientemente el celo y el espíritu de investigación de los antiguos? Son ellos los que nos han mostrado que el acónito es el más rápido de todos los venenos en sus efectos, hasta el punto de que las hembras, si les toca las partes sexuales, no sobreviven ni un solo día. Según las fábulas de la mitología, esta planta se produjo originalmente a partir de la espuma del perro Cerbero, cuando fue arrastrado por Hércules desde las Regiones Infernales; por lo cual, se dice, todavía es tan notablemente abundante en las cercanías de Heraclea en el Ponto, un lugar donde todavía se encuentra la entrada que conduce a las sombras del inframundo.

Y sin embargo, por muy nocivo que sea, los antiguos nos han mostrado cómo emplear el acónito en beneficio de la humanidad, y nos han enseñado, como resultado de su experiencia, que, tomado en vino caliente, neutraliza el veneno del escorpión; de hecho, tal es la naturaleza de esta planta mortal, que mata al hombre, a menos que pueda encontrar en el hombre algo más para matar. Cuando tal es el caso, como si hubiera descubierto en el cuerpo un rival adecuado con el que luchar, esa sustancia es el único objeto de su ataque; encontrando otro veneno en las vísceras, sólo a él limita su ataque; y así, ¡una cosa verdaderamente maravillosa! dos venenos, cada uno de ellos de naturaleza mortal, se destruyen mutuamente dentro del cuerpo, y el hombre sobrevive. Más aún, los antiguos nos han transmitido remedios empleados por los propios animales, y han mostrado cómo incluso las criaturas venenosas efectúan su propia curación. Al contacto con el acónito, el escorpión es dominado por el torpor, queda bastante entumecido, asume un tono pálido, y así se confiesa vencido. Cuando este es el caso, el eléboro blanco es su gran auxiliar; el mero contacto con él disipa su torpor, y el acónito se ve obligado a ceder, ante dos enemigos, su propio enemigo y el enemigo común de todos.

EL ACÓNITO

Los antiguos, profesando abiertamente su creencia de que no hay mal sin alguna mezcla de bien, han afirmado que el acónito es un ingrediente notablemente útil en las composiciones para los ojos. Por lo tanto, aunque hasta ahora he omitido la descripción de las plantas venenosas, me permitiré señalar las características del acónito, aunque sólo sea para que se pueda detectar más fácilmente. El acónito[1] tiene hojas como las del ciclamen o las del pepino, nunca más de cuatro, ligeramente vellosas, que nacen cerca de la raíz. Esta raíz, que es de tamaño moderado, se parece al pez de mar conocido como "cammarus",[2] motivo por el cual que la planta ha recibido el nombre de "cammaron" de algunos. La raíz está ligeramente curvada, como la cola de un escorpión, por lo que algunas personas le han dado el nombre de "scorpio".

Esta planta crece en las rocas desnudas conocidas como "aeonæ"; y por eso, según algunas autoridades, se llama "aconitum", ya que no hay ni siquiera polvo alrededor para contribuir a su nutrición. Esta es la razón que algunos dan para su nombre; pero según otros, recibe este apelativo por el hecho de que ejerce fatalmente los mismos efectos sobre el cuerpo que la piedra de afilar sobre el filo del hierro, no siendo empleado antes de sentir sus efectos.

EL ÁLOE

El áloe[3] tiene un parecido con el calabacín, excepto que es más grande, y tiene hojas más sustanciales, con vetas que corren oblicuamente. El tallo es tierno, de

---

1   Los antiguos conocían sin duda varias plantas bajo el nombre común de Aconitum. La que aquí se describe, es identificada por Fée con el *Doronicum pardalianches* de Linneo, el acónito.

2   Una especie de cangrejo.

3   Los antiguos probablemente incluían bajo este nombre varias especies distintas de áloe. Conocían bien, según Fée, el áloe de la India, pero probablemente no el de África. Tal y como lo describe Plinio, él lo identifica con el *Aloe perfoliata* de Linneo; Desfontaines con el *Aloe umbellata*.

color rojo en el centro, y no es diferente al del anthericus.[4] Tiene una sola raíz, que corre en línea recta hacia abajo, como una estaca clavada en el suelo; su olor es potente, y tiene un sabor amargo. Los áloes más apreciados son los importados de la India, pero también crece en las provincias asiáticas. Esta última clase, sin embargo, no se utiliza nunca, excepto que las hojas se aplican frescas a las heridas; en efecto, estas hojas, así como el jugo, son glutinosos en un grado maravilloso, y es por esta propiedad que se cultiva en recipientes de forma cónica, de la misma manera que el aizoüm mayor. Algunas personas hacen incisiones en el tallo para obtener el jugo, antes de que la semilla esté madura, mientras que otras, también las hacen en las hojas. También se encuentran adheridas gotas parecidas a lágrimas, que exudan espontáneamente; de ahí que algunos recomienden pavimentar el lugar donde se cultiva, para evitar que este jugo sea absorbido.

Algunos autores han afirmado que en Judea, más allá de Hierosolyma, se encuentra un áloe mineral,[5] pero que es inferior a los otros tipos, siendo de un color más oscuro y más húmedo que cualquiera de los demás. Los áloes de la mejor calidad deben ser untuosos y brillantes, de color rojo, frágiles, compactos, como la sustancia del hígado, y fácilmente licuables. Se debe rechazar el que sea duro y negro; lo mismo cuando esté mezclado con arena o adulterado con goma y acacia, un fraude que puede detectarse fácilmente por el sabor.

Esta planta es de naturaleza astringente, aglutinante y ligeramente calórica. Se emplea para numerosos fines, pero principalmente como purgante, siendo casi el único de todos los medicamentos que producen ese efecto, que es al mismo tiempo un buen estomacal, y no ejerce la menor influencia nociva sobre el estómago. Se toma en dosis de un dracma, y, en casos de trastorno del estómago, se administra dos o tres veces al día, en la proporción de una cucharada a dos cyathi de agua caliente o fría, a intervalos, según la naturaleza de la emergencia. Como purgante, se suele tomar en dosis de tres dracmas, y es aún más eficaz si se come directamente después. Utilizado con vino astringente, evita la caída del cabello, frotando con él la cabeza en sentido contrario al del cabello, al Sol. Aplicado en las sienes y en la frente con aceite de rosas y vinagre, o utilizado en infusión, en forma más diluida, alivia el dolor de cabeza. En general, se considera que es un remedio para todas las enfermedades de los ojos, pero sobre todo para el prurigo y las erupciones escamosas de los párpados, así como para las marcas y los hematomas, aplicado en combinación con miel, en particular la miel póntica.

ALSINE

La alsine,[6] una planta conocida como "myosoton"[7] por algunos, crece en los bosques, y debido a este hecho se debe su nombre de "alsine".[8] Comienza a apare-

---

4   Tallo florido del asfódelo (N. del T.).
5   Plinio alude al betún de Judea, muy utilizado por los egipcios para embalsamar.
6   Identificada por Sprengel con el *Cerastium aquaticum*, y por otras autoridades con la *Alsine media* de Linneo, el capiquí, pamplina o hierba gallinera.
7   "Oreja de ratón".
8   Del griego ἄλσος, "arboleda".

cer a mediados del invierno y se marchita a mediados del verano. Cuando brota por primera vez, las hojas se parecen mucho a las orejas de los ratones.Crece en los jardines, y en las paredes más particularmente; cuando se frota, emite un olor como el del pepino. Se utiliza para los abscesos, las inflamaciones y todos los fines para los que se emplea la helxine;[9] sus propiedades, sin embargo, no son tan activas. También se aplica de forma tópica a los flujos oculares y a las llagas en los órganos generativos y a las ulceraciones, con harina de cebada. El jugo se utiliza como inyección para los oídos.

APARINE

La aparine,[10] también llamada "omphalocarpos"[11] o "philanthropos", es una planta ramosa, peluda, con cinco o seis hojas a intervalos regulares, dispuestas circularmente alrededor de las ramas. La semilla es redonda, dura, cóncava y de sabor dulzón. Crece en maizales, jardines y prados y, con la ayuda de sus puntas espinosas, se adhiere a la ropa. La semilla se emplea para neutralizar el veneno de las serpientes, tomándose en dosis de un dracma, en vino; también es útil para la mordedura del phalangium.[12] Las hojas, aplicadas tópicamente, detienen la hemorragia de las heridas. El jugo se utiliza como inyección para los oídos.

ALCIBIUM

No he encontrado que los autores indiquen qué clase de planta es el alcibium,[13] pero la raíz, según encuentro, y las hojas, se machacan y se emplean, tanto externa como internamente, para las heridas infligidas por las serpientes. Cuando se utilizan las hojas, se machaca un puñado de ellas en tres cyathi de vino sin diluir; la raíz se emplea en la proporción de tres dracmas por la misma cantidad de vino.

ABSINTHIUM O AJENJO

Hay numerosos tipos de ajenjo; el santónico,[14] por ejemplo, llamado así por una ciudad de la Galia, y el póntico,[15] que viene del Ponto, donde el ganado es engordado con él, una dieta que les hace estar desprovistos de hiel. El ajenjo póntico, podemos observar, es de la mejor calidad, superior al de Italia, y mucho más amargo; sin embargo la médula del ajenjo póntico es dulce. En cuanto a su utilidad general, una planta tan comúnmente encontrada y aplicada a tan numerosos usos, la gente está universalmente de acuerdo; pero con los romanos, más particularmente, siempre ha sido tenida en la más alta estima, por el hecho de ser empleada en sus ceremoniales religiosos. Así, por ejemplo, en la fiesta latina se acostumbra a celebrar una carrera de carros de cuatro caballos en la capital, y a obsequiar al vencedor con un trago de ajenjo; por la circunstancia, sin duda, de que nuestros

---

9   La *Parietaria officinalis*.
10 Se identifica con la *Galiun Aparine* de Linneo, amor de hortelano, azotalenguas o lapa.
11 "Fruta del ombligo".
12 Una araña venenosa.
13 Desfontaines identifica el alcibion con el *Echium rubrum* de Linneo.
14 La *Artemisia Santonica* de Linneo, ajenjo marino.
15 La *Artemisia Pontica* de Linneo, ajenjo menor, ajenjo romano o póntico.

antepasados opinaban que la buena salud era la recompensa más valiosa que podían conceder a su habilidad.

Esta planta es muy fortalecedora para el estómago, y por eso los vinos se aromatizan con ella. También se toma una decocción de ella en agua, siendo el siguiente el método empleado para prepararla. Se hierven seis dracmas de las hojas, con las ramas, en tres sextarii de agua de lluvia, y luego se deja enfriar la preparación al aire libre un día y una noche. También hay que añadirle sal. Cuando es viejo, es totalmente inútil. También se utiliza una dilución de ajenjo empapado en agua. Esta dilución se hace dejando el recipiente tapado durante tres días, utilizándose cualquier tipo de agua. El ajenjo machacado se emplea muy raramente, y lo mismo ocurre con el jugo extraído de la semilla. Sin embargo, en los casos en que se extrae, la semilla se somete a presión en cuanto empieza a hincharse, tras lo cual se pone en remojo durante tres días en agua, si se utiliza fresca, y siete, si está seca. A continuación se hierve en un recipiente de cobre, en la proporción de diez heminæ por cuarenta y cinco sextarii de agua, tras lo cual se cuela y se hierve suavemente hasta alcanzar la consistencia de la miel, del mismo modo que se extrae el jugo de la centaura más pequeña. Sin embargo, el jugo del ajenjo, así extraído, es malo para la cabeza y el estómago; mientras que la decocción, por otro lado, es saludable en el más alto grado, ya que actúa astringentemente sobre el estómago, transporta la bilis, es un poderoso diurético, tiene un efecto calmante sobre los intestinos, y calma los dolores en los intestinos. Con la adición de sile,[16] nardo gálico y un poco de vinagre, disipa las náuseas y la flatulencia, y expulsa las lombrices intestinales. Elimina el malestar, favorece la digestión y, con la adición de ruda, pimienta y sal, dispersa las crudezas del estómago.

Los antiguos tenían la costumbre de dar ajenjo como purgante, siendo la dosis de seis dracmas de la semilla con tres de sal y un cyathus de miel, en un sextarius de agua de mar conservada durante algún tiempo. Esta preparación, sin embargo, se hace más eficaz duplicando la proporción de sal; la semilla, además, debe ser machacada con el mayor cuidado, ya que hay una considerable dificultad para machacarla. Algunas autoridades han prescrito que la dosis mencionada se dé en cebada perlada, con la adición de poleo; mientras que otros recomiendan que las hojas se den a los niños en un higo seco, para disimular su amargura. Tomado con iris, el ajenjo actúa como detergente en los órganos torácicos; para la ictericia se utiliza crudo, con perejil o adiantum. En casos de flatulencia, se toma de vez en cuando, calentado en agua; para las afecciones del hígado se toma con nardo gálico, y para las enfermedades del bazo, con vinagre, papilla o higos. Tomado en vinagre neutraliza los efectos nocivos de los hongos y de las vísceras; en vino es un antídoto contra el veneno de la cicuta y la mordedura de la musaraña, y es curativo de las heridas infligidas por el dragón de mar y el escorpión. También contribuye en gran medida a mejorar la vista, y se utiliza como aplicación externa, con vino de pasas, para las secreciones de los ojos, y con miel, para las contusiones.

---

16 El *Seseli tortuosum* de Linneo.

DOS VARIEDADES DE HELECHO

De los helechos hay dos variedades, igualmente desprovistas de flor y de semilla.[17] Los griegos le dan el nombre de "pteris", y a veces "blachnon", al tipo[18] en el que surgen numerosos brotes de una sola raíz, que superan incluso los dos codos de longitud, y con un olor no desagradable; se cree que esta planta es el helecho macho.

El otro tipo es conocido por los griegos como "thelypteris",[19] y, a veces, "nymphæa pteris"; tiene un solo tallo, con comparativamente pocas ramas, es más corto, más suave y con más mechones que el otro, y tiene hojas canalizadas que crecen cerca de la raíz. Los cerdos se alimentan de las raíces de ambos tipos. Las hojas de ambos tipos están dispuestas a ambos lados en forma de alas, de ahí el nombre griego "pteris". Las raíces son largas, se extienden oblicuamente y son de color atezado, sobre todo cuando se secan; cuando se quieren utilizar, deben secarse al Sol. Estas plantas crecen en todas partes, pero sobre todo en los suelos fríos; también deben recogerse en el momento de la ascensión de las Pléyades. La raíz sólo se utiliza al cabo de tres años, ni antes ni después. Actúan como expulsor de lombrices intestinales; para la tenia se toma con ellas miel, pero en otros casos vino dulce, durante tres días.

Ambos son extremadamente perjudiciales para el estómago, pero son laxantes para los intestinos, arrastrando primero la bilis y luego los humores acuosos del cuerpo. Cuando se utiliza para la tenia, lo mejor es tomar escamonea con ellos, en proporciones parejas. Para las secreciones reumáticas, la raíz se toma en dosis de dos oboli, en agua, después de un día de abstinencia de alimentos, tomando antes un poco de miel. Ninguna de las dos clases debe darse nunca a las hembras, pues en el embarazo producen el aborto, y en otros casos conllevan la esterilidad. El helecho en polvo se espolvorea sobre las úlceras apestadas, así como sobre el cuello de las bestias de carga, cuando son rozadas. Las hojas de helecho matan a los bichos, y las serpientes nunca se refugiarán entre ellas; de ahí que sea un buen plan esparcirlas en los lugares donde se sospeche la presencia de esos reptiles. Además, el propio olor del helecho quemado ahuyenta a las serpientes. Los médicos han hecho esta distinción en cuanto a los helechos; el de Macedonia, dicen, es el mejor, y el de Cassiope el siguiente.

EL LITHOSPERMUM

Entre todas las plantas, sin embargo, no hay ninguna de una naturaleza más maravillosa que el lithospermum,[20] llamado a veces "exonychon", "diospyron" o "heracleos". Tiene unos cinco centímetros de altura, con hojas del doble de tamaño

---

17 De esta observación, Fée opina que Plinio tenía en mente más particularmente el *Pteris aquilina* y el Blechnum spicatum de Linneo, plantas en las que la semilla no se detecta fácilmente.

18 Identificado por Fée con el *Polypodium filix mas* de Linneo, el helecho macho.

19 "Helecho hembra". Identificado por Fée con el *Polypodium filix fœmina* de Linneo, o *Pteris aquilina*, helecho águila.

20 Identificado por Fée y Desfontaines con el *Lithospermum officinale* de Linneo, el mijo del sol, granos de amor o lágrimas de David. Littré menciona el *Lithospermum tenuifiorum* de Linneo.

que las de la ruda, y pequeñas ramas leñosas, del grosor de un junco. Lleva cerca de las hojas una especie de barba fina o espiga, que se mantiene por sí misma, en cuya extremidad hay pequeñas piedras blancas, redondas como una perla, del tamaño de un garbanzo, y tan duras como un guijarro. Estas piedras, en la parte donde se adhieren al tallo, tienen una pequeña cavidad, y contienen una semilla en su interior.

Esta planta se encuentra en Italia, sin duda, pero la de Creta es la más estimada. Entre todas las plantas, no hay ninguna que haya contemplado con mayor admiración que ésta; es tan hermosa su conformación, que podría pensarse que la mano de un artista ha dispuesto una hilera de brillantes perlas alternadas entre las hojas; ¡muestra tan exquisita delicadeza de hacer crecer una piedra sobre una planta! Las autoridades dicen que se trata de una planta rastrera, y que se encuentra en el suelo; pero por mi parte, sólo la he visto ya arrancada, y no mientras crece. Es bien sabido que estas pequeñas piedras, tomadas en dosis de un dracma, en vino blanco, rompen y expulsan los cálculos urinarios, y son curativas de la estranguria. En efecto, no hay ninguna planta que proclame tan instantáneamente, a simple vista, los fines medicinales para los que fue originalmente destinada; su aspecto, además, es tal, que puede reconocerse inmediatamente, sin necesidad de recurrir a ninguna autoridad botánica.

LAPIDIS MUSCUS O MUSGO DE PIEDRA

Cerca de los arroyos crece un musgo blanco y seco,[21] sobre piedras ordinarias. Una de estas piedras, con la adición de saliva humana, se frota contra otra; después de lo cual la primera piedra se utiliza para tocar el impétigo, quien lo hace pronuncia estas palabras:

φεύγετε χανθαρίδες, λύχος ἄγριος αἷμα διώχει.

"Cantharides vete, un lobo salvaje busca tu sangre".

EL NATRIX

"Natrix"[22] es el nombre de una planta, cuya raíz, cuando se saca de la tierra, tiene justo el olor rancio del macho cabrío. Se utiliza en Picenum con el propósito de alejar de las mujeres aquello que, con singular credulidad, llaman "Fatui".[23] Por mi parte, sin embargo, debería pensar que las personas que requieren ser tratadas con tales medicamentos deben estar bajo una especie de alucinación mental.

---

21 Probablemente una especie de liquen, pero es imposible decir qué es en particular.

22 Posiblemente una planta fabulosa; aunque generalmente se identifica con la *Ononis natrix* de Linneo. Poinsinet de Sivry deriva su nombre de las palabras celto-germánicas, nat, "noche", y ris, "varita"; nombre que se le dio, según él, por su eficacia para disipar las ilusiones de la noche.

23 O "Fauni", lo mismo que nuestra pesadilla.

EL PEPLIS

El peplis,[24] conocido por los diversos nombres de "syce",[25] "meconion" y "mecon aphrodes", es una planta parecida a un arbusto, que brota de una única y diminuta raíz. Sus hojas se parecen a las de la ruda, pero son un poco más grandes; la semilla, que se encuentra debajo de las hojas, es redonda y más pequeña que la de la amapola blanca. Suele recogerse en los viñedos, en la época de la cosecha, y se seca con la semilla puesta, colocando debajo receptores para atraparla al caer. Esta semilla, tomada en la bebida, purga los intestinos y elimina la bilis y las secreciones pituitas; un acetabulum, tomado en tres heminæ de hidromel, es una dosis mediana. También se espolvorea sobre la carne y otros alimentos, como medicina laxante.

EL POTERION

Poterion, o, como algunos lo llaman, "phrynion" o "neuras",[26] lanza numerosas ramas, es arrugado y espinoso, y está cubierto con una gruesa pelusa. Las hojas son pequeñas y redondas; las ramas largas, suaves, finas y flexibles; y la flor alargada y de color verde hierba. La semilla nunca se utiliza, pero tiene un sabor picante y un potente olor; la planta crece en elevaciones húmedas y acuáticas. Las raíces son dos o tres, de unos dos codos de longitud, tendinosas, blancas y firmes. Se desentierra en otoño, y el tallo produce un jugo parecido a la goma, cuando se corta. Se dice que la raíz es de una eficacia maravillosa como aplicación para la curación de heridas, más particularmente de los tendones, incluso cuando están cortados. También se toma una decocción de ella, con miel, para las relajaciones de los tendones, y para la debilidad o las heridas de esas partes.

LA RHACOMA

La Rhacoma[27] se importa de las regiones situadas más allá del Ponto. Su raíz es similar a la del costus negro, pero más pequeña y algo más roja, inodora y de sabor picante y astringente; cuando se machaca, da un color como el del vino, pero con tendencia al azafrán. Aplicada tópicamente, reduce los abscesos y las inflamaciones, y cura las heridas; utilizado con vino de pasas, alivia los flujos oculares; con miel, la equimosis; y con vinagre, las marcas lívidas en la piel. Reducida a polvo, se espolvorea sobre las úlceras malignas, y se da internamente, cuando se escupe sangre, en dosis de un dracma, en agua. Para la disentería y las afecciones celíacas, si no hay fiebre, se administra en vino; pero si hay fiebre, en agua. Se machaca más fácilmente cuando se ha empapado en agua la noche anterior. Se da una decocción de ella, en dosis de dos dracmas, para rupturas, convulsiones, contusiones y caídas con violencia.

En casos de dolores en el pecho, se añade un poco de pimienta y mirra. Cuando el estómago está trastornado, se toma en agua fría; y lo mismo en casos de tos cró-

---

24 Probablemente la *Euphorbia peplis* de Linneo.
25 "Planta de higo", "jugo de amapola" y "espuma de amapola". En referencia, sin duda, a su jugo lechoso.
26 La planta "nervio".
27 Generalmente se supone que es el *Rheum Rhaponticum* de Linneo, el rapóntico o ruipóntico exótico.

nica, expectoración purulenta, afecciones del hígado, afecciones del bazo, ciática, enfermedades de los riñones, asma y dificultad para respirar. Machacada y tomada en dosis de tres oboli, en vino de pasas, o utilizada en forma de decocción, cura las irritaciones de la tráquea; aplicada con vinagre, actúa como detergente sobre el lichen. Se toma en la bebida, también, para la flatulencia, los escalofríos, las fiebres frías, el hipo, los retorcijos intestinales, las ulceraciones herpéticas, las opresiones de la cabeza, el vértigo acompañado de melancolía, la lasitud acompañada de dolor y las convulsiones.

LAS EDADES DE LAS PLANTAS

Esto es, pues, todo lo que hasta ahora he podido aprender o descubrir, digno de mención, en relación con las plantas. Al terminar este tema, me parece que no estará de más recordar al lector que las propiedades de las plantas varían según su edad. El elaterio es el que más tiempo conserva sus propiedades. El camaleón negro[28] conserva sus virtudes durante cuarenta años, la centaura no más de doce, el peucedanum y la aristoloquia seis, y la vid silvestre un año, es decir, si se mantienen a la sombra. Me gustaría señalar, además, que más allá de los animales que se reproducen dentro de las plantas, no hay ninguno que ataque las raíces de ninguna de las que he mencionado; con la excepción, por cierto, del esfóndilo, una especie de insecto rastrero, que las infesta a todas.

CÓMO SE PUEDE ASEGURAR LA MAYOR EFICACIA EN LAS PLANTAS

Es también una verdad indudable, que las virtudes y propiedades de todas las raíces se desarrollan más débilmente, cuando se ha dejado madurar el fruto; y lo mismo con la semilla, cuando se han hecho previamente incisiones en la raíz, para la extracción del jugo. La eficacia, también, de todas las plantas se ve perjudicada por el uso habitual de las mismas; y estas sustancias, si se emplean diariamente, también pierden sus propiedades buenas o malas, cuando se requiere que sean eficaces. Todas las plantas, además, tienen propiedades más poderosas, cuando se cultivan en suelos fríos y expuestos a las ráfagas del noreste, o en localidades secas.

ENFERMEDADES PARTICULARES DE VARIAS NACIONES

También hay ciertas diferencias, nada despreciables, en las predisposiciones de las diversas naciones de la tierra. Se me ha informado, por ejemplo, que los pueblos de Egipto, Arabia, Siria y Cilicia están sujetos a la tenia y a la lombriz, mientras que los de Tracia y Frigia, por otro lado, están totalmente exentos de ellas. Esto, sin embargo, es menos sorprendente que el hecho de que, a pesar de que el Ática y Beocia son territorios contiguos, los tebanos están aquejados de estas afecciones, mientras que entre la gente de Atenas son desconocidas.

---

28 Desfontaines la identifica con la *Centaurea crocodileum* de Linneo, y Littre con la *Carduus pycnocephalus* de Linneo. Ruellius considera que es la misma planta que la *Leucacantha* de Dioscórides, que Sprengel identifica con el *Cnicus casabonse*. Fee confiesa que no conoce su identidad.

Consideraciones de este tipo me llevan ahora a dirigir mi atención a la naturaleza de los propios seres animados, y a las propiedades medicinales que son innatas en ellos, los remedios más seguros, quizás, para todas las enfermedades.

Porque la naturaleza, en efecto, esa madre de todas las cosas, no ha producido ningún ser animado con el único propósito de comer; ha querido que nazca para satisfacer las necesidades de los demás, y en sus mismos órganos vitales ha implantado medicamentos conducentes a la salud. Si bien los ha implantado incluso en objetos mudos e inanimados, ha querido igualmente que estos, los más valiosos auxiliares de la vida, se deriven también de la vida de otro; ¡un tema para la contemplación, maravilloso en el más alto grado!

Libro XXVIII
Medicamentos derivados de las criaturas vivas (I) – Magia y embrujos

Ya habríamos concluido nuestra descripción de las diversas cosas[1] que se producen entre los cielos y la tierra, y sólo nos quedaría hablar de las sustancias que se extraen de la propia tierra; si nuestra exposición de los remedios derivados de las plantas y arbustos no nos llevara necesariamente a una digresión sobre las propiedades medicinales que se han descubierto, en mayor medida, en aquellos seres vivos mismos a los que se les debe la cura de sus respectivas enfermedades. Porque, después de describir las plantas, las formas de las diversas flores y tantos objetos raros y difíciles de encontrar, ¿debemos pasar en silencio los recursos que existen en el hombre mismo para el beneficio del hombre, y los remedios que se derivan de las criaturas que viven entre nosotros?

Mis investigaciones se extenderán a los usos de los países extranjeros, y a las costumbres de las naciones bárbaras, temas sobre los que tendré que apelar a la buena fe de otros autores; aunque al mismo tiempo me he propuesto no seleccionar más hechos que los sostenidos por un testimonio común, y prestar más atención a la exactitud escrupulosa que a la abundancia de los textos.

Sin embargo, es muy necesario advertir al lector que, si bien ya he descrito las naturalezas de los diversos animales y los descubrimientos que les corresponden respectivamente, mi intención actual es limitarme a las propiedades curativas que se encuentran en el mundo animal, tema que no se ha perdido de vista en la parte anterior de esta obra. Por lo tanto, estos detalles adicionales, aunque de diferente naturaleza, deben ser leídos en conexión con los precedentes.

---

1   Los árboles y las plantas.

REMEDIOS DERIVADOS DEL HOMBRE

Comenzaremos, pues, por el hombre, y nuestras primeras indagaciones serán sobre los recursos que él mismo proporciona; un tema repleto de interminables dificultades desde el principio.

Los pacientes epilépticos tienen la costumbre de beber la sangre de los gladiadores, tragos llenos de vida, por así decirlo; un espectáculo que, cuando vemos que lo hacen las bestias salvajes incluso, en la misma arena, nos inspira horror. Y, sin embargo, estas personas consideran que beber la sangre caliente del propio hombre es una cura muy eficaz para su enfermedad, y al aplicar su boca a la herida, extraen su propia vida; aunque se considera un acto de impiedad aplicar los labios humanos incluso a la herida de una bestia salvaje. También hay otros que hacen de la médula de los huesos de las piernas y del cerebro de los niños el objeto de sus investigaciones.

Entre los escritores griegos, también hay no pocos que se han extendido sobre los sabores distintivos de cada una de las vísceras y miembros del cuerpo humano, llevando sus investigaciones hasta las mismas puntas de las uñas, como si pudiera considerarse la búsqueda de la salud para el hombre que se convierte en una bestia salvaje, y así merece contraer la enfermedad de los mismos remedios que adopta para evitarla. Si examinar las entrañas humanas se considera un acto de impiedad; ¿qué podemos decir del acto de devorarlas?

Leemos, por ejemplo, en las memorias de Demócrito, que aún se conservan, que para algunas enfermedades, el cráneo de un malhechor es el más eficaz, mientras que para el tratamiento de otras, se requiere el de alguien que haya sido amigo o huésped. También Apolonio nos informa en sus escritos de que el remedio más eficaz para el dolor de muelas es escarificar las encías con el diente de un hombre que haya tenido una muerte violenta; y, según Mileto, la hiel humana es una cura para las cataratas. Para la epilepsia, Artemón ha prescrito agua extraída de un manantial por la noche, que debe beberse del cráneo de un hombre que ha sido asesinado, y cuyo cuerpo permanece sin quemar. Del cráneo de un hombre que había sido ahorcado, Antæus hizo píldoras que debían ser un antídoto para la mordedura de un perro rabioso.

Tales prescripciones están lejos de nosotros, muy lejos de nuestros escritos. Nos corresponde describir sólo remedios y no abominaciones; casos, por ejemplo, en los que la leche de una mujer lactante puede tener un efecto curativo, casos en los que la saliva humana puede ser útil, o el contacto[2] del cuerpo humano, y otros casos de naturaleza similar. No consideramos que la vida sea tan esencialmente deseable que deba ser prolongada a cualquier precio, sea cual fuere.

SI LAS PALABRAS POSEEN ALGUNA EFICACIA CURATIVA

En lo que respecta a los remedios derivados del hombre, nos planteamos en primer lugar una cuestión de la mayor importancia y siempre acompañada de la misma incertidumbre: si las palabras, los amuletos y los conjuros tienen alguna

---

2   Podemos descubrir aquí los primeros rudimentos de la doctrina del Magnetismo Animal.

eficacia o no. Porque si tal es el caso, sólo será apropiado atribuir esta eficacia al hombre mismo; aunque los más sabios de nuestros compañeros, debo señalar, tomados individualmente, se niegan a poner la más mínima fe en estas opiniones. Y, sin embargo, en nuestra vida cotidiana, demostramos prácticamente, cada hora que pasa, que tenemos esta creencia, aunque de momento no seamos conscientes de ello. Así, por ejemplo, es una creencia generalizada que sin una cierta forma de oración sería inútil inmolar a una víctima, y que, con tal informalidad, los dioses serían consultados con poco propósito. Y además, hay diferentes formas de dirigirse a las deidades, una forma para suplicar, otra para alejar su ira y otra para elogiar.

Vemos también cómo nuestros magistrados supremos usan ciertas fórmulas para sus oraciones; para que no se omita ni se pronuncie una sola palabra fuera de su lugar, es deber de una persona preceder al dignatario leyendo ante él la fórmula de un ritual escrito; de otra, vigilar cada palabra; y de una tercera, ver que no se rompa ominosamente el silencio; mientras que un músico, mientras tanto, está tocando la flauta para evitar que se oigan otras palabras. De hecho, hay casos memorables registrados en nuestros Anales, en los que, o bien el sacrificio ha sido interrumpido, y por lo tanto manchado, por imprecaciones, o se ha cometido un error al pronunciar la oración; el resultado es que el lóbulo del hígado o el corazón ha desaparecido en un momento, o se ha duplicado, mientras la víctima estaba ante el altar.

En la actualidad, también es una creencia generalizada que nuestras vírgenes vestales tienen el poder, al pronunciar una determinada oración, de detener la huida de los esclavos fugitivos, y detenerlos donde se encuentren, siempre que no hayan salido del recinto de la ciudad. Si estas opiniones se admiten como verdad, y si se acepta que los dioses escuchan ciertas oraciones, o son influenciados por determinadas formas de palabras, estamos obligados a concluir afirmativamente sobre todo este tema. Nuestros antepasados, sin duda, siempre albergaron tal creencia, e incluso nos han asegurado, algo que es con mucho lo más difícil de todo, que es posible por tales medios hacer caer un rayo del cielo.

PRODIGIOS Y PORTENTOS

Lucius Piso nos informa, en el primer libro de sus Anales, que el rey Tullus Hostilius, mientras intentaba, de acuerdo con los libros de Numa, invocar a Júpiter desde el cielo por medio de un sacrificio similar al empleado por él, fue alcanzado por un rayo como consecuencia de su omisión de seguir ciertas formas con la debida exactitud. Muchos otros autores también han atestiguado que por el poder de las palabras se ha efectuado un cambio en destinos y presagios de la mayor importancia.

Y además, en las propias leyes de las Doce Tablas, ¿acaso no leemos las siguientes palabras?: "Quien haya encantado la cosecha", y en otro lugar, "Quien haya usado encantamientos perniciosos". Verrius Flaccus cita autores que considera dignos de crédito, para demostrar que en ocasión de un asedio, era costumbre, antes que nada, que los sacerdotes romanos convocaran a la divinidad tutelar de esa ciudad en particular, y le prometieran los mismos ritos, o incluso un culto más extenso, en Roma; incluso en la actualidad, este ritual todavía forma parte de la disciplina de nuestros pontífices. De ahí, sin duda, que el nombre de la deidad tutelar de Roma se haya mantenido tan estrictamente oculto, para que ninguno de nuestros enemigos actúe en forma similar. Tampoco hay nadie que no tema ser hechizado por medio de imprecaciones malignas; y de ahí la práctica, después de comer huevos o caracoles, de romper³ las cáscaras, o perforarlas con la cuchara. De ahí, también, esas imitaciones enfermizas de encantamientos que encontramos descritas por Teócrito entre los griegos, y por Catulo, y más recientemente, Virgilio, entre nuestros propios escritores. Muchas personas están plenamente convencidas de que los artículos de cerámica pueden romperse por una agencia similar; y no pocos son de la opinión incluso de que las serpientes pueden contrarrestar los encantamientos, y que este es el único tipo de inteligencia que poseen; tanto, de hecho, que por la agencia de los hechizos mágicos de los Marsi, pueden ser atraídos a un lugar, incluso cuando duermen en medio de la noche. Algunos van tan lejos como para escribir ciertas palabras en las paredes de las casas, para prevenir de accidentes por fuego.

PERSONAS CON PODERES MÁGICOS

Ya hemos mencionado, al hablar de las peculiaridades singulares de varias naciones, a ciertos hombres de naturaleza monstruosa, cuya mirada está dotada de poderes de fascinación; y también hemos descrito propiedades pertenecientes a numerosos animales, que sería superfluo repetir aquí. En algunos hombres, todo el cuerpo está dotado de notables propiedades, como en aquellas familias, por ejemplo, que son un terror para las serpientes, estando en su poder curar a las personas cuando son picadas, ya sea por el tacto o por una ligera succión de la herida. A esta clase pertenecen los Psylli, los Marsi, y la gente llamada "Ophiogenes", en la Isla de Chipre. Un miembro de esta familia, Euagón, mientras asistía a una diputación en Roma, fue arrojado a modo de experimento, por orden de los cónsules, en un gran recipiente lleno de serpientes, tras lo cual, para asombro de todos, le lamieron todo el cuerpo con sus lenguas. Una peculiaridad de esta familia es el fuerte olor ofensivo que sale de su cuerpo en la primavera; su sudor, también, no menos que su saliva, está poseído de virtudes curativas.

Se dice que si una persona coge una piedra u otro proyectil que haya matado a tres seres vivos, un hombre, un jabalí y un oso, en tres golpes, y lo lanza sobre el tejado de una casa en la que haya una mujer embarazada, su parto, por difícil que sea, se acelerará instantáneamente. En tal caso, también, un resultado exitoso será más probable, si se utiliza una lanza de infantería ligera, que ha sido extraída del cuerpo de un hombre sin tocar la tierra; de hecho, si la lanza se lleva a la casa, producirá un resultado similar. Del mismo modo, también encontramos en los escri-

---

3 Es una superstición que aún se practica el romper la cáscara de un huevo después de comerlo, "para que no vengan las brujas". Holland da la siguiente nota: "Porque después ninguna bruja podría pincharlos con una aguja en nombre y a favor de aquellos a los que quisieran herir y hacer daño, según la práctica de pinchar las imágenes de cualquier persona en cera; usada en la brujería de estos días".

tos de Orfeo y Arquelaiis que las flechas, extraídas de un cuerpo humano sin tocar la tierra, y colocadas debajo de la cama, tendrán todo el efecto de un filtro; y, lo que es más, que es una cura para la epilepsia si el paciente come la carne de la bestia salvaje matada con un arma de hierro con la que se ha matado a un ser humano.

PROPIEDADES DE LA SALIVA HUMANA

Pero la saliva de un ser humano, en ayunas, es un preservador soberano contra el veneno de las serpientes; al mismo tiempo, nuestra experiencia cotidiana puede reconocer su eficacia y utilidad, en muchos otros aspectos. Tenemos el hábito de escupir, por ejemplo, como preservativo de la epilepsia, o en otras palabras, así repelemos el contagio; de manera similar, también, repelemos las fascinaciones, y los malos presagios que acompañan al encuentro con una persona coja de la pierna derecha. Pedimos perdón a los dioses escupiendo en el regazo, por albergar alguna esperanza o expectativa demasiado presuntuosa. Se basa en el mismo principio la práctica de escupir tres veces en el suelo, y conjurar la enfermedad otras tantas veces; el objetivo es ayudar a la operación del remedio empleado. También es habitual marcar un forúnculo tres veces con saliva en ayunas, cuando hace su primera aparición. Lo que vamos a decir es maravilloso, pero puede ser fácilmente comprobado con un experimento; si una persona se arrepiente de un golpe dado a otra, ya sea con la mano o con un proyectil, no tiene nada que hacer sino escupir inmediatamente en la palma de la mano que ha infligido el golpe, y todos los sentimientos de resentimiento se aliviarán instantáneamente en la persona golpeada. Esto, también, se verifica a menudo en el caso de una bestia de carga, cuando se la hace caer sobre sus ancas con golpes; porque al adoptar este remedio, el animal se apartará inmediatamente y corregirá su paso. Algunas personas, sin embargo, antes de hacer el esfuerzo, escupen en la mano de la manera arriba indicada, para hacer el golpe más fuerte.

Podemos creer, pues, que el lichen y las manchas leprosas pueden eliminarse mediante una aplicación constante de saliva en ayunas; que la oftalmia puede curarse ungiendo, por así decirlo, los ojos todas las mañanas con saliva en ayunas; que los carcinomas pueden tratarse eficazmente, amasando la raíz de la planta conocida como "manzana de la tierra", con saliva humana; que los calambres del cuello pueden eliminarse llevando saliva en ayunas a la rodilla derecha con la mano derecha, y a la rodilla izquierda con la izquierda; y que cuando un insecto se ha metido en el oído, basta con escupir en ese órgano para que salga. Entre los contrahechizos también se cuenta la práctica de escupir en la orina en el momento en que se orina, de escupir en el zapato del pie derecho antes de ponérselo, y de escupir mientras una persona pasa por un lugar en el que ha incurrido en cualquier tipo de peligro.

REMEDIOS DERIVADOS DE LA SANGRE HUMANA

La sangre del cuerpo humano, provenga de donde provenga, es muy eficaz, según Orfeo y Arquelaiis, como aplicación para la angina; dicen también que si se aplica a la boca de una persona que se ha caído por un ataque de epilepsia, volverá en sí inmediatamente. Algunos dicen que, para la epilepsia, hay que pinchar los dedos gordos de los pies y aplicar a la cara las gotas de sangre que emanan de ellos; o bien, que una virgen toque al enfermo con su pulgar derecho, circunstancia que ha llevado a la creencia de que las personas que sufren de epilepsia deben comer carne de animales en estado virgen. Æschines de Atenas acostumbraba a curar la angina, el carcinoma y las afecciones de las glándulas amigdalinas y de la úvula, con las cenizas de los excrementos quemados, medicamento al que dio el nombre de "botryon". Hay muchos tipos de enfermedades que desaparecen por completo después del primer encuentro sexual o, en el caso de las mujeres, con la primera aparición de la menstruación; de hecho, si no es así, son propensas a convertirse en crónicas, la epilepsia en particular. Más aún, se dice que un hombre que ha sido picado por una serpiente o un escorpión, experimenta un alivio tras el congreso sexual; pero la mujer, en cambio, siente un perjuicio. También se asegura que si las personas, al lavarse los pies, se tocan los ojos tres veces con el agua, nunca estarán sujetas a oftalmia u otras enfermedades de los ojos.

REMEDIOS DERIVADOS DE LOS MUERTOS

La escrófula, los abscesos de las glándulas parótidas y las enfermedades de la garganta, dicen, pueden curarse por el contacto de la mano de una persona que haya sido llevada por una muerte temprana; de hecho, hay algunos que afirman que cualquier cadáver producirá el mismo efecto, siempre que sea del mismo sexo que el paciente, y que la parte afectada se toque con el dorso de la mano izquierda. Morder un trozo de madera que haya sido alcanzado por un rayo, manteniendo las manos detrás de la espalda, y luego aplicarlo al diente, es un remedio seguro, dicen, para el dolor de muelas. Algunas personas recomiendan fumigar el diente con el humo de un diente quemado, que haya pertenecido a otra persona del mismo sexo; o bien pegar a la persona un diente canino, como se le llama, que haya sido extraído de un cuerpo antes de ser enterrado. La tierra, dicen, extraída de un cráneo humano, actúa como depilatorio de las pestañas; se afirma también que cualquier planta que pueda haber crecido allí, si se mastica, hará que salgan los dientes; y que si se traza un círculo alrededor de una úlcera con un hueso humano, se evitará eficazmente que se extienda.

REMEDIOS VARIOS

Sentarse junto a una mujer embarazada, o junto a una persona a la que se le está administrando algún remedio, con los dedos de una mano introducidos entre los de la otra, actúa como un hechizo mágico. Si los dedos se juntan de esta manera, abrazando una o ambas rodillas, o si la corva de una pierna se pone primero sobre la rodilla de la otra, y luego se cambia de lugar, el presagio es aún de peor significado. De ahí que en los consejos celebrados por generales y personas con autoridad, nuestros antepasados prohibieran estas posturas, por ser un impedimento para todos los negocios. También han dado una prohibición similar con referencia a los sacrificios y el ofrecimiento de votos públicos; pero en cuanto al uso de descubrir la cabeza en presencia de los magistrados, se ha ordenado, dice Varro, no como una marca de respeto, sino con vistas a la salud, ya que la cabeza se fortalece por la práctica de mantenerla descubierta.

Se dice que clavar un clavo de hierro en el lugar donde se encontraba la cabeza de una persona en el momento de sufrir un ataque de epilepsia, tiene el efecto de curarla de esa enfermedad. Para los dolores de los riñones, de los lomos o de la vejiga, se considera muy calmante evacuar la orina tumbado boca arriba, reclinado en un baño. Es bastante sorprendente la rapidez con la que se curan las heridas si se atan con un nudo de Hércules;[4] de hecho, se dice que si la faja que usamos todos los días se ata con un nudo de este tipo, producirá ciertos efectos beneficiosos, habiendo sido Hércules el primero en descubrir el hecho.

Demetrio, en el tratado que ha compilado sobre el número Cuatro, alega ciertas razones por las que la bebida no debe tomarse nunca en proporciones de cuatro cyathi o sextarii. Como prevención de la oftalmia, es un buen plan frotar las partes detrás de las orejas, y, como cura para los ojos llorosos, frotar la frente. En cuanto a los presagios que se derivan del propio hombre, hay uno en el sentido de que mientras una persona sea capaz de verse reflejada en la pupila del ojo del paciente, no es necesario temer un final fatal de la enfermedad.

REMEDIOS DERIVADOS DE LA ORINA

La orina también ha sido objeto no sólo de numerosas teorías de diferentes autores, sino también de diversas observancias religiosas, clasificándose sus propiedades bajo varias diferentes clases; así, por ejemplo, la orina de los eunucos, dicen, es altamente beneficiosa como promotora de la fecundidad en las mujeres. Pero volviendo a los remedios que se nos permite nombrar sin impropiedad, la orina de los niños que no han llegado a la pubertad es un remedio soberano para las secreciones venenosas del áspid conocido como "ptyas", por el hecho de que escupe su veneno en los ojos de los seres humanos. También es buena para curar el albugo, las películas y marcas en los ojos, las manchas blancas en las pupilas y las enfermedades de los párpados. En combinación con harina de arvejas, se utiliza para curar las quemaduras, y, con un bulbo de puerro, se hierve hasta la mitad, en un recipiente de barro nuevo, para el tratamiento de las supuraciones de los oídos, o el exterminio de los gusanos que se reproducen en esos órganos; el vapor de esta decocción también actúa como un emenagogo. Salpe recomienda que se fomenten los ojos con ella, como medio de fortalecer la vista; y que se utilice como linimento para las quemaduras del Sol, en combinación con la clara de huevo, siendo la del avestruz la más eficaz, manteniéndose la aplicación durante un par de horas.

La orina también se utiliza para quitar las manchas de tinta. La orina masculina cura la gota, como demuestran los bataneros, de quienes se dice que por esta razón nunca padecen esa enfermedad. Con la orina rancia algunos mezclan cenizas de conchas de ostras calcinadas, para la cura de las erupciones en los cuerpos de los niños, y todo tipo de úlceras corrientes; se utiliza, también, como un linimento para las llagas corrosivas, quemaduras, enfermedades del recto y las picaduras infligidas por los escorpiones.

---

4 Un nudo atado con mucha fuerza y en el que no se ven los extremos.

REMEDIOS DERIVADOS DEL SEXO FEMENINO

Los remedios que se dice que se derivan del cuerpo de las mujeres se acercan mucho a la naturaleza maravillosa de los prodigios; por no hablar de los niños nacidos muertos cortados miembro por miembro, entre las prácticas más abominables, las expiaciones hechas con la descarga menstrual, y otros dispositivos que se han mencionado, no sólo por las parteras, sino también por las rameras. El olor del cabello de una mujer, quemado, ahuyentará a las serpientes, y se dice que las sofocaciones histéricas pueden disiparse con ello. Las cenizas del cabello de una mujer, quemadas en un recipiente de barro, o usadas en combinación con litargirio, curarán las erupciones y el prurigo de los ojos; usadas en combinación con miel eliminarán las verrugas y las úlceras de los niños; con la adición de miel e incienso, curarán las heridas de la cabeza y rellenarán todas las concavidades dejadas por las úlceras corrosivas; utilizadas con manteca de cerdo, curarán los tumores inflamatorios y la gota; y aplicadas tópicamente a la parte afectada, detendrán la erisipela y las hemorragias, y eliminarán los granos que pican en el cuerpo y que se asemejan a las picaduras de las hormigas.

REMEDIOS DERIVADOS DE LA LECHE DE MUJER

En cuanto a los usos a los que se ha aplicado la leche de mujer, hay acuerdo general en que es la más dulce y delicada de todas, y que es el mejor de los remedios para las fiebres crónicas y las afecciones celíacas, cuando la mujer acaba de destetar a su bebé más particularmente. En casos, también, de enfermedad estomacal, fiebres y retortijones, se ha encontrado por experiencia que es altamente beneficioso; como también, en combinación con el incienso, para los abscesos de los senos. Cuando los ojos están enrojecidos por los efectos de un golpe, o afectados por el dolor o supuración, es un muy buen plan inyectar en ellos leche de mujer, más particularmente en combinación con miel y jugo de narciso, o bien incienso en polvo. En todos los casos, sin embargo, la leche de una mujer que ha dado a luz a un niño varón es la más eficaz, y aún más si ha tenido gemelos varones; siempre que se abstenga de vino y de alimentos de naturaleza acre. Mezclada con la clara de un huevo en estado líquido, y aplicada en la frente con lana, detiene las secreciones de los ojos. Si una rana ha espirado sus secreciones en el ojo, la leche de mujer es un remedio excelente; y para la mordedura de ese reptil se usa tanto interna como externamente.

Se afirma que si una persona se frota en el mismo momento con la leche de la madre y de la hija, para el resto de su vida estará a salvo de todas las afecciones de los ojos. Mezclada con una pequeña cantidad de aceite, la leche de mujer es una cura para las enfermedades de los oídos; y si duelen por los efectos de un golpe, se aplica caliente con grasa de oca. Si los oídos desprenden un olor desagradable, cosa que ocurre sobre todo en las enfermedades de larga duración, se introduce en esos órganos lana empapada en leche de mujer y miel.

HECHOS RELACIONADOS CON EL FLUJO MENSTRUAL

Más allá de estas particularidades, no hay límite a los maravillosos poderes atribuidos a las mujeres. Porque, en primer lugar, las tormentas de granizo, dicen, los torbellinos e incluso los relámpagos, se ahuyentan cuando una mujer descubre su cuerpo mientras tiene la menstruación. Lo mismo ocurre con todas las demás clases de tiempo tempestuoso; y en el mar, una tormenta puede ser calmada por una mujer que se descubra simplemente, aunque no esté menstruando en ese momento. En cuanto a la descarga menstrual en sí misma, una cosa que en otros aspectos, como ya se dijo en una ocasión más apropiada, es productiva de los efectos más monstruosos, hay algunos desvaríos sobre ella de una naturaleza más espantosa e indecible. Sin embargo, de estas particularidades, no me siento tan escandalizado al mencionar lo siguiente. Si el flujo menstrual coincide con un eclipse de Luna o de Sol, los males que de él se derivan son irremediables; y no menos, cuando ocurre mientras la Luna está en conjunción con el Sol; el congreso con una mujer en tal período es nocivo, y se acompaña de efectos fatales para el hombre. En este período también, el brillo de la púrpura es empañado por el toque de una mujer; tanto más nefasta es su influencia en este momento que en cualquier otro. En cualquier otro momento, también, si una mujer se desnuda mientras está menstruando, y camina alrededor de un campo de trigo, las orugas, los gusanos, los escarabajos y otros bichos, caerán de las espigas. Metrodorus de Scepsos nos dice que este descubrimiento se hizo por primera vez en Capadocia; y que, como consecuencia de que se encontraron multitudes de cantáridas que se reproducían allí, es la práctica de las mujeres caminar por el medio de los campos con sus vestidos recogidos por encima de los muslos. En otros lugares, además, se acostumbra a que las mujeres vayan descalzas, con el pelo revuelto y la faja suelta; sin embargo, hay que tener la debida precaución de que esto no se haga al salir el Sol, ya que, de ser así, la cosecha se marchitará y secará. También se dice que las vides jóvenes resultan irremediablemente dañadas por el toque de una mujer en este estado; y tanto la ruda como la hiedra, plantas poseedoras de virtudes altamente medicinales, morirán instantáneamente al ser tocadas por ella.

El médico Icetidas afirma que la fiebre cuartana puede curarse mediante el coito, siempre que la mujer esté empezando a menstruar. También está universalmente acordado que cuando una persona ha sido mordida por un perro y manifiesta pavor al agua y a todo tipo de bebida, será suficiente poner bajo su taza una tira de tela que haya sido sumergida en este fluido; el resultado es que la hidrofobia desaparecerá inmediatamente.

REMEDIOS DERIVADOS DE ANIMALES EXTRANJEROS: ELEFANTE, LEÓN, CAMELLO, HIENA

La sangre del elefante, del macho en particular, detiene todas esas secreciones conocidas con el nombre de "rheumatismi". Se dice que las virutas de marfil, en combinación con la miel ática, son buenas para eliminar las manchas de la cara; también con el serrín de marfil se eliminan los padrastros. Con el toque de la trompa de un elefante se alivia el dolor de cabeza, si el animal estornuda en ese momento en particular. La parte derecha de la trompa, unida al cuerpo con tierra roja de Lemnos, actúa poderosamente como afrodisíaco. La sangre de elefante es buena para la tuberculosis, y el hígado para la epilepsia.

La grasa de león, mezclada con aceite de rosas, protege la piel de la cara de todo tipo de manchas y preserva la blancura de la tez; también es un remedio para las partes del cuerpo que han sido congeladas por la nieve y para las hinchazones en las articulaciones. La hiel, utilizada como ungüento en combinación con el agua, mejora la vista, y, empleada con la grasa del mismo animal, es una cura para la epilepsia; pero sólo debe tomarse un ligero sabor de la misma, y el paciente debe correr inmediatamente después de tragarla, con el fin de digerirla. El corazón de león, utilizado como alimento, es curativo de las fiebres cuartanas, y la grasa, tomada con aceite de rosas, de las fiebres cotidianas. Las bestias salvajes huyen de las personas untadas con grasa de león, y se cree que es un preservativo incluso contra las prácticas traicioneras.

Los sesos de camello, secos y tomados en vinagre, son una cura, dicen, para la epilepsia; lo mismo, también, con la hiel, tomada con miel; que es un remedio también para la angina. Se dice que la cola de camello seca produce diarrea, y que las cenizas de estiércol de camello quemado, mezcladas con aceite, hacen que el pelo se encrespe. Estas cenizas, aplicadas de forma tópica, son muy útiles para la disentería, así como tomadas en la bebida, siendo la dosis adecuada un pellizco en tres dedos de bebida, cada vez; también son curativas de la epilepsia. Se dice que la orina de camello es muy útil para los bataneros y es buena para curar las llagas. Los pueblos bárbaros, se dice, tienen la costumbre de guardarla hasta que tiene cinco años, y entonces la toman como purgante, en dosis de un semisextarius. Se dice que los pelos de la cola, trenzados y pegados al brazo izquierdo, son una cura para las fiebres cuartanas.

Pero, de todos los animales, es la hiena la que ha sido objeto de mayor admiración por parte de los magos, que han llegado a atribuirle incluso ciertas virtudes mágicas y el poder de seducir a los seres humanos y privarlos de sus sentidos.

Se dice que la hiena es especialmente terrible para las panteras, hasta el punto de que no intentan oponer la más mínima resistencia y nunca atacan a un hombre que tenga una parte de piel de hiena a su alrededor. Una cosa verdaderamente maravillosa es que, si se cuelgan las pieles de estos dos animales una frente a otra, el pelo se desprende de la piel de la pantera. Cuando la hiena escapa delante del cazador, si se desvía a la derecha, y deja que el hombre se adelante, le sigue el rastro; así logrará que el hombre se desvanezca, e incluso caiga de su caballo. Pero si, por el contrario, se desvía hacia la izquierda, es señal de que el animal está perdiendo fuerzas y que pronto será capturado.

Aprendemos también, de las mismas fuentes, que los dientes de la hiena son útiles para curar el dolor de muelas, tocando con ellos el diente enfermo, o bien colocando los dientes del animal en su orden regular, y atándolos al paciente; que los hombros de este animal son buenos para curar los dolores de brazos y hombros; que sus dientes, extraídos del lado izquierdo de la mandíbula, y envueltos en la piel de una oveja o cabra, son una cura eficaz para los dolores de estómago; que los pulmones del animal, tomados con la comida, son buenos para las afecciones celíacas; que los pulmones, reducidos a cenizas y aplicados con aceite, son también calmantes para el estómago.

Las personas que sufren de pesadillas y miedo a los espectros, experimentan alivio, dicen, al atar uno de los grandes dientes de una hiena al cuerpo, con un hilo de lino. También en los ataques de delirio, se recomienda fumigar al paciente con el humo de uno de estos dientes, y fijar uno delante de su pecho, con la grasa de los riñones, o bien el hígado o la piel. Afirman también que una mujer embarazada nunca abortará, si lleva suspendida del cuello, la carne blanca del pecho de una hiena, con siete pelos y los genitales de un ciervo, todo ello atado en la piel de una gacela. Los genitales, dicen, comidos con miel, actúan como un estimulante sobre una persona, según el sexo, y esto aunque se trate de un hombre que haya manifestado una aversión a toda relación con las hembras.

REMEDIOS DERIVADOS DEL COCODRILO

Los dientes de la mandíbula derecha del cocodrilo, atados al brazo derecho como amuleto, actúan como afrodisíacos, esto es, si decidimos creerlo. Los dientes del ojo del animal, rellenos de incienso –pues son huecos– son una cura para las fiebres periódicas, teniendo cuidado de dejar al paciente cinco días sin ver a la persona que los ha atado a su cuerpo. Una virtud similar se atribuye a las pequeñas piedras que se encuentran en el vientre de este animal, por ser un freno a los escalofríos en las fiebres, cuando están a punto de aparecer; y con el mismo objeto los egipcios tienen la costumbre de ungir a sus enfermos con la grasa del cocodrilo.

Las cenizas de la piel del cocodrilo, aplicadas con vinagre a las partes del cuerpo que están a punto de sufrir una incisión, o incluso el propio olor de la piel cuando se quema, hará que el paciente sea insensible al cuchillo. La sangre del cocodrilo, aplicada a los ojos, borra las marcas en esos órganos y mejora la vista. El cuerpo, a excepción de la cabeza y las patas, se come hervido para curar la ciática, y es muy útil para la tos crónica, sobre todo en los niños; también es bueno para curar el lumbago. Estos animales tienen también cierta grasa que, aplicada al pelo, hace que se caiga; las personas untadas con esta grasa están eficazmente protegidas contra los cocodrilos, y es costumbre dejarla caer en las heridas infligidas por ellos. Se dice que un corazón de cocodrilo, adherido al cuerpo en la lana de una oveja negra sin una mota de otro color, teniendo también el debido cuidado de que la oveja haya sido el primer cordero amamantado por su madre, curará eficazmente una fiebre cuartana.

REMEDIOS DERIVADOS DEL HIPOPÓTAMO

También existe una cierta afinidad entre el cocodrilo y el hipopótamo, ya que frecuentan el mismo río y ambos son de naturaleza anfibia. Su piel, reducida a cenizas y aplicada con agua, es curativa de los tumores inflamados, y la grasa, así como el estiércol, se utiliza como fumigación, se emplea para la cura de las fiebres con escalofríos. Con los dientes del lado izquierdo de la mandíbula se escarifican las encías para curar el dolor de muelas. La piel del lado izquierdo de la frente, pegada a la ingle, actúa como anti-afrodisíaco; y una aplicación de las cenizas de la misma parte hará crecer el pelo cuando se pierda por alopecia. Los testículos se toman en agua, en dosis de un dracma, para la curación de heridas infligidas por serpientes. La sangre es utilizada por los pintores.

USOS MEDICINALES DE LA LECHE

Volveremos ahora a nuestra parte del mundo, hablando, en primer lugar, de ciertos remedios comunes a los animales en general, pero excelentes en su naturaleza; como el uso de la leche, por ejemplo. La leche más beneficiosa para toda criatura es la leche materna. Es muy peligroso que las mujeres que amamantan conciban; los niños que son amamantados por ellas son conocidos entre nosotros como "colostra", ya que su leche es espesa, como el queso en apariencia –el nombre "colostra", debe recordarse, se da a la primera leche secretada después del parto, que asume una forma esponjosa y coagulada. La leche más nutritiva, en todos los casos, es la de la mujer, y después la de la cabra, a la que se debe, probablemente, la fabulosa historia de que Júpiter fue amamantado por una cabra. La más dulce, junto a la leche de mujer, es la de camello; pero la más eficaz, medicinalmente hablando, es la de asno. Es en los animales de mayor tamaño y en los individuos de mayor volumen, donde la leche se segrega con mayor facilidad. La leche de cabra es la que mejor se adapta al estómago, ya que este animal practica más el ramoneo que el pastoreo. La leche de vaca se considera más medicinal, mientras que la de oveja es más dulce y nutritiva, pero no se adapta tan bien al estómago, siendo más oleaginosa que cualquier otra.

La leche se emplea como inyección para excoriaciones causadas por el uso de fuertes purgantes; en los casos en los que la disentería produce irritaciones, se emplea igualmente, hervida con guijarros de mar o un ptisan de cebada. Sin embargo, cuando los intestinos están excoriados, la leche de vaca o de oveja es la mejor. La leche nueva se utiliza como inyección para la disentería; y en estado no hervido, se emplea para afecciones del colon y del útero, y para lesiones infligidas por serpientes. También se toma internamente como antídoto contra el veneno de las cantáridas, la oruga del pino, la buprestis[5] y la salamandra. La leche de vaca se recomienda especialmente para las personas que han tomado colchicum, cicuta, dorycnium,[6] o la carne de la liebre marina; y la leche de asno, en los casos en que se ha tomado internamente yeso, plomo blanco, azufre o plata rápida.

LOS DIVERSOS USOS DE LA GRASA

Entre los remedios comunes a las criaturas vivas, la grasa es la sustancia que se tiene en más alta estima, la del cerdo en particular, que era empleada por los antiguos incluso para ciertos propósitos religiosos; en todo caso, todavía es costumbre que la novia recién casada, al entrar en la casa de su marido, toque los postes de la puerta con ella. Hay dos métodos para conservar la manteca de cerdo, ya sea salada o fresca; de hecho, cuanto más antigua sea, mejor. Los escritores griegos le han dado el nombre de "axungia", o grasa de eje, en sus obras. En realidad, no es ningún secreto que la grasa de los cerdos posea propiedades tan marcadas, ya que el animal se alimenta en gran medida de las raíces de las plantas, por lo que su estiércol se utiliza para un gran número de propósitos. Por lo tanto, será bueno que se diga que aquí sólo hablaré del cerdo que se alimenta en el campo abierto, y no

---

5   Un escarabajo venenoso, cuya picadura provocaba una hinchazón en el ganado (N. del T.).
6   Una planta venenosa (N. del T.).

de ningún otro; la hembra de esta clase es la que es mucho más útil, especialmente si nunca ha parido. Pero la grasa del jabalí es la más apreciada de todas.

Las propiedades distintivas de la grasa de cerdo son emolientes, caloríficas, disolventes y detergentes. Algunos médicos la recomiendan como ungüento para la gota, mezclada con grasa de ganso, grasa de toro y grasa de lana; sin embargo, en los casos en que el dolor es persistente, debe utilizarse en combinación con cera, mirto, resina y brea. La manteca de cerdo se utiliza fresca para curar las quemaduras, y también las quemaduras causadas por la nieve; con cenizas de cebada quemada y nueces, en proporciones iguales, se emplea para curar los sabañones. También es buena para las excoriaciones de los miembros, y para disipar el cansancio y la lasitud derivados de los viajes largos.

HIEL

Pero entre las sustancias que proporcionan en común los diversos animales, podemos decir que la hiel es la más eficaz de todas. Las propiedades de esta sustancia son de naturaleza calorífica, picante, resolutiva, extractiva y dispersiva. La hiel de los animales más pequeños se considera la más penetrante, por lo que generalmente se la considera la más eficaz para la composición de los colirios. La hiel de toro posee un notable grado de potencia, teniendo el efecto de impartir un tinte dorado a la superficie del cobre incluso y a los recipientes hechos de otros metales. La hiel en todos los casos se prepara de la siguiente manera: se toma fresca, y el orificio de la vesícula en la que está contenida se ata con un fuerte hilo de lino, se deja en remojo durante media hora en agua hirviendo; después de lo cual se seca a la sombra, y luego se guarda en miel.

LA SANGRE

La sangre del caballo tiene también ciertas propiedades corrosivas, así como la sangre de yegua, salvo en los casos en que el animal no haya sido cubierto, ya que tiene el efecto de cauterizar los márgenes de las úlceras y agrandarlas. También la sangre de toro, tomada fresca, se cuenta entre los venenos; excepto, por cierto, en Ægira, en cuyo lugar la sacerdotisa de la Tierra, cuando está a punto de predecir los acontecimientos venideros, toma un trago de sangre de toro antes de descender a la caverna; tan poderosa, de hecho, es la agencia de esa simpatía de la que tan generalmente se habla, que ocasionalmente puede ser originada por sentimientos de temor religioso, o por la naturaleza peculiar de la localidad.

REMEDIOS PECULIARES DERIVADOS DE VARIOS ANIMALES

Clasificaremos, pues, los diversos remedios, según las enfermedades para las que se utilizan respectivamente; y, en primer lugar, aquellos a los que el hombre recurre para las heridas infligidas por las serpientes. Que los ciervos son destructivos para esos reptiles nadie lo ignora; como también el hecho de que las arrastran de sus agujeros cuando las encuentran, y así las devoran. Los ciervos son fatales para las serpientes, no sólo mientras están vivos y respirando, sino incluso cuando están muertos y desmembrados. El humo de sus cuernos, mientras se queman, ahuyenta a las serpientes, pero los huesos, se dice, de la parte superior de la garganta de un ciervo, si se queman en un fuego, reunirán a esos reptiles. Las personas pueden dormir sobre la piel de un ciervo con total seguridad, y sin temor a los ataques de las serpientes; su cuajo también, tomado con vinagre, es un antídoto eficaz contra las picaduras de esos reptiles; de hecho, si sólo ha sido tocado por una persona, estaráeficazmente protegida de ellos durante ese día. Los testículos, secos, o los genitales del ciervo macho, se consideran muy saludables, tomados en vino.

Los sesos y la sangre del jabalí son muy apreciados como conservantes contra los ataques de las serpientes; también el hígado, desecado y tomado en vino con ruda; y la grasa, utilizada con miel y resina. Se atribuyen propiedades similares al hígado del jabalí domesticado y a los filamentos exteriores, y sólo a ellos, de la hiel, estos últimos tomados en dosis de cuatro denarius; también los sesos, tomados en vino, son igualmente eficaces. Dicen que el humo de los cuernos o del pelo de una cabra ardiendo repelen a las serpientes; también se cree que las cenizas de los cuernos, usadas interna o externamente, son un antídoto para su veneno. Un efecto similar se atribuye a la leche de cabra, tomada con uvas de Taminian; a la orina de esos animales, tomada con vinagre de escuelo; al queso de leche de cabra, aplicado con origanum; y al sebo de cabra, usado con cera.

REMEDIOS CONTRA LOS ENCANTAMIENTOS

Dicen que el hocico seco de un lobo es un eficaz preservativo contra las malas prácticas de la magia; y es por esta razón que se ve tan comúnmente fijado a las puertas de las casas de campo. Se cree que la piel del cuello tiene un grado de eficacia similar, cuando se extrae entera del animal. De hecho, es tan poderosa la influencia de este animal, que con que solo un caballo pise su huella, será dominado por el torpor en consecuencia.

REMEDIOS PARA LAS AFECCIONES DE LOS OJOS

Para los flujos oculares, se aplica sebo de vaca, hervido con aceite, a las partes afectadas; y para las erupciones de esos órganos, se emplean igualmente cenizas de cuernos de ciervo quemados, considerándose las puntas de los cuernos como las más eficaces para tal propósito. Para la cura de las cataratas, se considera un buen plan aplicar los excrementos de lobo; la misma sustancia, también, reducida a cenizas, se utiliza para la dispersión de las películas, en combinación con la miel ática. La hiel de oso también se emplea de forma similar; y para la cura de la epinyctis,[7] la manteca de jabalí, mezclada con aceite de rosas, se considera muy útil. Una pezuña de asno, reducida a cenizas y aplicada con leche de asno, se utiliza para eliminar las marcas en los ojos y las induraciones de los humores cristalinos. La médula de vaca, de la pata delantera derecha, batida con hollín, se emplea para las afecciones de las cejas y para las enfermedades de los párpados y de los ángulos de los ojos.

Dicen que las cabras nunca se ven afectadas por la oftalmia, por la circunstancia de que se alimentan de ciertos tipos de hierbas; lo mismo ocurre con las gacelas. De ahí que se recomiende, en la época de Luna nueva, tragar el estiércol de estos animales, recubierto de cera. Como también son capaces de ver por la noche, es

---

7   Las pústulas nocturnas, que surgen por la noche (N. del T.).

una creencia generalizada que la sangre de una cabra es una cura para aquellas personas afectadas por la falta de visión a las que los griegos han dado el nombre de "nictálopes".

REMEDIOS PARA EL DOLOR DE DIENTES

Las cenizas de los cuernos de ciervo fortalecen los dientes flojos y alivian el dolor de muelas, usadas como fricción o como gárgaras. Algunas personas, sin embargo, opinan que el cuerno, sin quemar y reducido a polvo, es aún más eficaz para todos estos fines. Se hacen dentífricos tanto con el polvo como con las cenizas. Otro remedio excelente es la cabeza de lobo, reducida a cenizas; es un hecho bien conocido, también, que hay huesos generalmente encontrados en los excrementos de ese animal; estos huesos, pegados al cuerpo como un amuleto, producen efectos ventajosos. Para curar el dolor de muelas, se inyecta cuajo de liebre en la oreja; la cabeza de ese animal, reducida a cenizas, se utiliza en forma de dentífrico y, con la adición de nardo, es un correctivo del mal aliento. Algunas personas, sin embargo, piensan que es mejor mezclar las cenizas de la cabeza de un ratón con el dentífrico. En el costado de la liebre se encuentra un hueso de aspecto similar a una aguja; para curar el dolor de muelas se recomienda escarificar las encías con este hueso. El hueso de la cuartilla de un buey, encendido y aplicado a los dientes sueltos que duelen, tiene el efecto de fortalecerlos en los alvéolos; el mismo hueso, reducido a cenizas, y mezclado con mirra, se utiliza también como dentífrico. Las cenizas de las patas de cerdo quemadas tienen un efecto similar, así como los huesos calcinados de las cavidades de la cadera. Es un hecho bien conocido que, introducidos en la garganta de las bestias de carga, estos huesos son una cura para los gusanos, y que, en estado calcinado, son buenos para fortalecer los dientes.

REMEDIOS PARA LA TOS Y ESCUPIDAS SANGUINOLENTAS

El hígado de lobo, administrado en vino caliente, es un remedio para la tos; también la hiel de oso, mezclada con miel; asimismo las cenizas de las puntas de un cuerno de vaca; o bien la saliva de un caballo, tomada en la bebida durante tres días consecutivos, en cuyo último caso el caballo morirá con seguridad, según dicen. Los pulmones de un ciervo son útiles para el mismo propósito, secados con el gaznate del animal en el humo, y luego batidos con miel, y tomadas diariamente como un electuario; el ciervo escupidor, cabe señalar, es la clase que es la más eficaz para el propósito.

El escupitajo de sangre se cura tomando cenizas de cuernos de ciervo quemados, o bien cuajo de liebre en bebida, en dosis de un tercio de denarius, con tierra de Samia y vino de mirto. El estiércol de este último animal, reducido a cenizas y tomado por la noche, con vino, es bueno para la tos que es recurrente por la noche.

REMEDIOS PARA LAS DOLENCIAS INTESTINALES

Para detener la flojedad de los intestinos, se utiliza la sangre de ciervo; asimismo las cenizas de los cuernos del ciervo; el hígado de un jabalí, tomado fresco y sin sal, en vino; un hígado de cerdo asado, o el de una cabra, hervido en cinco semisextarii de vino; un cuajo de liebre hervido, en cantidades del tamaño de un garbanzo, en vino, o, si hay síntomas de fiebre, en agua. A esto último algunas personas añaden galletas de nuez, mientras que otras se contentan con sangre de liebre hervida sola en leche. También se toman cenizas de estiércol de caballo quemado en agua para este propósito; o bien cenizas de la parte de un cuerno de toro viejo que se encuentra más cerca de la raíz, rociadas en agua; también la sangre de una cabra, hervida sobre carbón; o una decocción hecha de una piel de cabra hervida con el pelo.

Las afecciones celíacas y la disentería se curan tomando hígado de vaca; cenizas de cuernos de ciervo, una pizca, tragada en tres dedos de agua; cuajo de liebre, amasado en pan, o, si hay alguna secreción de sangre, tomado con cebada perlada; o bien estiércol de jabalí, de cerdo o de liebre, reducido a cenizas y mezclado con vino caliente.

REMEDIOS PARA LA GOTA Y PARA LAS ENFERMEDADES DE LOS PIES

Para la cura de la gota se emplea la grasa de oso, mezclada en proporciones iguales con hierba de toro y cera; algunas personas añaden a la composición hypocisthis[8] y nueces. Otros prefieren el sebo de cabra, mezclado con el estiércol de una cabra y azafrán, o bien con mostaza, o ramitas de hiedra machacadas y utilizadas con albahaca de culebra,[9] o con flores de pepino silvestre. También se utiliza estiércol de vaca, con lías de vinagre. Algunas personas elogian el estiércol de un ternero que no ha empezado a pastar, o bien la sangre de un toro, sin ninguna otra adición; también un zorro, hervido vivo hasta que sólo queden los huesos; un lobo hervido vivo en aceite hasta la consistencia de crema; sebo de cabra, con una proporción igual de albahaca de culebra, y un tercio de mostaza; o cenizas de estiércol de cabra, mezcladas con grasa de eje. Dicen también que, para la ciática, es un plan excelente aplicar este estiércol hirviendo bajo los dedos del pie; y que, para las enfermedades de las articulaciones, es muy eficaz adherir hiel de oso o patas de liebre a la parte afectada. Dicen que la gota puede aliviarse si el paciente lleva siempre consigo una pata de liebre, cortada del animal vivo.

La grasa de oso es una cura para los sabañones y todo tipo de grietas en los pies; con la adición de alumbre, es aún más eficaz. Los mismos resultados se obtienen utilizando heno de cabra, dientes de caballo pulverizados, hiel de jabalí o de cerdo, o bien los pulmones de esos animales, aplicadas con su grasa; y esto, también, cuando las plantas están ampolladas, o los pies han sido aplastados por una sustancia que golpea contra ellos. En los casos en que los pies se han congelado, se utilizan cenizas de piel de liebre quemada; y para las contusiones de los pies, se aplican los pulmones de ese animal, en rebanadas o reducidos a cenizas.

REMEDIOS PARA LAS FIEBRES

La carne de ciervo es un febrífugo. Las fiebres periódicas y recurrentes se curan, si hemos de creer lo que nos dicen los magos, llevando el ojo derecho de un lobo, salado, y atado, como un amuleto. Para la fiebre cuartana, los magos recomiendan

---

8   Una planta parásita, *Asarum hypocistis,* Linneo (N. del T.).
9   *Parietaria officinalis* (N. del T.).

que se pegue al cuerpo estiércol de gato, con el dedo de un búho con cuernos, y, para que la fiebre no sea recurrente, no se quite hasta que haya pasado el séptimo paroxismo. ¿Quién pudo hacer un un descubrimiento como éste? ¿Y cuál puede ser el significado de esta combinación? ¿Por qué, entre todas las cosas del mundo, se eligió el dedo de la garra de un búho con cuernos?

Otros adeptos a este arte, que son más moderados en sus sugerencias, recomiendan para la fiebre cuartana, el hígado salado de un gato que ha sido matado mientras la Luna estaba en menguante, para ser tomado en vino justo antes de que los paroxismos se produzcan. Los magos recomiendan también que se froten los dedos de los pies del paciente con cenizas de estiércol de vaca quemado, diluidas con la orina de un niño, y que se adhiera a las manos un corazón de liebre; prescriben también cuajo de liebre, que debe tomarse en la bebida justo antes de que se produzcan los paroxismos. También se da queso de leche de cabra nuevo con miel, extrayendo antes el suero con cuidado.

REMEDIOS PARA ESGUINCES, INDURACIONES Y FORÚNCULOS

Para la curación de los esguinces se utilizan las siguientes aplicaciones: estiércol de jabalí o de cerdo; estiércol de ternera; baba de jabalí, utilizada fresca con vinagre; estiércol de cabra, aplicado con miel; y carne de vaca cruda, utilizada como emplasto. Para las hinchazones, se utiliza estiércol de cerdo, calentado en una olla de barro, y batido con aceite. El mejor emoliente para todo tipo de induraciones en el cuerpo es la grasa de lobo, aplicada tópicamente. Para curar los forúnculos, se aplica el sebo de vaca con sal; pero si se presentan con dolor, se funde con aceite y no se utiliza sal. El sebo de cabra se emplea de manera similar.

REMEDIOS PARA LA PICAZÓN

La picazón en el hombre se cura muy eficazmente utilizando el tuétano de un asno, o la orina de ese animal, aplicada con barro del suelo. La mantequilla también es muy buena; también para las bestias de carga, si se aplica con resina calentada; también se utiliza la cola de toro,[10] derretida en vinagre, e incorporada con cal; o la hiel de cabra, mezclada con alumbre calcinado. La erupción llamada "boa" se trata con estiércol de vaca, hecho al que se debe su nombre. La sarna en los perros se cura con una aplicación de sangre fresca de vaca, que, cuando está bien seca, se renueva una segunda vez, y se frota al día siguiente con fuertes cenizas de lejía.

REMEDIOS PARA LAS ENFERMEDADES FEMENINAS

La menstruación se promueve usando hiel de toro, en lana sin lavar, como un pesario; Olimpia de Teba añade hisopo y nitro. También las cenizas de los cuernos de ciervo se toman en la bebida para el mismo propósito, y para los trastornos del útero se aplican tópicamente, así como la hiel de toro, usada como pesario con opio, en la proporción de dos oboli. Es un buen plan, también, usar fumigaciones para el útero, hechas con pelo de ciervo quemado. Dicen que las ciervas, cuando se encuentran embarazadas, tienen la costumbre de tragarse una pequeña piedra.

---

10 Se refiere a un adhesivo hecho del tejido conectivo de un toro, es decir sus tendones, cartílagos y ligamentos (N. del T.).

Esta piedra, cuando se encuentra en sus excrementos, o en el útero, adherida al cuerpo como un amuleto, es una prevención del aborto. También hay ciertas piedras pequeñas, que se encuentran en el corazón y el útero de estos animales, que son muy útiles para las mujeres durante el embarazo y el parto.

Cuando se siente que el feto está muerto en el útero, el lichen o excrecencias de las patas de un caballo, tomados en agua fresca, actuarán como expelentes; un efecto producido también por una fumigación hecha con los cascos o el estiércol seco de ese animal. La procidencia del útero se detiene mediante el uso de mantequilla, en forma de inyección; y las induraciones de ese órgano se eliminan empleando de manera similar la cola de buey, con aceite de rosas, aplicándose la trementina externamente en lana. También dicen que una fumigación, hecha con estiércol de buey, actúa como un correctivo sobre el prolapso del útero, y facilita el parto; y que la concepción se promueve mediante el uso de leche de vaca. Es un hecho bien conocido que la esterilidad es a menudo consecuencia del sufrimiento en el parto; un mal que puede ser evitado, nos asegura Olimpia de Tebas, frotando las partes, antes de la relación sexual, con hiel de toro, grasa de serpiente, cardenillo y miel. También en los casos en que la menstruación es demasiado abundante, las partes externas deben ser rociadas con una solución de hiel de ternera, el momento antes del congreso sexual; un método que actúa emolientemente también en las induraciones del abdomen.

ESTIMULANTES DE LAS PASIONES SEXUALES

Entre los afrodisíacos, encontramos mencionados la hiel de jabalí, aplicada externamente; el tuétano de cerdo, tomado interiormente; la grasa de asno, mezclada con la grasa de un ganso y aplicada como linimento; la sustancia virulenta descrita por Virgilio que destilan las yeguas cuando están cubiertas; y los testículos secos de un caballo, pulverizados y mezclados con la bebida. El testículo derecho, también, de un asno, se toma en una cantidad proporcionada de vino, o se lleva atado al brazo en un brazalete; o bien la espuma descargada por ese animal después de la copulación, recogida en un trozo de tela roja y encerrada en plata, como nos informa Osthanes. Salpe recomienda sumergir los genitales de este animal siete veces en aceite hirviendo, y frotar bien con él las partes correspondientes. Balcon dice que estos genitales deben ser reducidos a cenizas y tomados en la bebida; o bien la orina; que ha sido orinada por un toro inmediatamente después de la copulación; recomienda, también, que la ingle sea bien frotada con tierra humedecida con esta orina.

Por otra parte, el estiércol de ratón, aplicado en forma de linimento, actúa como anti-afrodisíaco. Los pulmones de un jabalí o de un cerdo, asadas, son un eficaz preservativo contra la embriaguez; sin embargo, deben comerse en ayunas y en el mismo día. También los pulmones de un cabrito producen el mismo efecto.

Libro XXIX
Historia de la medicina. Medicamentos derivados de las criaturas vivas (II)

EL ORIGEN DEL ARTE MÉDICO

La naturaleza y la multiplicidad de los diversos remedios ya descritos o que todavía quedan por ampliar, me obligan a entrar en algunos detalles adicionales con referencia al arte de la medicina en sí. Comenzando por clasificar a sus inventores en el número de los dioses, y consagrando para ellos un lugar en el cielo, el arte de la medicina, incluso en la actualidad, nos enseña en numerosos casos a recurrir a los oráculos en busca de ayuda.

Su historia posterior, un hecho que es verdaderamente maravilloso, permanece envuelta en la más densa noche, hasta la época de la Guerra del Peloponeso; en ese período fue restaurada a la luz por la agencia de Hipócrates, un nativo de Cos, una isla floreciente y poderosa en el más alto grado, y consagrada a Esculapio. Siendo la práctica de las personas que se habían recuperado de una enfermedad, describir en el templo de ese dios los remedios a los que habían debido su restauración de la salud, para que otros pudieran beneficiarse de ellos en una emergencia similar; Hipócrates, se dice, copió estas prescripciones –como nuestro compatriota Varro lo describe–, después de quemar el templo al ras de tierra,[1] instituyó esa rama de la práctica médica que se conoce como "Clínica".

En las reglas establecidas por estos profesores, los cambios fueron efectuados por Crisipo con un vasto desfile de palabras, y, después de Crisipo, por Erasístrato, hijo de la hija de Aristóteles. Por la curación del rey Antíoco –para dar nuestra primera ilustración de los beneficios realizados por el arte médico– Erasístrato recibió de su hijo, el rey Ptolomeo, la suma de cien talentos.

---

1 Con el fin de destruir los libros de medicina y las recetas que contenía.

Otra secta, conocida como la de los empíricos –porque basaba sus reglas en los resultados de los experimentos– surgió en Sicilia, teniendo como fundador a Acrón de Agrigento, un hombre recomendado por la alta autoridad del médico Empédocles.

Estas diversas escuelas de medicina, que durante mucho tiempo estuvieron en desacuerdo entre sí, fueron todas condenadas por Herófilo, quien reguló la pulsación arterial según la escala musical, en correspondencia con la edad del paciente. En los años siguientes, las teorías de esta secta fueron abandonadas, ya que se descubrió que para pertenecer a ella era necesario conocer la literatura. También se produjeron cambios en la escuela, de la que Asclepíades se había convertido en fundador. Su discípulo, Temisón, que al principio le seguía implícitamente en sus escritos, pronto, de acuerdo con la creciente degeneración de la época, llegó a modificar sus propios métodos de tratamiento; los cuales, a su vez, fueron totalmente desplazados, con la autorización del difunto emperador Augusto, por Antonio Musa, un médico que había rescatado a ese príncipe de una enfermedad muy peligrosa, siguiendo un modo de tratamiento diametralmente opuesto.

Durante el reinado del emperador Nerón los destinos del arte médico pasaron a manos de Tesalio, un hombre que arrasó con todos los preceptos de sus predecesores, y declamó con una especie de frenesí contra los médicos de todas las épocas; pero al final fue eclipsado en crédito por Crinas, un nativo de Massilia, quien, para tener una apariencia de mayor discreción y más devoción, unió en sí mismo la búsqueda de dos ciencias, y prescribió dietas a sus pacientes de acuerdo con los movimientos de los cuerpos celestes, como se indica en los almanaques de los matemáticos, tomando observaciones él mismo de los diferentes tiempos y estaciones.

Mientras estos hombres regían nuestros destinos, Charmis, también oriundo de Massilia, tomó a la ciudad por sorpresa. No se contentó con condenar la práctica de los médicos anteriores, sino que también proscribió el uso de los baños calientes y persuadió a la gente, incluso en pleno invierno, a sumergirse en agua fría. A sus pacientes los sumergía en grandes vasijas llenas de agua fría, y era común ver a los ancianos de rango consular que se congelaban; un método de tratamiento, a favor del cual da su testimonio personal Annæus Seneca, en escritos que aún se conservan.

No cabe duda de que todos estos hombres, en la búsqueda de la celebridad mediante la introducción de una u otra novedad, la compraron a costa de la vida humana. De ahí esas lamentables discusiones, esas consultas junto al lecho del paciente, en las que nadie cree conveniente tener la misma opinión que otro, para no dar la impresión de estar subordinado a otro; de ahí también esa ominosa inscripción que se lee en una tumba: "Fue la multitud de médicos la que me mató".

El arte médico, tan a menudo modificado y renovado como lo ha sido, sigue cambiando de día en día, y todavía somos impulsados hacia adelante por los soplos que emanan del ingenio de los griegos. También es evidente que cualquiera de ellos que se encuentre capacitado en el arte de la palabra, puede crearse inmediatamente el árbitro de nuestra vida y nuestra muerte; como si, por el contrario, no hubiera miles de naciones que vivieran sin ningún médico, aunque no por ello sin la ayuda de la medicina. Tal fue, por ejemplo, el caso del pueblo romano, durante un período de más de seiscientos años; un pueblo, además, que nunca se ha mostrado lento en la adopción de todas las artes útiles, y que incluso acogió el arte médico con avidez, hasta que, después de una justa experiencia de él, encontró una buena razón para condenarlo.

LAS OPINIONES SOSTENIDAS POR LOS ROMANOS SOBRE LOS ANTIGUOS MÉDICOS

"Sobre esos griegos, hijo Marco, te hablaré más extensamente en la ocasión propicia. Te mostraré los resultados de mi propia experiencia en Atenas, ya que, aunque es un buen plan sumergirse en su literatura, no vale la pena conocerla a fondo. Son una raza muy inicua e intratable, y puedes tomar mi palabra como la de un profeta, cuando yr digo que cuando esa nación otorgue su literatura a Roma lo estropeará todo; y eso tanto más pronto, si envía a sus médicos entre nosotros. Han conspirado entre ellos para asesinar a todos los bárbaros con su medicina; profesión que ejercen con fines de lucro, para ganarse nuestra confianza y despacharnos con mayor facilidad. También tienen la costumbre de llamarnos bárbaros, y nos estigmatizan más allá de todas las demás naciones, dándonos el abominable apelativo de Opici.[2] Te prohíbo que tengas nada que ver con los médicos".

REMEDIOS DERIVADOS DE LA LANA

Comenzaré entonces con algunos remedios que son bien conocidos, a saber, los que se derivan de la lana y de los huevos de las aves, dando así el debido honor a aquellas sustancias que ocupan el lugar principal en la estimación de la humanidad; aunque al mismo tiempo me veré obligado a hablar de algunos otros fuera de su lugar apropiado, según la ocasión.

Los antiguos romanos atribuían a la lana un grado de importancia incluso religiosa, y fue con este espíritu que ordenaron que la novia tocara los postes de la puerta de la casa de su marido con lana. Además de vestirnos y protegernos del frío, la lana, sin lavar, usada en combinación con aceite y vino o vinagre, nos proporciona numerosos remedios, según necesitemos un emoliente o un excitante, un astringente o un laxante. Humedecida de vez en cuando con estos líquidos, la lana grasienta se aplica a los miembros torcidos y a los tendones que sufren dolor. En el caso de los esguinces, algunas personas tienen la costumbre de añadir sal, mientras que otras aplican ruda machacada y grasa, en lana; lo mismo hacen, también, en el caso de contusiones o tumores. Se dice que la lana mejora el aliento si se frotan los dientes y las encías con ella, mezclada con miel; también es muy buena para la frenitis, utilizada como fumigación. Para detener la hemorragia nasal, se introduce lana en las fosas nasales con aceite de rosas; o se utiliza de otra manera, taponando bien los oídos con ella. En el caso de úlceras inveteradas se aplica tópicamente con

---

2   Los Opici u Osci eran una antigua tribu de Italia, asentada en Campania, Lacio y Samnio. Debido a sus hábitos incivilizados, el nombre se utilizó durante mucho tiempo como un epíteto reprobatorio, equivalente a nuestras palabras "palurdo" o "torpe".

miel; empapada en vino o vinagre, o en agua fría y aceite, y luego exprimida, se utiliza para la cura de heridas.

La lana de carnero, lavada en agua fría y empapada en aceite, se utiliza para las dolencias femeninas y para calmar las inflamaciones del útero. El prolapso del útero se reduce utilizando esta lana en forma de fumigación. La lana grasienta, utilizada como emplasto y como pesario, expulsa el feto muerto y detiene las descargas uterinas. Las mordeduras infligidas por un perro rabioso se taponan con lana sin lavar, retirándose la aplicación al cabo de siete días. Aplicada con agua fría, es una cura para los caracoles; empapada en una mezcla de nitro hirviendo, azufre, aceite, vinagre y alquitrán, y aplicada dos veces al día, lo más caliente posible, alivia los dolores en los lomos. Haciendo ligaduras con lana de carnero sin lavar alrededor de las extremidades de los miembros, se detiene eficazmente la hemorragia.

REMEDIOS DERIVADOS DE LOS HUEVOS

Existe una considerable afinidad también entre la lana y los huevos, que se aplican juntos como una testera en la frente a modo de cura para los flujos oculares. La lana, sin embargo, no requiere para este propósito haber sido aderezada con radículas, lo único que se requiere para ser combinada con ella es la clara de un huevo y el incienso en polvo. La clara de un huevo, también aplicada por sí misma, detiene los flujos oculares y tiene un efecto refrescante en las inflamaciones de esos órganos; algunos, sin embargo, prefieren mezclar azafrán con ella y emplearla como ingrediente en los bálsamos oculares, en lugar de agua. Para la oftalmia en los niños apenas se encuentra ningún remedio, excepto la clara de huevo mezclada con mantequilla fresca. Los huevos batidos con aceite, son muy calmantes para la erisipela, colocando hojas de remolacha sobre el linimento.

Para los flujos celíacos, se recomienda tomar las yemas de los huevos, con proporciones similares de pasas pulposas y cáscara de granada, en cantidades iguales, durante tres días consecutivos; o bien seguir otro método, y tomar las yemas de tres huevos, con tres onzas de tocino viejo y miel, y tres cyathi de vino viejo; el conjunto se bate hasta la consistencia de la miel, y se toma en agua, cuando se necesita, en trozos del tamaño de una nuez de avellana.

Es bien conocido por todos el uso de los huevos como alimento, que pueden tragarse, por muy hinchada que esté la garganta, calentando las partes al pasar. Los huevos, además, son la única dieta que, aunque proporciona nutrientes en la enfermedad, no carga el estómago, poseyendo al mismo tiempo todas las ventajas tanto de la comida como de la bebida. La cáscara de un huevo se ablanda cuando se empapa en vinagre; es con la ayuda de los huevos así preparados, y amasados con la harina en el pan, que los pacientes que sufren del flujo celíaco a menudo se restauran a la fuerza.

REMEDIOS DERIVADOS DEL PERRO

En referencia al perro, los usos de nuestros antepasados nos obligan a entrar en algunos detalles más. Consideraban que la carne de los cachorros lactantes era una carne tan pura, que tenían la costumbre de utilizarlos como víctimas incluso en sus sacrificios expiatorios. También se sacrificaba un cachorro a Genita Mana[3] y, en los banquetes que se celebraban en honor de los dioses, también se acostumbraba a poner carne de cachorro en la mesa; también en los banquetes inaugurales de los pontífices, este plato era de uso común, como sabemos por las Comedias de Plauto. En general, se piensa que para los venenos narcóticos no hay nada mejor que la sangre de perro, y parece que fue este animal el que enseñó al hombre el uso de los eméticos.

REMEDIOS DERIVADOS DE LAS CHINCHES

Hay algunas cosas, de la naturaleza más repugnante, pero que son recomendadas por los autores con tal grado de seguridad, que sería impropio omitirlas, tanto más cuanto que es a la simpatía o antipatía de los objetos a lo que los remedios deben su existencia. Así, por ejemplo, la chinche, un insecto de lo más asqueroso, y cuyo nombre mismo nos inspira repugnancia, se dice que es un neutralizador del veneno de las serpientes, de los áspides en particular, y que es un conservante contra toda clase de venenos. Como prueba de ello, nos dicen que la picadura de un áspid nunca es mortal para las aves de corral, si han comido insectos ese día; y que su carne es notablemente beneficiosa para las personas que han sido picadas por serpientes. De las diversas recetas dadas en referencia a estos insectos, las menos repugnantes son la aplicación de ellos externamente a la herida, con la sangre de una tortuga; el empleo de ellos como una fumigación para hacer que las sanguijuelas pierdan su agarre; y la administración de ellos a los animales en la bebida cuando una sanguijuela ha sido tragada accidentalmente. Algunas personas, sin embargo, llegan a triturar chinches con sal y leche de mujer, y se untan los ojos con la mezcla; en combinación, también, con miel y aceite de rosas, las utilizan como inyección para los oídos. Las chinches de campo y las que se encuentran en la malva se queman y las cenizas se mezclan con aceite de rosas como inyección para las orejas.

En cuanto a las otras virtudes curativas atribuidas a los chinches, para la curación de los vómitos, las fiebres cuartanas y otras enfermedades, aunque encontramos recomendaciones de tragarlas en un huevo, un poco de cera o en un frijol, las considero totalmente infundadas y no merecen mayor atención. Se emplean, sin embargo, para el tratamiento del letargo, y con cierta razón, ya que neutralizan con éxito los efectos narcóticos del veneno del áspid; para este propósito se administran siete de ellas en un cyathus de agua, pero en el caso de los niños sólo cuatro. En casos, también, de estranguria, se han inyectado en el canal urinario; tan cierto es que la Naturaleza, esa madre universal, no ha engendrado nada sin una u otra razón poderosa. Además de estas particularidades, se dice que un par de chinches, adheridas al brazo izquierdo en un poco de lana robada a los pastores, curan eficazmente las fiebres nocturnas; mientras que las fiebre diurnas recurrentes pueden tratarse con igual éxito encerrando los chinches en un trozo de tela de color rojizo. La escolopendra, por otra parte, es un gran enemigo de estos insectos; utilizada en forma de fumigación, los mata.

---

3   Una antigua divinidad que se supone que presidía el parto.

REMEDIOS DERIVADOS DE LA SALAMANDRA

Pero de todos los animales venenosos, la salamandra es, con mucho, la más peligrosa; pues mientras que otros reptiles atacan sólo a individuos, y nunca matan a muchas personas simultáneamente, la salamandra es capaz de destruir naciones enteras a la vez, a menos que tomen las debidas precauciones contra ella. Porque si este reptil se arrastra por un árbol, infecta toda la fruta con su veneno, y mata a los que la comen por las propiedades de enfriamiento de su veneno, que en sus efectos no es diferente del acónito. Más aún, si toca con su pie la madera sobre la que se cuece el pan, o si cae en un pozo, se producirán los mismos efectos fatales. También la saliva de este reptil, si entra en contacto con cualquier parte del cuerpo, incluso con la planta del pie, hará que se caiga el pelo de todo el cuerpo. Y, sin embargo, la salamandra, por muy venenosa que sea, es comida por ciertos animales, los cerdos, por ejemplo; debido, sin duda, a esa antipatía que prevalece en el mundo natural.

Por lo que se dice, es muy probable que, junto a los animales que la comen, los mejores neutralizadores del veneno de este reptil sean las cantáridas tomadas en la bebida, o un lagarto ingerido con la comida; otros antídotos ya los hemos mencionado, o los señalaremos en el lugar apropiado. En cuanto a lo que dicen los magos,[4] que es a prueba de fuego, siendo, como nos dicen, el único animal que tiene la propiedad de extinguir el fuego, si hubiera sido cierto, se habría hecho la prueba en Roma mucho antes. Sextius dice que la salamandra, conservada en miel y tomada con la comida, después de quitarle los intestinos, la cabeza y las patas, actúa como afrodisíaco; también niega que tenga la propiedad de extinguir el fuego.

REMEDIOS PARA LA MORDEDURA DEL PERRO RABIOSO

Cuando una persona ha sido mordida por un perro rabioso, puede ser preservada de la hidrofobia aplicando sobre la herida las cenizas de la cabeza de un perro. Todas las cenizas para esta prescripción, señalaremos aquí de una vez por todas, se preparan con el mismo método; la sustancia se coloca en un nuevo recipiente de tierra bien cubierto con arcilla de alfarero, y se pone en un horno. Estas cenizas, también, son muy buenas, tomadas en la bebida, y por lo tanto algunos recomiendan comer la cabeza misma en tales casos. Otros, además, adhieren al cuerpo del paciente un gusano, tomado del cadáver de un perro muerto; o bien colocan la sangre menstrual de una perra, en un paño de lino, bajo su copa, o insertan en la herida cenizas de pelos de la cola del perro que infligió la mordedura. Los perros huirán de cualquiera que tenga un corazón de perro a su alrededor, y nunca ladrarán a una persona que lleve una lengua de perro en su zapato, debajo del dedo gordo del pie, o la cola de una comadreja que ha sido puesta en libertad después de haber sido privada de ella. Debajo de la lengua de un perro loco se encuentra una cierta saliva viscosa, que, tomada en la bebida, es un preventivo de la hidrofobia; pero el plan más útil es tomar el hígado del perro que ha infligido la lesión, y comerlo crudo, si es posible; si no es el caso, debe ser cocinado de una manera u otra, o bien se debe tomar un caldo, preparado con la carne.

---

4 Probablemente alude aquí a los Magos de Persia, ya que la mayoría de las historias sobre la salamandra parecen tener un origen oriental.

Hay un pequeño gusano[5] en la lengua del perro, conocidas como "lytta" por los griegos; si estas se eliminan del animal mientras es un cachorro, nunca se volverá loco ni perderá el apetito. Este gusano, después de ser llevado tres veces alrededor de un fuego, se da a las personas que han sido mordidas por un perro loco, para evitar que se vuelvan locas. También se previene la locura comiendo cerebros de gallo; pero la virtud de estos cerebros dura sólo un año, y no más. Dicen también que la cresta de un gallo, machacada, es muy eficaz como aplicación en la herida; así como la grasa de ganso, mezclada con miel. La carne de un perro rabioso es a veces salada, y tomada con la comida, como remedio para esta enfermedad.

REMEDIOS PARA EL DOLOR DE CABEZA Y PARA LAS HERIDAS EN LA CABEZA

Un buen remedio para el dolor de cabeza son las cabezas de los caracoles que se encuentran sin conchas,[6] y en un estado imperfecto. En estas cabezas se encuentra una sustancia pétrea dura, del tamaño de un guijarro común; al extraerla del caracol, se adhiere al paciente, los caracoles más pequeños se machacan y se aplican en la frente. También la grasa de lana se utiliza para un propósito similar; los huesos de la cabeza de un buitre, llevados como amuleto; o los sesos de esa ave, mezclados con aceite y resina de cedro, y aplicados a la cabeza e introducidos en las fosas nasales. Los sesos de un cuervo o lechuza se hierven y se toman con la comida; o se pone un gallo en un gallinero, y se mantiene sin comida un día y una noche, sometiéndose el paciente a una abstinencia similar, y fijando en su cabeza algunas plumas arrancadas del cuello o de la cresta del ave. También se aplican las cenizas de una comadreja en forma de linimento; se toma una ramita del nido de un milano y se coloca bajo la almohada del paciente; o se quema la piel de un ratón y se aplican las cenizas con vinagre; a veces, también, se extrae el hueso pequeño de la cabeza de un caracol que se ha encontrado entre dos surcos de carro, y después de pasarlo por un anillo de oro, con un trozo de marfil, se fija al paciente en un trozo de piel de perro; un remedio bien conocido por la mayoría de las personas, y siempre utilizado con éxito.

REMEDIOS PARA LAS ENFERMEDADES DE LOS OJOS

Según lo que dicen los magos, el glaucoma puede curarse utilizando los sesos de un cachorro de siete días; la sonda se introduce en el lado derecho (del ojo), si es el ojo derecho el que se opera, y en el lado izquierdo, si es el izquierdo. La hiel fresca, también, del asio, una especie de búho, con plumas erectas como orejas. Apolonio de Pitanæ solía preferir la hiel de perro, en combinación con la miel, a la de la hiena, para la cura de la catarata, así como del albugo. Se dice que las cabezas y las colas de los ratones, reducidas a cenizas y aplicadas a los ojos, mejoran la vista; un resultado que se asegura con mayor certeza si se utilizan las cenizas de un lirón o de un ratón salvaje, o bien los sesos o la hiel de un águila. Las cenizas y la grasa

---

5   Esta es una noción vulgar que aún prevalece; pero en realidad no hay ningún gusano, sino ciertas pústulas blancas bajo la lengua, que se rompen espontáneamente al cabo de doce días después del nacimiento. Los cachorros siguen siendo "desparasitados", como se dice, para prevenir la hidrofobia, según se dice, y la propensión a roer los objetos que se encuentran en su camino. La "desparasitación" consiste en la rotura de estas pústulas.

6   Probablemente Plinio se refiere a las babosas.

de un ratón de campo, batidas con miel ática y antimonio, son notablemente útiles para los ojos llorosos.

Para curar las cataratas, se utilizan las cenizas de una comadreja, así como los sesos de un lagarto o de una golondrina. Las comadrejas, hervidas y machacadas, y así aplicadas en la frente, alivian los flujos oculares, bien usadas solas, bien con harina fina o con incienso. Empleadas de manera similar, son muy buenas para la insolación, o en otras palabras, para las lesiones infligidas por el Sol. Es un plan notablemente bueno, también, quemar estos animales vivos, y usar sus cenizas, con miel cretense, como un linimento para las películas en los ojos.

La telaraña de la araña común, la que recubre su agujero más particularmente, aplicada en la frente a través de las sienes, en una compresa de algún tipo, se dice que es maravillosamente útil para la cura de los flujos oculares; la telaraña debe ser tomada, sin embargo, y aplicada por las manos de un muchacho que no haya llegado a los años de la pubertad; el muchacho, también, no debe mostrarse al paciente durante tres días, y durante esos tres días ninguno de ellos debe tocar el suelo con los pies descubiertos. Una araña blanca, con patas muy alargadas y finas, batida en aceite viejo, forma un ungüento que se utiliza para la cura del albugo. También la araña, cuya tela, de notable grosor, se encuentra generalmente adherida a las vigas de las casas, aplicada en un trozo de tela, se dice que es curativa de los flujos oculares. El escarabajo verde tiene la propiedad de hacer más penetrante la vista de quienes lo contemplan; de ahí que los grabadores de piedras preciosas utilicen estos insectos para estabilizar su vista.

REMEDIOS PARA LOS DOLORES Y ENFERMEDADES DE LAS OREJAS

La hiel de oveja, mezclada con miel, es un buen detergente de los oídos. Los dolores en estos órganos se alivian inyectando leche de perra; y la dureza de oído se elimina utilizando grasa de perro, con ajenjo y aceite viejo, o bien grasa de ganso. Algunas personas añaden jugo de cebollas y de ajo, en proporciones iguales. Los huevos de las hormigas también se utilizan, por sí mismos, para este propósito; estos insectos poseen, de hecho, ciertas propiedades medicinales, y los osos, es bien sabido, se curan a sí mismos cuando están enfermos, comiéndolos como alimento. La grasa de ganso, y en realidad la de todas las aves, se prepara quitando todas las venas y dejando la grasa en una vasija de barro nueva y poco profunda, bien tapada, para que se derrita al Sol, colocando debajo un poco de agua hirviendo; hecho esto, se pasa a través de coladores de lino, y luego se pone en un lugar fresco, en una nueva vasija de barro, para su conservación; con la adición de miel es menos probable que se ponga rancia.

Los milpiés, conocidos también como "ciempiés" o "multípedos", son insectos pertenecientes al género de las lombrices de tierra, peludos, con numerosos pies, que forman curvas al arrastrarse y se contraen cuando se les toca; los griegos dan a este insecto el nombre de "oniscos", y otros, el de "tylos". Hervido con zumo de puerro en una corteza de granada, es muy eficaz, según dicen, para los dolores de oídos; se añade aceite de rosas a la preparación, y la mezcla se inyecta en el oído opuesto al afectado.

Libro XXX
El arte mágico. Medicamentos derivados de las criaturas vivas (III)

En los libros anteriores de esta obra he tenido ocasión, más de una vez, cuando el tema lo exigía, de refutar las imposturas del arte mágico, y es ahora mi intención continuar aún más mi exposición del mismo. De hecho, hay pocos temas sobre los que se pueda hablar con más provecho, siendo, como es, la más engañosa de todas las artes conocidas, que ha ejercido la mayor influencia en todos los países y en casi todas las épocas. Y nadie puede sorprenderse de la extensión de su influencia y autoridad, cuando reflexiona que por sus propias energías ha abrazado, y amalgamado completamente con sí misma, las otras tres ciencias[1] que tienen la mayor influencia sobre la mente del hombre.

Nadie duda de que se originó primero en la medicina, o que, bajo la apariencia plausible de promover la salud, se insinuó entre la humanidad, como una rama más elevada y más sagrada del arte médico. Luego, en el siguiente lugar, a las promesas más seductoras y más halagadoras, ha añadido todos los recursos de la religión, un tema sobre el que, aún en la actualidad, el hombre está completamente en la oscuridad. Por último, para completar su dominio universal, ha incorporado el arte astrológico; no hay hombre que no desee conocer su destino futuro, o que no esté dispuesto a creer que este conocimiento puede obtenerse con la mayor certeza, observando la faz del cielo. Siendo los sentidos de los hombres cautivados por un vínculo triple, el arte de la magia ha alcanzado una influencia tan poderosa, que incluso en la actualidad, tiene dominio en una gran parte del mundo, y gobierna a los reyes de los reyes en el Oriente.

No hay duda de que este arte se originó en Persia, bajo Zoroastro, siendo este un punto en el que los autores están generalmente de acuerdo; pero si hubo un

---

1 "Artes". Medicina, religión y el arte de la adivinación.

solo Zoroastro, o si en tiempos posteriores hubo una segunda persona con ese nombre, es una cuestión que aún permanece indecisa. Eudoxo nos informa de que este Zoroastro existió seis mil años antes de la muerte de Platón, afirmación basada en Aristóteles. Hermippus, de nuevo, un autor que ha escrito con la mayor exactitud sobre todos los detalles relacionados con este arte, y ha comentado los dos millones de versos dejados por Zoroastro, además de completar los índices de sus diversas obras, ha declarado que Agonaces era el nombre del maestro de quien Zoroastro derivó sus doctrinas, y que vivió cinco mil años antes de la época de la Guerra de Troya. Sin embargo, lo primero que debe sorprendernos es el hecho de que este arte, y las tradiciones relacionadas con él, hayan sobrevivido durante tantas épocas, habiendo perecido entretanto todos los comentarios escritos al respecto; y esto, además, pese a la carencia de una sucesión continua de adeptos, o profesores de renombre, que aseguraran su transmisión.

La primera persona, por lo que he podido averiguar, que escribió sobre magia y cuyas obras aún existen, fue Osthanes, que acompañó a Jerjes, el rey persa, en su expedición contra Grecia. Fue él quien difundió en primer lugar, por así decirlo, los gérmenes de este arte monstruoso, y contaminó con él todas las partes del mundo por las que pasaron los persas. Los autores que han investigado diligentemente este tema, mencionan a un segundo Zoroastro, nativo de Proconneso, que vivió un poco antes de la época de Osthanes. Que fue este mismo Osthanes, más particularmente, el que inspiró a los griegos, no sólo con una afición, sino con una manía, por el arte de la magia, éste es un hecho más allá de toda duda; aunque al mismo tiempo me gustaría señalar, que en los tiempos más antiguos, y de hecho casi invariablemente, fue en esta rama de la ciencia, que se buscó el punto más alto de la celebridad y del renombre literario. En todo caso, Pitágoras, Empédocles, Demócrito y Platón, cruzaron los mares, con el fin de obtener un conocimiento de la misma, sometiéndose, para decir la verdad, más a los males del exilio que a los meros inconvenientes del viaje. Al volver a casa, se explayaron sobre las alabanzas de este arte, que consideraban uno de sus más grandes misterios.

También hay una maravillosa coincidencia en el hecho de que las dos artes –la medicina, quiero decir, y la magia– se desarrollaron simultáneamente; la medicina por los escritos de Hipócrates, y la magia por las obras de Demócrito, sobre el período de la Guerra del Peloponeso, que se libró en Grecia en el año 300 de la Ciudad de Roma.

Las provincias galas siempre estuvieron impregnadas del arte de la magia, tan lejos como podemos recordar; y fue el emperador Tiberio quien acabó con sus druidas y con toda esa tribu de magos y médicos. En la actualidad, fascinada, Britania todavía cultiva este arte, y eso, con ceremoniales tan augustos, que casi podría parecer que fue la primera en comunicarlos al pueblo de Persia. Hasta tal punto están de acuerdo en este punto las naciones de todo el mundo, aunque sean totalmente diferentes y no se conozcan entre sí.

Frente a estos hechos, no podemos apreciar demasiado la obligación que se le debe al pueblo romano, por haber puesto fin a esos ritos monstruosos, según los cuales, asesinar a un hombre era hacer un acto de la mayor devoción, y comer su carne proporcionaba las más altas bendiciones de la salud.

LAS DIVERSAS RAMAS DE LA MAGIA

Según lo que nos cuenta Osthanes, existen numerosas clases de magia. Esta se practica[2] con el agua, por ejemplo, con bolas, con la ayuda del aire, de las estrellas, lámparas, jofainas, hachas y otros numerosos dispositivos; medios por los que se compromete a conceder una previsión de las cosas por venir, así como a conversar con los fantasmas y los espíritus de los muertos. Todas estas prácticas, sin embargo, han sido probadas por el emperador Nerón, en nuestros días, como falsas y quiméricas ilusiones; entreteniendo como lo hizo una pasión por el arte de la magia, ni siquiera superada por su entusiasta amor por la música de la lira, y por las canciones de la tragedia; ¡tan extrañamente su elevación al punto más alto de la fortuna humana actuó sobre los vicios profundamente arraigados de su mente! Su principal deseo era mandar a los dioses del cielo, y no podía concebir ninguna aspiración más noble que ésta. Nunca una persona prodigó más favores sobre cualquiera de las artes; y para la consecución de este, su objeto favorito, nada le faltaba, ni riquezas, ni poder, ni aptitud para el aprendizaje, a costa de un mundo sufriente.

MEDICAMENTOS DERIVADOS DE LA CRIATURAS VIVAS – DOLOR DE MUELAS

Pero para continuar con los remedios para el dolor de muelas, los magos nos dicen que se puede curar utilizando las cenizas de la cabeza de un perro que haya muerto en un estado de locura. La cabeza, sin embargo, debe ser quemada sin la carne, y las cenizas inyectadas con aceite de Chipre[3] en el oído del lado afectado. Para el mismo propósito también se utiliza el colmillo izquierdo de un perro, punzando con el la encía del diente afectado; también una de las vértebras de un dragón o de un enhydris, que es una serpiente blanca macho. El colmillo, también, de esta última, se utiliza para escarificar las encías; y cuando el dolor afecta a los dientes de la mandíbula superior, adjuntan al paciente dos de los dientes superiores de la serpiente, y, de forma similar, dos de los inferiores para el dolor de muelas en la mandíbula inferior. Las personas que van en busca del cocodrilo, se untan con la grasa de este animal. También se escarifican las encías con los huesos frontales de un lagarto, extraídos de él en Luna llena, sin permitir que toquen el suelo; o bien se enjuaga la boca con una decocción de dientes de perro en vino, hervida hasta la mitad.

Las cenizas de dientes de perro, mezcladas con miel, son útiles para la dentición difícil de los niños, y también se prepara un dentífrico con ellas. Los dientes huecos se tapan con cenizas de estiércol de ratón quemado, o con el hígado de un lagarto, seco. Comer el corazón de una serpiente o llevarlo pegado al cuerpo se considera muy eficaz. Hay algunos magos que recomiendan comer un ratón dos veces al mes para prevenir el dolor de muelas.

---

2   Estos tipos de adivinación, más que de magia, se llamaban hidromancia, esfromancia, astromancia, licnomancia, lecanomancia y axinomancia.

3   Proveniente de un árbol que crece en Chipre y Egipto; de cuya flor se obtiene el cyprinum: *Lawsonia alba*, Linneo (N. del T.).

REMEDIOS PARA LA ANGINA Y LA ESCRÓFULA

Para la angina tenemos remedios muy expeditivos en la cola de ganso, mezclada con elaterio y miel, un cerebro de lechuza, o las cenizas de una golondrina quemada, tomada en agua caliente; este último remedio se lo debemos al poeta Ovidio. Pero de todos los remedios de los que se habla como proporcionados por la golondrina, uno de los más eficaces es el derivado de las crías de la golondrina salvaje, un ave que puede reconocerse fácilmente por la peculiar conformación de su nido. Sin embargo, la más eficaz de todas es la cría de la golondrina de ribera, nombre que recibe la especie que construye su nido en los agujeros de las orillas de los ríos. Muchas personas recomiendan las crías de cualquier tipo de golondrina como alimento, asegurando que la persona que las toma no tiene que temer a la angina durante todo el año siguiente. A veces ahogan las crías de esta ave y luego las queman en un recipiente con la sangre, administrándose las cenizas al paciente con el pan o en la bebida; algunos, sin embargo, mezclan con ellas las cenizas de una comadreja quemada, en igual proporción. Los mismos remedios se recomiendan también para la escrófula, y se administran para la epilepsia, una vez al día, en la bebida. Las golondrinas conservadas en sal se toman para la angina, en dosis de un dracma, en la bebida; también el nido del pájaro, tomado internamente, se dice que es una cura para la misma enfermedad.

Se cree que los milpiés, usados en forma de linimento, son particularmente eficaces para la angina; algunas personas, además, administran once de ellos, machacados en un sextarius de hidromel, a través de una caña, no siendo de ninguna utilidad si son tocados por los dientes.

Para la escrófula ulcerada se emplea sangre de comadreja, o el propio animal, hervido en vino; pero no en los casos en que los tumores se han abierto con el cuchillo. También se dice que una comadreja, ingerida con la comida, produce un efecto similar; a veces, también, se quema sobre ramitas, y las cenizas se aplican con grasa de eje. En algunos casos, se adhiere un lagarto verde al cuerpo del paciente, sustituyéndolo por uno nuevo al cabo de treinta días. Algunas personas conservan el corazón de este animal en un pequeño recipiente de plata, como cura para la escrófula en las mujeres.

REMEDIOS PARA LOS DOLORES DE ESTÓMAGO

Uno de los mejores remedios para las afecciones del estómago, es utilizar una dieta de caracoles. Primero deben dejarse cocer a fuego lento en agua durante algún tiempo, sin tocar el contenido de la concha, después de lo cual, sin ninguna otra adición, deben asarse sobre carbones calientes, y comerse con vino y garum; los caracoles de África son los mejores de todos para este propósito. La eficacia de este remedio se ha demostrado en numerosos casos. Otro punto a tener en cuenta es tomar un número impar de ellos. Los caracoles, sin embargo, tienen un jugo, debe recordarse, que imparte al aliento un olor ofensivo. Para los pacientes con problemas de escupir sangre, son notablemente buenos, quitando primero la concha, machacando su contenido y administrándolo en agua.

Los caracoles de río, y los que tienen una concha blanca, tienen un jugo fuerte y rancio, y los caracoles del bosque no son en absoluto buenos para el estómago, ya que tienen un efecto laxante sobre los intestinos; al igual que todas las clases de caracoles pequeños. Los caracoles de mar, por otra parte, son más beneficiosos para el estómago; y son los más eficaces para los dolores en esa región; el mejor plan, se dice, es comerlos vivos, sin importar de que tipo que sean, con vinagre.

REMEDIOS PARA LA DISENTERÍA

La disentería se cura tomando el caldo de una pata de cordero, hervido con linaza en agua; comiendo queso viejo de oveja; o tomando sebo de cordero hervido en vino astringente. Esto último es bueno, también, para la pasión ilíaca, y para la tos inveterada. La disentería también se elimina tomando un lagarto moteado de allende los mares, hervido hasta que sólo quede la piel, quitando primero la cabeza, las patas y los intestinos. Un par de caracoles también, y un huevo, son machacados, con cáscaras y todo, en ambos casos, y entibiados en otro recipiente, con algo de sal, tres cyathi de agua, y dos cyathi de vino de pasas o jugo de dátiles; la decocción es tomada en la bebida. También son muy útiles las cenizas de caracoles quemados, tomadas en vino con un poco de resina.

Los caracoles sin concha, como los que se encuentran mayoritariamente en África, son notablemente útiles para la disentería, quemando cinco de ellos con medio denarius de goma de acacia, y tomándolos, en dosis de dos cucharadas, en vino de mirto o cualquier otro tipo de vino astringente, con una cantidad igual de agua tibia. Algunas personas emplean toda clase de caracoles africanos indistintamente de esta manera; mientras que otras, hacen uso de un número similar de caracoles africanos o de caracoles de concha ancha, como una inyección, de preferencia; en los casos, también, donde el flujo es considerable, añaden un trozo de goma de acacia, aproximadamente del tamaño de una judía. Para la disentería y el tenesmo, se hierve en una vasija de peltre la cascarilla de una serpiente con aceite de rosas; si se prepara en cualquier otro tipo de recipiente, se aplica con un instrumento hecho de peltre. El caldo de pollo también se utiliza como remedio para estas afecciones; pero el caldo de un gallo viejo, fuertemente salado, actúa más poderosamente como purgante sobre los intestinos. El buche de gallina, asado y administrado con sal y aceite, tiene un efecto calmante sobre las afecciones cólicas; pero es absolutamente necesario que ni la gallina ni el paciente hayan comido maíz durante algún tiempo antes. El estiércol de las palomas, también, se asa y se toma en la bebida. La carne de una tórtola, hervida en vinagre, es curativa de la disentería y de las afecciones celíacas; y para la cura de la primera, se recomienda un tordo, asado con arándanos; también un mirlo; o miel, hervida, en la que han muerto las abejas.

REMEDIOS PARA LOS CÁLCULOS URINARIOS Y LAS AFECCIONES DE LA VEJIGA

Para curar los cálculos urinarios, es un buen plan frotar el abdomen con estiércol de ratón. La carne de un erizo es agradable de comer, dicen, si se mata con un solo golpe en la cabeza, antes de que haya tenido tiempo de descargar su orina sobre su cuerpo (las personas que comen esta carne, se dice, nunca sufrirán de estranguria). La carne de un erizo así matado, es una cura para las obstrucciones urinarias de la vejiga; y las fumigaciones hechas con ella tienen el mismo efecto. Si, por el contrario, el animal ha descargado su orina sobre su cuerpo, se dice que aquellos que coman la carne serán atacados por la estranguria.

También es muy beneficioso para las afecciones urinarias comer tordos con bayas de mirto, o saltamontes asados en una sartén poco profunda; o bien tomar los milpiés, conocidos como "onisci", en la bebida. Para los dolores de vejiga, se utiliza una decocción de patas de cordero. El caldo de gallina relaja los intestinos y calma las acritudes; también el estiércol de golondrina, con miel, empleado como supositorio, actúa como purgante.

REMEDIOS PARA LOS ESCALOFRÍOS

Un remedio para los escalofríos, según Nicandro, es una anfisbena muerta, o sólo su piel, pegada al cuerpo; además, nos informa de que si uno de estos reptiles está pegado a un árbol que se está talando, las personas que lo cortan nunca sentirán frío, y lo derribarán con mayor facilidad. Pues así es, que ésta es la única entre todas las serpientes que se enfrenta al frío, haciendo su aparición la primera de todas, e incluso antes de que se oiga la nota del cuco. Hay otro hecho maravilloso que también se menciona, con referencia al cuco; si, en el lugar donde una persona oye este pájaro por primera vez, traza un círculo alrededor el espacio ocupado por su pie derecho y luego cava la tierra, impedirá eficazmente que las pulgas se reproduzcan, dondequiera que esta se arroje.

REMEDIOS PARA LA ICTERICIA

La ictericia se combate administrando al paciente cera de oreja, o bien la suciedad que se adhiere a las ubres de las ovejas, en dosis de un denarius, con una pizca de mirra, en dos cítaras de vino; las cenizas, también, de una cabeza de perro, mezcladas con vino endulzado; un milpiés, en un sextarius de vino; lombrices de tierra, en hidromel con mirra; vino en el que se han lavado las patas de una gallina, después de haberlas limpiado con agua –la gallina debe tener las patas amarillas–, los sesos de una perdiz o de un águila, en tres cyathi de vino; las cenizas de las plumas o los intestinos de una tórtola, en vino endulzado, en dosis de tres cucharadas; o cenizas de gorriones quemadas en ramitas, en dosis de dos cucharadas, en hidromel.

REMEDIOS PARA LAS FIEBRES

En el tratamiento de las fiebres cuartanas, la medicina clínica es, por así decirlo, bastante impotente; por lo que agregaremos un número considerable de remedios recomendados por los profesores del arte mágico, y, en primer lugar, los que se prescriben para ser llevados como amuletos; el polvo, por ejemplo, en el que se ha bañado un halcón, atado en un paño de lino, con un cordón rojo, y pegado al cuerpo; el diente más largo de un perro negro; o la avispa conocida con el nombre de "pseudophex"[4] que siempre se ve volando sola, cogida con la mano izquierda y atada debajo de la barbilla del paciente. Algunos utilizan para este propósito la pri-

---

4 "Avispa bastarda".

mer avispa que una persona ve en el año en curso. Otros amuletos son: la cabeza de una víbora, separada del cuerpo y envuelta en un paño de lino; el corazón de una víbora, extraído del reptil cuando aún está vivo; el hocico de un ratón y las puntas de sus orejas, envueltos en un paño rojo, quedando el animal en libertad después de haberlos extraído; el ojo derecho arrancado de un lagarto vivo, y encerrado con la cabeza, separada del cuerpo, en piel de cabra; también el escarabajo pelotero.

Es debido a este tipo de escarabajos que la gente de una gran parte de Egipto adora a esos insectos como divinidades; un uso para el que Apión da una curiosa razón, afirmando, como lo hace, a modo de justificación de los ritos de su nación, que el insecto en sus operaciones útiles representa la revolución del Sol.

REMEDIOS PARA EL CARBUNCO

El carbunco se elimina mediante una aplicación de estiércol de paloma, ya sea solo o en combinación con linaza y oximel; o de abejas que han muerto en la miel. También se utiliza un espolvoreo de cebada perlada sobre las llagas. Para el carbunco y otras llagas de los órganos generativos, se utiliza como remedio la grasa de lana, con desechos de plomo; y para los carbuncos incipientes, se emplea el estiércol de oveja. Los tumores y todas las demás afecciones que necesitan emolientes se tratan de forma muy eficaz con grasa de oca; la de grulla también es igualmente eficaz.

REMEDIOS PARA LAS QUEMADURAS

Para las quemaduras, se utilizan las cenizas de la cabeza de un perro; las cenizas de lirones quemados, con aceite; el estiércol de oveja, con cera; también las cenizas de caracoles quemados, una aplicación tan eficaz que ni siquiera deja cicatriz. También se usa la grasa de víbora, y las cenizas de estiércol de paloma quemado, aplicadas con aceite.

MÉTODOS PARA DETENER LA HEMORRAGIA

La hemorragia en las fosas nasales se detiene con sebo de cordero extraído del mesenterio, introducido en las fosas nasales; con cuajo, en particular cuajo de cordero, mezclado con agua, en las fosas nasales, o usándolo como inyección, un remedio que tiene éxito incluso donde otros remedios han fallado; o bien, haciendo un bolo de grasa de oca con la misma cantidad de mantequilla y taponando las fosas nasales con ella; o bien, utilizando la tierra que se adhiere a los caracoles, o bien los propios caracoles, extraídos de la concha. Las descargas excesivas de las fosas nasales se detienen también aplicando caracoles aplastados, o telarañas, en la frente. Para las emisiones de sangre del cerebro, se utiliza la sangre o los sesos de las aves de corral, así como el estiércol de las palomas, espesado y conservado para este fin. En los casos en que hay un flujo inmoderado de sangre de una herida, una aplicación de estiércol de caballo, quemado con cáscaras de huevo, es maravillosamente bueno para detenerlo.

REMEDIOS PARA LOS HUESOS ROTOS

Para las fracturas de las articulaciones, las cenizas de los huesos del muslo de las ovejas son particularmente útiles, aplicadas en combinación con cera; y el remedio es tanto más eficaz, si se queman los huesos de la mandíbula de una oveja con los otros ingredientes, junto con un cuerno de ciervo, y un poco de cera disuelta en aceite de rosas. Para los huesos rotos, se utilizan los sesos de un perro, extendidos sobre un paño de lino, con lana puesta en la superficie y humedecida de vez en cuando. El hueso fracturado se unirá en su mayor parte en el curso de catorce días; y una cura igualmente rápida puede efectuarse utilizando las cenizas de ratones de campo quemados, con miel, o de lombrices de tierra quemadas; una sustancia que es extremadamente útil para la extracción de huesos astillados.

REMEDIOS PARA LAS DOLENCIAS FEMENINAS

Para las enfermedades propias de las hembras, la placenta de oveja es muy útil; el estiércol de oveja es igualmente bueno. Una fumigación de langostas quemadas, aplicada en las partes inferiores, proporciona alivio a la estranguria, en las mujeres en particular. Si inmediatamente después de la concepción, una mujer come de vez en cuando los testículos de un gallo, se dice que el niño del que está embarazada se convertirá en un varón. Las cenizas de un puercoespín quemado, tomadas en la bebida, son un preventivo del aborto; la leche de perra facilita el parto; y las secundinas de una perra, siempre que no hayan tocado el suelo, actuarán como expulsor del feto. La leche, tomada como bebida, fortalece los lomos de las mujeres cuando están de parto. El estiércol de ratón, diluido en agua de lluvia, reduce los pechos de las mujeres, cuando están hinchados después del parto. Las cenizas de un erizo quemado, aplicadas con aceite, actúan como preventivo del aborto. El parto se facilita, en los casos en que la paciente ha tomado, o bien estiércol de ganso en dos cyathi de agua, o bien el líquido que escapa del útero de una comadreja por sus genitales.

Las lombrices de tierra, aplicadas por vía tópica, previenen eficazmente los dolores en los tendones del cuello y de los hombros; tomadas en vino de pasas, expulsan la placenta, cuando está retardada. Aplicadas por sí mismas, las lombrices de tierra maduran los abscesos de los pechos, los abren, extraen los humores y los vuelven cicatrizantes; tomadas en vino endulzado, favorecen la secreción de la leche. En la hierba del heno se encuentran pequeños gusanos que, adheridos al cuello, actúan como preventivos del parto prematuro; se retiran, sin embargo, en el momento del parto, ya que de otro modo tendrían el efecto de impedirlo; hay que tener cuidado, además, de no ponerlos en el suelo.

DIVERSOS TIPOS DE DEPILATORIOS

La sangre de murciélago tiene todas las virtudes de un depilatorio; pero si se aplica a las mejillas de los jóvenes, no se encontrará suficientemente eficaz, a menos que se siga inmediatamente con una aplicación de óxido de cobre o de semilla de cicuta; este método tiene el efecto de eliminar completamente el pelo, o al menos de reducirlo al estado de un fino plumón. También se cree generalmente que los sesos de los murciélagos producen un efecto similar; hay dos tipos de estos sesos, el rojo y el blanco. Algunas personas mezclan con los sesos la sangre y el hígado del mismo animal; otras, además, hierven una víbora en tres semisextarii de aceite y, después de deshuesarla, la utilizan como depilatorio, arrancando primero los pelos que se quiere que no crezcan. La hiel de un erizo es un depilatorio, sobre todo si se mezcla con sesos de murciélago y leche de cabra; también las cenizas de un erizo quemado se utilizan para un propósito similar. Si, después de arrancar los pelos que se quiere que no crezcan, o si, antes de que hagan su aparición, se frotan bien las partes con la leche de una perra con su primera camada, no crecerá ningún pelo allí. El mismo resultado se asegura, se dice, usando la sangre de una garrapata tomada de un perro, o bien la sangre o hiel de una golondrina.

Los huevos de hormiga, dicen, batidos con moscas, dan un color negro a las cejas. Si se considera deseable que el color de los ojos del niño sea negro, la mujer embarazada debe comer una rata. Las cenizas de las lombrices quemadas, aplicadas con aceite, impiden que el cabello se vuelva blanco.

AFRODISÍACOS Y ANTI-AFRODISÍACOS

Una lagartija ahogada en la orina de un hombre tiene el efecto de un anti-afrodisíaco sobre la persona cuya orina fue usada; pues este animal debe contarse entre los filtros, dicen los magos. La misma propiedad se atribuye a los excrementos de los caracoles, y al estiércol de las palomas, tomado con aceite y vino. El lóbulo derecho de los pulmones de un buitre, adherido al cuerpo en la piel de una grulla, actúa poderosamente como estimulante sobre los machos; un efecto que se produce igualmente tomando las yemas de cinco huevos de paloma, en miel, mezcladas con un denarius de manteca de cerdo; gorriones, o huevos de gorriones, con la comida; o llevando el testículo derecho de un gallo, adherido al cuerpo en la piel de un carnero. Se dice que las cenizas de un ibis quemado, empleadas como fricción con grasa de ganso y aceite de lirio, impedirán el aborto cuando una hembra haya concebido una vez; mientras que los testículos de un gallo de caza, por otra parte, frotados con grasa de ganso y pegados al cuerpo en una piel de carnero, tienen todo el efecto de un anti-afrodisíaco; el mismo efecto lo producen los testículos de cualquier tipo de gallo de corral, colocados, junto con la sangre de un gallo, debajo de la cama. Los pelos tomados de la cola de una mula mientras está cubierta por el semental, harán que una mujer conciba, incluso contra su voluntad, si se anudan juntos en el momento del congreso sexual. Si un hombre hace agua sobre la orina de un perro, dicen que se volverá reacio a la cópula.

También es singular lo que se cuenta sobre las cenizas del lagarto moteado, en el sentido de que, envueltas en lino y sostenidas en la mano izquierda, actúan como afrodisíaco, mientras que, por el contrario, si se transfieren a la derecha, surtirán efecto como anti-afrodisíaco. La sangre de un murciélago, también, dicen, recibida en un mechón de lana y colocada bajo la cabeza de una mujer, promoverá el deseo sexual; la lengua de un ganso, tomada con la comida o la bebida, tiene el mismo efecto.

OTROS HECHOS MARAVILLOSOS RELACIONADOS CON LOS ANIMALES

Hay todavía otros hechos maravillosos relacionados, con referencia a los animales que hemos mencionado. Un perro no ladra a una persona que tiene cualquier parte de las secundinas de una perra sobre él, o el estiércol o la piel de una liebre. Los mosquitos llamados "muliones" no viven más de un día. Las personas que toman miel de las colmenas, nunca serán tocadas por las abejas si llevan el pico de un pájaro carpintero sobre ellos. Los cerdos seguirán con seguridad a la persona que les haya dado sesos de cuervo, hechos bolo. El polvo en el que se ha revolcado una mula, espolvoreado sobre el cuerpo, calmará las llamas del deseo. Las ratas pueden ser puestas en fuga castrando una rata macho y dejándola en libertad. Si se bate una papilla de serpiente con un poco de espelta, sal y tomillo silvestre, y se introduce en la garganta de los bueyes, con vino, en el momento en que las uvas están madurando, gozarán de perfecta salud durante todo un año; lo mismo, también, si se les da tres golondrinas jóvenes, hechas en tres bolos. El polvo recogido de la huella de una serpiente, espolvoreado entre las abejas, las hará volver a la colmena. Si se ata el testículo derecho de un carnero, engendrará sólo hembras. A las personas que tengan sobre ellas los tendones tomados de las alas o las patas de una grulla, nunca las fatigará ningún tipo de esfuerzo laborioso. Las mulas nunca patearán cuando hayan bebido vino.

De todas las sustancias conocidas, sólo los cascos de las mulas no son corroídos por las aguas venenosas de la fuente Estigia; un descubrimiento memorable hecho por Aristóteles, para su gran infamia, en la ocasión en que Antípatro envió algo de esta agua a Alejandro Magno, con el propósito de envenenarlo.

Pasemos ahora a las producciones acuáticas.

Libro XXXI
El agua. Medicamentos derivados de los animales acuáticos (I)

Tenemos que hablar ahora de los beneficios que se derivan, desde el punto de vista medicinal, de los animales acuáticos; pues ni siquiera aquí ha descansado la todopoderosa Naturaleza en su trabajo. En medio de las olas y las mareas de los ríos y en el flujo y reflujo, ella ejerce incesantemente sus poderes; y en ninguna parte, si debemos confesar la verdad, ella demuestra más su poder, porque este es el elemento que tiene dominio sobre todos los demás. Es el agua la que se traga la tierra seca, la que apaga las llamas, la que asciende a lo alto y desafía la posesión de los mismos cielos; es el agua la que, extendiendo las nubes a lo largo y ancho, intercepta el aire vital que respiramos; y, a través de su colisión, da lugar a truenos y relámpagos, cuando los elementos del universo se encuentran en conflicto.

¿Qué puede haber más maravilloso que las aguas suspendidas en el cielo? Y, sin embargo, como si no bastara con alcanzar una altura tan grande, arrastran consigo bancos enteros de peces, y a menudo también piedras, cargando así con masas pesadas que pertenecen a otros elementos, y llevándolas a lo alto. Cayendo sobre la tierra, estas aguas se convierten en la causa principal de todo lo que allí se produce; una disposición verdaderamente maravillosa de la Naturaleza, si sólo consideramos que para dar nacimiento al grano y vida a los árboles y arbustos, el agua debe primero dejar la tierra para ir al cielo, y desde allí traer a la vegetación el aliento de vida. Hay que admitir que todos los recursos de la tierra están en deuda con la generosidad del agua. Por lo tanto, sólo será apropiado, en primer lugar, exponer algunos ejemplos de las poderosas propiedades mostradas por este elemento; porque en cuanto al conjunto de ellas, ¿qué mortal vivo podría describirlas?

LAS DIFERENTES PROPIEDADES DEL AGUA

Por todas partes, y en mil países, hay aguas que brotan abundantemente de la tierra, algunas de ellas frías, otras calientes, y algunas que poseen ambas propiedades; las del territorio de los Tarbelli,[1] por ejemplo, un pueblo de Aquitania, que se encuentran entre las montañas de Pyrencæan, donde los manantiales calientes y fríos están separados por una distancia mínima. También hay otras que son sólo tibias, anunciando así los recursos que ofrecen para el tratamiento de las enfermedades, y brotando, para el beneficio del hombre solamente, entre tantos seres animados.

Bajo diversos nombres, también, aumentan el número de las divinidades,[2] y dan origen a las ciudades. Pero en ningún lugar abundan en mayor número, ni ofrecen una mayor variedad de propiedades medicinales que en el Golfo de Baiæ; algunas están impregnadas de azufre, otras de alumbre, otras de sal, otras de nitro y otras de betún, mientras que otras son de calidad mixta, en parte ácidas y en parte saladas. En otros casos, además, es por sus vapores que las aguas son tan beneficiosas para el hombre, siendo tan intensamente calientes como para calentar nuestros baños incluso, y para hacer hervir el agua fría en nuestros baños de asiento; tales, por ejemplo, como los manantiales de Baiæ; aguas que son tan calientes como para llegar a cocinar artículos de comida. También hay otras, por ejemplo, las que antiguamente eran propiedad de Licinio Craso, que emiten sus vapores incluso en el mar, proporcionando así recursos para la salud del hombre en medio de las olas.

REMEDIOS DERIVADOS DEL AGUA

Según sus respectivos tipos, estas aguas son beneficiosas para las enfermedades de los tendones, los pies o las caderas, para las torceduras o para las fracturas; también actúan como purgantes sobre los intestinos, curan las heridas y son singularmente útiles para las afecciones de la cabeza y los oídos; de hecho, las aguas de Cicerón son buenas para los ojos.

En Campania también están las aguas de Sinuessa, que se dice que son curativas para la esterilidad en las mujeres y para la locura en los hombres.

Las aguas tibias de Albula, cerca de Roma, tienen un efecto curativo sobre las heridas. Las de Cutilia, en el territorio sabino, son intensamente frías, y por una especie de succión penetran en el cuerpo hasta tal punto que tienen casi el efecto de un mordiente. De hecho son notablemente beneficiosas para las afecciones del estómago, los tendones y todas las partes del cuerpo.

Las aguas de Thespiæ aseguran la concepción a las mujeres; lo mismo que las del río Elatus en Arcadia. El manantial Linus, también en Arcadia, actúa como conservador del feto y previene eficazmente el aborto. Las aguas del río Aphrodisius, en el territorio de Pyrrhsæa, en cambio producen esterilidad.

---

1 Plinio alude a las aguas minerales de Acqs o Dax en el Adour, en el departamento francés del Ariège, que aún son muy estimadas.

2 Plinio alude a Neptuno, Anfítrite, las Oceánidas, las Nereidas, los Tritones, las Crenidas, las Limnades, las Potámides y otras numerosas divinidades menores.

Las aguas del lago Alphius eliminan la herpes blanca. Las aguas del río Cydnus, en Cilicia, son curativas de la gota. En Trœzen, por el contrario, todos los habitantes están sujetos a enfermedades de los pies, debido a la mala calidad del agua. El estado de Tungri, en la Galia, tiene un manantial de gran fama, que brilla al brotar con innumerables burbujas, y tiene un cierto sabor ferruginoso, que sólo se percibe después de haberlo bebido. Esta agua es fuertemente purgante, es curativa de las fiebres tercianas, y dispersa los cálculos urinarios; al aplicar el fuego asume una apariencia turbia, y finalmente se vuelve roja.

En el templo del dios Trofonio, en Beocia, cerca del río Hercynnus, hay dos fuentes, una de las cuales ayuda a la memoria, mientras que la otra produce olvido; de ahí los nombres que llevan respectivamente.

AGUAS MORTALES – PECES VENENOSOS

También hay otras maravillas relacionadas con el agua, pero de naturaleza más fatal. Ctesias afirma en sus escritos, que hay un manantial en Armenia, cuyos peces son negros y, si se usan como alimento, producen la muerte instantánea. También he oído lo mismo con respecto a las aguas cercanas a las fuentes del río Danubio, hasta que se llega a un manantial que está cerca de su canal principal, y más allá del cual no se encuentra este tipo de pez venenoso. De ahí que este lugar se considere generalmente como la fuente del río. Lo mismo se dice del Lago de las Ninfas, en Lidia. Cerca del río Feneo, en Acaya, fluye de las rocas un manantial conocido como la Estigia, cuyas aguas son instantáneamente fatales. Y no sólo esto, sino que también hay en él pequeños peces, dice Teofrasto, que son tan mortales como el agua, cosa que no ocurre con los peces de ningún otro manantial venenoso. Teopompo dice que en la ciudad de Cychri, en Tracia, las aguas son mortales; y Lico afirma que en Leoncio hay un manantial cuyas aguas son mortales al cabo de un par de días para quienes las beben. Varrón habla también de un manantial en el monte Soracte, de unos cuatro pies de ancho, cuyas aguas burbujean al amanecer, como si estuvieran hirviendo; según dice, apenas las aves las beben, caen muertas cerca de ellas.

LA SALUBRIDAD DE LAS AGUAS

Es un tema de investigación entre los médicos, qué tipo de agua es la más beneficiosa. Condenan, y con justicia, todas las aguas estancadas y lentas, y opinan que el agua corriente es la mejor, ya que se vuelve más ligera y salubre por su corriente y su agitación continua. De ahí que me sorprenda mucho que haya personas que valoren tanto el agua de las cisternas. Estos últimos dan como razón, sin embargo, que el agua de lluvia debe ser el agua más ligera de todas, viendo que ha sido capaz de subir a lo alto y permanecer suspendida en el aire. De ahí también que prefieran el agua de nieve al agua de lluvia, y el hielo a la nieve, como agua sutilizada en el mayor grado posible; sobre la base de que el agua de nieve y el agua de hielo deben ser más ligeras que el agua ordinaria, y el hielo, por necesidad, considerablemente más ligero. Sin embargo, es por el interés general de la humanidad que estas nociones deben ser refutadas. Porque, en primer lugar, esta ligereza comparativa de la que hablan, difícilmente podría determinarse de otra manera que no sea por la sensación, no habiendo casi ninguna diferencia de peso entre las clases de agua. En el caso del agua de lluvia, tampoco es una prueba de su ligereza el hecho de que haya subido al aire, ya que las piedras, evidentemente hacen lo mismo; y además, esta agua, al caer, debe necesariamente contaminarse con los vapores que suben de la tierra, circunstancia a la que se debe que se detecten tan numerosas impurezas en el agua de lluvia, y que se fermente con tanta rapidez.

¿Qué agua, entonces, de entre todas estas clases, debemos considerar como la más adecuada para la constitución humana? Mi respuesta es que hay diferentes tipos en diferentes lugares. Los reyes de Partia no beben más agua que la del Choaspes o la del Eulæus y, por muy largos que sean sus viajes, siempre llevan esta agua en su comitiva. Y sin embargo, es muy evidente que no es sólo porque esta agua es agua de río que es tan agradable para ellos, ya que se niegan a beber el agua del Tigris, Éufrates, y tantos otros arroyos.

LAS IMPUREZAS DEL AGUA

El limo es una gran impureza del agua; sin embargo, si un río de este tipo está lleno de anguilas, se considera generalmente como una prueba de la salubridad de su agua; al igual que se considera un signo de su frescura cuando gusanos largos se reproducen en el agua de un manantial. Pero es el agua amarga, más particularmente, la que se tiene en desprecio, así como el agua que hincha el estómago en el momento en que se bebe, una propiedad que pertenece al agua de Trœzen. En cuanto a las aguas nitrosas y saladas que se encuentran en los desiertos, las personas que viajan hacia el Mar Rojo las potabilizan en un par de horas añadiendo cebada perlada, que también utilizan como alimento. Se condenan especialmente los manantiales que segregan lodo o que dan mal aspecto a las personas que los beben. También es un buen plan observar si el agua deja manchas en los recipientes de cobre; si las verduras leguminosas hierven con dificultad en ella; si, al decantarla suavemente, deja un depósito terroso; o si, al hervir, cubre el recipiente con una costra gruesa.

También es un defecto del agua el tener sabor, o mal olor, aunque sea un sabor agradable y placentero en sí mismo, o que se acerque mucho, como ocurre a menudo, al sabor de la leche. El agua, para ser verdaderamente sana, debe parecerse lo más posible al aire. Se dice que sólo hay un manantial de agua en todo el universo que tiene un olor agradable, el de Chabura, en Mesopotamia; la gente da una razón fabulosa para ello, y dice que es porque Juno se bañó allí. Hablando en términos generales, el agua, para ser sana, no debe tener ni sabor ni olor.

BÚSQUEDA DE AGUA

No está de más añadir aquí una descripción del método empleado en la búsqueda de agua. El agua se encuentra sobre todo en los valles, ya sean formados por la intersección de declives o situados en la parte baja de las montañas. Muchas personas han opinado que todos los lugares con aspecto septentrional están naturalmente provistos de agua; un punto sobre el que no estará de más explicar las diversidades que nos presenta la naturaleza. En el lado sur de las montañas de Hircania no llueve nunca; y de ahí que sólo en el lado noreste estén arboladas. En cuanto al Olimpo, la Ossa, el Parnaso, los Apeninos y los Alpes, están cubiertos de bosques por todas partes y abundantemente regados por arroyos. Algunas montañas, además, están arboladas por el lado sur, como las Montañas Blancas en Creta, por ejemplo. Por lo tanto, en este punto podemos llegar a la conclusión de que no hay ninguna regla que sea válida en todos los casos.

Estos son indicios de la presencia de agua: juncos de agua, cañas o ranas sentadas en cuclillas en un lugar durante mucho tiempo. En cuanto al sauce silvestre, el aliso, el vitex, el junco y la hiedra, todos los cuales crecen espontáneamente en los terrenos bajos en los que se asienta el agua de lluvia procedente de localidades más altas, considerados como indicios de la presencia de agua, son todos ellos de naturaleza engañosa. Una señal mucho más fiable es una cierta exhalación de niebla, visible a distancia antes de la salida del Sol. Para observarla mejor, algunas personas ascienden a una eminencia y se tumban en el suelo con la barbilla tocando la tierra. Hay también otro método peculiar para apreciar esto, conocido sólo por los hombres experimentados en estos asuntos; en medio de los calores del verano seleccionan las horas más calientes del día, y observan cómo los rayos del Sol se reflejan en cada lugar; y si, a pesar de la sequedad general de la tierra, se observa que un lugar presenta una apariencia húmeda, no dudan que allí encontrarán agua.

Pero es tan intenso el esfuerzo de los ojos al hacer esto, que es muy probable que les duelan; para evitar este inconveniente, recurren a otros modos de prueba. Por ejemplo, cavan un agujero de un metro y medio de profundidad y lo cubren con vasijas de cerámica sin cocer o con una palangana de cobre bien engrasada; a continuación, colocan una lámpara encendida en el lugar, con un arco de hojas encima y cubierto de tierra en la parte superior. Si, después de un tiempo, encuentran las vasijas mojadas o rotas, el cobre cubierto de humedad, o la lámpara apagada, pero no por falta de aceite, o si un mechón de lana que se ha dejado allí se encuentra húmedo, es una señal indudable de la presencia de agua. Algunas personas acostumbran a encender un fuego en el lugar antes de cavar el agujero, método que hace aún más concluyente el experimento con los recipientes.

LAS CUALIDADES DEL AGUA EN LAS DIFERENTES ESTACIONES DEL AÑO

Toda clase de agua es más fresca en invierno, no tan fresca en verano, menos aún en otoño, y menos en tiempos de sequía. El agua de los ríos tampoco tiene siempre el mismo sabor, ya que el estado del lecho por el que discurre supone una diferencia considerable. En efecto, la calidad del agua depende de la naturaleza del suelo por el que fluye y de los jugos de la vegetación que riega; de ahí que el agua del mismo río resulte en algunos lugares comparativamente insalubre. También las confluencias de los ríos, son aptas para cambiar el sabor del agua, impregnando la corriente en la que se pierden y absorben; como en el caso del Borysthenes, por ejemplo. También en algunos casos, el sabor del agua del río cambia por la caída de fuertes lluvias. En el Bósforo ha ocurrido tres veces que ha caído una lluvia salada, un fenómeno que resultó fatal para las cosechas. En tres ocasiones, también, las lluvias han impartido una amargura a las corrientes desbordadas del Nilo, que fue productiva de una gran pestilencia en todo Egipto.

AGUAS QUE HAN APARECIDO O CESADO REPENTINAMENTE

Ocurre con frecuencia que en los lugares donde se han talado los bosques, aparecen manantiales de agua, cuyo suministro era previamente agotado por la alimentación de los árboles. Este fue el caso en el monte Hæmus, por ejemplo, cuando, durante el asedio de Casandro, los galos talaron un bosque con el fin de hacer una muralla. Muy a menudo también, después de quitar la madera que ha cubierto un lugar elevado y que ha servido para atraer y consumir las lluvias, se forman torrentes devastadores por la concentración de las aguas. También es muy importante, para el mantenimiento de un suministro constante de agua, labrar el suelo y mantenerlo en constante movimiento, teniendo cuidado de romper y aflojar las callosidades de la corteza superficial; en todo caso, encontramos que, al ser arrasada una ciudad de Creta, de nombre Arcadia, los manantiales y cursos de agua, que antes eran muy numerosos en esa localidad, se secaron todos al mismo tiempo; pero que, seis años después, cuando la ciudad fue reconstruida, el agua volvió a hacer su aparición, justo cuando cada lugar fue puesto de nuevo en cultivo.

Los terremotos también son capaces de descubrir o engullir manantiales de agua; algo que ha ocurrido, según se sabe, en cinco ocasiones diferentes en las cercanías de Feneo, una ciudad de Arcadia. Así también, en el monte Coricón, un río se desbordó; después de lo cual, la tierra fue sometida a cultivo.

También las aguas cambian a veces de color; como en Babilonia, por ejemplo, donde el agua de cierto lago durante once días en verano es roja. En la temporada de verano, también, la corriente del Borysthenes es azul, se dice, y esto, a pesar de que sus aguas son las más enrarecidas que existen, y por lo tanto flotan sobre la superficie de las del Hypanis; aunque al mismo tiempo existe este hecho maravilloso, que cuando los vientos del sur prevalecen, las aguas del Hypanis asumen el lugar superior.

EL MÉTODO DE CONDUCCIÓN DEL AGUA

El método más conveniente para hacer un curso de agua desde el manantial es emplear tubos de arcilla cocida, de dos dedos de grosor, insertados el uno en el otro en los puntos de unión –el que tiene la mayor inclinación encaja en el inferior– y recubiertos con cal viva macerada en aceite. La inclinación, para asegurar la libre circulación del agua, debe ser al menos de un cuarto de pulgada por cada cien pies; y si el agua es conducida a través de un pasaje subterráneo, debe haber agujeros de aire a intervalos de dos actus. Cuando el agua deba ascender a lo alto, deberá ser conducida en tubos de plomo; hay que recordar que el agua siempre sube al nivel de su fuente. Si, además, se transporta desde una distancia considerable, debe hacerse subir y bajar de vez en cuando, para que no pierda su fuerza motriz. La longitud adecuada para cada tubo de plomo es de diez pies; y si el tubo tiene cinco dedos de circunferencia, su peso debe ser de sesenta libras; si tiene ocho pies, cien; si tiene diez, ciento veinte; y así sucesivamente en la misma proporción.

Una tubería se llama "de diez dedos" cuando la chapa tiene diez dedos de ancho antes de ser enrollada; una chapa de la mitad de ese ancho da una tubería "de cinco dedos". En todos los cambios bruscos de inclinación en localidades elevadas, se deben emplear tuberías de cinco dedos, a fin de romper la impetuosidad de la caída; también se deben hacer depósitos para las ramificaciones, según lo exijan las circunstancias.

CÓMO DEBEN UTILIZARSE LAS AGUAS MINERALES

Me sorprende que Homero no haya hecho ninguna mención a las aguas termales, cuando, por otro lado, ha introducido con tanta frecuencia la mención de los baños calientes; circunstancia de la que podemos concluir con seguridad que en su época no se recurría a las aguas minerales por sus propiedades medicinales, cosa que ocurre tan universalmente en la actualidad. Las aguas impregnadas de azufre son buenas para los tendones, y las aguas aluminosas son útiles para la parálisis y relajaciones similares del sistema. Las que están impregnadas de betún o nitrógeno, como las aguas de Cutilia, se beben como purgante.

Muchas personas se enorgullecen de soportar el calor de las aguas minerales durante muchas horas seguidas; una práctica muy perniciosa, sin embargo, ya que deberían usarse sólo un poco más de tiempo que el baño ordinario, después del cual el bañista debería ser lavado con champú con agua fría, y no dejar el baño sin ser frotado con aceite. Esta última operación, sin embargo, se considera comúnmente como totalmente ajena al uso de los baños minerales; y de ahí que no haya ninguna situación en la que los cuerpos de los hombres estén más expuestos a las posibilidades de enfermedad, al saturarse la cabeza con la intensidad de los olores exhalados, y quedar expuesta, transpirando como está, a la frialdad de la atmósfera, mientras todo el resto del cuerpo está sumergido en el agua.

LOS USOS DEL AGUA DE MAR – LAS VENTAJAS DE UN VIAJE POR MAR

El agua de mar también se emplea de manera similar para la cura de enfermedades. Se utiliza, caliente, para curar los dolores en los tendones, para unir los huesos fracturados y por su acción desecante sobre el cuerpo; para este último propósito, también se utiliza fría. Hay muchos otros recursos medicinales derivados del mar; el beneficio de un viaje por mar, más particularmente, en casos de tisis, como ya se ha mencionado, y cuando los pacientes sufren de hemoptisis,[3] como hemos experimentado recientemente, en nuestra propia memoria, ya que no es con el propósito de visitar el país, que la gente viaja tan a menudo a Egipto, sino con el fin de asegurarse de los resultados beneficiosos derivados de un largo viaje por mar. De hecho, el propio mareo que se produce por el balanceo del barco de un lado a otro, es bueno para muchas afecciones de la cabeza, los ojos y el pecho, todos aquellos casos, de hecho, en los que se recomienda al paciente beber una infusión de eléboro. Los médicos consideran que el agua de mar, empleada por sí misma, es muy eficaz para la dispersión de los tumores y, hervida con harina de cebada, para el tratamiento exitoso de los abscesos de las glándulas parótidas; también se utiliza como ingrediente de los emplastos, sobre todo de los emplastos blancos, y para las cataplasmas emolientes. El agua de mar es también muy buena, empleada como

---

3   La hemoptisis incluye la expectoración de esputo hemoptoico o de sangre fresca procedente del aparato respiratorio, más concretamente de la zona subglótica (N. del T.).

ducha; y se toma internamente, aunque no sin perjuicio para el estómago, tanto como purgante como expulsor, por vómito y por evacuación abdominal, de la bilis negra o de la sangre coagulada, según el caso.

LAS DIVERSAS CLASES DE SAL

Toda la sal es nativa o artificial; ambas clases se forman de diversas maneras, pero se producen a partir de ya sea la condensación o la desecación de un líquido. El lago de Tarento se seca por el calor del Sol de verano, y la totalidad de sus aguas, que no son en ningún momento muy profundas, no más altas que la rodilla de hecho, se convierten en una masa de sal. Lo mismo ocurre con un lago en Sicilia, llamado Cocanicus, y otro en las cercanías de Gela. Pero en el caso de estos dos últimos, sólo se secan los lados; mientras que en Frigia, en Capadocia y en Aspendus, donde se observan los mismos fenómenos, el agua se seca en una extensión mucho mayor, hasta la mitad del lago, de hecho.

El agua de mar, además, produce espontáneamente otro tipo de sal, a partir de la espuma que deja en la orilla en la pleamar, o que se adhiere a las rocas; ésta es, en todos los casos, condensada por la acción del Sol, y esa sal es la más punzante de las dos que se encuentran en las rocas.

También hay tres tipos diferentes de sal nativa. En Bactriana hay dos grandes lagos; uno de ellos situado en el lado de Escitia, el otro en el de Ariana, ambos arrojan grandes cantidades de sal. También en Citium, en Chipre; y, en las cercanías de Menfis, extraen sal del lago y la secan al Sol. Las aguas superficiales de algunos ríos también se condensan en forma de sal, el resto de la corriente fluye por debajo, como si estuviera bajo una corteza de hielo; como las aguas que corren cerca de las Puertas del Caspio, por ejemplo, que se conocen como los "Ríos de Sal". Lo mismo ocurre, también, en las cercanías del Mardi y de los pueblos de Armenia. En Bactriana, también, los ríos Ochus y Oxus bajan de las montañas en sus orillas, fragmentos de sal. Hay también en África algunos lagos, cuyas aguas son turbias, que producen sal. Algunos manantiales calientes también producen sal, por ejemplo, los de Pagasæ. Tales son, pues, las diversas clases de sal producidas espontáneamente por el agua.

De la sal artificial hay varias clases; la sal común, y la más abundante, está hecha de agua de mar drenada en salinas, y acompañada de corrientes de agua dulce; pero es la lluvia más particularmente, y, sobre todas las cosas, el Sol, lo que ayuda a su formación; de hecho, sin esto último nunca se secaría. En la vecindad de Utica, en África, se acumulan masas de sal, como colinas en apariencia; y cuando éstas se han endurecido por la acción del Sol y la Luna, ninguna humedad las derretirá jamás, y el hierro apenas puede dividirlas. En Creta, sin embargo, la sal se hace sin ayuda de agua dulce, y simplemente introduciendo agua de mar en las salinas.

FLOR DE SAL

Lo que distingue principalmente el producto de las salinas, en cuanto a su pureza, es una especie de eflorescencia, que forma la parte más ligera y blanca de la sal. El nombre de "flor de sal" se da también a una sustancia de carácter totalmente diferente, más húmeda por naturaleza, y de color rojo o azafrán; una especie de "óxido de sal", por así decirlo, con un olor desagradable como el del garum, y que difiere en esto no sólo de la espuma de sal, sino de la sal misma. Esta sustancia se encuentra en Egipto y, al parecer, es transportada hasta allí por las aguas del Nilo, aunque también se encuentra flotando en la superficie de algunos manantiales. La mejor clase es la que produce una cierta sustancia grasa, como el aceite; porque incluso la sal, una cosa que es bastante maravillosa de pensar, no es sin un grado de untuosidad.

Esta sustancia es sofisticada, y coloreada con tierra roja, o, en la mayoría de los casos, con polvo de alfarería; una adulteración que se detecta por la agencia del agua, que lava el color ficticio, siendo el color natural sólo removible por la agencia del aceite. De hecho, es por su color por lo que los perfumistas hacen un uso tan amplio de esta droga. Cuando se ve en los vasos, la superficie es blanca, pero la que se encuentra en el centro es más húmeda, como ya se ha dicho. Es de naturaleza acre, calórica y mala para el estómago. También actúa como sudorífico y, tomado con vino y agua, tiene un efecto purgante sobre los intestinos. Es muy útil, además, como ingrediente de la acopa y de las composiciones detersivas, y es notablemente eficaz para eliminar los pelos de los párpados. Se suele agitar el sedimento para renovar el color azafranado de la droga.

LA NATURALEZA DE LA SAL

La sal, considerada por sí misma, es naturalmente ígnea, y sin embargo manifiesta una antipatía al fuego, y vuela[4] de él. Lo consume todo, y sin embargo tiene un efecto astringente sobre los cuerpos vivos, desecante y aglutinante, mientras que a los muertos los preserva de la putrefacción, y los hace durar incluso años. En cuanto a sus propiedades medicinales, es de naturaleza mordaz, ardiente, detergente, atenuante y resolutiva; sin embargo, es perjudicial para el estómago, salvo que actúa como estimulante del apetito. Para la curación de las heridas infligidas por las serpientes, se utiliza con el orégano, la miel y el hisopo; y para la picadura de las cerastas, con el orégano, la resina de cedro, la brea o la miel. Tomada internamente con vinagre, es buena para las lesiones causadas por la escolopendra; y, aplicada tópicamente, con una proporción igual de linaza, en aceite o vinagre, para las picaduras infligidas por escorpiones. Para las picaduras de avispones, avispas e insectos similares, se aplica con vinagre; y para la curación de la hemicránea, las úlceras de la cabeza, las ampollas, los granos y las verrugas incipientes, con grasa de ternera. También se utiliza como remedio para los ojos, y para la eliminación de las excrecencias carnosas en esos órganos, así como de los padrastros en los dedos de las manos o de los pies. Para las telarañas que se forman en los ojos es especialmente útil, y por eso se emplea tan comúnmente como ingrediente de los bálsamos oculares, así como de los emplastos. Para todos estos últimos fines mencionados, la sal de Tatta o de Caunus es más solicitada.

En los casos en que hay equimosis en los ojos, o una contusión por los efectos de un golpe, se aplica la sal, con una cantidad igual de mirra y miel, o con hisopo en agua caliente, fomentando también los ojos con salsugo.

---

4 Plinio alude a su crepitación en la llama.

Toda clase de sal es útil para la cura de la angina; pero, además de esto, es necesario hacer aplicaciones externas simultáneamente con aceite, vinagre y alquitrán. Mezclada con vino, es un suave aperitivo para los intestinos, y, tomada de forma similar, actúa como expulsora de toda clase de lombrices intestinales. La sal es útil para eliminar los callos de los pies y los sabañones; también se aplica con aceite o se mastica para curar las quemaduras. También sirve para aliviar las ampollas y, en casos de erisipela y úlceras serpiginosas, se aplica tópicamente con vinagre o con hisopo. Para la curación del carcinoma se emplea en combinación con uvas de Taminian; y para las úlceras ulcerosas se utiliza escaldada con harina de cebada, colocando sobre ella una compresa de lino empapada en vino. En casos de ictericia, se emplea como fricción ante el fuego, con aceite y vinagre, hasta que el paciente transpira, con el fin de prevenir la sensación de picor que acompaña a esta enfermedad. Cuando las personas están agotadas por la fatiga, es habitual frotarlas con sal y aceite. Muchos han tratado la hidropesía con sal, han utilizado aplicaciones externas de sal y aceite para los calores ardientes de la fiebre, y han curado la tos crónica poniendo sal en la lengua del paciente. La sal se ha utilizado también como inyección para la ciática y se ha aplicado a las úlceras de naturaleza fúngica o pútrida.

LOS DISTINTOS TIPOS DE NITRUM

Y aquí no debemos postergar más el dar cuenta del nitrum;[5] que en sus propiedades no difiere mucho de la sal, y merece ser considerado con mayor atención, por el hecho evidente de que los médicos que han escrito sobre él ignoraban su naturaleza; de todos los autores, Teofrasto es el que ha prestado mayor atención al punto. Se encuentra en pequeñas cantidades en Media, en ciertos valles que están blanqueados por el calor y la sequía; el nombre que se le da es "halmyrax". También en Tracia, cerca de Phili, se encuentra, pero en menor cantidad, contaminado con sustancias terrosas, siendo conocido allí como "agrion". En cuanto al preparado a partir de la madera quemada del roble, nunca se hizo en gran medida, y su fabricación se abandonó totalmente hace tiempo. También se encuentran aguas nitrosas en numerosos lugares, pero no lo suficientemente impregnadas como para admitir la condensación.

El mejor y más abundante suministro se encuentra en Litæ, en Macedonia, donde se conoce como "Chalastricum"; es blanco y puro, y se parece mucho a la sal. En medio de un cierto lago nitroso allí, sale un manantial de agua dulce. En este lago el nitrum se forma durante nueve días, alrededor de la salida de la Canícula, y luego cesa durante el mismo período, después del cual vuelve a flotar en la superficie, y luego cesa de nuevo; hechos que prueban abundantemente que es la naturaleza peculiar del suelo la que genera el nitrum, siendo muy evidente que, cuando la formación se interrumpe allí, ni el calor del Sol ni la caída de la lluvia producen el más mínimo efecto.

---

5   Beckmann considera que no es nuestro "nitro" o "salitre", sino un nombre general para las sales alcalinas impuras. Ajasson, sin vacilar, lo pronuncia como nitrato de potasa, ni más ni menos que nuestro salitre.

También en Egipto se produce artificialmente, y en mucha mayor abundancia, pero es de calidad inferior, siendo leonado y lleno de piedras. Se prepara casi de la misma manera que la sal, excepto que en las salinas se introduce agua de mar, mientras que en los lechos de nitrato es el agua del río Nilo; un agua que, al hundirse el río, se impregna de nitrum durante cuarenta días juntos, y no, como en Macedonia, sólo en períodos intermitentes.

Desde el punto de vista medicinal, el nitro es calorífico, atenuante, mordiente, astringente, desecante y ulcerante; también es bueno en todos los casos en los que se necesita extraer o dispersar ciertos humores, o en los que se requieren mordientes o atenuantes suaves, como en el caso de pústulas y granos, por ejemplo. Algunas personas lo encienden con este fin y, después de apagarlo en vino astringente, lo machacan y lo utilizan, sin aceite, en el baño. Aplicado con polvo de lirio seco y aceite de oliva verde, frena la transpiración inmoderada. Aplicado tópicamente con un higo, o hervido hasta la mitad en vino de pasas, elimina las marcas en los ojos y las granulaciones de los párpados. Se utiliza, también, para la eliminación del argema,[6] hervido en una corteza de granada con vino de pasas. Utilizado como ungüento, en combinación con la miel, mejora la vista. También es muy útil para el dolor de muelas, tomada como colutorio con vino y pimienta, o hervido con un puerro. Quemado y empleado como dentífrico, devuelve el color original a los dientes que se han vuelto negros; y una aplicación del mismo, con tierra y aceite de Samia, mata las liendres y otras alimañas de la cabeza. Disuelto en vino, se utiliza como inyección para las supuraciones de las orejas, y, aplicado con vinagre, consume la suciedad que se ha acumulado allí. Introducido en seco en los oídos, dispersa los cantos y hormigueos en esos órganos.

ESPONJAS

Algunas autoridades hacen las siguientes distinciones; consideran como machos a las esponjas que están perforadas con agujeros más diminutos, tienen una forma más compacta y están más dispuestas a beber, y se tiñen, para satisfacer los gustos lujosos, de varios colores, a veces incluso de color púrpura; en cambio, las que tienen agujeros más grandes y que se juntan unas con otras, las consideran hembras. Entre las esponjas masculinas, también hay una clase, más dura que las otras, cuyo nombre es "tragi", y cuyos agujeros son extremadamente pequeños y numerosos. En el caso de las esponjas que se blanquean artificialmente; se eligen las más blandas para este fin, después de haberlas empapado todo el verano con la espuma del mar. Luego se exponen a la acción de la Luna y de la escarcha, dándoles la vuelta, es decir, con la parte por la que antes se adherían a las rocas hacia arriba, con el fin de que se vuelvan blancas por completo.

Ya hemos dicho que las esponjas son seres animados; y no sólo esto, sino que incluso tienen una capa de sangre adherida a ellas. Algunos dicen que regulan sus movimientos por el sentido del oído, y que al menor ruido se contraen, y emiten una abundante humedad; cuando tal es el caso, se dice, es imposible arrancarlas de las rocas, y en consecuencia deben ser cortadas, operación durante la cual emiten

---

6   Una pequeña úlcera en el ojo (N. del T.).

una secreción purulenta. También se prefieren las esponjas que crecen en lugares orientados al noreste, ya que los médicos aseguran que son las que más tiempo conservan el aliento de vida, lo que las hace aún más útiles para el cuerpo humano, por la unión que se realiza de su principio vital con el nuestro. Es por esta razón, también, que se prefieren tan frescas como sea posible, y en un estado húmedo en lugar de seco. No son tan útiles, sin embargo, si se aplican con agua caliente, y menos aún si están aceitadas, o si se aplican al cuerpo cuando están recién ungidas. Se cree que las esponjas compactas tienen menos poder adhesivo que las otras.

En el tratamiento de las heridas, las esponjas se utilizan a veces como sustituto de la lana engrasada, ya sea con vino y aceite, o con sal y agua; la única diferencia es que la lana actúa emolientemente sobre las llagas, mientras que la esponja tiene una acción astringente, y absorbe los humores viciados. A los pacientes hidrópicos se les aplican vendas de esponja, ya sea en seco o empapadas en agua caliente o una mezcla de agua y vinagre, según sea necesario para calmar la piel o para cubrirla y secarla. Las esponjas se aplican también en todas las enfermedades que requieren calor, empapándolas primero en agua hirviendo y exprimiéndolas después entre un par de tablas.

Libro XXXII
Medicamentos derivados de los animales acuáticos (II)

Siguiendo el orden propio de las cosas, hemos llegado al punto culminante de las maravillas que nos manifiestan las operaciones de la Naturaleza. Y ya desde el principio se nos presenta espontáneamente una ilustración incomparable de sus poderes misteriosos; tanto, que más allá de ella nos sentimos obligados a no extender nuestras investigaciones, no habiendo nada que encontrar ni igual ni análogo a un elemento en el que la Naturaleza triunfa totalmente sobre sí misma. Porque, ¿qué hay más revoltoso que el mar, con sus vientos, sus tornados y sus tempestades? Y, sin embargo, ¿en qué departamento de sus obras ha sido la naturaleza más secundada por el ingenio del hombre, que en éste, por sus invenciones de velas y remos? Además de esto, nos impresiona la inefable fuerza que despliegan las mareas del océano, cuando fluyen y refluyen constantemente, y regulan las corrientes del mar como si fueran las aguas de un gran río.

EL ECHENEIS

Y sin embargo, todas estas fuerzas, aunque actúan al unísono, e impulsan en la misma dirección, a un solo pez, y de un tamaño muy diminuto –el pez conocido como "echeneis"–[1] posee el poder de contrarrestarlos. Los vientos pueden soplar y las tormentas pueden arreciar, y sin embargo el echeneis controla su furia, frena su poderosa fuerza, y hace que los barcos se detengan en su carrera; un resultado que ningún cable, ninguna ancla, podría haber producido jamás. Un pez refrena la impetuosa violencia de las profundidades, y somete la frenética furia del universo; y todo ello sin esfuerzo propio, sin acto de resistencia por su parte, sin acto alguno,

---

1 La rémora, a veces llamada pez ventosa, de la familia Echeneidae, de peces con aletas de raya en el orden Carangiformes. Dependiendo de la especie, alcanzan una longitud de entre 12 y 43 pulgadas, o 30 y 110 cm.

de hecho, sino el de adherirse a la barca. Por insignificante que parezca este objeto, basta para contrarrestar todas estas fuerzas combinadas, y para evitar que el barco siga su camino. Las flotas, armadas para la guerra, amontonan torres y baluartes en sus cubiertas, para que, incluso en las profundidades, los hombres puedan luchar desde detrás de las murallas, por así decirlo. Pero, ¡ay de la vanidad humana! cuando sus proas, con sus picos de bronce y de hierro, armadas para el ataque, pueden ser detenidas y clavadas en el lugar por un pequeño pez de no más de medio pie de longitud.

En la batalla de Actium, se dice que un pez de este tipo detuvo el barco de Antonius en su curso. También en nuestra época, uno de estos peces detuvo la nave del emperador Cayo en su curso, cuando regresaba de Astura a Antium; y así, como se demostró el resultado, un insignificante pez fue presagio de grandes acontecimientos, pues apenas el emperador regresó a Roma, fue atravesado por las armas de sus propios soldados.

Según las personas que lo examinaron en aquella ocasión, y que lo han visto después, el echeneis tiene un gran parecido con una gran babosa. Es una cosa singular, pero entre los griegos encontramos escritores que afirman que, llevado como amuleto, el echeneis tiene la propiedad, como ya se ha mencionado, de prevenir el aborto, y de reducir el prolapso del útero, permitiendo así que el feto alcance la madurez; mientras que otros, también afirman que, si se conserva en sal y se lleva como amuleto, facilitará el parto; un hecho al que se debe otro nombre que le asignan, "odinolytes". Sea como fuere, teniendo en cuenta este hecho tan notable de que un barco sea detenido en su curso, ¿quién puede albergar dudas sobre la posibilidad de cualquier manifestación de su poder por parte de la Naturaleza, o sobre la operación eficaz de los remedios que ella ha centrado en sus producciones espontáneas?

EL TORPEDO

Y, además, aunque no tuviéramos esta ilustración por la agencia del echeneis, ¿no habría sido suficiente citar el ejemplo del torpedo, otro habitante del mar, como una manifestación de los poderosos poderes de la Naturaleza? Desde una distancia considerable, incluso, y si sólo se toca con la punta de una lanza o bastón, este pez tiene la propiedad de entumecer incluso el brazo más vigoroso, y de remachar los pies del corredor, por muy rápido que sea en la carrera. Si al considerar esta nueva ilustración, nos vemos obligados a admitir que existe un cierto poder que, por las propias exhalaciones y, por así decirlo, emanaciones del mismo, es capaz de afectar a los miembros del cuerpo humano, ¿qué no debemos esperar de las influencias curativas que la Naturaleza ha centrado en todos los seres animados?

LOS INSTINTOS DE LOS PECES

Las afirmaciones que Ovidio ha hecho sobre los instintos de los peces, en su obra conocida como el "Halieuticon"[2] me parecen realmente maravillosas. El

---

2   O "Tratado sobre los peces".

scarus,³ por ejemplo, cuando está encerrado en una trampa para langostas, no hace ningún esfuerzo por escapar con su cabeza, ni intenta meter el hocico entre las tenazas, sino que, volviendo la cola hacia ellas, agranda los orificios con repetidos golpes, y así escapa hacia atrás. Si otro scarus, desde fuera, lo ve luchando, tomará la cola del otro en su boca y lo ayudará en sus esfuerzos por escapar. El lupus,⁴ también, cuando está rodeado con la red, surca la arena con su cola, y así se oculta, hasta que la red ha pasado sobre él. La murena, confiando en la suavidad resbaladiza de su espalda redondeada, se enfrenta audazmente a las mallas de la red y, retorciendo repetidamente su cuerpo, logra escapar. El octópodo se acerca a los anzuelos y, sin tragarse el cebo, lo sujeta con sus tentáculos; no deja de sujetarlo hasta que se ha comido el cebo o percibe que la caña lo saca del agua.

El salmonete, también es consciente de que en el cebo hay un anzuelo oculto, y está en guardia contra la emboscada; sin embargo, es tan grande su voracidad, que golpea el anzuelo con su cola, y lanza lejos de él el cebo. La lubina, por su parte, muestra menos previsión y dirección, pero el arrepentimiento por su imprudencia la dota de una fuerza poderosa, ya que, al ser atrapada por el anzuelo, se tambalea de un lado a otro, ampliando así la herida, hasta que por fin el insidioso anzuelo cae de su boca. La murena no sólo se traga el anzuelo, sino que atrapa el sedal con sus dientes y lo destroza. El anthias,⁵ según Ovidio, en el momento en que se encuentra atrapado por el anzuelo, gira su cuerpo con el lomo hacia abajo, sobre el que hay una aleta afilada como un cuchillo, y así corta el sedal.

Según Licinio Macer, la murena es de sexo femenino y es impregnada por las serpientes, por lo que los pescadores, para sacarla de su escondite y atraparla, hacen un ruido sibilante que imita el silbido de una serpiente. Afirma también que, golpeando con frecuencia el agua, se le hace engordar, que un golpe con un palo robusto no la mata, pero que un toque con un tallo de hinojo-gigante le resulta instantáneamente mortal. No cabe duda de que, en el caso de este animal, la vida se centra en la cola, así como de que muere inmediatamente al ser golpeada esa parte del cuerpo; mientras que, por otro lado, hay una considerable dificultad para matarlo con un golpe en la cabeza. Las personas que han estado en contacto con el pez navaja⁶ huele a hierro. El más duro de todos los peces, sin duda, es el conocido como "orbis";⁷ es esférico, desprovisto de escamas, y todo cabeza.

CORAL

De la misma manera que la gente de nuestra parte del mundo valora las perlas de la India, la gente de la India aprecia el coral; es el gusto predominante en cada

---

3   Un género de peces acantopterigios, de los cuales el scarus de los antiguos griegos y romanos es la especie más antigua conocida, que da nombre a los Scaridae o escaros, conocidos comúnmente como pez loro.
4   El pez lobo. *El Perca labrax* de Linneo.
5   Género de peces de colores brillantes que se encuentran en los mares cálidos; la especie más conocida es el tres colas, *Anthias anthias*, del Mediterráneo.
6   *Novacula piscis*. Hay numerosas variedades, entre las cuales las más conocidas son la *Xyrichtys novacula*, muy apreciada como alimento, y la *Coryphæna pentedactyle*.
7   O "pez globo". El Mola, *Mola mola*, o pez-sol de la moderna historia natural.

nación el le da valor a las cosas. El coral se produce también en el Mar Rojo, pero es de un tono más oscuro que el nuestro. También se encuentra en el Golfo Pérsico, donde se le conoce con el nombre de "iace". Pero el más apreciado de todos es el que se produce en las proximidades de las islas llamadas Stœchades, en el Golfo de las Galias, y cerca de las Islas Eolias y de la ciudad de Drepana, en el Mar de Sicilia. El coral crece también en Graviscæ y en la costa de Neapolis, en Campania, así como en Erythræ, donde es intensamente rojo, pero blando y, por tanto, poco apreciado.

Su forma es la de un arbusto, y su color es verde; sus bayas son blancas y blandas mientras están bajo el agua, pero en el momento en que se sacan de ella, se vuelven duras y rojas, asemejándose a las bayas de la corneja cultivada en tamaño y aspecto. Dicen que, mientras está vivo, si sólo lo toca una persona, se volverá inmediatamente duro como una piedra; de ahí que se tomen las mayores precauciones para evitar esto, arrancándolo del fondo con redes, o bien cortándolo con un instrumento de hierro de bordes afilados. El coral más rojo y ramificado es el más apreciado; pero, al mismo tiempo, no debe ser áspero ni duro como la piedra; ni, por otra parte, debe estar lleno de agujeros o ser hueco.

Las bayas de coral no son menos apreciadas por los hombres de la India que las perlas de ese país por las mujeres entre nosotros; sus adivinos también consideran el coral como un amuleto dotado de propiedades sagradas, y un conservador seguro contra todos los peligros; de ahí que lo valoren por igual como ornamento y como objeto de devoción. Antes de que se conociera la estima que el pueblo de la India tenía por el coral, los galos tenían la costumbre de adornar con él sus espadas, escudos y cascos; pero en la actualidad, debido al valor que se le da como artículo de exportación, se ha vuelto tan extremadamente raro, que rara vez se ve incluso en las regiones que lo producen. Se cree que las ramas de coral que se cuelgan en el cuello de los niños actúan como preservativo contra el peligro. Calcinado, pulverizado y tomado en agua, el coral alivia a los pacientes que sufren dolores agudos en los intestinos, afecciones de la vejiga y cálculos urinarios. Asimismo, tomado en vino o, si hay síntomas de fiebre, en agua, actúa como soporífero. Resiste la acción del fuego un tiempo considerable antes de calcinarse.

ANIMALES ANFIBIOS – EL CASTOR

El poder de la naturaleza, también, es igualmente conspicuo en los animales que viven en tierra firme así como en el agua; el castor, por ejemplo, y cuyos testículos se llaman, en medicina, "castorea". Sextius nos informa, además, que son pequeños, y están fuertemente unidos al hueso del lomo, y que es imposible arrancarlos sin quitarle la vida al animal. Nos enteramos por él de que hay un modo de adulterarlos sustituyéndolos por los riñones del castor, que son de tamaño considerable, mientras que los testículos auténticos son extremadamente diminutos; además, dice que no deben tomarse por vejigas, ya que son dos, una disposición que no se encuentra en ningún animal. Dentro de estas bolsas, dice, se encuentra un líquido, que se conserva al ser puesto en sal; el castóreo genuino se distingue fácilmente del falso, por el hecho de estar contenido en dos bolsas, unidas por un solo ligamento.

Mezclado con aceite de rosas y peucedanum, y aplicado a la cabeza, el castóreo produce efectos narcóticos –un resultado que se produce igualmente tomándolo en agua–, por lo que se emplea en el tratamiento de la frenitis. Utilizado como fumigación, actúa como excitante en pacientes que sufren de letargo; y empleado de forma similar, o utilizado en forma de supositorio, disipa las sofocaciones histéricas. También actúa como emenagogo y como expulsor de la placenta, siendo tomado por la paciente, en dosis de dos dracmas, con poleo, en agua. También se emplea para curar el vértigo, opistótonos, los ataques de temblor, los espasmos, las afecciones de los tendones, la ciática, las dolencias estomacales y la parálisis, frotándolo sobre todo el cuerpo o tomándolo como electuario, machacado e incorporado con semilla de vitex, vinagre y aceite de rosas, hasta la consistencia de la miel. También en esta última forma se toma para curar la epilepsia, y en poción, con el fin de disipar la flatulencia y los retorcijos intestinales, y para contrarrestar los efectos del veneno.

También la orina del castor es un neutralizador de los venenos, y por esta razón se utiliza como ingrediente de antídotos. La mejor manera de conservarla, según algunos, es en la vejiga del animal.

LA TORTUGA

La tortuga también es un animal tan anfibio como el castor, y asimismo posee propiedades medicinales muy desarrolladas; además, reclama un grado igual de atención por el alto precio que el lujo le asigna a su caparazón, y la singularidad de su conformación. De las tortugas, hay varias clases, tortugas de tierra, tortugas de mar, tortugas que viven en aguas fangosas y tortugas que viven en aguas dulces; estas últimas son conocidas por algunos autores griegos con el nombre de "emydes". La carne de la tortuga de tierra se emplea sobre todo en las fumigaciones, y se afirma que es muy saludable para repeler las malas prácticas de la magia y para neutralizar los venenos. Estas tortugas se encuentran en gran número en África, donde se dice que, tras cortarles la cabeza y las patas, se les da a las personas como antídoto. También se cree que si se comen en un caldo hecho con ellas, dispersan la escrófula, disminuyen el volumen del bazo y curan la epilepsia. La sangre de la tortuga de tierra mejora la vista y elimina las cataratas; también se conserva, hecha con harina en píldoras, que se dan con vino cuando es necesario, para neutralizar el veneno de todo tipo de serpientes, ranas, arañas y animales venenosos similares. También se considera un medicamento útil en casos de glaucoma, donde se ungen los ojos con hiel de tortuga, mezclada con miel ática, y, para la cura de heridas infligidas por escorpiones, al dejar caer la hiel en la herida.

Las cenizas del caparazón de la tortuga, amasadas con vino y aceite, se utilizan para curar las grietas de los pies y las ulceraciones. Las virutas de la superficie del caparazón, administradas en la bebida, actúan como un anti-afrodisíaco; algo que es aún más sorprendente, por el hecho de que un polvo preparado con todo el caparazón tiene la reputación de ser un fuerte afrodisíaco. La carne de la tortuga de mar, mezclada con la de las ranas, es un excelente remedio para las lesiones causadas por la salamandra; de hecho, no hay nada que neutralice mejor las secreciones de la salamandra que la tortuga de mar. La sangre de este animal reproduce el pelo cuando se pierde por alopecía, y es curativa del porrigo y de toda clase de ulceraciones de la cabeza; el método adecuado para usarla es dejarla secar, y luego lavarla suavemente. La hiel de la tortuga mejora la vista, borra las cicatrices y cura las afecciones de las glándulas amigdalinas, la angina y todo tipo de enfermedades de la boca, los cánceres de esa parte en particular, así como el cáncer de testículos. Aplicada en las fosas nasales disipa la epilepsia y pone en pie al paciente; incorporada en vinagre con la cascarilla de una serpiente, es un remedio soberano para las descargas purulentas de los oídos.

DISTINTAS VARIEDADES DE RANAS

El caldo preparado a partir de las ranas de mar,[8] hervidas en vino y vinagre, se toma internamente como neutralizador de los venenos y del veneno del sapo de las zarzas, así como para las lesiones infligidas por la salamandra. Para curar las heridas causadas por la liebre marina y las diversas serpientes mencionadas anteriormente, es un buen recurso comer la carne de las ranas de río, o beber el licor en el que han sido hervidas; como neutralizador, también, del veneno del escorpión, las ranas de río se toman en vino. Demócrito asegura que si se extrae la lengua de una rana viva, sin que ninguna otra parte del cuerpo se adhiera a ella, y luego se aplica a una mujer mientras duerme, justo en el lugar donde se siente palpitar el corazón, con seguridad ella responderá con veracidad a cualquier pregunta que se le haga.

A esto los Magos añaden algunos otros detalles que, si tuvieran algo de verdad en ellos, nos llevarían a creer que las ranas deberían ser consideradas como mucho más útiles para la sociedad que las leyes. Dicen, por ejemplo, que si un hombre coge una rana y la traspasa con una caña, entrando en el cuerpo por las partes sexuales y saliendo por la boca, y luego moja la caña en el flujo menstrual de su esposa, sin falta ella concebirá una gran aversión por todos los amantes. Es bien sabido que la carne de las ranas, unida al kype o al anzuelo, según el caso, constituye un cebo excelente, sobre todo para las púrpuras.[9] Dicen que las ranas tienen un hígado doble y que, cuando se exponen a los ataques de las hormigas, la parte más carcomida es un antídoto eficaz contra todo tipo de veneno.

También hay algunas ranas que viven sólo entre matorrales, por lo que han recibido el nombre de "rubetæ" o "ranas de zarza". Son las más grandes de todas las ranas, tienen dos protuberancias como cuernos y están llenas de veneno. Los autores rivalizan en relatar historias maravillosas sobre ellas; por ejemplo, que si se las lleva al medio de un grupo de personas, el silencio prevalecerá al instante; también que al arrojar al agua hirviendo un pequeño hueso que se encuentra en su lado derecho, el recipiente se enfriará inmediatamente, y el agua se negará a hervir de nuevo hasta que se haya retirado. Este hueso, dicen, puede encontrarse

---

8   *Lophiiformes*. En realidad son peces y no ranas (N. del T.).
9   Un gasterópodo que produce un líquido púrpura para teñir, como el murex (N. del T.).

exponiendo una rana de zarza muerta a las hormigas, y dejando que se coman la carne; después de lo cual hay que poner los huesos en el recipiente, uno por uno.

Por otra parte, también en el lado izquierdo de este reptil hay otro hueso, dicen, que, arrojado al agua, tiene toda la apariencia de hacerla hervir, y el nombre que se le da es "apocynon". Este hueso, se dice, tiene la propiedad de apaciguar la furia de los perros, y, si se pone en la bebida, de conciliar el amor y acabar con la discordia y las peleas. También se dice que si se usa como amuleto, actúa como afrodisíaco. Por el contrario, el hueso que se extrae del lado derecho, actúa poderosamente como refrigerante sobre los líquidos hirvientes, se dice; unido al paciente en un trozo de piel de cordero fresca, tiene la reputación de calmar las fiebres cuartanas y otras, y de frenar las propensiones amorosas. El bazo de estas ranas se utiliza como antídoto para los diversos venenos que se preparan a partir de ellas; y para todos estos fines el hígado se considera aún más eficaz.

LAS OSTRAS

También las ostras neutralizan el veneno de la liebre marina. Las ostras adoran el agua dulce y los lugares en los que numerosos ríos desembocan en el mar; de ahí que las pelagias[10] sean de tamaño tan pequeño y tan poco numerosas. Sin embargo, las encontramos creciendo entre las rocas y en lugares alejados del contacto con el agua dulce. En general, aumentan de tamaño con el aumento de la Luna; pero es al principio del verano, más concretamente, y cuando los rayos del Sol penetran en las aguas poco profundas, cuando se hinchan con abundancia de leche.[11] Esta también parece ser la razón por la que son tan pequeñas cuando se encuentran en el mar; la opacidad del agua tiende a detener su crecimiento, y el abatimiento consiguiente produce una indisposición comparativa para la comida.

Las ostras son de diversos colores; en España son rojas, en Illyricum de un tono leonado, y en Circeii negras, tanto su carne como su concha. Pero en todos los países, las ostras más apreciadas son las que son compactas sin ser viscosas en sus secreciones, y destacan más por su grosor que por su anchura. Nunca deben tomarse de lugares fangosos o arenosos, sino de un fondo firme y duro; la carne debe estar comprimida, y no ser de consistencia carnosa; y la ostra debe estar libre de bordes con flecos, y estar completamente dentro de la cavidad de la concha. Las personas con experiencia en estos asuntos añaden otra característica; un fino hilo púrpura, dicen, debe correr alrededor de los márgenes de la barba, lo que se considera un signo de calidad superior, y obtiene para ellas su nombre de "calliblephara".

Las ostras son ligeramente laxantes para los intestinos; y hervidas en vino endulzado, alivian el tenesmo, en los casos en que no va acompañado de ulceración. También actúan de forma detergente en las ulceraciones de la vejiga. Hervidas en sus conchas, sin abrir, tal y como llegan a la mano, las ostras son maravillosamente eficaces para las secreciones reumáticas. Las cáscaras de ostras calcinadas, mezcladas con miel, alivian las afecciones de la úvula y de las glándulas amigdalinas; se

---

10   Ostras de aguas profundas.
11   Es en la época de desove cuando este líquido lechoso se encuentra en la ostra; periodo en el que la carne del pez se considera insalubre como alimento.

utilizan igualmente para los abscesos de las glándulas parótidas, los tumores inflamados y las induraciones de los senos. Aplicadas con agua, estas cenizas son buenas para las ulceraciones de la cabeza, y confieren un aspecto regordete a la piel de las mujeres. También se espolvorean sobre las quemaduras y son muy apreciadas como dentífrico. Aplicadas con vinagre, son buenas para eliminar el prurigo y las erupciones pituitarias. Machacadas en estado crudo, son curativas de la escrófula y de los sabañones en los pies.

LAS ALGAS MARINAS

Según Nicandro, las algas marinas son también un teriaca.[12] Hay numerosas variedades de ellas; una, por ejemplo, con una hoja alargada, otra roja, aún otra con una hoja más ancha, y otra crujiente. La clase más estimada de todas es la que crece en las costas de Creta, sobre las rocas de allí, cerca del suelo; se utiliza también para teñir la lana, ya que tiene la propiedad de fijar los colores de tal manera que nunca se pueden lavar. Nicandro recomienda que se tome con vino.

REMEDIOS PARA LAS ENFERMEDADES DE LOS OJOS

La grasa de todo tipo de pescado, tanto de agua dulce como de mar, derretida al Sol e incorporada a la miel, es un excelente mejorador de la vista; lo mismo, también, con el castóreo, en combinación con la miel. La hiel del callionymus[13] cura las marcas en los ojos y cauteriza las excrecencias carnosas alrededor de esos órganos; de hecho, no hay pescado con mayor cantidad de hiel que éste. Este pez se conoce también como "uranoscopos", porque sus ojos están situados en la parte superior de la cabeza.

La hiel del escorpión del mar rojo, utilizada con aceite rancio o miel ática, dispersa la catarata incipiente; para ello, la aplicación debe hacerse tres veces, en días alternos. Un método similar se emplea también para eliminar las induraciones de la membrana de los ojos. Se dice que el salmonete, utilizado como dieta, debilita la vista. La liebre marina es venenosa en sí misma, pero sus cenizas son útiles como aplicación para evitar que los pelos superfluos de los párpados vuelvan a crecer, cuando han sido arrancados de raíz. Para este propósito, sin embargo, cuanto más pequeño sea el pescado, mejor. Las vieiras pequeñas también se salan y se machacan con resina de cedro para un propósito similar, o bien las ranas conocidas como "diopetes"[14] y "calamitæ", se utilizan; su sangre se aplica con goma de vid a los párpados, después de que los pelos se han eliminado.

REMEDIOS PARA EL DOLOR DE MUELAS

El dolor de muelas se alivia escarificando las encías con huesos de dragón de mar, o frotando los dientes una vez al año con los sesos de un pez perro hervidos

---

12 O antídoto.
13 Identificado por Ajasson con el pez escorpión blanco del Mediterráneo.
14 Que significa, literalmente, "Caído de Júpiter", en referencia a su supuesto descenso del cielo en las lluvias.

en aceite, y guardados para este fin. También es un plan muy bueno, para la cura del dolor de muelas, alancear las encías con el aguijón de la raya en algunos casos. Este aguijón, también, se machaca, y se aplica a los dientes con el eléboro blanco, teniendo el efecto de extraerlos sin la menor dificultad. Otro de estos remedios es cenizas de pescado salado calcinado en una vasija de barro, mezclado con mármol en polvo. El pescado salado enjuagado en una vasija de barro nueva, y luego machacado, es muy útil para la cura del dolor de muelas. Se dice que las espinas dorsales de todo tipo de pescado salado, machacadas y aplicadas en un linimento, son igualmente buenas. Se hace una decocción de una sola rana hervida en una hemina de vinagre, y se enjuagan los dientes con ella, reteniendo la decocción en la boca. En los casos en los se tenga repugnancia a hacer uso de este remedio, Sallustius Dionysius solía suspender ranas sobre el vinagre hirviendo, por sus patas traseras, para hacerlas descargar sus humores en el vinagre por la boca, utilizando un número considerable de ranas para ese propósito; a aquellos, sin embargo, que tenían un estómago más fuerte, les prescribía las ranas mismas, comidas con su caldo. Generalmente se piensa, también, que esta receta se aplica más particularmente a los dientes dobles, ya que el vinagre preparado como se ha mencionado, es notablemente útil para fortalecerlos cuando están sueltos.

REMEDIOS PARA LA ESCRÓFULA

Las ulceraciones de la boca se curan con una aplicación de salmuera en la que se han encurtido mænæ,[15] en combinación con las cabezas calcinadas de los peces, y miel. Para la cura de la escrófula, es un buen plan pinchar las llagas con el pequeño hueso que se encuentra en la cola del pez conocido como rana de mar; se debe tener cuidado para evitar hacer una herida, y repetir la operación diariamente, hasta que se efectúe una cura perfecta. Los aguijones de la raya y la liebre marina tienen la misma propiedad, aplicados tópicamente a las llagas; pero en ambos casos hay que tener el debido cuidado de eliminarlas en un instante. Los caparazones de los erizos de mar también se machacan y se aplican con vinagre; los caparazones de las escolopendras de mar, se aplican con miel; y los cangrejos de río se machacan o calcinan y se aplican con miel. También los huesos de la sepia, triturados y aplicados con grasa de eje rancia, son maravillosamente útiles para este propósito.

REMEDIOS PARA LOS DOLORES DE HÍGADO Y DEL COSTADO

Para los dolores en el hígado, se mata un escorpión de mar en vino, y se toma el líquido. También la carne del mejillón largo, se toma con vino endulzado y agua, en cantidades iguales, o, si hay síntomas de fiebre, con hidromel. Los dolores en el costado se calman tomando la carne del hipocampo, asada, o bien la tethea, muy parecida a la ostra, con la comida ordinaria. Para la ciática, se inyecta el encurtido del siluro, a modo de enema. La carne de los mejillones, también, se prescribe, durante quince días, en dosis de tres oboli empapados en dos sextarii de vino.

---

15   Pequeños peces de mar (N. del T.).

REMEDIOS PARA LA HERNIA INTESTINAL
Y PARA LAS ENFERMEDADES DEL RECTO

Para la cura de la hernia intestinal se aplica la liebre marina, machacada con miel. El hígado de la serpiente de agua, y el de la hidra,[16] machacados y tomados en la bebida, son un remedio para los cálculos urinarios. La ciática se cura utilizando el encurtido del siluro como enema, purgando primero los intestinos a fondo. Para las excoriación del trasero, se aplican de cabezas de mújoles y salmonetes, reducidas a cenizas; para ello se calcinan en una vasija de barro, y deben aplicarse en combinación con miel. También las cabezas calcinadas de los peces conocidos como mænæ son útiles para la cura de la papada y los condilomas; así como las cabezas de pelamides[17] saladas, reducidas a cenizas, o de atún calcinado, aplicadas con miel.

El torpedo, aplicado tópicamente, reduce el prolapso del recto. Los cangrejos de río, reducidos a cenizas, y aplicados con aceite y cera, son curativos de las grietas del ano; los cangrejos de mar, también son igualmente útiles para tal propósito.

REMEDIOS PARA LA GOTA Y EL DOLOR DE PIES

Para la cura de la gota y de las enfermedades de las articulaciones, es útil el aceite en el que se han hervido los intestinos de las ranas. También se emplean cenizas de ranas de zarza quemadas, con grasa rancia; además, algunas personas utilizan cebada calcinada, mezclando los tres ingredientes en proporciones iguales. Se recomienda también, en casos de gota, frotar las partes afectadas con una liebre marina, recién pescada, y usar zapatos hechos de piel de castor, el castor póntico más particularmente, o bien de piel de foca, un animal cuya grasa es muy útil para este propósito; lo mismo en el caso del bryon, similar a la lechuga en apariencia, pero con hojas más arrugadas, y desprovisto de tallo. Esta planta es de naturaleza estíptica y, aplicada tópicamente, tiende a moderar los paroxismos de la gota. Lo mismo ocurre con las algas marinas, de las que también hemos hablado ya, teniendo la debida precaución de no aplicarlas en seco.

REMEDIOS PARA LAS FIEBRES

Las fiebres recurrentes se controlan eficazmente haciendo que el paciente pruebe el hígado de un delfín, justo antes de que aparezca el paroxismo. Los hipocampos se ahogan en aceite de rosas, y los pacientes se frotan con él en las fiebres con escalofríos, el pescado, también, se lleva como un amuleto por el paciente. Del mismo modo, también se llevan las pequeñas piedras que se encuentran en Luna llena en la cabeza del pez llamado "asellus", sujetas en un trozo de tela de lino al cuerpo del paciente. Una virtud similar se atribuye al diente más largo del pez de río llamado "phagrus", atado al paciente con un pelo, siempre que no vea a la persona que se lo ata durante cinco días. Las ranas se hierven en aceite en un lugar donde se juntan tres caminos y, tirando primero la carne, se frota a los pacientes con la decocción, a modo de cura para las fiebres cuartanas. Algunas personas, además, sofocan ranas

---

16 Un género de serpientes marinas venenosas, tipo de una familia *Hydridæ*.
17 Un atún joven, de menos de un año (N. del T.).

en aceite y, después de pegarlas al paciente sin que éste lo sepa, lo ungen con el aceite. El corazón de una rana, llevado como amuleto, modera los escalofríos en las fiebres; el aceite en el que se han hervido los intestinos de las ranas tiene el mismo efecto. Pero el mejor remedio para las fiebres cuartanas, es llevar pegadas al cuerpo ranas a las que se les han quitado las garras, o bien el hígado o el corazón de una rana de zarza, atado en un trozo de tela de color rojizo.

REMEDIOS PARA LAS ÚLCERAS, CARCINOMAS Y CARBUNCOS

Las úlceras de naturaleza serpiginosa, así como las excrecencias carnosas que aparecen en ellas, se mantienen a raya aplicando cenizas de cabezas calcinadas de mænæ, o bien cenizas de siluro. Los carcinomas también se tratan con cabezas de perca saladas, y su eficacia aumenta considerablemente si se utiliza un poco de sal junto con las cenizas, y se amasan con cabezas de cunila y aceite de oliva. Las cenizas de cangrejos de mar, calcinadas con plomo, detienen el progreso de las llagas carcinomatosas; un propósito para el cual las cenizas de cangrejos de río, en combinación con miel y pelusa fina, son igualmente útiles; aunque hay algunas autoridades que prefieren mezclar alumbre y cebada con las cenizas. Las úlceras que se propagan se curan con una aplicación de siluro seco machacado con sandáraca; los cánceres malignos, las úlceras corrosivas y las llagas pútridas, con la ayuda de atún rancio.

REMEDIOS PARA LAS ENFERMEDADES FEMENINAS

La leche se incrementa en las mujeres si comen glauciscus[18] en su propio licor, o bien smarides[19] con un ptisan, o hervido con hinojo. Las cenizas de las cáscaras calcinadas del murex o de la púrpura, aplicadas con miel, son un remedio eficaz para las afecciones de los pechos; asimismo los cangrejos de río y los cangrejos de mar, aplicados tópicamente, son igualmente buenos. La carne del murex, aplicada a los pechos, elimina los pelos que crecen en esas partes. Los tiburones ángel, aplicados tópicamente, evitan que los senos se distancien demasiado. La pelusa engrasada con grasa de delfín, y luego encendida, produce un humo que actúa como excitante sobre las hembras que sufren de sofocaciones histéricas; lo mismo, también, con los strombi, dejados que se pudran en vinagre. Las cabezas de perca o de mænæ, calcinadas y mezcladas con sal, aceite y cunila, son curativas de las enfermedades del útero; usadas como fumigación, expulsan las secundinas. La grasa de foca, derretida por la acción del fuego, se introduce en las fosas nasales de las hembras cuando se desmayan por sofocaciones histéricas; y con un propósito similar, el cuajo de ese animal se aplica como pesario, en la lana.

---

18 Un pez azulado que no ha sido identificado (N. del T.).

19 Ajasson señala que muchos escritores han identificado el Smaris con la Sardina o la Anchoa. En su opinión, sin embargo, no es ninguna de las dos especies, sino que cree que bajo esta denominación se incluyen siete u ocho variedades de lucio, las principales de las cuales son el *Sparus smaris* de Linneo y Lacépède, el *Sparus mana* de Linneo, o el *Sparus mendola* de Lacépède, y el *Sparus haffara* de Lacépède y Linneo.

El pulmo marinus,[20] pegado al cuerpo como amuleto, es un excelente promotor de la menstruación; un efecto que se produce igualmente machacando erizos de mar vivos, y tomándolos en vino dulce. Los cangrejos de río, machacados en vino y tomados internamente, detienen la menstruación. Se dice que el siluro, especialmente el de África, utilizado como fumigación, facilita el parto. Los cangrejos, tomados en agua, detienen la menstruación; pero usados con hisopo, actúan como un emenagogo, se nos dice. En los casos, también, en que el bebé está en peligro de asfixia en el momento del parto, una bebida similar, administrada a la madre, es muy eficaz. También los cangrejos, frescos o secos, se toman en la bebida, con el fin de prevenir el aborto. Hipócrates los prescribe como promotores de la menstruación y como expulsores del feto muerto, batidos con cinco raíces de acedera y ruda y algo de hollín, y administrados en vino endulzado. Los cangrejos, hervidos y tomados en su licor, con acedera y perejil, favorecen el flujo menstrual y aumentan la leche. En casos de fiebre, con dolores de cabeza y palpitaciones en los ojos, se dice que los cangrejos son muy beneficiosos para las mujeres, administrados en vino astringente.

OTRAS CRIATURAS ACUÁTICAS

Entre las criaturas acuáticas debe mencionarse también el calamochnos, conocido en latín como "adarea", una sustancia que se acumula alrededor de las pequeñas cañas, a partir de una mezcla de la espuma del agua dulce y del agua de mar. Posee ciertas propiedades cáusticas, y por eso es tan útil como ingrediente de la "acopa"[21] y como remedio para los escalofríos; también se utiliza para eliminar las pecas de la cara de las mujeres. La tinta de la sepia posee una potencia tan notable, que si se pone en una lámpara, nos dice Anaxilaüs, la luz cambiará por completo, y todos los presentes se verán tan negros como los Etíopes. La rana de la zarza, hervida en agua, y dada a los cerdos con su bebida, es curativa de las enfermedades que les afectan; un efecto igualmente producido por las cenizas de cualquier otro tipo de rana. Si se frota la madera con el pulmo marinus, tendrá toda la apariencia de estar en llamas; tanto es así, que un bastón, así tratado, iluminará el camino como una antorcha.

---

20   O pulmones de mar.
21   "Remedio para la lasitud".

Libro XXXIII
La historia natural de los metales
(I)

Vamos a hablar ahora de los metales, de la riqueza real,[1] el patrón de valor comparativo, objetos que buscamos diligentemente, dentro de la tierra, de numerosas maneras. En un lugar, por ejemplo, la socavamos con el propósito de obtener riquezas, para suplir las exigencias de la vida, buscando oro o plata, electrum[2] o cobre. Para satisfacer las exigencias del lujo, también nuestras investigaciones se extienden a las gemas y los pigmentos, con los que adornar nuestros dedos y las paredes de nuestras casas; mientras que en un tercer lugar, gratificamos nuestras imprudentes propensiones con la búsqueda de hierro, que, en medio de guerras y carnicerías, se considera más aceptable incluso que el oro. Rastreamos todas las venas de la tierra y, sin embargo, viviendo sobre ella, socavada como está bajo nuestros pies, nos asombra que de vez en cuando se parta o tiemble; ¡como si, por el contrario, estos signos pudieran ser otra cosa que expresiones de la indignación que siente nuestra sagrada madre! Penetramos en sus entrañas y buscamos tesoros incluso en las moradas de los manes, ¡como si cada lugar que pisamos no fuera suficientemente pródigo y fértil para nosotros!

EL ORO

El oro se extrae de la tierra, y, muy cerca de ella, la crisocola,[3] una sustancia que, para que pueda parecer aún más preciosa, todavía conserva el nombre[4] que

---
1   Ipsæ opes. Los metales eran considerados por los antiguos como las únicas riquezas verdaderas.
2   Electrum es oro mezclado con cierta cantidad de plata. La palabra "electrum" también se usa para referirse al ámbar.
3   Un silicato del protóxido de cobre, puede haber incluido el bórax (N. del T.).
4   Significa "pegamento de oro", o "soldadura de oro".

ha tomado prestado del oro, no era suficiente para nosotros haber descubierto una perdición para la raza humana, sino que debemos establecer un valor también en la propia materia corrupta descargada por el oro. Mientras la avaricia también buscaba la plata, se felicitó por el descubrimiento del minio,[5] e ideó un uso para esta tierra roja.

CUÁNTO ORO POSEÍAN LOS ANTIGUOS

En Roma, durante un largo período de tiempo, la cantidad de oro era muy pequeña. En todo caso, después de la toma de la ciudad por los galos, cuando la paz estaba a punto de ser comprada, no se pudo recoger más de mil libras de peso de oro. No ignoro el hecho de que en el tercer consulado de Pompeyo se perdieron del trono de Júpiter Capitolino dos mil libras de peso de oro, originalmente colocadas allí por Camilo; una circunstancia que ha llevado a la mayoría de las personas a suponer que dos mil libras de peso era la cantidad entonces recogida. Pero en realidad, este exceso de mil libras fue aportado por el botín tomado a los galos, ampliado por el oro del que habían despojado a los templos, en la parte de la ciudad que habían capturado.

La historia de Torquatus,[6] también, es una prueba de que los galos tenían la costumbre de llevar adornos de oro cuando participaban en el combate; y parece indicar que la suma tomada de los propios galos, y la cantidad que habían saqueado de los templos, sólo eran iguales a la cantidad de oro recogida para el rescate, y no más. Parece, por tanto, que en el año de la ciudad 364, cuando Roma fue capturada por los galos, no había más que dos mil libras de peso de oro, a lo sumo; y esto, además, en un período en el que, según los datos del censo, había ya ciento cincuenta y dos mil quinientos setenta y tres ciudadanos libres en ella. También en esta misma ciudad, trescientos siete años más tarde, el oro que C. Mario el joven transportó a Præneste desde el templo del Capitolio cuando estaba en llamas, y todos los demás santuarios, ascendía a trece mil libras de peso, siendo ésta la suma que figuraba en las inscripciones del triunfo de Sila; en esta ocasión se exhibió en la procesión, así como seis mil libras de peso de plata. El mismo Sila, el día anterior, había exhibido en su triunfo quince mil libras de peso de oro, y ciento quince mil libras de peso de plata, el fruto de todas sus otras victorias.

EL DERECHO A LLEVAR ANILLOS DE ORO

No parece que los anillos fueran de uso común antes de la época de Cneo Flavio, hijo de Anio. Este Flavio obtuvo un favor tan grande del pueblo, que fue nombrado curule ædile; también se le confirió el honor adicional de hacerlo tribuno del pueblo al mismo tiempo, cosa que ocasionó tal grado de indignación, que, como encontramos declarado en los Anales más antiguos, "¡los anillos fueron dejados de lado!".

La mayoría de las personas, sin embargo, se equivocan al suponer que en esta ocasión los miembros de la orden ecuestre hicieron lo mismo, ya que es a con-

---

5 Óxido rojo de plomo.
6 Que tomó el torque de oro del galo al que mató; de ahí su nombre.

secuencia de estas palabras adicionales, "los phaleræ,[7] también, fueron puestos a un lado", que el nombre de la orden ecuestre fue añadido. También estos anillos, como nos dicen los Anales, fueron dejados de lado por la nobleza, y no[8] por todo el cuerpo del senado.

Una segunda ocasión, sin embargo, la de la Segunda Guerra Púnica, muestra que los anillos, en ese período, debían ser de uso muy generalizado; porque si ese no hubiera sido el caso, habría sido imposible que Aníbal enviara los tres modii de anillos, de los que tanto se habla, a Cartago. También fue por una disputa, en una subasta, sobre la posesión de un anillo, que comenzó la disputa entre Cæpio y Drusus, una disputa que dio lugar a la Guerra Social, y los desastres públicos que siguieron. Sin embargo, ni siquiera en aquella época todos los senadores poseían anillos de oro, ya que, en la memoria de nuestros abuelos, muchos personajes que habían llegado a ocupar el cargo de presidente, llevaron anillos de hierro hasta el final de sus vidas.

En este caso, como en todos los demás, el lujo ha introducido diversas modas, ya sea añadiendo a los anillos gemas de exquisito brillo, y cargando así los dedos con riqueza, o bien grabándolos con diversos dispositivos; de modo que en un caso es la hechura, en otro el material, lo que constituye el valor real del anillo. Al principio se acostumbraba a llevar anillos en un solo dedo, el que está junto al meñique; y así lo vemos en las estatuas de Numa y de Servio Tulio En épocas posteriores, se impuso la práctica de poner anillos en el dedo contiguo al pulgar, incluso en el caso de las estatuas de los dioses; y más recientemente se ha impuesto la moda de llevarlos también en el meñique. Entre los pueblos de Gallia y Britania, se dice que el dedo medio se utiliza para este fin. En la actualidad, sin embargo, entre nosotros, este es el único dedo que se exceptúa, todos los demás están cargados de anillos, los anillos más pequeños incluso están adaptados por separado para las articulaciones más pequeñas de los dedos.

LOS DECURIOS DE LOS JUECES

Los anillos, tan pronto como empezaron a llevarse comúnmente, distinguieron al segundo orden de los plebeyos, de la misma manera que el uso de la túnica distinguía al senado de los que sólo llevaban el anillo. Sin embargo, esta última distinción se introdujo sólo en un período posterior, y encontramos que los escritores afirman que los heraldos públicos incluso tenían antiguamente la costumbre de llevar la túnica con laticlave púrpura.[9] Pero el uso de anillos, sin duda, era la marca distintiva de un tercer orden intermedio, entre los plebeyos y los senadores; y el título de "eques", originalmente derivado de la posesión de un caballo de guerra, se da en la actualidad como una indicación de una cierta cantidad de ingresos. Sin

---

7   Los "phaleræ" eran ornamentos de metal, a menudo de oro, unidos al arnés del caballo.

8   Plinio probablemente insinúa con esto que, como afirma posteriormente, en este período los anillos de oro no eran usados todavía por todos los miembros del senado.

9   Una de las dos anchas franjas de púrpura tejidas en la tela de la túnica que llevaban los senadores romanos y las personas de rango senatorial, que se extendía verticalmente desde el cuello hasta la parte delantera, y que servía como insignia de su dignidad (N. del T.).

embargo, esta introducción es relativamente reciente, ya que cuando el difunto emperador Augusto dictó su reglamento para los decurios,[10] la mayor parte de sus miembros eran personas que llevaban anillos de hierro, y éstos llevaban el nombre, no de "equites", sino de "judices", ya que el primer nombre se reservaba únicamente para los miembros de los escuadrones provistos de caballos de guerra a cargo del público.

De estos judices, además, al principio sólo había cuatro decurias, y en cada una de ellas apenas se encontraban mil hombres, ya que las provincias no habían sido admitidas hasta entonces en el cargo; una observancia que sigue en vigor en la actualidad, ya que a ningún recién admitido a los derechos de ciudadanía se le permite desempeñar las funciones de judex como miembro de las decurias.

LA ORDEN ECUESTRE

Sin embargo, al final, en el noveno año del reinado del emperador Tiberio, el orden ecuestre se unió en un solo cuerpo; y se aprobó un decreto, estableciendo a quién pertenecía el derecho de llevar el anillo, en el consulado de C. Asinio Polio y C. Antistius Vetus, el año 775 de la fundación de la Ciudad. Es una cuestión sorprendente, aparentemente trivial, podemos decir, lo que condujo a este cambio. C. Sulpicio Galba, deseoso en su juventud de consolidar su crédito ante el emperador buscando motivos para perseguir a los dueños de los comedores, se quejó en el senado de que los propietarios de esos lugares tenían la costumbre de protegerse de las consecuencias de su culpa con el argumento de llevar el anillo de oro. Por esta razón, se dictó una ordenanza para que ninguna persona tuviera el derecho de llevar el anillo, a menos que, nacida libre en cuanto a su padre y abuelo paterno, fuera evaluada por los censores en cuatrocientos mil sestercios, y tuviera derecho, según la Ley Juliana, a sentarse en las catorce gradas del teatro. Sin embargo, en épocas posteriores, la gente comenzó a solicitar en masa esta marca de rango; y como consecuencia de las diferencias de opinión que se originaron, el emperador Cayo añadió un quinto decurio a la cifra. En efecto, ha llegado a tal extremo la presunción, que mientras que bajo el último emperador Augusto no se podían completar las decurias, en la actualidad no bastan para recibir a todos los miembros del orden ecuestre, y vemos en todos los barrios, incluso a personas que sólo acaban de ser liberadas de la esclavitud, dando un salto repentino a la distinción del anillo de oro, cosa que no solía ocurrir en tiempos pasados, ya que era por el anillo de hierro por lo que debían ser reconocidos los equites y los jueces.

MONEDAS DE ORO Y OTROS METALES

El siguiente crimen[11] cometido contra el bienestar de la humanidad fue por parte de quien fue el primero en acuñar un denarius de oro, un crimen cuyo autor es igualmente desconocido. El pueblo romano no hacía uso de la plata estampada ni siquiera antes del período de la derrota del rey Pirro. El "as" de cobre pesaba

---

10 Los "Decuriæ" de "jueces", o "magistrados", se llamaban así, probablemente, por haberse elegido originalmente diez (decem) de cada tribu.

11 El primer crimen fue cometido por quien introdujo el uso de anillos de oro.

Libro XXXIII - La historia natural de los metales (I)

exactamente una libra. El rey Servio fue el primero en estampar un sello sobre el cobre. Antes de su época, según Timæus, en Roma sólo se utilizaba el metal en bruto. La forma de una oveja fue la primera figura estampada en el dinero, y a este hecho se debe su nombre, "pecunia".[12] La cifra más alta a la que se tasaba la propiedad de un hombre en el reinado de ese rey era de ciento veinte mil assis, y por consiguiente esa cantidad de propiedad se consideraba el estándar de la primera clase.

La plata no se estampó con una marca hasta el año 485 de la ciudad, el año del consulado de Q. Ogulnius y C. Fabius, cinco años antes de la Primera Guerra Púnica; en ese momento se ordenó que el valor del denarius fuera de diez libras de cobre, el del quinarius de cinco libras y el del sestercio de dos libras y medio. Sin embargo, el peso de la libra de cobre disminuyó durante la Primera Guerra Púnica, ya que la república no tenía medios para hacer frente a sus gastos; como consecuencia de ello, se dictó una ordenanza para que en el futuro el denarius tuviera un peso de dos onzas. Con esta medida se consiguió un ahorro de cinco sextas partes y se liquidó la deuda pública. El sello de estas monedas de cobre era un Jano de dos caras en una cara, y el pico de un barco de guerra en la otra; el triens,[13] sin embargo, y el quadrans,[14] llevaban la impresión de un barco.

La primera moneda de oro se acuñó sesenta y dos años después de la de plata, siendo el escrúpulo de oro valorado en veinte sestercios; un cálculo que daba, según el valor del sestercio entonces en uso, novecientos sestercios a cada libra de oro. En épocas posteriores, se ordenó que los denarius de oro se acuñaran a razón de cuarenta denarius por cada libra de oro; después de este período, los emperadores redujeron gradualmente el peso del denarius de oro, hasta que finalmente, en el reinado de Nerón, se acuñó a razón de cuarenta y cinco por libra.

CONSIDERACIONES SOBRE LA CODICIA DEL HOMBRE POR EL ORO

Pero la invención del dinero abrió un nuevo campo a la avaricia humana, al dar lugar a la usura y a la práctica de prestar dinero a interés, mientras el propietario pasa una vida de ociosidad; y fue con avances no lentos que, no sólo la mera avaricia, sino la perfecta hambre de hambre se inflamó con una especie de furor por adquirir; hasta tal punto, en efecto, que Septimuleio, el amigo familiar de Cayo Graco, no sólo le cortó la cabeza, a la que se había fijado un precio de su peso en oro, sino que, antes de llevársela a Opimio, le vertió plomo fundido en la boca, con lo que no sólo fue culpable del delito de parricidio, sino que aumentó su criminalidad al engañar al Estado. Tampoco fue sólo un ciudadano individual, sino el nombre universal de Roma, el que se hizo infame por la avaricia, cuando el rey Mitrídates hizo verter oro fundido en la boca de Aquilio, el general romano, al que había hecho prisionero; tales fueron los resultados de la codicia.

---

12 De "pecus", oveja.
13 La tercera parte de un "as".
14 La cuarta parte de un "as".

PLATA EN LA ARENA Y EN EL ESCENARIO

Nosotros también hemos hecho cosas que la posteridad probablemente considere fabulosas. César, que luego fue dictador, pero en ese momento era ædile,[15] fue el primero que, con ocasión de los juegos fúnebres en honor de su padre, empleó todo el aparato de la arena en plata; y fue en esa misma ocasión cuando por primera vez los delincuentes se enfrentaron a las fieras con utensilios de plata, práctica imitada en la actualidad incluso en nuestras ciudades municipales.

En los juegos celebrados por C. Antonius el escenario era de plata; y lo mismo ocurría en los celebrados por L. Muræna. El emperador Cayo hizo introducir en el Circo un cadalso sobre el que había ciento veinticuatro mil libras de peso de plata. Su sucesor Claudio, con motivo de su triunfo sobre Britania, anunció por medio de las inscripciones que entre las coronas de oro, había una de siete mil libras de peso, aportada por la España cercana, y otra de nueve mil libras, presentada por la Gallia Comata. Nerón, que le sucedió, cubrió de oro el Teatro de Pompeyo durante un día, ocasión en la que lo exhibió a Tiridates, rey de Armenia. Y sin embargo, qué pequeño era este teatro en comparación con ese Palacio de Oro suyo, con el que rodeó nuestra ciudad.

POR QUÉ RAZONES SE LE DA EL MAYOR VALOR AL ORO

El rango más alto se ha concedido a esta sustancia, no, en mi opinión, por su color (que en la plata es más claro y más parecido a la luz del día, por lo que se prefiere la plata para nuestras enseñas militares, porque su brillo se ve a una mayor distancia). Tampoco es por su peso o maleabilidad por lo que se ha preferido el oro a otros metales, siendo inferior en ambos aspectos al plomo, sino porque el oro es la única sustancia en la naturaleza que no sufre pérdidas por la acción del fuego, y pasa indemne por las conflagraciones y las llamas de la pila funeraria. Es más, cuanto más se somete el oro a la acción del fuego, más refinado se vuelve en calidad; de hecho, el fuego es una prueba de su bondad, ya que, cuando se somete a un calor intenso, el oro debe asumir un color similar, y volverse rojo y de apariencia ígnea; un modo de prueba que se conoce como "obrussa".[16]

La primera gran prueba, sin embargo, de la bondad del oro, es su fusión con la mayor dificultad; además de lo cual, es un hecho verdaderamente maravilloso, que aunque a prueba del fuego más intenso, si se hace con carbón de madera, se fundirá con la mayor facilidad sobre un fuego hecho con paja; y que, con el fin de purificarlo, se funde con plomo.

A diferencia de cualquier otro metal, el oro se encuentra puro en masa o en forma de polvo; y mientras que todos los demás metales, cuando se encuentran en el mineral, requieren ser llevados a la perfección con la ayuda del fuego, este oro del que estoy hablando es oro en el momento en que se encuentra, y tiene todas sus partes componentes ya en estado de perfección. Y entonces, más que nada, el

---

15 En Roma, un magistrado que tenía la superintendencia de los edificios públicos, los espectáculos, la policía y otras funciones municipales. (N. del T.).

16 El oro así probado se llamaba "obrussum", "obryzum" u "obrizum", del griego ὄβρυζον, que significa "oro puro".

oro no está sujeto a ninguna oxidación, ni verdín, ni emanación alguna que altere su calidad o disminuya su peso. Además de esto, el oro resiste firmemente la acción corrosiva de la sal y el vinagre, cosas que obtienen el dominio sobre todas las demás sustancias.

CÓMO SE ENCUENTRA EL ORO

El oro se encuentra en nuestra parte del mundo; por no hablar del oro extraído de la tierra en la India por las hormigas, y en Escitia por los Grifos.[17] Entre nosotros se obtiene de tres maneras diferentes; la primera de ellas es, en forma de polvo, que se encuentra en arroyos corrientes, el de España, por ejemplo, el Padus en Italia, el Hebrus en Tracia, el Pactolus en Asia, y el Ganges en la India; de hecho, no hay oro que se encuentre en un estado más perfecto que éste, completamente pulido como está por el continuo desgaste de la corriente.

Un segundo modo de obtener oro es cavando pozos o buscándolo entre los escombros de las montañas. Las personas que buscan oro, en primer lugar, remueven el "segutilum", que es el nombre de la tierra que indica la presencia de oro. Hecho esto, se hace un lecho, cuya arena se lava, y, según el residuo encontrado después del lavado, se forma una conjetura en cuanto a la riqueza de la veta.

El tercer método de obtención de oro incluso supera los trabajos de los Gigantes;[18] con la ayuda de galerías prolongadas a gran distancia, se excavan montañas a la luz de antorchas, cuya duración constituye los tiempos establecidos para el trabajo, los obreros nunca ven la luz del día durante muchos meses corridos. Estas minas son conocidas como "arrugiæ"; y no pocas veces se forman hendiduras de repente, la tierra se hunde y los obreros son aplastados debajo; de modo que realmente parecería menos temerario ir en busca de perlas y púrpuras al fondo del mar, ¡hemos hecho la tierra tanto más peligrosa para nosotros que el agua!

ELECTRUM

En todo mineral de oro hay algo de plata, en proporciones variables; una décima parte en algunos casos, una octava en otros. Cuando la proporción de plata es una quinta parte, el mineral se conoce también con el nombre de "electrum";[19] también a menudo se encuentran granos de este metal en el oro conocido como "canaliense". Asimismo se fabrica un electrum artificial, mezclando plata con oro. Si la proporción de plata supera la quinta parte, el metal no ofrece ninguna resistencia en el yunque.

---

17 En la mitología, un animal imaginario que se suponía generado entre el león y el águila, y que combinaba la cabeza, la frente y las alas de un águila con el cuerpo y los cuartos traseros de un león. Este animal debía vigilar las minas de oro y los tesoros ocultos, y estaba consagrado al Sol. La figura del grifo aparece en las monedas antiguas y en las armaduras. También es un motivo frecuente en la decoración arquitectónica (N. del T.).

18 De quienes se dice que amontonaron una montaña sobre otra en su guerra con los dioses.

19 Un nombre que también daban los antiguos al ámbar. El "electrum" artificial, u oro aleado con plata, era conocido en los tiempos más antiguos.

El electrum también era muy apreciado en la antigüedad, como se desprende del testimonio de Homero, que representa el palacio de Menelao como repleto de oro y electrum, plata y marfil. En Lindos, en la isla de Rodas, hay un templo dedicado a Minerva, en el que hay una copa de electrum, consagrada por Helena; la historia dice también que fue moldeada según las proporciones de su pecho. Una ventaja peculiar del electrum es su brillo superior al de la plata a la luz de las lámparas. El electrum nativo tiene también la propiedad de detectar venenos; porque en tal caso, se formarán semicírculos, parecidos al arco iris, en la superficie de la copa, y emitirán un ruido crepitante, como el de una llama, dando así una doble indicación de la presencia de veneno.

OCHO REMEDIOS DERIVADOS DEL ORO

El oro es eficaz como remedio de muchas maneras, aplicándose a las personas heridas y a los niños, para hacer que cualquier práctica de brujería que pueda ser dirigida contra ellos sea comparativamente inocua. El oro, sin embargo, causa en sí mismo un efecto maligno si se lleva sobre la cabeza, en el caso de los pollos y los corderos más particularmente. El remedio apropiado en tal caso es lavar el oro, y rociar agua sobre los objetos que se desea preservar. El oro también se funde con el doble de su peso de sal y el triple de su peso de misy;[20] después se funde de nuevo con dos partes de sal y una de la piedra llamada "esquistos". Empleado de esta manera, retira la acritud natural de las sustancias torrefactadas con él en el crisol, mientras que al mismo tiempo permanece puro e incorrupto; el residuo forma una ceniza que se conserva en una vasija de barro, y se aplica con agua para la cura del lichen de la cara; el mejor método para lavarlo es con harina de frijoles. Estas cenizas tienen también la propiedad de curar las fístulas y las descargas conocidas como "hæmorrhoides"; con la adición, también, de piedra pómez en polvo, son una cura para las úlceras pútridas y las llagas que emiten un olor ofensivo.

LA PLATA

Después de exponer estos hechos, pasamos a hablar del mineral de la plata, la siguiente locura de la humanidad. La plata no se encuentra nunca sino en pozos hundidos en la tierra, sin que haya indicios que hagan esperar su existencia, ni destellos brillantes, como en el caso del oro. La tierra en la que se encuentra es a veces roja, a veces de un tono ceniciento. Además, es imposible fundirla, salvo en combinación con el plomo o con la galena, nombre este último que recibe la veta de plomo que se encuentra sobre todo cerca de las vetas del mineral de plata. Cuando se somete a la acción del fuego, parte del mineral se precipita en forma de plomo, mientras que la plata queda flotando en la superficie, como el aceite en el agua.

La veta de plata que se encuentra más cerca de la superficie se conoce con el nombre de "crudaria". En la antigüedad, las excavaciones solían abandonarse en el momento en que se encontraba el alumbre, y no se hacían más búsquedas. Última-

---

20 Un mineral de color amarillo azufre que se presenta en agregados sueltos de pequeñas escamas cristalinas y que consiste en sulfato de hierro hidratado, y se deriva de la descomposición de la pirita. También se le llama cobre amarillo y copiapita (N. del T.).

mente, sin embargo, el descubrimiento de una veta de cobre debajo del alumbre, ha retirado tales límites a las esperanzas del hombre. Las exhalaciones de las minas de plata son peligrosas para todos los animales, pero sobre todo para los perros. Cuanto más suaves son, más hermosos se consideran el oro y la plata.

EL AZOGUE

Hay un mineral que también se encuentra en estas vetas de plata, que produce un humor siempre líquido, y que se conoce como "azogue". Actúa como un veneno sobre todo, y perfora los vasos incluso, abriéndose paso a través de ellos por la agencia de sus propiedades malignas. Todas las sustancias flotan sobre la superficie del azogue, a excepción del oro, que es la única sustancia que atrae hacia sí. De ahí que sea un excelente refinador del oro, ya que, al ser agitado enérgicamente en un recipiente de barro con oro, rechaza todas las impurezas que se mezclan con él. Una vez que ha expulsado estas superfluidades, no hay nada más que hacer que separarlo del oro; para ello, se vierte sobre pieles que han sido bien raspadas, y así, exudando a través de ellas como una especie de transpiración, deja el oro en un estado de pureza.

EL MINIO

También en las minas de plata se encuentra el minio,[21] un pigmento que hoy en día se tiene en muy alta estima, y que los romanos en tiempos anteriores no sólo apreciaban mucho, sino que también usaban para fines sagrados. Verrius enumera ciertos autores, cuyo testimonio nos permite establecer satisfactoriamente que era costumbre en los festivales incluso colorear la cara de la estatua de Júpiter con minio, así como los cuerpos de los generales triunfantes; y que fue de esta forma como Camilo celebró su triunfo. Encontramos, también, que por los mismos motivos religiosos se emplea en la actualidad para colorear los ungüentos utilizados en los banquetes triunfales, y que es el primer deber de los censores hacer un contrato para pintar la estatua de Júpiter con este color.

LAS DIFERENTES CLASES DE PLATA Y LOS MODOS DE PROBARLA

Hay dos clases de plata. Al colocar un trozo sobre una pala de hierro al fuego, si el metal permanece perfectamente blanco, es de la mejor calidad; si vuelve a adquirir un color rojizo, es inferior; pero si se vuelve negro, no tiene valor. Los defraudadores, sin embargo, han ideado medios para anular esta prueba incluso; pues manteniendo la pala sumergida en la orina de los hombres, el trozo de plata la absorbe mientras se quema, y así muestra una blancura ficticia. También hay una especie de prueba con referencia a la plata pulida; cuando el aliento humano entra en contacto con ella, debe cubrirse inmediatamente de vapor, desapareciendo la nubosidad al instante.

---

21 El minio es nuestro cinabrio, un bisulfurato de mercurio. Este mineral es la gran fuente del mercurio del comercio, del que se obtiene por sublimación. Cuando es puro, es lo mismo que el bermellón fabricado en el comercio.

ESPEJOS

En general, se supone que sólo la plata más fina puede ser laminada y convertida en espejos. Antiguamente se utilizaba la plata pura para este fin, pero, en la actualidad, ésta también ha sido corrompida por las artimañas del fraude. Pero, en realidad, es una propiedad muy maravillosa la que tiene este metal de reflejar los objetos; una propiedad que, en general, es el resultado de la repercusión del aire, arrojado desde el metal a los ojos. Lo mismo ocurre cuando usamos un espejo. Si, además, una placa gruesa de este metal está muy pulida y se hace ligeramente cóncava, la imagen o el objeto se amplía en gran medida; tan grande es la diferencia entre una superficie que recibe y devuelve el aire. Más aún, las tazas para beber se fabrican ahora de tal manera que están llenas por dentro de numerosas facetas cóncavas, como si fueran tantos espejos, de modo que si una sola persona se asoma al interior, ve reflejada a toda una multitud de personas.

También se han inventado espejos para reflejar formas monstruosas; los que, por ejemplo, han sido consagrados en el Templo de Esmirna. Sin embargo, todo esto resulta de la configuración dada al metal; y hace toda la diferencia si la superficie tiene una forma cóncava como la sección de una taza para beber, o si es convexa; si está deprimida en el medio o elevada; si la superficie tiene una dirección transversal u oblicua; o si corre horizontal o verticalmente; la configuración peculiar de la superficie que recibe las sombras, haciéndolas sufrir las distorsiones correspondientes; porque, de hecho, la imagen no es otra cosa que la sombra del objeto recogida sobre la superficie brillante del metal.

Sin embargo, para terminar nuestra descripción de los espejos en la presente ocasión, los mejores, en los tiempos de nuestros antepasados, eran los de Brundisium, compuestos de una mezcla de stannum[22] y cobre; en un período posterior, sin embargo, se prefirieron los de plata, siendo Pasiteles el primero que los hizo, en la época de Pompeyo Magno. Más recientemente, ha surgido la idea de que el objeto se refleja con mayor nitidez, mediante la aplicación en la parte posterior del espejo de una capa de oro.

CÆRULEUM

El cæruleum[23] es una especie de arena. Antiguamente había tres clases de ella: la egipcia, que era la más estimada de todas; la escita, que se disuelve fácilmente, y que produce cuatro colores al machacarla, uno de un azul más claro y otro más oscuro, uno de consistencia más gruesa y otra comparativamente más fina; y la cipriana, que ahora se prefiere como color a la anterior. Desde entonces, se han añadido a la lista los tipos importados de Puteoli y España, ya que últimamente esta arena se ha preparado allí. Sin embargo, todos los tipos se someten a un proceso de teñido, hirviéndolos con una planta utilizada especialmente para este fin, e imbuyéndolos de sus jugos. En otros aspectos, el modo de preparación es similar al de

---

22 Una aleación de plata y plomo (N. del T.).
23 "Es posible que el 'cæruleum' de los antiguos haya sido en algunos casos verdadero azul ultramarino, pero propiamente y en general, era sólo ocre de cobre". *Hist. Inv.* de Beckmann, Vol. I.

la crisocola. A partir del cæruleum también se prepara la sustancia conocida como "lomentum", que se lava y se muele para este fin. El lomentum es de un color más pálido que el cæruleum; su precio es de diez denarius por libra, y el del cæruleum sólo ocho. El cæruleum se utiliza sobre una superficie de arcilla, ya que sobre la cal no se mantiene. Una invención más reciente es el cæruleum vestoriano, llamado así por la persona que lo fabricó por primera vez; se prepara con las partes más finas del cæruleum egipcio, y su precio es de once denarius por libra. El de Puteoli se utiliza de forma similar, así como para las ventanas; se conoce como "cylon".

El cæruleum tiene la propiedad medicinal de actuar como detergente en las úlceras. De ahí que se utilice como ingrediente en los emplastos, así como en los cauterios. En cuanto a el sil,[24] se machaca con la mayor dificultad; visto como medicamento, es ligeramente mordiente y astringente, y rellena las cavidades dejadas por las úlceras. Para que sea más útil, se quema en recipientes de barro.

---

24 Un tipo de tierra amarillenta utilizada como pigmento por los pintores antiguos; ocre amarillo. (N. del T.).

Libro XXXIV
La historia natural de los metales (II)

LOS MINERALES DEL LATÓN

Debemos, en el siguiente lugar, dar cuenta de los minerales de latón,[1] un metal que, con respecto a la utilidad, es el siguiente en valor; de hecho, el latón corintio es anterior a la plata, por no decir casi anterior al propio oro. También es el estándar del valor monetario; de ahí los términos "æra militum", "tribuni ærarii", "ærarium", "obærati" y "ære diruti".[2] Ya he mencionado durante cuánto tiempo el pueblo romano no empleó otra moneda que el bronce; y hay otro hecho antiguo que demuestra que la estima que se le tenía era de igual antigüedad que la de la propia Ciudad, la circunstancia de que el tercer cuerpo asociado[3] que estableció Numa, fue el de los artífices que trabajan en bronce.

LOS DIFERENTES TIPOS DE COBRE

El mineral se extrae y luego se purifica por fusión. El metal también se obtiene de una piedra cobriza llamada "cadmia". El cobre más apreciado se obtiene allende los mares; antiguamente se obtenía también en Campania, y actualmente se encuentra en el país de los Bergomates, en el extremo de Italia. Se dice que últimamente se ha descubierto también en la provincia de Alemania.

---

1 "Æris Metalla". La palabra "Æs" no corresponde del todo a nuestra palabra "latón"; el latón de los modernos es un compuesto de cobre y zinc, mientras que el "Æs" de los antiguos estaba compuesto principalmente de cobre y estaño, y por lo tanto, sería más correctamente designado por la palabra "bronce".

2 Estos términos debieron estar en uso cuando el bronce, "æs", era el medio ordinario de circulación. Su significado es: "paga de los soldados", "tribunos del tesoro", el "tesoro público", "hechos siervos por su deuda" y "expropiación de su salario".

3 "Collegium". Los colegios de los sacerdotes y de los augures fueron los dos primeros cuerpos asociados.

CANDELABROS DE LATÓN Y LA HISTORIA DE GEGANIA

Ægina era particularmente famosa por la fabricación de soportes para candelabros de latón, como Tarento lo era por la de los fustes; los artículos más completos se producían, por tanto, por la unión de ambos. También hay personas que no se avergüenzan de pagar por uno una suma equivalente al sueldo de un tribuno militar, aunque, como su nombre indica, su único uso es el de sostener una vela encendida. En la venta de uno de estos candelabros de latón, el pregonero Theon anunció que el comprador debía llevarse también, como parte del lote, a un Clesippus, un batanero, que era jorobado, y en otros aspectos, de aspecto horrible. La compra fue realizada por una mujer llamada Gegania, por cincuenta mil sestercios. Al exhibir estas compras en un espectáculo que ella ofrecía, el esclavo, para diversión de sus invitados, fue llevado desnudo. Concibiendo una pasión infame por él, primero lo admitió en su cama, y finalmente le dejó toda su hacienda. Habiéndose hecho así excesivamente rico, adoró el candelabro de latón tanto como a cualquier divinidad, y la historia se convirtió en una especie de ejemplo de la celebridad de los candelabros de latón corintios. Sin embargo, las buenas costumbres fueron reivindicadas al final, pues erigió un espléndido monumento a su memoria, y así mantuvo vivo el recuerdo eterno de la mala conducta de Gegania.

LA PRIMERA ESTATUA DE LATÓN DE UN DIOS, HECHA EN ROMA

Pero después de algún tiempo los artistas se dedicaron por doquier a las representaciones de los dioses. Me parece que la primera imagen de bronce que se hizo en Roma fue la de Ceres, y que los gastos se sufragaron con los bienes que pertenecían a Spurius Cassius, que fue condenado a muerte por su propio padre, por aspirar al cargo real. La práctica, sin embargo, pronto pasó de los dioses a las estatuas y representaciones de los hombres, y esto en varias formas. Los antiguos manchaban sus estatuas con betún, lo que hace más notable que después fueran aficionados a cubrirlas con oro. No sé si esto fue una invención romana; pero ciertamente tiene la reputación de ser una práctica antigua en Roma.

DIFERENTES TIPOS Y FORMAS DE ESTATUAS

En tiempos pasados, las estatuas que se dedicaban de este modo estaban vestidas con la toga. También eran muy admiradas las estatuas desnudas, blandiendo una lanza, a la manera de los jóvenes en sus ejercicios gimnásticos; éstas se llamaban "aquileas". La práctica griega es no cubrir ninguna parte del cuerpo; mientras que, por el contrario, las estatuas romanas y las militares tienen el añadido de un cuirass.[4] El dictador César permitió que se erigiera una estatua con cuirass en su honor en el Foro. En cuanto a las estatuas hechas con el atuendo de los Luperci,[5] no son más antiguas que las que se han erigido recientemente, cubiertas con un manto. Mancinus dio instrucciones para que se le representara con el vestido que

---

4 Una pieza de armadura defensiva que cubre el cuerpo desde el cuello hasta la cintura, y que combina una coraza y un espaldar.

5 Los Luperci eran los sacerdotes de Pan, que, en la celebración de sus juegos, llamados Lupercalia, tenían la costumbre de correr por las calles de Roma, sin más cobertura que una piel de cabra atada a los lomos.

Libro XXXIV - La historia natural de los metales (II)

llevaba cuando se rindió al enemigo. Algunos autores han señalado que L. Attius, el poeta, hizo erigir una estatua suya en el templo de las Musas, que era extremadamente grande, aunque él mismo era muy bajo.

Las estatuas ecuestres son también muy apreciadas en Roma, pero sin duda son de origen griego. Entre los griegos, sólo se honraba con estatuas ecuestres a aquellas personas que resultaban vencedoras a caballo en los juegos sagrados; aunque posteriormente se concedió la misma distinción a quienes triunfaban en las carreras con carros de dos o cuatro caballos; de ahí el uso de carros entre nosotros en las estatuas de los triunfadores. Pero esto no tuvo lugar hasta un período tardío; y no fue hasta la época del difunto emperador Augusto, que tuvimos carros representados con seis caballos, así como con elefantes.

LAS ESTATUAS COLOSALES MÁS FAMOSAS

En cuanto a la audacia del diseño, los ejemplos son innumerables; ya que vemos diseñadas, estatuas de enorme volumen, conocidas como estatuas colosales y que equivalen a torres en tamaño. Tal es, por ejemplo, el Apolo del Capitolio, que fue traído por M. Lúculo desde Apolonia, una ciudad del Ponto, de treinta codos de altura, y que costó quinientos talentos; tal es también la estatua de Júpiter, en el Campus Martius, dedicada por el difunto emperador Claudio, pero que parece pequeña en comparación por su proximidad al Teatro de Pompeyo; y tal es la de Tarento, de cuarenta codos de altura, y obra de Lisipo.

Pero la más digna de nuestra admiración es la colosal estatua del Sol, que estuvo en Rodas, y que fue obra de Chares el Lindiano, un alumno del mencionado Lisipo; de no menos de setenta codos de altura. Esta estatua fue derribada por un terremoto cincuenta y seis años después de haber sido erigida; pero incluso tal y como está, suscita nuestro asombro y admiración.

En Italia también se hacían estatuas colosales. En todo caso, vemos el Apolo toscano, en la biblioteca del Templo de Augusto, de cincuenta pies de altura desde la punta del pie; y es una cuestión de si es más notable por la calidad del metal, o por la belleza de la mano de obra. Pero todas estas gigantescas estatuas de este tipo han sido superadas en nuestra época por la de Mercurio, hecha por Zenodoto para la ciudad de Arverni en la Galia, que tardó diez años en ser terminada, y cuya realización costó cuatrocientos mil sestercios. Habiendo dado allí suficientes pruebas de su habilidad artística, fue enviado por Nerón a Roma, donde hizo una estatua colosal destinada a representar a ese príncipe, de ciento diez pies de altura. Sin embargo, como consecuencia de la abominación pública de los crímenes de Nerón, esta estatua fue consagrada al Sol.

LOS DIFERENTES TIPOS DE COBRE

Volvamos ahora a los diferentes tipos de cobre y a sus diversas combinaciones. En el cobre de Chipre tenemos el tipo conocido como "coronarium" y el llamado "regulare", ambos dúctiles. El primero se hace en hojas finas, y, después de ser coloreado con hiel de buey, se utiliza para lo que tiene toda la apariencia de dorado en las coronas que se llevan en el escenario. La misma sustancia, si se mezcla con oro, en la proporción de seis escudos de oro por onza, y se reduce en placas finas, adquiere un color rojo ardiente, y se denomina "pyropus". En otras minas también se prepara el tipo conocido como "regulare", así como el llamado "caldarium". Estos se diferencian entre sí en que, en este último, el metal sólo está fundido y se rompe cuando se golpea con el martillo, mientras que el "regulare" es maleable o dúctil, como algunos lo llaman, una propiedad que pertenece naturalmente a todo el cobre de Chipre. Sin embargo, en el caso de todas las demás minas, esta diferencia entre el cobre en barra y el latón fundido se produce por medios artificiales. Todos los minerales, de hecho, producen cobre en barra o maleable cuando se funden y purifican suficientemente con el calor. Entre los demás tipos de cobre, la palma de la excelencia se la lleva el de Campania, que es el más apreciado para las vasijas y los utensilios. Este último se prepara de varias maneras. En Capua se funde en fuegos hechos con madera, y no con carbón, tras lo cual se rocía con agua fría y se limpia a través de un tamiz hecho de roble. Después de haber sido fundido varias veces, se le añade plomo español en la proporción de diez libras de plomo por cada cien libras de cobre; un método por el que se hace flexible y se consigue que asuma ese agradable color que se imparte a otros tipos de cobre mediante la aplicación de aceite y la acción del Sol. Sin embargo, en muchas regiones de Italia y de las provincias se produce un tipo de metal similar, pero allí sólo se añaden ocho libras de plomo y, como consecuencia de la escasez de madera, se funde varias veces sobre las brasas. Es en la Galia, más concretamente, donde el mineral se funde entre piedras al rojo vivo, donde se observa la diferencia que producen estas variaciones en el método de fundición. En efecto, este último método chamusca el metal y lo vuelve negro y friable. Además, sólo lo funden dos veces, mientras que cuanto más se repite esta operación, mejor es su calidad.

CADMIA

Los minerales de cobre proporcionan una serie de recursos que se emplean en medicina; de hecho, curan todo tipo de úlceras con gran rapidez. Sin embargo, el más útil es la cadmia. Esta sustancia se forma artificialmente, sin duda, también en los hornos donde se funde la plata, pero es más blanca y no tan pesada, y de ninguna manera se puede comparar con el cobre. Hay varias clases de cadmia. Porque, así como el propio mineral del que se prepara artificialmente, tan necesario en la fusión del mineral de cobre, y tan útil en medicina, tiene el nombre de "cadmia",[6] también se encuentra en los hornos de fundición, donde recibe otros nombres, según la forma en que se forma.

La cadmia actúa como desecante, cura las heridas, detiene las supuraciones, actúa detergentemente sobre las telarañas y las incrustaciones sucias de los ojos, elimina las erupciones y produce, de hecho, todos los buenos efectos que tendremos ocasión de mencionar al hablar del plomo. El cobre también, cuando se calcina, se emplea para todos estos propósitos; además de que se utiliza para las manchas blancas y las cicatrices en los ojos. Mezclado con leche, es curativo también de las úlceras en los ojos; para lo cual, la gente en Egipto hace una especie de bálsamo

---

6 La "cadmia" de este capítulo es una calamina de horno, un producto de la fusión del mineral de cobre o zinc.

para los ojos moliéndolo sobre piedras de afilar. Tomado con miel, actúa como emético.

VERDÍN

El verdín[7] también se aplica para muchos fines, y se prepara de numerosas maneras. A veces se desprende ya formado, del mineral del que se funde el cobre; y a veces se hace perforando agujeros en el cobre blanco, y suspendiéndolo sobre vinagre fuerte en barriles, que se cierran con tapas; siendo muy superior si se usan escamas de cobre para ese propósito. Algunas personas sumergen ellos mismos los recipientes, hechos de cobre blanco, en ollas de barro llenas de vinagre, y los raspan al cabo de diez días. Otros cubren las vasijas con cáscaras de uva y las raspan del mismo modo al cabo de diez días. Otros espolvorean vinagre sobre limaduras de cobre, y las revuelven frecuentemente con una espátula en el transcurso del día, hasta que se disuelven completamente. Otros prefieren triturar estas limaduras con vinagre en un mortero de bronce; pero el método más expeditivo de todos es añadir al vinagre virutas de cobre cortado.

Es un ingrediente muy útil para los bálsamos oculares, y por su acción mordaz es muy beneficioso para los humores acuosos de los ojos. Es necesario, sin embargo, lavar la parte con agua tibia, aplicada con una esponja fina, hasta que ya no se sienta su mordacidad.

MENA DE HIERRO

Junto al cobre debemos dar cuenta del metal conocido como hierro, al mismo tiempo el instrumento más útil y el más fatal en manos de la humanidad. Porque con la ayuda del hierro abrimos la tierra, plantamos árboles, preparamos nuestros viñedos, y obligamos a nuestras vides cada año a recuperar su estado juvenil, cortando sus ramas decadentes. Es con la ayuda del hierro que construimos casas, hendimos rocas y realizamos tantos otros oficios útiles de la vida. Pero es también con el hierro que se llevan a cabo las guerras, los asesinatos y los robos, y esto, no sólo cuerpo a cuerpo, sino incluso a distancia, con la ayuda de misiles y armas aladas, ya sea lanzadas desde máquinas, o por el brazo humano, y a veces provistas de plumas. Esto último lo considero el artificio más criminal que ha ideado la mente humana; pues, como para llevar la muerte al hombre con mayor rapidez aún, hemos dado alas al hierro y le hemos enseñado a volar. Absolvamos, pues, a la Naturaleza de un cargo que aquí le corresponde al propio hombre.

Los menas de hierro se encuentran en casi todas partes; pues existen incluso en la isla italiana de Ilva, distinguiéndose fácilmente por el color ferruginoso de la tierra. El método para trabajar la mena es el mismo que el empleado en el caso del cobre. En Capadocia, sin embargo, es peculiarmente cuestionable si este metal está presente debido al agua o a la tierra; porque, cuando esta última se ha saturado con el agua de un determinado río, produce, y sólo entonces, un hierro que puede ser obtenido por fundición.

---

7   "Ærugo". Las investigaciones de los químicos modernos han determinado que la composición del verdín es mezcla de acetatos básicos de cobre.

Existen numerosas variedades de mena de hierro; las causas principales se derivan de las diferencias en el suelo y en el clima. Algunas tierras producen un metal blando y casi parecido al plomo; otras, un hierro quebradizo y cobrizo, cuyo uso debe evitarse especialmente en la fabricación de ruedas o clavos, ya que el primero es mejor para estos fines. También hay otro tipo de hierro que sólo se aprecia cuando se corta en longitudes cortas, y que se utiliza para hacer clavos para madera; y otro que es más propenso a la oxidación. Todas estas variedades se conocen con el nombre de "strictura", un apelativo que no se usa con referencia a los otros metales, y que se deriva del acero que se usa para dar un filo. Hay una gran diferencia, también, en la fundición; algunas clases producen estrías de metal, que están especialmente adaptadas para el endurecimiento en acero, o bien, preparadas de otra manera, para hacer yunques gruesos o cabezas de martillos. Pero la principal diferencia radica en la calidad del agua en la que se sumerge el metal al rojo vivo de vez en cuando. El agua, que en algunos lugares es mejor para este propósito que en otros, ha ennoblecido bastante a algunas localidades por la excelencia de su hierro

SIETE REMEDIOS DERIVADOS DEL HIERRO

El hierro se emplea en medicina para otros fines además del de hacer incisiones. Porque si se traza un círculo con hierro, o se lleva un arma puntiaguda tres veces alrededor de ellos, preservará tanto al niño como al adulto de todas las influencias nocivas; asimismo, si se clavan clavos que han sido extraídos de una tumba, en el umbral de una puerta, evitarán las pesadillas. Un ligero pinchazo con la punta de un arma con la que un hombre ha sido herido, aliviará los dolores repentinos, acompañados de puntadas en los costados o en el pecho. Algunas afecciones se curan mediante la cauterización con hierro al rojo vivo, la mordedura del perro rabioso más particularmente; pues incluso si la enfermedad se ha desarrollado completamente, y la hidrofobia ha hecho su aparición, el paciente se alivia instantáneamente al cauterizar la herida. El agua en la que se ha sumergido el hierro a fuego blanco, es útil, como poción, en muchas enfermedades, la disentería más particularmente.

LAS MENAS DE PLOMO

La naturaleza del plomo es lo siguiente que hay que considerar. Hay dos clases de plomo, el negro y el blanco.[8] El blanco es el más valioso; los griegos lo llamaban "cassiteros", y se cuenta una historia fabulosa de que fueron a buscarlo a las islas del Atlántico, y de que lo trajeron en cortezas de mimbre, cubiertas de pieles. Ahora se sabe que es una producción de Lusitania y Gallæcia. Es una arena que se encuentra en la superficie de la tierra, de color negro, y sólo se detecta por su peso. Está mezclada con pequeños guijarros, especialmente en los lechos secos de los ríos. Los mineros lavan esta arena y calcinan el depósito en el horno. También se encuentra en las minas de oro llamadas "alutiæ", ya que la corriente de agua que las atraviesa desprende ciertos guijarros negros, moteados con pequeñas manchas

---

8   Es muy probable que el "plomo negro" de Plinio fuera nuestro plomo, y el "plomo blanco" nuestro estaño.

blancas y del mismo peso que el oro. De ahí que permanezcan con el oro en los cestos en los que se recoge; y al ser separados en el horno, se funden y se convierten en plomo blanco.

El plomo negro no se adquiere en Galicia, aunque es muy abundante en la vecina provincia de Cantabria; ni la plata se obtiene del plomo blanco, aunque sí del negro. Las piezas de plomo negro no se pueden soldar sin la intervención del plomo blanco, ni se puede hacer sin emplear aceite; el plomo blanco, en cambio, no se puede unir sin la ayuda del plomo negro. El plomo blanco era muy apreciado incluso en los días de la guerra de Troya, hecho que atestigua Homero, que lo llama "cassiteros". Hay dos fuentes diferentes de plomo negro; se obtiene de su propio mineral nativo, donde se produce sin la mezcla de ninguna otra sustancia, o bien de un mineral que lo contiene en común con la plata, fusionándose los dos metales. El metal que primero se hace líquido en el horno se llama "stannum"; el siguiente que se funde es la plata; y el metal que queda es la galena, la tercera parte constitutiva del mineral. Al someterse este último de nuevo a la fusión se produce plomo negro, con una deducción de dos novenos.

Cuando los recipientes de cobre se recubren con stannum, producen un sabor menos desagradable y se evita la formación de verdín; también es notable que el peso del recipiente no aumente. Como ya se ha mencionado, antiguamente se preparaban con él los mejores espejos en Brundisium, hasta que todo el mundo, incluso nuestras sirvientas, empezaron a usar los de plata. En la actualidad se hace una falsificación de stannum, añadiendo un tercio de cobre blanco a dos tercios de plomo blanco.

PLOMO NEGRO

El plomo negro se utiliza en forma de tubos y láminas; se extrae con gran trabajo en España, y en todas las provincias galas; pero en Britania se encuentra en el estrato superior de la tierra, en tal abundancia, que se ha dictado espontáneamente una ley que prohíbe a cualquier persona trabajar más de una determinada cantidad de él. Es un hecho maravilloso que estas minas, y sólo éstas, cuando han sido abandonadas durante algún tiempo, se reponen y son más prolíficas que antes. Esto parece ser efectuado por el aire, infundiéndose en libertad a través de los orificios abiertos, así como algunas mujeres se vuelven más prolíficas después del aborto.

REMEDIOS DERIVADOS DEL PLOMO

El plomo se utiliza en medicina, sin ninguna adición, para la eliminación de las cicatrices; si se aplica, también, en placas, a la región de los lomos y los riñones, como consecuencia de su naturaleza fría, frenará las pasiones venéreas, y pondrá fin a los sueños libidinosos por la noche, acompañados de emisiones espontáneas, y asumiendo toda la forma de una enfermedad. Se dice que el orador Calvus se curó a sí mismo por medio de estas placas, y así preservó sus energías corporales para el trabajo y el estudio. El emperador Nerón nunca pudo cantar en el tono completo de su voz, a menos que tuviera una placa de plomo en el pecho; lo que nos muestra un método para preservar la voz. Para fines medicinales, el plomo se funde en vasijas de barro; se coloca debajo una capa de azufre finamente pulverizado, sobre la que se colocan placas muy finas de plomo, que luego se cubren con una mezcla de azufre y hierro. Mientras se funde, todas las aberturas de la vasija deben estar cerradas, pues de lo contrario se desprende del horno un vapor nocivo, de naturaleza mortal, sobre todo para los perros. En efecto, los vapores de todos los metales destruyen a las moscas y a los mosquitos, y de ahí que en las minas no haya ninguna de esas molestias.

Libro XXXV
Descripción de las pinturas, los colores, la plástica y las tierras

Ya he expuesto con bastante extensión la naturaleza de los metales, que constituyen nuestra riqueza, y de las sustancias que de ellos se derivan; conectando de este modo mis diversos temas, para describir al mismo tiempo un inmenso número de composiciones medicinales que proporcionan, los misterios que los farmacéuticos arrojan sobre ellos, y las tediosas minucias de las artes de la talla, de la estatuaria y del teñido. Me queda por describir las diversas clases de tierras y piedras; una serie de temas aún más extensos, cada uno de los cuales ha sido tratado, por los griegos más particularmente, en un gran número de volúmenes. Por mi parte, me propongo emplear un grado debido de brevedad, al mismo tiempo que no omitir nada que sea necesario o que sea un producto de la Naturaleza.

Comenzaré, pues, con lo que aún queda por decir en relación con la pintura, un arte que antiguamente era ilustre, cuando era estimada tanto por los reyes como por los pueblos, y ennoblecía a quienes se dignaba transmitir a la posteridad. Pero en la actualidad, está completamente desterrado en favor del mármol, e incluso del oro.

RETRATOS

Los retratos correctos de los individuos antiguamente se transmitían a las épocas futuras por medio de la pintura; pero esto ha caído completamente en desuso. Ahora se colocan escudos de bronce, y rostros de plata, con sólo algunos trazos oscuros del semblante; también se cambian las mismas cabezas de las estatuas, cosa que ha dado lugar antes de ahora a muchas líneas sarcásticas actuales; tan cierto es que la gente prefiere mostrar un material valioso, a tener una semejanza fiel. Y sin embargo, al mismo tiempo, tapizamos las paredes de nuestras galerías con cuadros antiguos, y apreciamos los retratos de los extraños; mientras que en cuanto a los que se hacen en honor de nosotros mismos, los estimamos sólo por el valor del material, y se los dejamos a nuestros herederos para los rompan y los fundan. Así es que no poseemos los retratos de ningún individuo vivo, y dejamos tras nosotros las imágenes de nuestra riqueza, no de nuestras personas.

Por el contrario, en la época de nuestros antepasados, eran éstos los que se veían en sus salones, y no las estatuas hechas por artistas extranjeros, o las obras en bronce o mármol; los retratos modelados en cera se disponían, cada uno en su nicho, para estar siempre listos para acompañar las procesiones funerarias de la familia; ocasiones en las que todos los miembros de la familia que habían existido estaban siempre presentes. En cada uno de estos retratos coloreados se trazaba el pedigrí del individuo. Sus salas de archivos también estaban repletas de archivos y memorias, en las que se indicaba lo que cada uno había hecho cuando ocupaba la magistratura. En el exterior de sus casas, y alrededor de los umbrales de sus puertas, se colocaban otras estatuas de esos poderosos espíritus, en los despojos del enemigo allí fijados, monumentos que ni siquiera se permitía desplazar a un comprador; de modo que la propia casa seguía triunfando incluso después de haber cambiado de amo. Un poderoso estímulo para la emulación, cuando las paredes reprochaban cada día a un propietario poco belicoso por haberse entrometido en los triunfos de otro.

LA HISTORIA DE LA PINTURA

No tenemos ningún conocimiento cierto en cuanto al comienzo del arte de la pintura, ni esta investigación entra en nuestra consideración. Los egipcios afirman que se inventó entre ellos, seis mil años antes de que pasara a Grecia; un alarde vano, es muy evidente. En cuanto a los griegos, algunos dicen que se inventó en Sicilia, otros en Corinto; pero todos están de acuerdo en que se originó al trazar líneas alrededor de la sombra humana. La primera etapa del arte, dicen, fue ésta, siendo la segunda el empleo de colores individuales; un proceso conocido como "monochromaton", después de que se hubiera vuelto más complicado, y que todavía se utiliza en la actualidad.

Pero, de hecho, el arte de la pintura ya estaba perfectamente desarrollado en Italia.[1] En cualquier caso, en los templos de Ardea se conservan en la actualidad pinturas de mayor antigüedad que la propia Roma, en las que, en mi opinión, no hay nada más maravilloso que el hecho de que hayan permanecido tanto tiempo sin la protección de un techo y que, sin embargo, hayan conservado su frescura. En Lanuvium, también es lo mismo, donde vemos una Atalanta y una Helena, sin ropaje, muy juntas, y pintadas por el mismo artista. Ambas son de la mayor belleza, siendo la primera evidentemente la figura de una virgen, y aún permanecen intactas, aunque el templo está en ruinas.

---

1 Ajasson señala que recientemente se ha descubierto un gran número de pinturas en las tumbas etruscas, en un estado muy perfecto y probablemente de gran antigüedad.

PINTORES ROMANOS

También entre los romanos este arte fue muy apreciado, pues de él derivó el apellido "Pictor" de los Fabii, una familia muy ilustre; de hecho, el primero de la familia que lo llevaba pintó él mismo el Templo de Salus, en el año 450 de la ciudad; una obra que perduró hasta nuestros días, pero que fue destruida cuando se quemó el templo, en el reinado de Claudio. Las siguientes obras más celebradas fueron las del poeta Pacuvio, en el Templo de Hércules, situado en el Mercado del Ganado; era hijo de la hermana de Ennio, y la fama del arte se vio aumentada en Roma por el éxito del artista en la escena. Después de este período, el arte dejó de ser practicado por hombres de rango; a menos que hagamos referencia a Turpilio, en nuestros propios tiempos, un nativo de Venecia, y de rango ecuestre, varias de cuyas hermosas obras todavía existen en Verona. También pintó con la mano izquierda, cosa que no se sabe que haya hecho nadie antes.

CUANDO LA PINTURA FUE ESTIMADA POR PRIMERA VEZ EN ROMA

Pero fue el dictador César el primero que puso la exposición pública de cuadros en tan alta estima, al consagrar un Áyax y una Medea ante el templo de Venus Genetrix. Después de él, M. Agrippa, un hombre naturalmente más apegado a la simplicidad rústica que al refinamiento. Sin embargo, tenemos un magnífico discurso suyo, digno del más grande de nuestros ciudadanos, sobre la ventaja de exponer en público todos los cuadros y estatuas; una práctica que habría sido muy preferible a enviarlos al destierro en nuestras casas de campo. Severo como era en sus gustos, pagó al pueblo de Císico mil doscientos sestercios por dos cuadros, un Áyax y una Venus. También ordenó que se colocaran pequeñas pinturas en mármol en la parte más caliente de sus termas, donde permanecieron hasta que fueron retiradas hace poco tiempo, cuando se reparó el edificio.

EL ARTE DE LA PINTURA – LOS COLORES

El arte de la pintura se desarrolló finalmente, con la invención de la luz y la sombra, y el contraste alternado de los colores sirvió para realzar el efecto de cada uno. Más tarde, se añadió el brillo, algo totalmente diferente de la luz. La gradación entre el brillo y la luz, por un lado, y la sombra, por el otro, se denominó "tonos"; mientras que la mezcla de los diversos tintes, y su gradación entre ellos, se conoció como "harmoge".

Los colores son sombríos o floridos, cualidades que se derivan de la naturaleza de las sustancias o de su modo de combinación. Los colores floridos son los que el empresario suministra al pintor a sus expensas; minium, es decir, armenio, cinabrio, crisocola, indicum y purpurissum. Los otros son los colores sombríos. Tomando ambos tipos juntos, algunos son colores nativos, y otros son artificiales. Sinopis, rubrica, parætonium, melinum, cretria y orpiment, son colores nativos. Los demás son artificiales, en particular los que hemos descrito al hablar de los metales; además, entre los colores más comunes están ochra, usta o cerusa quemada, sandarach, sandyx, syricum y atramentum.

COLORES UTILIZADOS POR LOS ANTIGUOS

Apeles, Echion, Melanthius y Nicomachus, los pintores más ilustres, ejecutaron sus obras inmortales con sólo cuatro colores: el melinum para el blanco, el sil ático para el amarillo, el sinopis póntico para el rojo y el atramentum para el negro; y, sin embargo, un solo cuadro suyo se ha vendido al precio de los tesoros de ciudades enteras. Pero en la actualidad, cuando la púrpura se emplea incluso para colorear las paredes, y cuando la India nos envía el limo de sus ríos, y la sangre corrupta de sus dragones y sus elefantes, no se produce nada parecido a un cuadro de alta calidad. Todo, de hecho, era superior en una época en la que los recursos del arte eran mucho menores de lo que son ahora. Sí, así es; y la razón es, como ya hemos dicho, que es el material, y no los esfuerzos del genio, lo que ahora es objeto de investigación.

PINTURA ENCÁUSTICA

En la antigüedad no había más que dos métodos de pintura a la encáustica,[2] en cera y sobre marfil, con el cestrum o buril puntiagudo. Sin embargo, cuando este arte se aplicó a la pintura de barcos de guerra, se adoptó un tercer método, el de fundir los colores de cera y colocarlos con un pincel, mientras estaban calientes. La pintura de esta naturaleza, aplicada a los barcos, nunca se estropeará por la acción del Sol, los vientos o el agua salada.

LA COLORACIÓN DE LOS TEJIDOS

También en Egipto se emplea un proceso muy notable para la coloración de los tejidos. Después de prensar el material, que al principio es blanco, lo saturan, no con colores, sino con mordientes que están calculados para absorber el color. Una vez hecho esto, los tejidos, que siguen sin cambiar de aspecto, se sumergen en un caldero de tinte hirviendo, y se sacan al momento siguiente completamente coloreados. Es un hecho singular, también, que aunque el tinte en la cacerola es de un color uniforme, cuando se saca de ella, el material es de varios colores, de acuerdo con la naturaleza de los mordientes que se le han aplicado respectivamente; estos colores, también, nunca se atenuarán. De este modo, el recipiente de tintura, que en circunstancias ordinarias, sin duda, no habría producido más que uno de varios colores, si se hubieran introducido en él tejidos coloreados, aquí produce varios colores a partir de un solo tinte. En el mismo momento en que tiñe los tejidos, hierve en el color; y es el hecho, que el material que ha sido así sometido a la acción del fuego se vuelve más robusto y más resistente al desgaste, de lo que habría sido si no hubiera sido sometido al proceso

EL ARTE PLÁSTICO

Sobre la pintura ya hemos dicho lo suficiente, y más que suficiente; pero ahora será apropiado adjuntar algunos relatos sobre el arte plástico. Butades, alfarero de Sicyon, fue el primero que inventó, en Corinto, el arte de modelar retratos en la tierra que utilizaba en su oficio. Fue a través de su hija que hizo el descubrimien-

---

2   Relativo al arte de pintar con pigmentos en los que la cera entra como vehículo, o a una pintura así ejecutada (N. del T.).

to; quien, estando profundamente enamorada de un joven que estaba a punto de partir en un largo viaje, trazó el perfil de su rostro, tal y como lo proyectaba en la pared la luz de la lámpara. Al ver esto, su padre rellenó el contorno, comprimiendo arcilla sobre la superficie, y así hizo un rostro en relieve, que luego endureció al fuego junto con otros artículos de cerámica. Se dice que este modelo se conservó en el Nymphæum de Corinto hasta la destrucción de la ciudad por parte de Mummius. Otros afirman que los primeros inventores del arte plástico fueron Rhœcus y Theodorus, en Samos, un tiempo considerable antes de la expulsión de los Bacchiadæ de Corinto; y que Damaratus, al huir de ese lugar y establecerse en Etruria, donde se convirtió en el padre de Tarquinius, quien finalmente fue rey del pueblo romano, fue acompañado allí por los modeladores Euchir, Diopus y Eugrammus, por cuya agencia el arte fue introducido por primera vez en Italia.

Butades fue el primero en inventar el método de colorear las composiciones plásticas, añadiendo tierra roja al material, o bien modelándolas con tiza roja; también fue el primero en hacer máscaras en los bordes exteriores de las tejas de los tejados de los edificios; en bajo relieve, y conocidas como "prostypa" al principio, pero después en alto relieve, o "ectypa". Fue también en estos diseños donde se originaron los ornamentos de los frontones de los templos; y de esta invención los modeladores recibieron por primera vez el nombre de "plastæ".

TRABAJOS EN CERÁMICA

Estatuas de este tipo aún existen en varios lugares. En Roma, de hecho, y en nuestras ciudades municipales, todavía vemos muchos de estos frontones de los templos; maravillosos también, por su mano de obra, y, por su mérito artístico y larga duración, más merecedores de nuestro respeto que el oro, y ciertamente mucho menos perniciosos. En la actualidad, incluso, en medio de la riqueza que poseemos, hacemos nuestra primera libación en el sacrificio, no en jarrones de múrrino o vasos de cristal, sino en cazos de barro.

La tierra es más generosa de lo que se puede expresar, si sólo consideramos en detalle sus diversos dones. Si no mencionamos los cereales, el vino, las frutas, las hierbas, los arbustos, los medicamentos y los metales que nos ha regalado y que ya hemos visto, sus producciones en forma de cerámica serían más que suficientes, por su variedad, para satisfacer nuestras necesidades domésticas; con las tejas de barro, las cubas para recibir el vino, las tuberías para transportar el agua, los conductos para abastecer los baños, las tejas cocidas para los tejados, los ladrillos para los cimientos, las producciones, también, del torno de alfarero; resultados, todos ellos, de un arte, que indujo al rey Numa al establecer, como una séptima compañía, la de los fabricantes de loza.

Más aún, muchas personas han elegido ser enterradas en ataúdes de loza. Para el servicio de la mesa, la cerámica de Samia es todavía muy apreciada; la de Arretium, en Italia, sigue manteniendo su alto carácter; mientras que por sus tazas, y sólo por ellas, las fábricas de Surrentum, Asta, Pollentia, Saguntum, en España, y Pérgamo, en Asia, son muy apreciadas.

VARIADOS TIPOS DE TIERRA

Pero también hay otros recursos que se derivan inmediatamente de la tierra. ¿Quién no puede sorprenderse al encontrar en las colinas de Puteoli los componentes más inferiores de la tierra, conocidos sólo como "polvo", que forman una barrera contra las olas del mar, convirtiéndose en piedra en el momento de su inmersión, y aumentando su dureza de día en día; más aún cuando se mezcla con el cemento de Cumæ? También hay una tierra de naturaleza similar que se encuentra en los distritos de Cyzicus; pero allí no es un polvo, sino una tierra sólida, que se corta en bloques de todos los tamaños, y que, después de ser sumergida en el mar, se saca transformada en piedra. Lo mismo puede verse también, se dice, en las cercanías de Casandrea; y en Cnidos, hay un manantial de agua dulce que tiene la propiedad de hacer que la tierra se petrifique en el espacio de ocho meses. Entre Oropus y Aulis, toda porción de tierra sobre la que invade el mar se transforma en roca sólida.

La parte más fina de la arena del río Nilo no difiere mucho en sus propiedades del polvo de Puteoli; no es que sirva para romper la fuerza del mar y soportar las olas, sino sólo para someter el cuerpo a los ejercicios de la palestra.

LADRILLOS

La tierra para fabricar ladrillos no debe extraerse nunca de un suelo arenoso o cascajoso, y menos aún de uno que sea pedregoso; sino de un estrato que sea blanco y gredoso, o bien impregnado de tierra roja. Si hay que emplear para ello un suelo arenoso, debe ser por lo menos de arena masculina, y no otra. La primavera es la mejor época para fabricar ladrillos, ya que en pleno verano son muy propensos a agrietarse. Para la construcción, los ladrillos de dos años son los únicos que se aprueban; y el material usado para manufacturarlos debe estar bien macerado antes de su fabricación.

Hay tres tipos diferentes de ladrillos: el lidio, que es el que usamos nosotros, de un pie y medio de largo por un pie de ancho; el tetradoron; y el pentadoron; la palabra "doron" era usada por los antiguos griegos para significar la palma de la mano –de ahí, también, su palabra "doron" que significa un regalo, porque es la mano la que da. La denominación de estos dos últimos tipos indica su longitud, ya que tienen cuatro y cinco palmos de longitud, siendo su anchura la misma. El tipo más pequeño se utiliza en Grecia para los edificios privados, y el más grande para la construcción de edificios públicos. En Pitane, en Asia, y en las ciudades de Maxilua y Calentum, en la España más lejana, se fabrican ladrillos que, cuando están secos, flotan en el agua; el material es una especie de tierra pómez, extremadamente buena para este fin cuando se puede hacer que se una. Los griegos siempre han preferido las paredes de ladrillo, excepto en aquellos casos en los que podían encontrar piedra silícea para la construcción; porque las paredes de esta naturaleza durarán para siempre, si sólo se construyen en la perpendicular. De ahí que los griegos hayan construido sus edificios públicos y los palacios de sus reyes en ladrillo; la muralla de Atenas, por ejemplo, que da al monte Hymettus; los templos de Júpiter y Hércules en Patræ, aunque las columnas y los arquitrabes del interior son de piedra; el palacio del rey Atalo en Tralles; el palacio de Cruso en Sardes, ahora convertido en un asilo para ancianos; y el del rey Mausolo en Halicarnaso; edificios, todos ellos, todavía existentes.

EL AZUFRE

Considero lo dicho suficiente sobre el tema de los ladrillos. Entre las otras clases de tierra, la de naturaleza más singular, quizás, es el azufre, un agente de gran poder sobre otras sustancias. El azufre se encuentra en las Islas Eólicas, entre Sicilia e Italia, que son volcánicas. Pero el azufre más fino de todos es el que proviene de la Isla de Melos. También se obtiene en Italia, en la cadena de colinas en los territorios de Neapolis y Campania, conocidos como los Leucogæi; cuando se extrae de las minas allí, se purifica por la agencia del fuego.

Hay cuatro tipos de azufre; el primero es el azufre "vivo", conocido como "apyron" por los griegos, y se encuentra en masas sólidas, o en otras palabras, en bloques. También es el único azufre que se extrae en su estado natural, ya que los demás se encuentran en estado de licuefacción y deben purificarse hirviéndolos en aceite. Este tipo es verde y transparente, y es el único azufre que se utiliza con fines medicinales. La segunda clase se conoce como azufre "glebaceous" y se emplea únicamente en los talleres de los bataneros. El tercer tipo, también, sólo se utiliza para un único propósito, el de fumigar la lana, un proceso que contribuye en gran medida a hacer la lana blanca y suave; "egula" es el nombre que se le da. El cuarto tipo se utiliza especialmente en la preparación de cerillas.

Además de estos diversos usos, el azufre tiene una virtud tan notable, que si se arroja al fuego se detecta inmediatamente, por el olor, si una persona está sujeta a la epilepsia o no. Anaxilaüs solía emplear esta sustancia como pasatiempo; poniendo el azufre en una copa de vino, con algunos carbones calientes debajo, lo entregaba a los invitados, la luz que daba, mientras ardía, arrojaba una palidez espantosa como la de la muerte sobre el rostro de cada uno. Sus propiedades son caloríficas y madurativas, además de que dispersa los abscesos en el cuerpo; de ahí que se utilice como ingrediente de emplastos y cataplasmas emolientes. Aplicado a los lomos y riñones, con grasa, cuando hay dolores en esas partes, es maravillosamente eficaz como remedio. En combinación con trementina, elimina el lichen de la cara y la lepra, y el preparado se conoce como "harpax", por la rapidez con la que actúa sobre la piel, por lo que debe eliminarse de vez en cuando. Empleado como electuario, es bueno para el asma, las expectoraciones purulentas y las picaduras de escorpiones. El azufre vivo, mezclado con nitro, y luego machacado con vinagre y aplicado, hace desaparecer la morfea, y destruye las liendres en el cabello; en combinación, también, con sandarach[3] y vinagre, es bueno para las enfermedades de los párpados.

EL BETÚN

La naturaleza del betún es muy parecida a la del azufre; en algunos lugares adopta la forma de un limo, y en otros la de una tierra; por ejemplo un limo, arrojado por cierto lago en Judea, y una tierra, encontrada en la vecindad de Sidón,

---

3   Un tinte rojo (N. del T.).

una ciudad marítima de Siria. En ambos estados, admite ser espesado y condensado. Hay también un betún líquido, el de Zacynthus, por ejemplo, y el betún que se importa de Babilonia; este último tipo es también blanco; también el betún de Apolonia es líquido. Todos estos tipos, en griego, tienen el nombre general de "pissasphaltos", por su gran parecido con un compuesto de brea y betún. También se encuentra un betún líquido untuoso, parecido al aceite, en un manantial de Agrigentum, en Sicilia, cuyas aguas están contaminadas por él. Los habitantes del lugar lo recogen en las panículas de las cañas, a las que se adhiere muy fácilmente, y lo utilizan para quemar en las lámparas, como sustituto del aceite, así como para curar la sarna de las bestias de carga.

Sus propiedades medicinales son similares a las del azufre, siendo naturalmente astringente, dispersivo, contractivo y aglutinante; encendido, ahuyenta a las serpientes por el olor. Se dice que el betún babilónico es muy eficaz para curar las cataratas y el albugo, así como la lepra, el lichen y las afecciones pruriginosas. El betún se emplea también, en forma de linimento, para la gota; y todas sus variedades son útiles para hacer bandolinas para las pestañas refractarias que impiden la vista. Aplicado tópicamente con nitro, es curativo del dolor de muelas, y, tomado internamente, con vino, alivia la tos crónica y la dificultad respiratoria. Se administra de manera similar para la disentería, y es muy bueno para detener la flojedad de los intestinos.

EL ALUMBRE

No menos importantes, o de hecho muy diferentes, son los usos que se hacen del alumbre; por este nombre se entiende una especie de salmuera que exuda de la tierra. También de éste hay varias clases. En Chipre hay un alumbre blanco y otro de color más oscuro. Sin embargo, la diferencia de color es insignificante en realidad, aunque los usos que se hacen de ellos son muy distintos; el alumbre líquido blanco se emplea para teñir lana de colores brillantes, y el negro, en cambio, para dar a la lana un tinte leonado o sombrío. El oro también se purifica con el alumbre negro. Todo tipo de alumbre es un compuesto de limo y agua, o en otras palabras, es un producto líquido que sale de la tierra; su concreción comienza en invierno y se completa con la acción del Sol de verano. La parte que primero madura es la más blanca en apariencia.

El alumbre líquido es naturalmente astringente, indurativo y corrosivo; utilizado en combinación con la miel, cura las ulceraciones de la boca, los granos y las erupciones pruriginosas. Hay un tipo de alumbre sólido, conocido por los griegos como "schiston", que se divide en filamentos de color blanquecino; por lo que algunos han preferido darle el nombre de "triquitis". Se produce a partir del mineral conocido por nosotros como "chalcitis", del que también se produce el cobre, siendo una especie de exudación de ese mineral, coagulada en forma de escoria. Este tipo de alumbre es menos desecante que los otros, y no es tan útil como control de los malos humores del cuerpo. Sin embargo, utilizado en forma de linimento o de inyección, es muy beneficioso para los oídos, así como para las ulceraciones de la boca y para el dolor de muelas, si se mantiene con la saliva en la boca.

Libro XXXVI
La historia natural de las piedras

Ahora nos queda hablar de las piedras, porque todo lo que hemos tratado anteriormente, hasta el presente Libro, puede, por una u otra posibilidad, tener la apariencia de haber sido creado para el hombre; pero en cuanto a las montañas, la Naturaleza las ha hecho para sí misma, como una especie de baluarte para mantener unidas las entrañas de la tierra; así como para el propósito de frenar la violencia de los ríos, de romper las olas del mar, y así, oponiendo a ellas el más duro de sus materiales, poner un freno a aquellos elementos que nunca están en reposo. Y, sin embargo, debemos derribar estas montañas, y llevarlas; y esto, sin otra razón que la de gratificar nuestras lujosas inclinaciones; ¡alturas que en otros tiempos se consideraba un milagro incluso haber cruzado!

Nuestros antepasados consideraron un prodigio el paso de los Alpes, primero por Aníbal, y, más recientemente, por los cimbrios; pero en la actualidad, estas mismas montañas se cortan para darnos mil mármoles diferentes, los promontorios se abren al mar, y la faz de la naturaleza se reduce por todas partes al mismo nivel. Ahora nos llevamos las barreras que estaban destinadas a la separación de una nación de otra; construimos barcos para el transporte de nuestros mármoles; y, en medio de las olas, el elemento más bullicioso de la naturaleza, transportamos las cumbres de las montañas de un lado a otro; una cosa, sin embargo, que es aún menos imperdonable que ir a la búsqueda, en medio de las regiones de las nubes, de recipientes,[1] con los que enfriar nuestras bebidas, elevándonos hasta el mismo cielo, ¡para que podamos tener la satisfacción de beber del hielo! Que cada uno reflexione, cuando escuche los altos precios de estas cosas, cuando vea estas pesa-

---

1 Plinio alude a los recipientes hechos de cristal, que, como observa Dalechamps, durante mucho tiempo se supuso que no era más que hielo en forma concreta.

das masas cargadas y transportadas, cuántos son los que pasan su vida mucho más felizmente sin ellas.

EL MÁRMOL Y SUS ESCULTORES

Los primeros artistas que se distinguieron en la escultura del mármol fueron Dipœnus y Scyllis, nativos de la isla de Creta. En esta época, los Medos aún estaban en el poder y Ciro no había comenzado a reinar en Persia; su fecha fue alrededor de la quincuagésima Olimpiada. Más tarde se dirigieron a Sicyon, un estado que durante mucho tiempo fue el país de adopción de todas estas actividades. El pueblo de Sicyon no había firmado un contrato con ellos para la realización de ciertas estatuas de los dioses; pero, antes de completar el trabajo, los artistas se quejaron de que se había cometido una injusticia con ellos, y se retiraron a Ætolia. Inmediatamente después, el estado se vio afectado por la esterilidad y la hambruna, y el resultado fue una terrible consternación. Al preguntar por el remedio a estos males, el pitoniso Apolo respondió que Dipœnus y Scyllis debían completar las estatuas de los dioses; un objetivo que se consiguió a costa de grandes concesiones y considerables sumas de dinero. Las estatuas fueron las de Apolo, Diana, Hércules y Minerva, la última de las cuales fue posteriormente alcanzada por un rayo.

Antes de que estos artistas existieran, ya había aparecido Melas, un escultor de la isla de Quíos; y, en sucesión a él, su hijo Micciades, y su nieto Arquíloco; cuyos hijos, Búfalo y Ateneo, alcanzaron posteriormente la más alta eminencia en el arte. Estos últimos fueron contemporáneos del poeta Hipónax, que, como es sabido, vivió en la sexta Olimpiada. Ahora bien, si una persona sólo cuenta, yendo hacia arriba desde su tiempo hasta el de su bisabuelo, encontrará que el arte de la escultura debe haberse originado necesariamente alrededor del comienzo de la era de las Olimpiadas.

Todos estos artistas, sin embargo, no utilizaron más que el mármol blanco de la isla de Paros, una piedra que al principio se conocía como "lychnites", porque, según Varro, se cortaba en las canteras a la luz de las lámparas. Desde entonces, se han descubierto muchos otros mármoles más blancos, y muy recientemente el de las canteras de Luna.[2] Con referencia al mármol de Paros, se cuenta una circunstancia muy maravillosa; en un solo bloque que se partió con cuñas, apareció una figura de Sileno.

FIDIAS

No debemos omitir señalar que el arte de la escultura es mucho más antiguo que el de la pintura y el de la estatuaria en bronce; ambos comenzaron con Fidias, en la octogésima tercera Olimpiada, o en otras palabras, unos trescientos treinta y dos años después. De hecho, se dice que el propio Fidias trabajó en mármol, y que hay una Venus suya en Roma, una obra de extraordinaria belleza, en los edificios de Octavia. Entre todas las naciones a las que ha llegado la fama del Júpiter Olímpico, Fidias es considerado, sin lugar a dudas, como el más famoso de los artistas; pero para que aquellos que ni siquiera han visto sus obras, sepan lo merecida que

---

2 Mármol de Carrara (N. del T.).

es su admiración, aprovecharemos esta oportunidad para aducir algunas ligeras pruebas del genio que desplegó. Al hacerlo, no apelaremos a la belleza de su Júpiter olímpico, ni a las vastas proporciones de su Minerva ateniense, de seis y veinte codos de altura, y compuesta de marfil y oro; sino que llamaremos la atención sobre el escudo de esta última estatua, en cuya cara convexa ha capturado un combate de las Amazonas, mientras que, en su cara cóncava, ha representado la batalla entre los dioses y los gigantes. Sobre las sandalias vemos las guerras de los Lapithæ y los Centauros, tan cuidadoso ha sido para llenar aún las partes más pequeñas de su trabajo con una u otra prueba de su habilidad artística. A la historia grabada en el pedestal de la estatua se le ha dado el nombre de "Nacimiento de Pandora", y las figuras de los dioses recién nacidos que se ven en ella no son menos de veinte. La figura de la Victoria, en particular, es de lo más admirable, y a los entendidos les llaman mucho la atención la serpiente y la esfinge de bronce que se encuentran bajo la punta de la lanza. Digamos esto a propósito de un artista que nunca podrá ser suficientemente alabado, aunque sólo sea para que se entienda que la riqueza de su genio estuvo siempre a la altura, incluso en los detalles más pequeños.

PRAXITELES

Praxiteles, un artista que, en la gloria que adquirió por sus obras en mármol, se superó a sí mismo cuando ejecutó su Venus Cnidiana; para la inspección de la cual, muchas personas antes de ahora han emprendido un viaje a Cnidos. El artista hizo dos estatuas de la diosa, y las puso a la venta; una de ellas estaba representada vestida, y por esta razón fue preferida por los habitantes de Cos, que tenían la posibilidad de elegir; la segunda se les ofreció al mismo precio, pero, por razones de decoro y modestia, creyeron conveniente elegir la otra. Tras esto, los cnidianos compraron la estatua rechazada, y siempre se la ha considerado inmensamente superior en la estimación general. Más tarde, el rey Nicomedes quiso comprar esta estatua a los cnidianos, y les hizo la oferta de pagar la totalidad de su deuda pública, que era muy grande. Sin embargo, prefirieron someterse a cualquier extremo antes que desprenderse de ella; y con razón, pues con esta estatua Praxíteles ha perpetuado la gloria de Cnidos. El pequeño templo en el que se encuentra está abierto por todos los lados, de modo que las bellezas de la estatua pueden verse desde cualquier punto de vista; una disposición que fue favorecida por la propia diosa, según la opinión general. En efecto, sea cual sea el punto de vista desde el que se mire, su ejecución es igualmente digna de

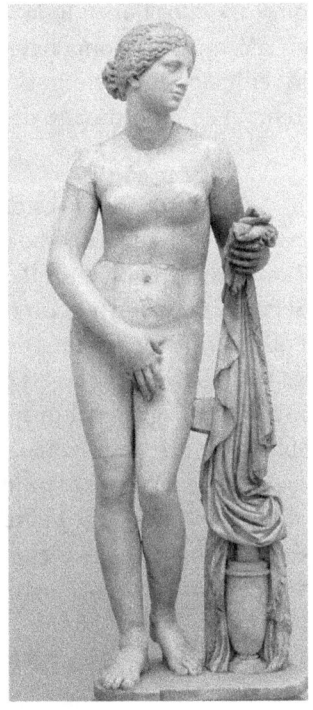

Venus cnidiana - Copia romana de mármol (torso y muslos) con la cabeza, los brazos, las piernas y el soporte restaurados.

admiración. Se dice que un individuo se enamoró de esta estatua y, escondiéndose en el templo durante la noche, satisfizo su pasión lujuriosa sobre ella, cuyas huellas se pueden ver en una mancha dejada en el mármol.

También hay en Cnidos algunas otras estatuas de mármol, producciones de ilustres artistas; un Padre Líber de Bryaxis, otro de Scopas, y una Minerva de la misma mano; de hecho, no hay mayor prueba de la suprema excelencia de la Venus de Praxíteles que el hecho de que, en medio de tales producciones, es la única que generalmente es observada. De Praxíteles también hay un Cupido, una estatua que dio lugar a una de las acusaciones de Cicerón contra Verres, y por la que la gente solía visitar Tespias; en la actualidad, se puede ver en las Escuelas de Octavia. Del mismo artista hay también otro Cupido, sin vestiduras, en Parium, una colonia de los Propontis; igual a la Venus cnidiana en la finura de su ejecución, y se dice que fue objeto de un ultraje similar. Pues un tal Alcetas, un rodiano, enamorándose profundamente de ella, dejó en el mármol huellas similares de la violencia de su pasión.

Cefisódoto, el hijo de Praxíteles, heredó el talento de su padre. En Pérgamo hay un espléndido Grupo de Luchadores, una obra que ha sido muy alabada, y en la que los dedos tienen toda la apariencia de estar impresos en carne real en lugar de en mármol. En Roma hay una Latona, en el Templo del Palatium; una Venus, en los edificios conmemorativos de Asinius Pollio; y un Esculapio, y una Diana, en el Templo de Juno situado dentro de los Pórticos de Octavia.

SCOPAS

Scopas rivaliza con estos artistas en fama; de él tenemos una Venus y un Pothos, estatuas que son veneradas en Samotracia con los más augustos ceremoniales. También fue el escultor del Apolo Palatino; una Vesta sentada, en los Jardines de Servilio, obra que ha sido muy alabada; que se puede ver en los edificios de Asinio Polión; y algunas figuras de Canephori en el mismo lugar. Pero las más apreciadas de todas sus obras son las del Templo erigido por Cneo Domicio, en el Circo Flaminio; una figura del propio Neptuno, una Tetis y un Aquiles, Nereidas sentadas sobre delfines, peces cetáceos y caballos de mar, Tritones, el tren de Phorcus, ballenas y otros numerosos monstruos marinos, todo ello de la misma mano; una obra admirable, aunque se hubiera necesitado toda una vida para completarla. Además de sus obras ya mencionadas, y otras cuya existencia ignoramos, todavía se puede ver un Marte colosal suyo, sentado, en el templo erigido por Bruto Calixto, también en el Circo Flaminio; así como una Venus desnuda, de fecha anterior a la de Praxíteles, y una producción que sería suficiente para establecer el renombre de cualquier otro lugar.

Scopas tuvo como rivales y contemporáneos a Bryaxis, Timotheus y Leochares, artistas a los que estamos obligados a mencionar conjuntamente, por el hecho de que trabajaron juntos en el Mausoleo; tal es el nombre de la tumba que fue erigida por su esposa Artemisia en honor de Mausolus, un pequeño rey de Caria, que murió en el segundo año de la centésima séptima Olimpiada. Fue gracias a los esfuerzos de estos artistas en particular, que esta obra llegó a ser considerada una de las Siete Maravillas del Mundo.

CUANDO EL MÁRMOL SE UTILIZÓ POR PRIMERA VEZ EN LOS EDIFICIOS

Esto debe ser suficiente para los escultores de mármol, y las obras que han ganado la más alta reputación; con referencia a este tema se me ocurre señalar que los mármoles veteados no estaban entonces de moda. En la realización de sus estatuas, estos artistas utilizaron también el mármol de Tasos, uno de las Cícladas, y el de Lesbos, este último bastante más cárdeno que el otro. El poeta Menandro, que era un investigador muy cuidadoso en todas las cuestiones de lujo, es el primero que ha hablado, y eso sólo en raras ocasiones, de mármoles jaspeados y, de hecho, del empleo del mármol en general. Las columnas de este material se emplearon al principio en los templos, no por motivos de elegancia superior, (ya que no se pensaba en ello todavía), sino porque no se podía encontrar ningún material de naturaleza más sustancial. En estas circunstancias se comenzó a construir el templo de Júpiter Olímpico en Atenas, cuyas columnas fueron llevadas por Sila a Roma para los edificios del Capitolio.

Sin embargo, ya en la época de Homero se distinguía entre la piedra ordinaria y el mármol. El poeta habla en un pasaje de una persona que fue golpeada con una enorme masa de mármol; pero eso es todo; y cuando describe las moradas de la realeza adornadas con toda la elegancia, además del bronce, el oro, el electrum y la plata, sólo menciona el marfil.

EL MÉTODO DE CORTAR EL MÁRMOL EN LOSAS

Pero quienquiera que haya sido el primero en inventar el arte de cortar el mármol, y multiplicar así los aparatos de lujo, hizo gala de un considerable ingenio, aunque con poco propósito. Esta división, aunque aparentemente se realiza con la ayuda del hierro, en realidad se efectúa con arena; la sierra actúa sólo presionando sobre la arena dentro de una hendidura muy fina en la piedra, mientras se mueve de un lado a otro.

La arena de Etiopía es la más apreciada para este propósito; pues, para añadir a las molestias que conlleva, tenemos que traerla desde Etiopía con el fin de preparar nuestro mármol, e incluso ir hasta la India; mientras que en otros tiempos, la severidad de los modales romanos consideraba indigno ir allí en busca de cosas tan costosas como las perlas. La arena de la India es la más apreciada, ya que la de Etiopía es más blanda y está mejor adaptada para dividir la piedra sin dejar ninguna aspereza en la superficie, mientras que la arena de la India no deja una cara tan suave. Sin embargo, para pulir el mármol, se recomienda frotarlo con arena india calcinada. La arena de Naxos tiene el mismo defecto, así como la de Coptos, generalmente conocida como arena "egipcia".

VARIEDADES DE MÁRMOLES

Los mármoles son demasiado conocidos para que sea necesario enumerar sus diversos colores y variedades; y, de hecho, son tan numerosos que no sería fácil hacerlo. En efecto, ¿qué lugar hay que no tenga un mármol propio? Además, en nuestra descripción de la tierra y de sus diversos pueblos, ya nos hemos ocupado de mencionar los tipos de mármol más célebres. Sin embargo, no todos son producidos en canteras, sino que en muchos casos se encuentran esparcidos justo debajo de la superficie de la tierra; algunos de ellos son incluso los más preciosos, el mármol verde de Lacedemonia, por ejemplo, más brillante en color que cualquier otro; el de Augusto también; y, más recientemente, el de Tiberio; que fueron descubiertos por primera vez, en los reinados de Augusto y Tiberio respectivamente, en Egipto. Estos dos mármoles se diferencian del ofita[3] por el hecho de que este último está marcado con vetas que se asemejan a las serpientes en apariencia, de ahí su nombre. También hay una diferencia entre los dos mármoles en cuanto a la disposición de sus manchas; el mármol de Augusto las tiene onduladas y enroscadas en un punto, mientras que en el de Tiberio las rayas son blancas, no están mezcladas, sino que están muy separadas.

Del ofita sólo se conocen algunos pilares muy pequeños. Hay dos variedades de él, una blanca y blanda, la otra inclinada al negro, y dura. Se dice que ambas clases, usadas como amuleto, son una cura para el dolor de cabeza y para las heridas infligidas por las serpientes.

La porfirita, que es otra producción de Egipto, es de color rojo; la clase que está moteada con manchas blancas se conoce como "leptospsephos". Las canteras de este país son capaces de proporcionar bloques de cualquier dimensión, por grande que sea. Vitrasio Pollio, que fue administrador en Egipto para el emperador Claudio, trajo a Roma algunas estatuas hechas de esta piedra; una novedad que no fue muy aprobada, ya que nadie ha seguido su ejemplo desde entonces.

EL ÓNIX Y LA ALABASTRITA

Nuestros antepasados imaginaban que el ónice sólo se encontraba en las montañas de Arabia, y en ningún otro lugar; pero Sudines sabía que también se encuentra en Carmania. Al principio se hacían con él vasos para beber, y luego los pies de las camas y las sillas. Cornelius Nepos cuenta que fue grande el asombro cuando P. Lentulus Spinther exhibió ánforas hechas de este material, tan grandes como los vasos de vino de Chian; "y sin embargo, cinco años después", dice, "vi columnas de este material, de no menos de dos y treinta pies de altura". Algunos llaman a esta piedra "alabastrita", y se la ahueca en recipientes para contener ungüentos, ya que tiene la reputación de preservarlos de la corrupción mejor que cualquier otra cosa.

DISTINTAS PIEDRAS

En opinión de muchos, la piedra llamada "lygdinus", que se encuentra en Paros, es muy inferior a la alabastrita para la conservación de ungüentos, y nunca tiene un tamaño mayor que el que permite hacer un plato o una copa con ella. Antiguamente, sólo se importaba de Arabia, siendo notable por su extrema blancura.

También se valoran mucho otros dos tipos de piedra, de naturaleza bastante contraria: la piedra coralítica, que se encuentra en Asia, en bloques de no más de dos codos de grosor, y de un blanco que se aproxima al del marfil, y que se asemeja a él en cierta medida; y la piedra alabándica, que, por otra parte, es negra, y se

---

3 Una clase de mármol moteado como una serpiente (N. del T.).

llama así por el distrito que la produce; aunque también se encuentra en Mileto, donde, sin embargo, roza algo más el color púrpura. Se puede fundir por la acción del fuego y se funde para la preparación del vidrio.

La piedra tebaica, que está salpicada de manchas como el oro, se encuentra en África, en la parte que linda con Egipto; las pequeñas piedras que suministra están especialmente adaptadas, por sus propiedades naturales, para moler los ingredientes utilizados en los preparados para los ojos. En la vecindad de Syene, también, en Thebais, se encuentra una piedra que ahora se conoce como "syenites", pero que antiguamente se llamaba "pyrrhopœcilon".

OBELISCOS

También los monarcas han entrado en una especie de rivalidad entre ellos al formar bloques alargados de piedra, conocidos como "obeliscos", y consagrados a la divinidad del Sol.

Mesphres, que reinó en la Ciudad del Sol, fue el primero que erigió uno de estos obeliscos, al ser advertido de ello en un sueño; de hecho, hay una inscripción en el obelisco a este efecto, pues las esculturas y figuras que aún vemos grabadas en él no son más que letras egipcias. En un período posterior, otros reyes hicieron tallar estos obeliscos. Sesosthes erigió cuatro de ellos en la ciudad mencionada, de cuarenta y ocho codos de altura. También Rhamsesis, que reinaba en la época de la toma de Troya, erigió uno de ciento cuarenta codos de altura.

Hay otros dos obeliscos, que estaban en el Templo de César en Alejandría, cerca del puerto, de cuarenta y dos codos de altura, y originalmente tallados por orden del rey Mesphres. Pero la empresa más difícil de todas fue el transporte de estos obeliscos por mar hasta Roma, en embarcaciones que despertaron la mayor admiración. En efecto, el difunto emperador Augusto consagró en los muelles de Puteoli el que trajo el primer obelisco, como recuerdo duradero de esta maravillosa empresa, pero fue destruido por un incendio.

El que se ha erigido en el Campus Martius ha sido aplicado a un propósito singular por el difunto emperador Augusto; el de marcar las sombras proyectadas por el Sol, y así medir la duración de los días y las noches. Con este objetivo, se colocó un pavimento de piedra cuya longitud extrema se correspondía exactamente con la longitud de la sombra proyectada por el obelisco a la hora sexta del día del solsticio de invierno. Después de este período, la sombra continuaba, día a día, disminuyendo gradualmente, y luego volvía a aumentar tan gradualmente, en correspondencia con ciertas líneas de latón que se insertaban en la piedra; un dispositivo que bien merece ser conocido, y que se debe al ingenio de Facundus Novus, el matemático. Sobre el vértice del obelisco colocó una bola dorada para que la sombra de la cúspide se condensara y aglomerara, e impidiera así que la sombra del propio vértice se extendiera hasta un punto fino de enorme extensión; el plan le fue sugerido por primera vez, según se dice, por la sombra que proyecta la cabeza humana. Sin embargo, durante casi los últimos treinta años, las observaciones derivadas de este dial no han coincidido con la hora real; ya sea que el propio Sol haya cambiado su curso como consecuencia de algún trastorno del sistema celestial; o que toda la tierra se haya desplazado en cierta medida de su centro, cosa que, según he oído decir, se ha observado en otros lugares también; o si es que algún terremoto, limitado a esta ciudad solamente, ha desplazado la esfera de su posición original; o si es que a consecuencia de las inundaciones del Tíber, los cimientos de la mole se han hundido, a pesar de la afirmación general de que están hundidos en la tierra tan profundamente como la altura del obelisco erigido sobre ellos.

LAS PIRÁMIDES

Hay que mencionar también, aunque sea superficialmente, las pirámides de Egipto, tantas piezas ociosas y frívolas de ostentación de sus recursos, por parte de los monarcas de ese país. De hecho, la mayoría de las personas afirman que el único motivo para construirlas fue la determinación de no dejar sus tesoros a sus sucesores o a los rivales que pudieran conspirar para suplantarlos, o para evitar que las clases bajas quedaran desocupadas. Estos hombres hacían gala de una gran vanidad en construcciones de este tipo, y aún quedan restos de muchas de ellas en estado inacabado. Hay una que se puede ver en el Nomo de Arsinoïtes; dos en el de Menfis, no lejos del Laberinto, del que tendremos que hablar en breve; y dos en el lugar donde se excavó el lago Mœris, un inmenso trozo de agua artificial, citado por los egipcios entre sus obras maravillosas y memorables; las cimas de las pirámides, se dice, se pueden ver por encima del agua.

Las otras tres pirámides, cuya fama ha llenado toda la tierra, y que son conspicuas desde cualquier parte para las personas que navegan por el río, están situadas en el lado africano del mismo, sobre una elevación rocosa estéril. Se encuentran entre la ciudad de Menfis y lo que hemos mencionado como el Delta, a cuatro millas del río, y a siete millas y media de Menfis, cerca de una aldea conocida como Busiris, cuya gente tiene la costumbre de ascender a ellas.

LA ESFINGE

Frente a estas pirámides se encuentra la Esfinge, un objeto de arte aún más maravilloso, pero sobre el que se ha guardado silencio, ya que es considerado como una divinidad por la gente de la vecindad. Creen que el rey Harmaïs fue enterrado en ella, y afirman que fue traída desde lejos. Sin embargo, la verdad es que fue tallada en la roca sólida; y, por un sentimiento de veneración, la cara del monstruo está coloreada de rojo. La circunferencia de la cabeza, medida alrededor de la frente, es de ciento dos pies, la longitud de los pies es de ciento cuarenta y tres, y la altura, desde el vientre hasta la cima del áspid de la cabeza, de sesenta y dos.

La pirámide más grande está construida con piedra extraída de Arabia; se dice que trescientos sesenta mil hombres trabajaron en ella durante veinte años, y que las tres pirámides

Libro XXXVI - La historia natural de las piedras

se completaron en setenta y ocho años y cuatro meses. Son descritas por los siguientes escritores: Heródoto, Euhemero, Duris de Samos, Aristágoras, Dionisio, Artemidoro, Alejandro Polistor, Butoridas, Antístenes, Demetrio, Demóstoles y Apión.

El problema más difícil es saber cómo los materiales para la construcción pudieron ser llevados a una altura tan grande. Según algunas autoridades, a medida que la construcción avanzaba, se amontonaban contra ella grandes montículos de sal y nitrato, que se fundían al terminar, introduciendo bajo ellos las aguas del río. Otros sostienen que se construyeron puentes de ladrillos de arcilla y que, una vez terminada la pirámide, estos ladrillos se distribuyeron para construir las casas de los particulares.

Tales son las maravillosas pirámides; pero la maravilla más grande de todas es que la más pequeña, pero la más admirada, fue construida por Rodopis, una cortesana. Esta mujer fue en su día compañera de fatigas del filósofo y fabulista Esopo, y compartió su lecho; pero lo que es mucho más sorprendente es que una cortesana haya podido, por su vocación, amasar una riqueza tan enorme.

LABERINTOS

Debemos hablar también de los laberintos, las obras más estupendas, tal vez, en las que la humanidad ha invertido sus esfuerzos; y no con fines meramente quiméricos, como podría suponerse.

Todavía existe en Egipto, en el Nomo de Heracleopolites, un laberinto, que fue el primero en ser construido, hace tres mil seiscientos años, según dicen, por el rey Petesuchis o Tithöes; aunque, según Heródoto, toda la obra fue obra de no menos de doce reyes, el último de los cuales fue Psammetichus. En cuanto al propósito para el que se construyó, hay varias opiniones; Demoteles dice que era el palacio del rey Moteris, y Lyceas que era la tumba de Mœris, mientras que muchos otros afirman que era un edificio consagrado al Sol, opinión que prevalece mayoritariamente.

No cabe duda de que Dédalo lo tomó como modelo del Laberinto que construyó en Creta, aunque sólo reprodujo la centésima parte del mismo, es decir, la parte que encierra pasajes tortuosos, serpenteantes e inextricables galerías que llevan de un lado a otro. No debemos, comparando este último con lo que vemos delineado en nuestros pavimentos de mosaico, o con los laberintos formados en los campos para la diversión de los niños, suponer que es un paseo estrecho a lo largo del cual podemos caminar muchas millas de corrido; sino que debemos imaginarnos un edificio lleno de numerosas puertas, y galerías que continuamente engañan al visitante, llevándolo de vuelta, después de todas sus andanzas, al lugar del que partió. Este laberinto es el segundo, siendo el de Egipto el primero. Hay un tercero en la isla de Lemnos, y un cuarto está en Italia.

LOS JARDINES COLGANTES – UNA CIUDAD COLGANTE

También leemos sobre jardines colgantes,[4] y lo que es más, una ciudad colgante, Tebas en Egipto; siendo la práctica de los reyes conducir sus ejércitos desde abajo,

---

4   Probablemente los de Babilonia, que fueron construidos en terrazas elevadas sobre arcos.

mientras los habitantes eran totalmente inconscientes de ello. Esto también es menos sorprendente que el hecho de que un río fluya por el centro de la ciudad. Sin embargo, si todo esto hubiera sido realmente así, no hay duda de que Homero lo habría mencionado, él que ha celebrado las cien puertas de Tebas.

EL TEMPLO DE DIANA EN ÉFESO

El monumento más maravilloso de la magnificencia griega, y que merece nuestra genuina admiración, es el Templo de Diana en Éfeso, que tardó ciento veinte años en construirse, una obra a la que se sumó toda Asia. Se eligió un suelo pantanoso para su emplazamiento, con el fin de que no sufriera los terremotos ni los abismos que éstos producen. Por otra parte, para que los cimientos de tan vasto monumento no tuvieran que descansar sobre un lecho suelto y movedizo, se colocaron capas de carbón vegetal pisado, con vellones cubiertos de lana sobre ellas. La longitud total del templo es de cuatrocientos veinticinco pies, y la anchura de doscientos veinticinco. Las columnas son ciento veintisiete en número, de sesenta pies de altura, cada una de ellas presentada por un rey diferente.

LA PIEDRA IMÁN

Al dejar los mármoles para pasar a las otras piedras más notables, ¿quién puede dudar por un momento que la piedra imán será la primera? Porque, en efecto, ¿qué piedra está dotada de propiedades más maravillosas que ésta? ¿O en cuál de sus departamentos ha mostrado la Naturaleza un mayor grado de extravío? Ella le ha dado voz a las rocas y les ha permitido responder al hombre, o mejor dicho, devolverle sus propias palabras entre los dientes. ¿Qué hay en la existencia más inerte que un trozo de piedra rígida? Y sin embargo, ¡mira! La naturaleza ha dotado aquí a la piedra de sentido y de manos. ¿Qué hay más obstinado que el hierro duro? En este caso, la naturaleza le ha otorgado tanto pies como inteligencia. En efecto, se deja atraer por el imán y, siendo un metal que somete a todos los demás elementos, se precipita hacia la fuente de una influencia a la vez misteriosa e invisible. En el momento en que el metal se acerca a él, salta hacia el imán y, cuando lo agarra, se mantiene firme en los brazos del imán. De ahí que esta piedra se conozca a veces con el nombre de "sideritis";[5] otro nombre que se le da es "heraclión". Recibió el nombre de "magnes", nos informa Nicander, de la persona que fue la primera en descubrirlo, en el Ida. También se encuentra en otros países, como en España, por ejemplo. Se dice que Magnes hizo este descubrimiento cuando, al llevar sus rebaños a pastar, encontró que los clavos de sus zapatos y el hierro de su bastón se adherían al suelo.

Sotacus describe cinco tipos diferentes de imanes: el de Etiopía; el de Magnesia, un país que limita con Macedonia y que se encuentra a la derecha del camino que lleva de la ciudad de Bœbe a Iolcos; un tercero, de Hyettus en Beocia; un cuarto, de Alejandría en Troas; y un quinto, de Magnesia en Asia. La principal distinción

---

5 "Tierra de hierro"; de σίδηρος, "hierro". El imán, o magnetita, es un óxido de hierro, conocido como hierro oxidado, u óxido ferroso-férrico; a veces en combinación con cuarzo o alúmina.

en los imanes es el sexo, masculino y femenino, y la siguiente gran diferencia en ellos es el color. Los de Magnesia, en la frontera con Macedonia, son de un negro rojizo; los de Beocia son más rojos que negros; y el tipo que se encuentra en Troas es negro, del sexo femenino, y por lo tanto desprovisto de poder de atracción. Sin embargo, los más inferiores de todos son los de Magnesia, en Asia; son blancos, no tienen ninguna influencia atractiva sobre el hierro, y se parecen a la piedra pómez en apariencia. La experiencia ha demostrado que cuanto más se acerque el imán al color azul, mejor será su calidad. El imán de Etiopía se considera el mejor de todos, y se compra por su peso en plata; Zmiris, en Etiopía, es el lugar donde se encuentra, pues así se llama una región cubierta de arena.

Todos estos minerales son útiles como ingredientes en las preparaciones oftálmicas, en ciertas proporciones según la naturaleza de cada uno; son particularmente buenos, también, para detener los flujos oculares. Triturados en estado calcinado, tienen un efecto curativo sobre las quemaduras.

También en Etiopía, no lejos de Zmiris, hay una montaña en la que se encuentra la piedra llamada "theamedes", un mineral que repele y rechaza todo tipo de hierro.

LA PIEDRA SARCÓFAGO

En Assos, en Troas, se encuentra una piedra de textura laminar, llamada "sarcophagus". Es un hecho bien conocido, que los cadáveres, cuando son enterrados en esta piedra, se consumen en el curso de cuarenta días, con la única excepción de los dientes. Según Mucianus, también los espejos, los rascadores de cuerpos, los vestidos y los zapatos, que han sido enterrados con los muertos, se transforman en piedra. En Licia, y en Oriente, hay ciertas piedras de naturaleza similar, que, cuando se adhieren a los cuerpos de los vivos incluso, corroen la carne.

CHERNITES

Menos activa en sus propiedades es chernites, una piedra que conserva los cuerpos sin consumirlos, y que se parece mucho al marfil en su aspecto; el cuerpo del rey Darío, dicen, fue enterrado en ella. La piedra que se conoce como "porus", es similar al mármol de Parián en dureza y blancura, pero no es tan pesada. Teofrasto menciona también una piedra transparente que se encuentra en Egipto, y que es similar a la piedra de Quíos en apariencia; no es de ninguna manera improbable que pueda haber existido en su tiempo, ya que ciertas piedras, como sabemos, desaparecen, pero también se descubren nuevos tipos. La piedra de Assos, que es salada al gusto, modifica los ataques de gota, colocando los pies en un recipiente hecho con ella para este fin; además, en las canteras de esta piedra, todas las enfermedades de las piernas desaparecen, mientras que, en las minas en general, las piernas se ven afectadas por la enfermedad. "Flor de piedra de Assos" es el nombre dado a una piedra blanda que se desmenuza en polvo, y que resulta muy eficaz en ciertos casos; se asemeja a la piedra pómez roja en apariencia. En combinación con la cera de Chipre, esta piedra es curativa de las afecciones de los senos; y, empleada con brea o resina, dispersa las llagas escrofulosas y los tumores inflamatorios. Usada en forma de electuario, es buena para la tisis, y, con miel, hace cicatrizar las viejas llagas, y consume el tejido granular. También se utiliza para curar las heridas de naturaleza obstinada infligidas por los animales, y actúa como desecante en las supuraciones. También se fabrican ampollas para la gota, a las que se añade harina de judías.

PIEDRA PÓMEZ

Y aquí, también, no debo omitir dar alguna cuenta de la piedra pómez. Este nombre se da muy generalmente, es cierto, a esas piezas porosas de piedra, que vemos suspendidas en las construcciones conocidas como "musæa",[6] con el fin de darles artificialmente toda la apariencia de cavernas. Pero la piedra pómez genuina, de la mejor calidad, que se usa para dar suavidad a la piel de las mujeres, y no sólo de las mujeres, sino también de los hombres, y, como dice Catulo, para pulir libros, se encuentra en las islas de Melos y Nisyros y en las Islas Eólicas. Para que sean buenas, deben ser blancas, lo más ligeras posible, porosas y secas en extremo, friables y sin arena al frotarlas.

Considerada medicinalmente, la piedra pómez es de naturaleza resolutiva y desecante, para lo cual se somete a calcinación, no menos de tres veces, en un fuego de carbón vegetal puro, apagándose tantas veces en vino blanco. Luego se lava, como la cadmia, y, después de secarse, se guarda en un lugar que esté lo más libre posible de humedad. En polvo, la piedra pómez se utiliza sobre todo en los preparados oftálmicos, y actúa como detergente lenitivo en las ulceraciones de los ojos. También hace carne nueva en las cicatrizaciones de esos órganos, y elimina todo rastro de las marcas. Algunos prefieren, después de la tercera calcinación, dejar enfriar la piedra pómez y triturarla en vino. Se emplea también como ingrediente de cataplasmas emolientes, siendo extremadamente útil para las ulceraciones de la cabeza y los órganos generativos; también se preparan dentífricos con ella.

PIEDRAS ESPECULARES

En cuanto a la piedra especular,[7] admite ser dividida con aún mayor facilidad, y puede ser dividida en hojas tan finas como se desee. La provincia de la cercana España solía ser la única que la proporcionaba, pero en la actualidad, Chipre, Capadocia y Sicilia nos la suministran; y, aún más recientemente, se ha descubierto en África; todas ellas, sin embargo, se consideran inferiores a la piedra que viene de España. Las láminas de Capadocia son las más grandes en tamaño; pero están nubladas. Esta piedra se encuentra también en el territorio de Bononia, en Italia; pero sólo en pequeñas piezas, cubiertas de manchas e incrustadas en un lecho de sílex, existiendo una considerable afinidad, al parecer, en su naturaleza.

En España, la piedra especular se extrae de pozos hundidos en la tierra a una profundidad muy considerable; aunque ocasionalmente se encuentra justo debajo de la superficie, encerrada en la roca sólida, y se extrae sin dificultad, o bien se corta de su lecho. En la mayoría de los casos, sin embargo, admite ser excavada, siendo de naturaleza aislada, y yaciendo en pedazos, como la arenisca dura, pero

---

6   O "templos de las Musas"; evidentemente grutas en el presente caso.
7   O "piedra-espejo". Selenita o yeso transparente; un sulfato de cal.

nunca se supo hasta ahora que exceda los cinco pies de longitud. Parece que esta sustancia es originalmente un líquido, que, por un poder animador en la tierra, se congela como el cristal; y es muy evidente que es el resultado de la petrificación, por el hecho de que, cuando los animales han caído en los pozos de los que se extrae, la médula de sus huesos se transforma en piedra de una naturaleza similar, al final de un solo invierno.

CAL VIVA

Catón el Censor desaprueba la cal preparada a partir de piedras de diversos colores; la hecha de piedra blanca es la mejor. La cal preparada a partir de piedra dura es la mejor para la construcción, y la de piedra porosa para las capas de yeso. Para estos dos fines, la cal hecha con sílex es igualmente rechazada. La piedra extraída de las canteras proporciona una cal mejor que la recogida en los lechos de los ríos; pero la mejor de todas es la que se obtiene de la piedra molar, que es de naturaleza más untuosa que las demás. Es algo verdaderamente maravilloso que la cal viva, después de que la piedra haya sido sometida al fuego, se encienda con la aplicación de agua.

La cal también se emplea mucho en medicina. Para ello, se selecciona la cal fresca, que no ha sido apagada con agua. Sus propiedades son cáusticas, resolutivas y atrayentes; y evita que las úlceras serpiginosas se extiendan, incorporándose para ello con vinagre y aceite de rosas. Cuando se ha conseguido esto, se templa con cera y aceite de rosas, y se aplica para promover la cicatrización. En combinación con miel y resina líquida, o manteca de cerdo, la cal es curativa de los esguinces y las llagas escrofulosas.

DISTINTOS TIPOS DE ARENA

Hay tres clases de arena: la arena fósil, a la que debe añadirse una cuarta parte de cal; la arena de río; y la arena de mar; a ambas debe añadirse un tercio de cal. Si, además, un tercio del mortero se compone de loza machacada, será tanto mejor. La arena fósil se encuentra en los distritos que se encuentran entre los Apeninos y el Padus, pero no en las partes más allá del mar.

DEFECTOS EN EDIFICIOS – ESTUCO

La gran causa de la caída de tantos edificios en nuestra ciudad, es, que a través de una malversación fraudulenta de la cal, el trabajo en bruto se coloca sin nada para mantenerlo unido. Además, cuanto más antiguo es el mortero, mejor es su calidad. En las antiguas leyes para la regulación de la construcción, ningún contratista debía usar mortero de menos de tres meses; de ahí que no haya grietas que desfiguren los revestimientos de yeso de sus paredes. Estos estucos nunca presentarán una superficie suficientemente brillante, a menos que se hayan aplicado tres capas de mortero con arena, y dos de mortero jaspeado encima. En las localidades húmedas y en los lugares sometidos a las exhalaciones del mar, el mejor plan es sustituir el mortero con arena por el de tierra molida. En Grecia, se acostumbra a machacar primero la cal y la arena utilizadas para el enlucido, con morteros de madera en una gran cubeta. La prueba por la que se sabe que el mortero jaspeado se ha mezclado correctamente, es que no se adhiere a la paleta. Por el contrario, si sólo se quiere enlucir, la cal que se ha empapado durante mucho tiempo debe adherirse como si fuera un pegamento. Para este uso, la cal sólo debe empaparse en grumos.

MALTHA

La maltha es un cemento que se prepara con cal fresca, cuyos grumos se diluyen en vino, y luego se machacan con manteca de cerdo e higos, ambas sustancias molineras. Es el más tenaz de todos los cementos, y supera a la piedra en dureza. Antes de aplicar la maltha, la sustancia sobre la que se usa debe ser bien frotada con aceite.

YESO

El yeso[8] tiene una estrecha afinidad con la piedra caliza, y tiene numerosas variedades. Un tipo se prepara a partir de una piedra calcinada, como en Siria y en Thurii, por ejemplo. En Chipre y en Perrhæbia, el yeso se extrae de la tierra, y en Tymphæ se encuentra justo debajo del nivel del suelo. La piedra que se calcina para este fin, debe ser muy similar a la alabastrita, o bien de un grano como el del mármol. En Siria, seleccionan las piedras más duras para este fin y las calcinan con estiércol de vaca, para acelerar el proceso. Sin embargo, la experiencia ha demostrado que el mejor yeso de todos es el que se prepara con piedra especular o con cualquier otra piedra que tenga una laminación similar. El yeso, una vez humedecido, debe ser utilizado inmediatamente, ya que se endurece con la mayor rapidez; sin embargo, admite ser triturado de nuevo, y así reducido a polvo. Es muy útil para enyesado, y tiene un efecto agradable cuando se utiliza para las figuras ornamentales y coronas en los edificios.

PAVIMENTOS

Los pavimentos son una invención de los griegos, que también practicaron el arte de pintarlos, hasta que fueron sustituidos por los mosaicos. En esta última rama del arte, la excelencia más alta fue alcanzada por Sosus, quien colocó, en Pérgamo, el pavimento de mosaico conocido como el "Asarotos œcos"; por el hecho de que representaba, en pequeños cuadrados de diferentes colores, los restos de un banquete que yacían en el pavimento, y otras cosas que normalmente se barren con la escoba, teniendo toda la apariencia de haber sido dejadas allí por accidente. También hay una paloma, muy admirada, en el acto de beber, arrojando la sombra de su cabeza sobre el agua; mientras que otros pájaros se ven tomando el Sol y plumaje, en el margen de un bebedero.

TECHOS PAVIMENTADOS

Los griegos también han inventado las terrazas pavimentadas, y han cubierto sus casas con pavimento; algo que puede hacerse fácilmente en los climas más cálidos, pero un gran error en los países donde la lluvia es propensa a congelarse.

---

8 Nombre que se da actualmente al sulfato de cal, incluyendo las variedades de alabastro y selenita. El yeso de París se prepara a partir de él.

Libro XXXVI - La historia natural de las piedras

Al hacer estos pavimentos, el plan adecuado es comenzar con dos capas de tablas, que se extienden en diferentes direcciones, y se clavan en los extremos, para evitar que se deformen. Sobre estas tablas debe colocarse una capa de grava, una cuarta parte de la cual consiste en cerámica machacada; y sobre ésta, otra capa de grava, dos quintas partes compuesta de cal, de un pie de espesor, y bien machacada con el apisonador. A continuación se coloca el núcleo, un lecho de seis dedos de profundidad; y sobre éste, grandes piedras cuadradas, de no menos de un par de dedos de grosor; observándose cuidadosamente una inclinación de una pulgada y media por cada diez pies. Hecho esto, la superficie se frota bien con una piedra de pulir. La opinión general es que nunca debe usarse roble para las tablas, ya que es muy propenso a deformarse; y se considera un buen plan cubrir las tablas con una capa de helecho o paja, para que puedan resistir mejor la acción de la cal. También es necesario, colocar las tablas sobre un lecho de guijarros redondos.

VIDRIO

En Siria hay una región conocida como Fénica, contigua a Judea, y que encierra, entre las crestas inferiores del Monte Carmelo, un distrito pantanoso conocido con el nombre de Cendebia. En este distrito, se supone que nace el río Belus, que, después de un curso de cinco millas, se vacía en el mar cerca de la colonia de Ptolemaïs. La marea de este río es lenta, y el agua es insalubre para beber, pero se considera sagrada para la observancia de ciertas ceremonias religiosas. Lleno de depósitos viscosos y muy profundo, el río sólo revela sus arenas durante el reflujo de la marea; éstas, agitadas por las olas, se separan de sus impurezas y se limpian. En general, se piensa que es la acritud del agua de mar la que tiene este efecto purgante sobre la arena, y que sin esta acción no se podría hacer uso de ella. La orilla en la que se recoge esta arena no tiene más de media milla de extensión y, sin embargo, durante muchas épocas fue el único lugar que ofrecía el material para fabricar vidrio.

Se cuenta que, estando atracado en este lugar un barco cargado de salitre, los mercaderes, mientras preparaban su comida en la orilla del mar, al no encontrar piedras a mano para sostener sus calderos, emplearon para ello algunos trozos de salitre que habían sacado del barco. Al someterla a la acción del fuego, en combinación con la arena de la orilla del mar, vieron brotar corrientes transparentes de un líquido hasta entonces desconocido; se dice que éste fue el origen del vidrio.

Con el paso del tiempo, como la industria humana es ingeniosa en descubrir cosas nuevas, no se contentaron con la combinación de nitrato, sino que también empezaron a añadir piedra magnética, por la impresión de que atrae el vidrio licuado tanto como el hierro. De manera similar, también se añadieron piedras brillantes de distinto aspecto en la fundición, y, por último, conchas y arena fósil. Algunos autores nos dicen que el vidrio de la India está hecho de cristal roto y que, en consecuencia, no hay ninguno que pueda compararse con él.

Al fundirlo, se utiliza madera ligera y seca como combustible, añadiéndose a la fusión cobre de Chipre y nitro, el nitro de Ofir en particular. Se funde, como el cobre, en hornos contiguos, y el resultado es una masa de color tostado, de aspecto untuoso. El vidrio fundido es de naturaleza tan penetrante que corta hasta el hueso cualquier parte del cuerpo a la que se acerque, y eso, incluso antes de que se sienta. Esta masa se somete de nuevo a la fusión en el horno, con el fin de colorearla; después, el vidrio se sopla en diversas formas, se tornea en un torno o se graba como la plata. Sidón era famosa por sus vidrierías, ya que en este lugar se inventaron los espejos.

Tal era el método antiguo de fabricar vidrio; pero, en la actualidad, se encuentra una arena muy blanca para este fin, en la desembocadura del río Volturnus, en Italia. Se extiende a lo largo de seis millas, en la orilla del mar que se encuentra entre Cumæ y Liternum, y se prepara para su uso machacándola con un mortero; hecho esto, se mezcla con tres partes de nitro, ya sea en peso o en medida, y, cuando se funde, se transfiere a otro horno. Aquí se forma una masa de lo que se llama "hammonitrum"; que se somete de nuevo a la fusión, y se convierte en una masa de vidrio puro y blanco.

HECHOS MARAVILLOSOS RELACIONADOS CON EL FUEGO

Después de haber descrito todas las creaciones del ingenio humano, reproducciones, en efecto, de la Naturaleza por la acción del arte, no podemos dejar de repetir, con un sentimiento de admiración, que no hay casi ningún proceso que no se perfeccione por la intervención del fuego. Sométase a su acción un suelo arenoso, y en un lugar se obtendrá vidrio, en otro plata, en otro minio, y en otros plomo y sus diversas variedades, pigmentos y numerosos medicamentos. Es por medio del fuego que las piedras se funden en cobre; por medio del fuego se produce el hierro, y se somete a nuestros propósitos; por medio del fuego se purifica el oro; por medio del fuego, también, se calcina la piedra, que es para mantener unidas las paredes de nuestras casas.

Algunos materiales, además, son tanto mejores cuanto más se someten a la acción del fuego; y la misma sustancia dará un producto en la primera fusión, otro en la segunda y otro en la tercera. El carbón vegetal, cuando ha pasado por el fuego y se ha apagado, sólo empieza a asumir sus propiedades activas; y, cuando se podría suponer que ha sido reducido a la aniquilación, es entonces cuando tiene sus mayores energías. ¡Este es un elemento de inmensa e ilimitada potencia, y, en cuanto a la cual, nos preguntamos si no crea aún más de lo que destruye!

El fuego tiene incluso ciertas virtudes medicinales propias. Cuando prevalecen las pestilencias, como consecuencia del oscurecimiento[9] del Sol, es un hecho bien conocido que si se encienden fuegos, éstos producen resultados beneficiosos de numerosas maneras. Empédocles e Hipócrates lo han demostrado en varios pasajes.

"Para las convulsiones o contusiones de las vísceras", dice M. Varro, "deja que la chimenea sea tu caja de medicinas; porque lejía de cenizas, tomadas de allí, mezclada con tu bebida, es curativa. Testigo de ello son los gladiadores, por ejemplo, que, cuando están incapacitados en los Juegos, se refrescan con esta bebida." El carbunclo también admite ser tratado con éxito con carbón de roble, triturado con

---

9 Plinio probablemente alude a los eclipses de Sol.

Libro XXXVI - La historia natural de las piedras 429

miel. Es tan cierto que incluso las cosas que se desprecian y que se consideran tan absolutamente desprovistas de todas las virtudes, tienen todavía sus propias propiedades curativas, el carbón vegetal y las cenizas, por ejemplo.

Tampoco debo omitir un hecho portentoso relacionado con el hogar, y famoso en la historia romana. Se dice que en el reinado de Tarquinio Prisco apareció en su hogar una semejanza del órgano generador masculino en medio de las cenizas. La cautiva Ocrisia, una sirviente de la reina Tanaquil, que estaba sentada allí, cuando se levantó estaba embarazada y se convirtió en la madre de Servio Tulio, quien finalmente heredó el trono. Se dice también que, mientras el niño dormía en el palacio, se vio una llama jugando alrededor de su cabeza; la consecuencia fue que se creyó que el Lar de la casa era su progenitor.

Libro XXXVII
La historia natural de las piedras preciosas

Para que no falte nada a la obra que he emprendido, me resta hablar de las piedras preciosas; tema en el que se nos presenta el majestuoso poderío de la Naturaleza, contraído en un espacio muy limitado, aunque, en opinión de muchos, en ninguna parte se muestra en forma más admirable. Según la tradición fabulosa, el primer uso de ellas fue sugerido por las rocas del Cáucaso, como consecuencia de una infeliz interpretación que se dio a la historia de las cadenas de Prometeo; pues se nos dice por tradición que él encerró un fragmento de esta piedra en hierro, y lo llevó en su dedo;[1] siendo éste el primer anillo y la primera joya conocidos.

ANILLOS Y JOYAS FAMOSOS DE LA LEYENDA

Con un comienzo como éste, el valor de las piedras preciosas aumentó hasta tal punto que Polícrates, el tirano de Samos, que gobernaba las islas y las costas adyacentes, cuando admitió que su buena fortuna había sido demasiado grande, consideró suficiente expiación para todo este disfrute de la felicidad, hacer un sacrificio voluntario de una sola piedra preciosa; pensando así en equilibrar las cuentas con la inconstancia de la fortuna, y, mediante este único signo de arrepentimiento, balancear abundantemente toda la mala voluntad que pudiera haber atraído. Cansado, pues, de su continua prosperidad, se embarcó en un navío y, haciéndose a la mar, arrojó a las olas el anillo que llevaba. Sucedió, sin embargo, que un pez de notable tamaño, destinado a la mesa de un rey, se tragó la joya, como lo habría

---

1 Esto fue impuesto como un castigo sobre él, en recuerdo de sus crímenes sacrílegos, cuando fue liberado por Júpiter de la roca. Prometeo y Vulcano, como señala Ajasson, son personificaciones del fuego, empleadas con fines artísticos.

hecho con un cebo; y luego, para completar el portentoso presagio, se la devolvió a su dueño en la cocina real, por la mano gobernante de una fortuna traicionera.

La piedra de este anillo, según la opinión general, era sardónice, y todavía se muestra una en Roma que, si creemos la historia, era esta misma piedra. Está encerrada en un cuerno de oro, y fue depositada, por el emperador Augusto, en el Templo de la Concordia, donde ocupa prácticamente el rango más bajo entre una multitud de otras joyas que son preferibles a ella.

Después de este anillo, está la joya que perteneció a otro rey, Pirro, que estuvo tanto tiempo en guerra con los romanos. Se dice que tenía en su poder un ágata sobre la que se veían las nueve musas y Apolo sosteniendo una lira; no era una obra de arte, sino el producto espontáneo de la naturaleza, ya que las venas de la misma estaban dispuestas de tal manera que cada una de las musas tenía su propio atributo peculiar.

PERLAS Y PIEDRAS PRECIOSAS

Fue Pompeyo Magno quien introdujo por primera vez el gusto por las perlas y las piedras preciosas, al igual que las victorias obtenidas por Escipión y Cneo Manlio, que atrajeron la atención del público hacia la plata labrada, los tejidos de fibras de oro los sofás de banquete decorados con bronce; y las conquistas de L. Mummius que dieron a conocer los bronces y los cuadros corintios.

Con motivo de su tercer triunfo, sobre los piratas y sobre los reyes y naciones de Asia y el Ponto, en el aniversario de su nacimiento, expuso en público, con sus piezas, un tablero de ajedrez, hecho de dos piedras preciosas, de tres pies de ancho por dos de largo, tres sofás de banquete, tres estatuas de oro de Minerva, Marte y Apolo; treinta y tres coronas adornadas con perlas; una montaña cuadrada de oro con ciervos, leones y toda clase de frutas, rodeada de una vid de oro; y un museo[2] adornado con perlas, con un reloj en su parte superior.

También fue la misma conquista la que introdujo por primera vez los vasos de múrrina[3] en Roma; Pompeyo fue el primero en dedicar, al término de este triunfo, jarrones y copas de este material, en el Templo de Júpiter Capitolino; circunstancia que pronto los llevó al uso privado, siendo muy solicitados los camareros, incluso, y los cubiertos de múrrina.

CRISTAL DE ROCA

El cristal,[4] una sustancia que asume una forma concreta por congelación excesiva, sólo se encuentra en lugares donde la nieve invernal se congela con la mayor intensidad. El Oriente también nos envía cristal, no habiendo ninguno preferido al producto de la India. También se encuentra en Asia, siendo el de las cercanías de Alabanda, Orthosia y las montañas vecinas, muy poco apreciado. En Chipre también hay cristal, pero el que se encuentra en las alturas alpinas de Europa es, en

---

2 Probablemente un santuario dedicado a las Musas.
3 Los escritores modernos difieren en cuanto al material del que estaban compuestas estas vasijas. Algunos piensan que eran de vidrio abigarrado, y otros de ónice; pero la opinión más generalizada es que eran de porcelana china.
4 Cristales incoloros, de cuarzo o cristal de roca; llamados "piedra blanca" en joyería.

general, más apreciado. Según Juba, hay un tipo cristal en una isla del Mar Rojo, frente a la costa de Arabia, llamada "Necron"; así como en otra isla vecina que produce la piedra preciosa conocida como "topazus"; donde Pitágoras, el prefecto del rey Ptolomeo, extrajo un bloque de cristal de no menos de un codo de longitud.

Cornelius Bocchus nos informa de que en Lusitania se han encontrado bloques de cristal, de un peso extraordinario, al hundir pozos en las montañas de Ammiensia, hasta un nivel de agua para el suministro de pozos. Es un hecho maravilloso, declarado por Jenócrates de Éfeso, que en Asia y en la Isla de Chipre, el cristal es arrancado por el arado; habiendo sido la creencia general que nunca se encuentra en suelos terrosos, y sólo en localidades rocosas.

HISTORIAS MARAVILLOSAS SOBRE EL ÁMBAR

El siguiente objeto de lujo es el ámbar;[5] un artículo que, por el momento, sin embargo, es solicitado sólo por las mujeres. Todas estas tres últimas sustancias tienen el mismo rango, sin duda, que las piedras preciosas; las dos primeras por ciertas razones justas; el cristal, porque es adecuado para tomar bebidas frías, y los vasos de múrrina, para tomar bebidas tanto calientes como frías. Pero en cuanto al ámbar, el lujo no ha podido, hasta ahora, idear ninguna justificación para su uso.

Después de que Faetón fuera alcanzado por un rayo, sus hermanas, según cuentan, se transformaron en álamos, que cada año derramaban sus lágrimas en las orillas del Eridanus, un río conocido por nosotros como el "Padus". A estas lágrimas se les dio el nombre de "electrum",[6] por la circunstancia de que el Sol Sol solía ser llamado "elector". Tal es la historia, en todo caso, que cuentan muchos de los poetas, los primeros de los cuales fueron, en mi opinión, Esquilo, Philoxenus, Euripides, Satyrus, y Nicander; y cuya falsedad está abundantemente probada por el testimonio de la propia Italia. Los griegos que han prestado más atención al tema, han hablado de ciertas islas en el Mar Adriático, conocidas como las "Eléctridas", y a las que el Padus, dicen, lleva el electrum.

Asimismo otros escritores más cautelosos en sus afirmaciones, nos han dicho, aunque con igual grado de falsedad, que, en el cabo del Golfo Adriático, sobre ciertas rocas inaccesibles, hay ciertos árboles que derraman su goma durante la subida de la Canícula. Teofrasto ha afirmado que el ámbar se extrae de la tierra en Liguria; Chares, que Faetón murió en el territorio de Hammon, en Etiopía, donde hay un templo suyo y un oráculo, y donde se produce el ámbar; Filemón, que es una sustancia fósil, y que se encuentra en dos localidades diferentes de Escitia, en una de las cuales es de color blanco y ceroso, y se conoce como "electrum"; mientras que en la otra es rojo, y se llama "sualiternicum". Sudines dice que, en realidad, el ámbar es producido por un árbol, y que, en Etruria, este árbol se conoce con el nombre de "lince"; opinión que también adopta Metrodoro. Sotacus expresa la creencia de que el ámbar exuda de ciertas piedras en Britania, a las que da el nombre de

---

5 "Succinum". Es de origen vegetal y, según Göppert, era originalmente la resina viscosa de un árbol llamado por él *Pinites succinifer*.

6 En este caso electrum parece ser un sinónimo de ámbar, pero Plinio también utiliza el mismo nombre para referirse a una aleación de plata y oro en otras partes de su obra.

"electrides". Piteas dice que los Gutones, un pueblo de Alemania, habitan en las costas de un estuario del Océano llamado Mentonomon, su territorio se extiende a una distancia de seis mil estadios; que, a un día de navegación de este territorio, se encuentra la Isla de Abalus, en cuyas costas, el ámbar es arrojado por las olas en primavera, siendo una excreción del mar en una forma concreta; como, también, que los habitantes utilizan este ámbar a modo de combustible, y lo venden a sus vecinos, los Teutones. Timæus también es de la misma creencia, pero ha dado a la isla el nombre de Basilia.

DISTINTOS TIPOS DE ÁMBAR

Hay varias clases[7] de ámbar. El blanco es el que tiene el mejor olor, pero ni éste ni el ámbar de color cera son muy apreciados. El ámbar rojo es más apreciado; y aún más cuando es transparente, sin presentar un aspecto demasiado brillante e ígneo. El ámbar, para ser de alta calidad, debe presentar un brillo como el del fuego, pero no escamas que se parezcan a las de la llama. El ámbar más apreciado es el conocido como "falerniano", por su semejanza con el color del vino falerniano; es perfectamente transparente y tiene un brillo suavizado y transparente. Otros tipos, además, son valorados por sus tintes suavizados, como el color de la miel hervida en apariencia.

Es tan apreciado como objeto de lujo, que se sabe que una efigie humana muy diminuta, hecha de ámbar, se vende a un precio más alto que los hombres vivos, incluso, con una salud robusta y vigorosa. El ámbar, sin embargo, no carece de utilidad desde el punto de vista medicinal; aunque no es por esta razón por la que las mujeres están tan satisfechas con él. También es beneficioso para los niños, adherido al cuerpo en forma de amuleto; y, según Calístrato, es bueno para cualquier edad, como preventivo del delirio y como cura de la estranguria, ya sea tomado en bebida o adherido como amuleto al cuerpo. Este último autor, también, ha inventado una nueva variedad de ámbar; dando el nombre de "chryselectrum" a un ámbar de color dorado, y que presenta los tintes más bellos por la mañana. Este último tipo atrae la llama, además, con la mayor rapidez y, en el momento en que se acerca al fuego, se enciende. Si se lleva en el cuello, dicen, es una cura para las fiebres y otras enfermedades, y triturado con miel y aceite de rosas, es bueno para las enfermedades de los oídos. Batido con miel del Ático, es bueno para la falta de visión; y su polvo, ya sea tomado solo o con goma mástique en agua, es un remedio para las enfermedades del estómago.

PIEDRAS PRECIOSAS

Procederemos ahora a hablar de las diversas clases de piedras preciosas, cuya existencia es generalmente reconocida, comenzando por las más estimadas. No nos contentaremos con hacer esto solamente, sino que, en aras del bienestar general de la humanidad, refutaremos también las infames mentiras que han sido promulgadas por los magos; porque es con referencia a las piedras preciosas, más

---

7   Estas llamadas clases o variedades son en su mayoría variaciones accidentales que sólo modifican la apariencia del ámbar.

particularmente, que han circulado la mayor parte de sus fabulosas historias, pasando –bajo ese disfraz tan seductor de averiguar las virtudes curativas–, más allá de todos los límites, y entrando en la región de lo maravilloso.

ADAMAS

La sustancia que posee el mayor valor, no sólo entre las piedras preciosas, sino entre todas las posesiones humanas, es el adamas;[8] un mineral que, durante mucho tiempo, sólo era conocido por los reyes, y por muy pocos de ellos. Tal era el nombre que se le daba a una nodosidad de oro,[9] a veces, aunque raramente, se encontraba en las minas, en estrecha proximidad con el oro, y sólo se creía que se encontraba allí. Los antiguos suponían que el adamas sólo se descubría en las minas de Etiopía, entre el Templo de Mercurio y la isla de Meroë; y nos han informado de que nunca era más grande que una semilla de pepino, ni se diferenciaba en absoluto de ella por su color.

En la actualidad, por primera vez, se reconocen no menos de seis variedades diferentes. El adamas indio se encuentra, no en un estrato de oro, sino en una sustancia de naturaleza parecida al cristal, al que se asemeja mucho en su transparencia y en su forma hexagonal y hexaédrica muy pulida. Su forma es turbinada, con una punta en cada extremo, y se asemeja mucho, lo que es maravilloso, a dos conos unidos en la base. En cuanto al tamaño, es tan grande como una avellana. El adamas de Arabia es parecido al de la India, y se encuentra en un lecho similar, pero no es tan grande en tamaño. Otras variedades tienen una tonalidad pálida como la de la plata, y sólo se encuentran en medio de oro de la mejor calidad. Estas piedras se prueban en el yunque, y resisten el golpe hasta tal punto que hacen rebotar el hierro y el propio yunque se parte en dos. De hecho, su dureza es indescriptible, mientras que al mismo tiempo desafía al fuego y es incapaz de calentarse.

Cuando, se tiene la suerte de poder romper esta piedra, se divide en fragmentos tan diminutos que son casi imperceptibles. Estas partículas son muy solicitadas por los grabadores, que las encierran en hierro, y así pueden cortar con la mayor facilidad las sustancias más duras que se conocen. Es tan grande la antipatía de esta piedra hacia el imán, que cuando se la coloca cerca, no permite que atraiga al hierro; o si el imán ya ha atraído al hierro, se apodera del metal y lo arrastra lejos del otro. También el adamas vence y neutraliza los venenos, disipa el delirio y destierra

---

8   Se supone que la palabra "adamas" deriva del griego ἀ, privativo, y δαμάω, "someter", suponiéndose que es inmune al fuego. El diamante es carbono puro cristalizado, y se cree que es de origen vegetal. Dana ofrece las siguientes observaciones sobre la palabra adamas: "Este nombre fue aplicado por los antiguos a varios minerales que difieren mucho en sus propiedades físicas. Algunos de ellos son el cuarzo, el mineral de hierro especular, el esmeril y otras sustancias de gran dureza, que ahora no se pueden identificar. Es dudoso que Plinio conociera el verdadero diamante" (Sistema de Mineralogía, Art. Diamante). También podemos añadir, según la misma autoridad, que el método de pulir diamantes fue descubierto por primera vez en 1456, por Louis Berquen, un ciudadano de Brujas, antes de lo cual el diamante sólo era conocido en su estado nativo sin cortar.

9   Esta afirmación no puede aplicarse al "diamante" tal como lo conocemos, aunque ocasionalmente se han encontrado granos de oro en la vecindad del diamante.

las perturbaciones infundadas de la mente; de ahí que algunos le hayan dado el nombre de "ananchitas". Metrodorus de Scepsis es el único autor, que yo conozca, que dice que esta piedra se encuentra también en Alemania, y en la isla de Basilia, donde también se encuentra el ámbar.

ESMERALDAS

Las siguientes en estima para nosotros son las perlas de la India y de Arabia. El tercer rango, por muchas razones, se ha dado a la smaragdus (Esmeralda). En efecto, no hay ninguna piedra cuyo color sea más agradable a la vista; pues mientras la vista se fija con avidez en la hierba verde y en el follaje de los árboles, nos complace mucho más mirar el smaragdus, ya que no existe un verde de color más intenso que éste. Y además, de todas las piedras preciosas, ésta es la única que alimenta la vista sin saciarla. Incluso cuando la vista se ha fatigado al observar intensamente otros objetos, se refresca al deslizarse sobre esta piedra; y los lapidarios no conocen nada que sea más gratificante para los ojos, ya que sus suaves tintes verdes son maravillosamente adecuados para calmar la lasitud, cuando se sienten en esos órganos.

Y, además, cuando se ven desde lejos, estas piedras parecen más grandes a la vista, reflejando como lo hacen, sus matices verdes en el aire circundante. Ni la luz del Sol, ni la sombra, ni la luz artificial, producen ningún cambio en su apariencia; siempre tienen un brillo en una suave gama de tonalidades; y transmitiendo la luz con facilidad, permiten que la visión penetre en su interior; una propiedad que es tan agradable, también, con referencia al agua. En cuanto a su forma, son en su mayoría cóncavas, de modo que reúnen los rayos de luz y los poderes de la visión; y de ahí que esté tan universalmente acordado entre la humanidad respetar estas piedras, y prohibir que se grabe su superficie. Sin embargo, en el caso de las piedras de Escitia y Egipto, su dureza es tal, que sería totalmente imposible penetrar en ellas. Cuando la superficie del smaragdus es plana, refleja la imagen de los objetos de la misma manera que un espejo. El emperador Nerón solía ver los combates de los gladiadores sobre un smaragdus.

BERILOS

Se cree que los berilos son de la misma[10] naturaleza que el smaragdus, o al menos muy análogo. La India los produce, y rara vez se encuentran en otros lugares. Los lapidarios cortan todos los berilos en forma hexagonal, porque el color, que se ve atenuado por la uniformidad opaca de la superficie, se ve realzado por el reflejo resultante de los ángulos. Si se cortan en cualquier otra forma, estas piedras no tienen ningún brillo. Los berilos más apreciados son los que se asemejan en su color al verde puro del mar; el crisoberilo es el siguiente en valor, una piedra de color algo más pálido, pero que se acerca a un tinte dorado. El crisopraso está estrechamente relacionado con este último en cuanto a su brillo, pero es de un color más pálido, y algunos piensan que constituye un género aparte. En el cuarto rango se encuentran los berilos jacintos; y en el quinto, los conocidos como "aëroides".

---

10 El berilo y la esmeralda no son más que variedades de la misma especie, la segunda debe su color al óxido de cromo, el primero al óxido de hierro.

A continuación, tenemos los berilos de color cera y, después de ellos, los berilos oleaginosos, llamados así por la semejanza de su color con el del aceite. Por último, están las piedras que se asemejan mucho al cristal en apariencia; en su mayoría desfiguradas por manchas y filamentos de un color pobre y tenue; que son imperfecciones en la piedra.

Los habitantes de la India son maravillosamente aficionados a los berilos de forma alargada, y dicen que son las únicas piedras preciosas que prefieren llevar sin la adición de oro; de ahí que, después de perforarlos, los ensarten en las cerdas del elefante. Sin embargo, está generalmente acordado que las piedras que son de la mejor calidad no deben ser perforadas; y en este caso sólo se encierran las extremidades de las mismas en tachuelas de oro.

ÓPALOS

Los ópalos[11] son a la vez muy parecidos y muy diferentes de los berilos, y sólo ceden al smaragdus en valor. La India es la única que produce estas piedras preciosas, completando así su gloria como gran productora de las gemas más costosas. De todas las piedras preciosas, es el ópalo el que presenta las mayores dificultades de descripción, ya que muestra a la vez el fuego penetrante del carbunclo, el brillo púrpura de la amatista y el verde marino del smaragdus, todo ello mezclado y refulgente con un brillo bastante increíble. Algunos autores han comparado el efecto de su refulgencia con el del color conocido como pigmento armenio, mientras que otros hablan de que se asemeja a la llama del azufre ardiente, o de la llama alimentada con aceite.

ÓNIX

Debemos dar cuenta también del ónix.[12] Este nombre, aunque en algunos lugares se da a un mármol, se utiliza aquí para indicar una piedra preciosa. Sudines dice que en esta piedra hay una parte blanca que se asemeja al blanco de la uña del dedo humano, además de los colores del crisolito, la sarda y el iaspis. Según Zenothemis, hay numerosas variedades del ónix indio, el color de fuego, el negro y el cornel, con venas blancas que los rodean, como un ojo, y en algunos casos los atraviesan oblicuamente. Sotacus menciona un ónix árabe, que difiere del resto; el de la India, según él, presenta pequeñas llamas, cada una de ellas rodeada por una o más zonas blancas; de manera totalmente diferente al sardónice indio, que presenta una serie de motas blancas, mientras que en este caso es un círculo continuo. El ónix árabe, por el contrario, es negro, dice, con una zona blanca que lo rodea.

TOPAZOS

El topazos[13] es una piedra que aún es muy apreciada por sus tintes verdes; de hecho, cuando fue descubierta por primera vez, era preferida a cualquier otro tipo

---

11 Los ópalos son sílice hidratada, variando la cantidad de agua.
12 Recibe su nombre de ὄνυξ, una "uña". Es una variedad de la calcedonia, parecida al ágata, pero los colores están dispuestos en planos horizontales chatos.
13 Bajo este nombre, Plinio habla evidentemente de la piedra conocida por nosotros como Crisolita, y posiblemente también del ágata verde. Nuestro Topacio no es fácilmente reconocible en este capítulo, en todo caso.

de piedra preciosa. Sucedió que algunos piratas trogloditas, aquejados por la tempestad y el hambre, habiendo desembarcado en una isla de la costa de Arabia conocida como Cytis, al cavar allí en busca de raíces y hierba, descubrieron esta piedra preciosa; tal es, al menos, la opinión expresada por Arquelao. Juba dice que hay una isla en el Mar Rojo llamada "Topazos", a una distancia de trescientos estadios de la tierra principal; que está rodeada de nieblas, y que a menudo es buscada por los navegantes en consecuencia; y que, debido a esto, recibió su nombre actual, la palabra "topazin" que significa "buscar", en la lengua de los Trogloditas. También afirma que Filón, el prefecto del rey, fue el primero en traer estas piedras de esta isla; que, al presentárselas a la reina Berenice, la madre del segundo Ptolomeo, se sintió maravillosamente complacida con ellas; y que, en un período posterior, se hizo una estatua de cuatro codos de altura con esta piedra, en honor de Arsinoe, la esposa de Ptolomeo Filadelfo, consagrada en el templo conocido como el "Templo Dorado".

IASPIS

El iaspis,[14] también, es verde, y a menudo transparente; una piedra que, si bien es superada por muchas otras, todavía conserva el renombre que adquirió en tiempos pasados. Muchos países producen esta piedra; la de la India es de un color parecido al smaragdus; la de Chipre es dura y de color verde marino; y la de Persia es de color azul cielo. El iaspis del Caspio es similar a este último. En las orillas del río Termodonte el iaspis es de color azul; en Frigia, es púrpura; y en Capadocia de un púrpura azulado, sombrío y no refulgente. Amisos nos envía un iaspis de color similar al de la India, y Calcedonia, una piedra de tono turbio.

Pero es menos importante distinguir las diversas localidades que la proporcionan, que observar los grados de excelencia que presentan. La mejor clase es la que tiene un tono púrpura, la siguiente en calidad es la de color rosa, y la siguiente la piedra con el color verde del smaragdus; a cada una de las cuales los griegos han dado nombres según sus respectivos tintes. Una cuarta clase, que es llamada por ellos "boria", se asemeja en color al cielo de una mañana de otoño; ésta, también, sería la misma que se conoce como "aërizusa". También hay un iaspis que se parece a la sarda en apariencia, y otro con un tinte violeta.

En todo Oriente se dice que es costumbre llevar iaspis a modo de amuleto. La variedad de esta piedra que se asemeja al smaragdus en el color se encuentra a menudo con una línea blanca que atraviesa transversalmente el centro; en este caso se conoce como "monogrammos"; cuando está rayado con varias líneas, se llama "poligrammos". Aquí, también, puedo aprovechar la oportunidad de exponer las falsedades de los magos, que pretenden que esta piedra es beneficiosa para las personas cuando hablan en público.

---

14 Jaspe verde pradera.

LAS AMATISTAS

Comenzaremos ahora con otra clase de piedras preciosas, las de color púrpura, o cuyos tintes se derivan del púrpura. Al primer rango pertenecen las amatistas[15] de la India; una piedra que también se encuentra en la parte de Arabia que colinda con Siria y es conocida como Petra, así como en Armenia Menor, Egipto y Galacia; las peores de todas, y las menos valoradas, son las de Thasos y Chipre. El nombre de estas piedras tiene su origen, según se dice, en el matiz peculiar de su brillo, que, después de acercarse al color del vino, se convierte en violeta sin llegar a pronunciarse del todo; o bien, según algunas autoridades, en el hecho de que en su púrpura hay algo que no llega a ser un color ardiente, los matices se desvanecen y se inclinan hacia el color del vino.

Todas estas piedras son transparentes y de un agradable color violeta, y son fáciles de grabar. Algunos prefieren dar a estas piedras el nombre de "pæderos" o de "anteros", mientras que para muchos son conocidas como "el párpado de Venus", un nombre que parece ser particularmente apropiado para el color y el aspecto general de la gema. Las falsedades de los magos nos persuaden de que estas piedras son preventivas de la embriaguez, y que de ahí han derivado su nombre. Nos dicen también, que si inscribimos los nombres del Sol y de la Luna en esta piedra, y luego la llevamos suspendida del cuello, con un poco de pelo del cinocéfalo y plumas de golondrina, actuará como un preservativo contra todos los hechizos nocivos. Se dice también que, llevada de cualquier manera, esta piedra asegurará el acceso a la presencia de los reyes; y que evitará el granizo y los ataques de las langostas, si se repite también cierta oración que mencionan. También hacen promesas similares, en referencia al smaragdus, si se graba con la figura de un águila o de un escarabajo; afirmaciones que, en mi opinión, no pueden haberse puesto por escrito sin un sentimiento de desprecio y burla hacia el resto de la humanidad.

CERAUNIA

Entre las piedras blancas también hay una conocida como "ceraunia",[16] que absorbe el brillo de las estrellas. Es de formación cristalina, de color azul lustroso, y es originaria de Carmania. Zenothemis admite que es de color blanco, pero afirma que tiene la figura de una estrella resplandeciente en su interior. Algunas de ellas, dice, son opacas, en cuyo caso se acostumbra a dejarlas en remojo durante algunos días en una mezcla de nitro y vinagre; al final de este período la estrella hace su aparición, pero se extingue gradualmente al cabo de otros tantos meses.

Sotacus menciona también otras dos variedades de ceraunia, una negra y otra roja, y dice que se parecen a las hachas por su forma. Las que son negras y redondas, dice, se consideran sagradas, y con su ayuda se atacan y toman ciudades y

---

15   Cuyo nombre proviene, según algunas autoridades, de ἀ, "no", μεθύω, "embriagar", por ser un supuesto conservador contra la embriaguez. Ajasson opina que Plinio no habla aquí de la amatista de cuarzo de la mineralogía moderna, sino sólo de la amatista oriental, zafiro violeta o corindón violeta. No es improbable, sin embargo, que las incluya todas, así como el fluorita violeta, y algunas otras piedras púrpuras; incluyendo, posiblemente, el granate.

16   "Piedra del trueno". Parisot piensa que debe tratarse de aerolitos o meteoritos.

flotas; el nombre que se les da es "bætyli", y las de forma alargada se conocen como "cerauniæ". También dicen que hay otra clase, que rara vez se encuentra, y que es muy solicitada para las prácticas de magia, ya que nunca se encuentra en ningún lugar que no haya sido golpeado por un rayo.

GALAXIAS

Galaxias,[17] llamada por algunos "galactitis", es una piedra que se parece mucho a las que se mencionan a continuación, pero está intercalada con vetas de color rojo sangre o blanco. La galactitis tiene el color uniforme de la leche, y, cuando se machaca en agua se parece maravillosamente a la leche, tanto en el sabor como en el color. Se dice que esta piedra favorece la secreción de la leche en las mujeres lactantes; además, pegada al cuello de los niños, produce saliva, y se disuelve al introducirla en la boca. Dicen también que priva a las personas de su memoria; es en los ríos Nilus y Acheloüs donde se produce. Algunas personas dan el nombre de "galactitis" a un smaragdus rodeado de venas de color blanco. Gallaica es una piedra como las argyrodamas, pero de aspecto algo más sucio; estas piedras se encuentran de dos en dos y de tres en tres agrupadas.

HELIOTROPO

El heliotropo[18] se encuentra en Etiopía, África y Chipre; es de color verde puerro, con vetas de color rojo sangre. Se le ha dado su nombre por la circunstancia de que, si se coloca en un recipiente con agua y se expone a la luz del Sol, cambia a un color reflejado como el de la sangre; este es el caso de la piedra de Etiopía en particular. Fuera del agua, también refleja la figura del Sol como un espejo, y descubre los eclipses de esa luminaria mostrando el paso de la Luna sobre su disco. En el uso de esta piedra, también, tenemos una ilustración muy evidente del descaro de los adeptos a la magia, ya que dicen que, si se combina con la planta del mismo nombre (heliotropo), y se repiten ciertos conjuros sobre ella, hará invisible a la persona que la lleve consigo.

LOS MÉTODOS PARA PROBAR LAS PIEDRAS PRECIOSAS

Además de los detalles que ya hemos dado, al tratar de cada tipo individual de piedra preciosa, es generalmente acordado que las piedras transparentes deben ser probadas bajo la luz de la mañana, o incluso, si es necesario, tan tarde como la cuarta hora,[19] pero nunca después de esa hora. Los modos de probar las piedras son numerosos; primero, por su peso, siendo la piedra genuina la más pesada de las dos; después, por su frialdad comparativa, ya que la piedra genuina se siente más fría en la boca; y, a continuación, por su sustancia; habiendo ampollas perceptibles en el cuerpo de la piedra ficticia, así como una cierta aspereza en la superficie; filamentos, también, una brillantez desigual, y un brillo que se queda corto antes

---

17 "Piedra galaxia". Ajasson piensa que posiblemente haya sido un ópalo, o un topacio completamente blanco, atravesado por líneas de otros colores.

18 También llamada piedra de sangre, o jaspe de sangre. Se encuentra en Etiopía, África y Chipre; es de color verde puerro, con vetas de color rojo sangre.

19 Las diez de la mañana.

de llegar al ojo. El mejor modo de prueba es golpear un fragmento con una sierra de hierro; pero esto es algo que no permiten los comerciantes, que igualmente se niegan a que sus gemas sean probadas por la lima. El polvo de la piedra obsian no dejará ninguna marca en la superficie de una piedra genuina; pero cuando la gema es artificial, cada marca que se haga dejará un rasguño blanco en ella. Además de esto, hay una diversidad tan grande en sus grados de dureza, que algunas piedras no admiten ser grabadas con hierro, y otras sólo pueden ser cortadas con un buril desafilado en el borde. Sin embargo, en todos los casos, las piedras preciosas pueden cortarse y pulirse con la ayuda de adamas, operación que puede acelerarse considerablemente calentando el buril.

Índice Analítico

A

abejas 136, 245
abeto 178
abscesos e inflamaciones
  remedios para 311
aceite
  de bálsamo 269
  de Chipre 269
  de oliva 166
  de ricino 268
acónito 316
adamas 435
África 53
afrodisíacos 359
agallas 276
agricultura
  cosecha 212
  esterilidad 209
  historia natural 197
  influencias nocivas 211
  máximas sobre 199
  sistemas de cultivo 207
agua
  búsqueda de 364
  conducción de 366
  cualidades en las diferentes
    estaciones 365
  de mar 367
  impurezas 364
  mineral 367
  mortal 363
  propiedades de 362
  que ha aparecido o desaparecido
    repentinamente 366
  salubridad 363
águila 126
ajo 225, 235
alabastrita 418
álamo 279
alcibium 318
Alemania 50
alerce 178, 277
algas 380
alica 204, 260
aliento ofensivo
  preparaciones para tratarlo 300
áloe 316
alquitrán 179

alsine 317
altramuz 205
alumbre 412
amapola 229, 239
ámbar
  historias maravillosas 433
  tipos de 434
anchusa 256
andróginos 76
Anguila 116
anillos
  de oro 386
  en la leyenda 431
animales
  acuáticos, sensibilidad 120
  anfibios 103
  cerebro 141
  corazón 143
  cuernos 140
  dientes 142
  distribución animales acuáticos 115
  hechos maravillosos 359
  pronósticos de peligro 102
  que se domestican en parte 110
  sangre 143
  vesícula 143
anti-afrodisíacos 359
antipatías y simpatías
  entre árboles y plantas 275
antropófagos 76
aparine 318
apis egipcio 108
aproxis 284
aquilea 293
Arabia 71
arañas 139
árboles
  acodos 192
  agujeros para el trasplante 192
  brotación 180
  cultivados 187
  de la India 149
  de Persia 150
  edad de 185
  enfermedades de 193
  exóticos 148
  florecimiento 180
  frutales 167
  historia natural 147
  influencia del clima 187
  injertos 168, 193
  mejores suelos 188
  portentos 195
  propagación de 190
  savia 183
  silvestres 175
  tala de 184
  troncos y ramas 181
  usos de 177
  venas y fibras 184
árboles cultivados
  propiedades medicinales 263
arbustos 244
arco iris 36
arena
  tipos de 425
aristoloquia 296
arroz 201
artemisia 295
Asclepiades 303
asfódelo 257
astronomía
  escuelas de 208
astros
  influencia de 19
avena 206
aves
  fabulosas 133
  historia natural 125
  modos de vuelo 131
  que tienen garras 128
  tiempos de incubación 130
avestruz 125
avispas 138
avispones 138
azogue 393
azufre 411

B

bálsamo 152
  aceite de 269
basilisco 99
bellota 177
berilos 436
betún 411
bodegas 164
Bósforo 64
brea 179
  árbol de 277
Britania 51
buey
  reproducción 107

C

caballo
  naturaleza de 106
  reproducción de 107
cabra
  reproducción 109
cactos 248
cadmia 400
cæruleum 394
cal
  viva 425
calabaza 223, 232
camaleón 104
camello 100
candelabros 398
canela 151
caña 280
cardos 228
casa de campo 199
casia 151
Caspio
  mar 65
  puertas del 66
castor 376
catoblepas 99
Cáucaso
  pasos de 64
cebada 201
  naturaleza de 202
  perlada 201
cebolla 225, 234
Ceilán 68
ceniza 189
centaurion 294
cera 260
  preparación 247
cerámica
  trabajos en 409
ceraunia 439
cereales
  enfermedades de 206
chalcetum 305
chernites 423
Chipre
  aceite de 269
chirivías 224
chironion 294
cicuta 299
ciervo 103
ciprés 277
Cirenaica 55
clematis echites 283
cobre
  tipos de 397, 399
col 227, 235
colmenas 245, 246
colocasia 248
coloración
  de los tejidos 408
colza 233
cometas 31
  situación y especies 32
coral 375
corona
  de hierba 254
cosecha 212
cristal
  de roca 432
cuervo
  revuelta del pueblo romano 132
cyperus 249

D

delfín 113
depilatorios 358
dientes
  relatos sobre 80
Dios 17
dolor de muelas 353
dragones 97

E

echeneis 373
eclipses 22
edificios
  defectos 425
Egipto 56
  ciudades de 58
eléboro 298
electrum 391
elefantes 93
  antipatía con el dragón 96
  combates de 95
  como capturarlos 95
elefantiasis 302
elementos 17
enebro 279
enfermedades
  que atacan a todo el cuerpo 310
erizo 105
escamonea 306
escorpión 139
esfinge 101
Esfinge 420
esmeraldas 436
España 44
espárragos 227, 236
esparto 221
espejos 394
espelta 201
esponjas 121, 371
estaciones 33, 208
estatuas
  colosales 399
  tipos y formas 398

estiércol 189
estrellas
  pronósticos derivados de 216
Estuco 425
Etiopía 72
Éufrates 60
Europa 43

F

Fidias 414
flores
  duración 245
flujo menstrual 332
frutos
  conservación de 169
  propiedades de 253
fuego
  hechos maravillosos 428

G

galaxias 440
gallo 128
Ganges 67
ganso 129
Gegania 398
golfo
  de Arabia 69
  del Mar Rojo 71
  Pérsico 69
goma 281
  tipos de 157
grama 284
grasa 336
Grecia 48
grifo 133
grulla 129
guirnaldas 241
gusano
  de seda 138

H

halcón 127, 130
Hélade 48

helecho 320
Helesponto 49
heliotropio 256
heliotropo 440
hellebore 293
hemorragias
  cómo detenerlas 357
  remedios para 311
heracleon 295
hermafroditas 145
hermupoa 292
hidromel 259
hiedra 182, 280
hiel 337
hiena 101
hierabotana 297
hierbas
  medicinales 289
hierro
  mena de 401
  remedios derivados de 402
higos 169, 270
  anécdotas históricas 170
hipopótamo 102
hombre lobo 100
hombres
  de genio y sabiduría 84
  destino 87
  duración de la vida 86
  formas de 76
  fuerza, agilidad, vista y memoria extraordinarias 81
  generación de 78
  hazañas heroicas 82
  tamaño inusual 81
  valor extremo 83
  vigor mental 82
hongos 257
hyoscyamos 292

I

iaspis 438
Iberis 295
ictericia 310

ideas religiosas y las partes del cuerpo 144
imán 422
incienso 150
India
  árboles de 149
  naciones de 67
  viajes 69
Indo 68
insectos 135
  del fuego 140
  que son parásitos del hombre 140
iris
  uso medicinal 250
islas
  como se forman 39
  flotantes 40
Italia 45

J

jabalí 110
jardín
  placeres de 222
jardines
  colgantes 421
joyas
  en la leyenda 431
Judea 59
jugerum 198

L

laberintos 421
ladrillos 410
lana
  diferentes clases 109
langostas 139
laser 258
laticlave 387
laurel 173, 272
leche
  usos medicinales 336
lechuga 226
lentisco 278

león 97
  combate 98
  hazañas 98
levadura 203
lichen 301
lince 101
lino
  preparación 220
  sembrado y variedades 219
linozostis 292
lirio 243
  uso medicinal 249
lithospermum 320
loto 159
  de Italia 276
Luna
  movimiento 24
  pronósticos derivados de 215
  revoluciones de 213

M

magia
  origen 351
  poderes 328
  ramas de 353
maíz
  cómo molerlo 203
maltha 426
manes 88
mármol 414
  corte en losas 417
  utilización en edificios 417
  variedades 417
Mar Negro 63
Mauritania 53
Media 66
medicina
  antiguo sistema de 303
  nuevo sistema de 303
  origen 343
melampodium 293
melocotón 168
menta 229, 238
mentagra 301

menta poleo 238
mercurialis 292
Mesopotamia 70
meteorología 215
miel
  endiablada 246
  envenenada 246
mijo 203
milenrama 283
minio 393
mirra 151
mirto 171, 273
Mitrídates 287
moly 291
monedas 388
mono 101, 110
  semejanza con el hombre 144
moras 271
muérdago 185
muerte
  signos premonitorios 87
muertos
  remedios derivados de 330
mundo 15
  dimensiones de 30
murciélago 133
murex 120
múrices 119
musgo de piedra 321

N

nacimientos prodigiosos 78
naciones
  formas de 76
narciso
  uso medicinal 249
natrix 321
nauplio navegante 118
nereidas 112
Nilo 57
  ratones de 123
nitrum 370
nogal 171
nogueruela 283

ÍNDICE ANALÍTICO   **449**

nubes
  pronósticos derivados de 217
nymphæa 295

O

obeliscos 419
océano
  Escita 65
  monstruos marinos 112
olivo 165
  cultivo de 166
omphacium 268
onear 310
ónix 418, 437
onotheras 310
ópalos 437
opobálsamo 152
orden ecuestre 388
oro 385
  anillos de 386
  codicia del hombre 389
  cómo se encuentra 391
  monedas de 388
  remedios derivados de 392
orquídeas 309
ortiga 255
oso 104
Osthanes 352
ostras 379
ovejas 109

P

pájaro carpintero 128
palma 269
palmera 156
paloma 131
pan 261
panacea 292
panaderos 204
papiro 157, 281
partes sexuales 145
parthenion 292
pasiones sexuales

estimulantes 342
pavimentos 426
peces
  aletas de 116
  augurios derivados de 116
  branquias y escamas 116
  de mayor tamaño 115
  historia natural 111
  que saltan sobre el agua 115, 117
  reproducción de 122
  si respiran y duermen 113
  terrestres 123
  venenosos 363
pegaso 133
Peloponeso 47
peonía 291
pepino 223
  silvestre 232
peplis 322
peras 270
perejil 228, 237
perfumes
  historia natural 155
perlas 119, 432
perro 105
pez-perro (tiburón) 121
phasganion 298
picea 178
piedra
  especular 424
  imán 422
  lluvias de 32
  pómez 424
  preciosas 432, 434
    cómo probarlas 440
  sarcófago 423
  tipos de 418
piel
  enfermedades de 301
pino
  conos de 272
pintores
  romanos 407

pintura
　encáustica 408
　historia de 406
　los colores 407
pirámides 420
planetas 17
　color 29
　leyes generales 28
　Luna 21
　magnitud 23
　Mercurio 21, 28
　movimiento 19, 27
　Saturno 20
　Venus 21
plantas
　acuáticas 182
　cómo asegurar su eficacia 323
　edades de 323
　en estercoleros 284
　enfermedades plantas de jardín 229
　en la cabeza de una estatua 284
　en las orillas de un río 284
　en un cedazo 284
　espinosas 248
　humedecidas en orina de perro 284
　propiedades de 253
　remedios 230
　remedios derivados de 231
　silvestres 247
　uso medicinal 287
plástica 408
plata 390, 392
　clases de y cómo probarla 393
plomo
　menas 402
　negro 403
　remedios derivados de 403
Ponto Euxino 63
portentos 327
poterion 322
Praxiteles 415
prodigios 327
propóleo 259
ptisan 202, 261

pulpo 118
púrpuras 119
pyrallis 140
pyrausta 140

R

rábano 223
　cultivado 233
ranas 378
ratones
　del Nilo 123
relámpagos 34
relojes
　primeros 91
remedios
　contra los encantamientos 338
　derivados de animales extranjeros 333
　derivados de la criaturas vivas 353
　derivados del agua 362
　derivados de la lana 345
　derivados de la leche de mujer 332
　derivados de la orina 331
　derivados de la salamandra 348
　derivados de las chinches 347
　derivados del cocodrilo 335
　derivados del hierro 402
　derivados del hipopótamo 335
　derivados del oro 392
　derivados de los huevos 346
　derivados de los muertos 330
　derivados del perro 346
　derivados del plomo 403
　derivados del sexo femenino 332
　derivados de varios animales 337
　para abscesos e inflamaciones 311
　para dolores de hígado 381
　para el carbunco 357
　para el dolor de dientes 339, 380
　para el dolor y heridas en la cabeza 349
　para esguinces, induraciones y forúnculos 341
　para la angina y la escrófula 354

para la disentería 355
para la escrófula 381
para la gota y los pies 340, 382
para la hernia intestinal 382
para la ictericia 356
para la mordedura del perro rabioso 348
para la picazón 341
para las dolencias femeninas 358
para las dolencias intestinales 339
para las enfermedades del vientre 305
para las enfermedades femeninas 312, 341, 383
para las fiebres 340, 356, 382
para las quemaduras 357
para las verrugas 312
para la tos y escupitajos de sangre 339
para úlceras, carcinomas y carbuncos 383
para los cálculos urinarios y las afecciones de la vejiga 355
para los dolores estomacales 354
para los dolores intestinales 307
para los escalofríos 356
para los huesos rotos 357
para los ojos 298, 338, 349, 380
para roturas y esguinces 312
remolacha 227
rémora 117, 373
resina 278
retama
   de olor 279
retratos 405
Rhacoma 322
ricino
   aceite de 268
rinoceronte 100
Rodas 61
romero 281
ruda 228, 237
ruiseñor 130

S

sal
   clases de 368
   flor de 368
   naturaleza de 369
saliva humana
   propiedades 329
sangre 337
sangre humana
   remedios derivados de 329
satyrion 309
Scopas 416
scordotis 308
semillas
   naturaleza de 226
serapes 309
serpientes 97, 102
siembra
   parcelas de 192
silaus 308
simpatías y antipatías 231
Siria 59
stomatice 271
supersticiones
   observaciones contra 304
Syrtes 55

T

Taprobane 68
Tebas 56
techos
   pavimentados 426
templo
   de Diana 422
teriaca 240
terremotos 38
thelyphonon 298
tiburón (pez-perro) 121
tierra
   dimensiones de 41
   métodos para enriquecerla 189
   tipos de 410

Tierra
  forma de 36
  naturaleza de 36
tigre 99
Tigris 70
tintes
  vegetales 253
tithymalos 307
tomillo 244, 251
tomillo silvestre 239
topazos 437
torpedo 374
tortuga 377
  su captura 114
tos 305
tragopán 133
trébol 244
tribulus 254
trigo 201
tritones 112
Troglodítica 72
trueno 29
  pronósticos derivados de 217
truenos 34
trufas 221

U

uvas 265
  conservación de 169

V

Venus
  Cnidiana 415
veratrum 293

verbenaca 297
verdín 401
vid 263
  blanca 265
  cultivo de 162
  historia natural 161
  hojas y sarmientos 264
  variedades de 162
vidrio 427
vientos
  origen de 35
  teoría de 214
vinagre 267
vino 266
vinos
  con propiedades milagrosas 163
  naturaleza de 163
  recipientes para 164
violeta 250

X

xilobálsamo 152
xiphion 298

Y

yeso 426

Z

zamarrilla
  de los muros 282
zarza 282
Zoroastro 351

Unidades de medida

Distintas monedas y unidades de medida Griegas (G) y Romanas (R) mencionadas por Plinio

Acetabulum. R	1/8 de un Sextarius, 73 ml
Actus. R	120 Pedes o pies romanos, 36 m
Amphora. R	48 Sextarii, 27 l
As. R	2 1/8 cuartos de peñique. Cobre
As (plural assis). R (peso)	Ver "Libra"
Concha (chica) G y R	23,4 ml
Concha, (grande), G y R	70.3 ml
Congius. R	3.38 l
Cubitus. G	46 cm
Cubitus. R	44,4 cm
Culeus. R	20 Amphorae, 541 l
Cyathus. G y R	1/12 de un Sextarius, 540 ml
Denarius. R	16 Assis, 5,4 kg. Plata
Denarius. R (peso)	3,4 a 3,9 g
Digitus, o Dedo. R	1/16 de un Pes, 18,5 mm
Drachma. G	4,1 g
Hemina. R	Ver "Semisextarius"
Jugerum. R	240 x 120 Pedes o pies romanos, 71 x 35,5 m

Libra. R	337 g
Modius. R (medida seca)	1/3 de una Amphora, 8,73 l
Obolus (plural oboli). G	1½ 5 peñiques. Plata
Obolus (plural oboli). G (peso)	57 g
Palmus, o Palma. R	7,4 cm
Pes o Pie. R	12 Unciae, 29,6 cm
Pollex, o Pulgar. R	Ver "Unciae" (medida lineal).
Quadrans. R	53,125 cuartos de peñique. Cobre.
Quadrans. R (peso)	3 Unciae, 82,2 g
Quadrantal. R	Ver "Amphora"
Quartarius. R	¼ de un Sextarius, 0,14 l
Quinarius. R	½ de un Denarius.
Scripulum, o Scruple. R	1/24 de una Uncia, 1,14 g
Semisextarius. R	½ de un Sextarius
Sestertius (plural Sestertii). R	¼ de un Denarius. Bronce o Plata.
Sestertium. R	1000 Sestertii, £7 16s 3d.
Sextarius. R	0.56 l
Spithama, o Span. G	23,116 cm
Stadium. G y R	1/8 de una milla romana, 185 m
Teruncius. R	Ver "Quadrans" (peso)
Ulna o Ell. R	185 cm
Unciae o Pulgada. R.	1/12 de un Pes, 2,466 cm
Unciae, o Onza. R	27,4 g
Urna. R	½ de una Amphora
Victoriatus. R	Ver "Quinarius"

www.ingramcontent.com/pod-product-compliance
Lightning Source LLC
Chambersburg PA
CBHW062055280426
43673CB00073B/153